D1687871

DIE WIENER OPER

VERLAG
FRITZ
MOLDEN

MARCEL PRAWY

DIE WIENER OPER

GESCHICHTE UND GESCHICHTEN

18 FARBBILDER
395 SCHWARZWEISSBILDER
VON
ERICH LESSING, HENRI CARTIER-BRESSON,
ATELIER DIETRICH, ATELIER FAYER,
ELISABETH HAUSMANN, MICHAEL HOROWITZ,
SIEGFRIED LAUTERWASSER, BARBARA PFLAUM,
FOTO VOTAVA U.A.
127 ILLUSTRATIONEN IM TEXT

VERLAG FRITZ MOLDEN · WIEN – MÜNCHEN – ZÜRICH – INNSBRUCK

ERGÄNZTE UND ÜBERARBEITETE NEUAUFLAGE
26.–31. TAUSEND

COPYRIGHT © 1969 BY VERLAG FRITZ MOLDEN, WIEN – MÜNCHEN – ZÜRICH
ALLE RECHTE VORBEHALTEN
SCHUTZUMSCHLAG UND AUSSTATTUNG: HANS SCHAUMBERGER, WIEN
LEKTOR: KURT EIGL
NEUBEARBEITUNG: SIGRID WIESMANN
TECHNISCHER BETREUER: HERBERT TOSSENBERGER
GESAMTHERSTELLUNG: R. KIESEL, SALZBURG
ISBN 3-217-00726-3

Inhalt

Einleitung 7
Das gemütlichste Opernhaus der Welt
Das „k. k. Hof-Operntheater nächst dem Kärnthnerthore" / 1810 bis 1870 25
Das zweckmäßigste Opernhaus der Welt
Eröffnung im Schatten der Weltpolitik / 1869 . . . 32
Zwischen Ringstraßenglanz und Börsenkrach
Die erste Direktion eines Stardirigenten: Johann Herbeck / 1870 bis 1875 40
*Zwischen „Hasemanns Töchter"
und „Götterdämmerung"*
Franz Jauner macht Wien zur Wagnerstadt
1875 bis 1880 71
Fin de siècle im Belcantoglanz
Wilhelm Jahn / 1881 bis 1897 96
Neues Hören, neues Sehen
Das Dezennium Gustav Mahlers / 1897 bis 1907 . . 107
„Ich selbst — lichtgeboren"
Felix von Weingartner / 1908 bis 1911 136
Der erste Manager im Haus am Ring
Hans Gregor / 1911 bis 1918 152
„Hab' mir's gelobt, ihn lieb zu haben"
Richard Strauss leitet die Oper (zusammen mit Franz Schalk) / 1919 bis 1924 190
„Wer nun dem Gral zu dienen ist erkoren"
Franz Schalk als Alleindirektor / 1924 bis 1929 . . 221
Extreme des Ensembletheaters
Das Regime Clemens Krauss / 1929 bis 1934 . . . 253
Glanzvolles Abendrot
Felix von Weingartner, Erwin Kerber, Bruno Walter
1934 bis 1938 281
Zum Kontrapunkt der Kanonen
Die Oper im Dritten Reich / 1938 bis 1945 . . . 288
Auf der Suche nach meiner Welt
Franz Salmhofer leitet die Staatsoper im Theater an der Wien / 1945 bis 1955, Hermann Juch in der Volksoper / 1946 bis 1955 305
*Künstlerische Krönung und Katzenjammer
Das Opernfest im November 1955*
Dr. Karl Böhm / 1954 bis 1956 323
Luxusoper im Jet-Zeitalter
Die Direktion Herbert von Karajan / 1956 bis 1964 326
„Merkwürd'ger Fall"
Direktor Egon Hilbert / 1964 bis 1968 349

„*Vater Reif*" nannte ihn Gottfried von Einem
Dr. Heinrich Reif-Gintl / 1968 bis 1972 356

„*Wenn die Not auf's höchste steigt,...*"
Rudolf Gamsjäger / 1972 bis 1976 361

„*Ich habe kein Bedürfnis nach Macht...*"
Dr. Egon Seefehlner / Staatsoperndirektor seit 1976 365

Anhang
Das Ballett der Wiener Oper 385
Personenregister 397
Bildquellennachweis 407

Bildteil

I	Das „k. k. Hof-Operntheater nächst dem Kärnthnerthore"	17— 24
II	Aus der Partitur der Ringstraße . . .	41— 48
III	Vom Reißbrett bis zum „Vorhang auf"	49— 56
IV	Verloren — unverlierbar (Das Innere der alten Oper)	57— 60
V	„Wer weiß die Wände und dergleichen so musikalisch zu bestreichen?" (Decken- und Wandmalereien im Foyer)	61— 64
VI	Richard Wagner und Wien	81— 88
VII	„Nun sei bedankt, mein lieber Schwan"	89— 92
VIII	Neues Hören, neues Sehen (Gustav Mahler)	109—116
IX	Das Idol meiner Jugend: Richard Strauss	117—124
X	„Die Zeit, die ist ein sonderbar Ding"	141—144
XI	Das waren meine Stehplatzjahre . .	161—168
XII	Maria Jeritza — Primadonna des Jahrhunderts	169—176
XIII	Hoch Slezak!	177—184
XIV	Die große Szene	201—208
XV	„Dich, teure Halle, grüß' ich wieder!" (Operneröffnung 1955)	209—216
XVI	Im Regiezeitalter	233—240
XVII	„...und zwingt uns, ihm noch Größres zuzutraun." (Dirigentenporträts)	241—248
XVIII	Haus und Bühne heute	265—276
XIX	Die Champagneroper (Die Fledermaus)	293—296
XX	Inszenierungen seit 1972	313—316
XXI	Von Adolphe Adam bis Igor Strawinsky (Das Wiener Staatsopernballett) . .	333—340
XXII	Mein Familienalbum	369—384

*Voll Pietät hüte ich das Alte,
harre geduldig des fruchtbaren Neuen,
erwarte die genialischen Werke unserer Zeit.
Theaterdirektor La Roche in „Capriccio"*

*Ich liebe Musik von Rossini,
Auber, Donizetti, Gretry und Bellini —
ich lieb', wenn Tenor von Soprano entzückt ist,
wenn Flöte beweist, daß Lucia verrückt ist…
Lady Kookburn in „Fra Diavolo"
(Neufassung der Volksoper 1969)*

Einleitung

Was mir vielleicht die Berechtigung gibt, dieses Buch zu schreiben, ist die Tatsache, daß ich die Oper unendlich liebe. Und zwar nicht nur die Wiener Staatsoper, von der die folgenden Kapitel erzählen werden, sondern die ganze Kunstgattung überhaupt. Ich habe mein Leben eigentlich nirgends anders zugebracht als in den Opernhäusern der halben Welt. Aus übermäßig entwickelter Eitelkeit gebe ich meine Geburtsdaten nicht gerne bekannt und stelle deshalb nur fest, daß ich die Wiener Oper seit dem Jahre 1924 intensiv verfolge, nach Adam Riese also durch über 45 Jahre. Meine Erinnerungen beginnen mit dem letzten Jahr der Direktion Richard Strauss. Seit 1926 bin ich dann ständig in die Oper gegangen. Und wenn ich ständig sage, dann heißt das: selten öfter als siebenmal in der Woche. Hätte es täglich zwei Vorstellungen gegeben, wäre ich vierzehnmal gegangen.

Wenn ich alles zusammenrechne: die Zeit in Wien, dann meine amerikanischen Jahre, die ich, sooft es nur ging, teils in der Metropolitan Opera als Stammgast, teils als Mitarbeiter bei Opernproduktionen verbrachte, dann die Jahre nach dem Krieg, in denen ich meine eigenen Produktionen in vielen Ländern Europas betreute, und zuletzt meine derzeitige Direktionstätigkeit als Dramaturg der Wiener Staatsoper, die mich schon dienstlich zwingt, so gut wie jeden Abend in die Oper zu gehen, so komme ich auf rund fünfzehntausend Opernvorstellungen. Das gibt einem schon ein gewisses Bild.

Nun könnte ich mich sogleich in freundlichen, gemütvollen Verbeugungen ergehen und sagen, was schon tausendmal gesagt wurde: daß in Wien jeder die Oper abgöttisch liebt, daß jeder Straßenbahnschaffner der geborene Opernnarr ist und jeder Taxichauffeur nur von Anneliese Rothenberger träumt, daß man hierzustadt unter Grace nicht die Kelly, sondern die Bumbry und die Hoffman versteht, daß kein Greißler die Brünnhilde mit Renate Holm oder das Blondchen mit der Grob-Prandl besetzen würde — kurz, daß keine Stadt mit ihrer Oper so innig verwachsen ist wie eben Wien, und so weiter. Ich finde es interessanter, die Sache von woanders ausgehen zu lassen. Ich behaupte nämlich, daß alle, die die Oper so lieben, wie ich sie zu lieben glaube, einen internationalen Klub bilden. Einen Klub, dessen Aufnahmebedingungen strenger sind als die der Rotarier, der Freimaurer und gewisser okkulter internationaler Organisationen. In meinem Klub gibt es nämlich ganz bestimmte Tests, um herauszubekommen, ob einer die Oper wirklich liebt; und führt man diese Tests rigoros durch, dann wird man voller Schrecken gewahr, wie wenige Leute eigentlich diesem Klub angehören — auch wenn sie sich lautstark als eingefleischte Mitglieder bezeichnen.

Ich glaube, zu diesem Klub gehören nur jene, die die Oper so lieben, daß ihnen im Grunde jedes natürliche Sprechen unnatürlich vorkommt und nur noch das Singen als die natürliche menschliche Ausdrucksweise erscheint; daß man also, wenn man in ein Mädchen verliebt ist, tatsächlich glaubt, man müsse ihr auf der Stelle die Arie des Rudolf aus der „Bohème" vorsingen, weil man von dem, was man empfindet, in gesprochenen Worten ja doch nichts überzeugend ausdrücken kann.

Daher der erste Test: Es sitzt jemand im Theater in der Josefstadt oder im Burgtheater, der Vorhang hebt sich, die besten Schauspieler beginnen zu sprechen, und da sagt nun dieser Zuschauer kopfschüttelnd zu sich selbst: „Wie unnatürlich! Warum singen sie denn nicht?" Dieser Jemand hat den Test bestanden.

Ich glaube, daß für mich die Oper nicht nur deshalb so natürlich wirkt, weil ich ihr mit Haut und Haar verfallen bin, sondern auch, daß der Opernsänger, wenn er „Lodern zum Himmel seh' ich die Flammen" singt und dazu die traditionellsten Gesten aus Großpapas Tagen macht, niemals in die Gefahr kommen kann, so unnatürlich zu wirken wie sein Kollege vom Sprechtheater bei einem ähnlich pathetischen Text. Die „Natur" der Oper wird von der Musik geschaffen, ihre Melodien sind die Wegweiser für Schritt und Geste. Den Sprechschauspieler stützt keine Musik, dort wird oft schon das kleinste Pathos zu einem falschen Pathos.

Bereits nach diesem ersten Test bleiben nur mehr recht wenige Mitgliedschaftsaspiranten übrig. Es gibt aber noch viel schrecklichere Sarastro-Prüfungen, etwa den zweiten Test: Stellen Sie sich vor, Sie befinden sich am Nachmittag in einer netten Gesellschaft, Sie plaudern mit fünf, sechs Freunden darüber, wie sehr die Leute in Wien ihre Oper lieben; Sie reden über Direktionskrisen, es gehört ein starker Mann in die Oper, es gehört ein schwacher Mann in die Oper, der Karajan muß hinaus, der Karajan muß hinein, der ist schuld, jener ist schuld und so weiter — und plötzlich dreht einer den Radioapparat auf und Birgit Nilsson singt Isoldens Liebestod. Was machen Sie jetzt? Beenden Sie Ihr Gespräch und hören Sie zu — oder stellen Sie das Radio ab und unterhalten sich weiter?

Fast alle stellen das Radio ab. Nur diejenigen, bei denen das Gespräch sofort verstummt und das Zuhören beginnt, gehören zum Klub. Deshalb bin ich auch Junggeselle geblieben. Denn ich habe leider noch niemanden gefunden, der nicht abgedreht hätte. Ich habe selten einen so wilden und bösen Gesichtsausdruck bei Menschen bemerkt, als wenn die Stretta aus dem „Troubadour" sie beim Reden stört.

Die echte Klubmitgliedschaft beginnt sehr früh. Wer mit siebzehn nicht schon dabei ist, schafft es nie mehr. Beobachten Sie einmal zum Beispiel, wie typische Nichtmitglieder ihre Jugend verbringen. Wenn da ein junger Mann oder ein junges Mädchen ihr erstes Rendezvous haben, dann wollen sie das zu Hause oft nicht zugeben, und was sagen sie da? „Ich geh' in die Oper." In Wirklichkeit gehen sie zum Rendezvous. Bei mir war das genau umgekehrt. Ich habe mich so geniert, weil man mich wegen meiner ewigen Opernbesuche immer ausgelacht hat, daß ich zum Schluß — nur damit es so aussah, als ob auch ich ein normales Leben führen würde — daheim sagte: „Ich hab' ein Rendezvous", und in Wirklichkeit war ich bei den „Meistersingern" oder in „Palestrina". Und wenn mir am nächsten Tag jemand gesagt hat, die Elsa von gestern war dick — für mich war sie schöner als die Greta Garbo.

Das sind alles Dinge, die zur Klubmitgliedschaft berechtigen.

Die Opernwelt von heute kann einem nur dann ehrliche Freude machen, wenn man sich darüber klar ist, daß von der Opernwelt, in der *ich* aufgewachsen bin, kein Stein mehr steht. Das hat nichts mit der üblichen Sentimentalität älterer Opernbesucher zu tun. Ich freue mich, in der Opernwelt von heute berufstätig zu sein, aber nach fünfzehntausend Abenden sieht und hört man anders. Davon, daß man sich einredet, die tote Geliebte lebt noch, wird sie nicht mehr lebendig.

In meiner Jugendzeit waren das wichtigste — die neuen Opern, die damals geschrieben wurden. Ich habe noch die letzten Ausläufer einer Zeit erlebt, da im Mittelpunkt der täglichen Gespräche Fragen standen wie: „Was schreibt jetzt eigentlich der Puccini? Wie weit ist er mit der ‚Turandot'? Und was macht der Richard Strauss? Hat der Pfitzner schon sein neues Libretto?" (Kleinere Zeitgenossen, deren Arien wir gepfiffen haben, erscheinen uns heute als Titanen — d'Albert, Mascagni, Korngold usw.)

Das alles hat uns unendlich interessiert, und jeder Erfolg oder Mißerfolg einer neuen Oper daheim oder jenseits der Grenzen war aufregender als die aufregendste Politik. Wir haben die zeitgenössische Oper von damals sofort voll gewürdigt, weil sie lebendig war. In meinem ersten Opernjahr war die „Ariadne" schon klassisch — dabei war sie ganze acht Jahre alt!

Das war zwischen der Renaissancezeit (als die Geburtsstunde der Oper schlug) und dem zweiten Drittel des 18. Jahrhunderts durchaus nicht so. Aber von den Anfängen Mozarts an hat die neue Musikgattung das Publikum bis in das erste Drittel des 20. Jahrhunderts hinein brennend interessiert. Während dieser einzigartigen Zeitspanne wurden jene Werke geschaffen, die vom ersten Tag an die Menschen begleiteten und in den Seelen ihre Spuren hinterließen. Wenn ein Mensch zum erstenmal die „Zauberflöte", die „Aida", den „Tristan" oder den „Rosenkavalier" hört und dabei seine Liebe zur Oper entdeckt, ändert sich etwas in seinem Leben.

Seit etwa vierzig Jahren ist das anders geworden. Nicht daß es keine Opernfreunde mehr gäbe — aber wo blieben die neuen Opern? Opern, die so lebendig wären, daß man von nichts anderem redet? Und die sich auf den Spielplänen der Opernhäuser auch halten?

Der Opernfreund von heute lebt sozusagen vom Kapital. Sind daran wirklich nur Film und Fernsehen schuld?

Für mich ist die Oper die Darstellung eines menschlichen Schicksals, ernst oder heiter, getragen vom Glanz der menschlichen Stimme — und wenigstens *eine* Melodie daraus muß uns ein Leben lang begleiten. Vielleicht wird die Nachwelt manchen neueren Werken unserer Zeit mehr Gerechtigkeit widerfahren lassen als wir; fest steht, daß es in der Geschichte der Oper seit Gluck keine Periode mit so wenigen erfolgreichen Opern gegeben hat wie die letzten vierzig Jahre. Ich lese so viel vom „musikalischen Theater", das die alte Oper ablösen soll. Nur: wo das Abonnement die Leute nicht hineinschleust, bleibt das Haus leer. Nicht nur im phäakischen Wien, sondern auch dort, wo man gerne vom „Theater im geistigen Raum" redet. Denn das Publikum streikt überall unweigerlich, wenn in einer Oper das edelste Instrument, die menschliche Stimme, behandelt wird wie eine Pauke.

Aber wer will schon einen Opernerfolg? Der Komponist will sich nicht wegen einer Melodie (angenommen, es würde ihm eine einfallen) von der Avantgardekritik als altmodisch bezeichnen lassen. Wenn er statt dessen versucht, „modern um jeden Preis" zu sein, dann gibt es für ihn interessante Möglichkeiten, zum Beispiel hochdotierte Kompositionsaufträge von ersten Bühnen. Er wird zwar nicht oft gespielt werden, aber er erregt Aufsehen. Unsere Ära der Erschließung des Weltraums hat auch eine Welt von neuen Klängen erschlossen, und die elektronische Musik hat sicherlich eine neue Farbe geschaffen. Wird sie aber zu neuen Publikumsopern führen?

Viele dieser Komponisten fallen bei einem anderen Test durch: sie erkennen nämlich beim Anhören ihre eigenen Werke nicht. Das ist bei Divertimenti für sieben zerschlagene Nachttöpfe und eine Viola auch nicht so leicht.

Aber auch der Operndirektor kann heute einen echten Publikumserfolg im Grunde nicht brauchen. Der bloße Gedanke an den alten Wiener Hofoperndirektor Hans Gregor, der den „Gaukler unserer lieben Frau" von Massenet im ersten Jahr (1912) zweiundfünfzigmal angesetzt hat, ist ein Schreckgespenst.

Da man heute durch das Vollabonnement ein Stück nicht sehr oft ansetzen kann, wird ein Erfolg nicht ausgenützt, ein Durchfall verschleiert. Das führt zu Lethargie. So wird eigentlich schon von vornherein auf den Durchfall disponiert. Er stört auch niemanden — aber wie entsetzlich stört ein Erfolg! Die Leute stürmen die Kassen und kriegen keine Karten. Die Presse schimpft über Fehldispositionen der Direktion. Die Sänger, die man angesichts des vorausgeplanten Durchfalls ruhig zu ihren Terminen in alle Welt ziehen ließ, können nicht mehr zurückgerufen werden. Im Grunde ist das alles für den Herrn Direktor peinlich und unfein. Manchmal wünscht man sich dort oben den guten alten Theaterhasen La Roche.

Die gesamte Kunstform befindet sich in einer schöpferischen Krise, und niemand weiß, wann sich die Oper wieder erholen wird. Wir Jungen hatten beides: die Klassik wie die lebendige Moderne. Mit dem Schwinden des Interesses an den neuen Werken begann die Diktatur der szenischen Gestaltung der alten.

Früher war das Zimmer im ersten Akt „Figaro" eben ein Zimmer; es war einmal besser, einmal schlechter gemalt, es hatte zwei oder hatte drei Türen. Das Gesprächsthema aber, wie der Regisseur es „aufgefaßt" hat, war uns zu uninteressant. Ja, wird man mir entgegnen, das war eben Anno Schnee. Da war man noch naiv. Da war man noch anspruchslos. Heute verlangt man — nein, heute *sieht* man einfach mehr als damals. Das optische Zeitalter des Films und des Fernsehens hat den Blick geschult, hat uns „die Augen geöffnet"... Vielleicht. Aber dafür auch die Ohren zugestopft.

Wenn wir schon von früher reden: Damals hat man die Oper viel ernster genommen. „Ein Maskenball" wurde von der politischen Zensur verboten, und über der „Stummen von Portici" ist in Brüssel 1830 die Revolution gegen die Niederlande ausgebrochen. Und noch etwas kommt dazu: Die szenische Gestaltung jener Jahrzehnte hatte vom Publikum eine sehr hohe Meinung, sie vertraute nämlich der menschlichen Phantasie. Wenn wir in meiner Jugend in Meyerbeers „Hugenotten" gingen, sahen wir auf der Bühne den Prospekt eines Parks mit einem französischen Schloß. Dieser von einem vielleicht nicht prominenten Theatermaler zusammengepinselte Prospekt hätte als Reisebüroreklame keinen Touristen nach Frankreich gelockt — aber Meyerbeers Musik und unsere Phantasie erbauten das Schloß.

Heute erzeugt die Oper keine Revolutionen mehr, dafür wurde sie das Spielzeug der Regisseure. Wir würden eigentlich von ihnen erwarten, daß sie die ganze moderne Technik in den Dienst der Meisterwerke stellen. Das ereignet sich auch gelegentlich. Aber wie bitter müssen wir für ein paar Meisterregien eines Zeffirelli, Schenk, Rennert und einiger anderer immer wieder büßen.

Viele Regisseure mißtrauen nicht nur der Phantasie des Publikums und der Macht der Musik, sondern sie fühlen sich als vom Himmel gesandte Retter der Oper, die sie im Grunde tief verachten.

Ihre Rettungsaktionen vollziehen sich in verschiedenen Etappen. Zunächst verhindern die Regisseure das Spielen von ungefähr der Hälfte des traditionellen Repertoires, wozu ihnen ihre diktatorische Stellung innerhalb des Opernbetriebes die Macht gibt. Sie sind besonders stolz, wenn sie sagen können, daß sie „eigentlich vom Schauspiel her kommen" (welcher Schneider ist stolz darauf, daß er eigentlich von der Schusterei her kommt?). Zu den verbannten Opern gehören alle, die sie nicht kennen, und das ist die Mehrzahl — besonders aber die sogenannten „Stehopern". Das sind alle jene, in welchen so unerträgliche Dinge dominieren wie Arien, Duette und Chöre. Im Berufsjargon der fachmännisch getarnten Ignoranz heißt das: „Zu ‚Aida' habe ich keine Beziehung."

Daß jemand da oben auf der Bühne eine Arie singt und dabei nicht in jeder Sekunde irgend etwas Originelles tun kann, ist solchen Männern total unbegreiflich. Kann die Arie nicht gestrichen werden, dann machen sie aus dem Sänger oder der Sängerin eine Mickymaus, die für „Bin das Faktotum der Schönen Welt" bei jeder Silbe ein ganzes Ballett eingelernt bekommt, was manchmal zur Folge hat, daß nur Anfänger oder drittklassige Sänger da mittun, die anderen verlassen schon bei der ersten derartigen Anweisung die Bühne.

Kommt so einem Regisseur endlich ein Werk unter, zu dem er unglückseligerweise eine Beziehung hat, dann setzt eine weitere Etappe der Rettungsaktion ein, nämlich das völlige Ignorieren der szenischen Vorschriften der Autoren. Ich glaube, daß hier die Copyrightbestimmungen eine echte Gesetzeslücke aufweisen. Der „Rosenkavalier" beginnt mit den Worten „Wie du warst! Wie du bist!" Wenn ich heute singen lassen wollte: „Wie du bist! Wie du warst!", würde der Verlag Einspruch erheben. Lasse ich aber den ersten Akt, anstatt im Schlafzimmer der Marschallin, auf leerer Bühne vor einem fünf Meter hohen Phallussymbol spielen, so kann sich niemand dagegen wehren. Und fraglos werden sich Stimmen melden, die das sehr modern finden. Bezieht sich denn der Copyrightschutz nicht auch auf die szenischen Anweisungen? Oberstes Gesetz: Anders um jeden Preis, optisch nicht zur Ruhe kommen lassen, möglichst alles sichtbar ausdeuten. Die Musik langweilt so viele Regisseure tödlich, darum ist auch die szenische Illustration von Ouvertüren ein beliebter Scherz. Wir haben schon das „Aida"-Vorspiel mit wandelnden Kamelen, fatamorganagleichen Visionen ägyptischer Pyramiden und ähnlichem Plunder erlebt.

Eigentlich muß ich diesen Herren, die so die Oper bis zur völligen Unkenntlichkeit entstellen, sehr dankbar sein. Sie sind meine Brotgeber. Wenn ich mich heute im Fernsehen hinstelle und als „Opernführer" erzähle, daß „Elektra" in Griechenland spielt, gelte ich bereits als enormer Fachmann, weil man diese nicht ganz unwichtige Tatsache in vielen Inszenierungen nicht mehr merkt.

Die Oper hat die Diktatur der Primadonnen und die Despotie der Stardirigenten überlebt — jetzt bedroht der außermusikalische Mörder ihren innersten Lebensnerv.

Die Opernhäuser sind voll, vielleicht voller als je zuvor. Es gehen heute mehr Leute in die Oper als früher, aber ihre Bindung an das Haus ist geringer. Ein Abonnent bekommt sechs Vorstellungen im Jahr, seinerzeit gab es Abonnements für „jeden vierten Tag". Das Publikum jubelt. Wie oft schaue ich zum Stehparterre hin und suche den Platz, wo ich aufgewachsen bin: ganz links, wo es so schmal wird, im „linken Kipfel". Dort stand die Elite... Ich freue mich, wenn ich die Gesichter der jungen Leute sehe, die sich an der Oper begeistern. Wir hatten es ein bißchen unbequemer. Damals gab es noch nicht die langen Querstangen, an die man sich heute im Stehparterre und auf der Galerie anlehnen kann. Wir standen frei. Es war noch ein Stehplatz, kein Lehnplatz. Auch mit dem Anstellen war es ganz anders. Bei einer normalen Opernvorstellung kamen wir gleich nach der Schule, gegen halb zwei, zur Oper und standen zunächst unter den Arkaden an der Kärntner Straße. Einlaß war um fünf. Dann standen wir im Inneren, eine Stunde vor Beginn bekam man die Karten, wir stürmten zum Stehparterre und standen dann dort bis zum Fallen des Eisernen. Heute ist das einfacher: Um sechs Uhr früh werden numerierte Marken ausgegeben, man nimmt sich eine, verschwindet und muß erst drei Stunden vor Vorstellungsbeginn wieder erscheinen.

Bei Sensationsvorstellungen freilich muß man genau wie früher die ganze Nacht dort sein, um bei der Markenverteilung noch dranzukommen. Diese Einteilung ist notwendig, weil heute die meisten jungen Leute berufstätig sind. Mich aber wundert es noch immer, wenn ich um drei Uhr vorbeikomme, und es steht niemand dort.

Zu Hause liegen Berge von Schallplatten, Radio und Fernsehen bringen die Oper in jedes Haus, so daß sie Massen erreicht, die sie früher nie erreicht hat. Aber früher hat man sich oft wochenlang auf einen Opernbesuch vorbereitet, im besten Anzug ging oder fuhr man zu der Musik, die heute beim Zähneputzen zu uns kommt; wir empfangen sie viel respektloser als früher. Wer sich damals den Pilgerchor auf dem Klavier erklimpert hatte, war im „Tannhäuser" mehr zu Hause als viele, die drei Stereoaufnahmen zu Hause liegen haben, geöffnet oder ungeöffnet. Man wußte mehr über die Oper.

Heute spricht man über die Stars, ihre Launen, ihre Gagen, ihre Traumvillen. Man weiß, wer mit wem liiert, wer mit wem böse ist. Leute diskutieren erregt die neueste „Bohème"-Inszenierung, die nicht wissen, was in der „Bohème" vorkommt, außer daß darin eine Lungenkranke — „Ende vor 22 Uhr" — stirbt. Der Komponist heißt Puccini, es gibt ein paar schöne Arien, eine mit einem eiskalten Händchen, und im dritten Akt schneit es. Was ist über den alten Ladenhüter sonst noch viel zu sagen?

Viele Regisseure sind die Bundesgenossen der Ignoranz. In Deutschland ließ ein junger Regisseur den Marcel im ersten Akt ein Aktmodell malen. Bravo! Sex ist die Parole! Die alten Schinken müssen durch das aufgelockert werden, was die Menschen von heute fesselt! Leider aber sagt Marcel im Textbuch klar und deutlich, was er malt — nämlich den Durchzug der Juden durch das Rote Meer, und zwar jenen Augenblick, in welchem sich die Wogen über dem Verfolger Pharao schließen.

Die Legende von den „dummen alten Operntexten" hält sich durch die Generationen. Ich bin der Meinung, daß die Operntexte im allgemeinen sehr gut sind. Das gigantische Experiment, Menschen auf der Bühne singen statt reden zu lassen, ist im Lauf der letzten dreihundert Jahre zirka siebzig- bis achtzigmal, vielleicht hundertmal, gelungen. Diese Werke stehen in jeder Richtung auf einsamer Höhe, auch vom Buch her. Es sind meistens Stücke, die entweder auf Weltliteratur beruhen oder auf glänzenden Originalstoffen. Viele Libretti gehen auf effektvolle Theaterstücke zurück. „Der Troubadour", das Schulbeispiel für einen unsinnigen Operntext, war vor der Komposition durch Verdi ein sehr populäres Sprechstück. Hat das auch niemand verstanden?

Oft hält man Opernbücher für schlecht, weil man sie nur in holprigen Übersetzungen kennt. Heute wird meistens in der Originalsprache gesungen, was sicherlich schöner klingt. Da die Opernsänger ihre Rollen in der ganzen Welt singen, ist das auch eine Notwendigkeit. Nur kriegt man ein Textbuch in die Hand, das man oft nicht versteht, russisch, italienisch, französisch. Jetzt kennt man die Oper noch weniger.

Stöbert man in den Regalen der Musikantiquariate, so findet man, wenn man Glück hat, noch vereinzelt alte Broschüren, die heute als unverkäuflich gelten und nicht mehr neu aufgelegt werden könnten. Es sind — Opernführer. Ich meine nicht die Bücher, die man heute so nennt, wo auf ein bis zwei Druckseiten „alles über ‚Carmen'" zu finden ist und die hundert Werke in einem Band verwursten, mit der Inhaltsangabe von „Butterfly" und dem Hinweis, daß die Musik zur italienischen Schule nach Verdi gehört, exotisch klingt und sehr schön ist. Stöbert man gründlich genug, dann kann man von manchen Repertoireopern zehn bis fünfzehn verschiedene Opernführer finden, viele davon bis zu siebzig, achtzig Seiten stark. Über eine so abgedroschene Sache wie „Madame Butterfly", die jeder zu kennen glaubt, gibt es eine ganze Menge zu sagen! Hat Madame Butterfly wirklich gelebt? Was kommt in dem Missionarsbericht vor, der ihr Schicksal schildert? Welche japanischen Originalmotive hat Puccini verwendet? Und wie? Inmitten der japanisierenden Exotismen kommt Butterfly mit dem unjapanischsten Auftrittslied, denn sie liebt den amerikanischen Offizier. Wenn Pinkerton sie verläßt, stirbt sie unter dem Fortissimo fernöstlicher Pentatonik. Nach welchem Recht durfte Pinkerton die kleine Geisha in Gegenwart des amerikanischen Konsuls heiraten und dann mir nichts, dir nichts verlassen? Eine andere Frau nehmen, ohne wegen Bigamie angeklagt zu werden? Warum heißt der Tenor im italienischen Text Pinkerton, im deutschen Linkerton? Und wenn Cho-Cho-San im zweiten Akt betet, zu welchen Göttern betet sie? Warum verwendet Puccini das Sternenbannerlied? War es damals schon die amerikanische Hymne? Was steht in dem Sprechdrama, das dem Libretto zugrunde liegt? Wieso konnte „Madame Butterfly" bei der Uraufführung an der Mailänder Scala ausgezischt werden? Was hat Puccini später geändert? Dreißig Partiturseiten entschieden über Durchfall oder Welterfolg. Welche?

Ich weiß genau, daß man auch ohne all das mit „Butterfly" einen schönen Abend verbringen kann (bei „Parsifal" und „Frau ohne Schatten" möchte ich es bezweifeln). An der Universität, am Reinhardt-Seminar und an der Opernabteilung der Musikhochschule, wo ich unterrichte, habe ich jedoch bei meinen Hörern oft feststellen können, wie sehr Kenntnis die Freude noch erhöht.

Heute hört man oft die Meinung, daß man sich eine Oper nur mehr unter dem größten Dirigenten der Welt und mit mindestens vier Weltstars anhören kann. Die landläufigen Kaffeehausschlagworte „Qualität", „Perfektion", „Präzision" sind Lieblingsrequisiten vieler Unmusikalischer, die keinen Takt der Musik kennen und kein Wort der Handlung wissen. Das ist ein Produkt des Stereozeitalters („Gestern hab' ich zehn Stunden Stereo gehört — was, hab' ich vergessen"). Ich habe auch mein Stereogerät zu Hause, es bereitet mir große Freude. Aber die Gesetze der Schallplatte gelten nicht für eine lebendige Opernvorstellung. Hier sind es Menschen, die leben, lieben, sterben, leiden, lachen, weinen, ihren Ton erwischen oder nicht erwischen. Jede lebendige Opernvorstellung braucht auch etwas von einem Stierkampf oder einem Match, bei dem man zittert, in welches Tor der Ball gehen wird. Wenn das Publikum ein menschliches Drama voll Spannung erlebt, gehört alles zur Aufregung der Opernvorstellung dazu, sogar der „Gickser" und der „Schmiß". Verdi hat gesagt: „Man soll die Manie, alles vollkommen machen zu wollen, nicht übertreiben, weil man dann Gefahr läuft, zuwenig oder gar nichts zustande zu bringen."

Heute diktiert die mechanische Musik. Sie bietet uns etwas ganz Neues: die Opernvorstellung zum Wiederhören. Es ist selbstverständlich, daß auf einer Platte, die man abspielen kann, sooft sie es aushält, kein Patzer und kein Schmiß drauf sein darf. Nur darf das Perfektionsideal der Schallplatte nicht ins Opernhaus übertragen werden und dort die Spontaneität zersetzen.

Im Schallplattenstudio wird ein Werk in zahllosen kleinen Raten aufgenommen. Die Arie wird x-mal gesungen, und die besten Stellen aus den x Aufnahmen werden zusammengeschnitten. Wenn das hohe C oder F bei der ersten Aufnahme mißlungen ist, gelingt es vielleicht bei der zweiten. Wenn es auch dann noch nicht gelingt, kann es nach einer Stunde einzeln aufgenommen und in die Arie hineingeschnitten werden. Ist es zu kurz, kann es mechanisch verlängert werden. Wenn es gar nicht gelingt — das ist auch schon vorgekommen —, kann eine andere Sängerin diesen einen Ton singen. Am Schluß bewundert man dann die Perfektion und Präzision dieser Arie, die so nie gesungen wurde...

Es kann bei einer Rate einer solchen Aufnahme vorkommen, daß der Dirigent zufrieden war, ebenso die Sänger und das Orchester. Da kommt der Tonregisseur aus dem Abhörraum und stellt nach der Partitur fest, daß eine Achtelnote statt einer Sechzehntelnote gespielt wurde, und die Rate wird wiederholt. Die Wiederholung gelingt vielleicht perfektionsreicher, aber vielleicht spannungsärmer.

Das Gespenst dieses Tonregisseurs geht heute auch in der lebendigen Opernvorstellung um. Man kann von keinem Sänger verlangen, daß er seine Rolle in zwei Versionen studiert, für die mechanische Wiedergabe und für die lebendige Opernvorstellung. Unter dem Druck des Zwanges zur absoluten Präzision und Perfektion muß die Unmittelbarkeit der Gestaltung leiden. Die Zeiten sind endgültig vorbei, wo ein Richard Strauss zur Oboe gesagt hat: „Schmieren S' nur drüber, mir g'fallt's eh besser so!" und: „Die Jeritza g'fallt mir, wenn sie patzt."

Natürlich bezog sich das nur auf die Großen, die aus der Kraft ihrer Persönlichkeit den Abend heißlaufen ließen. Wer das nicht kann, soll lieber richtig singen.

Wenn man über die Opernwelt von heute mitreden will, muß man gewisse Begriffe kennen, die in den Gesprächen unweigerlich auftauchen werden: Ensembletheater, Repertoiretheater, Stagionetheater... Die gesamte Geschichte der italienischen Oper beruht auf dem Stagionetheater. Stagione heißt Jahreszeit: die Opernhäuser haben nur zu bestimmten Zeiten des Jahres gespielt, vor allem im Herbst und im Karneval. Die Operntheater waren im Grunde nichts anderes als vier Wände, in die von Stagione zu Stagione derselbe oder ein anderer Impresario mit seiner Truppe einzog. Die Truppe wurde von Stagione zu Stagione neu zusammengestellt. Da es große Zeiten des Opernschaffens waren, war der Impresario in der glücklichen Lage, sich für seine nächste Stagione bei Herrn Donizetti, Herrn Bellini oder Herrn Verdi immer wieder eine neue Oper bestellen zu können. Manchmal fiel sie durch, manchmal war es ein „Troubadour". Wo der Impresario das Geld hernahm, war seine Sache. Die Aristokratie war sein Mäzen; wenn das nicht genügte, führte er zugleich mit dem Theater ein Spielcasino. Noch Rossini war in Neapel vertraglich an den Einkünften seiner Opern und am Roulette beteiligt. Opern wurden damals ähnlich produziert wie heute in Amerika die Musicals, bei denen private „angels" das Geld hergeben. Staatliche Subventionen gab es nicht. Deshalb mußten damals die Opern, wie heute die Musicals, von vornherein auf Erfolg produziert werden. Fiel die Oper durch, hatte die ganze Truppe am nächsten Tag nichts zu essen. In Amerika findet man bei einem richtigen Musicaldurchfall am nächsten Tag das Theater bereits geschlossen, und keiner der Beteiligten kriegt mehr seine Post. Der genaue Gegensatz des Stagionetheaters ist das Ensembletheater, die Basis der Opernpraxis im gesamten deutschen Raum. Hier ist eine größere Zahl von Sängern aller Fächer auf lange Zeit zum Spielen eines reichhaltigen Repertoires an ein Operntheater gebunden. Nach den kulturellen Begriffen in Österreich und Deutschland ist das Ensembletheater die ethische und geistige Rechtfertigung der Staatssubvention. Sein Wesen besteht darin, daß die Menschen zu jeder Zeit die großen Meisterwerke der Oper hören können. Nur in dieser Form wird die Oper zur Erziehungsanstalt, die mit gutem Grund dem Unterrichtsministerium untersteht.

Welche Form ist besser? Das ist Geschmackssache. Aber jede der beiden vertritt ein anderes Prinzip des Theaters.

Beim Stagionetheater zeigt man nur eine ganz beschränkte Anzahl von Werken, welche die auf kurze Zeit versammelte Truppe spielen kann. Man hat die Möglichkeit, unter sämtlichen freien Sängern die bestmöglichen für diese Werke zu wählen — anderseits muß man bei diesem System oft lange Jahre warten, ehe man ein bestimmtes Werk hören kann. Beim Ensembletheater hat man die Möglichkeit, ein reichhaltiges Repertoire zu spielen, selbst auf die Gefahr hin, daß einmal eine Rolle nicht optimal besetzt ist. Noch heute herrscht in Italien das Stagionetheater. Unter Umständen kann man in einer Saison von Bologna oder Palermo keinen Sängernamen aus dem Vorjahr finden. Beim Stagionetheater hat der Sänger keine innere Bindung an das Haus — als aber meine liebe Mimi Peham 1916 vom Gebäudeverwalter Emanuel Ritter von Karajan, dem Onkel des Dirigenten, in das Büro der Hofoper engagiert wurde (1969 hat sie mir, fesch und lustig auf demselben Sessel sitzend, Informationen für dieses Buch gegeben), da mußte sie einen Treueid *auf das Haus* ablegen.

Vom Ensembletheater erwartet man sich, daß es zum Repertoiretheater wird: Ein Opernbesucher, der fünf Jahre lang das Haus regelmäßig besucht, müßte mit den führenden Werken aller Epochen der Operngeschichte vertraut werden, mit der Barockoper wie mit der modernen, mit der deutschen romantischen Oper wie mit der französischen Spieloper, mit dem italienischen Verismus, der slawischen Oper und der Grand Opéra. Schlecht wird es nur, wenn sich die Nachteile beider Prinzipien vereinigen: wenn man mit dem Ensembletheater nur die abgedroschensten Stücke spielt und im Stagionetheater zweitklassige Sänger holt.

Im praktischen Betrieb von heute finden wir fast in der ganzen Welt nur Mischformen. An der Wiener Oper liegt der Unterschied zwischen einem Ensemblemitglied, das dreißig Auftritte im Jahr hat, und einem für dreißig Abende verpflichteten Gast fast nur mehr in der Pensionsberechtigung. An der Mailänder Scala sind die kleinen Sänger (comprimarii) auf längere Dauer verpflichtet, für die Hauptrollen besteht das reine Stagioneprinzip.

An der Metropolitan in New York besteht eine der Hauptkünste des Generalmanagers im erfolgreichen

„Schnorren". Vom Staat kriegt er nichts, aber er hat einen sechsten Sinn dafür, wann wer etwas „ausläßt". Er hat seine regelmäßigen „Unterstützer", und wenn er Glück hat, stirbt auch noch einer und hinterläßt ihm Geld unter der Bedingung, Flotows „Martha" neu zu inszenieren. Herbert von Karajan ist ein passionierter Flieger, also haben die Eastern Airlines Karajans Nibelungenring an der „Met" finanziert. Es ist ganz erstaunlich, was für interessante Spielpläne dabei herauskommen. An der „Met" kann man die gängigen Repertoireopern hören, aber außerdem auch amerikanische Uraufführungen, vergessene Kostbarkeiten wie „Die Nachtwandlerin" von Bellini und „Romeo und Julia" von Gounod — und auch den „Wozzeck" mit Christa Ludwig, Walter Berry und Karl Dönch.

Die großen Sänger singen heute an allen Opernhäusern der Welt. Die moderne Sängergeneration ist härter und realistischer als die von früher. Die Diva, die bis zwölf Uhr schlief und nicht zum Telephon kam, gibt es nicht mehr. Auch nicht mehr den Star, der zweimal pro Woche sang und dazwischen im Kaffeehaus saß, studierte und sich während der dreißig oder vierzig Jahre seiner Karriere schonte. Heute, im Jet-Zeitalter, sind sie mobil, arbeiten nach einem Vierundzwanzigstundenplan, dafür dauern selbst Spitzenkarrieren oft nur zehn Jahre.

In diesem Buch will ich versuchen, von der Wiener Oper zu erzählen, Geschichte und Geschichten. Wer immer aus der ganzen Welt nach Wien kommt, ist dem Zauber unserer Staatsoper verfallen. Trotzdem ist es sehr schwer, zu präzisieren, was denn eigentlich den Glanz des Hauses am Ring von dem anderer Opernhäuser unterscheidet. Man liest so oft, daß es die größten Sänger waren, die der Wiener Oper ihr Gepräge gegeben haben. Das stimmt, und stimmt nicht. Die Hauptgestalten in einer Weltgeschichte des Operngesanges haben in Wien nur als Gäste gesungen: Caruso, Gigli, Schaljapin usw. In der Geschichte der Metropolitan gab es unvergleichlich mehr Abende mit solchen Namen. Aber niemals noch hat es — wie in Wien — ein Operntheater gegeben, an das großartige Künstler mit wundervollen Stimmen, mit Charme und Persönlichkeit (wenn auch nicht unbedingt die größten Weltstars) so lange und zu so intensivem Wirken gebunden waren, immer an ein und dasselbe Haus. Caruso und Gigli gaben an der Metropolitan ihre Glanzabende, so wie sie sie in der ganzen Welt gegeben haben — die Künstler jedoch, die den Zauber der Wiener Oper schufen und weiterhin schaffen, haben ein Leben dem Haus am Ring gewidmet und hier eine Opernkunst begründet und entwickelt, die es anderswo nicht gibt.

Ein tiefes Geheimnis der Wiener Oper liegt auch in etwas anderem.

Man hat einmal gesagt, daß die Grundlage für die Qualität eines Opernhauses all das ist, was sich vorher in einem solchen Haus ereignet hat. Irgendwie singt in der Wiener Staatsoper noch heute der Piccaver, dirigiert noch immer Richard Strauss; im Publikum sitzen Leute, die an bestimmten Stellen die Phrasierung der Nilsson noch mit der der Jeritza vergleichen, und das Orchester spielt aus Stimmen mit Eintragungen nach Krauss und Karajan... Man liest so oft, daß die Wiener Oper in ihrem Spielplan seit jeher die typische Hochburg des Wiener Ultrakonservativismus dargestellt hat. Genau das Gegenteil ist wahr. Ultrakonservativ war die Presse, die Richard Wagner und Richard Strauss in Wien verrissen hat — was das Publikum betrifft, war Wien eine Pionierstadt für beide. Solange publikumswirksame Erfolgsopern geschrieben wurden, hat man sie in Wien sofort gehört.

Ich komme sehr viel herum. Ich pendle hauptsächlich zwischen Amerika und Europa, reise bald in diese, bald in jene Stadt, für Fernsehen und Rundfunk oder in meiner Eigenschaft als Operndramaturg. Wo immer ich gerade bin, dort gehe ich natürlich am Abend in die Oper. Ich verfüge also über Vergleichsmaterial. Die Wiener Oper hat nicht die beste Publicity. Ein Publicity-Department im Sinne westlicher Industrieunternehmungen besteht überhaupt nicht. Die Wiener nörgeln gerne, und die Presse des Auslandes findet unsere Staatsoper manchmal altmodisch. Auf der anderen Seite gibt es Opernhäuser mit glänzend funktionierender Publicity, die ihre Qualität hauptsächlich auf dem Papier haben, in Form von Interviews scharfzüngiger Intendanten, die in propagandistischen Artikeln und Reden ihr „Musiktheater des Intellekts" oder „die Sendung der Musik im 20. Jahrhundert" oder „die zeitgemäße Umformung des Musiktheaters" erläutern. Nur den „Rigoletto" dürfen Sie sich dort nicht anhören. Viele Intendanten solcher Häuser legen gegenüber unsereinem eine merkwürdige Solidarität an den Tag. Kommt man aus Wien, dann wissen sie plötzlich trotz ihrer vielen schönen Interviews, daß man sich ihren „Rigoletto" wirklich nicht anhören kann. Bittet man ergebenst um eine Karte für morgen, dann sagt der Intendant mit dem Blick der Verachtung: „Aber ich bitte Sie — ‚Rigoletto'!", und offeriert einem für heute einen Sitz zu seiner neuesten durchgefallenen Auftragsoper (man kann auch mehrere haben).

In Wien kann man sich „Rigoletto" anhören. Es gibt auch hier schlechte Vorstellungen, aber das Risiko ist — heute wie einst — unter allen Opernhäusern der Welt hier vielleicht am kleinsten. Daran hat noch kein Direktor etwas Wesentliches ändern können.

Diese erstaunliche Unabhängigkeit von der Qualität des Direktors ist eines der größten Phänomene der Wiener Oper. In anderen Städten bringt ein guter Direktor die Oper ganz hinauf, und der nächste schlechte bringt sie ganz herunter. Daß es bei uns nicht so ist, kommt von der gigantischen inneren Stärke des Kolosses Wiener Oper und ihrer Künstler. Natürlich auch von der hohen Subvention (die Oper kostet unsere Steuerzahler eine Million Schilling im Tag), aber ebenso von der Kraft der Technik, vom Chor (der auch seine eigenen Konzerte gibt) und vom Ballett. Und wenn es dunkel wird — spielen die Philharmoniker.

Ich habe lange nachgedacht, wie ich den Stoff dieses Buches gliedern soll. Nach Gesellschaftsepochen — Adel, Bürgertum? Nach historischen Perioden — Ringstraßenzeit, Fin de Siècle, Zwischenkriegszeit? Nach Opernstilen — Wagnerzeit, Verismus? Ich habe mich dann entschlossen, in den Mittelpunkt jedes Kapitels die Persönlichkeit eines Direktors zu stellen. Das gab mir die Möglichkeit, eine Kunstepoche am Schicksal eines Menschen mit seinen Träumen, Erfolgen und Niederlagen zu illustrieren.

Es war sehr schwer für mich, diesen Stoff zu gestalten. Schließlich ist es ja die Geschichte von Sängern, die der Leser nicht hört, und von Inszenierungen, die er nicht sieht. Anderseits aber ist es für einen Opernnarren auch wieder ganz leicht, denn er hat manchmal das Gefühl, als wäre er auch in den alten und ältesten Zeiten immer und überall dabeigewesen (wie in einem vorigen Leben, in meinem jetzigen war ich ja auch fast überall dabei). Für mich ist Kaiser Leopold I., wie er 1667 bei seinen Hochzeitsfeierlichkeiten auf dem Burgplatz im großen Roßballett mitritt, durchaus Gegenwart, und wenn ich lese, daß die Barockoper „Il Pomo d'Oro" von Cesti an der Stelle des heutigen Burggartens in einem Holztheater, das der Architekt Burnacini eigens dafür gebaut hatte, mit eintausend Mitwirkenden am 13. und 14. Juli 1668 aufgeführt wurde, dann kann ich nur sagen: ich wäre garantiert dabeigewesen.

Vielleicht hätte ich mich bei den Gluck- und Mozartpremieren im Alten Burgtheater auf dem Michaelerplatz recht zu Hause gefühlt, aber bestimmt nicht im Freihaustheater auf der Wieden, wo es schrecklich eng gewesen sein soll (aber natürlich, wenn mich Direktor Emanuel Schikaneder 1791 zur Welturaufführung der „Zauberflöte" persönlich eingeladen hätte, wäre ich wahrscheinlich doch hingegangen).

Und ebenso zum ersten „Fidelio" 1805 im Theater an der Wien oder zur Premiere der „Hugenotten" im Theater in der Josefstadt. Und auch ich hätte jeden Tag gesagt, daß Wien schon dringend ein neues Opernhaus braucht. Denn Habitué im Kärntnertortheater wäre ich ganz bestimmt gewesen.

Dort fange ich an.

Mein Dank gilt

Herrn Fritz P. Molden für die Einladung, dieses Buch zu schreiben;

dem damaligen Cheflektor des Verlags, Dr. Kurt Eigl, dessen aufopfernde Arbeit das Zustandekommen des Buches überhaupt erst ermöglichte;

dem technischen Stab des Verlages;

Herrn Erich Lessing für seine künstlerischen Farbaufnahmen aus der wiederaufgebauten Staatsoper sowie seiner lieben Frau Traudl Lessing, der die Redaktion sämtlicher Bildessays mit den damit verbundenen mühsamen Recherchen zu danken ist;

dem verstorbenen Staatsoperndirektor Hofrat Dr. Heinrich Reif-Gintl für ein Interview mit interessanten Rückblicken;

dem ehemaligen Volksoperndirektor und jetzigen Generalsekretär der Gesellschaft der Musikfreunde Albert Moser für Gespräche über viele Probleme aus seiner Tätigkeit als Generalsekretär der Staatsoper;

dem verstorbenen Hofrat Ernst August Schneider, Leiter des Künstlerischen Betriebsbüros der Staatsoper, für Informationen über die Kriegsjahre, und der Direktionssekretärin der Staatsoper, Fräulein Mimi Peham, für ihre Hilfe beim Ausgraben alter Besetzungen;

Frau Dr. Sigrid Wiesmann, die durch ihre Fachkenntnisse und ihr Interesse mir bei der ersten Fassung eine unersetzliche Hilfe war und diese erweiterte Fassung lektoratsmäßig betreute;

Kammersänger Peter Klein für die Überlassung seiner großartigen Sammlung von Zeitungsausschnitten, Kammersänger William Wernigk für Einblicke in seine unveröffentlichten Skizzen zur Geschichte der Staatsoper, dem unvergeßlichen Kammersänger Alfred Jerger für ein informatives Gespräch und Staatsopernsänger Heinz Holecek für einige nette Anekdoten;

der 1977 verstorbenen Frau Grete von Kralik für die Artikel ihres verewigten Gatten, Professor Dr. Heinrich von Kralik;

Herrn Dr. Götz Kende, dem Gründer des Clemens-Krauss-Archivs, für wertvolle Hinweise;

Herrn Franz Merkl von der Regiekanzlei der Volksoper für das Auffinden von Besetzungen der Staatsoper in der Volksoper und Herrn Oberinspizienten Adolf Koller für interessante Daten;

Herrn Götz Fischer und Herrn Paul Vetricek für ihre Hilfe beim Exzerpieren von Kritiken und Aufstöbern alter Bilder, Karikaturen und Zeitungsausschnitte;

Frau Dr. Angela Zabrsa, die mir ihre Studien über die Oper in der Kriegszeit, und Fräulein Elisabeth Reisser, die mir ihre Seminararbeiten zur Verfügung stellte;

Frau Lilly Marischka für die operngeschichtliche Sammlung ihrer verewigten Tochter Mädy und Frau Emmy Becker für Kritiken und Programme;

Herrn Dr. Robert Kittler für seine wertvollen Studien über die Geschichte des Balletts und Herrn Hans Rodhelt für interessante Hinweise zum selben Thema;

Herrn Dr. Alexander Witeschnik, der mich auf einige Dokumente aufmerksam gemacht hat;

den Damen und Herren der Österreichischen Nationalbibliothek (besonders im Bildarchiv), des Haus-, Hof- und Staatsarchivs und der Wiener Stadtbibliothek;

meiner ehemaligen Sekretärin, Fräulein Ina Pope, die den größten Teil dieses Buches auf der Maschine geschrieben und mich mitdenkend auf Fehler aufmerksam gemacht hat, etwa wenn ich einmal beim Diktat zu spätester Nachtstunde Franz Lehár zum Komponisten der „Bohème" ernannte —

und allen meinen Freunden in der ganzen Welt, die während der letzten 45 Jahre mit mir über nichts anderes gesprochen haben als über die geliebte Oper. Und natürlich allen denen, die über sie geschrieben haben. Ich glaube, ich habe so ziemlich alles gelesen — was ich von wem habe, weiß ich jedoch nicht mehr. Der nächste Autor braucht auch mich nicht zu zitieren.

M. P.

Das Stadttor, von welchem das Kärntnerthortheater den Namen hatte, ist rechts in der Mauer zu sehen. Der Bau selbst blickte mit dem Eingang zur Albertina, die Rückseite befand sich in der Kärntner Straße beim „Komödien-Bierhaus", das als Kantine diente. Bis 1810 bot das Theater einen gemischten Spielplan, ab dann ausschließlich Opern und Ballette. Hier dirigierten Beethoven, Verdi, Donizetti, Nicolai. 1870 wurde der Bau abgerissen, an seiner Stelle entstand das Hotel Sacher, das sich verpflichten mußte, keine Opern aufzuführen! (Ob sich die neue Hofoper ihrerseits verpflichtete, keine Sachertorten zu backen, wissen wir nicht.)

Das „k. k. Hof-Operntheater nächst dem Kärnthnerthore"

Einer der Beherrscher des damaligen Repertoires war Giacomo Meyerbeer: Prunkvolle Ausstattungen und Stimmenprunk. Wien blieb bis in die dreißiger Jahre unseres Jahrhunderts eine Hochburg des Meyerbeer-Kultes.

Linke Seite oben: Szenenbild aus der 1850 von Meyerbeer selbst einstudierten Oper „Der Prophet". Mitte: der Kerker aus „Die Afrikanerin", die erst 1866, nach Meyerbeers Tod, in Szene ging und prompt mit Josefine Gallmeyer als „Afrikanerin in Kagran" parodiert wurde. Unten: Dekoration aus „Die Hugenotten", die erst 1848 nach Überwindung großer Zensurschwierigkeiten an der Hofoper gespielt werden durften. — Rechte Seite: Der Zuschauerraum des Kärntnerthortheaters mit seinen fünf Rängen und dem bis zur Mitte reichenden Stehparterre. Aus den hier noch mit dem Rücken zum Publikum sitzenden Musikern schuf Nicolai die Wiener Philharmoniker.

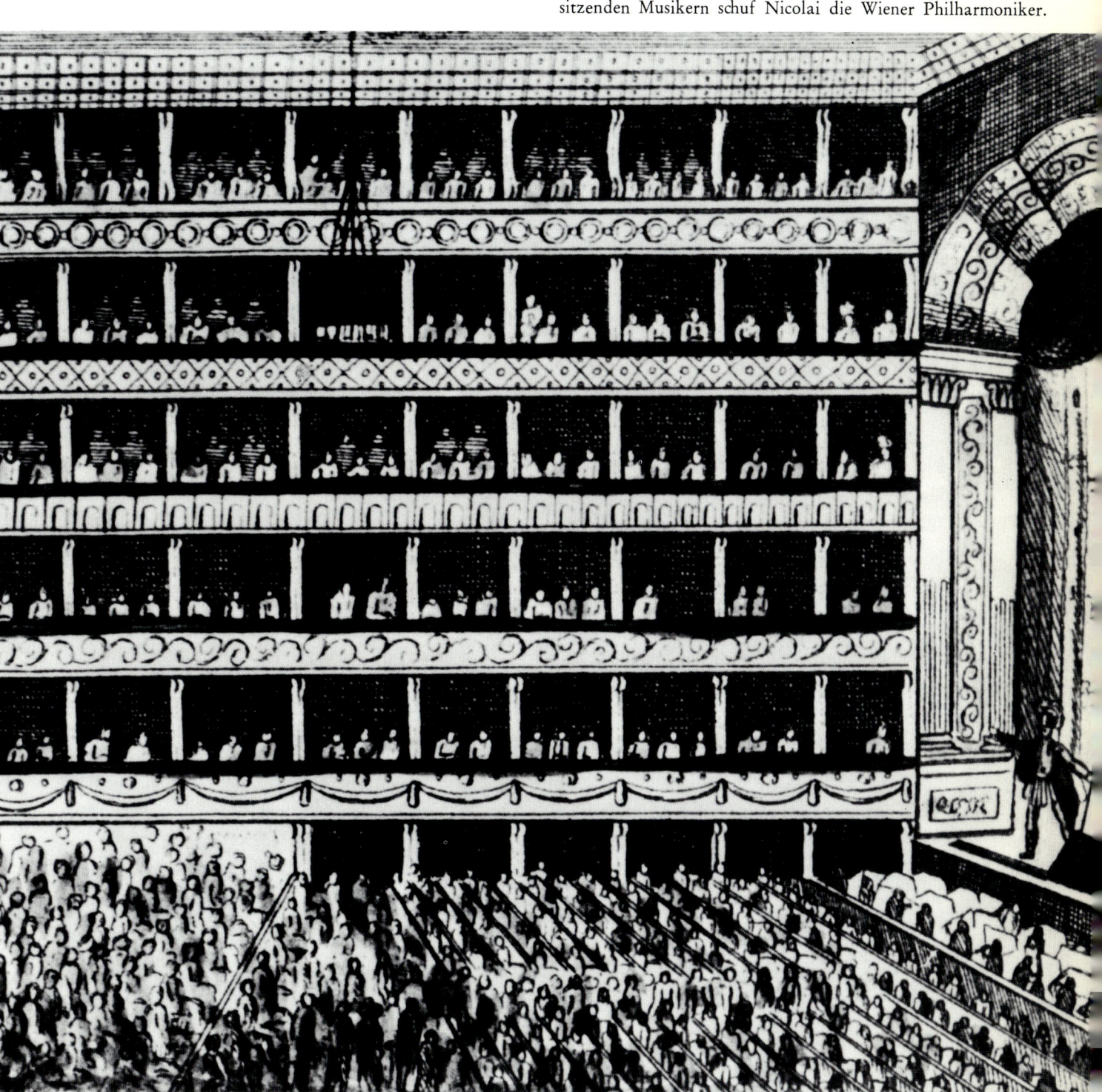

Das war die Prominenz des k. k. Hof-Operntheaters im zweiten Drittel des 19. Jahrhunderts — auf den folgenden vier Seiten festgehalten von den Meisterporträtisten Kriehuber (12), L'Allemand (1), Dauthage (1), Winterhalter (1) und Leybold (1).

Von links nach rechts: Conradin Kreutzer, Kapellmeister und seinerzeit sehr populärer Komponist, blieb uns bis heute bekannt durch seine volkstümliche Oper „Das Nachtlager von Granada". — Otto Nicolai, Nachfolger Kreutzers als Dirigent, hinterließ zwei unsterbliche Werke: die Oper „Die lustigen Weiber von Windsor" und die Wiener Philharmoniker; unser Porträt entstand 1842, dem Jahr, in welchem er aus dem „sämmtlichen Orchester-Personale des k. k. Hof-Operntheaters" die heute weltberühmte Institution schuf. — Heinrich Esser, genannt „das musikalische Gewissen der Oper", wurde zum stillen Mitdirektor des Hauses, leitete 1858 die erste Wagner-Vorstellung („Lohengrin") und dirigierte noch im neuen Haus. — Alois Ander, Tenor, von Meyerbeer als erster Wiener Prophet, von Wagner als Lohengrin bewundert, verlor 1864 während einer Aufführung von „Wilhelm Tell" die Stimme, starb geistig umnachtet. — Karl Mayerhofer, zuerst Burgschauspieler, dann beliebter Baßbuffo, 40 Jahre Hofopernmitglied, Solist bei den Wagner-Konzerten 1863 im Theater an der Wien; sang bei der Eröffnungsvorstellung des neuen Hauses („Don Juan") den Masetto. — Johann Nepomuk Beck, lyrischer Bariton, Wiens erster Nelusco („Afrikanerin") und erster Hans Sachs; der Don Juan in der Eröffnungsvorstellung des neuen Hauses.

Oben: Pauline Lucca, Wienerin, genannt „die dämonische Wildkatze", machte im neuen Haus die Carmen populär. Unten: Jenny Lind, „die schwedische Nachtigall", erregte durch ihre Phantasiegage in Meyerbeers „Vielka" am Theater an der Wien den Haß und Neid der schlechter bezahlten Kolleginnen vom Kärntnerthor.

Von Mitte links im Sinn des Uhrzeigers: Louise Dustmann-Meyer, die große Diva der letzten Jahre des alten und der ersten des neuen Hofopernhauses; Wiens erste Elsa, die Donna Anna der Eröffnungsvorstellung. — Henriette Sontag, Rheinländerin, weltberühmter, weitgereister Sopranstar und Wiens erste Euryanthe; die Künstlerin blieb nur wenige Jahre in Wien, starb in Mexiko an der Cholera. — Anna Milder-Hauptmann, hochdramatischer Sopran, geniale Darstellerin, die Beethovens „Fidelio" in allen Fassungen kreierte. — Fanny Elßler, die erste österreichische Tänzerin von Weltruf, auch in Amerika stürmisch gefeiert, begann als Kind am Kärntnerthortheater. — Henriette Treffz, beliebte Opernsoubrette, wurde Johann Strauß' erste Gattin. — Jenny Lutzer, Koloratursängerin, sie wurde später die Gattin Direktor Dingelstedts.

Oben: Anna Zerr, Koloraturdiva, berühmte Lucia; wurde fristlos entlassen und verlor den Titel Kammersängerin, als 1851 ihr Name auf dem Plakat eines Londoner Wohltätigkeitskonzertes für ungarische Revolutionsflüchtlinge von 1848 erschien; der Hof blieb unerbittlich, obwohl sie abgesagt hatte. Unten: Mathilde Wildauer, Koloratursopran, eine der wenigen Sängerinnen, die zugleich Burgschauspielerinnen waren.

Die Spinn Scene aus der Oper „Martha." Text von Friedrich, Musik von Flotow.

Lyonel. Plumkett. Lady. Nancy.

Immer munter dreh' das Rädchen
Auf und runter lass das Brett.
Fein, ihr Mädchen zieht das Fädchen,
Das das Rädchen schnurrend dreht!

Wien im Bureau der Theaterzeitung, Rauhensteingasse.

Die Spinnszene aus Flotows Spieloper „Martha", die eine Auftragsarbeit für die Hofoper war, wo sie 1847 uraufgeführt wurde. Der Mecklenburger Flotow war von der Aufnahme seines Werkes so angetan, daß er sich in Wien niederließ und hier als alter Mann noch die 500. Vorstellung erleben durfte. Auf unserem Bild von links nach rechts: Josef Erl, der seinen Wiener Akzent auch beim Singen nicht verlor, als erster Lyonel; Anna Zerr, im Gegensatz zu Jenny Lind „die schwäbische Nachtigall" genannt, als Lady Harriet, sie sang als erste das Lied „Letzte Rose"; Carl Formes, ein Ungar, der erste Plumkett, wurde gleich seiner Freundin Zerr (siehe umseitig) ebenfalls entlassen, weil er sich als Führer der Studentenlegion an der Revolution von 1848 beteiligte; Therese Schwarz, eine interessante Kontraaltistin, als erste Nancy.

Das gemütlichste Opernhaus der Welt

Das „k. k. Hof-Operntheater nächst dem Kärnthnerthore" 1810 bis 1870

Im Prospekt der Originalsachertorte liest man, daß das Hotel Sacher an der Stelle des 1870 abgerissenen Kärntnertortheaters erbaut wurde, in welchem Alt-Wien seine köstlichsten Opernfeste gefeiert hatte (und daß sich das Hotel bei Erwerbung des Grundes verpflichten mußte, dort keine Opern aufzuführen...). Wo heute das Hotel steht, hatten die Wiener Stadtväter Anno 1708 das „Comödihauss" als bürgerliches Privattheater erbaut. Hier schuf der Hanswurst mit kurzen Opern, die als Intermezzi eingelegt wurden, eine wienerische Abart der Commedia dell'arte. Ein Brand hat dieses Gebäude vernichtet, und 1763 entstand dort das Kärntnertortheater. Es lag — eingeklemmt zwischen einer der engsten Gassen Wiens an der Nordseite und der Bastei an der Südseite — neben den beiden als „Kärnthner Thore" bezeichneten Stadttoren. Der Haupteingang befand sich ungefähr beim heutigen Café Mozart.

Die Wiener hingen mit abgöttischer Liebe an diesem Theater, obwohl es im Grunde schon bei seiner Erbauung ein recht primitives Haus war. Im Lauf der Jahre kaufte oder mietete man benachbarte Häuser, die man durch Gänge oder hängende Brücken mit dem Theater verband, um so Raum für Kanzleien und Garderoben zu schaffen. In diesen Nebengebäuden roch es immer nach dem Dunst der umliegenden Wirtshäuser, deren populärstes das „Komödien-Bierhaus" in der Nähe des Bühnentürls war. Dort warteten engagementlose Schauspieler auf das Glück in der Gestalt durchreisender Agenten. Es kostete auch immer einige Mühe, die Sänger des Kärntnertortheaters im Komödien-Bierhaus zu den Proben zusammenzutrommeln, die auf der Bühne des Redoutensaales in der Hofburg stattfanden.

Das Kärntnertortheater war im Inneren elegant ausgestattet, ein intimes Theater mit fünf (!) Rängen von Logen und entsetzlich engen Ein- und Ausgängen. Unausdenkbar, was bei einer Feuersbrunst geschehen wäre! Pauline Lucca, die später als Carmen eine der Sensationen des neuen Hauses wurde, hat geschildert, wie sie als junges Mädchen auf dem „Olymp" — dem obersten Rang des alten Hauses — bei den italienischen Stagionen mit ihren Freunden aus voller Kehle die Chöre mitsang. Wiener Opernsitten waren damals anders als heute, es war das gemütlichste Opernhaus der Welt.

Das Kärntnertortheater war Hoftheater und die glückliche Bühne einer großen Zeit. Wundervolle Opern wurden geschrieben, und die größten Komponisten der Welt brachten sie hier mit den besten Sängern zur Aufführung. In diesem Haus dirigierte Ludwig van Beethoven 1814 die letzte Fassung des „Fidelio" und 1824, bereits völlig ertaubt, die Uraufführung seiner Neunten Symphonie.

Im 18. Jahrhundert spielten beide Hoftheater — das zweite war das Hofburgtheater in seinem alten Haus am heutigen Michaelerplatz — ein gemischtes Repertoire aus Oper, Ballett und Schauspiel. Zunächst fanden sogar die bedeutenderen musikalischen Ereignisse im Burgtheater statt: hier wirkte Gluck als Kapellmeister, und Mozarts Opern „Die Entführung aus dem Serail", „Die Hochzeit des Figaro", „Don Juan" und „Così fan tutte" wurden am Burgtheater erstaufgeführt — wo man zeitweilig durch Angliederung eines Spielkasinos die Einnahmen zu erhöhen trachtete. Die Repertoiretrennung erfolgte erst 1810: dem Burgtheater wurde das Schauspiel, dem „k. k. Hof-Operntheater nächst dem Kärnthnerthore" die Oper und das Ballett zugewiesen. Damit begann der Übergang von der Oper der Aristokratie zur Oper des aufsteigenden Bürgertums.

Bis zum Revolutionsjahr 1848 wurde das Hofoperntheater von Pächtern geführt. Sie hatten sich beim Oberstkämmerer um die Pacht zu bewerben und erhielten als „Linderung" des Pachtschillings Subventionen, die ständig wuchsen. Besoldete Direktoren, die man beruft und unter Vertrag nimmt wie heute, also Beamte, gab es erst nach 1848. Die Pächter vor dieser Zeit waren nicht selten Italiener, und das Mißtrauen der staatlichen Stellen gegen sie führte im Vormärz zu einer Allmacht der Polizei auf dem Gebiet des Theaters. Der „Polizei-Director" Graf Sedlnitzky kontrollierte nicht nur das Budget, die Gagen und die Engagements, sondern erforschte auch das Vorleben und die politische Haltung der Künstler. Auch die Zensur trieb ihre Eulenspiegeleien. „Die Hugenotten" mit dem Religionskonflikt zwischen Katholiken und Protestanten waren „heißes Eisen", man versetzte sie unter dem Titel „Die Ghibellinen von Pisa" in ein werkfremdes neutrales Milieu — und so erklangen die protestantischen Choräle

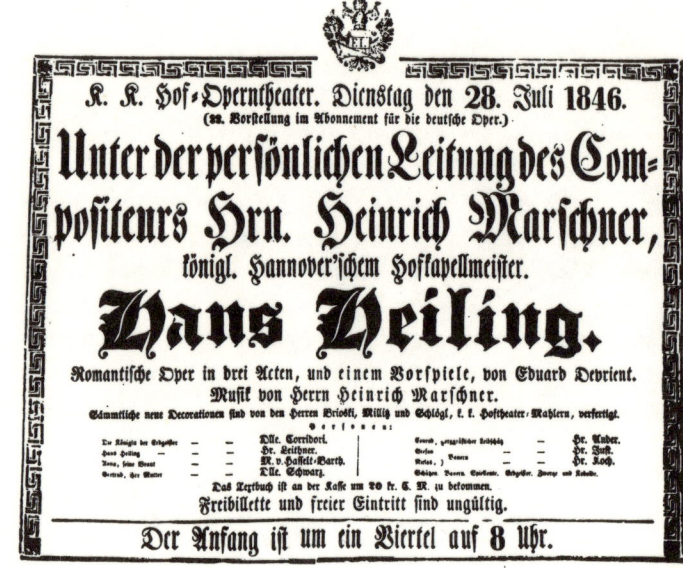

Am Kärntnertortheater haben berühmte Komponisten dirigiert. Ihre Namen standen schon damals auf dem Theaterzettel, lange bevor Felix von Weingartner die tägliche Nennung des Kapellmeisters einführte. — Theaterzettel von Vorstellungen unter Weber, Marschner und Verdi.

lange vor Luthers Geburt. Nach der Schlacht von Solferino durfte in den „Tannhäuser"-Vorstellungen des Jahres 1859 das Wort „Rom" nicht gesungen werden — es wurde durch das Wörtchen „dort" ersetzt (ob man damals konsequenterweise Tannhäusers großen Monolog als die „Dort"-Erzählung bezeichnete, entzieht sich unserer Kenntnis). Unschuldiger war das Verbot der Flinten im „Freischütz" von 1821, wo Max und Kaspar mit Pfeil und Bogen daherkamen, weil Kaiser Franz das Schießen nicht vertragen konnte.

Unter den Pächtern gab es recht sonderbare Figuren, die vom heutigen „Image" eines Operndirektors meilenweit entfernt waren. Viele kamen aus dem Managertum des Kommerztheaters; fast alle aber wuchsen auf dem Wiener Boden „mit ihren höheren Zwecken" über sich selbst hinaus. Man war sehr skeptisch, als 1821 Domenico Barbaja das Hofopernheater in Pacht bekam. Dieser ehemalige Kellner und spätere Cafetier war Impresario des Teatro San Carlo in Neapel gewesen, das er — mit angeschlossenem Spielkasino — zu einer lukrativen Unternehmung gemacht hatte. Barbaja war es gelungen, den blutjungen Rossini als Vertrags-Opernkomponisten an sein Haus zu binden. Seine Beziehungen zum „Schwan von Pesaro" waren sehr verästelt, denn Rossinis Gattin, die berühmte Sängerin Isabella Colbran, war Primadonna nicht nur in Barbajas Theater, sondern auch in Barbajas Herzen. Rossinis Opern waren in Wien schon seit 1816 bekannt und beliebt. Barbaja setzte dieser Beliebtheit die Krone auf, als er Rossini und die Colbran gemeinsam nach Wien holte. Diesem „Rossinitaumel" des Jahres 1822 konnte sich so gut wie niemand entziehen, auch nicht Grillparzer, Schubert oder der Philosoph Hegel. Im selben Jahr dirigierte aber auch Carl Maria von Weber zweimal seinen „Freischütz" (und in der „Zauberflöte" gab es einen neuen Sarastro namens Johann Nestroy!). Und da zeigte der zu Unrecht belächelte dicke Barbaja mit dem puter-

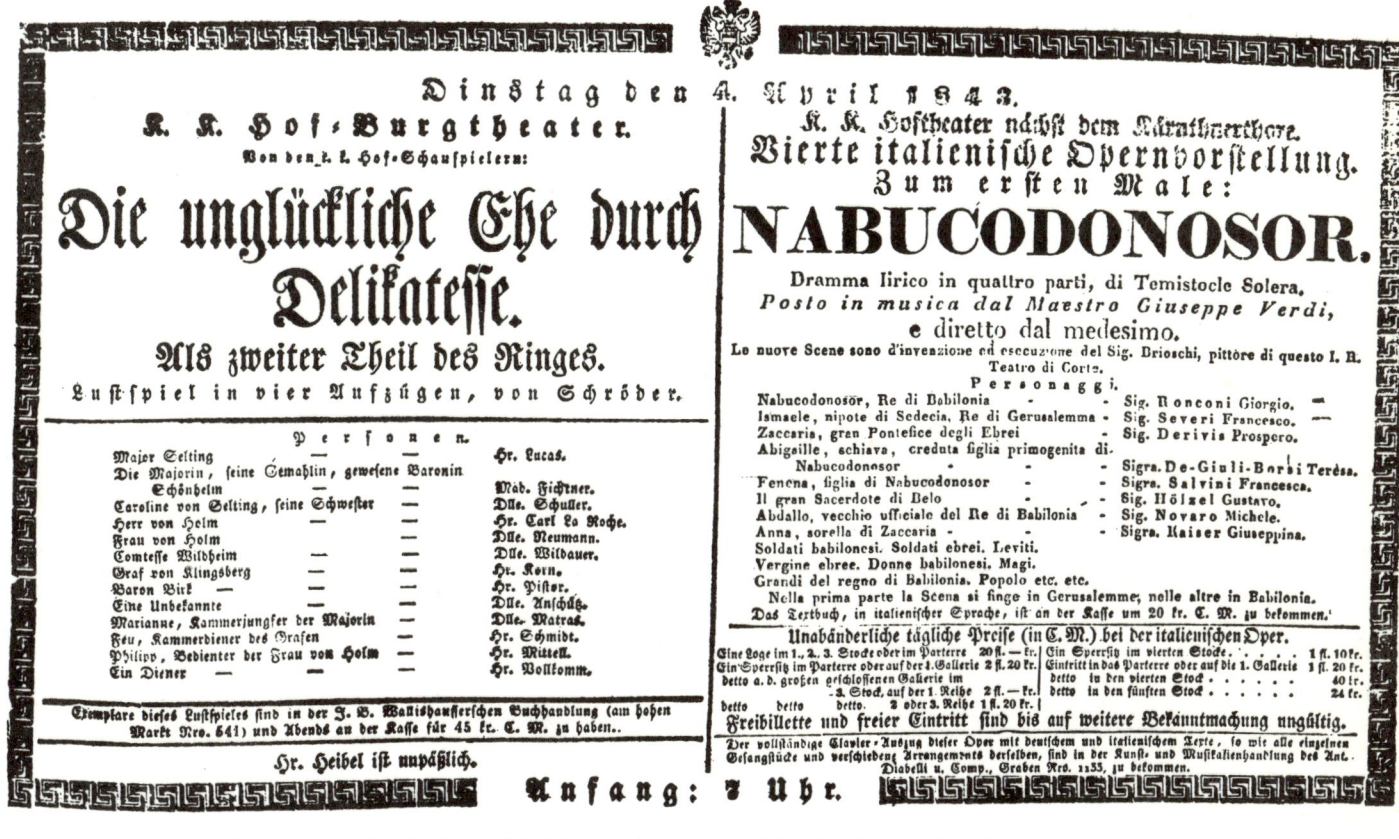

K. K. Hof-Burgtheater.
Von den k. k. Hof-Schauspielern:

Die unglückliche Ehe durch Delikatesse.

Als zweiter Theil des Ringes.

Lustspiel in vier Aufzügen, von Schröder.

Personen.

Major Selting	Hr. Lucas.
Die Majorin, seine Gemahlin, gewesene Baronin Schönhelm	Mad. Fichtner.
Caroline von Selting, seine Schwester	Dlle. Schuller.
Herr von Holm	Hr. Carl La Roche.
Frau von Holm	Dlle. Neumann.
Comtesse Wildheim	Dlle. Wildauer.
Graf von Klingsberg	Hr. Korn.
Baron Birk	Hr. Pfister.
Eine Unbekannte	Dlle. Anschütz.
Marianne, Kammerjungfer der Majorin	Dlle. Matras.
Feu, Kammerdiener des Grafen	Hr. Schmidt.
Philipp, Bedienter der Frau von Holm	Hr. Mittell.
Ein Diener	Hr. Vollkomm.

Exemplare dieses Lustspieles sind in der J. B. Wallishausserschen Buchhandlung (am hohen Markt Nro. 641) und Abends an der Kasse für 45 kr. C. M. zu haben.

Hr. Heibel ist unpäßlich.

Anfang: 7 Uhr.

Dinstag den 4. April 1842.

K. K. Hoftheater nächst dem Kärnthnerthore.

Vierte italienische Opernvorstellung.

Zum ersten Male:

NABUCODONOSOR.

Dramma lirico in quattro parti, di Temistocle Solera.
Posto in musica dal Maestro Giuseppe Verdi,
e diretto dal medesimo.

Le nuove Scene sono d'invenzione ed esecuzione del Sig. Brioschi, pittore di questo I. R. Teatro di Corte.

Personaggi.

Nabucodonosor, Re di Babilonia	Sig. Ronconi Giorgio.
Ismaele, nipote di Sedecia, Re di Gerusalemma	Sig. Severi Francesco.
Zaccaria, gran Pontefice degli Ebrei	Sig. Derivis Prospero.
Abigaille, schiava, creduta figlia primogenita di Nabucodonosor	Sigra. De-Giuli-Borsi Teresa.
Fenena, figlia di Nabucodonosor	Sigra. Salvini Francesca.
Il gran Sacerdote di Belo	Sig. Hölzel Gustavo.
Abdallo, vecchio ufficiale del Re di Babilonia	Sig. Novaro Michele.
Anna, sorella di Zaccaria	Sigra. Kaiser Giuseppina.

Soldati babilonesi. Soldati ebrei. Leviti.
Vergine ebree. Donne babilonesi. Magi.
Grandi del regno di Babilonia. Popolo etc. etc.

Nella prima parte la Scena si finge in Gerusalemme; nelle altre in Babilonia.

Das Textbuch, in italienischer Sprache, ist an der Kasse um 20 kr. C. M. zu bekommen.

Unabänderliche tägliche Preise (in C. M.) bei der italienischen Oper.

Eine Loge im 1., 2., 3. Stocke oder im Parterre 20 fl. — kr. | Ein Sperrsitz im vierten Stocke . . . . 1 fl. 10 kr.
Ein Sperrsitz im Parterre oder auf der 1. Gallerie 2 fl. 20 kr. | Eintritt in das Parterre oder auf die 1. Gallerie 1 fl. 20 kr.
detto a. d. großen geschlossenen Gallerie im — 3. Stock, auf der 1. Reihe 2 fl. — kr. | detto in den vierten Stock . . . . . . 40 kr.
detto detto 2. oder 3. Reihe 1 fl. 20 kr. | detto in den fünften Stock . . . . . . 24 kr.

Freibillette und freier Eintritt sind bis auf weitere Bekanntmachung ungültig.

Der vollständige Clavier-Auszug dieser Oper mit deutschem und italienischem Texte, so wie alle einzelnen Gesangstücke und verschiedene Arrangements derselben, sind in der Kunst- und Musikalienhandlung des Ant. Diabelli u. Comp., Graben Nro. 1133, zu bekommen.

---

rothen Gesicht und seiner geckenhaften Kleidung einen Funken echter Genialität: er beauftragte Weber mit der Komposition einer neuen Oper eigens für Wien. Immer hüstelnd und schon vom Tode gezeichnet, dirigierte Weber bereits ein Jahr später (1823) die Uraufführung seiner „Euryanthe"; und so zeichnet der herkulische ehemalige Kriegslieferant Barbaja mitverantwortlich für die Geburt dieser Vorläuferin von Wagners „Lohengrin".

Nach acht Jahren legte Barbaja die Pacht zurück, auf ihn folgte der Ballettkomponist Robert Graf Gallenberg. Gallenbergs Gattin war jene Gräfin Giulietta Guicciardi, der Beethoven seine „Mondscheinsonate" gewidmet hat und die vielleicht seine „Unsterbliche Geliebte" war. Gallenberg rief die „göttliche" Fanny Elßler aus Italien nach Wien zurück, wo sie als Tänzerin auch am Kärntnertortheater die Welt bezauberte. Ihr größter Triumph auf der Opernbühne war die Titelrolle in Aubers Revolutionsoper „Die Stumme von Portici".

Ein faszinierendes Pendant zu den Barbaja-Jahren war die Periode von 1836 bis zur Revolution von 1848, in der die Wiener Oper und die Mailänder Scala einer gemeinsamen Leitung unterstanden! Das war unter den beiden Pächtern Carlo Balocchino — von Beruf „Pantalon-Schneider" — und Bartolomeo Merelli, einem gerissenen Impresario mit außerordentlichem Spürsinn und stets mit einem Fuß an der Gefängnistür. Auch Merelli führte in Mailand — neben der Scala — Spielhöllen. Erst nach der Mitte des vorigen Jahrhunderts verschwand diese seltsame Entente zwischen Oper und Kasino (in Monte Carlo finden wir noch die Reste davon!). Bei Balocchino-Merelli jagte in Wien eine Sensation die andere. Die beiden erreichten die Ernennung von Donizetti zum „Hof- und Kammerkompositeur"; Donizetti übersiedelte nach Wien, dirigierte 1842 und 1843 seinen köstlichen „Don Pasquale" und die beiden für Wien geschriebenen Auftragsopern „Linda di Chamonix" und „Maria di Rohan". Im selben Jahr 1843 konnten die beiden fixen Italiener mit einem noch größeren Trumpf aufwarten: „Nabucco" von Verdi war die Sensation der laufenden Saison an der Scala, und Balocchino-Merelli brachten den jungen Verdi auch nach Wien, der hier sein Werk selbst dirigierte. Gleichfalls im selben Jahr erging die leider erfolglos gebliebene Anfrage an einen jungen Komponisten in Dresden, ob er nicht für Wien eine neue Oper schreiben wolle — er hieß Richard Wagner. Überhaupt hat diese merkwürdige italienische Doppeldirektion nicht wenig für die deutsche Kunst getan. Otto Nicolai, der 1841 als Kapellmeister engagiert wurde, konnte zwar zeitlebens die „Lustigen Weiber von Windsor" in Wien nicht anbringen, doch wurde es ihm ermöglicht, hier seine genialste Idee in die Tat umzusetzen: Nicolai gründete aus dem Orchester der Hofoper heraus, mitten im Vormärz, die Künstlerrepublik „Wiener Philharmoniker" und schuf damit Wiens erstes Berufsorchester für symphonische Musik. Heinrich Marschner dirigierte 1846 seinen „Hans Heiling", und das von Friedrich von Flotow geschaffene Auftragswerk „Martha" wurde ein Triumph (1847).

Bei Ausbruch der Revolution von 1848, in der alles Italienische als „reaktionär" verschrien war, zogen sich Balocchino und Merelli zurück. Das Theater blieb eine Zeitlang geschlossen (es gab auch Geschützeinschläge im Dach), dann wurde es als privates Theater ohne Subvention von einem „Actions-Comité" der Künstler wiedereröffnet. Für Ausstattungen gab es kein Geld; einmal spielte man Donizettis „Regimentstochter" in den Kostümen der Nationalgarde. Damals kam auch Richard Wagner, begeistert von der Revolution, nach Wien. In subversiven Kreisen hegte man sogar den Plan, ihm die Leitung der Oper zu übertragen.

Kaiser Franz Josef sicherte bald nach seinem Regierungsantritt dem Haus wieder die Subvention und die Stellung eines Hoftheaters. Die Struktur des Instituts war aber nach der Niederschlagung der Revolution eine völlig andere geworden. Dank der künstlerischen Weitsicht des neuen Oberstkämmerers, des Grafen Lanckoronski, wurden nunmehr statt der Pächter besoldete Direktoren im modernen Sinn eingesetzt. Damit ging auch die Macht der Polizei über das Theater zu Ende.

Die ersten Direktionen waren so kurzlebig wie manche späteren auch. Franz Ignaz von Holbein, ein Nachkomme des Malers, hatte seinen größten Erfolg mit der Erstaufführung von Meyerbeers „Prophet" unter persönlicher

Rossinis Oper „Wilhelm Tell" wurde in den ersten Jahren ungekürzt an zwei Abenden gespielt.

Überwachung des Komponisten. 1851 verabschiedete sich Fanny Elßler von der Bühne, und zwar als Gretchen in einem Ballett nach Goethes „Faust". Nach fünfjähriger Amtszeit fiel Holbein in Ungnade. Sein Nachfolger, der Regisseur Julius Cornet, war ein Tiroler Bauer und wegen seiner Arroganz vom Personal gehaßt. Er stürzte, als ihn die Sängerin Louise Meyer (die spätere Wagnersängerin Dustmann-Meyer) auf Ehrenbeleidigung klagte. Seiner wartete ein grausames Schicksal: er hatte sich seine Glatze mit giftiger Farbe schwarz angestrichen und erblindete daraufhin. Nun folgte die erste Direktion eines profilierten Musikers: der Dirigent Carl Eckert aus Potsdam brachte die ersten Wagneropern („Lohengrin" 1858, „Tannhäuser" 1859); er war ein sehr feinsinniger Künstler, aber organisatorisch schwach; er leitete die Oper von 1857 bis 1860.

Richard Wagner hörte im Mai 1861 seinen „Lohengrin" zum erstenmal in Wien und war von der Vorstellung unter Kapellmeister Heinrich Esser — mit der Dustmann als Elsa und Alois Ander in der Titelpartie — so hingerissen, daß er in dieser Besetzung in Wien den „Tristan" uraufführen wollte. Nach Kontakten, die sich über zwei Jahre hinzogen, und nach 77 Proben — darunter einer Orchesterprobe unter Wagner selbst! — wurde das Werk 1863 als „unspielbar" abgesetzt. In schwerster Enttäuschung schleuderte Wagner noch im selben Jahr dem damaligen Operndirektor Matteo Salvi seine Schrift „Das Wiener Hof-Operntheater" entgegen. In völligem Gegensatz zu seiner Begeisterung nach dem „Lohengrin" und dem „Holländer" im Mai 1861 findet er nun das Niveau des Hauses völlig verschlampt und verfallen. Neben sehr durchdachten Vorschlägen über Regie, Studienleitung und Reduktion der wöchentlichen Vorstellungen nach Pariser Muster stellt Wagner eine seltsame Forderung auf: Beschränkung des Spielplans im subventionierten Haus auf die deutsche Oper (und die französische Große Oper in deutscher Sprache); die italienische Oper und die französische Spieloper seien nichtsubventionierten Häusern durch Stagionen in der Originalsprache zu überlassen. Hätte also, so darf man fragen, während einer Direktion Richard Wagners unsere Oper niemals Verdis „Aida" gespielt?

Matteo Salvi, der von 1861 bis 1867 die Wiener Oper leitete, war ein obskurer Gesangslehrer und zweitklassiger Komponist aus Bergamo. Sein Vertrag enthielt die entwürdigende Klausel, daß er auf keinen Fall die Oper im neuen Hause führen werde. Je länger sich die Eröffnung des neuen Hauses hinzog, desto mehr wuchs die Kritik an Salvi. Er hatte originelle Ideen, die aber meist fehlschlugen: 1864 gab es die erste Oper von Offenbach, „Die Rheinnixen", aus der nur eine einzige Melodie überlebte, die später als „Barcarole" in „Hoffmanns Erzählungen" aufgenommen wurde. Zur Leitung seiner geplanten Opernnachwuchsschule war Salvi nicht der richtige Mann. Manche Aussprüche dieses merkwürdigen Halb-Striese machten in Wien die Runde, so etwa sein Vorschlag: „Damit man den Chor besser hört, muß man ihn halbieren. Die hinten stehen, tachinieren!" Für Wien war es das Jahrzehnt der französischen Oper, und hier hatte Salvi echte Erfolge: 1862 mit „Faust" von Gounod (von einem Teil der Presse als Schändung Goethes und „musikalischer Landesverrat" verdammt), 1865 mit „Dinorah", aber insbesondere 1866 mit der „Afrikanerin" von Meyerbeer.

Salvis Nachfolger, der die Überleitung in das neue Haus durchführen sollte, kam aus Weimar. Franz Dingelstedt war ein pianistisch dilettierender Kunstaristokrat und Schriftsteller, der wegen seiner Arroganz „Dünkel stets" genannt wurde. Trotz seines zynischen Ausspruchs, die Oper sei nur „ein notwendiges Übel", brachte er frischen Wind nach Wien. Dingelstedt tat viel für die Verbesserung der Dekorationen und Kostüme und für die Verjüngung des Chores (der Chor war noch immer die Zufluchtstätte stimmschwacher Polizeiprotektionskinder). Als Regisseur — im pompösen Makartstil — war er besonders mit Glucks „Iphigenie in Aulis" in Wagners Bearbeitung erfolgreich. Auch mit den beiden Premieren des Jahres 1868 brachte er Dauererfolge: Gounod kam nach Wien und dirigierte, lebhaft gefeiert „wie an einer wohlbestellten gedeckten Tafel", seine neue Oper „Romeo und Julia". In der letzten Opernpremiere des alten Hauses gab es wiederum eine „Goetheschändung", die einschlug: „Mignon" von Ambroise Thomas mit einem neuen Liebespaar, Berta Ehnn und Gustav Walter.

Die goldenen Zeiten des Belcanto waren — selbst mit

galantem Augenzwinkern gegenüber einigen schwankenden weiblichen Geburtsdaten — die goldenen Zeiten der jugendlichen Primadonnen. Anna Milder, später Napoleons Freundin, kreierte 1805 mit 20 (oder 24) Jahren den „Fidelio". Die von Wagner später so bewunderte Wilhelmine Schröder (später Schröder-Devrient) war erst 17, als sie 1821 mit ihrer „Freischütz"-Agathe Weber enthusiasmierte. Und Henriette Sontag war bei der Uraufführung der „Euryanthe" 17 (oder 19). Damals war man davon überzeugt, daß die Theorie, man müsse in große Rollen „langsam hineinwachsen", nur für Mittelmäßigkeiten Geltung habe.

Italienische Opern wurden zum größten Teil im Rahmen der fast alljährlichen italienischen Stagionen von Italienern in italienischer Sprache, aber mit dem Hofopernorchester gespielt. Die deutsche Saison endete meist am Ostersonntag. Am Ostermontag wurde der Prater mit dem glanzvollen traditionellen „Korso" eröffnet. Am Dienstag nach Ostern zogen die Italiener auf zwei oder drei Monate in das Haus ein und brachten unter endlosem Jubel Rossini, Bellini, Donizetti und die neuesten Werke von Verdi: „Rigoletto", „Troubadour", „Traviata" (übrigens in Wien fast allgemein verrissen). Als Abschiedsabend gab es meist ein „Pasticcio", einen bunten Abend aus einzelnen Akten verschiedener Opern. Die Presse war eher gegen die Italiener eingenommen, weil sie aus nationalen Gründen die deutsche Oper wollte. Die Pächter und Direktoren wurden vom Hof beauftragt, die deutsche Oper zu fördern. Das Publikum aber spendete den Italienern ein bedingungsloses „Evviva". Wurden italienische Opern in deutscher Sprache von einheimischen Kräften im Rahmen der deutschen Saison gespielt, konnten sie sich nur schwer durchsetzen. (Das organisatorische System der Stagionen wurde sehr nachdrücklich kritisiert. Sie wurden oft von anderen Impresarios durchgeführt, die für ihre Dienste eine Pauschalvergütung bekamen, die Sänger aber auf Rechnung der Hofoper engagierten. Da sie aber auch von den Sängern Geld als Vermittlungsprovisionen annahmen, floß viel ungewollte „Entwicklungshilfe" in mancherlei Taschen ...)

Eine Statistik des Repertoires im Kärntnertortheater von 1840 bis 1850 meldet: 45 französische Opern, 25 italienische, 23 deutsche. Es war das Jahrhundert der französischen Oper, des Aufstiegs der italienischen, des Kampfes um die deutsche. Bei einer Statistik, die sich nicht auf Werktitel, sondern auf Aufführungszahlen bezieht, käme die deutsche Oper noch viel schlechter weg.

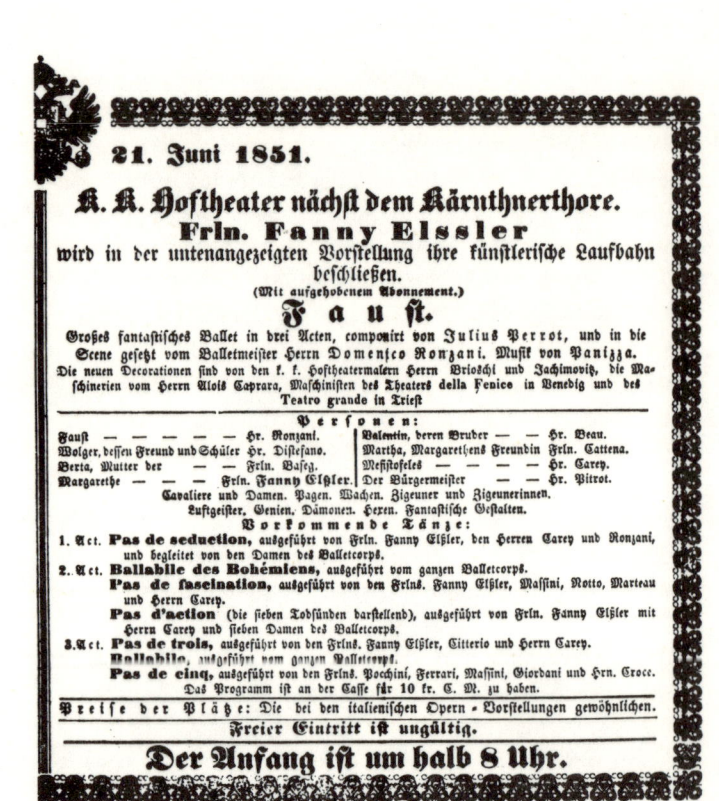

Gegen die Spitzengagen der Italiener liefen die Wiener Kollegen Sturm. Vor Schließung des alten Hauses betrug die höchste Jahresgage eines engagierten Mitglieds 10.000 Gulden. Italienische Stars bekamen oft 14.000 für zwei bis drei Monate! 1867 engagierte Matteo Salvi die berühmte Primadonna Desirée Artôt für zwei Monate um 24.000 Gulden (seine eigene Jahresgage als Direktor betrug nur 4200 Gulden). Kapellmeister Heinrich Esser, das „musikalische Gewissen" des Hauses, bezog 3000 Gulden jährlich, Orchestermitglieder 500 bis 600.

Und was hat den Staat die Oper in jenen Tagen gekostet? Die Subvention, damals „Dotation" genannt, betrug für Balocchino-Merelli 75.000 Gulden. Das stieg in den sechziger Jahren bis auf 230.000 Gulden.

Um viele Probleme, die wir so gerne für eine Geburt

des Jet-Zeitalters halten, stritt man schon in jenen „guten alten" Tagen mit Heftigkeit. Originalsprache oder Übersetzung? Internationale Spitzengagen und Gagen der Hausmitglieder! Ja es gab sogar das sich so modern gebärdende Projekt der Zusammenarbeit internationaler Opernhäuser, das man gerne mit der häßlichen Bezeichnung „Operntrust" als eine unösterreichische Ausgeburt amerikanischen Managertums brandmarken möchte. Herbert von Karajan hat 1956 Versuche in dieser Richtung unternommen, und Rudolf Bing hat in seinen Gesprächen bezüglich einer eventuellen Direktionsführung der Wiener Oper 1968 ähnliche Gedanken geäußert. Aber schon 1857 beauftragte der Minister des Inneren die Statthalter von Mailand und Venedig, die Umstände zu prüfen, unter denen alljährlich dreimonatige Frühjahrsstagionen italienischer Opern in den Opernhäusern von Mailand, Wien, Venedig, Verona und Triest in die Hände eines einzigen Mannes — „selbstverständlich eines Italieners" — gelegt werden könnten. Ihm sollte die Gesamtsumme der an allen diesen Theatern vorhandenen Subventionen zur Verfügung stehen, denn das waren ja alles österreichische Städte. Erst der Verlust der oberitalienischen Provinzen machte dem Traum ein Ende. Vorläufer dieses Planes war das Projekt eines gewissen Dr. Josef Bacher aus dem Jahre 1853. Dieser Wiener Musikenthusiast — man nannte ihn den „Meyerbeer-Bacher" — schlug vor, die Opernhäuser von London, Paris und Wien gemeinsam zu bespielen! Bacher machte sich erbötig, die Wiener Oper selbst mit nur 100.000 Gulden Jahresdotation zu führen (und aus den Einspielergebnissen auch noch auf eigene Kosten das neue Haus zu bauen). „Meyerbeer-Bacher" starb in einer Irrenanstalt.

Auch im 19. Jahrhundert war das „k. k. Hof-Operntheater nächst dem Kärnthnerthore" lange nicht das einzige, in welchem die Wiener Opern hören konnten. Das Theater an der Wien (erbaut 1801 von Emanuel Schikaneder), wo 1805 der „Fidelio" uraufgeführt wurde, brachte von 1845 bis 1848 Große Oper. Hier triumphierte die schwedische Nachtigall Jenny Lind mit einer Abendgage von 1000 Gulden als Norma, als Regimentstochter (unter der musikalischen Leitung Franz von Suppés!) und in der neuen Meyerbeeroper „Vielka" unter der persönlichen Leitung des Komponisten. Lortzing dirigierte 1846 die Uraufführung seines „Waffenschmieds". Das Theater in der Josefstadt brachte die Wiener Erstaufführungen von „Oberon" (1827), „Robert der Teufel" (1833), „Die Jüdin" (1835) und andere, und auf seiner Sommerbühne, dem hölzernen Thaliatheater in Neulerchenfeld, erschien 1857 mit „Tannhäuser" die erste Wagneroper in Wien. Grillparzer, der Rossini zugejubelt hatte, taten bei der Ouvertüre „die Ohren weh"... Oft spielte man nicht nur die Oper, sondern auch die Parodie. Die berühmteste aller Parodien erschien sehr bald nach der „Tannhäuser"-Premiere, im November 1857, jenseits des Donaukanals im Carltheater: sie stammte von Nestroy, spielte in Grinzing und stellte den Venusberg als Champagnerorgie dar. Im Carltheater gastierte sogar die große Koloraturdiva Adelina Patti; da nämlich die Hofoper in den Jahren nach Solferino die Stagione ausfallen ließ, sprang das Carltheater ein.

Das „k. k. Hof-Operntheater nächst dem Kärnthnerthore" war das geistige Produkt einer vergangenen österreichischen Synthese: der Einheit mit den italienischen Provinzen. Seit Meyerbeers Mitarbeit an der Aufführung seiner Oper „Der Prophet" und dem Einzug der Wagneropern war man sich darüber klar, daß schon die technische Rückständigkeit des Hauses allein den Bau eines neuen Opernhauses notwendig machte. Direktor Holbein klagte: „Es gibt nicht einmal eine Maschine zum Tag und Nacht machen..." Hatte Madame de Staël Venedig eine Elegie in Marmor genannt, so begann man nun von einer „Satire in Stein" zu sprechen: Am 25. Mai 1869 wurde das neue Haus — unsere heutige Staatsoper — eröffnet. Aber die Liebe Wiens gehörte noch immer dem alten. Am 17. April 1870 spielte man dort zum letztenmal, man gab Rossinis „Wilhelm Tell".

Der Sohn des ehemals gefeierten Tenors Josef Erl leitete die Abbrucharbeiten. In einer ruhigen Sommernacht kletterte der sechzigjährige Erl auf die halb abgerissene Bühne, auf der er Triumphe gefeiert hatte, und sang vor einer kleinen Schar treuer Anhänger zum letztenmal „O Mathilde".

Ein großes Kapitel Wiener Lokalgeschichte war zu Ende. Was folgte, war bereits Weltgeschichte.

Eröffnung im Schatten der Weltpolitik 1869

Das zweckmäßigste Opernhaus der Welt

Seit dem Einzug der Wagneropern in das Kärntnertortheater stimmten, wie gesagt, die Fachleute darin überein, daß Wien ein modernes Opernhaus brauche. Merelli hatte schon in den frühen fünfziger Jahren einen Plan für ein neues Haus beim alten Burgtheater — im Stil der großen italienischen Opernhäuser — unterbreitet. 1857 begann Kaiser Franz Josef sein großzügiges Stadterweiterungsprojekt, das aus dem romantischen Alt-Wien ein modernes Neu-Wien schuf (das uns heute schon wieder romantisch anmutet). Damals war die Innere Stadt noch von dem engen steinernen Gürtel aus Basteien, Stadtmauern und Festungsgräben umgeben, die schon seit langem keinen militärischen Zwecken mehr dienten, sondern von den Parkanlagen der sogenannten „Glacis" umgebene Aussichtspromenaden waren, auf denen die Wiener des Biedermeier flanierten. Nun wurden Basteien und Festungsgräben niedergerissen, und darüber entstand die hufeisenförmige Prachtstraße, die einer ganzen Epoche der Wiener Kultur ihren Namen gegeben hat. Viel Raum und viel Geld, südliche Sinnlichkeit und ein bewunderungswürdiger schöpferischer Geschmack erzeugten eine der schönsten Schöpfungen des europäischen Städtebaus: die Ringstraße mit der Renaissance der Universität und der Museen, mit der Gotik des Rathauses, mit dem Hellenismus des Parlaments und der glücklichen originellen Stilschöpfung des neuen Opernhauses. Die Ringstraße bezeugt ihre künstlerische Kraft dadurch, daß sie sich noch heute jeder Modernisierung widersetzt. Hat sie wirklich „keinen Stil"? Ist nicht der „Ringstraßenstil" der „Wiener Stil"?

Der Kaiser ließ sich damals leicht davon überzeugen, daß die geplanten Prachtbauten an der Ringstraße ihre Krönung in einem neuen Hofoperntheater finden müßten. Die „Allerhöchste Wahl des Bauplatzes" fiel auf den weiten Raum zwischen der verlängerten Kärntner Straße und der neu anzulegenden Ringstraße — ein Rechteck, das am Scheitelpunkt des Hufeisens durch die Demolierung der beiden Kärntnertore entstehen sollte. Die Kosten gingen zu Lasten des „Stadterweiterungs-Fonds", der die Gründe der ehemaligen Festungsglacis als Baustellen zu verwerten hatte. Am 10. Juli 1860 erging die „Concours-Ausschreibung", an der sich in- und ausländische Architekten beteiligen durften. Die Pläne waren bis zum 10. Januar 1861 anonym, „mit einer Devise bezeichnet", beim k. k. Oberstshofmeisteramt einzureichen — die Namen der Architekten mußten in einem versiegelten Umschlag beiliegen.

In dem „Programm für den Bau eines neuen Hof-Operntheaters in Wien" waren die Bedingungen für die Konkurrenten festgelegt: Es sollte ein Logentheater werden, Fassungsraum bei 2500 Personen, und sowohl für Opern und Ballette als auch für Opernbälle geeignet sein. Die Wahl des Baustils blieb den Konkurrenten überlassen, doch hatten sie bei der Anlage der Werkstätten und Magazine darauf Bedacht zu nehmen, daß „immer 40 bis 50 Opern und auch mehrere Ballette vollständig montiert sein müssen". Für die Angehörigen des allerhöchsten Hofes war eine gedeckte besondere Anfahrt „nicht in der Front der allgemeinen Theateranfahrt" herzustellen und eine Hofloge nebst Salon („und Vorgemach für die Dienerschaft") zu erbauen. Im fertigen Haus gab es dann zwei separate Anfahrten: eine für den Kaiser in der Operngasse und eine für die Erzherzöge in der Kärntnerstraße.

Am 28. Oktober 1861 wählte die Jury unter 35 Einsendungen den unter der Devise „Fais ce que dois, advienne ce que pourra" eingereichten Entwurf. Er stammte von zwei Professoren der k. k. Akademie der bildenden Künste: Eduard van der Nüll und August Siccard von Siccardsburg. Beide waren Wiener, knapp unter fünfzig Jahre alt und miteinander eng befreundet. Sie hatten 1847 gemeinsam das Carltheater in der Leopoldstadt, 1848 das Sophienbad und 1856 das Arsenal gebaut. Van der Nüll war bei Hof bekannt durch seinen Entwurf eines Gebetbuches für Kaiserin Elisabeth. — Bereits im Dezember erfolgte der erste Spatenstich.

Als die alte Bastei beseitigt war und der Bau der Fundamente das für die Ringstraße vorgesehene Straßenniveau erreicht hatte, kam es am 20. Mai 1863 zur feierlichen Grundsteinlegung. An diesem stürmischen Frühlingstag war der Bauplatz mit Tannenreisig, Wappen und Fahnen geschmückt. In Gegenwart von Ministern, Bürgern, Notabilitäten und des gesamten Baupersonals — an welches 4000 Gulden verteilt wurden — legte man den Grundstein aus istrianischem Marmor. Man hat ihn 1952 bei den Aushubarbeiten anläßlich des Wiederaufbaues der zerstörten Staatsoper wiedergefunden; er barg eine goldene Kapsel mit einer Pergamenturkunde, die eine treffliche Definition des Opertheaters enthält: „Ein Denkmal der Kunst und eine Stätte ihrer Übung". Am 7. Oktober 1865 bezeugte die Hauptgesimsgleiche die Fertigstellung des äußeren Bauwerks; die innere Ausgestaltung zog sich bis zum Frühjahr 1869 hin. Der Bau der Oper dauerte somit siebeneinhalb Jahre — für die Pariser Oper brauchte man elf Jahre, von 1863 bis 1874. In Paris war der halbvollendete Bau während des Deutsch-Französischen Krieges ein Lazarett, später Propagandaquartier der Kommune gewesen.

In jenen Jahren, da die Wiener Oper entstand, lebte man in einer Atmosphäre politischer Hochspannung. Österreich hatte 1859 die Lombardei, 1866 Venetien verloren und war aus Deutschland hinausgedrängt worden. Wohl war Österreich dabei, sein eigenes Haus neu zu ordnen und einzurichten: der „Ausgleich" mit Ungarn

Der Theaterzettel der Eröffnungsvorstellung des neuen Hauses am 25. Mai 1869

> Mai 1869.
> 47. Vorstellung im Jahres-Abonnement.
> **Erste Vorstellung im neuen Opernhaus.**
> **Don Juan.**
> Oper in zwei Aufzügen, Text nach dem Italienischen des Da Ponte.
> **Musik von Mozart.**
> Personen:
> Don Juan — Hr. Beck.
> Der Gouverneur — Hr. Draxler.
> Donna Anna, dessen Tochter — Fr. Dustmann.
> Don Ottavio, ihr Verlobter — Hr. Walter.
> Donna Elvira — Fr. Wilt.
> Leporello, Don Juan's Diener — Hr. Rokitansky.
> Zerline, ein Bauernmädchen — Frln. Tellheim.
> Masetto, Zerline's Bräutigam — Hr. Mayerhofer.
> Masken, Gäste, Diener, Landleute.
> Neue Dekorationen vom k. k. Hoftheatermaler Herrn C. Brioschi.
> Neue Costüme nach Angabe und Zeichnungen des Historienmalers Herrn Franz Gaul.
> **Vorher:**
> **Prolog von Franz Dingelstedt,**
> gesprochen von der k. k. Hofschauspielerin Fräulein Charlotte Wolter.
> Die begleitende Musik von Heinrich Esser. Dekorationen vom k. k. Hoftheatermaler Hrn. C. Brioschi.
> Maschinerien vom k. k. Maschinerie-Inspektor Herrn D. Dreilich.
> Unpäßlich: Hr. Regensburger.
> **Der freie Eintritt ist heute ohne Ausnahme aufgehoben.**
>
> Mittwoch 26. Don Juan. nebst Prolog   Freitag 28. Erzählungen. Saltarello.   Sonntag 30. Wilhelm Tell. Im neuen
> Im neuen Opernhause.   Samstag 29. Don Juan. nebst Prolog   Opernhause.
> Donnerstag 27. Geschlossen.   Im neuen Opernhause.   Montag 31. Romeo und Julie.
>   mit aufgehobenem Abonnement.
>
> Eine Loge im 1. Stock .... fl. 100.—   Ein Sitz im 3. Stock, 1. Reihe ...... fl. 15.—
> Eine Loge im 2. Stock ....   100.—   Ein Sitz im 3. Stock, 2., 3., 4. Reihe .....
> Eine Loge im Parterre ....   100.—   Ein Sitz im 4. Stock ....
> Eine Loge im 3. Stock ....   80.—   Eintritt ins Parterre ....   3.—
> Ein Fauteuil im Parquet, 1. Reihe   25.—   Eintritt in den 3. Stock ....
> Ein Parquetsitz in den folgenden 13 Reihen 20.— Eintritt in den 4. Stock, Mitte ..   1.50
> Ein Parterresitz ....   Eintritt in den 4. Stock, Seite ..
>
> **Eintrittskarten in die 3. und 4. Gallerie zur heutigen Vorstellung, für welche um 5 Uhr der Theater eröffnet wird, sind schon Vormittag von 9 bis 1 Uhr an der Theater-Kassa zu bekommen.**
> Samstag den 29. Mai, bei aufgehobenem Abonnement, die dritte Eröffnungs-Vorstellung.
> Die P. T. Abonnenten, welche ihre Logen und Sperrsitze für diese Vorstellung zu behalten gesonnen sind, werden ersucht, die Theaterkasse hiervon längstens bis Freitag den 28. Mai, 12 Uhr Mittags, in Kenntniß zu setzen.
> **Kassa-Eröffnung 6 Uhr. Anfang 7 Uhr.**

im Jahre 1867 blieb ja die Grundlage der dualistischen Donaumonarchie Österreich-Ungarn bis zu deren Zusammenbruch. Aber trotzdem waren sich die Wiener der Einbuße ihrer politischen Weltgeltung durchaus bewußt — und ahnten nicht, daß ihre neue Oper das Symbol einer weit größeren, künstlerischen Weltgeltung werden sollte.

Im Augenblick betrachteten sie jedes Projekt, das „von oben" kam, mit dem äußersten Mißtrauen. Die Geburt der Freiheiten des Liberalismus hatte ein Zeitalter des Neinsagens heraufgeführt. Je näher die Fertigstellung des neuen Hauses heranrückte, desto beißender erging sich die Kritik der Fachleute, der Künstler, der Presse über alles und jedes. Die Volkssänger waren erfinderisch in ihren Reimen auf van der Nüll („keinen Styl") und auf Siccardsburg, dem „Gotisch, Klassisch, Renaissance olles ans" sei. Man kritisierte den „Mischmasch der Stile", ja sogar die Lage des Gebäudes: da der höchste Punkt der Ringstraße an der Mündung der Babenbergerstraße liegen sollte, hätte man die Oper am liebsten dorthin transferiert. Und als nun gar das Oberste Hofbauamt, das den beiden Architekten nicht freundlich gesinnt war, während der Bauarbeiten das Straßenniveau um fast einen Meter höherlegen mußte, als ursprünglich geplant war, fielen die Wiener über die „versunkene Kiste" her, die ein „Königgrätz der Baukunst" symbolisiere. „Das Haus liegt bei den reizendsten Einzelheiten als Ganzes so schwer und in die Erde sinkend auf seinem Platze wie ein in der Verdauung liegender Elefant" (Ludwig Speidel). Der melancholische van der Nüll, der schon einmal einen Selbstmordversuch begangen hatte, fand nun selber, daß sein Werk künstlerisch entstellt worden sei, und erhängte sich am 3. April 1868 in der Mariahilfer Villa eines Freundes. Siccardsburg, sonst lebensfroh und lustig, hatte gerade eine schwere Operation hinter sich; er starb aus Kränkung über den Tod des Freundes am 11. Juni 1868 in einer von ihm erbauten Villa bei Klosterneuburg. Nach dem tragischen Tod der beiden veranstaltete die „Wiener Künstler-Genossenschaft" eine Gedächtnisausstellung, und der Kaiser ordnete an, daß zwei Marmormedaillons mit den Reliefporträts der genialen Architekten die Hauptstiege der Oper links und rechts zieren sollten. Man kann sie noch heute dort sehen.

So hatte der Dämon der Wiener Oper schon vor deren Eröffnung zwei Leben gefordert, die dem neuen Haus geweiht waren. Es sollten nicht die letzten bleiben.

Siccardsburg und van der Nüll war ein herrliches Opernhaus gelungen. Schönheit und das absolut Zweckmäßige waren hier einen durch und durch harmonischen Bund eingegangen. Der Grundriß des Gebäudes war einfach und klar, man orientierte sich leicht in ihm, weshalb es auch vorbildlich feuersicher war. Ein schönes Wort der Grundsteinurkunde wurde Wahrheit: „… edel in seinen Formen". Niemand konnte bei einer Analyse der gotischen, romanischen und Renaissance-Stilelemente sagen, in welchem der Stile das Haus denn nun eigentlich

Franz von Dingelstedt, der sehr arrogant war — man nannte ihn „von Dünkel stets" —, wurde in Wien nie populär. Auf Grund seines 1841 anonym erschienenen Gedichtbandes „Lieder eines kosmopolitischen Nachtwächters" zeigten ihn die Karikaturisten, wie hier J. W. Zinke, immer als Nachtwächter.

Im neuen Opernteater.

Sixtus Plüperl. Geben's mir Ihre Latern, Herr Hofrath.
Der Ex Nachtwächter. Wozu denn?
Sixtus Plüperl. Weil's die Wiener gar gern sähen, wenn Ihnen einer einmal heimleuchten möcht'. —

gebaut sei; im Grunde hat dieses Opernhaus den wahren, eigenständigen „Ringstraßenstil" erschaffen, ohne in jene Attrappen-Unaufrichtigkeit zu verfallen, die manchen anderen Gebäuden der Zeit anhaftet.

Das Äußere atmete die kulturelle Größe eines Weltreiches — das Innere, verschwenderisch und behaglich zugleich, atmete Musik. Hatte man in alten Tagen gesagt, ein Maler „komponiere ein Bild", so war hier eine hochoriginelle Einheit von Architektur und Musik gelungen. Das berühmte Stiegenhaus, der Zuschauerraum mit seinen Mattgold- und Rottönen, die beiden amphitheatralisch aufsteigenden Galerien, die vier Logenränge, die große Bühne mit ihren für die damalige Zeit hochmodernen acht Versenkungen bildeten den hinreißenden Rahmen für hinreißende Feste. An der Innendekoration wirkten die bedeutendsten Maler und Bildhauer Wiens mit. Im Foyer (mit den „Credenzen"!), das in Gold und schwarz-weiß-rot-gelbem Marmor aus Belgien, Italien und Salzburg erstrahlte, lebte die Erinnerung an die vergangene Größe des Habsburgerreiches. Hier hat Moritz von Schwind mit Eiweißfarben auf Leinwand seine Gemälde der beliebtesten Opern gemalt: „Freischütz", „Fidelio", „Barbier", „Don Juan"... Seltsam: Wir verzeihen Schwind den „Häuslichen Krieg", er war ja noch mit Schubert persönlich befreundet gewesen, aber hier finden wir Spontinis „Vestalin" und keinen Donizetti! „Jessonda" von Spohr! Aber keinen Verdi! Und keinen einzigen Wagner!

Schwind hat für die äußere Loggia über der Hauptanfahrt an der Ringstraße (vom Foyer führen fünf Glastüren hinaus) seine wunderbaren Fresken zur „Zauberflöte" geschaffen. Man kann die Schwindbilder noch heute bewundern, denn der Ringstraßentrakt mit der Loggia und dem Foyer hat als einziger den Brand nach dem Bombardement vom März 1945 überlebt.

Ein paar Zahlen: Der Bau der neuen Oper hat 6 Millionen Gulden gekostet (der des Kärntnertortheaters 300.000!). Offiziell faßte das Haus 2324 Personen; bei voller Ausnützung der 1200 Stehplätze und bei 5 Personen pro Loge erweiterte sich der Fassungsraum auf 3100. Die verbaute Fläche betrug 8709 Quadratmeter (mit den Grünanlagen 10.136), der Dachfirst lag 39 Meter über der Ringstraße, die tiefste Stelle des Fundaments 16,8 Meter unter dem Straßenniveau. Die Bühne war 29 Meter breit und (mit der Hinterbühne) 48 Meter tief.

In zahllosen Akustikproben versuchte man, ein ideales Niveau für das Orchester zu finden. Man einigte sich schließlich auf eine Höhe, die unter der der italienischen Opernhäuser lag, aber über dem Orchesterniveau der deutschen.

Bei der feierlichen Eröffnung mit Mozarts „Don Juan" am 25. Mai 1869 waren sämtliche Modesalons ausverkauft, dafür blieben die Agioteure, trotz der regen Nachfrage — genau wie bei der Wiedereröffnung von 1955 —, mit einigen allzu teuren Sitzen „hängen". Ein Parkettsitz kostete offiziell 25 Gulden.

Dem Galaabend wohnte der Kaiser mit den Erzherzögen in der Hofloge bei. Es klappte nicht alles an diesem 25. Mai 1869. Zunächst sprach Charlotte Wolter im Kostüm der Vindobona, mit dem Reichspanier in der Hand einen Prolog von Direktor Dingelstedt. Die Kölner Tragödin war seit ihren Triumphen als Iphigenie und Maria Stuart die ungekrönte Königin des Burgtheaters.

Als Hintergrund für den Prolog hatte man das „Kärnthnerthor mit seinen finsteren Bogen, in die nie ein Sonnenstrahl fiel", gewählt: das Bild sollte sich dann durch eine Wandeldekoration in eine Vision der zukünftigen Ringstraße verwandeln. Doch leider streikte diese Wandeldekoration, und es blieb beim alten Kärntnertor. Der Prolog war ein primitives Politikum: ein pathetischer Appell

Das Orchesterg'frett im neuen Opernhause.

Sehen genug — aber hören nix!
(Schon bei der Generalprobe entdeckter Uebelstand.)

„Da unten aber klingt's fürchterlich."
(Frei nach Schiller's „Taucher.")

Hören genug — aber sehen nix!
(Nachdem das Orchester gehoben wurde.)

Ihr wißt, auf unsern deutschen Bühnen probirt ein Jeder, was er mag.
(„Faust," Vorspiel auf dem Theater.)

Um zu hören und zu sehen, wird also nichts Anderes überbleiben, als entweder das Orchester auf die III. Gallerie zu postiren (wo man ohnedieß nicht gut hören soll) und die Besucher dieser Gallerie in den Orchesterraum zu stecken,

Weh mir, wenn Du nichts Besseres weißt. Schon ist die Hoffnung mir verschwunden.
(Citat aus „Faust," von den Oekonomen des Theaters gemacht.)

Auf das kömmt „Kikeriki" mit seinem letzten und pfiffigsten Vorschlag:

oder man beläßt das Orchester auf seinem gehobenen Standpunkte und räumt den Sängern und Tänzern dafür eine höhere Stellung ein, indem man sie im Flugwerck arbeiten läßt.

und sagt: Gebt dann stets das Ballet „Die Tochter der Luft"!

Freilich könnte das Orchester auch mittelst einer neuen Erfindung des „Kikeriki" geleitet werden, aber im neuen Opernhaus werden nur Erfindungen des Herrn Hofraths Dingelstedt eingeführt, und

die neueste, glorreichste und vielbesprechenste Erfindung dieses Herrn Hofraths läßt sich auch nicht verdunkeln! Wir meinen nämlich die berühmten Generalproben im Negligée!

Aus der Karikaturenreihe „Kikeriki im neuen Opernhaus".

an die Volksstämme Österreichs zu Frieden und Einheit. Am Schluß stieg die Wolter zu den Klängen des „Gott erhalte" eine Treppe hinab und forderte die durch die Künstler dargestellten „Völker" auf, zum Zeichen ihrer Eintracht einen Kreis zu bilden — der dazugehörige Text war aber im letzten Augenblick von der Zensur gestrichen worden. Auch duldete die Polizei nicht, daß die Künstlerin die bereitgestellte schwarzrotgoldene Fahne ergriff, und eine schwarzgelbe, wie sie von der Polizei gewünscht wurde, war in der Eile nicht mehr aufzutreiben. Trotzdem erhob sich das festlich gekleidete Publikum und feierte die Wolter wie den Kaiser. Die Kaiserin fehlte, sie kam erst ein paar Tage später zur Aufführung der „Stummen von Portici".

Anschließend an den Prolog spielte man Mozarts „Don Juan" in neuen Dekorationen und mit der glanzvollsten Besetzung, die das Haus zu bieten hatte. Am andern Tag gab es wiederum „Don Juan", und man bewies dabei den vorhandenen Reichtum an Stimmen (den man zum größten Teil noch dem so verfemten Matteo Salvi verdankte) durch eine genauso glanzvolle zweite Besetzung.

Die seltsame Verbindung von Kunst und Politik — insbesondere der Kampf der Polizei um ihre zerbröckelnde Macht im Theater — wurde von den Witzblättern aufgegriffen. „Der Floh" brachte den imaginären Bericht des „Polizei-Directors" an den Minister für öffentliche Sicherheit, worin es hieß:

„Die Wiener Bevölkerung ist entschieden unreif für den Genuß der Freiheit... 34 Frauen und Mädchen wurden dem Kommissar übergeben, weil sie der strengen Weisung, den Garderober 10 Kreuzer für jedes Oberkleid verdienen zu lassen, entgegen, sich hartnäckig weigerten, ihre Joppen abzulegen, wobei sie die nichtige Ausrede gebrauchten, daß sie außer dem Hemd nichts darunter anhätten... Eine ohnmächtig gewordene Frau wurde arretiert, weil sie der Weisung, sich zu erholen, nicht sofort Folge leistete... Endlich wurden 83 Personen aus dem Saal geschafft, die sich erlaubten, über etliches Falschsingen zu raisonnieren, und dadurch die verstockterte Neigung bekundeten, die vorgeschriebene billige Umsicht gegen etwaige Verstöße bei den ersten Vorstellungen zu üben..."

So muß man das Loch benützen!
Da liegt der Hund begraben!
Man hat nämlich sich an die Qualen erinnert, die ein Cylinderbesitzer auszustehen hat, wenn er seinen Hut drei Stunden lang in der Hand halten soll — Bravo! die Geschichte ist nicht übel.
Kikeriki widmet den Erfindern im Stillen einen Lorbeerkranz und bringt seinen funkel nagelneuen Cylinder in Sicherheit.

Weil man aber im Theater gewohnt ist, seine Füße gerade vor sich hin, d. h. unter den Sitz seines Vordermannes zu strecken, so verfiel auch Kikeriki, den Tönen Mayerhofer's lauschend und die lichten Hosen des Hofrathes Dingelstedt bewundernd, in seine alte Gewohnheit und streckte seine beiden »Eilfer«, wie sonst, gerade vor sich hin.

Memorandum des Kapellmeisters Otto Dessoff vom 2. Mai 1869 mit Vorschlägen für die Erhöhung des Orchesterbodens.

Transkription:

Hochgeehrter Herr Hofrath!
Meine schon früher geäußerte Meinung, daß der Orchesterraum des neuen Opernhauses zu tief liege, hat bei der am 1. Mai stattgehabten Probe ihre vollständige Bestätigung gefunden. Der Klang ist dumpf; die ersten Violinen klingen dünn und spitz, die zweiten Violinen und Bratschen sind im Forte unhörbar, von den Bässen hört man beinahe nur das Aufschlagen der Saiten auf das Griffbrett, aber keinen gesunden Ton, die Blasinstrumente erdrücken alle übrigen. Ob durch eine Hebung des Orchesterbodens eine gewisse Nüchternheit und Poesielosigkeit des Tones, die sich neben der Undeutlichkeit bei dieser Probe unangenehm bemerkbar machte, verschwinden wird, muß die Zukunft lehren. Jedenfalls wird aber durch diese Maßregel erhöhte Deutlichkeit und wenigstens ein Theil jener Sonorität des Tons erzielt werden, welche, nach Aussage der bedeutendsten fremden Künstler, eine Spezialität des Wiener Opernorchesters ist.

Ich erlaube mir daher eine Erhöhung des Orchesterbodens um 9 Zoll zu beantragen. Ferner scheint es mir notwendig, die große Trommel und Becken in die Nische unterhalb der erzherzoglichen Loge zu postiren, da die Wirkung dieser Instrumente im offenen Raum eine höchst widerwärtige ist, und es überdiese unmöglich wäre, die genügende Anzahl von Bratschen zu placiren, wenn jene Instrumente auf ihrem jetzigen Platze blieben. Auch wird es dann möglich, Posaunen und Trompeten an die Bühnenwand heranzudrängen, die zweiten Violinen und Bratschen vor dieselben zu setzen und dadurch das Überwuchern des Blechklanges in etwas abzudämpfen. Fast würde es mir vorteilhaft erscheinen, die Posaunen und Trompeten um ein Geringes (vielleicht 1½—2 Zoll) tiefer zu setzen als das Gros des Orchesters.
Indem ich meine hier ausgesprochene Ansicht Ihrer gütigen Berücksichtigung empfehle zeichne ich
    mit vorzüglicher Hochachtung
    Ihr sehr ergebener
    D. Otto Dessoff

Wien, d. 2. Mai
1869.

Bereits die zweite Vorstellung im neuen Haus war sehr schlecht besucht. Die Kritik am Gebäude hielt mit unerhörter Heftigkeit an und wollte viele Jahre nicht verstummen. Einerseits fand man das Gebäude „stillos" und häßlich, anderseits bemängelte man, daß es versäumt worden sei, nach Pariser Muster vor dem Opernhaus eine Avenue nach dem Bezirk Wieden hin zu schaffen, von der aus man einen imposanteren Blick auf die Fassade hätte genießen können. Auch daß man im neuen Haus „schlecht sieht und schlecht hört", wurde behauptet.

Die erste Reaktion auf diese Vorwürfe waren Versuche, das alte Kärntnertortheater zu retten (wie man ein gleiches auch, ebenso erfolglos, 1966 nach der Eröffnung der neuen Metropolitan Opera in New York versuchte). Es gab da verschiedene Projekte: Das alte Haus sollte ein „Haus der Spieloper" werden — die allerletzte Premiere dort war bereits ein in diese Richtung gehendes Experiment mit einer Offenbachoperette (Januar 1870) — oder es sollte sogar das neue Heim des Burgtheaters werden! Das Gebäude wurde aber noch im selben Jahr abgerissen und der Grund für 300.000 Gulden (indirekt an das „Sacher") verkauft. Der Fundus kam nach Brünn.

Es dauerte ungefähr fünfundzwanzig Jahre, ehe man sich endlich dessen bewußt wurde, daß Wien ein auch akustisch nahezu vollkommenes Opernhaus besaß. Gewisse Beschwerden waren freilich berechtigt: die Frischluftanlage sog die Luft aus der Kärntner Straße an und pumpte in späteren Jahren Auto- und Abfallgase in den Zuschauerraum. Fraglos war der Plafond der Dritten Galerie sehr niedrig, und da man auf der „Vierten" die Stützsäulen des Plafonds belassen hatte, gab es dort viele Plätze mit miserabler Sicht — die so gefürchteten „Säulensitze". In jenen Tagen der erst beginnenden Demokratisierung hat man eben noch nicht eigens für die billigen Plätze gebaut. Aber van der Nüll und Siccardsburg hatten doch schon Herz für das „Fußvolk" bewiesen: die Arkaden in der Kärntner Straße und in der Operngasse sollten es „vor Wetter und anfahrenden Wagen" schützen.

Unser Operntheater wurde ein Theater lebendig heiteren Charakters, das nach allen Seiten hin seine Räume einladend öffnet. So konnte es später, in der Republik, zum Haus des ganzen Volkes werden. „Ein Spiel des Weltgeistes, der Großes auch in kleinen Zügen schreibt", hatte es in Dingelstedts Prolog geheißen.

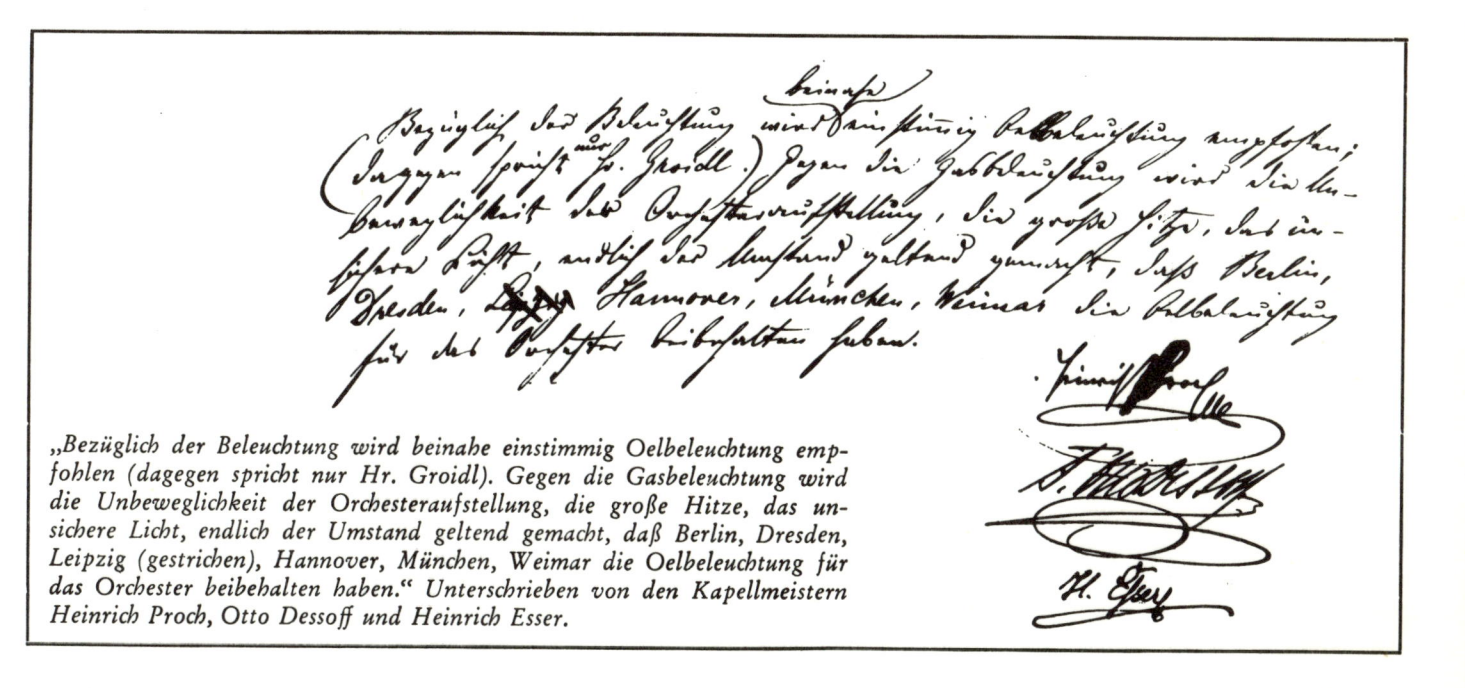

„Bezüglich der Beleuchtung wird beinahe einstimmig Oelbeleuchtung empfohlen (dagegen spricht nur Hr. Groidl). Gegen die Gasbeleuchtung wird die Unbeweglichkeit der Orchesteraufstellung, die große Hitze, das unsichere Licht, endlich der Umstand geltend gemacht, daß Berlin, Dresden, Leipzig (gestrichen), Hannover, München, Weimar die Oelbeleuchtung für das Orchester beibehalten haben." Unterschrieben von den Kapellmeistern Heinrich Proch, Otto Dessoff und Heinrich Esser.

Die erste Direktion eines Stardirigenten: Johann Herbeck 1870 bis 1875

Zwischen Ringstraßenglanz und Börsenkrach

Der Opernalltag gestaltete sich bald glanzvoller als die nicht so ganz gelungene Eröffnung. Während das neue Haus anfangs nicht gefüllt werden konnte, weil die Wiener nur in das alte gingen, wendete sich das Blatt schon im Verlauf der ersten Spielzeit. Die prachtvolle Ausstattung und die technischen Wunder des Balletts „Sardanapal" hatten bewiesen, daß die „versunkene Kiste" imstande war, die Schaulust in einer bis dahin ungeahnten Weise zu befriedigen. Wohl kam die Kritik an der Akustik noch viele Jahre lang nicht zum Schweigen, trotzdem beeilte man sich, so viele Opern wie nur möglich aus dem alten Haus in das neue zu überstellen. Jede solche Überstellung glich wegen der veränderten Bühnenmaße einer halben Premiere. Das Kärntnertortheater wurde allmählich leerer und leerer — le roi est mort, vive le roi.

Franz von Dingelstedt — er betitelte sich „Baron", noch bevor er geadelt wurde — hatte sich bei der schwierigen Aufgabe der Überführung des Repertoires in das neue Haus sehr bewährt. Aber dieser merkwürdige, leidenschaftslos arrogante Mann wurde in Wien nie recht beliebt. Er war Theaterdirektor in München und Weimar gewesen, wo er viel für Hebbel tat, und für die Weimarer Uraufführung des „Lohengrin" 1850 hatte er den Prolog verfaßt. Mit der unglücklichen Idee eines politischen Prologs zur Operneröffnung 1869 bewies er jedoch wenig Fingerspitzengefühl, das war nicht nach dem Geschmack der Wiener. Als Dichter lenkte er zuerst durch seine „Lieder eines kosmopolitischen Nachtwächters" die Aufmerksamkeit auf sich — dafür verfolgten ihn zeitlebens Karikaturen, die ihn als Nachtwächter zeigten.

Der Generalintendant der Hoftheater hatte Dingelstedt das Burgtheater versprochen — nun gab er ihm die Operndirektion als Provisorium, damit er bequem auf das Freiwerden des anderen Sessels warten konnte. „In Österreich ist alles möglich", war Dingelstedts Maxime.

Obwohl ihm die Oper „ein notwendiges Übel" war, hat er in seiner kurzen Direktionsperiode (vom Sommer 1867 bis Dezember 1870) auch die künstlerischen Probleme der ihm fremden Kunstgattung erfaßt. Dingelstedt vergrößerte das Orchester auf 111 Musiker (Paris hatte nur 85), den Chor auf 90 Mitglieder, das Ballett auf 80. Seine im prunkvollen Makartstil gehaltene Inszenierung der „Zauberflöte" (1869) verwendete interessante Bühnenbilder von Joseph Hoffmann und hat sich bis nach dem Ersten Weltkrieg gehalten.

Dingelstedts größtes Problem waren die Dirigenten. Heinrich Proch, der beliebte Liederkomponist, ging nach dreißigjähriger Tätigkeit in Pension, Heinrich Esser, musikalischer Beirat der Direktion, erkrankte 1870 und starb zwei Jahre später, Felix Otto Dessoff, der Leipziger, blieb, war aber als ständiger Leiter der Philharmonischen Konzerte überbeschäftigt. Da holte Dingelstedt den populärsten Lieblingsdirigenten Wiens — Hofkapellmeister Johann Herbeck. Im Juli 1869 wurde dieser „auf die Dauer eines Jahres zur Theilnahme an der Leitung der musikalischen Angelegenheiten des k. k. Hof-Operntheaters" berufen, im April 1870 zum „Beirath und Director der Musikcapelle des k. k. Hof-Operntheaters" ernannt. Und als sich dann Dingelstedts Traum erfüllte und er endlich doch Burgtheaterdirektor wurde, ernannte Generalintendant Graf Wrbna den Hofkapellmeister Johann Herbeck zum Direktor des Hofoperntheaters.

Herbeck war ein „schöner Mann" (erst 1929 bekam Wien in Clemens Krauss wieder einen solchen „schönen" Operndirektor). Mit seiner wallenden schwarzen Künstlermähne und seinem wehenden Franz-Josef-Backenbart übte er auf Frauen eine magische Wirkung aus, sie schwärmten für seinen malerischen Prophetenkopf mit dem romantischen Christusblick. Herbeck war, als er Operndirektor wurde, noch nicht vierzig (auch das hatte er mit Clemens Krauss gemein, übrigens auch mit Gustav Mahler). Vorher war er das vielbewunderte „Perpetuum mobile" des Wiener Musiklebens gewesen: eine Zeitlang vereinigte er in seiner Person die Leitung des Männergesang-Vereins, die Leitung der Gesellschaftskonzerte der Musikfreunde (auch des Singvereins) und die Leitung der Hofkapelle. Herbeck war Wiener. Als ehemaliger Sängerknabe im Stift Heiligenkreuz blieb er im Grunde seines Herzens zeitlebens ein Mann des Chores. Und nun konnte er sich ungestört dem Aufbau seiner Chöre widmen — die Zeiten des Vormärz waren vorbei, wo Metternich und Polizeipräsident Sedlnitzky das Männerchorwesen bekämpft hatten, weil „alles dasjenige, was an gemeinschaft-

Die Wiener Oper, hier in einer Radierung Rudolf von Alts. Daß kein breiter Boulevard auf sie zuführt wie auf die Oper in Paris, wurde schon am Bauprojekt heftig kritisiert. Wir haben sie so, wie sie ist, liebgewonnen.

Aus der Partitur der Ringstraße

„Die Wiener Ringstraße in ihrer Vollendung und der Franz-Josephs-Kai", betitelt sich die große Farbholzschnittserie von Petrovits-Bader, welche die Ringstraße in ihren frühesten Tagen zeigt: so war sie aus dem Chaos der zerschlagenen Stadtwälle emporgetaucht. — Oben: Der Schottenring auf der Seite der Börse. Die Börse und mit ihr ganz Österreich wurden am sogenannten „schwarzen Freitag" während der Weltausstellung von 1873 in den Grundfesten erschüttert. Millionäre wurden über Nacht zu Bettlern, die Besucherzahlen der Theater sanken schlagartig ab, die Krise war da — nur Franz Jauner, der Direktor des Carltheaters, hatte mit seinen Operetten das Haus an jedem Abend bumvoll. Das brachte die Hoftheaterintendanz auf den Gedanken, diesem geschickten Mann die Hofoper anzuvertrauen. Das sollte sich lohnen, die Oper florierte, und Jauner machte Wien zur Wagner-Stadt. — Unten links: Die gegenüberliegende Seite des Schottenrings mit dem Ringtheater, das Jauner nach seinem Ausscheiden als Operndirektor übernahm und an dessen Stelle nach der Brandkatastrophe von 1881 später das sogenannte „Sühnhaus" errichtet wurde. Gegenüber der linken Flanke des Theatergebäudes (Heßgasse 7) wohnte damals Anton Bruckner, er erlebte das Grauen des Brandes aus allernächster Nähe mit. — Unten rechts: Der Franzensring (heute Dr.-Karl-Lueger-Ring) beim Schottentor, links der Beginn der Schottengasse, rechts die Lücke in der Häuserfront, durch welche man zur Mölker Bastei und zum Pasqualatihaus gelangt, in dem Beethoven wohnte. — Über die Ringstraße bewegte sich 1879 der große Festzug zur Feier der Silberhochzeit des Kaiserpaares, entworfen und arrangiert von dem Maler Hans Makart, der dem Zug auf einem Schimmel voranritt. Makarts pompöser Stil bestimmte auch den Geist der damaligen Bühnendekorationen. Der Maler war mit Richard Wagner befreundet und gab für diesen während dessen Aufenthaltes in Wien im Jahre 1876 ein Fest, das zu einem gesellschaftlichen Ereignis ersten Ranges wurde.

Oben: Der Opernring. Ihn wird man wohl kaum je umtaufen. Im Hause links von der Oper, mit herabgekurbelten Markisen, das alte Opern-Café, das heute nicht mehr existiert. Dort kamen die Künstler nach der Vorstellung hin, um zu diskutieren, dort holte man sie ab, dort traf man sich vor Beginn, nahm noch schnell etwas zu sich — und wem ein solches Rendezvous zu kostspielig war, der traf sich mit Partner oder Partnerin rechts gegenüber (am Bildrand) bei der durch Karl Kraus in die Literatur eingegangenen Sirk-Ecke. In ausgesprochen musikalischen Städten wie Wien oder Mailand ist der klassische Rendezvousplatz die Oper. In New York oder in Zürich weiß nicht jeder Taxichauffeur, wo die Oper ist (ich habe es erlebt). — Unten: Der Ring gegenüber der Oper mit dem alten Heinrichshof, wo Leo Slezak seine Wohnung hatte (nur wenige Häuser weiter — Opernring 23 — wohnte Franz von Suppé). Als Kinder lauerten wir hier, bis Slezak auf die Straße trat oder ins Café Heinrichshof, sein Stammcafé, hineinging. Heute haben die großen Sänger kein Stammcafé mehr — sie haben Verpflichtungen.

Oben: Der Kärntner Ring auf der Seite des Hotels Bristol und des Grandhotels mit der dem Schwarzenbergplatz zugewandten Ecke. An dieser Seite verdient der Kärntner Ring die Bezeichnung „Wiener Musikstraße"; denn hier, wo früher einmal am späten Vormittag der Ringstraßencorso die Gehsteige zwischen Oper und Schwarzenbergplatz belebte, führt der Weg von der Oper zum nahen Musikverein und weiter zum Konzerthaus. Über das Pflaster des Kärntner Rings ist Hugo Wolf gelaufen: zuerst hielt er Richard Wagner bei der Oper den Wagenschlag auf, dann rannte er den Pferden voraus, um vor dem Hotel Imperial dem Meister beim Aussteigen zu helfen. Wagner wohnte 1875 und 1876, als er an der Oper als Regisseur und Dirigent wirkte, im „Imperial"; es war sein letzter Wiener Aufenthalt. Das Café Imperial, links vom Hoteleingang, war Gustav Mahlers Stammcafé.

Der Kolowratring (heute Schubertring), rechts vorne das ehemalige Palais Erzherzog Ludwig Viktor (ab 1911 Militärkasino). Dieser Teil des Rings war der Nobelsektor, hier hatten die Angehörigen des Blutadels und der Geldaristokratie ihre Wohnpaläste, „palazzi prozzi" taufte sie der Volkswitz.

Der Parkring auf der Seite der einstigen Gartenbaugesellschaft, des beliebten Unterhaltungsetablissements mit den Blumensälen, über denen die Fahne flattert. Dahinter, rechts vom „Steffel", das im Volksmund „Spargelburg" genannte Palais Coburg mit seiner langen Reihe schlanker Säulen, die zu dem Spitznamen reizten. Diesen Gebäuden gegenüber — auf der anderen Seite des Rings — befindet sich der Stadtpark mit dem Kursalon. In den Jahrzehnten zwischen dem Bau der Ringstraße und dem Ausbruch des Ersten Weltkriegs war hier eines der prominentesten Amüsierzentren von Wien.

„Vordere Ansicht" der künftigen Hofoper. Originalzeichnung aus dem Projekt, das die Architekten Siccardsburg und van der Nüll auf Grund der „Concours-Ausschreibung" vom 10. Juli 1860 beim k. k. Obersthofmeisteramt in versiegeltem Kuvert einreichten. Das Kuvert mußte an Stelle des Absenders mit einer Devise versehen sein; die beiden Architekten wählten: „Fais ce que dois, advienne que pourra — Mach, was du machen mußt, komme, was kommen mag."

Vom Reißbrett bis zum „Vorhang auf!"

Diese beiden Lithographien von Josef Kriehuber (1851) zeigen August von Siccardsburg (links) und Eduard van der Nüll. Beide waren Wiener, waren Fachkollegen und Freunde, und beide waren berühmt, noch ehe sie die Wiener Oper bauten. Van der Nüll ist 1812 geboren, Siccardsburg 1813, im Geburtsjahr Richard Wagners. Sie vollendeten beide ihre Fachausbildung im selben Jahr (1839) in Wien. Auch die weiteren Parallelen im Leben der beiden Architekten sind erstaunlich: beide gingen zu Studienzwecken nach Rom, dann nach Frankreich und Berlin, wo sie mit Schinkel in persönlichen Kontakt traten, beide kehrten 1843 gemeinsam nach Wien zurück, wurden Professoren an der Kunstakademie, bauten miteinander das Ständehaus in Pest (1844), das Carltheater in Wien (1847), in den folgenden Jahren das „Sophienbad- und Ballsaalgebäude" (Sophiensäle), das Arsenal und einige Privatpalais. Als Kuriosum sei erwähnt, daß van der Nüll ein Portefeuille für die Königin Victoria von England und ein Gebetbuch für die Kaiserin Elisabeth entwarf. Die Krönung der Freundschaft der beiden Architekten war ihr Lebenswerk, der Bau der Wiener Hofoper, deren Vollendung jedoch keiner von ihnen erlebte: boshafte Kritik trieb van der Nüll im April 1868 in den Tod, Siccardsburg folgte ihm zwei Monate später; er starb — buchstäblich an gebrochenem Herzen — in einer von ihm erbauten Villa in Weidling bei Klosterneuburg.

Oben: Ausschnitt aus einem Lichtbild von der feierlichen Grundsteinlegung in der Baugrube der Hofoper am 20. Mai 1863, 10 Uhr. Die Lage des Bauplatzes (unten) beschreibt am exaktesten die Grundsteinlegungsurkunde selbst: „Bei der Ermittlung des Bauplatzes für das Hofopernhaus fiel die Allerhöchste Wahl auf den weiten Raum, der sich zwischen der verlängerten Kärntnerstraße und der neu anzulegenden Ringstraße in einer Ausdehnung von nahezu 3000 Quadratklaftern erstreckt und jene Flächen umschließt, welche durch die Demolierung der beiden Kärntnertore und die Benützung der sie begrenzenden Basteien gewonnen wurden." Aus derselben Urkunde: „Und so erstehe dieser Bau ... als eines jener monumentalen Werke, welche noch in den Nachkommen einer späteren Zeit das dankbare Andenken an den erlauchten Gründer ... erhalten wird — selbst ein Denkmal der Kunst und eine Stätte ihrer Übung."

Aus einer zeitgenössischen Kritik anläßlich der Eröffnung des neuen Hauses: „Und als endlich das monumentale neue Haus das altersschwache Kärntnerthortheater ablöste, da schien in den weiten, goldstrotzenden, prunkvollen Hallen kein Platz für jene altwienerische Gemütlichkeit, die dem alten Burgtheater bis zu seinem Untergang treu geblieben ist. Es war zu schön, zu großartig da drin; man sah und erkannte sich gar nicht, wenn man kein verläßliches Fernrohr zur Hand hatte, und die vierte Galerie, auf welcher sich die eigentliche selbstlose Kunstbegeisterung entfaltet, erreichte die Höhe des Stephansturms, so daß selbst die unübersehbarsten Sängerinnen zu Zwerginnen wurden." Es war die Ära der Unübersehbaren.

Die Eröffnungsvorstellung am 25. Mai 1869 mit Mozarts „Don Juan" leitete Kapellmeister Heinrich Proch, der seit 1840 Kapellmeister am Kärntnerthortheater gewesen war. Wir verdanken diesem begabten Mann das „Lodern zum Himmel seh' ich die Flammen", denn er schuf die deutsche „Troubadour"-Übersetzung. Das Bild zeigt deutlich (besonders im Kreisausschnitt rechts) die damals übliche Position des Dirigenten: er stand unmittelbar an der Rampe, dirigierte vor allem die Sänger, hatte aber einen freien Gang im Rücken, falls er auch mit den Musikern Kontakt brauchte... Kaiser Franz Joseph I. wohnte dieser Vorstellung mit dem König von Hannover bei. Das Fernbleiben der Kaiserin wurde viel diskutiert.

„Attenzione! Stagione italiana! Sgra. Adelina Patti. Il Barbiere di Siviglia. Im 2. Akte Einlage: Romanze von Baronin W. von Rothschild. Das Textbuch ist an der Kasse und in der Buchhandlung von L. Rosner (Tuchlauben 22) für 30 Kreuzer zu haben. Anfang: 7 Uhr."

Xylographie nach J. W. Frey.

Auf immer verloren und doch unverlierbar für jeden, der es noch gekannt hat, ist das Innere der Staatsoper, wie es von 1869 bis knapp vor dem Ende des Zweiten Weltkrieges ausgesehen hat. Dieses Bild zeigt uns den Längsdurchblick des Foyers (Radierungen von Emma Hrncyrz).

Verloren — unverlierbar

„Hier bist du an geweihtem Ort", sagt Gurnemanz zu Parsifal. Der Künstler hat festgehalten, was den unbeschreiblichen Nimbus des alten Hauses ausmachte. Daß er das leere Haus zeigt, wirkt besonders stark: es ist das Haus gleichsam als Persönlichkeit allein, und jeder kann es nun aus seiner Erinnerung beleben, mit Mahler am Pult oder Strauss, mit Schalk, Knappertsbusch, Clemens Krauß oder Bruno Walter und den vielen Bedeutenden, die sonst noch hier erschienen sind. — Im dritten Rang direkt über den hohen Proszeniumslogen links die Künstlerloge für die Herren, rechts die für die weiblichen Mitglieder des Hauses, beide Zielscheiben hunderter Operngläser. Den Benützern der Herrenloge war ein akustisches Geheimnis vertraut: Beugte man sich dort mit seinem Stuhl um etwa einen Meter nach hinten und flüsterte dabei: „Servus, Lehmann!", dann hörte es Lotte in der Damenloge und nickte lächelnd herüber. (Gewährsmann: Kammersänger Alfred Jerger.) — Letzte Bildseite: Die Hofloge. Von hier aus wohnten die Majestäten mit den engsten Angehörigen des Erzhauses und besonderen Gästen den Vorstellungen bei. Mit der Kaisertreppe und dem Hoflogensalon war sie das Zentrum der „für den Gebrauch des Allerhöchsten Hofes reservirten Localitäten."

„Wer weiß die Wände und dergleichen so musikalisch zu bestreichen?"
(Frei nach Wilhelm Buschs „Maler Klecksel")

Entwürfe zu den Decken- und Wandmalereien im Foyer der Wiener Oper

Nur sehr selten blickt einer von den durch das Foyer schlendernden Opernbesuchern zur Decke empor. Tut er es aber, so sieht er das Gemälde „Der Kampf um den Kranz und der Sieg" von Professor Friedrich Sturm. Dieser Dekorations- und Blumenmaler hat auch, nach Entwürfen Schwinds, die Blumenranken in der Loggia verfertigt.

Moritz von Schwind, Wiener romantischer Maler, Freund von Schubert wie auch von Siccardsburg und van der Nüll, den beiden Erbauern der Oper, schuf sowohl die Fresken in der Loggia (nach Motiven aus der „Zauberflöte") wie auch die mit Eiweißfarben auf Leinwand gemalten 14 Wandbilder im Foyer, mit Motiven aus berühmten Opern. Oben: Szene aus „Armide", der Musiktragödie Glucks nach Tassos „Befreitem Jerusalem", unten: Szene aus „La Cenerentola", der Aschenbrödel-Version Rossinis, in welcher dessen Gattin, die Altistin Isabella Colbran, brillierte — und später Christa Ludwig. Rechts: Szene aus Boieldieus Oper „Die weiße Dame", dem heiteren Pendant zu Grillparzers „Ahnfrau".

Wie merkwürdig war doch die Auswahl, die der Maler damals traf. Man schrieb immerhin 1869! Es finden sich u. a. Mozart, Beethoven, Weber, Meyerbeer, aber kein Wagner und kein Verdi. Dafür „Der häusliche Krieg" von Schubert (unten) und — Haydns Oratorium „Die Schöpfung" (oben).

liches Streben und Handeln gewöhnt, mittelbar oder unmittelbar die Freiheit fördert".

Wien liebte Herbeck. Der gefürchtete Kritiker Eduard Hanslick nannte seinen Freund ein „Dirigentengenie mit demagogischer Wirkung". Als Konzertdirigent war Herbeck eine Attraktion: 1866 leitete er in der Spanischen Hofreitschule zwischen dem Josefsplatz und dem heutigen Michaelerplatz Monsterkonzerte mit 1600 Mitwirkenden. Seine Schubertentdeckungen waren Taten von historischer Bedeutung. In der „Spina'schen Musikalienhandlung" am Graben entdeckte Herbeck unter Manuskripten, die der Geschäftsführer „nix als Schmarrn" nannte, den „Gesang der Geister über den Wassern". Und in einer Rumpelkammer bei Anselm Hüttenbrenner, einem Freunde Schuberts, der als alter, kranker Sonderling in der Nähe von Graz lebte, fand Herbeck 1865 ein symphonisches Fragment in h-Moll, das dort durch volle 43 Jahre unbeachtet dem Vermodern preisgegeben war: Schuberts „Unvollendete".

Daß man seine eigenen Kompositionen nicht ernst nahm, war Herbecks großer Schmerz. Weder seine vier Symphonien noch seine sieben Messen und Oratorien, noch seine Männerchöre (darunter ein „Kriegslied gegen die Wälschen" und ein „Festgesang zur Enthüllung eines Maria-Theresien-Denkmals"), weder seine dreizehnteilige Musik zu Goethes „Faust" noch seine Parodie „Die zehnte Symphonie von Beethoven" wurden Erfolge.

Die fehlende Theatererfahrung ersetzte Herbeck durch Idealismus und Phantasie. Seine großen Taten waren die Wiener Erstaufführungen der „Meistersinger", der „Aida" und der „Königin von Saba" — womit er, wie man damals feststellte, die Liste der „Gottesdienst-Opern" („Der Prophet", „Die Jüdin" etc.) um drei weitere bereichert hatte.

Dieser Sohn eines böhmischen Schneiders namens Hrbek war Mitbegründer des Akademischen Wagnervereins und durch und durch Wagnerianer, obwohl ihm für „Tristan" und den „Ring" das Verständnis fehlte. Bald nachdem Johann Strauß mit seiner Kapelle in den frühen fünfziger Jahren zum erstenmal Fragmente aus Wagneropern in Wien aufgeführt hatte, spielte Herbeck in den Konzerten des Männergesang-Vereins seine eigenen Arrangements des Pilgerchors aus „Tannhäuser", des Matrosenchors aus dem „Fliegenden Holländer" und der Schlachtenhymne aus „Rienzi" — immer jeweils vor den Wiener Premieren dieser Opern.

Noch in der Ära Dingelstedt, der an das Werk nicht glaubte, wurde Herbeck damit betraut, die Premiere der „Meistersinger von Nürnberg" zu leiten. Er hat sie am 27. Februar 1870 in einer stürmischen Vorstellung herausgebracht. Wien war die siebente „Meistersinger"-Stadt, und die „Meistersinger" waren Wiens vierte Wagneroper (natürlich hatte wieder die Johann-Strauß-Kapelle schon vorher „Meistersinger"-Fragmente gespielt). Premierentag war der Faschingssonntag, und diese Tatsache gab Anlaß zu boshaften Späßen, vor allem im Café Walch gegenüber der Oper, dem Stammcafé der Sänger und der Orchestermusiker. Auf der Bühne des Burgtheaters extemporierte der Buchhalter in der Posse „Rosenmüller und Finke": „Jetzt probt man eine neue Oper, Meistersinger." Darauf der Commis: „Die werd' ich auch hören!" Und der Buchhalter: „Die werden Sie nicht hören, denn bis zur ersten Aufführung haben sämtliche Sänger ihre Stimm' verloren!"

Bei der Premiere, die ein gesellschaftliches Ereignis ersten Ranges war, saßen Wagnerianer und Antiwagnerianer zur Schlacht bereit. In diesen applausfreudigen Jahren wurde nach dem Vorspiel stark applaudiert (es geht bekanntlich ohne Schluß in den Kirchenchoral der ersten Szene über). Auch nach „Am stillen Herd" (!) wurde heftig geklatscht. Aber Beckmessers Ständchen im zweiten Akt gab den Wagnerfeinden das Signal zu einer wüsten Katzenmusik. Johann N. Beck als Hans Sachs kam aus dem Konzept, und Herbeck, ausgebildeter Sänger, der er war, sang die Einsätze Sachsens laut vom Pult, Campe als Beckmesser hielt tapfer durch. Am Schluß des zweiten Aktes befand sich die Opposition bereits in der Minorität, und am Ende der Vorstellung war der Triumph gesichert — zumindest beim Publikum. Nicht bei der zum größten Teil feindlichen Kritik. Ludwig Speidel resignierte im „Fremdenblatt": „Die Wenigen, die ihrer Überzeugung treu geblieben, erwarten Genugtuung und Rechtfertigung in der kommenden Zeit."

Die Vorstellung dauerte dreieinhalb Stunden — die

Die Zukunftsmusik-Deklaranten wollten nicht den Ausgleich, nur den vollen Sieg; jede Trivialität, ja selbst die widerliche Bell- und Miau-Musik des zweiten Aktes, wurde von den musikalischen Tschechen mit enthusiastischem Beifalle begrüßt; wenig hätte gefehlt, und sie würden bei den wirklich schönen Stellen aus reiner Oppositionslust zu zischen begonnen haben. Der Ouvertüre nach zu schließen, hätte wenigstens einer der im Ueberfluß vorhandenen Schuster ein tragisches Ende erreichen sollen, aber diese Erwartung wurde getäuscht. Gevatter Schneider und Handschuhmacher balgen sich zu den Klängen einer marcia funebre. — Man denke sich „Lumpacivagabundus" auf der Bühne, während das Orchester die „Eroica" dazu aufspielt.

Die Sprache selbst der Honoratioren dieses Opernlustspiels, welche hin und wieder neben dem Gesindel zu Worte kommen, ist, um eine Wagnersche Ausdrucksweise anzuwenden, ein wahres „Geschlamb und Geschlumbfer", sie schwatzen reinen Unsinn; manchmal glaubt man, Berauschte lallen zu hören, und es gereicht denselben kaum zur Entschuldigung, daß sie sich selbst wiederholt der „Dummheit" zeihen.

So erklärt der ehrenfeste Herr Veit Pogner, allerdings „halb für sich": „Ei werd' ich dumm"; Hans Sachs richtet an seinen Lehrbuben David die freundliche Einladung: „Verschlaf deine Dummheit", was ein um so schlechteres Licht auf die anderen wirft, da besagtem David von dem Chor der Lehrbuben nachgerühmt wird, daß er „der Allergescheit'st" sei; der Intrigant und Stadtschreiber Beckmesser richtet an sich die Gewissensfrage: „Darum, darum wär' ich so dumm?" und „das Volk" erklärt in gerechter Würdigung der geistigen Bestrebungen desselben: „Gott, ist der dumm"! Endlich kann selbst die Heldin Eva nicht umhin, das Bekenntnis abzulegen: „Ich bin wohl recht dumm!" und im Hinblicke auf das Duett, welches sie mit Walter von Stolzing, ihrem Freier, singt, scheint sie sich auch in der Tat zwar streng, aber gerecht beurteilt zu haben. Es klingt wie der Schwanengesang des gesunden Menschenverstandes, wenn sie in die leidenschaftlichen Worte ausbricht: „Ja ihr seid es, nein du bist es, alles sag' ich, denn ihr wißt es, alles klag' ich, denn ich weiß es", usf. usf.

Es ist weise eingerichtet von der Natur, daß die menschliche Stimme der Wagnerschen Musik nicht gewachsen ist, und daß sie so die Heiserkeit vor die Taubheit gesetzt hat!

Der Humorist Daniel Spitzer glossierte das Wiener Kulturleben in seinen „Wiener Spaziergängen", die in der „Neuen Freien Presse" erschienen. Am 6. März 1870 schrieb er über die Premiere der „Meistersinger" (Wiedergabe aus den 1912 erschienenen „Gesammelten Schriften" Spitzers).

Münchner Uraufführung hatte fünf Stunden gedauert. Den radikalen Strichen waren in Wien unter anderem Teile der Erzählung Davids im ersten und der Zwiesprache Sachs-Stolzing im letzten Akt zum Opfer gefallen. Richard Wagner war nicht zur Premiere gekommen, er saß in Luzern, bekam von übereifrigen Freunden nicht ganz objektive Berichte über die Vorstellung und ließ seinen Zorn in wütenden Briefen und Telegrammen an Herbeck aus. Er tobte gegen die Striche wie gegen die Besetzung. Berta Ehnn als Evchen nannte er ein „Frauenzimmer aus der Salvi-Offenbach-Schule" (Wagner hatte nicht vergessen, daß Matteo Salvi, Herbecks Vorvorgänger, den „Tristan" absetzte und statt dessen Offenbachs „Rheinnixen" spielte!). Das Horn des Nachtwächters sei statt von dem vorgeschriebenen Stierhorn „von einem ängstlichen Musiker auf einer Posaune" geblasen worden. In Wahrheit war es ein Baßflügelhorn gewesen, denn Herbeck hatte Angst, das Stierhorn könnte „gicksen" und damit die ganze Szene verpatzen. Auch protestierte Wagner dagegen, daß Beckmessers Serenade von einer „zahmen Gitarre" begleitet wurde. Es war eine Mandoline, denn die vorgeschriebene Stahlharfe war nicht rechtzeitig aus München eingetroffen (heute werden natürlich überall Stierhorn und Stahlharfe verwendet). Wagner drohte Herbeck sogar mit Protesten bei der „Obersten Behörde".

Der Zorn des Dichterkomponisten hatte jedoch tiefere Gründe: Wagner wollte eine strichlose Vorstellung nach dem Konzept der Münchner Uraufführung und hatte natürlich eine Einladung nach Wien zur Vorbereitung der Premiere erwartet. Das hat Dingelstedt vereitelt. Außerdem hatte Wagner noch in den fünfziger Jahren, als er im Exil war, seinen „Tannhäuser", den „Lohengrin" und den „Fliegenden Holländer" für eine relativ geringe Fixzahlung unter Tantiemenverzicht an die Hofoper verkauft. Wagner fand es ungerecht, daß man ihm nun für die Vorstellungen im großen neuen Haus gleichfalls keine Tantiemen zahlte. Nach schweren Kämpfen mit der Generalintendanz setzte Herbeck später die Tantiemen für Wagner durch, allerdings ohne rückwirkende Verpflichtung zu Nachzahlungen. Wagner hat deshalb seine späteren Opern, auch den Pariser „Tannhäuser", Wien zunächst verweigert.

Herbeck, der Wiener und Pionier der Kunst Wagners, war tief gekränkt. Das hielt ihn aber nicht ab, auch weiterhin für Wagner zu wirken. 1871 hat er den „Fliegenden Holländer" selbst inszeniert; davon ist uns ein sehr intelligenter Beleuchtungsplan erhalten geblieben. Das war damals durchaus nichts Außergewöhnliches: ehe im 20. Jahrhundert die optischen Belange einer Vorstellung so ungeheuer an Bedeutung gewannen, haben die Kapellmeister sehr oft Regie geführt, Jahn und Mahler an der Wiener Oper ebenso wie Toscanini an der Scala in Mailand.

Im selben Jahr wurde als fünfte Wagneroper „Rienzi" — 29 Jahre nach der Uraufführung — zum erstenmal in Wien gespielt. Der Erfolg war enorm, sogar der Kaiser war begeistert; bis in die Jahre Gustav Mahlers hinein blieb diese historische Prunkoper fixer Bestandteil des Festprogramms bei Besuchen auswärtiger Fürsten. Wagner hat den „Rienzi" in Wien gesehen und war entsetzt. Schon beim ersten Trompetensignal der Ouvertüre lief er aus seiner Loge ins Buffet und erholte sich bei einem Gefrorenen. Dann kehrte er zurück und ließ in der Pause seinem Zorn freien Lauf, auch über die angeblich historisch falschen Dekorationen. Er hat nicht die Premiere gesehen, sondern eine Wiederholung im Mai 1872. Er dirigierte damals gerade im Großen Musikvereinssaal seine berühmten drei Konzerte zur Propagierung der Bayreuther Idee, mit der Eroica und Fragmenten aus seinen Opern. Beim „Feuerzauber" ging über Wien ein Gewitter nieder, was Wagner in seiner Schlußrede als gutes Omen bezeichnete, und die bekannte Volksschauspielerin Josefine Gallmeyer war von Wagners Musik so begeistert, daß sie gelobte, nie mehr wieder in der Tannhäuser-Parodie mitzuspielen.

Herbeck hatte an der Scala die neueste Verdioper, „Aida", gesehen und sofort für Wien erworben. Die Premiere fand 1874 statt und wurde ein großer Erfolg. Der Kritiker Helm schrieb, die historisch stilgerechte Inszenierung erspare dem Kronprinzen Rudolf einen Kurs in ägyptischer Archäologie. Die andere Orientoper, „Die Königin von Saba" von Karl Goldmark, sollte Herbecks letzte Premiere werden (1875); da die Generalintendanz die Kosten einer neuen Ausstattung verweigerte, verwendete man die bewährten Kulissen aus dem Ballett „Sardanapal".

Beide Opern wurden richtige Kassenschlager, obwohl Hanslick Verdis „Aida" „weder die Tat schöpferischen Genies noch die Arbeit eines Meisters" nannte und seine Kritikerkollegen aus der „Königin von Saba" sogar „Zukunftsmusik" und die „formlose Form Wagners" heraushörten.

Mit seinen übrigen Premieren hatte Herbeck wechselndes Glück, aber er verfolgte stets eine niveauvolle künstlerische Linie: es gab einen reich ausgestatteten „Oberon" von Weber und, vor leeren Häusern, Schumanns undramatische „Genoveva". Als neuer Name erschien Hermann Goetz mit „Der Widerspenstigen Zähmung"; das liebenswürdige Werk des so jung verstorbenen Komponisten erinnerte an die „Meistersinger", die Goetz jedoch gar nicht zu kennen behauptete. Während sich bei der Uraufführung in Mannheim Katharina und Petrucchio gemeinsam auf ein Pferd mit einem speziell konstruierten Sattel für zwei Personen schwangen, servierte Herbeck den Wienern an derselben Stelle — einen Einspänner. Im Jahr der Weltausstellung, 1873, spielte die Hofoper ohne Ferien durch. Die Premiere des Ausstellungssommers war „Hamlet" von Ambroise Thomas — wie „Mignon" vom Publikum bejubelt, von der Kritik bespöttelt. Oftmals gab es auch Herbecksche Kuriosa, die manche Puristen verstimmten, so etwa die Hinzufügung von Altstimmen im Jägerchor des „Freischütz". Ich habe in meinen Jugendtagen noch ein Überbleibsel aus der Herbeckzeit erlebt: die Einlage des „Türkischen Marsches" von Mozart in Herbecks Orchestration vor dem Schlußakt der „Entführung", und ich gestehe, daß ich den Marsch an dieser Stelle noch heute vermisse! Es gab eine Vorstellung von Shakespeares „Sommernachtstraum" mit der Mendelssohnmusik als Théâtre paré und „Orpheus und Eurydike" von Gluck konzertant mit der Altistin Caroline Bettelheim (seinerzeit die erste Wiener Selica in Meyerbeers „Afrikanerin").

Der vielgeschmähte Matteo Salvi und Dingelstedt haben Herbeck ein ausgezeichnetes Künstlerensemble vererbt, die Sänger der beiden „Don-Juan"-Besetzungen der Operneröffnung von 1869 waren in alten und neuen Aufgaben das Rückgrat seiner Direktion. Johann N. Beck sang den Hans Sachs, den er aber nach wenigen Vorstellungen zurücklegte. Gustav Walter war der erste Stolzing (er gab auch gute Liederabende). Berta Ehnn glänzte als widerspenstiges Käthchen, Louise Dustmann, deren stimmliche Verfassung stark nachließ, kreierte die Genoveva, und die wohlbeleibte Marie Wilt war die erste Aida und Sulamith. Man hat sich über die unvorteilhafte Erscheinung des Stimmphänomens Marie Wilt so lange lustig gemacht („Die Reise um die Wilt in 80 Tagen"),

Capellmeister Herbeck in:

Capellmeister Herbeck in:

Capellmeister Herbeck in:

„Die Meistersinger von Nürnberg". Erster Akt.

„Die Meistersinger von Nürnberg". Zweiter Akt.

„Die Meistersinger von Nürnberg". Dritter Akt.

bis sich die gekränkte Sängerin in späteren Jahren aus dem Fenster ihrer Wohnung stürzte.

Zur Steirerin Amalie Materna, Wiens erster Amneris und Königin von Saba, engagierte Herbeck einen Steirer hinzu, der zu einem der größten Wagnerbässe aller Zeiten heranwuchs: Emil Scaria. Unter den erfolgreichen Neuengagements finden wir den Koloratursopran Ilma von Murska (Ophelia in Thomas' „Hamlet"), begegnen wir Minnie Hauck, einer reizenden Vertreterin des Spielfachs — die erste Amerikanerin an der Wiener Oper —, und Pauline Lucca, die als Margarethe debütierte. Das talentierte Mädchen war eine Schülerin des Studienleiters Richard Lewy; Herbeck hat sie nur verpflichtet, um diesem seinem Erzfeind einen Gefallen zu tun; an das Talent der späteren sensationellen Carmen-Darstellerin hat er nie wirklich geglaubt.

1873 begeisterte die Koloraturdiva Adelina Patti als Lucia, ein Jahr nach ihrem Auftreten in einer italienischen Stagione im Theater an der Wien. Herbeck, der zeitlebens ein Herz für die Musiker bewies und die Orchestergagen zweimal erhöhte, ließ die Patti in einer Wohltätigkeitsvorstellung für den Pensionsfonds singen. Diesen „Pensionsfonds für Mitglieder des Hof-Operntheaters", sein Lieblingsprojekt, hatte er 1872 selbst gegründet. Die Mittel wurden aus den Erträgnissen von jährlich sechs Wohltätigkeitsvorstellungen, ferner aus einer Subvention der Theaterkasse, aus Leistungen der Mitglieder und aus dem Kapital der bestehenden Privatfonds beschafft.

Weniger erfolgreich war Herbeck beim obligaten Versuch so vieler Direktoren, endlich die Claque abzuschaffen, und ebensowenig fruchtete sein Verbot, bei offener Szene zu applaudieren.

Seine letzten Direktionsjahre standen unter dem Zeichen der Wirtschaftskrise. Der Schwarze Freitag im Mai 1873 brachte den bekannten katastrophalen Börsenkrach, den Verlust bedeutender Vermögen, den Zusammenbruch von Industrieunternehmungen und eine Periode der Depression, der Verzweiflung und der Selbstmorde. Die Einnahmen der Theater gingen zurück — nur die Operetten von Johann Strauß im Theater an der Wien und die französischen im Carltheater profitierten von der allgemeinen Stimmung. Die Oper war schlechter besucht als zuvor, dabei stiegen die Gagen und die Ausstattungskosten ständig.

Herbecks Feinde benützten diese Situation zu einer Kampagne, der der feinsinnige und intrigenfremde Schwärmer nicht gewachsen war. Im Hause war der bereits genannte Richard Lewy sein größter Feind, der Solohornist des Orchesters, den Herbeck im Sinne der Forderungen Richard Wagners zum „Chef du Chant" (Studienleiter) gemacht hatte. Franz Josef liebte Herbeck und verlieh dem Künstler während dessen Krankheit den Orden der Eisernen Krone Dritter Klasse, mit dem die Erhebung in den Adelsstand verbunden war. Aber auch der Kaiser konnte Herbecks Sturz nicht verhindern — denn der Operndirektor stolperte über die allmächtige Generalintendanz.

Diese Behörde war 1867 vom Kaiser selbst ins Leben gerufen worden und sollte die Verbindung zwischen den Hoftheatern und dem Ersten Oberhofmeister herstellen, der als „Oberster Hoftheater-Director" die „Dotation" des Finanzministeriums zu verwalten hatte. Die Generalintendanz riß jedoch, als Kontrollbehörde der Dotation, immer mehr künstlerische Funktionen an sich, sie kontrollierte de facto nicht nur die auflaufenden Kosten, sondern redete auch beim Spielplan und bei den Künstlerengagements drein. Vom Generalintendanten Graf Wrbna behauptete man, er interessiere sich bei Tag für die Kasse, bei Nacht für das Ballett ...

Johann Herbeck war krankhaft reizbar, aber sein Begriff von Beamtentreue hinderte ihn daran, jemals offen zu revoltieren. Im April 1875 wurde er zur Demission getrieben, was beinahe einer Enthebung gleichkam (als letzte Amtshandlung hat er noch den hervorragenden Hans Richter als Dirigenten empfohlen). Herbeck übernahm wieder die Leitung der Gesellschaftskonzerte, die während seiner Operndirektionszeit Anton Rubinstein und Johannes Brahms innegehabt hatten. Ob heutzutage ein Operndirektor bei seiner Ernennung die Leitung seiner Konzertzyklen niederlegen würde?

Zwei Jahre später war Herbeck tot. Ein Künstler sagte, mit ihm sei die Poesie aus dem Opernhause entwichen.

So endete schon die erste Stardirigentendirektion nicht anders als so manche der ihr folgenden.

K. K. Hof- Operntheater.

Sonntag den 11. Februar 1872.

232. Vorstellung im Jahres-Abonnement.

Die lustigen Weiber von Windsor.

Komisch-phantastische Oper in drei Akten, nach Shakespeare's gleichnamigem Lustspiel, von S. H. Mosenthal. Musik von Otto Nicolai.
Die Recitative und die Ballade der Frau Reich (3. Akt) von H. Proch.

(Erste Aufführung im neuen Hause.)

Sir John Falstaff	.	Hr. Hablawetz.
Herr Fluth, } Bürger von Windsor	.	Hr. Mayerhofer.
Herr Reich, }	.	Hr. Krauß.
Fenton	.	Hr. Müller.
Junker Spärlich	.	Hr. Regenspurger.
Dr. Cajus	.	Hr. Lay.
Frau Fluth	.	Fr. Dustmann.
Frau Reich	.	Frl. Gindele.
Jungfer Anna Reich	.	Frl. Siegstädt.
Der Kellner im Gasthause zum Hosenbande	.	Hr. Lucca.
Pitt, } Bürger	.	Hr. Wesselh.
Pott, }	.	Hr. Haag.

Bürger und Frauen von Windsor. Knechte. Kinder.
Masken als Elfen, Fliegen, Wespen und in verschiedenen anderen abenteuerlichen Gestalten.

Ort der Handlung: Windsor. Zeit: Das 15. Jahrhundert.

Im 3. Akte. **Elfentanz**, komponirt von C. Telle. (Musik aus der Oper „Die Rheinnixen" von J. Offenbach.) Die Fräulein Jacksch, Wildhack, Mauthner, Minna, Olzer, das weibliche Balletcorps und die Eleven.
Ballabile. Die Fräulein Jacksch, Wildhack, Mauthner, Charles, Minna, Olzer und das Balletcorps.

Die zur Oper „Die lustigen Weiber von Windsor" vorverkauften Sperrsitze sind heute giltig.

In alten Zeiten waren Operneinlagen von anderen Komponisten nichts Ungewöhnliches. Das Programm dieser Vorstellung der „Lustigen Weiber von Windsor" von Otto Nicolai erwähnt die „Ballade der Frau Reich" im dritten Akt mit Musik von Hauskapellmeister Heinrich Proch. Eine Kuriosität: im dritten Akt gab es einen Elfentanz mit Musik aus Jacques Offenbachs Oper „Die Rheinnixen" — Jahre später wurde diese Melodie als „Barcarole" in „Hoffmanns Erzählungen" weltberühmt.

K. K. Hof- Operntheater.

Dinstag den 15. April 1873.

Mit Allerhöchster Genehmigung Sr. Majestät des Kaisers.

Zum Vortheile des Fondes der den Allerhöchsten Namen führenden Stiftung zur Versorgung kaiserlicher und königlicher Offiziers-Wittwen und Waisen.

Mit aufgehobenem Abonnement.

Ouverture zu der Oper „Rienzi", von Richard Wagner.
Unter Leitung des Directors **J. Herbeck.**
Das Orchester der kais. königl. Hof-Oper.

Das Weib des Kriegers.

Dramatischer Prolog von Josef Weilen. Musik von Franz Doppler.

Gertrud	Fr. Gabillon.
Ihre Kinder	(Therese Link.
	(Sofie Link.

1. Tableau: Auf dem Schlachtfelde. Die Herren Mitterwurzer, Richini, Birkmeier Ju., Hassa, Horvath, Klaß Jos., Manzantini B., Manzantini C., Recke.
2. Tableau: Segen der Mildthätigkeit. Frl. Brecheisen, Fr. Telle, Petermann, die Fräulein Schönauck, Richini, Gebrer, die Herren Bray und Kirschbaum.
3. Tableau: Heimkehr und Friede. Die Fräulein Jacksch, Wildhack, Buchs, Löscher, Minna, Dobrauer, Neumann M., Rimus, Stublik, Tomaschütz, Scholz, Weiß, Wiß, die Herren Frappart, Brice, Habreiter, Caron, Frappart L., Klaß A., Hassa, Nunzianti, Winkler und Ring.

Die Tableaux entworfen und arrangirt von Franz Gaul.

CONCERT.

1. C. M. Weber. Concertstück mit Orchesterbegleitung. Frau Sophie Menter.
2. Lieder: a) „Das Mädchen und der Schmetterling", von Gustav Stirke. } Herr Emil Scaria,
   b) „Abschied", Lied von August Horn. } k. k. Hof-Opernsänger.
3. Arie aus „Hernani". Fr. Wilt, k. k. Kammer- und Hof-Opernsängerin.

Aus der komischen Oper.

Lustspiel in einem Akte nach dem Französischen des Henri Murger von C. Zell.

Ricul Gerard	Hr. Sonnenthal.	Rose, Kammermädchen	Frl. Wagner.
Dubreuil, ehemal. Schiffskapitän	Hr. Meixner.		
Juliette de Santenis, seine Nichte	Frl. Janisch.	Scene: Paris 1860	

Fünfundzwanzig Mädchen und kein Mann.

Komische Operette in 1 Akt von Carl Treumann. Musik von Franz v. Suppé.

Hr. v. Schönhahn, Gutsbesitzer	Hr. C. Treumann.	Bärbele, die Schwäbin	Fr. Hartmann.
Daudia, die Oesterreicherin	Frl. Janisch.	Preziosa, die Aragoneserin	} Frl. Scholz.
Hidalga, die Castilianerin	} Frl. Salvioni.	Marianka, die Böhmin	} Frl. Buda.
Britta, die Engländerin	} Frl. Ehn.	Sidonia, Wirthschafterin	Frl. Gindele.
Maschinka, die Baierin	} Frl. Tremel.	Agamemnon, Thierarzt	Hr. Blasel.
Gilletta, die Portugiesin	} Frl. Mauthner.	Dienstmädchen. Damen vom Hofballet.	
Elmina, die Tirolerin	} Frl. Dillner.	Pensionärinnen. Damen vom Hof-Opernchor.	
Livonia, die Italienerin	Fr. Fr. Materna.		

Die Handlung spielt auf Schönhahns Gut, in der Nähe einer großen Stadt.

Kassa-Eröffnung 6 Uhr. — Anfang 7 Uhr.

Die erste Operette im neuen Haus war „Fünfundzwanzig Mädchen und kein Mann" von Franz von Suppé.

*Zwischen „Hasemanns Töchter"
und „Götterdämmerung"*

Franz Jauner macht Wien zur Wagnerstadt 1875 bis 1880

Die Wiener sind es gewohnt, sobald es um ihre Theater geht, ungewöhnliche Dinge zu erleben. Was aber die nächsten viereinhalb Jahre nach Herbecks Demission bieten sollten, war selbst für unsere spektakelgewohnte Stadt ein Novum: ein Operndirektor, der die Hofoper gleichzeitig mit dem Carltheater, einer „Vorstadtbühne", führte! Hier „Mein Leopold", sorgfältig betreutes, erfolgreiches Volksstück — dort, auf höherer Ebene, Endkampf für den Sieg Richard Wagners. Wenn bei der Premierenfeier einer Johann-Strauß-Operette die Gesellschaftsräume im Carltheater nicht ausreichten, dann feierte Jauner mit seinen Gästen den Walzerkönig in den Direktionsräumen der Hofoper. Früher hat man in ihm meist einen Banausen gesehen, dem es um nichts anderes ging als um „business". Das stimmt nicht. Franz Jauner war bizarr, aber einer der brillantesten Operndirektoren, die wir hatten. Ein Bonvivant. Und er spielte diese Rolle so lange, bis er sich am Ende seines Lebens eine Kugel durch den Kopf jagte.

Der unmittelbare Anlaß zur Ernennung Jauners waren rein budgetäre Erwägungen. Die Wirtschaft litt noch unter den Nachwirkungen des Börsenkrachs von 1873, und die Defizitsumme der Hofoper hatte eine unträgliche Höhe erklettert. Der Obersthofmeister als „Oberster Hoftheater-Director" war verpflichtet, die Vorschläge zur Neubesetzung der Operndirektion dem Kaiser zu unterbreiten. Constantin Prinz zu Hohenlohe-Schillingsfürst, der durch dreißig Jahre als Obersthofmeister im Amt blieb (die Aufzählung seiner Titel und Orden von „Ritter des goldenen Vlieses" bis zum „Ehren-Mitglied des Kunstgewerbevereines" nimmt eine ganze Seite ein, siehe Seite 72), zeigte sich in diesen kritischen Tagen seiner Aufgabe gewachsen. Er war nicht nur Kunstfreund und selbst ausübender Musiker, sondern auch ein nüchterner Rechner, dem es unerläßlich schien, nach dem Regisseur Dingelstedt und dem Dirigenten Herbeck nun einen Fachmann der Theaterverwaltung zu berufen, der nicht nur auf die Partitur, sondern auch auf die Kasse schaute.

Nun hatten Wiens Operettentheater unter der Wirtschaftskrise viel weniger gelitten als alle anderen, und es war dem Obersthofmeister nicht entgangen, daß vor allem das Carltheater mit Operetten, Possen und Volksstücken in glänzenden Vorstellungen Rekordeinnahmen erzielte. Im Frühjahr 1875 bot er darum Franz Jauner die Direktion der Hofoper an (die dieser bereits zweimal abgelehnt hatte!). Unausdenkbarer Gedanke: hätte 1874 die „Fledermaus" im Theater an der Wien etwas bessere Kasse gemacht, so hätten wir vielleicht Marie Geistinger als Operndirektor bekommen (sie war damals Mitdirektor des Theaters!).

Franz Jauner war der Sohn eines Wiener Hofgraveurs. Er trat in jungen Jahren am Burgtheater und in verschiedenen deutschen Städten auf und wurde dann Schauspieler und Regisseur am Carltheater, dessen Direktion er 1871 übernahm. Auf Bildern sieht er aus wie ein Schillerheld privat, oder wie der junge Richard Wagner, den er so sehr verehrte. Jauner war blitzgescheit, agil, geschäftstüchtig und immer voll neuer Ideen. Er spielte und inszenierte alles, von Raimunds „Verschwender" bis zur „Reise um die Welt in 80 Tagen" nach Jules Verne. Sein großer Gedanke war es, ein Gegengewicht zu schaffen gegen das Königreich von Johann Strauß im Theater an der Wien. In dem französischen Komponisten Charles Lecocq, der als Nachfolger Offenbachs galt, glaubte er den „Gegenpapst" gefunden zu haben und brachte dessen neueste Operetten „La Fille de Madame Angot" und „Giroflé — Giroflà" ans Carltheater.

Für originelle Experimente hatte Jauner stets Sinn, und so spielte er gleich im ersten Jahr seiner Carltheaterdirektion (1871) eine Operette von Delibes, „Confusius IV.". Und als er bereits die Hofoper leitete, brachte er am Carltheater noch die Uraufführung von Suppés Operette „Fatinitza" heraus und konnte schließlich seine Bestrebungen dadurch krönen, daß er Johann Strauß ans Carltheater band: „Prinz Methusalem" erlebte dort seine Uraufführung.

Dieser ideenreiche, virtuose Praktiker wurde also am 15. April 1875 zum Hofoperndirektor ernannt und trat, dreiundvierzigjährig, am 1. Mai seine Stellung an. Er wußte haargenau, worüber jeder Operndirektor auf Wiener Boden straucheln kann, und so hatte er als erste Bedingung für seine Annahme — die Abschaffung der Generalintendanz gefordert. Der Generalintendant stand zwischen dem Obersthofmeister und dem Operndirektor,

71

und viele von Jauners Nachfolgern sind bekanntlich über diesen hohen Herrn zu Fall gekommen. Die Bedingung wurde erfüllt, zumal die Generalintendanz nach dem Ableben des leidenschaftlichen Sparmeisters Graf Wrbna (1874) nur provisorisch besetzt war. Jauner verlangte — und erhielt — eine Erhöhung der Subvention auf 300.000 Gulden, 12.000 Gulden Jahresgehalt, 25 Prozent Gewinnbeteiligung, Pensionsberechtigung nach zwei Dienstjahren (sah er seinen baldigen Sturz voraus?) und verschiedene Garantien für die Durchführung seines künstlerischen Programms. In dessen Brennpunkt stand die (auch finanzielle) Versöhnung mit Richard Wagner.

Seine Majestät bestätigte dem frischgebackenen Hofoperndirektor in einem Telegramm aus Pola auch noch die Erfüllung seiner schwersten Bedingung: gleichzeitige Führung des Carltheaters, zumindest vorläufig. Also gab es für Jauner keine Konflikte zwischen seinen cis- und transdanubischen Interessen ...

Unmittelbar nach seiner Ernennung sandte Jauner den Theateragenten Gustav Lewy auf eine große Entdeckungsreise durch Westeuropa, um für beide Theater Attraktionen aufzuspüren, und schon wenige Tage nach seiner Abreise drahtete Lewy aus Paris: „OPERA COMIQUE CARMEN VON MEILHAC UND HALEVY MUSIK EINES TALENTIERTEN JUNGEN COMPONISTEN ... VERDI DIRIGIERT HIER REQUIEM." Jauners Antwort: „KAUFEN SIE ALLES."

Zweiundvierzig Tage nach seinem Amtsantritt startete Jauner seine erste große Bombe: Am 11. Juni 1875 dirigierte Giuseppe Verdi sein neues Manzoni-Requiem an der Hofoper. Der Meister, der seit zweiunddreißig Jahren in Wien nicht mehr dirigiert hatte („Nabucco" am Kärntnertortheater 1843), leitete vier Vorstellungen des Requiems und zwei seiner „Aida". Die Bühnenskizzen (!) für das Requiem hatte er persönlich vorausgesandt, Franco Faccio, der berühmte Dirigent der Scala, hatte die Chöre einstudiert, und die beiden Solistinnen der ersten Mailänder „Aida" und des ersten Mailänder Requiems sangen unter Verdi in Wien: Teresa Stolz (eine Wienerin und entfernte Verwandte von Meister Robert Stolz!) und Maria Waldmann. Es waren Triumphe. Verdi wurde wie ein König gefeiert und war von Wien be-

Aus „Das kaiserlich-königliche Hof-Operntheater in Wien / Statistischer Rückblick auf die Personal-Verhältnisse und die künstlerische Thätigkeit während des Zeitraumes vom 25. Mai 1869 bis 30. April 1894", Wien 1894.

Oberster Hoftheater-Director:

Seiner Oesterreichisch-Kaiserlichen und Königlich Apostolischen Majestät Erster Obersthofmeister.

Se. Durchl. Herr **Constantin Prinz zu Hohenlohe-Schillingsfürst,** Ritter des gold. Vliesses, Gr. Kr. d. kgl. ung. St. Stephan-O., Bes. der Kriegsmedaille und d. Militär-Dienstzeichens II. Cl. für Officiere, Gr. Kr. d. toscan. O. vom heil. Josef, Gr. Kr. und Ehren-Bailli d. souv. Johanniter-O., Bes. des Marianerkreuzes des deutschen Ritter-O., Ritter des russ.-kais. St. Andreas-O. (in Brillanten), d. St. Alexander-Newsky-, d. weissen Adler-, d. St. Annen- u. d. russ.-kais. königl. St. Stanislaus-O. I. Cl., Ritter des kgl. preuss. schwarz. Adler-O. (in Brillanten) u. d. roth. Adler-O. I. Cl., Grkr. des franz. O. d. Ehren-Legion u. d. kais. brasil. O. vom südlichen Kreuze, Bes. d. ottoman. Osmanié-, d. ottoman. Medschidjé-O. I. Cl., Ritter d. k. italien. O. der Annunziata, Bes. d. Portrait-Decoration d. Schah von Persien (in Brillanten) u. d pers. Sonnen- u. Löwen-O. I. Classe, Grosscordon d. k. japan. O. »der aufgehenden Sonne«, Ritter d. kgl. dän. Elephanten-O., Gssk d. kgl. portug. Thurm- u. Schwert-O. u. d. kgl. span. O. Carl III. (mit der Colane), Ritter d. kgl. bayer. St. Hubertus-O. u. d. kgl. sächs. Rautenkrone, Gkr. d. kgl. sächs. Albrecht-O., d. kgl. württemb. Friedrich-O. und des Ordens der königl. württembergischen Krone, Ritter des königl. schwedischen Seraphinen-O., Gkr. d. kgl. belg Leopold-O. (in Brillanten), d. kgl. griech. O. vom heil. Erlöser, d. kgl. O. »Stern von Rumänien«, d. kgl. serb. weissen Adler-O., d. kgl. serb. Takowa-O. u. d. päpstl. Pius-O., Ritter d. kgl. sicilian. St. Januarius-O., Gkr. d. königl. hannover'schen Guelphen-O., des kurfürstl. hessischen Wilhelm-O., d. grossh. hess. Ludwig-O., des grossh. sachsen-weimar'schen O. der Wachsamkeit oder vom weissen Falken und des grossh. mecklenburg. O. d. wendischen Krone, Ritter d. nassau'schen Haus-Ordens vom goldenen Löwen, Grosskreuz d. herzgl. sächs.-Ernestinischen Haus-Ordens, des fstl. montenegr. Danilo-O. I. Cl., Ritter d. kgl. preuss. Kronen-O. II. Classe, Commandeur d. kgl. sicilian. O. Franz I., Ritter d. russ.-kais. St. Wladimir-O. IV. Cl., d. Civil-Verdienst-O. d. kgl. bayer. Krone, d. päpstl. Christus-O. u. d. fürstl Hohenlohe'schen Haus- u. Phönix-O., Bes. d. päpstl. Erinnerungs-Medaille pro Petri sede; k. u. k. wirkl. Geh. Rath und Kämmerer, Oberst sämmtlicher k. u. k. Leibgarden, General der Cavallerie und Inhaber des k. u. k. Infanterie-Regimentes Nr. 87, lebenslängliches Mitglied des Herrenhauses des österr. Reichsrathes, Ehren-Curator des k. k. österr. Museums für Kunst und Industrie, Ehren-Mitglied der k. k. Akademie der bildenden Künste und des Kunstgewerbevereines in Wien.

geistert. Nur daß in der Hofoper der Zuschauerraum abgedunkelt wurde, erstaunte ihn (Toscanini hat das erst viele Jahre später auch an der Scala eingeführt). Während heute Puristen die Tendenz haben, bei Verdis Requiem nicht applaudieren zu lassen, hat der Meister selbst mit Begeisterung die Sätze „Ricordare", „Offertorium" und „Agnus Dei" wiederholt. Der Kaiser wohnte einer der Aufführungen bei und empfing Verdi in Audienz. Die Tage, da der Name VERDI als das Symbol der Erhebung der italienischen Provinzen gegen Österreich galt (Vittorio Emanuele Re D'Italia), schienen vergessen... Bei der letzten Vorstellung wurde eine Büste des Meisters, die man aus Mailand hatte kommen lassen, im Foyer der Oper neben den anderen Großen der Tonkunst aufgestellt.

Jauner kam, sah und siegte. Nicht einmal der gefürchtete Hanslick hatte eine Chance, etwas zu verreißen. Außerdem war es Juni, da hielt er sich, wie jeden Frühsommer, in Marienbad auf — wozu Josef Hellmesberger, der witzige Geiger, bemerkte: „Er fährt leberleidend nach Marienbad und kommt leider lebend zurück!"

Die Oper des „talentierten jungen Componisten", von der Lewys Telegramm gemeldet hatte, wurde am 23. Oktober 1875 die erste echte Premiere der Ära Jauner. Leider konnte Bizet seine „Carmen" nicht mehr, wie Jauner geplant hatte, selbst dirigieren, er war im Juni, sechsunddreißigjährig, gestorben. Es war, nach der nicht sehr erfolgreichen Pariser Uraufführung vom März 1875, die erste Vorstellung des Werkes außerhalb Frankreichs — und auch die erste Vorstellung, bei der die gesprochenen Dialoge durch Rezitative ersetzt worden waren. Die Rolle, die Jauner bei dieser Bearbeitung spielte, ist nicht ganz geklärt, doch steht fest, daß er auf der Fertigstellung der gesungenen Rezitative durch Bizets Freund Guiraud als Bedingung für Wien bestanden hatte. Sie wurden nicht rechtzeitig fertig, weshalb bei der Wiener „Carmen" anfangs teils gesungen, teils gesprochen wurde. Erst die Direktion Mahler hat die vollständig gesungene „Carmen" eingeführt.

Jauner inszenierte das Werk wie fast alle Novitäten seiner Ära selbst, mit viel Phantasie und großem Geschick, aber doch etwas überladen und mit einem Schuß Zirkusatmosphäre. Die Premierenbesetzung wurde gerühmt: Berta Ehnn als Carmen, Emil Scaria als Escamillo und der Frankfurter Tenor Georg Müller, der hier sein vielgepriesenes hohes Cis — nicht anbringen konnte, als Don José. Die Kritik war „freundlich", Ludwig Speidel prägte die berühmte Formulierung von der „Operette mit Tanz", Hanslick ließ „die interessante Produktion von Geist und Talent" gelten. Einzig Ambros in der „Wiener Zeitung" erkannte die Bedeutung des Werkes. Die ersten Vorstellungen erzielten die damalige Höchsteinnahme von 8200 Gulden. Aber ein richtiger Kassenmagnet wurde „Carmen" trotzdem nicht.

Das änderte sich erst, als Jauner 1879, im vorletzten Jahr seiner Direktion, in Pauline Lucca (hinter deren italienischem Künstlernamen sich eine waschechte Wienerin verbarg) eine sensationelle Besetzung für die Titelrolle gefunden hatte. Die Lucca war pikant, „sexy" (noch ehe man das so nannte) und bot mit dem zügellosen Naturalismus ihrer Gestaltung eine revolutionäre Vorahnung des späteren „Verismo". Wagner hatte mit ihr in Prag die Elsa einstudiert, Gounod in Paris das Gretchen.

Die Lucca wußte auf der Bühne und auch außerhalb dieser stets von sich reden zu machen: als durch eine Indiskretion Photographien die Runden machten, die sie gemeinsam mit Bismarck in Gastein zeigten, kam es fast zu einem neuen Nord-Süd-Konflikt. In Amerika hat sie einmal in einer Vorstellung des „Troubadour" sowohl die Leonore als auch die Azucena gesungen — und für die zwei Rollen drei Gagen genommen. Sie war keine Schönsängerin im konventionellen Sinn und hatte auch kein „Rollenfach", sie sang Donna Anna und Despina, Mignon, Käthchen — alles. In Wien spielte sie seit 1874 und machte vor allem mit jener Rolle Furore, in der sie dank der Besetzungsidee Jauners ihre faszinierende Persönlichkeit ausleben konnte: als Carmen.

Aber Verdi und „Carmen", das waren für Jauner nur kleine Vorspiele zu jenem Projekt, das er als seine Lebensaufgabe ansah: das Werk Richard Wagners in authentischer Gestalt in Wien heimisch zu machen. Jauner hatte genug Verstand, um zu erkennen, daß das Wiener Publikum mit fliegenden Fahnen zu Wagner überging. Das hatte sich am Besuch der Wagnervorstellungen in der Oper gezeigt und an dem überschwenglichen Jubel, mit dem Wien die „Werbekonzerte für Bayreuth" im Frühjahr 1875 unter der persönlichen Leitung Wagners im Musikvereinssaal begrüßt hatte.

Schon bei seiner Ernennung hatte Jauner das Engagement des Kapellmeisters Hans Richter verlangt und damit eine der entscheidendsten Taten in der Geschichte des Wiener Musiklebens gesetzt. Der blondbärtige, blauäugige Hüne war ein Meisterdirigent und galt als Richard Wagners engster Vertrauter. Er verdankte diese Freundschaft einem merkwürdigen Zufall. Wagner war 1866 in Triebschen bei Luzern und arbeitete dort an den „Meistersingern". Ein Teil der Partitur war naß geworden, so daß man die Noten nur schwer lesen konnte. Also suchte Wagner einen besonders begabten Kopisten, und man empfahl ihm Hans Richter, den Sohn des Domkapellmeisters von Raab (Ungarn), der bei den Wiener Philharmonikern als Hornist engagiert war. Aus dieser ersten Zusammenarbeit entstand eine Lebensfreundschaft, die 1876 ihren Höhepunkt erreichte, als Richter bei den ersten Bayreuther Festspielen die erste „Ring"-Aufführung dirigierte. Richter kam 1875 aus Budapest, wo er Operndirektor war, nach Wien; er wurde die Säule der Jaunerschen Wagnerpflege. Als ständiger Dirigent der Philharmonischen Konzerte, die Richter von 1875 bis 1898 leitete, trat er aber mit gleicher Autorität für Brahms, Bruckner und Richard Strauss ein.

Wagners Groll gegen Wien (die verhaßten Striche in den „Meistersingern", die leidige Frage der Tantiemen!) wurde Schritt für Schritt abgebaut. Es war eine symptomatische Geste gegenüber Bayreuth, daß Jauner am Tag seiner offiziellen Amtsübernahme (1. Mai 1875) Hans Richter als Dirigenten der „Meistersinger" (mit strichlosem erstem und zweitem Akt) debütieren ließ. Der Tantiemenkonflikt aus den Jahren 1859 und 1860, in denen Wagner die Wiener Aufführungsrechte an „Tannhäuser", „Lohengrin" und „Holländer" dem Oberstkämmereramt für eine Gesamtsumme von 3620 Gulden „ohne weitere, wie immer Namen habende Ansprüche an das k. k. Hofoperntheater in Wien stellen zu können", verkauft hatte, wurde wenige Monate nach Jauners Direktionsantritt im Sinne Wagners erledigt: Abschlagszahlungen von 10.000 Gulden für die vergangenen Vorstellungen der drei Werke nebst einer siebenprozentigen Tantieme für alle kommenden.

Jauner erwies sich als Genie in der Behandlung des Genies und als „Opernmanager" modernsten Stils; als Preis für die Tantiemenregelung erhielt er von Wagner nicht nur die Aufführungsrechte am „Tristan" (den er nie herausbringen konnte), sondern er erpreßte noch eine Sensation: er stellte Wagner die Bedingung, noch im selben Jahr an der Hofoper persönlich den „Tannhäuser" (zum

In seinem Memorandum an Kaiser Franz Josef I. vom 9. April 1875 schreibt der Erste Oberstkofmeister, Fürst zu Hohenlohe-Schillingsfürst, daß er das Hofoperntheater nie wieder verpachten möchte, um es keinem „auftauchenden Schwindler" zu überlassen. Er empfiehlt als Direktor Franz Jauner vom Carltheater und macht zur Bedingung, daß dieser „das dermalen unter seiner Direktion stehende Carl-Theater in andere Hände übertrage" (was Jauner sehr lange verschob). Hohenlohe meldet dem Kaiser Jauners Forderung, die Hofoper ohne Generalintendanz direkt unter dem Oberstkofmeister zu führen, nur viermal in der Woche zu spielen und die Tätigkeit des Balletts auf Einlagen in den Opern zu beschränken, sowie die Forderung nach einer 25prozentigen Beteiligung an den Einspielergebnissen, was Hohenlohe unterstützt, da Jauner im Carltheater seine rationelle Theaterführung bewiesen habe.

Wir zeigen die erste und die letzten beiden Seiten des Vortragstextes (samt Transkription). Auf der letzten Seite des Dokuments, unter der Datumzeile, die Unterschrift des Kaisers, mit welcher dieser Jauners Ernennung bestätigte.

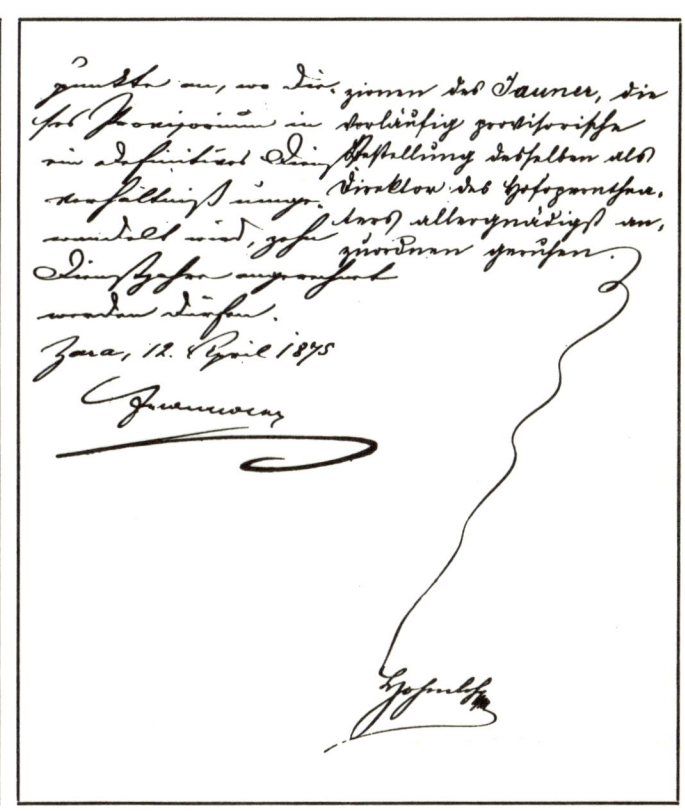

Transkription: Ich ermächtige Sie, den Direktor Franz Jauner des Wiener Carl-Theaters zum provisorischen Direktor des Hofoperntheaters zu ernennen. Die zur Reorganisierung des Hofoperntheaters befürworteten Vorschläge, sowie die von Jauner beanspruchten Bezüge erhalten Meine Genehmigung. Ferner gestatte Ich, daß dem Direktor Jauner von dem Zeitpunkte an, wo dieses Provisorium in ein definitives Dienstverhältniß umgewandelt wird, zehn Dienstjahre angerechnet werden dürfen.

Zara, 12. April 1875
Franz Joseph

Beweis geliefert hat, daß er es versteht, ein derartiges Institut auch unter schwierigen Verhältnissen ertragsfähig zu erhalten.

Mit der Überzeugung, den rechten Mann gefunden zu haben, welcher mit der erforderlichen Vollmacht ausgerüstet im Stande wäre, das Hofoperntheater einer gedeihlichen Zukunft zuzuführen, erlaube ich mir, den alleruntertänigsten Antrag zu stellen, Euere Majestät wollen, unter Genehmigung der Proposizionen des Jauner, die vorläufig provisorische Bestellung desselben als Direktor des Hofoperntheaters allergnädigst anzuordnen geruhen. Hohenlohe

Jaunerschlager

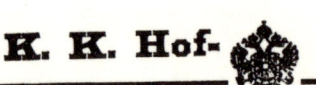

erstenmal in der Pariser Fassung) und anschließend den „Lohengrin" neu zu inszenieren. Am 7. November 1875 fand die offizielle Begrüßung Wagners im Hofoperntheater statt. Jauner hatte die erste Runde gewonnen.

Richard Wagner begann am 10. November mit den Proben, die Premiere fand am 23. November statt. Wagner war vertraglich verpflichtet, „sich an der Neuinszenierung persönlich zu beteiligen". „Tannhäuser" stand (in der Dresdner Fassung) im Repertoire, es wurden keine neuen Dekorationen und Kostüme angeschafft; Wagners Arbeit bestand in einem durchgreifenden Neustudium von Musik und Spiel. Leonhard Labatt sang die Titelpartie, Amalie Materna die Venus, Berta Ehnn die Elisabeth, Emil Scaria den Landgrafen, Louis von Bigno den Wolfram. Am Pult: Hans Richter.

Der neue „Tannhäuser" war ein voller Erfolg. Auch Prinz Hohenlohe versicherte Jauner des vollen Einverständnisses seiner übergeordneten Stellen mit dieser Schlacht für Wagner. Das Publikum war begeistert, aber selbstredend fehlten nicht die üblichen ironischen und gehässigen Kommentare der Presse. Wagner verwendete auf der Bühne Tiere und war in der Darstellung der erotischen Orgien im Venusberg sehr deutlich. Fünf Tage nach der Premiere schrieb der Glossist Daniel Spitzer in seinen „Wiener Spaziergängen": „... unter Mitwirkung eines Schwanes, mehrerer Pferde, einer Meute Jagdhunde und sämtlicher in Wien weilender Wagnerianer. Die Pferde und Hunde benahmen sich sehr anständig, am unanständigsten dagegen benahm sich der Schwan, welcher eine Leda unter seine Fittiche nahm und in einer Weise mit Zudringlichkeiten belästigte, die wohl das Gewagteste sein dürften, was bisher im mythologischen Anschauungsunterricht auf einer Hofbühne geleistet wurde. Die Erwartung aber, daß Leda beim Abschiednehmen des Schwanes das bekannte Lied Lohengrins anstimmen wird: ‚Nun sei bedankt, mein lieber Schwan!' ging nicht in Erfüllung..."

Am 15. Dezember folgte „Lohengrin", strichlos und von Richard Wagner vollkommen neu einstudiert. Hans Richter dirigierte, Amalie Materna sang die Ortrud, Mila Kupfer die Elsa, Georg Müller die Titelrolle, Georg Nollet den Telramund, Emil Scaria den König. Vom ersten Akt wird berichtet, daß Wagner mit jedem Chor-

K. K. Hof-Operntheater.

Samstag den 19. Juni 1875.

Abends 7 Uhr.
Unter persönlicher Leitung des Komponisten
GIUSEPPE VERDI
und unter Mitwirkung der Damen **Teresa Stolz, Maria Waldmann**, der Herren **Angelo Masini**, und **Paolo Medini**.

Bei aufgehobenem Abonnement.
(Erste Aufführung in italienischer Sprache.)

AIDA.
Opera in quattro Atti. Versi di A. Ghislanzoni.

Personaggi:

Amneris, figlia del re	Sigra. Teresa Stolz.
Aida, schiava etiope	Sigra. Maria Waldmann.
Radames, capitano delle guardie	Sigr. Angelo Masini.
Ramfis, capo dei sacerdoti	Sigr. Paolo Medini.
Amonasro, re d'Etiopia e padre di Aida	Sigr. Bignio.
Il Re	Sigr. Mayerhofer.
Un messaggiero	Sigr. Lay.

Sacerdoti, Sacerdotesse, Ministri, Capitani, Soldati, Funzionarii, Schiavi e prigionieri etiopi, Popolo egizio.
L'azione ha luogo a Menfi e a Tebe all' epoca della potenza dei Faraoni.

Das Textbuch in italienischer und deutscher Sprache ist an der Kasse für 20 kr. zu bekommen.
Der freie Eintritt ist ohne Ausnahme aufgehoben.

Kassa-Eröffnung 6 Uhr. — Anfang 7 Uhr.

Montag den 21. Juni 1875.
Zweite Aufführung der Oper „AIDA."
in italienischer Sprache unter persönlicher Leitung des Komponisten.

Die P. T. Abonnenten, welche ihre Logen und Sitze für diese Vorstellung zu behalten gesonnen sind, werden ersucht, die Theaterkasse längstens bis Sonntag den 20., Mittags 12 Uhr, in Kenntniß zu setzen.

K. K. Hof-Operntheater.

Samstag den 23. Oktober 1875.
137. Vorstellung im Jahres-Abonnement.

Zum ersten Male:

CARMEN.
Oper in vier Akten. Text nach P. Mérimée's gleichnamiger Novelle von H. Meilhac und L. Halévy. Musik von Georges Bizet.

Carmen	Fr. Ehnn.
Micaëla	Fr. Kupfer.
Mercedes	Frl. Tagliano.
Frasquita	Frl. Morini.
Don José	Hr. Müller.
Escamillo, Toreador	Hr. Scaria.
Zuniga, Lieutenant	Hr. Hablawetz.
Morales, Sergent	Hr. Rokitansky.
Dancairo,) Schmuggler	Hr. Lay.
Remendado,)	Hr. Schmitt.
Lillas Pastia	Hr. Neumann.
Ein Führer	Hr. Lucca.

Soldaten, Straßenjungen, Zigarrenarbeiterinnen, Zigeuner, Zigeunerinnen, Schmuggler, Volk.
Die Handlung spielt in und bei Sevilla.
Die Tänze, komponirt von Carl Telle, ausgeführt von den Fräulein Jadlich, Mauthner, Löscher, Minna, Olzer, Schäger, den Herren Caron, Bützenbach, Leon Frappart, Gyurian, und dem Balletcorps.
Die neuen Dekorationen von C. Brioschi. Kostüme nach Zeichnungen des Historienmalers Franz Gaul. — Das Textbuch ist Abends an der Kassa für 50 kr. zu haben.

Sonntag den 24. Carmen. — Montag den 25. Brahma.
Der freie Eintritt ist heute ohne Ausnahme aufgehoben.

Eine Loge im Parterre, 1. oder 2. Stock	fl. 25.—	Ein Parterrsitz	fl. 3.—
Eine Loge im 3. Stock	15.—	Ein Sitz im 1. Stock 1. Reihe	4.—
Eine Loge in der Fremdenloge 1 Reihe	5.—	Ein Sitz im 3. Stock 2. R. 1te	2.—
Ein Sitz in der Fremdenloge 2 Reihe	5.—	Ein Sitz im 3. Stock 3.—4. Reihe	1.50
Logensitz aus den tentirenden Logen	5.—	Ein Sitz im 4. Stock	1.50
Logensitz aus tentirenden Logen 3. Stock	3.—	Numerirter Sitz im 4. Stock	1.20
Ein Sitz im Parquet 1. Reihe	6.—	Eintritt in das Parterre	1.20
Ein Sitz im Parquet 2, 3, 4, 5, 6. Reihe	4.—	Eintritt in den 3. Stock	1.—
Ein Sitz im Parquet 7. bis 13. Reihe	3.50	Eintritt in den 4. Stock	—.60

Die Tageskassa ist täglich von 9 Uhr Früh bis 5 Uhr Abends geöffnet.

Kassa-Eröffnung 6 Uhr. Anfang 7 Uhr.

K. K. Hof-Operntheater.

Donnerstag den 24. Jänner 1878.
20. Vorstellung im Abonnement.

Zum ersten Male:

Das Rheingold.
Vorspiel zu der Trilogie „Der Ring des Nibelungen"
in zwei Abtheilungen von
Richard Wagner.

Personen der Handlung:

Wotan,		Hr. Scaria.
Donner,	Götter	Hr. Nawiasky.
Froh,		Hr. Schittenhelm.
Loge,		Hr. Walter.
Alberich,	Nibelungen	Hr. Beck.
Mime,		Hr. Schmitt.
Fasolt,	Riesen	Hr. Rokitansky.
Fafner,		Hr. Hablawetz.
Fricka,		Fr. Kupfer.
Freia,	Göttinnen	Fr. Dillner.
Erda,		Fr. Reicher-Kindermann.
Woglinde,		Frl. Siegstädt.
Wellgunde,	Rheintöchter	Frl. Kraus.
Floßhilde,		Frl. Gindele.

Nibelungen.

Schauplätze der Handlung:
1. In der Tiefe des Rheines. (1. Scene.)
2. Freie Gegend auf Bergeshöhen, am Rhein gelegen. Im Hintergrunde „Walhalla". (2. und 4. Scene.)
3. Die unterirdischen Klüfte Nibelheims. (3. Scene.)

Sämmtliche Dekorationen (neu) von den k. k. Hoftheatermalern C. Brioschi, H. Burghardt und J. Kautsky. — Die Maschinerien vom k. k. Maschinen-Inspektor G. Dreilich. — Kostüme und Requisiten nach Zeichnungen von Franz Gaul.

(Zwischen der 1. und 2. Abtheilung eine Pause von 10 Minuten.)

Die Dichtung ist an der Kassa für 50 kr. zu haben.
Der freie Eintritt ist heute ohne Ausnahme aufgehoben.

Freitag den 25. Das Rheingold. — Samstag den 26. Margarethe (Faust.) — Letztes Auftreten der Frau Ehnn vor ihrem Urlaube. — Sonntag den 27. Das Rheingold.
Der Vorverkauf der Sitzbilleten zu den „Rheingold"-Aufführungen findet täglich für die 2., 3. und die folgenden Vorstellungen statt.

Kassa-Eröffnung 6 Uhr. Anfang 7 Uhr.

K. k. Hof-Operntheater.

Sonntag den 2. November 1879.
222. Vorstellung im Abonnement.

Anfang 7 Uhr.

Unter persönlicher Leitung des Komponisten
Johannes Brahms.

Ein
deutsches Requiem
nach Worten der heiligen Schrift
für Soli, Chor, Orchester und Orgel.

Soli: Fräulein Anna d'Angeri, Herr L. v. Bignio.
Chor: Der gesammte Chor der k. k. Hofoper, verstärkt durch 60 Herren und Damen, welche ihre gefällige Mitwirkung freundlichst zugesagt haben.
Instrumentale: Das Gesammt-Orchester der k. k. Hofoper.
Orgel: Herr Emil Rotter, Mitglied des k. k. Hofopern-Orchesters.

(Der Text ist an der Kassa für 10 kr. zu haben.)

Vorher:
Ouverture zu „Athalia"
von **Mendelssohn-Bartholdy**.

Zum Schlusse:
„Sinfonia eroica"
von **L. v. Beethoven.**

Dirigent: **Hans Richter.**

Montag den 3. Wiederholung des Requiems unter persönlicher Leitung des Komponisten. (Anfang 7 Uhr.) Concertpreise.
Dinstag den 4. Philemon und Baucis. Hierauf: Dyellah. (Anfang 7 Uhr.)

Die Tageskassa ist von 9 Uhr Früh bis 5 Uhr Abends geöffnet.

Kassa-Eröffnung 6 Uhr. Anfang 7 Uhr.

sänger einzeln gearbeitet habe, damit er an der Ankunft des Schwanes auch wirklich lebendig Anteil nehme — was hätte er wohl zu der Schwanenankunft seines Enkels Wieland gesagt, bei welcher der Chor oratorienhaft starr ins Publikum singt: „Ein Schwan, ein Schwan"? Anderseits aber hat Wagner den Zweikampf Lohengrins und Telramunds so verdeckt abrollen lassen, daß man nur einen Kampf der beiden Helmspitzen wahrnahm. Hanslick schrieb, er habe sich am Schluß der Oper „in hingerichtetem Zustande befunden", und man werde erst nach der Abreise Wagners den „Umfang der Zerstörungen überblicken".

Jauner hatte Wagner als Regisseur gebracht, nun wollte er ihn auch am Dirigentenpult zeigen. Da sich Wagner während der Arbeit am „Lohengrin" mit dem Chor sehr gut verstanden hatte, gelang es Jauner, den Meister zu verpflichten, eine „Lohengrin"-Vorstellung zum Benefiz des Chores zu dirigieren. Wagner verzichtete auf die Hälfte seiner Tantieme und verpflichtete seinerseits Jauner, dem Chor einen beträchtlichen Teil der Abendeinnahme zu überlassen. Jauner fürchtete sich ein wenig vor der Anzahl der Orchesterproben, die Wagner verlangen würde — er verlangte gar keine. Er traf am 1. März 1876 in Wien ein und dirigierte am folgenden Tag. Er wurde bejubelt, hielt seine übliche Rede vor dem Vorhang — ich erinnere mich noch, wie sein Sohn Siegfried während der Konzerte vom Dirigentenpult aus zum Publikum sprach — und verließ Wien wieder am dritten Tag. Bei der Verabschiedung auf dem Westbahnhof sang der Hofopernchor das „Wacht auf" aus den „Meistersingern". Es war Wagners letzter Besuch in Wien. Er war ab nun ganz mit der Vorbereitung der ersten Bayreuther Festspiele beschäftigt, für die „Der Ring des Nibelungen" exklusiv reserviert bleiben sollte. Jauner aber wollte unbedingt „Die Walküre" in Wien spielen...

Nun brauchte Wagner — gottlob! — Mitglieder der Wiener Oper für seine Festspiele, ganz besonders Hans Richter als Dirigenten und Amalie Materna als Brünnhilde. Heutige Operndirektoren müssen mit Neid auf jene Tage zurückblicken, in denen ihre Kollegen die gesamte Jahrestätigkeit der engagierten Künstler kontrollierten. Jauner erfaßte seine Machtposition und nützte sie im

Richard Wagner hat sich einen großen Teil seiner Bayreuther Besetzung an der Wiener Hofoper ausgesucht. Brünnhilde war Amalie Materna.

Damen werden dann nur acceptirt, wenn sie sich aber eine kräftige Walkürengestalt ausweisen können.

Kräftespiel mit Wagner klug aus: „Materna und Richter für Bayreuth — aber dafür die ‚Walküre' für Wien." Wagner mußte zustimmen, und Wien hörte das Werk am 6. März 1877.

Der Abend brachte außer der musikalischen auch eine technische Sensation: der Beginn der Oper sowie das Ende der Pausen wurden zum erstenmal durch eine elektrische Klingel angezeigt (die elektrische Beleuchtung wurde erst 1887 installiert). Dieses Klingelzeichen erregte die konservativen Wiener fast ebensosehr wie die Musik Wagners: „Wissen denn intelligente Menschen nicht selbst, wann sie sich auf ihre Plätze zu begeben haben?"

In der ersten Wiener „Walküre" sangen Leonhard Labatt den Siegmund, Berta Ehnn die Sieglinde und Emil Scaria den Wotan. Am Pult wirkte natürlich Hans Richter. Den größten Triumph aber feierte Amalie Materna als Brünnhilde. Die junge Steirerin hatte sich nach ihren Anfängen als Operettendiva am Carltheater zu Richard Wagners Lieblingssängerin hinaufgearbeitet; sie war seine erste Bayreuther Brünnhilde, seine erste Kundry. Die Materna war mittelgroß und „mollert" — wenn Wagner sie ärgern wollte, nannte er sie sein „schwindsüchtiges Brünnhildchen". Aber sie hatte leuchtende schwarze Augen, den Jubelklang einer begnadeten Stimme und das große statische, tragische Pathos der ersten Wagnersängergeneration.

Die Wiener „Walküre" wurde als ganz hervorragend bezeichnet. Wagner hatte die Verwendung der Bayreuther Dekorationsskizzen (übrigens von dem Wiener Maler Josef Hoffmann entworfen) zur Bedingung gemacht. Kritiker, die im Jahr zuvor die Bayreuther Erstaufführung gesehen hatten, gaben einstimmig Wien den Vorzug. Hanslick rezensierte eher milde, wahrscheinlich weil er das Werk zum zweitenmal gehört hatte, und berichtet vom „donnerähnlichen Klatschen" und von Wagner als dem „Liebling des deutschen Publikums". Von Jauners Regie war er sogar begeistert: „Die auf schnellen Rossen über die Bühne sprengenden Walküren bilden ein wildmalerisches Bild, während die Bayreuther Schlachtjungfrauen, unberitten, von ihren Pferden nur prahlten."

Der Walkürenritt war Regisseur Franz Jauners besonderes Glanzstück. Er hatte sich den Reitlehrer der Kaiserin Elisabeth engagiert, der von der Armee acht ärarische Rosse und — als Doubles der Walküren — acht polnische Reiter zur Verfügung stellte. Die Reiter wurden in Walkürenkostüme gesteckt und bekamen Perücken mit langem Haar und die Walkürenhelme aufgesteckt — so sollten sie „durch die Lüfte" dahinsprengen. Im Hintergrund wurde zwischen Wolkenschleiern ein Weg hergestellt, auf den man dicke Matratzen legte, um das Schlagen der Hufe unhörbar zu machen. Die Galoppstrecke reichte vom Bühneneingang Kärntner Straße bis zum Bühneneingang Operngasse. Vor die Reiter waren riesige Puppen geschnallt — Wagners „tote Helden" auf ihrem Weg nach Walhall.

Richard Wagner verwendete in seiner Wiener „Tannhäuser"-Inszenierung 1875 lebende Hunde — wie viel später auch Herbert von Karajan.

Hau! Hau! Hoher Herr! Sie haben uns Hunde in die Oper gebracht, und die „Oper" werden Sie bald auf den Hund bringen. Wir danken Ihnen für diese Würdigung unseres Geschlechtes. Hau! Hau! Hunding!

Die polnischen Reiter fanden die Musik „sehr laut", wurden aber durch gute Gagenzulage zum Genius Wagners bekehrt. Grane, Brünnhildens Roß, machte Frau Materna insbesondere während der Todesverkündung im zweiten Akt viel zu schaffen, da der Gaul nicht still stehen wollte. Da postierte Jauner hinter einem niedrigen Felsenversatzstück einen Trainsoldaten mit Hafer, der im richtigen Moment entsprechend einzugreifen hatte. Böswillige Zungen behaupteten, man habe bisweilen hinter dem Felsen einen großen roten Fleck auftauchen sehen, den manche für einen Sonnenaufgang hielten. Aber es sei nur das Hinterteil der roten Hose des Soldaten gewesen.

Als sich während des Walkürenritts bei den Wiederholungsvorstellungen — man gab die „Walküre" 1877 neunzehnmal! — die Unfälle mehrten, schaffte man die Pferde der minderen Walküren ab und behielt nur Grane. Als die Heeresverwaltung in späteren Jahren den alternden Grane für dienstuntauglich erklären mußte, zahlte Frau Materna dem teuren Roß das Ausgedinge.

Bald nach der „Walküre" brachte Jauner im Carltheater „Hasemanns Töchter" von L'Arronge heraus und machte damit volle Häuser. Wenige Tage darauf, im Dezember 1877, veranstaltete er die erste „Hofopern-Soirée". Dieses Fest war eigentlich der erste Opernball. Die hervorragendsten Persönlichkeiten aus dem Theater- und Kunstleben, aus Politik und Finanzwelt feierten in Gegenwart Seiner Majestät des Kaisers ein Fest von unbeschreiblichem Glanz. Zu beiden Seiten der Hofloge führte eine improvisierte pompöse Freitreppe auf den Tanzboden hinab, zu ihren Füßen spielte das Orchester der Hofoper auf. Die Bühne war zu einem Prunksalon umgezaubert worden, mit Fächerpalmen aus Asien und sonnverbrannten Bananen (sie stammten angeblich aus der Requisitenkammer der „Afrikanerin" und der „Königin von Saba"). Springbrunnen plätscherten auf der Hinterbühne, von wo die entzückten Besucher den Zuschauerraum zum erstenmal von der Gegenseite aus sehen konnten. Es gab ein reiches künstlerisches Programm. Viel diskutiert wurde das „Distanzdirigieren" von Hofopernkapellmeister Wilhelm Gericke, der wie der Fliegende Holländer aussah und mit dämonischen Gesten das Orchester zu Füßen der Treppe beschwor — während ein gemischter Chor mit Amalie Materna und Marie Wilt als Solistinnen auf der Vierten Galerie „Pièçen" des Ballettdirigenten Franz Doppler sang. Vor Mitternacht erschien Johann Strauß und dirigierte seine Walzer.

Als Jauner von dem gewaltigen Defizit erfuhr, mit dem der erste Bayreuther Sommer (1876) geendet hatte, gelang ihm ein neuer Coup. Wagner konnte nicht auf eine baldige Wiederholung seiner Festspiele hoffen, er mußte Schulden abzahlen, und seine Illusion, den „Ring" für Bayreuth reservieren zu können, zerrann. Jauner aber erfaßte die Situation blitzschnell, er sagte Wagner eine zehnprozentige Tantieme zu und erwarb die komplette Tetralogie.

Den Anfang machte am 24. Januar 1878 „Rheingold" mit Emil Scaria als Wotan. Jauner soll sich auf die Inszenierung dieser Oper besonders gefreut und schon vor seinem Amtsantritt ausgerufen haben: „Die Rheinwogen lass' ich bis ins Parkett spritzen!" Ludwig Speidel schrieb dann im „Fremdenblatt" vom 27. Januar: „Ich wünsche das Rheingold in den Rhein, da wo er am tiefsten ist!" Jauner scheint sich mit der szenischen Gestaltung des „Rheingolds" in der Tat ein bißchen übernommen zu haben. Die Illusion des Wassers soll gut gewesen sein, doch glänzte das Gold falscherweise *über* dem Spiegel des Wassers, und angeblich sah man auch ein Rheinufer — aber leider tiefer als der Wasserspiegel! Hanslick fand Wagners Sprache „unverdaulich", die Musik nannte er „wüste Strecken ohne erquickende Oasen". Aber er fand den Wiener Klang des Orchesters unter Hans Richter „ungleich schöner und freier als das verdeckte Musik-Nibelheim des Bayreuther Bühnenfestspielhauses". (Übrigens: Jauner hatte schon 1875 nach dem Muster von Bayreuth den Wiener Orchesterboden etwas tiefer gelegt.) Hanslick hatte „Rheingold" schon in München und Bayreuth gesehen und fand die Wiener Vorstellung bühnentechnisch als die beste. Er bewunderte das Schwimmen und Tauchen der Rheintöchter ebenso wie die Verwandlung Alberichs in einen Drachen und eine Kröte. Den Regenbogen fand er in allen Vorstellungen lächerlich wie eine angestrichene Brücke im Stadtpark, wie eine siebenfarbige Leberwurst... Dann aber schreibt der ultrakonservative Hanslick einen prophetischen Satz: „Wäre es nicht der beste Ausweg, diesen bösen Regenbogen nach Art der Dissolvin Views auf den Horizont zu projizieren?"

1878 konnte „Rheingold" zehnmal gespielt werden, was Jauner, aber auch dem Wiener Publikum zur Ehre gereichte. „Siegfried" folgte am 9. November (Ludwig Speidel: „Scandalöse Langweile"), mit dem von Wagner empfohlenen Tenor Ferdinand Jäger in der Titelrolle (Wagner wollte niemals denselben Sänger für Siegmund und Siegfried), mit Amalie Materna als Brünnhilde und Emil Scaria als Wanderer. Jauner hatte sich gegen den Willen Wagners vom Bayreuther Konzept völlig frei gemacht und die Ausstattung, ebenso wie bei „Götterdämmerung", seinen Wiener Dekorationsmalern über-

Zwei große Freunde — getrennt in ihrer Einstellung zu Wagner. Johann Strauß war Wagnerianer und brachte in seinen Volksgartenkonzerten als erster die „Tannhäuser"-Ouvertüre; Wagner nannte ihn: „der musikalischeste Schädel, der mir je untergekommen ist". Brahms hingegen hat in jungen Jahren ein Manifest gegen die „Zukunftsmusik" unterzeichnet, das eine deutliche Spitze gegen Wagner darstellte; von Brahms sagte Wagner: „Er kommt einmal mit der Halleluja-Perücke Händels und spielt dann wieder wie ein Zigeuner zum Csardas auf."

Richard Wagner und Wien

Kurze Zeit nachdem Wagners „Tannhäuser" am Thalia-Theater (rechts) in Neulerchenfeld seine Wiener Erstaufführung erlebt hatte (1857), spielte Johann Nestroy in seiner „Tannhäuser"-Parodie den Landgrafen Purzel (links), der zu „Heinrich Tannhäuser, Mitglied des landgräflichen Männergesangsvereines", die beflügelten Worte spricht: „Mein Sohn, du hast dich sehr schmafu benommen, mir ist so was noch gar nicht vorgekommen!"

Wagner wurde wegen „wesentlicher Theilnahme" an der aufrührerischen Bewegung in Dresden 1849 steckbrieflich verfolgt; der Steckbrief beschreibt ihn als „37 — 38 Jahre alt", tatsächlich war er sechsunddreißig: Während des Jahres 1848 war Wagner in Wien, wo revolutionäre Kreise planten, ihm die Leitung des Kärntnerthortheaters zu übertragen. So hätte die Wiener Oper um ein Haar Richard Wagner, Gustav Mahler und Richard Strauss zu Direktoren gehabt. Vielleicht wäre eine Direktion Wagner nicht widerspruchslos hingenommen worden, wollte er doch — in seiner späteren Schrift über das Wiener Hof-Operntheater — einen Großteil des nichtdeutschen Repertoires aus dem subventionierten Haus ausgeschlossen sehen.

Politisch gefährliche Individuen.

Richard Wagner
ehemal. Kapellmeister und politischer Flüchtling aus Dresden.

Steckbrief.

Der unten etwas näher bezeichnete Königl. Capellmeister

Richard Wagner von hier

ist wegen wesentlicher Theilnahme an der in hiesiger Stadt stattgefundenen aufrührerischen Bewegung zur Untersuchung zu ziehen, zur Zeit aber nicht zu erlangen gewesen. Es werden daher alle Polizeibehörden auf denselben aufmerksam gemacht und ersucht, Wagnern im Betretungsfalle zu verhaften und davon uns schleunigst Nachricht zu ertheilen.

Dresden, den 16. Mai 1849.

Die Stadt-Polizei-Deputation.

von Oppell.

Wagner ist 37—38 Jahre alt, mittler Statur, hat braunes Haar und trägt eine Brille.

Als Wagner im Mai 1861 seinen „Lohengrin" zum erstenmal am Kärntnerthortheater hörte, war er von der Vorstellung begeistert. Den Lohengrin sang Alois Ander (oben links), Louise Dustmann-Meyer (unten links) sang die Elsa; sie war auch die erste Elisabeth des Hof-Operntheaters. Wagners Wunsch, mit diesen beiden Künstlern „Tristan und Isolde" in Wien uraufzuführen, ging leider nicht in Erfüllung, das Werk wurde mitten in der Probenarbeit als „unspielbar" abgesetzt. Gustav Walter (oben rechts) und Bertha Ehnn (im Oval) waren das lyrische Liebespaar der französischen Oper in Wien („Romeo und Julia", „Margarethe", „Mignon"); Walter, hier als Lohengrin, war dann Wiens erster Stolzing, Bertha Ehnn, hier als Elisabeth, war das erste Evchen in den „Meistersingern". Hermann Winkelmann, hier als Parsifal (rechte Seite oben links), wurde der große Wagner-Tenor der Jahn-Ära; von Emil Scaria (oben Mitte), dem hünenhaften Bassisten aus Graz, hier als Wotan, sagten die Wiener: „Singt der Scaria eine Aria, hört man's bis zur Bellaria." Theodor Reichmann (oben rechts), hier als Holländer, war der große Bariton der Jahn- und ersten Mahler-Jahre. Alle drei zuletzt genannten Künstler sangen neben Amalie Materna in der Bayreuther Uraufführung des „Parsifal" 1882. Leonhard Labatt (rechts), hier als Tannhäuser, war ein schwedischer Tenor, den Wagner sehr protegierte. Unter Jauner war er in Wien an der Hofoper oft zu hören.

In diesem Haus in der damaligen Vorstadt Penzing, heute Wien XIV, Hadikgasse 72, unweit vom Schloß Schönbrunn und wenige Schritte von der Kennedybrücke entfernt, wohnte Wagner während eines großen Teils der Jahre 1863 und 1864. Er schrieb hier an den „Meistersingern"; unter seinen Kopisten befanden sich Peter Cornelius, der Komponist des „Barbier von Bagdad", und angeblich auch Johannes Brahms. Finanziell waren es für den Meister, der ja vor seinen Gläubigern aus Wien fliehen mußte, sehr trübe Jahre; die großzügige Hilfe des Bayernkönigs Ludwig II. begann unmittelbar darauf. Die Villa war ihm von einem Baron Rochow zur Verfügung gestellt worden, und Wagner ließ sie trotz seiner elenden wirtschaftlichen Lage völlig neu einrichten. Er legte sich auch einen Hund zu, ein stattliches Tier, das einmal zu Wagners großem Schmerz plötzlich verschwand; erst nach drei Tagen kehrte es zurück, und die exakte Wagner-Forschung steht seither vor der Frage: Wo war der Hund während dieser drei Tage? Bei Betrachtung des von einem unbekannten Wiener Künstler in der Manier von Arcimboldo verfertigten satirischen Porträts auf der rechten Seite kann man nur sagen: Was Wagner nicht alles im Kopf hat! Nämlich die Walküre, den Schwan, die Rheintöchter etc. Darunter Wagners Autogramm und die Noten des Abendsternliedes aus „Tannhäuser".

Im „Fall Wagner" hat sich das Publikum — nicht immer die Wiener Kritik — als Avantgarde erwiesen. Im Grunde war es das Publikum, das Wien vom ersten Tag an zur Wagner-Stadt gemacht hat. — Unser Bild zeigt den bekannten Stich nach einer eigenen Zeichnung von Rogelio de Egusquiza, dem in Paris lebenden spanischen Maler, der auch Schopenhauer und Ludwig II. porträtierte und zahlreiche Gemälde nach Wagner-Opern schuf: Alberich, die Rheintöchter, Kundry, Isoldes Liebestod etc.

„Nun sei bedankt, mein lieber Schwan"

Millionen Menschen auf der ganzen Welt haben Mozart verstehen gelernt, nachdem sie Lohengrins Schwan überhaupt erst einmal in die Oper gezogen hat. Zahllose Schwäne zogen zahllose Schwanenritter. Wir beginnen unseren Reigen mit dem polnischen Tenor Nikolaus Rothmühl, der 1881 in Wien mit dem Tier besonders zärtlich war. Hat er den Schwan eigentlich an der Leine geführt? Und gehört die hinuntergerutschte Krone über dem Ansatz des Halses vielleicht dem in den Schwan verzauberten Herzog von Brabant?

„Sein Ritter, ich, bin Lohengrin genannt." Wir sind alle genug Kind geblieben, um die Poesie dieser märchenartigen Figur wie eh und je zu lieben. Zugegeben, *ein* Schwan würde reichen, der zweite Vogel, der auf dem Helm, könnte wegfallen. Oder doch nicht? Die Lohengrine vergangener Jahre ließen auch durch ihren Bart die Herzen der Backfische höher schlagen, und diese Mädchen waren stockböse auf die schwache, neugierige Elsa, die ihre Frage jedesmal wieder stellte: an (rechts) Ernest van Dyck, den Werther der Jahn-Zeit, oder (unten links) an Gottfried Krause, der hier sichtlich sein „Heil, König Heinrich" im Sinn hat, oder (unten rechts) an den unvergleichlichen Wiener Wagner-Helden der siebziger und achtziger Jahre Hermann Winkelmann, an (linke Seite oben) Georg Müller und Erik Schmedes, an (linke Seite unten) Heinrich Vogl und den noch jugendlich schlanken Leo Slezak, der einmal, als ihm vor seinem Auftritt der Vogel davonfuhr, den Inspizienten fragte: „Wann geht der nächste Schwan?"

„Nie sollst du mich befragen!" — aber wir erkennen ihn natürlich sofort wieder, den Lohengrin im Jet-Zeitalter. Erfreulicherweise ohne Helm und (Gott sei Dank!) ohne Bart, gewinnt er die Herzen der Teenager wie ehedem seine Vorgänger die der Backfische. Manchmal freilich kommt er auch ohne Schwan — „geistiges" Theater? Bei Wieland Wagner besingt er die gigantische Projektion eines Schwanes, vor deren Kitsch selbst Hedwig Courths-Mahler erschauert wäre: Nun sei bedankt, mein liebes Diapositiv ... Jess Thomas aus San Franzisko, den das Photo zeigt, ist ein prominenter Vertreter der jüngsten Generation amerikanischer Wagner-Sänger in Bayreuth, Wien etc.

tragen. Wieder triumphierten die Bühnenbilder und das Maschinenwesen. Der Lindwurm, dessen verschiedene Bewegungen elf Arbeiter in Gang hielten, wäre beinahe vor den Vorhang gerufen worden. Die Vorstellung dauerte trotz einiger Striche über fünf Stunden — Jauner hatte den Einfall, eigens für „Siegfried" mehrere Buffets zu errichten, in denen warme Speisen serviert wurden. Die Antiwagnerianer, bereits fraglos in der Minderzahl, waren für diese „Rettungsaktionen der ermatteten Zuhörer" dankbar. Noch im Premierenjahr spielte man „Siegfried" achtmal.

Als das letzte Werk des „Rings", die „Götterdämmerung", am 14. Februar 1879 erstaufgeführt wurde, war Wagners Sieg beim Publikum bereits so gut wie unbestritten und der Ton der widerstrebendsten Kritiker stark gemildert. Die Materna war herrlich als Brünnhilde, und Ferdinand Jäger, stimmlich bereits in schlechter Verfassung, war schauspielerisch noch immer die ideale Verkörperung des Helden. Jauner machte starke Striche: die Nornen und die halbe Szene zwischen Hagen und Alberich waren dem Rotstift zum Opfer gefallen. Von der zweiten Vorstellung entfiel die Alberichszene ganz, aber auch Waltrautes Auftritt und die halbe Szene Siegfrieds mit den Rheintöchtern. Die Vorstellung dauerte bei der Premiere fünf Stunden, am zweiten Abend nur mehr vier. Übrigens hat Wagner diese Striche selbst konzipiert und sie Hans Richter für Wien angegeben; er war realistisch genug, zu wissen, daß ungestrichene Vorstellungen außerhalb Bayreuths noch unmöglich waren.

Jauner betrachtete den Sieg Wagners in Wien als das Produkt seiner eigenen Vision, und es war sein schönster Triumph, als der Hof 1879 als Festakt „zur Feier der Silbernen Hochzeit Ihrer k. u. k. Apostolischen Majestäten Kaiser Franz Joseph I. und Kaiserin Elisabeth" die Schlußszene aus den „Meistersingern" (nach einem vorangegangenen Festspiel von Saar) wünschte.

Dem wachsenden Druck der Öffentlichkeit nachgebend, mußte Jauner 1878 die Doppeldirektion Hofoper-Carltheater aufgeben. Bei seiner Abschiedsgala im Carltheater dirigierte Johann Strauß seine Operette „Prinz Methusalem". Jetzt war Franz Jauner „nur mehr" Hofoperndirektor.

Aber auch außerhalb des Wagnerrummels gab es in Jauners Operndirektion interessante Ereignisse. 1880 brachte er einen Zyklus sämtlicher großen Bühnenwerke von Mozart, einschließlich „Idomeneo" und „Titus". Allerdings konnte Jauner seine Carltheatervergangenheit nicht ganz verleugnen: im Anschluß an die Aufführung des „Titus" brachte er einen lokalpatriotischen dramatischen Epilog unter dem Titel „Salzburgs größter Sohn": führende Darsteller des Burgtheaters sowie Sänger und Tänzer der Hofoper spielten Episoden aus dem Leben W. A. Mozarts, und die Zeitgenossen begeisterten sich an dem Prospekt der „mondscheinbeglänzten Stadt Salzburg, wo ein heller Lichtschimmer symbolisch die Geburtsstätte Mozarts anzeigte". Jauner verbeugte sich am Schluß persönlich vor dem Vorhang, was man ihm bei Hof als Verstoß gegen die Etikette sehr übelnahm.

Nicht selten gab es eine italienische Stagione mit Werken von Verdi, Rossini, Donizetti und anderen. Ihr vielgefeierter Star war die Koloratursängerin Adelina Patti, als „Traviata" besonders bewundert. Dirigent der Italiener war des öfteren Luigi Arditi, dessen „Kuß-Walzer" noch heute eine beliebte Draufgabe — ein „Encore" — der Primadonnen bildet. Andere erfolgreiche Premieren der Ära Jauner waren „Die Folkunger" von Kretzschmer und die reizende österreichische Volksoper „Das goldene Kreuz" von Ignaz Brüll. Brüll stammte aus Mähren und lebte in Unterach am Attersee; das Hauptlied seiner Oper ist „Je nun, man trägt...", und fragte man Brüll, wie es mit seiner Oper stünde, pflegte er zu antworten: „Je nun, sie trägt."

Jauner liebte den Umgang mit Komponisten, und es gelang ihm, außer Wagner und Verdi noch viele Prominente als Dirigenten an die Hofoper zu bringen. Delibes, mit dem er seit den Carltheatertagen befreundet war, dirigierte sein Ballett „Sylvia", Anton Rubinstein seine Oper „Die Makkabäer", die es auf drei Vorstellungen brachte. Jauner bemühte sich auch um Saint-Saëns, er hatte „Samson und Dalila" für die Saison 1877 schon offiziell angekündigt (gleichzeitig mit der „Walküre", zur Wiener Erstaufführung sollte es aber erst 1907 kommen); doch dirigierte Saint-Saëns in einem Konzert auf der Bühne der Hofoper im März 1879 sein Oratorium „Die

Die Absagungsmisère in der Hofoper.

Vormittags ist Herr Director Jauner — wie man hier sieht — pumperl gesund,

und die Sängerinnen lassen der Reihe nach wegen Unpäßlichkeit absagen.

Sündfluth" und spielte das G-Dur-Klavierkonzert von Beethoven. Für Johannes Brahms hegte Jauner keine große Sympathie, seit Brahms gemeinsam mit dem Geiger Joachim ein Manifest gegen Wagners „Zukunftsmusik" unterschrieben hatte. Trotzdem dirigierte der Komponist unter Jauners Direktion an der Hofoper, und zwar — angeblich sehr schwunglos — eine Aufführung seines „Deutschen Requiems" (November 1879).

Bis zur Eröffnung des neuen Burgtheaters 1888 gab es in der Hofoper auch vereinzelt Vorstellungen der Burgschauspieler. Zu den besonderen Kuriosa der Ära Jauner gehörte das Singspiel „Am Wörther See" von Thomas Koschat, erster und einziger Ausflug des volkstümlichen Kärntner Liederkomponisten („Verlassen, verlassen bin i") in die Hofoper.

Unter den Sängerinnen, die Jauner in Wien vorstellte, wurden zwei besonders gefeiert: Christine Nilsson — gleich ihrer berühmten Namensvetterin Birgit Schwedin — war in Wien als Ophelia in Thomas' „Hamlet" sehr erfolgreich; sie erlangte Weltruhm, als sie 1883 in der Eröffnungsvorstellung der Metropolitan Opera in New York das Gretchen sang. Bianca Bianchi — sie hieß eigentlich Bertha Schwarz und kam aus Heidelberg — war eine „Nurvirtuosin" des Koloraturgesanges ohne tieferen Ausdruck; trotzdem riß sie als Lucia die Wiener zu Begeisterungsstürmen hin.

Das Kesseltreiben, das noch jeden bedeutenden Wiener Operndirektor von seinem Sessel vertrieben hat, blieb auch Jauner nicht erspart. Das Defizit war wieder angestiegen, man warf ihm seine verschwenderischen Ausstattungen vor, und als ihm der Obersthofmeister im April 1880 wieder einen Generalintendanten vor die Nase setzte — er hieß Leopold Friedrich Freiherr von Hofmann —, sah Jauner dies als einen Bruch seines Vertrages als Direktor an und demissionierte. Bei seinem Abgang wurde er von der Presse fast einstimmig als hochbedeutender Opernleiter gewürdigt. Auch der tröstende „Demissions-Orden" ließ nicht auf sich warten.

Franz Ritter von Jauner, wie er nun hieß, schied am 30. Juni 1880 nach fünfjähriger Amtszeit aus seiner Stellung. Die zweite Hälfte seines Lebens verlief noch dramatischer als die erste. Zunächst übernahm er die Direktion

Abends ist Jauner aus Wuth darüber, daß er ein Dutzendmal das Repertoire ändern mußte, krank geworden,

und die Sängerinnen sind — wie man hier sieht — wieder pumperl gesund.

Der Kritiker Eduard Hanslick belehrt Richard Wagner, wie man zu komponieren hat (Scherenschnitt von O. Böhler).

des Ringtheaters; es war 1874 als „Komische Oper" erbaut worden und stand am Schottenring schräg gegenüber der Börse. Schon 1881 brachte er dort als sensationelle Novität Offenbachs nachgelassene Oper „Hoffmanns Erzählungen" heraus. Vor der zweiten Vorstellung ereignete sich der tragische Brand, dem viele Hunderte zum Opfer fielen. Das Theater war zerstört, und Jauner wurde wegen Vergehens gegen die Sicherheit des Lebens zu einer Rechtsstrafe verurteilt. Aber er konnte ohne Theater nicht leben, wurde Mitdirektor des Theaters an der Wien und landete 1895 wieder in den Direktionsräumen seines Carltheaters.

Eine neue Ära Jauner schien anzuheben. Es war *seine* Idee, aus Melodien von Johann Strauß die Operette „Wiener Blut" zusammenstellen zu lassen. Noch immer war er unablässig auf der Suche nach neuen Talenten — sein Operettenkapellmeister hieß Arnold Schönberg! Aber die Zeiten hatten sich geändert. Am 23. Februar 1900 erschoß sich Jauner an seinem Schreibtisch im Theater. Er wußte, daß das neue Jahrhundert nicht mehr sein Jahrhundert war.

Wilhelm Jahn
1881 bis 1897

Fin de siècle im Belcantoglanz

Auf Franz Jauner folgte Wilhelm Jahn, dessen Direktion in dreifacher Beziehung eine Direktion der Rekorde war. Kein Wiener Opernleiter blieb so lange im Amt — siebzehn Jahre! —, keiner wurde so wenig angefeindet, und keiner hat das Repertoire durch so viele bleibende Werke bereichert wie er. Allein innerhalb von acht Jahren (1888 bis 1896) hat er zehn Opern im Haus am Ring für immer heimisch gemacht. Allerdings waren das gesegnete Zeiten: ein neues publikumswirksames Werk nach dem anderen verließ die Werkstatt der Komponisten. Und es zeigte sich wieder einmal, daß Wien, solange die neuen Opern echte Publikumsopern waren, durchaus eine Avantgardestadt war — die Konservativität, die man Wien sonst immer ankreidet, begann erst, als die neuen Werke nicht mehr an ein breites Publikum appellierten.

Wilhelm Jahn, das wurde oft festgestellt, hat den Geschmack des Wiener Publikums besonders gut erkannt; er wußte, daß man hier die glitzernde, schimmernde Sinnlichkeit der Opernoberfläche unendlich liebte (wobei ich der Meinung bin, daß diese Oberfläche sehr viel mehr Tiefgang zu bieten hat als vieles, was sonst mit erhobenem Zeigefinger als Tiefgang gepriesen wird). Ob Jahn wirklich nur den Geschmack des Publikums so trefflich verstanden hat? Oder ob er während seiner Direktionsjahre den spezifischen „Operngeschmack der Wiener" nicht überhaupt erst schuf?

Wie kam es zu dieser Direktion? — Als Jauners Stern zu sinken begann, beschloß man höheren Orts, die Generalintendanz, deren Abschaffung eine der Vertragsbedingungen Jauners gewesen war, wieder ins Leben zu rufen. Oberstkofmeister Prinz Hohenlohe-Schillingsfürst schlug dem Kaiser als Generalintendanten Leopold Friedrich Baron Hofmann vor. Damit gelangte ein überaus umgänglicher, kluger, intelligenter und kunstsinniger Beamter in diese Stellung. Er war Universitätsdozent, war eine Zeitlang Finanzminister gewesen und erwies sich stets als Freund der Künstler und der Direktion, wenn es irgendwelche Probleme zu lösen gab. Baron Hofmann hat sich für den Opernbetrieb wie auch für das Burgtheater lebhaft interessiert, weshalb ihn zahllose Karikaturen aus der Zeit zeigen, wie er in allen Winkeln des Opernhauses Untersuchungen anstellt, allgegenwärtig wie der liebe Gott. Auf einem dieser lustigen Bilder sieht man sein Gesicht aus jeder Loge der Hofoper hervorlugen. Und das war nicht einmal übertrieben, denn Hofmann schlüpfte während der Vorstellungen bald in diese, bald in jene Garderobe, ließ sich von den Damen im Negligé mit Vorwürfen über mangelnde Beschäftigung und Gagenverkürzungen überhäufen, spazierte in den Pausen von Loge zu Loge, um eifrig für die Erneuerung des Abonnements zu plädieren, quittierte geduldig die Insulte jähzorniger Sänger und war überall anzutreffen, mitunter sogar auf dem Schnürboden.

Als Jauner ging, verstand es sich sozusagen von selbst, daß man die Operndirektion zunächst Hans Richter anbot, der seit 1875 an der Hofoper als Dirigent wirkte und sich glänzend durchzusetzen verstand. Nun war Richter, der große Wagnerdirigent der Jaunerzeit, zwar ein sehr vielseitiger Mann, aber ohne jegliche administrative Ambitionen; er war in seiner Anfangszeit Operndirektor in Budapest gewesen und hatte seit damals von derlei Würden genug. Mit dem großen, blonden, blauäugigen, vollbärtigen Riesen war es also nichts, man mußte sich nach einem anderen Operndirektor umsehen. Baron Hofmann fand ihn (nach dem Shakespearezitat „Laßt wohlbeleibte Männer um mich sein") in einem gleich großen, dazu noch dicken, blauäugigen und bärtigen Riesen namens Wilhelm Jahn, einem Deutschmährer aus Hof. Jahn hatte in Temesvár, in Ungarn, als Opernsänger gewirkt, wo er Fächer aller Stimmlagen sang und im Orchester, ähnlich wie Richter, viele Instrumente spielte, und er war vor Wien Kapellmeister in Amsterdam, Prag und Wiesbaden gewesen. Außerdem war er ein ungewöhnlich talentierter Regisseur. Im Gegensatz zu Hans Richter mit seinem wallenden Wotansbart trug Jahn einen elegant geschnittenen Backenbart. Mit seiner goldgerandeten Brille sah er eigentlich wie ein Gymnasialprofessor aus. Er nahm die Direktion an, die Amtsübergabe erfolgte 1880, und da Jahns Verhältnis zu Hans Richter ein absolut freundschaftliches war, gewann Richter so starken Einfluß auf die Führung der Oper, daß man beinahe von einer Doppeldirektion sprechen konnte. Zwischen den beiden Männern bestand eine geradezu wunderbare Arbeitsteilung, da beide, so ähnlich sie einander sahen, gänzlich verschiedene künstlerische Vorlieben hatten. Jahns Herz gehörte der französischen, der italienischen Oper, aber auch der Spieloper (z. B. Lortzings „Waffenschmied" und „Wildschütz", Maillarts „Glöckchen des Eremiten" usw.). Hans Richter hingegen war und blieb der Herold und Vorkämpfer Richard Wagners, dessen Werke er unter Jahn weiter mit enthusiastischer Liebe betreute, so auch die Wiener Premiere von „Tristan und Isolde" (1883) — genau zweiundzwanzig Jahre seitdem Wagner sich vergeblich bemüht hatte, das Werk in Wien auf die Bretter zu bringen. Damit hatten nun sämtliche Wagneropern — mit Ausnahme des „Parsifal", der Bayreuth vorbehalten blieb — ihren Einzug in die Hofoper gehalten. 1893 gab es den ersten vollständigen Wagnerzyklus.

Die „Tristan"-Premiere bot eine glänzende Aufführung, wenn auch mit starken Strichen — ein Fünftel des Werkes, 600 Takte —, und trotzdem klagte der Kritiker Speidel noch über „tödliche Monotonie", und Hanslick schrieb: „Hier hilft kein Rotstift, hier hilft nur das Schwert."

Das große, noch vom Bayreuther Meister persönlich eingeschulte Wagnerensemble der Hofoper hatte die Hauptrollen inne. Hermann Winkelmann, *der* Heldentenor der achtziger und neunziger Jahre, sang den Tristan. Er war aus Braunschweig gekommen, war der Sohn eines Klaviermachers, und seine mächtige Stimme verfügte über eine gewisse Weichheit, so daß er nicht nur im Wagnerfach, sondern auch als Florestan und in Meyerbeeropern eingesetzt werden konnte. Später (1888) war er dann der erste Wiener Othello. Die Isolde sang Amalie Materna, die Steirerin, die mit Winkelmann, Theodor Reichmann und Emil Scaria den ersten Bayreuther „Parsifal" unter Wagner studiert und zur Erstaufführung gebracht hatte. Scaria (der erste Wiener Wotan) war einer der gewaltigsten alten Wagnerbässe. „Singt der Scaria eine Aria, hört man's bis zur Bellaria", hieß es. Er war gleichfalls einer der zahlreichen Steirer in der Direktion Jahn und sang den König Marke. Drei Jahre nach dem „Tristan" begann Scaria plötzlich an Gedächtnisschwund zu leiden; er stand auf der Bühne der Wiener Hofoper, sang in einer „Tann-

Hans Richter (rechts) betreute das Wagnerrepertoire in der Ära Wilhelm Jahn.
Wilhelm Jahn selbst konzentrierte sich auf die französischen und italienischen Opern. So wie hier auf dem Scherenschnitt saß er in seinem Rohrsessel mitten im Orchester.

Das Plakat der Uraufführung und der Komponist, Ballettdirigent Josef Bayer (Karikatur von Theo Zasche). Man gab die „Puppenfee" in der Ära Jahn auch nach „Maskenball", in der Mahlerzeit nach dem „Troubadour", in der Ära Weingartner nach „Rigoletto", und Giuseppe Verdi mußte es sich gefallen lassen, daß man sogar die Uraufführung seines „Falstaff" in der Mailänder Scala mit „La Fata delle Bambole" koppelte! 1938 dirigierte Anton Paulik zum fünfzigjährigen Aufführungsjubiläum die 675. Vorstellung im Haus am Ring.

häuser"-Vorstellung den Landgrafen — da versagte plötzlich sein Gedächtnis, er begann zu stammeln und fand sich in der Rolle nicht mehr zurecht. Noch im selben Jahr starb er in einer Heilanstalt in Dresden an progressiver Paralyse. Mit ihm ging der erste aus dem Dreigestirn Winkelmann-Reichmann-Scaria dahin, jener ersten Wagnerriesen, die wirklich noch eine Treppe hinabschreiten konnten, die wußten, wie man einen Vollbart, wie man einen Mantel trägt, wie man einen Speer hält und ein Schwert vor sich hinstellt. Scaria war eines der vielen tragischen Schicksale rund um die Wiener Oper.

Das Publikum umjubelte den „Tristan", mitten in dem großen Zwiegesang im zweiten Akt („O sink hernieder, Nacht der Liebe") brach — man denke! — donnernder Szenenapplaus los. Die Kritik hingegen teilte die stürmische Freude des Publikums noch immer nicht ganz. Daniel Spitzer schrieb: „Wer die schwere Prüfung des dritten Aktes besteht, ohne die Augen zu schließen, kann sich um den Posten eines Nachtwächters bewerben." Max Kalbeck, der hochbegabte Übersetzer vieler italienischer Operntexte, schrieb: „Von der bloßen Lektüre bekommt man blaue Flecken. Auch wollen diese Verse nicht gelesen, sondern gesungen werden, wodurch sie wesentlich gewinnen, weil man dann immer nur das zehnte Wort versteht." Und Speidel: „Um hinter die Ausdrucksfähigkeit zu kommen, schloß ich bei einer Stelle des zweiten Aktes die Augen. Da brauste ein Kavallerieregiment heran und ritt wohl hundert wehrlose Frauen nieder. Es war ein entsetzliches Stöhnen, Schreien und Hilferufen, und dazu dröhnte der Donner der Armstrongkanonen. Als ich die Augen öffnete, was war es? Ein Seufzer der Isolde."

Diese „Tristan"-Aufführung ist auch dadurch bemerkenswert, daß bei ihr zum erstenmal in Wien der Name des Regisseurs auf einem Operntheaterzettel stand, er hieß Karl Tetzlaff und war Jahns neuernannter Oberspielleiter.

Im selben Jahr, es war das Todesjahr Richard Wagners, startete Jahn zwischen dem 1. und 20. Dezember einen Zyklus sämtlicher Wagneropern, einschließlich „Rienzi", und natürlich mit Ausnahme des „Parsifal". Und das alles ohne einen einzigen Gast!

Die folgenden Jahre brachten an bedeutenderen Premieren: 1884 „Die heimliche Ehe" von Cimarosa, „Gioconda" von Ponchielli und „Mephistopheles" von Boïto (die letzten beiden Opern im Rahmen der italienischen Frühjahrsstagione), 1885 „Nero" von Rubinstein, ein Durchfall, und „Der Bauer, ein Schelm" (Wiens erste Dvořákoper), 1886 „Der Trompeter von Säckingen" von Viktor Neßler. Über diese Oper schrieb Hugo Wolf im „Salonblatt": „Beim ‚Trompeter von Säckingen' muß man einen großen Strich machen, vom ersten bis zum letzten Takt." Die Wiener aber liebten das berühmte Hauptlied der Oper „Behüt dich Gott, es wär so schön gewesen", das Reichmann sang.

Das Jahr 1888 brachte unter dem Titel „Im Feldlager" eine kuriose Vorstellung anläßlich der festlichen Enthüllung des Maria-Theresien-Denkmals. Die Opernstars kamen in den genau nachgebildeten Uniformen der maria-theresianischen Armee auf die Bühne, angeführt von einem General, der hoch zu Roß die Truppen kommandierte. Man sang patriotische Lieder und zeigte eine Vision der Zukunft Wiens mit den neuen Bauten der Ringstraße.

Für die Oper selbst aber bedeutete 1888 den Beginn jener legendären Periode der Direktion Jahn, die bis 1896 dauerte und den Wienern ein Meisterwerk der Opernliteratur nach dem anderen bescherte. Es begann mit zwei Schöpfungen von total verschiedenem Charakter, doch schlugen beide im Herzen des Publikums tief Wurzel: Verdis erstes geniales Alterswerk „Othello" und das Ballett „Die Puppenfee" von Josef Bayer. Bei der Premiere des „Othello" (in der Übersetzung von Max Kalbeck)

sang Hermann Winkelmann die Titelpartie, Theodor Reichmann, der große Wolfram und Hans Sachs, den Jago. Reichmann stammte aus Rostock und hatte zahllose Bewunderer, die den „Theodorbund" bildeten, so wie die Winkelmannbewunderer den „Hermannbund". Die Desdemona verkörperte Antonia Schläger, eine Wienerin, nicht gerade schlank, die später durch ihre Santuzza in „Cavalleria rusticana" besonders berühmt wurde. Sie war sehr populär, diese Schläger-Toni, bis sie allmählich immer rundlicher wurde und von der Opernbühne abging. Sie war dann als Gastwirtin genauso erfolgreich wie vorher als Sängerin.

Der „Othello" war eine ganz große Sensationspremiere, eine der allerersten nach der 1887 erfolgten Einleitung des elektrischen Lichtes in die Hofoper, was große Umstellungen mit sich brachte.

Jahn hatte neben Hans Richter natürlich auch noch andere Dirigenten zur Verfügung, zum Beispiel noch immer Wilhelm Gericke, einen Steirer, der später als Kapellmeister nach Boston ging. Dann war noch Johann Fuchs da, schon wieder ein Steirer; er war gleichzeitig Direktor des Konservatoriums und leitete die erste „Evangelimann"-Aufführung. Und schließlich gab es noch, neben dem tüchtigen Franz Doppler, den hochbegabten Ballettdirigenten Josef Bayer, den Mann, der die entzückende „Puppenfee" komponierte. Ballettregisseur Josef Haßreiter, der der Wiener Hofoper durch nicht weniger als fünfzig Jahre in den verschiedensten Eigenschaften diente, vom Tänzer bis zum Choreographen, gab der „Puppenfee"-Premiere das tänzerische Gepräge. Das Werk ist bis zum heutigen Tag genauso lebendig und frisch wie damals.

Nach diesen beiden Erfolgen hatte Jahn eine großartige Idee: er wollte Jules Massenet, den jüngsten König der von ihm so heiß verehrten französischen Oper, an Wien binden. Schon 1887 hatte er Massenets Oper „Le Cid" herausgebracht, mit nicht gerade rauschendem Erfolg. Doch Jahn glaubte unbeirrt an seinen Plan „Massenet für Wien" und durfte schließlich den Lohn seiner Treue ernten: die Premiere von „Manon", die 1890 stattfand, war ein toller Erfolg, und das Werk ist bis heute eine Lieblingsoper der Wiener geblieben. Aber Jahn wußte auch,

99

was vor allen anderen Dingen nötig war, um seinem Publikum Opern wie die von Massenet schmackhaft zu machen, nämlich ein Bühnenliebespaar wirklich großen Formats. Nun hatte die Wiener Oper schon verschiedene bedeutende Tenor-Sopran-Liebespaare gesehen, in der Kärntnertortheaterzeit zum Beispiel Louise Dustmann und Alois Ander. Aber das war doch mehr ein heroisches Paar, die große Glanzoper jener Tage war der „Lohengrin" gewesen, dessen Interpretation Wagner so bewundert hatte. Das zweite Opernpaar waren dann Gustav Walter und Berta Ehnn, die die Wiener in verschiedenen französischen Opern bezauberten, in Gounods „Margarethe" und „Romeo und Julia", in Ambroise Thomas' „Mignon". Nun aber fand Wilhelm Jahn ein ganz wunderbares neues Liebespaar von großer Poesie: Ernest van Dyck und Marie Renard. Diese Sängerin mit dem schönen französischen Namen war — wen wundert es noch — eine Steirerin, eine Fiakerstochter aus Graz, geboren 1864. Sie hieß eigentlich Pöltzl und wurde eine ganz bezaubernde Operndarstellerin, bildhübsch, ein bißchen mollig, wie es dem Schönheitsideal von damals entsprach, mit einer Jeritza-Stupsnase und kastanienbraunem Haar. Man sagt, daß sich buchstäblich ganz Wien in sie verliebte. Marie Renard war eine hinreißende Manon, aber auch eine nicht minder glänzende Carmen, mit hoher Frisur und einem kostbaren Schleier darüber, und in der Darstellung dezenter als Pauline Lucca. Sie war aber auch als Rose im „Glöckchen des Eremiten" entzückend, nicht weniger als Hänsel in Humperdincks Märchenoper „Hänsel und Gretel" und in vielen anderen Rollen noch. Als Wagnersängerin war sie nur in der Partie der Fricka zu hören. 1900, noch nicht vierzigjährig, nahm sie als Carmen von der Opernbühne Abschied (es gab über hundert Vorhänge!) und wurde eine Gräfin Kinsky. Ich erinnere mich an sie noch aus meiner Jugendzeit als einer bekannten Erscheinung der Wiener Gesellschaft, von ihren einstigen Bewunderern geliebt und verehrt bis ins Alter.

Ernest van Dyck, ihr Partner — kein schöner Mann, ein bißchen fettleibig, mit einem unförmigen runden Kopf —, war von Geburt Belgier. Er hatte als Journalist begonnen, und Schreiben blieb zeitlebens sein Steckenpferd. Er hat sogar einmal ein Ballett, „Das Glockenspiel", verfaßt, das

in der Wiener Oper 1892 aufgeführt wurde. Die Musik stammte von keinem Geringeren als von Massenet — eine Geste des Dankes gegenüber seinem hervorragenden Des Grieux.

Als Sänger hatte van Dyck in Paris begonnen, wo er den Lohengrin sang; dort wurde Cosima Wagner auf ihn aufmerksam. Später war er ein erfolgreicher Bayreuther Parsifal. Doch Wagner war nicht sein eigentliches Fach, hier hatte er auch mit Sprachschwierigkeiten zu kämpfen; wirklich zu Hause fühlte er sich in den lyrischen Partien der französischen und italienischen Oper, die ihm Wilhelm Jahn gerne übertrug — Jahn, dieser glänzende Entdecker und Führer von Sängern, die er überall suchte und fand,

K. K. Hof- [Operntheater]

Sonntag den 28. Oktober 1894.

Nachmittags 2 Uhr.

Veranstaltet von dem Pensions-Institute dieses Hoftheaters.

Bei aufgehobenem Abonnement.

Die Fledermaus.

Komische Operette in 3 Akten nach Meilhac und Halévy's „Reveillon" frei bearbeitet von C. Haffner und Richard Genée.

Musik von **Johann Strauß**.

Gabriel von Eisenstein	Hr. Schrödter	Iwan, Kammerdiener des Prinzen		Hr. Loschat
Rosalinde, seine Frau	Frl. Mark	Ida		Frl. Stoßy
Frank, Gefängnißdirektor	Hr. Ritter	Melanie		Frl. Well
Prinz Orlofski	Hr. Beeth	Fellicita	Gäste des Prinzen Orlofsky	Frl. Gruseli
Alfred, sein Gesanglehrer	Hr. Dippel	Sidi		Frl. v. Haentjens
Dr. Falke, Advokat	Hr. Felix	Minni		Frl. Schleinzer
Dr. Blind, Notar	Hr. Schittenhelm	Faustine		Fr. Lehmann
Adele, Stubenmädchen Rosalindens	Fr. Forster	Silvia		Fr. Ehrenstein
Ali-Bey, ein Egyptier	Hr. Mayerhofer	Bertha		Fr. Barnegg
Ramusin, Gesandtschafts-Attaché	Hr. Winkelmann	Camilla		Frl. Schläger
Murray, ein Amerikaner	Hr. Grengg	Paula		Frl. Laulich
Caricioni, ein Marquis	Hr. van Dyck	Sabine		Fr. Baier A.
Lord Middleton	Hr. v. Reichenberg	Lori		Fr. Baier J.
Baron Oskar	Hr. Frappart	Theophila		Hr. Frant.
Francillon	Hr. Neidl	Erster	Diener des Prinzen	Hr. Michely
Julian Goré	Hr. Horwitz	Zweiter		
Baron Fernand	Hr. Frei	Ein Amtsdiener		Hr. Raschke
Conte Caroni	Hr. Schmitt			
Gaston	Hr. Werthner	Gäste des Prinzen Orlofsky, Bediente 2c. 2c.		
Frosch, Gerichtsdiener	Hr. Stoll			

Die Handlung spielt in einem Badeorte nahe einer großen Stadt.

Tänze im 2. Akte ausgeführt von den Frl.: Sironi, Bergé, Pagliero, Rathner, den Herren Thieme, van Hamme, Rathner, Zulka und dem Balletcorps.

Das Textbuch ist an der Kassa für 40 kr. zu haben.

Der freie Eintritt ist ohne Ausnahme aufgehoben.

Kassa-Eröffnung 1 Uhr. Anfang 2 Uhr. Ende gegen 5 Uhr.

Zum Dienstgebrauche.

K. K. Hof-Operntheater.

Sonntag den 21. Mai 1893.

Für das Pensions-Institut dieses Hoftheaters.

Bei aufgehobenem Abonnement.

Gesammtgastspiel
des
Solopersonales vom Teatro della Scala in Mailand.

Falstaff.

Commedia lirica in tre atti di **Arrigo Boito**.
Musica di **Giuseppe Verdi**.

Sir John Falstaff	**Maurel Vittorio.**
Ford, marito d'Alice	Pini-Corsi Antonio.
Fenton	Garbin Edoardo.
Dr. Cajus	Paroli Giovanni.
Bardolfo } seguaci di Falstaff	Pelagalli-Rossetti G.
Pistola	Arimondi Vittorio.
Mrs. Alice Ford	Zilli Emma.
Nanetta, figlia d'Alice	Stehle Adelina.
Mrs. Quickly	Pini-Corsi Emilia.
Mrs. Meg Page	Guorrini Virginia.
L'Oste della Giarrettiera	Pulcini Attilio.
Robin, paggio di Falstaff.	
Un paggetto di Ford.	

Borghesi e Popolani.
Servi di Ford, Mascherata di folletti, di fate, di streghe ecc.
Scena : Windsor
Epoca : Regno di Enrico IV d'Inghilterra.
Maestro d'Orchestra: **Mascheroni Edoardo.**

Das Textbuch ist an der Kassa für 60 kr. zu haben.

Der freie Eintritt ist ohne Ausnahme aufgehoben.

Kassa-Eröffnung 1/27 Uhr. Anfang 1/28 Uhr. Ende um 10 Uhr.

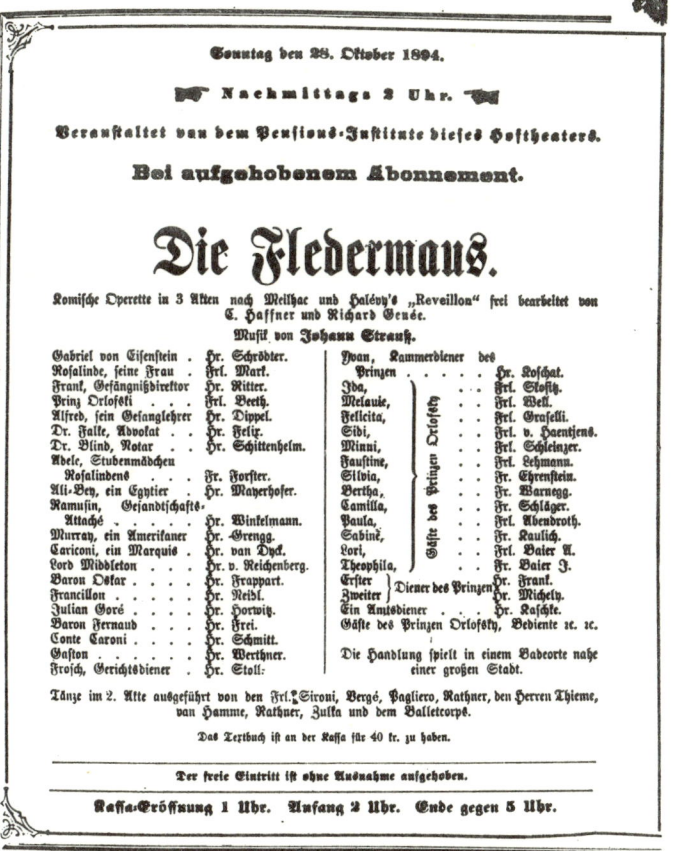

Montag	den 22. Bei aufgehobenem Abonnement. Gesammtgastspiel des Solopersonales vom Teatro della Scala in Mailand: Falstaff. (Anfang halb 8 Uhr.)	Donnerstag	den 25. Der Freischütz.
		Freitag	den 26. Die Rauzan. Hierauf: Wiener Walzer.
		Samstag	den 27. Die goldene Märchenwelt.
Dinstag	den 23 Cavalleria Rusticana. Hierauf: Rouge et noir.	Sonntag	den 28. Aida.
Mittwoch	den 24. Die Walküre. „Brünnhilde" Frau Georgine v. Januschowsky vom Manhattan Opera House in New-York als Gast.	Montag	den 29. Don Juan. „Donna Anna" Frau Georgine v. Januschowsky vom Manhattan Opera House in New-York als Gast.
		Dinstag	den 30. Die goldene Märchenwelt.
		Mittwoch	den 31. Lohengrin.

---

in den Schulen, in der Provinz, im Ausland, auf den Operettenbühnen, sogar in Fabriken und Werkstätten. Antonia Schläger zum Beispiel war Einschleiferin in einer Druckerei gewesen.

Nach dem Erfolg von „Manon", die in den ersten vier Jahren 54mal gespielt wurde, wollte Jahn möglichst bald ein zweites Werk von Massenet, der rasch zum Lieblingskomponisten der Wiener aufgestiegen war, herausbringen. Nun hatte Massenet eine Oper fertig, nämlich den „Werther"; sie sollte in Paris an der Opéra comique uraufgeführt werden. Es kam aber nicht dazu, weil im Jahr der geplanten Premiere (1887) der große Brand in der Opéra comique ausgebrochen war. Also bewarb sich Jahn um das Werk, und Wien erlebte 1892 — in Anwesenheit des Komponisten — die Welturaufführung des „Werther", mit dem bezaubernden Paar Ernest van Dyck und Marie Renard in den Hauptrollen.

Massenets Feinde unter den Kritikern schrieben damals, man habe bei Manon und Lotte zwar zwei verschiedene Gestalten vor sich, aber immer nur ein und dieselbe Musik. Und dann gab es natürlich wieder die Stimmen, die sagten, „Goethe dreht sich im Grabe herum", wie seinerzeit bei Gounods „Margarethe". Trotzdem ist „Werther" vielleicht die kongenialste Goetheoper. Sie hat in Wien größten Eindruck gemacht.

Weniger erfolgreich war Wilhelm Jahn, dessen Vielseitigkeit und Spürsinn selten ihresgleichen finden werden, mit der Aufnahme des „Ritter Pasman" ins Repertoire (Neujahrstag 1892). Er hatte den Meister zu dieser Oper selbst animiert, und Strauß hatte sich überreden lassen. Das Werk verschwand schon nach neun Vorstellungen vom Spielplan. Man sagte damals, Strauß wandle auf „Meistersinger"-Spuren, es „meistersingerte" in seiner Oper wie etwa in „Hänsel und Gretel" oder im „Evangelimann". Ludwig Speidel schrieb, man werde sich bei der „Fledermaus" über den „Ritter Pasman" wieder trösten müssen — und zwei Jahre später (1894) wurde die „Fledermaus" sogar in das Repertoire der Hofoper aufgenommen, wenn auch zunächst nur in Nachmittagsvorstellungen. Von der verunglückten Johann-Strauß-Oper blieb nur die Ballettmusik am Leben; das Textbuch von Ludwig Doczi war schlicht und einfach albern, es handelte von einem alten Ritter, der sich seiner Ehre beraubt sieht, weil der König einmal seine Frau auf die Stirn küßt, worauf er nun die Königin auf die Stirn küßt, worüber wieder der König böse ist. Man sang damals: „Des waß nur a Weana, a weanarisches Bluat, was a Doczisches Textbuch an Weana alls tuat"... Bei der Feier nach der Premiere überreichte Doczi Johann Strauß eine große Schokoladetorte, auf der in Zuckerguß Noten von Johann Strauß standen. Der Gefeierte sagte: „Mein lieber Doczi, zum erstenmal hast du meiner Musik etwas Genießbares unterlegt!"

Im selben Jahr 1892 erlebte Wien ein bedeutendes Ereignis, und Jahn verstand es vorzüglich, sich dieses Ereignis zunutze zu machen: die Internationale Musik- und Theaterausstellung im Prater, wo es in dem hölzernen Ausstellungstheater fünf Monate lang die interessantesten Vorstellungen gab.

Die ganze Jahnzeit war wie ein einziges Abendleuchten, wie der große Sonnenuntergang des 19. Jahrhunderts im Habsburgerreich. Es war die Zeit der Prosperität des Bürgertums, die Ringstraßenzeit; die Zeit, in welcher das Habsburgerreich nach außen hin noch für die Ewigkeit gezimmert schien, wo sich aber doch schon allenthalben Risse im Gebälk zeigten. Und diese Internationale Musik- und Theaterausstellung war nun gewissermaßen eine Demonstration der Einheit Österreich-Ungarns auf kulturellem Gebiet. Man hörte dort Opern in italienischer Sprache, von italienischen Ensembles gesungen, hörte ein tschechisches Ensemble in tschechischen Opern, hörte das Ensemble der Lemberger Oper in polnischer Sprache. Diese Ausstellung brachte die interessantesten Werke in die Donaumetropole und hat den Wiener Musikgeschmack nachhaltig beeinflußt.

Es begann mit dem Gastspiel des Böhmischen Landes- und Nationaltheaters Prag, das Smetanas „Verkaufte Braut" gab, die 26 Jahre zuvor in Prag uraufgeführt worden war. Sie machte unerhörten Eindruck, man sah und hörte jenen hervorragenden Kezal, er hieß Wilhelm Heš. Direktor Jahn wurde eigentlich erst durch diese Vorstellung auf Smetana aufmerksam, brachte jedoch in der Hofoper nicht gleich die „Verkaufte Braut", sondern zuerst den „Kuß" und „Das Geheimnis". In der deutschen Aufführung der „Verkauften Braut" — an deren Inszenierung die Kritik lediglich bemängelte, daß das Bühnenbild mehr einer französischen Sommerfrische glich als einem böhmischen Dorf — sang Wilhelm Hesch, wie er sich jetzt schrieb, den Kezal mit den bunten Schnupftüchern und seinem roten Schirm. Jahn hatte ihn aus Prag geholt. Fritz Schrödter war der erste Hans, ein bezaubernder Tenor, ursprünglich Maler in Leipzig, dann Bariton am Ringtheater und in der Operette. Jahn machte ihn zum Tenor, und Schrödter wurde einer der besten Darsteller des David in den „Meistersingern". (Später war er der Hauptintrigant gegen Gustav Mahler.) Die Marie sang Paula Mark, ursprünglich — gleich ihrer schönen, berühmten Kollegin Lola Beeth — Pianistin; die bildhübsche Wienerin ging aber bald von der Bühne ab und wurde die Gattin des bedeutenden Internisten Edmund von Neusser. Als Paula Mark-Neusser blieb sie eine prominente Erscheinung der Wiener Hautevolee und wurde eine erfolgreiche Gesangspädagogin.

Nach der „Verkauften Braut" spielte man dort Smetanas „Dalibor", und dann kam die polnische Oper aus Lemberg an die Reihe; sie gab die beiden von dem Warschauer Operndirektor Stanislaw Moniuszko komponierten Nationalopern „Halka" und „Straszny Dwór", was auf deutsch damals „Der Geisterhof" hieß (heute nennt man die Oper gewöhnlich „Das Gespensterschloß").

Und beim Ritter Pásmán ist der biblische Urtheilsspruch „Aug' um Auge" höchste Wonne: „Hat der König mein Weib geküßt, jó van, küß ich seines: is nämlich Fräjláin F o r s t e r auch nicht aus Stroh, kérém alásan!"

Direktor Jahn war ein großer Verehrer von Johann Strauß, den er anregte, für die Hofoper eine Oper zu schreiben. Nach dem Durchfall tröstete er ihn durch die Aufnahme der „Fledermaus" in sein Repertoire (zunächst nur an Nachmittagen).

Das interessanteste und folgenreichste Gastspiel aber war das des italienischen Ensembles, das zum größten Teil von dem italienischen Verleger Sonzogno finanziert worden war. Es brachte die Hauptwerke des Verismo nach Wien. Der Verismus war die neue Opernform, die von Italien ausging und auf der ganzen Welt eine enorme, wenn auch kurzlebige Sensation hervorrief. Es war der Versuch, eine neue, andere Form des musikdramatischen Theaters nach Richard Wagner zu begründen — herunterzusteigen von der Estrade der Götter und Helden auf den Boden der alltäglichen, bürgerlichen, realen Welt und ihrer „Wahrheit". In der Mehrzahl aber waren die Produkte dieses Verismus Schauerstücke, in denen es reichlich von blutigen Messern blitzte, und die Stoffe waren im Grunde gar nicht so realistisch und lebensnah, wie sie sich gaben.

Im Rahmen der Musik- und Theaterausstellung im Prater dirigierte Pietro Mascagni (von dem Kritiker Theodor Helm als „italienischer Anzengruber" bezeichnet) seine „Cavalleria rusticana", die allerdings schon ein Jahr vorher (1891) an der Wiener Hofoper gespielt worden war, unter der persönlichen Stabführung Wilhelm Jahns, der das berühmte Intermezzo wiederholen mußte. Antonia Schläger hatte die Santuzza gesungen, Georg Müller — ein Allerweltstenor, dessen Repertoire von Mozart bis Wagner reichte und der ein strahlendes hohes Cis zu bieten hatte — den Turiddu. Unmittelbar darauf führte das Theater an der Wien eine große Parodie auf: „Krawalleria musicana", mit Alexander Girardi als Duriduri Salamucci.

Mascagnis Werk war in der Hofoper ein ungeheurer Erfolg, es wurde innerhalb von drei Jahren 123mal gespielt, im Lauf von zehn Jahren über 200mal.

Nun, bei der großen Ausstellung, hatten die Wiener Gelegenheit, die italienische Aufführung mit ihrer deutschen zu vergleichen. Den Turiddu sang der Tenor Roberto Stagno, die Santuzza die berühmte Gemma Bellincioni, die beide 1890 die Uraufführung in Rom gesungen hatten. Auch Mascagnis „Freund Fritz" ging im Ausstellungstheater in Szene, doch auch diese Oper hatte bereits im selben

Jahr ihre Hofopernpremiere erlebt — so aktuell war damals das Wiener Repertoire!

Im Prater hörte man auch zum erstenmal eine Oper von Umberto Giordano, dem Komponisten von „André Chénier", sie hieß „Mala Vita". Die größte Sensation aber war Leoncavallos „Bajazzo" mit dem berühmten Prolog, der eigentlich den schönsten Leitartikel über das Wesen des Verismus darstellt. Den „Bajazzo" schnappte Jahn sofort und brachte ihn gleich im folgenden Jahr in deutscher Sprache am Ring heraus — wieder ein Sensationserfolg. Hans Richter dirigierte das Werk, das ihm innerlich gewiß fremd war. Die Kritik tadelte Leoncavallos „lärmende Orchestrierung", die die Sänger zu ungewöhnlicher Lautstärke zwinge. Den Canio sang Ernest van Dyck, in der Rolle der Nedda hörte man die reizende Paula Mark; sie erhielt nach der Premiere einen Brief ihrer Kollegin Lola Beeth, in welchem es hieß: „Liebe Paula! Als Nedda sind Sie wirklich unvergleichlich. Ich sage unvergleichlich, obwohl meine Freunde sagen, daß selbst ich diese Partie nicht besser hätte spielen können..."

Die Premiere fand am Namenstag der Kaiserin, am 19. November 1893, statt, und der Besuch war so stark, daß man von einem „Besuch wie bei Richard Wagner" sprach. Es war eine Galavorstellung, in den Logen sah man die glänzendsten Erscheinungen aus der Damenwelt und der Welt, in der man hohe Politik treibt. Das Publikum im Parkett machte den Eindruck, als ob hier ein Ballfest stattfände, und auf der Galerie breitete sich fieberhafte Ungeduld aus, die stets als Vorbote entscheidender Theaterereignisse gilt. Nach der Vorstellung gab es für geladene Gäste und für Leoncavallo ein großes Diner bei Oberhofmeister Prinz Hohenlohe; es fand im Augartenpalais statt, aus dessen Fenstern man einen herrlichen Blick über den mit dem neuen elektrischen Licht beleuchteten Eislaufplatz genießen konnte, den es dort gab.

Wie „Manon" und „Werther", so inszenierte Jahn auch den „Bajazzo" selbst, und man erzählte sich angeregt, wie temperamentvoll und gescheit dieser dicke, unförmige Mann jedem jede Geste vorgespielt hat, der Renard sogar die Sterbeszene der Manon; und mit besonderer Begeisterung erinnerten sich ältere Jahrgänge daran, wie Jahn für Paula Mark den Todestanz der Nedda erfand und ihn ihr vortanzte: er löste Neddas Spiel in der Pantomime in „Bajazzo" ganz ins Tänzerische auf... Nedda ahnte bei Jahn bereits, daß der Tod sie ereilen wird.

Wir stehen im Jahre 1893. Es ist beinahe unglaublich, welch große Zeit der Oper das damals war!

Im selben Jahr, da es an der Mailänder Scala seine Uraufführung erlebt hatte, kam Verdis zweites Alterswerk „Falstaff" nach Wien, als „Gesamtgastspiel des Solopersonals vom Teatro alla Scala, Milano" unter Maestro Edoardo Mascheroni, aber mit dem Orchester der Hofoper. Viktor Maurel, der erste Jago und Falstaff der Scala, sang die Titelpartie, die Eintrittspreise waren enorm, enorm die Gage Maurels, der dafür seine Arie „Quand'ero paggio del duca di Norfolk" dreimal wiederholte.

Im „Falstaff" hatte sich wieder ein neuer, anderer Verdi gezeigt und große Begeisterung geweckt, wenngleich ihm damals manche mißgünstig Gesinnten nachsagten, er, der führende Komponist Italiens, habe nun ebenfalls der Melodie Lebewohl gesagt; eine Spitze zugleich gegen Richard Wagner.

Im weiteren Verlauf der siebzehn Jahnjahre gab es noch ein ganz besonderes Erfolgswerk: die in Weimar unter Richard Strauss uraufgeführte Märchenoper „Hänsel und Gretel" von Engelbert Humperdinck, mit Marie Renard als Hänsel und Paula Mark als Gretel (1894). „Renard sang wie eine Nachtigall und Paula Mark sang wie eine Lerche", schrieb Ludwig Speidel. Es war dies das erstemal, daß Jahn sein Repertoire in die Richtung der deutschen Wagnernachfolge zu erweitern suchte.

Die zeitgenössische Presse erwähnt anläßlich der Premiere von „Hänsel und Gretel" ein kleines Brandintermezzo, das man gerne der Vergessenheit entreißt. In der Szene, in welcher die beiden Kinder die Knusperhexe durch die offene Tür des Backofens ins Feuer stoßen, schlugen wiederholt Flammen in hellen Garben aus dem Ofen hervor, in welchem die Hexe verbrannte. Dabei fiel ein Stück der brennenden Masse, wahrscheinlich Kolophonium, auf den Bühnenboden heraus und brannte dort mit ziemlich umfangreicher Flamme weiter. Die Zuschauer dachten, es handle sich um einen gewollten szenischen Effekt, und blieben völlig ruhig. Als die Feuerwache den Brand auf dem Bühnenboden bemerkte und aus der Ofen-

„Cavalleria" — „Krawalleria". Turiddu (auf dem Theaterzettel der Premiere mit rr geschrieben) war Hr. (Georg) Müller — Duriduri Salamucci war Hr. (Alexander) Girardi.

tür der behelmte Kopf eines Feuerwehrmannes auftauchte, hielt man ihn noch für die Hexe. Erst als der Löschmann die Flamme mit einem nassen Tuch dämpfte, begriff man die soeben überstandene Gefahr.

Das Publikum nahm Humperdincks reizendes Werk begeistert auf, die Kritik geteilt; das „Neue Wiener Tagblatt" nannte den Hexenritt den „Walkürenritt der Kinderstund'", und Hanslick schrieb: „Die Lebkuchenerlösung (am Schluß der Oper) scheint eine Parodie auf Richard Wagner zu sein."

1896 hielt dann Kienzls „Evangelimann" seinen Einzug, von Theodor Helm als „Kompromiß zwischen Wagner und Mascagni" apostrophiert. Reichmann gab den Johannes, die Partie der Magdalena („O schöne Jugendtage") sang die amerikanische Altistin Edith Walker, Ernest van Dyck kreierte die Titelrolle („Selig sind, die Verfolgung leiden"). Es wurde ein großer Erfolg. Die Dekoration des zweiten Bildes im zweiten Akt, mit der Karlskirche im Mittelpunkt, gemalt von Anton Brioschi, wurde bejubelt.

Kuriosa der Ära Jahn: 1886 dirigierte Franz von Suppé sein Singspiel „Franz Schubert" — *eine* Vorstellung! Auch den „Wolter-Schrei" konnte man in der Hofoper hören — vor der Eröffnung des neuen Burgtheaters (1888) spielte das Burgtheaterensemble oft in der Hofoper. Man wollte die Schauspieler an ein großes Haus gewöhnen. Charlotte Wolter spielte Antigone, Lady Macbeth, Fedora, Maria Stuart etc. in der Hofoper. Einmal, es war im Jahre 1884, verlangten die Philharmoniker eine Sonderzulage für die Ballettnachmittagsvorstellungen. Direktor Jahn und Generalintendant Baron Hofmann verweigerten diese Zulage und engagierten Eduard Strauß mit seiner Kapelle. Das Nebengeschäft des „schönen Edi" dauerte aber nur kurze Zeit, weil sich Direktor Jahn mit seinen Philharmonikern bald wieder versöhnte.

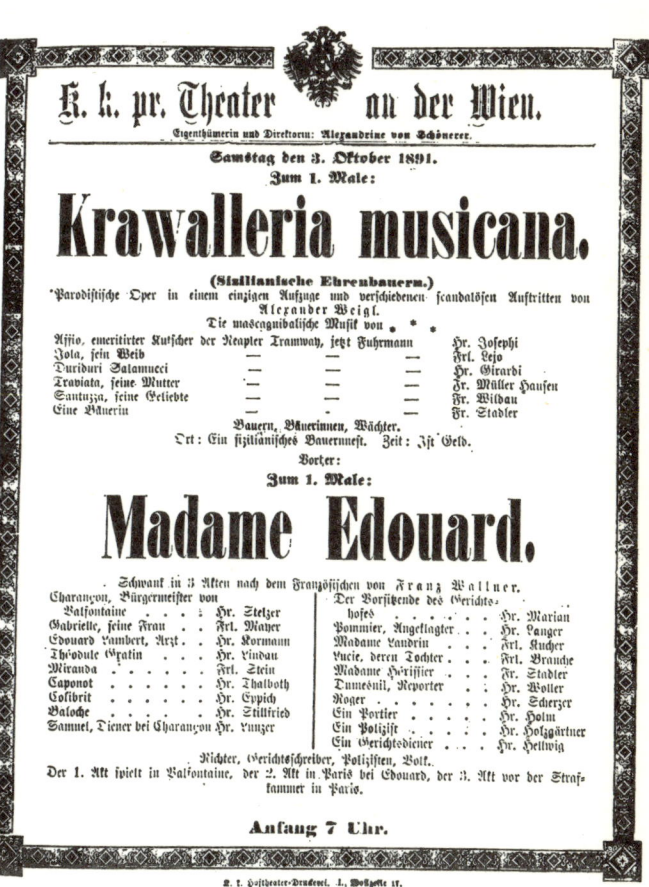

Die Direktion Jahn war auch für heutige Begriffe eine der glanzvollsten Zeiten der Wiener Oper, kein Direktor hat je wieder ein so vielfältiges, in allen Farben schillerndes Repertoire herausgebracht. Und kein Direktor war so allgemein beliebt wie Jahn, er erntete beinahe nur Zustimmung und hatte auch von seiten der Kritiker relativ wenig Attacken zu erdulden. Einzig Hugo Wolf, fanatischer Wagnerianer und Kritiker des „Wiener Salonblatts", erwies sich bis zuletzt als erbitterter Feind der Direktion Jahn; er schrieb: „Wien besitzt ein kostbares Gefäß aus einem Orchester, aber dieses Gefäß wird mit Bitterwasser, Essig, Lauge, Scheidewasser und Schwefelsäurezyankali angefüllt." Damit meinte er die populären Opern und Spielopern der Jahnzeit.

Wahrscheinlich war Jahn Wiens erfolgreichster Operndirektor. In seinem Ensemble, das ganz auf den sinnlichen Glanz strahlender Stimmen abgestimmt war, gab es erstaunlich viele Österreicher und Deutsche, unter ihnen Marie Wilt, Rosa Papier und viele andere.

Rosa Papier war eine gebürtige Badnerin, ihre Glanzrollen waren der Orpheus und die Amneris, im Wagnerfach Brangäne und Waltraute. Sie war eine wunderbare Liedersängerin, die jedoch der Wiener Oper nur zehn Jahre angehören konnte, da sie die Stimme verlor. Sie wirkte dann als Lehrerin am Konservatorium und erzog eine ganze Generation von Sängerinnen, unter ihnen Stars wie Anna Mildenburg, Lucy Weidt und Rose Pauly. Sie war es, die durch ihre Beziehungen Gustav Mahler in den Direktionssessel verhalf. Rosa Papiers Sohn war kein Geringerer als unser genialer Salzburger Mozartapostel Dr. Bernhard Paumgartner (der, was vielleicht nur wenige wissen, in erster Ehe mit einer Tochter Peter Roseggers verheiratet war).

Die große Lilli Lehmann, deren ungewöhnliches Repertoire von der Traviata bis zur Isolde reichte, gastierte unter Jahn 1895 als Brünnhilde in „Götterdämmerung". Jahn war ein aufrichtiger Freund der Künstler (und auch ein großer Freund der Künstlerinnen), er spielte mit seinen Sängern im Kaffeehaus Billard, setzte sich mit ihnen im Gasthaus an den Biertisch und stand ihnen in allen künstlerischen und menschlichen Belangen zur Verfügung. Das hat sich in späteren Lebensjahren ein bißchen geändert; Jahn war nicht mehr gesund, er kränkelte, wurde mürrisch und menschenscheu und war am Ende kaum noch für irgend jemanden zu sprechen. Die Geschäfte des Hauses leitete de facto sein Neffe, Chordirigent Hubert Wondra. Es war die Zeit, in welcher immer mehr das in Erscheinung zu treten begann, was wir als Fin de siècle bezeichnen: Das Ende des 19. Jahrhunderts, der Umschwung im Schicksal der Habsburgerzeit, das Heraufkommen einer neuen, veränderten Welt stand vor der Tür. Von den großen alten Männern trat einer nach dem anderen von der Bühne des Lebens ab: 1896 Anton Bruckner, ein Jahr später Johannes Brahms, 1899 Johann Strauß. Hugo Wolf, Jahns unversöhnlicher Gegner, versank in geistige Umnachtung.

Fin de siècle. Die Zeit war reif für einen großen, entscheidenden Umbruch. Der ließ nicht auf sich warten. Im Mai 1897 leitete ein Gastdirigent, der acht Jahre zuvor für die Hofoper „Die drei Pintos" von C. M. Weber bearbeitet und damit bei der Kritik einen Verriß geerntet hatte, eine Aufführung des „Lohengrin".

Der Dirigent hieß Gustav Mahler.

Neues Hören, neues Sehen

Das Dezennium Gustav Mahlers
1897 bis 1907

Nun begannen die zehn Jahre Gustav Mahlers, die in der Geschichte des musikalischen Theaters als die bedeutendste Operndirektion gelten, die es jemals gegeben hat. Es lag immer ein besonderer Glanz der Opernhäuser, die unter der Leitung eines genialen Komponisten standen: Carl Maria von Weber in Dresden, Meyerbeer in Berlin, Franz Liszt in Weimar, später Richard Strauss in Wien. Aber nur Gustav Mahlers Genie gebar die Vorstellung eines neuen Opernhörens und -sehens. Er verfügte aber auch über die fanatische Pedanterie und Energie, sie im Theateralltag zu verwirklichen. Er war — als einziger — von seiner Mission als Opernleiter so besessen, daß er nur in den Sommerferien oder in den frühesten Morgenstunden komponierte! Seine innere Stärke entsprach seinem gigantischen Wollen.

Für mich ist die Ära Mahler die erste Wiener Direktion, die ich noch aus den Erzählungen der Künstler und der Opernhabitués jener Tage gut kenne, zumal ich in den zwanziger Jahren, als ich mich „anzustellen" begann, auf dem Stehplatz einen Veteranen als Nachbar hatte, der sich noch an Direktor Jahn erinnern konnte — er war für mich die Wiedergeburt des Methusalem. Wenn ich heute an die Direktion Richard Strauss zurückdenke, dann gehöre ich fraglos derselben Altersklasse an (nur bezeichne ich sie als „das beste Mannesalter"...).

Die Mahlerzeit war das große Erlebnis meiner Eltern. Mein Vater hat mir oft erzählt, wie spannend es war, wenn man vor der Vorstellung darauf wartete, wer sie heute wohl leiten würde. Der Dirigent stand damals noch nicht auf dem Theaterzettel. Die jungen Leute auf der Vierten Galerie verrenkten sich nach dem Dunkelwerden vom Stehplatz und von den schlechten Säulensitzen aus den Hals, um als erste den Dirigenten zu erkennen, und man war jedesmal glücklich, wenn der glattrasierte Gustav Mahler wie ein Besessener durch den Orchestergraben schoß (Hans Richter, Bruno Walter und Franz Schalk, die anderen prominenten Hausdirigenten seiner Ära, trugen einen Bart). Manchmal zuckte er im Gehen mit dem linken Fuß, manchmal stampfte er mit dem rechten auf, manchmal blieb der kleine, bleiche, überschlanke bebrillte Mann, der aussah wie E. T. A. Hoffmanns dämonischer Kapellmeister Kreisler, auf seinem Weg zum Dirigentenpult fast stehen, so als wäre er für einen Augenblick „der Welt abhanden gekommen".

Gustav Mahler ließ das Dirigentenpult erhöhen und bis knapp vor die Streicher rücken. Sein Vorgänger Jahn saß noch auf einem runden Rohrsessel mitten im Orchester, noch früher hatte der Dirigent sein Podest ganz vorne an der Rampe, die Musiker saßen hinter ihm, und er beschäftigte sich fast nur mit den Sängern und dem Bühnengeschehen; ein breiter Gang, der hinter ihm frei blieb, ermöglichte es ihm, sich dem Orchester entsprechend zuzuwenden. Die heutige Position des Pultes, seinen für uns bereits klassischen und, man möchte sagen, natürlichen Platz, gibt es erst seit Mahlers Nachfolger Felix von Weingartner.

Wenn Mahler eine Vorstellung leitete, sprangen die Funken seiner Dämonie auf alle Zuhörer über. Der Operndirektor Mahler wurde am Ende seines Dezenniums von einer beispiellosen Hetze hinweggefegt; der Komponist blieb zeitlebens umstritten; für den Dirigenten aber gab es fast nur Bewunderung. Das frühe Furioso seiner sausenden Hiebe wich später einer ruhigeren Zeichengebung. Liebte er einen Sänger, dann konnten die Augen des Magiers vom Pult bitten, fragen, rufen — geriet er in Wut, so schnitt sein Taktstock drohend durch die Luft wie ein mordendes Messer. Und wenn bei einer Arie in das Orchesternachspiel hineinapplaudiert wurde, dann traf das Publikum ein furchterregender Zornesblick des „faszinierenden Unmenschen". Dirigierte Mahler „schnell" oder „langsam"? Seine „Don-Juan"-Ouvertüre war von einem orgiastischen Brio, dafür dauerten seine „Meistersinger" noch länger als die unter Hans Richter. Und er dämpfte das Orchester oft mehr, als es der Hörlust seiner Zeit lieb war.

Es war das reine „österreichische Wunder", daß Obersthofmeister Fürst Liechtenstein es riskierte, dem Kaiser diesen nur in Fachkreisen bekannten Mann als Operndirektor vorzuschlagen. Mahler hatte schon drei Symphonien geschrieben, aber noch keine war in Wien aufgeführt worden. Jahn hatte 1889 Mahlers Bearbeitung der komischen Oper von C. M. Weber „Die drei Pintos" aufgeführt; Mahler hatte die Bearbeitung auf Wunsch von Webers Enkel übernommen (Meyerbeer hatte den gleichen

Gustav Mahler, von den Huldigungsdämpfen der Presse umwölkt, triumphiert über Direktor Jahn, der sein Pensionsdekret in der Hand hält. Mahler hat statt Fingern Noten (Karikatur von Theo Zasche, 1897).

Wunsch der Witwe Webers abgeschlagen). „Mehr gemahlt als gewebt", urteilte die Kritik. Trotzdem galt Mahler als der Geheimtip einiger weniger prominenter Fachleute. Johannes Brahms schwärmte von einer Vorstellung des „Don Juan" unter Mahler, die er in Budapest gehört hatte, Hofopernsängerin Rosa Papier hatte mit ihm bei einem Musikfest in Deutschland musiziert, und ihr Gatte war der einflußreiche Musikkritiker Dr. Hans Paumgartner. Es gereicht dem Fürsten also zur Ehre, daß er auf diese Stimmen hörte. Als Generalintendant war auf den rührigen Baron Hofmann (1880 bis 1885) Dr. Josef Freiherr von Bezecny gefolgt (1885 bis 1898). Er war gleichzeitig Gouverneur der Bodenkreditanstalt, ein großer Finanzexperte und Präsident der Gesellschaft der Musikfreunde. Dieses Team berief Mahler.

Gustav Mahler wurde 1860 in Kališt (Böhmen) geboren, studierte am Wiener Konservatorium, erregte früh die Aufmerksamkeit Anton Bruckners und begann als Kapellmeister an kleinen Provinzbühnen: in Bad Hall, Olmütz, Laibach (wo er einmal, als die Martha heiser wurde, vom Pult die „Letzte Rose" pfiff). Einige Wochen lang war er Chordirektor am Carltheater. Dann folgten Prag, Leipzig und schließlich sein Engagement als Direktor der Hofoper von Budapest. Dort sollte er, dem in patriotischen Kreisen herrschenden Wunsch der Ungarn nach einer Nationaloper entsprechend, durch die Schaffung eines Ensembles in magyarischer Sprache den Ungarn ihre Freude an italienischem und deutschem Gesang abgewöhnen. Nach zwanzig Monaten „A Rajna Kincse" (Rheingold) und „A Walkür" schied er nach einem Krach mit dem dilettierenden Intendanten und ging als Kapellmeister an die Hamburger Oper. Dort erregte er das besondere Interesse Hans von Bülows, der ihn zu seinem Nachfolger als Leiter der Symphonischen Konzerte machte. Im Sommer schrieb Mahler in seinem „Komponierhäuschen" am Attersee. Von dort aus besuchte er 1896 Johannes Brahms in Ischl, und es ist anzunehmen, daß in diesen Gesprächen die Verwirklichung von Gustav Mahlers Lebenstraum in die Wege geleitet wurde: die Übernahme der Wiener Operndirektion. Da gab es die seltsamsten Querverbindungen über alle kulturellen Parteigrenzen der Zeit hinweg: Brahms protegierte den leidenschaftlichen Wagnerianer Mahler als Operndirektor — und Cosima, die große Witwe in Bayreuth, tat ihr möglichstes, damit „der Jude" die Stellung nicht bekomme... Österreich aber tat das einzig Richtige, und dies, obwohl Mahler von einem anderen Hoftheater in Unfrieden weggegangen war. Gleichzeitig mit der Trauerbotschaft vom Tode Brahms' erhielt Wien die Nachricht vom Engagement Mahlers als Opernkapellmeister. Er debütierte mit einer triumphalen Vorstellung des „Lohengrin" im Mai 1897. Jahn, der kränkelte und nur mehr ein Schattenregime führte, wurde vor vollendete Tatsachen gestellt und zur Demission gezwungen, und im Oktober erfolgte die offizielle Ernennung Mahlers zum Direktor des Hauses.

Gustav Mahlers dramatische Reformen des äußeren und inneren Opernbetriebes folgten einander mit blitzartiger Geschwindigkeit. Unter anderem wurde die vollkommene Verdunkelung des Zuschauerraumes, die uns heute als Selbstverständlichkeit erscheint, befohlen. Dabei war es auch vor Mahler im Zuschauerraum schon längst nicht mehr so hell gewesen wie in Mailand (was Verdi bei seinem Gastspiel 1875 freudig bemerkte). Erst Toscanini hat, ungefähr gleichzeitig mit Mahler, an der Scala die Verdunkelung eingeführt.

Als Operndirektor versammelte Gustav Mahler eine Gruppe ihm fanatisch ergebener Sänger und Dirigenten um sich, mit denen er sein totales Theater des Geistes verwirklichen konnte. Die führenden Mitglieder dieses Teams sind auf den folgenden Seiten zu sehen. Dieses Bild zeigt Mahler mit seiner Frau, Alma Maria, bei einer Wienerwaldwanderung.

Neues Hören, neues Sehen

Das erste Jahrfünft von Mahlers Direktion galt vor allem der Reform des Musikalischen. Als Hans Richter ausschied, weil Mahler sämtliche Wagner-Opern selbst dirigierte, noch dazu — im Gegensatz zu Richter — ungekürzt, holte Mahler zwei junge Dirigenten ins Haus: Bruno Walter, der zunächst hauptsächlich im italienischen Fach eingesetzt war, und Franz Schalk, der sich mit Mahler in das deutsche Repertoire teilte. Das zweite Jahrfünft der Ära Gustav Mahler galt der szenischen Erneuerung in Zusammenarbeit mit dem Maler Alfred Roller, der aus dem Kreis der Sezession kam — er war mit Klimt befreundet — und unter dem Einfluß des Schweizer Bühnenbildners Adolphe Appia, lange vor Neu-Bayreuth, mit der Entrümpelung der Bühne begann und dem Theater des Lichtes zum Sieg verhalf. — Oben links: Gustav Mahler, oben rechts: Bruno Walter, darunter: Alfred Roller.

Mahlers Art zu dirigieren hat im Verlauf seiner Operntätigkeit eine entscheidende Wandlung durchgemacht: Als er 1897 kam, waren seine nervösen, fast wilden Gesten Gegenstand der Bewunderung, der Kritik und — der Karikatur. Als er 1907 die Oper verließ, war er ein Dirigent von klassischer Ruhe.

Mahlers und Rollers Grundidee war ein Zyklus der deutschen Oper, musikalisch und szenisch erneuert nach dem Wagnerschen Prinzip des Gesamtkunstwerkes. In der Kerkerszene des „Fidelio" (oben) stiegen Florestan und Leonore die Treppe zu den ersten Takten der „Dritten Leonoren-Ouvertüre" hinan, die Mahler als erster zwischen dem Kerker und dem Schlußbild spielte. Zum 150. Geburtstag Mozarts erschien der „Don Juan" mit den vieldiskutierten Roller-Türmen: seitlichen Aufbauten, die durch alle Szenen an Ort und Stelle blieben, aber eine immer wieder andere Bedeutung und Funktion bekamen. Auf unserem Bild rechts bilden sie einen Teil des Friedhofs mit dem Reiterstandbild des Komturs in der Mitte.

Mit „Tristan und Isolde" begann 1903 — man beging Wagners 20. Todestag — die Zusammenarbeit Mahler-Roller. Jeder Akt hatte seine ganz bestimmte Grundfarbe: der erste (unten rechts) ein leuchtendes Orangegelb, der zweite (oben) ein dunkles Violett, der dritte (unten links) war ganz in Grau getaucht. Der konservative Teil des Publikums lehnte Roller ebenso ab, wie ihn der modernere Teil begrüßte. Wie so viele spätere Lichtregien fand man auch schon die von Mahler-Roller zu dunkel. In der Hetze gegen Mahler, der dieser 1907 zum Opfer fiel, kam seine „Abhängigkeit" von der „Rollerei" immer wieder aufs Tapet.

Mahler holte, als Nachfolger für Winkelmann, den dänischen Tenor Erik Schmedes (links als Bajazzo). Schmedes war kein „Schönsänger", hat aber doch später, unter Weingartner, den ersten Cavaradossi der Hofoper gesungen. Er war ein prächtiger Wagner-Held, guter Schauspieler, beherrschte aber auch das italienische Fach. 1924 verabschiedete er sich als Evangelimann. Marie Gutheil-Schoder (unten links als Carmen) kam aus Weimar, hatte es als Nachfolgerin des ausgeschiedenen Publikumslieblings Marie Renard zunächst schwer, eroberte die Wiener jedoch allmählich durch ihren Geist und ihr großes Talent. Unter Mahler sang sie „alles" (Musette, Iphigenie, Frau Fluth). Leopold Demuth (unten Mitte als Sachs), Apotheker aus Brünn, hatte eine der schönsten Stimmen der Mahler-Zeit; lyrischer Bariton, erfolgreich besonders im italienischen Fach (Rigoletto); er war nicht, was man einen „interessanten" Darsteller nennt. Selma Kurz (unten rechts als Astaroth in „Königin von Saba"), eine der glänzendsten Entdeckungen Mahlers, entwickelte sich zur größten Koloraturprimadonna, die Wien je hatte. Anna Mildenburg (rechte Seite unten links) sang, meistens mit Schmedes als Partner, die Isolde und Brünnhilde (unser Photo) in den ungekürzten Wagner-Vorstellungen Mahlers. Lucy Weidt (rechts als Leonore) wurde von Gustav Mahler aus Leipzig nach Wien geholt, stand zunächst im Schatten der Mildenburg, wurde erst im Weingartner-„Fidelio" prominent; Mahler war kurz-sichtig, Weingartner ist weidt-sichtig, sagten die Leute. Wilhelm Hesch (unten Mitte als Rocco) kam aus Böhmen, wurde von Jahn engagiert, teilte sich unter Mahler mit Richard Mayr in das Baßfach. Hermine Kittel (unten rechts als Brangäne), Wiener Altistin, von Mahler engagiert, blieb bis in die Clemens-Krauss-Zeit an der Oper als erste Sängerin im zweiten Fach (z. B. Magdalene in den „Meistersingern"); sie war eine Künstlerin mit viel Humor.

Wenn Leute zu spät kamen oder in ein Orchesternachspiel hineinapplaudierten, traf sie ein wütender Blick des „faszinierenden Unmenschen" Gustav Mahler. Wenn Sänger seinen Intentionen folgten, traf sie ein liebevoller Blick desselben „faszinierenden Unmenschen".

Was war es doch für ein Erlebnis, den Komponisten der herrlichsten Opern unseres Jahrhunderts als Dirigenten eigener Werke zu erleben oder den genialen Mozart-Dirigenten Strauss, den das Gemälde von W. V. Krauss (1937) bei einer Aufführung von „Cosi fan tutte" in der Staatsoper zeigt, mit seinen berühmt kargen Bewegungen und dem kurzen Taktstock. Dirigierte er, wie das vor dem organisierten Theaterbesuch geschehen konnte, vor halbleerem Haus, dann waren wir Strauss-Fans glücklich: wir waren unter uns.

Das Idol meiner Jugend: Richard Strauss

Warteten wir beim Bühnentürl der Staatsoper, bis Richard Strauss herauskam, dann klopfte er uns manchmal auf die Schulter. Ich habe mir sogar einmal eingebildet, daß er mir die Hand gegeben hat — die Hand, die den „Rosenkavalier" schrieb, unvorstellbares Glück! — Oben: das Bühnenbild des zweiten Aktes dieser Oper, wie es Roller 1911 für Dresden und Wien entwarf, Grundton: Silber. Es blieb unverändert, bis Clemens Krauss und Lothar Wallerstein 1929 das Stiegenhaus dahinter hinzukomponierten, so daß man deutlich sehen konnte, wie die Lakaien des Ochs auf (nicht von!) Lerchenau hinter den Faninalschen Mägden her sind. Und Ochs war jahrzehntelang unser heißgeliebter Richard Mayr, 158mal! „Mit mir keine Nacht dir zu lang."

Sieht man dieses von Alfred Roller ganz nach dem Willen der Autoren gestaltete erste Bühnenbild zu „Elektra" nach langen Jahren wieder, dann wird einem noch deutlicher bewußt, welche verbrecherische Entstellung des Werkes die Wieland-Wagner-Inszenierung von 1965 ist. An Stelle der Kyklopenmauern des archaischen Königspalastes von Mykenä bekam man sechs armselige, handlungswidrige und unverständliche Blöcke vorgesetzt, mit sechs sinnlosen Tierköpfen verunziert.

Leider habe ich Marie Gutheil-Schoder nie als Salome gehört, als die das nebenstehende Photo sie zeigt; die große Künstlerin hat diese Partie ab 1918 — alternierend mit Maria Jeritza — gesungen, vorher durfte „Salome" an der Hofoper nicht gespielt werden, die Zensur hatte es verboten (weil Johannes der Täufer darin auftrat). Meine einzige persönliche Erinnerung an die Gutheil-Schoder war ihre Regie von „Elektra".

"... daß wir zwei beieinander sein", nämlich Strauss und Hofmannsthal, war ein großes Glück für die Opernwelt, der sie sechs Werke schenkten. Oben: eine Seite mit eigenhändigem Text und Notenskizzen aus Strauss' Arbeitsbuch zu „Elektra", der ersten gemeinsamen Schöpfung der Freunde, welche der launige Scherenschnitt hier bei der Arbeit zeigt. In der auf den obigen Seiten reproduzierten Wiedererkennungsszene Elektra-Orest, für mich der Höhepunkt der Opernliteratur überhaupt, folgen nach dem Aufschrei „Orest!" Seiten, deren Dissonanzenkühnheit die „wildesten" Modernen in den Schatten stellt. Nur: Was steht vorher, was kommt danach? Die herrlichsten Melodien ... „O laß deine Augen mich sehen! Traumbild, mir geschenktes ..."

Strauss baute sich in Wien ein Haus, Jacquingasse 10 (rechts). Dort standen wir Jungen oft stundenlang vor dem Gittertor, um ihn vielleicht mit seiner Familie im Garten spazieren zu sehen. Einmal hörten wir dort Klavierspiel — den Rosenkavalierwalzer! Wir waren sehr aufgeregt... bis wir bemerkten, daß der Wind die Klänge aus dem Haus gegenüber zu uns hertrug. Wirklich „samt Familie" gesehen haben wir Strauss nur in der Oper „Intermezzo", die sein häusliches Leben auf die Bühne brachte. Oben: der Meister in der Mitte, rechts von ihm Lotte Lehmann als Christine-Pauline, Alfred Jerger als Kapellmeister Storch-Strauss, Regisseur Dr. Wallerstein, hinter Strauss Karl Ziegler als Baron Lummer, links Margarete Krauss als Kammerjungfer Anna, alle nach der Wiener Premiere unter Richard Strauss.

„Dir angetraut", sang Lotte Lehmann (links) in „Die Frau ohne Schatten". In sechs großen Straussischen Frauengestalten bleibt sie unvergeßlich: Als erstes sang sie den Komponisten in „Ariadne auf Naxos", später die Titelrolle; dann war sie im „Rosenkavalier" Octavian, später die Marschallin; unser Bild zeigt sie als Färberin in „Frau ohne Schatten" bei der Uraufführung in Wien 1919; dann kam die Christine in „Intermezzo" (sie hat sie mit der Original-Pauline in Garmisch studiert), und zuletzt war sie die Arabella der Wiener Premiere von 1933.

„Ich will nur, daß du glücklich bist", sang Luise Helletsgruber alternierend mit Margit Bokor als Zdenka in der Wiener Erstaufführung von „Arabella" 1933. Die Künstlerin, deren Timbre eine gewisse Ähnlichkeit mit dem der Stimme Lotte Lehmanns hatte, fiel einem Autounfall zum Opfer. Ihre besondere Glanzrolle war die Liu in „Turandot".

„Und du wirst mein Gebieter sein", sangen Viorica Ursuleac und Alfred Jerger als Arabella und Mandryka in „Arabella". Hier gratuliert Strauss seinen beiden großartigen Interpreten. Die Wiener „Arabella" dirigierte Clemens Krauss, der Gatte Viorica Ursuleacs, die schon vorher als Kaiserin in „Frau ohne Schatten", als Chrysothemis in „Elektra" und als Marschallin im „Rosenkavalier" zu hören gewesen war. Andere Strauss-Rollen Jergers waren: Jochanaan, Orest, Färber und Ochs.

Nach den Claqueexzessen bei der „Dalibor"-Premiere zwang Mahler alle Sänger, einen Revers zu unterschreiben, wonach keine bezahlte Claque mehr eingesetzt werden durfte. Die Claque war damals an der Wiener Oper eine „halboffizielle Institution", die von der Direktion ihr tägliches Kontingent an Galeriefreikarten bekam. Mahler hat das Kontingent gestrichen. Doch konnte er dieser altehrwürdigen Organisation (in der noch Meyerbeer einen integrierenden Bestandteil jedes Opernerfolges gesehen hat!) nicht den Garaus machen: die Sänger zahlten den nun illegal getarnten Jubelscharen gerne Überpreise und erklärten sich machtlos gegen die allabendlichen Exzesse von aufbrausendem „spontanem" Enthusiasmus.

Gegen Zuspätkommende ging Mahler unbarmherzig vor. Wer zu spät kam — außer in Logen und auf Stehplätzen —, wurde nur in den Pausen eingelassen. Die Armen versäumten also einen ganzen Akt, bei „Cavalleria" die ganze Oper. Als man dem Kaiser davon berichtete, und gleichzeitig auch von Mahlers strichlosen Wagnervorstellungen, bemerkte Franz Josef mit einem Lächeln voll überlegener dynastischer Melancholie: „Aber, aber, das Theater soll einem doch a Freud' machen..."

Mahlers Credo waren Korrektheit und Präzision als Grundlagen jeder künstlerischen Leistung. In einem vielzitierten Ausspruch hat er Tradition als Schlamperei verworfen. Ebenso verhaßt war ihm jede mehr oder weniger geniale Ungenauigkeit. Sänger, die bei den Proben lethargisch waren und erst für den Abend eine intensivere Leistung versprachen — „Auf d' Nacht, Herr Direktor" —, hat er gehaßt; über diese Kreaturen ergossen sich die urweltlichen Wutanfälle, deren er fähig war wie keiner.

Dieses System erforderte eine grundlegende Revision des gesamten Probenbetriebes. Mahler setzte mit Ferdinand Foll einen hervorragenden Studienleiter seines Vertrauens ein, hielt aber sehr viele Proben selbst, am Klavier, ab. Da spielte und sang er sich oft in die visionären Ekstasen seiner symphonischen Welten hinein, vornübergebeugt — wobei der Sessel, nur auf den Vorderfüßen kippend, jeden Augenblick mit ihm umzufallen drohte. Mahler war ein virtuoser Pianist, über schwierige Passagen wischte er hinweg, aber die Stellen, die dem Sänger im Ohr haftenbleiben sollten, spielte er stets mit äußerster Präzision. Manchmal, wenn zwei Viertelnoten nebeneinander geschrieben waren, erklärte er den Sängern, daß jede — nach dem Willen des Komponisten, wie er ihn verstand — verschieden zu nehmen sei. Mit allem Fanatismus seiner dynamischen Persönlichkeit liebte er den Theateralltag, den er zum Festspiel machen wollte. Sein Vorgänger Wilhelm Jahn hatte stets in einer hinteren Loge gesessen, mit einer Telephonverbindung zur Bühne — Mahler saß in der zweiten Loge im Zweiten Rang, von wo aus er jederzeit rasch auf die Bühne stürmen konnte. Er hatte sein Telephon am Dirigentenpult.

Mahler verlangte von seinen Sängern die totale geistige Durchdringung ihrer jeweiligen Rolle, ja sogar die Lektüre der von ihm bewunderten Schriften Richard Wagners. Wenn er fühlte, daß ihn ein Sänger verstand, dann konnte er gut gelaunt, ja sogar lustig sein, wenn er ihm seine Wünsche erklärte: „Schaun Sie nicht sklavisch auf den Dirigenten, sonst könnten Sie es bereuen, wenn Sie ihn im ‚Siegfried' ansingen: ‚Ein Roß ist's, rastend in tiefem Schlaf'!"

Mahler hat bei allen bedeutenden Neuinszenierungen seines Jahrzehnts selbst Regie geführt. Es ist oft geschildert worden, wie er bei Orchesterproben vom Dirigentenpult mit affenartiger Behendigkeit über den Kontrabaßsessel auf die Bühne sprang. Führte er nicht selber Regie, dann konnte während der Proben, zumal wenn ein uninteressanter Regisseur arbeitete, seine übermäßige Spannung beim Dirigieren in eine minutenlange, fast totale Geistesabwesenheit übergehen. Bruno Walter, der in Hamburg als blutjunger Kapellmeister unter Mahler begonnen hatte, erzählt, daß Mahler einmal auf einer Probe, als der Regisseur ihm bedeutete, mit der Musik fortzusetzen, vom Dirigentenpult laut „Zahlen!" rief.

In den ersten fünf Jahren des Mahlerdezenniums wurden viele Meisterwerke des Repertoires in neuer Form gezeigt. Bei „Figaros Hochzeit" hat Mahler schon im ersten Jahr die Stimmen von den vielen willkürlich eingelegten Kadenzen und Trillern befreit. In der „Götterdämmerung" wurde zum erstenmal die bis dahin gestrichene Nornenszene gespielt, wobei die Andeutung des Seilwerfens (ohne wirkliches Seil) allgemein sehr bewun-

Feuilleton.

Aus der „Wiener Sonn- und Montagszeitung" vom 8. November 1897. Der Autor, der sich hinter dem Pseudonym L. A. Terne (Laterne!) versteckte, ist nicht mehr eruierbar.

Regulativ für die Besucher der Hofoper.
(Vollzugsvorschriften zu dem Erlasse wider das Zuspätkommen.)

(Auszug)

§ 1. Es wird täglich um 5 Uhr im k. k. Arsenal durch einen Kanonenschuß den Besuchern der Hofoper das Zeichen gegeben, daß sie daheim in Bereitschaft zu treten haben. An den Tagen, für welche der Beginn der Vorstellungen auf halb 7 Uhr angesetzt wurde, erfolgt der Signalschuß schon um halb 5 Uhr.

§ 2. Um 6 Uhr, beziehungsweise halb 6 Uhr, mahnt ein zweiter Kanonenschuß, daß die Opernbesucher aus den entfernteren Bezirken ihre Reise zur Hofoper antreten sollen. Es wurde mit den Wiener Hausbesitzern vereinbart, daß die Hausmeister denjenigen Parteien, welche an dem betreffenden Tage die Oper besuchen wollen, die erfolgte Abfeuerung des 6 Uhr-, beziehungsweise halb 6 Uhr-Schusses melden und sie zum Verlassen des Hauses drängen müssen.

§ 3. Da Tramway und Omnibus, zumal während der gegenwärtigen Röhrenlegung, am ehesten durch Verkehrsstockungen zu leiden haben und somit leicht ein massenweises Verspäten der Opernbesucher verschulden können, verpflichtet sich jeder Opernabonnent und Abnehmer einer Opernkarte ehrenwörtlich, nach dem zweiten Signalschusse niemals eines der obgenannten Behikel für die Fahrt zur Hofoper zu benützen.

§ 4. Das Verweilen und Plaudern in den Garderoben vor Beginn der Vorstellung wird behufs schnellerer Abwicklung des Garderobeverkehrs untersagt. Insbesondere ist es den Kritikern, welche die Generalprobe besucht haben, strenge verboten, durch Prophezeiungen vor einer Premiere das Publicum in den Garderoben aufzuhalten.

§ 6. Schlag 7 Uhr, beziehungsweise halb 7 Uhr, gibt eine Dampfpfeife im Opernhause das Anfangszeichen. Wer bis dahin seinen Platz noch nicht erreichte, hat alle Folgen zu tragen, welche in dem Directionserlasse vom 2. November a. c. angedroht sind.

§ 7. Nach Heben des Vorhanges hat das Publicum strenge darauf zu achten, daß ihm die Illusion nicht verloren gehe. Behufs Erhaltung der Illusion im Zuschauerraume wird wie folgt verfügt:

a) Die Thürhüter werden beauftragt, Brautleuten, welche bekanntlich durch lebhaften Meinungsaustausch die Nachbarn häufig belästigen und von den Vorgängen auf der Bühne abziehen, den Eintritt in den Zuschauerraum zu verwehren. Paarweis eintretende Personen verschiedenen Geschlechtes haben sich daher durch Vorzeigen eines Trauscheines bei den Eingängen als Ehepaar zu legitimieren.

b) Auffallend schönen Damen, welche leicht die Blicke der Herrenwelt auf sich lenken dürften, kann der Eintritt in den Zuschauerraum verweigert werden.

e) Die Operngläser dürfen nur auf die Bühne gerichtet werden. Wer sein Glas während einer Vorstellung nach dem Zuschauerraume wendet und seine Illusion damit preisgibt, hat jedesmal zu Gunsten des Pensionsfonds einen Strafbetrag von fünfzig Kreuzern zu entrichten.

f) Harte Bonbons dürfen während der Vorstellung nur in der Weise genossen werden, daß das Zuckerwerk, ohne daß die Zähne mithelfen, zwischen die Zunge und den Gaumen gelegt, dort geräuschlos vermittelst der i-Stellung der Zunge an den Gaumen gepreßt und in dieser Lage erhalten wird, bis die Süßigkeit über die Zungenwurzel sich unhörbar in den Schlund verliert.

g) Husten, Räuspern und Schneuzen kann nur während eines Fortissimo gestattet werden. Der Concertmeister ist dazu verhalten, unmittelbar vor Eintritt eines Crescendo dem Publicum mit dem Violinbogen ein Zeichen zu geben, daß das Taschentuch hervorgeholt und das Husten oder Räuspern vorbereitet werden darf.

h) Jenen Kritikern, welche gern Partituren in die Oper mitschleppen, wird das Umblättern, weil es Geräusch verursacht, strenge untersagt. Keineswegs ist das Mitlesen in Partituren gestattet, welche eine andere als die zur Aufführung gelangende Oper enthalten. Hier würde das hastige Umblättern noch störender empfunden.

i) Die Buffetdamen haben darauf zu achten, daß keinem Opernbesucher in den Zwischenacten mehr als eine Caviarsemmel oder dergleichen verabreicht werde, denn eine allzu reiche Ernährung in den Zwischenacten erzeugt leicht Congestionen, welche die Illusion in dem nächsten Act beeinträchtigen können.

§ 9. Das Rauchen außerhalb des Opernhauses vor Beginn und nach Schluß der Vorstellung wird den Opernbesuchern unbedenklich gestattet.

§ 11. Jenen Kritikern, welche noch am Abende zwei Blätter mit einer Recension zu versorgen pflegen, wird, wenn eine ungestrichene Wagner-Aufführung angekündigt ist, behufs leichterer Abwicklung des Geschäftes gerne gestattet, die eine Recension vor der Aufführung fertigzustellen.

§ 12. Die Opernbesucher werden ausdrücklich aufmerksam gemacht, daß für den Theil des Publicums, welcher wegen verspäteten Eintreffens nicht nur während der Ouverture, sondern auch während des ganzen ersten Actes vor den Einlaßthüren ausharren muß, daselbst keine wie immer gearteten Separatvorstellungen veranstaltet werden.

Wien, am 8. November 1897.

Gesehen:

L. A. Terne.

dert wurde; durch Öffnung der Striche dauerte die Vorstellung um mehr als eine Stunde länger als früher. Die neue Drehbühne feierte in „Così fan tutte" ein etwas lärmendes Debüt. Die Seccorezitative begleitete Mahler selbst am Klavier (erst sechs Jahre später am Cembalo). Der traditionelle Gespensterspuk der Wolfsschlucht im „Freischütz" wurde durch ein modernes Spiel von Lichtern, Schatten und Wolken ersetzt — Mahlers Gegner fanden allerdings, er habe aus der Szene ein harmloses „Rendezvous im Purkersdorfer Wald" gemacht.

Mahler hat slawische Musik geliebt. Er brachte zum erstenmal an der Hofoper Tschaikowsky, sogar drei Werke („Eugen Onegin", „Jolanthe" und „Pique Dame"). Er führte den „Dämon" von Rubinstein auf und Smetanas „Dalibor". Mahler brachte auch sehr viele Werke prominenter Zeitgenossen. Die „Bohème" von Leoncavallo erschien 1898 auf dem Spielplan, nach einem riesigen Probenkrach des Autors mit Mahler; das Werk war noch von Jahn auf Grund des „Bajazzo"-Erfolges angenommen worden. Puccinis gleichnamige Oper erschien 1897 im Theater an der Wien (Direktion Alexandrine von Schönerer), erst 1903 konnte Mahler sie auch an der Hofoper zeigen. Siegfried Wagner, der talentierte Sohn des Bayreuther Meisters, hatte 1899 mit seiner Märchenoper „Der Bärenhäuter" einen schönen, wenn auch kurzlebigen Erfolg. Ein Witzwort jener Tage hieß: „Der Kaiser läßt Siegfried Wagner adeln, denn ‚Siegfried' von Wagner ist ihm lieber als Siegfried Wagner." Es war ein denkwürdiger Abend, als sich 1902 Richard Strauss bei der Premiere von „Feuersnot" zum erstenmal auf der Bühne der Wiener Hofoper für den Beifall bedanken durfte — wobei seine Gattin Pauline in ihrer Loge unaufhörlich erklärte, das „Machwerk" ihres Gatten sei „von Wagner gestohlen"...

Es versteht sich von selbst, daß ein so revolutionäres Gesamtkonzept auch grundlegende personelle Veränderungen mit sich bringen mußte. Mahler hat sich bemüht, den zwischen ihm und Hans Richter schwelenden Konflikt nicht allzufrüh zur Explosion ausarten zu lassen. Aber eines Tages wurde es klar, daß es für die beiden Wagnerapostel kein Nebeneinander mehr geben konnte. Hans Richter, der germanische Hüne mit dem blonden, bereits ergrauenden Vollbart, verkörperte das breite, gelassene Pathos — der nervöse, elektrisierende Fanatiker Gustav Mahler sah eine andere Welt und einen anderen Wagner. Als er erklärte, er werde von nun an alle Wagnervorstellungen selbst dirigieren, verließ Hans Richter die Oper (1900). Er ging nach England und hat bis zu seinem Tod (1918) nicht mehr in Wien dirigiert. Als Ersatz für ihn holte sich Mahler Franz Schalk. Schalk stammte aus dem Brucknerkreis, war ein guter, wenn auch nicht in allem inspirierender Dirigent und viele Jahre später ein tüchtiger Operndirektor. Er war sehr witzig und hat in den Wiener Kaffeehäusern gegen Mahler intrigiert (wie später auch gegen Richard Strauss).

Trotz der böhmischen Nase nicht Slezak, wie Sie vielleicht vermuten, sondern der dänische Hüne Erik Schmedes als Lohengrin (Scherenschnitt von Theo Zasche, 1912).

Der erste Vertrag mit Anna von Mildenburg aus dem Jahre 1897 sieht eine Jahresgage von 14.000 Gulden vor, auszahlbar in gleichen Monatsraten „decursiv" (im nachhinein), zehn Pflichtauftritte pro Monat — und keinen Urlaub außer „im Sommer während der allgemeinen Theaterferien".

Mahlers bedeutendstes Dirigentenengagement aber war das Bruno Walters, seines Freundes aus den Hamburger Tagen, der zunächst viele Vorstellungen des italienischen und französischen Repertoires leitete („Ernani", „Aida", „Maskenball", „Die Stumme von Portici"). Walter, der (nach Ablegung seines Spitzbartes) sich zu einem der bedeutendsten Dirigenten der Welt entwickelte, stammte aus Berlin und hieß eigentlich Schlesinger („... von der Vogelweide", spöttelte man in Wien). Einige Jahre später berief Mahler einen eigenen Spezialisten für das italienische Repertoire: Francesco Spetrino.

Das Tempo, der Schwung und die Konzessionslosigkeit in Mahlers totalem Theater des Geistes war nicht aller Sänger Sache. Manche Lieblinge schieden aus: Marie Renard, die noch unter Mahler eine herrliche Tatjana gesungen hatte, heiratete einen Grafen Kinsky und nahm, wir erzählten es bereits, unter endlosem Jubel als Carmen Abschied von der Bühne. Zwei hervorragende Tenöre verließen die Hofoper: Ernest van Dyck und Franz Naval aus Laibach, Puccinis erster Rudolf im Theater an der Wien, später auch an der Hofoper erfolgreich. Mahler schuf dafür das legendäre Ensemble jener „Mahlersänger", die man in ihrem Fanatismus oft mit einem Orden oder einer Bruderschaft verglichen hat.

Mahler hat „Schönsänger" nicht gemocht, am liebsten waren ihm harte, spröde Stimmen von großem Volumen, die höchsten Ausdrucks fähig waren und Geist zu Klang, Verstand zur Geste werden ließen.

Da war die Wienerin Anna Mildenburg, Schülerin von Rosa Papier und Mahlers Kollegin aus Hamburg; Mahler bildete sie zur Gesangstragödin der großen Geste heran, und sie wuchs unter seiner Führung zu einer gewaltigen Brünnhilde, Isolde und Ortrud. Die Mildenburg war Mahlers devote Jüngerin — über die außerkünstlerische Natur ihrer Beziehungen finden sich im Erinnerungsbuch von Mahlers Witwe Alma undelikate Details. Anna Mildenburg wurde später die Gattin Hermann Bahrs.

Der Däne Erik Schmedes wurde ein großer Siegfried und Tristan. Mahler hat ihm einmal das Spiel des Tristan mit den lapidaren Worten erklärt: „Vor dem Liebestrank spielen Sie ihn als Bariton, nach dem Liebestrank als Tenor!"

Als Nachfolgerin der Renard holte Gustav Mahler Marie Gutheil-Schoder aus Weimar nach Wien. War die Renard als Carmen immer dezente Salondame geblieben, so erschien die Gutheil in dieser Rolle als das brutale Produkt des naturalistischen Theaters. Anfangs wurde sie wegen des spröden und glasigen Timbres ihrer Stimme vom Publikum fast abgelehnt. Mahler stand aber unerschütterlich zu dieser hochkünstlerischen und geistvollen Frau, die dank ihrer Persönlichkeit bald ein echter Liebling der Wiener wurde. Sie triumphierte als Frau Fluth in „Die lustigen Weiber von Windsor" und sang 1901 alle drei Frauenrollen in „Hoffmanns Erzählungen".

Friedrich Weidemann, in dessen harter Stimme Wärme und Menschlichkeit mitschwangen, war Wotan und Sachs.

Neben all diesen sangen echte Belcantisten, die in der Arbeit mit Gustav Mahler weit über sich hinauswuchsen. Selma Kurz aus Bielitz begann als Mezzosopran. Mahler machte sie zunächst zur Koloraturprimadonna; es begann bei einer Probe, als Mahler merkte, daß die Kurz besonders lang trillern konnte: er zog seine Uhr und stoppte die Dauer ihres Trillers. Er steigerte diese Dauer mit ihr systematisch, bis sie zu einem Phänomen der Opernbühne und später der Konzertsäle wurde. Der Kurz-Triller wurde weltberühmt. In der Arie der Lucia brachte sie es zu einer so wundervollen Einheit zwischen ihrer Stimme und der sie begleitenden Flöte, daß man beim Anhören der Platte beinahe nicht merkt, wann die Flöte einsetzt und wann die Kurz... Mahler beschäftigte Selma Kurz aber nicht nur im Koloraturfach, sondern sie wurde die Heldin der beiden Puccinipremieren der Mahlerzeit, der „Bohème" und der „Butterfly". Später heiratete sie den berühmten Frauenarzt Dr. Josef Halban, der einer der Geburtshelfer der kaiserlichen Familie war.

Im Baßfach trat neben Wilhelm Hesch, den noch Jahn engagiert hatte, der herrliche Salzburger Richard Mayr. Die schönste Baritonstimme hatte Leopold Demuth, ein Apotheker aus Brünn, der nach dem Tode Theodor Reichmanns unter Mahler zum wundervollen Holländer und Wolfram wuchs.

Der populärste aller Sänger, die Mahler gebracht hat, war aber zweifellos Leo Slezak. Der riesengroße Schlosser aus Brünn (genauer: Mährisch-Schönberg) hatte eine Stimme, die das zarteste Pianissimo des „tenore amoroso" ebenso beherrschte wie den großen dramatischen Ausbruch. Sein Fach reichte von Mozart bis Meyerbeer und Wagner. Slezak, später einer der gefeiertsten Sänger der Welt, steckte voller Humor, und so manche Partner haben beinahe einen Einsatz versäumt, wenn er ihnen auf der Bühne einen Witz zugeflüstert hat.

Mahlers zweites Jahrfünft war die revolutionäre Phase seiner Direktion. Hatte er in den ersten Jahren die Musik und die Geste erneuert, so dehnte er nun seine Konzeption eines neuen Hörens und neuen Sehens auf die gesamte Szene aus. Was ihm als konkretes Ziel vorschwebte, war ein Zyklus aller Meisterwerke der deutschen Oper (Gluck, Mozart, Wagner), musikalisch und szenisch neu durchdacht, entsprechend den Wagnerschen Forderungen nach einem Gesamtkunstwerk. Mahler fand in Wien die alten Bühnenausstattungen vor: üppige, reiche, tiefe Bühnenräume für große Aufzüge und Tänze vor naturalistisch gemalten Kulissen und Prospekten. Nun suchte er nach einem kongenialen Partner für ein durchgreifendes Reformwerk zur modernen Gestaltung des Bühnenraumes. In vielen seiner Ideen wurde er durch Adolphe Appias Buch „Die Musik und die Inszenierung" (1899) angeregt, in welchem der Autor mit seiner Forderung nach der nur angedeuteten Szene bereits das Neu-Bayreuth unserer Tage vorweggenommen hat. Mahler versuchte es zunächst mit einem Künstler aus dem Kreis des Wiener Hagenbundes, Heinrich Lefler. Lefler stattete für Mahler „Aida" neu aus, nicht zu Mahlers Zufriedenheit. (Hermann Bahr hat später einmal über Lefler gesagt: „Niemand kann schlechte Dekorationen besser malen als er.") Erst Mahlers Bund mit Alfred Roller hat Theatergeschichte gemacht.

Roller war Maler, ein Freund Gustav Klimts, und war Präsident der Wiener Secession, die der Zeit ihre Kunst geben wollte und den Jugendstil begründet hat. Die Zusammenarbeit zwischen Mahler und Roller begann, nachdem beide interessante Gedanken über die szenische Gestaltung des „Tristan" entwickelt hatten. Mahler geriet völlig in den Bann Rollers. Er, der wie keiner das Talent zum Befehlen hatte und sich von niemandem dreinreden ließ, war vor Alfred Roller so schüchtern wie ein Kind. Zur zwanzigsten Wiederkehr von Richard Wagners

Mit Weltstars war Gustav Mahler nachsichtig. Er ließ Nellie Melba in „La Traviata" an Schwindsucht sterben und sich gleich darauf mit der Wahnsinnsarie aus „Lucia di Lammermoor" wieder erheben.

Todestag im Februar 1903 — als Klimt gerade seine berühmten Fresken „Die Medizin" und „Die Justiz" für die Wiener Universität vollendete — wurde mit dem neuen „Tristan" der Hofoper durch Mahler und Roller eine Inszenierung geschaffen, die auf Jahre hinaus stilbildend gewirkt hat und die Wahrheit der Theorie bewies, daß das Experiment von heute das Gesetz von morgen ist. Lange vor der Entrümpelungspropaganda von Neu-Bayreuth hat Roller die auf das Wesentliche reduzierte Dekoration auch noch in Farbe und Licht aufgelöst. Im ersten Akt tranken Anna Mildenburg und Erik Schmedes den Liebestrank inmitten einer Symphonie von wildem Orangerot, im zweiten Akt stand der Marmorpalast in einer Nachtsymphonie von Veilchenblau. Weniger glücklich waren die Kostüme: Richard Mayrs Auftritt als Marke erregte beinahe Heiterkeit, wenn er vom Jagdausflug zurückkehrte und über der pelzverbrämten Jagdhaube auch noch eine Krone trug. Im dritten Akt wurde die „traurige Weise" durch eine Symphonie in Grau ausgedeutet, die den großen Lindenbaum auf der steilen felsigen Höhe umwob.

Man hat damals viel über die „Rollersche Lichtmalerei" und die „Mahlersche Lichtmusik" geschrieben — man konnte die Musik mit Augen sehen. Roller verstand Licht nicht immer als Helligkeit, und wie die meisten szenischen Revolutionen der Operngeschichte wurde auch diese von vielen als „zu dunkel" kritisiert.

Nach dem „Tristan"-Erfolg wurde Roller mit festem Vertrag an die Hofoper gebunden. Die nächste große gemeinsame Arbeit war der „Fidelio" (1904). Hier bekam Beethovens Hoheslied auf die Menschlichkeit seine noch heute gültige Gestalt: Während man früher die Dritte Leonoren-Ouvertüre in der Pause gespielt hatte (Hans Richter stellte sie an den Anfang und ließ die E-Dur-Ouvertüre aus), stellte Mahler sie dorthin, wo man sie noch heute fast immer hört, nämlich zwischen Kerkerszene und Finale — als grandiose Rekapitulation von Leid und Triumph. Die ersten Szenen, die früher, nach der Fassung von 1814, ebenfalls im Gefängnis spielten, spielten nun wieder in Roccos Stube, wie in der Fassung von 1806. Die Gefangenen krochen mit unerhörtem Realismus aus einem finstern Mauerloch hervor. Die Wachen waren nur eine Meute huschender Schatten. Erik Schmedes sang die Florestan-Arie um einen Ton tiefer!

Im Rahmen des Mozartzyklus, den Mahler zum 150. Geburtstag des Meisters veranstaltete, schuf er mit Roller den damals vieldiskutierten neuen „Don Giovanni", in welchem die sogenannten „Roller-Türme" debütierten: breite, graue, kantige Säulen als Begrenzung der Szene rechts und links; sie blieben während der ganzen Oper stehen, wechselten aber von Szene zu Szene ihre Bedeutung und Funktion, wurden zum Haus des Komturs,

Ein Schallplattengeschäft zeigte nach der Jahrhundertwende an, daß es die schönsten Stimmen „ohne Nebengeräusch" liefern könne. Sie haben doch sicherlich schon eine alte Slezak- oder Kurz-Platte gehört — ohne Nebengeräusche?

Wozu wir noch die großen Gagen bezahlen?!

C. Janauschek & Cie.
Wien, I., Kärntnerstraße
liefert uns viel billiger die schönsten Stimmen ohne Nebengeräusch.

zum Schloß des Don Giovanni von außen und von innen, zu Elviras Balkon, zu Grabmälern etc. Die Türme waren eine genial erdachte Möglichkeit raschen Szenenwechsels (um zu sparen, hat Mahler gleich auch die „Entführung" mit diesen Türmen gespielt).

Alfred Roller trifft keine Schuld daran, daß seine Nachfolger mit dem Prinzip der Einheitsbühne so viel illusionsstörenden Mißbrauch getrieben haben. Die Mildenburg sang in dieser „Don-Giovanni"-Inszenierung unter Mahlers Regie eine imposante Donna Anna im Sinne von E. T. A. Hoffmann; in ihren Racheschwüren wartete sie auf die Niederlage des Octavio und auf ihre Eroberung durch den Helden. Der Abend endete mit der Höllenfahrt, das Schlußsextett war gestrichen.

In demselben Mozartzyklus gab es auch eine neue „Hochzeit des Figaro" (1906), bei der Mahler zur Verdeutlichung des Prozesses der Marzelline die Gerichtsszene aus Beaumarchais einlegte (mit neu komponierten Seccorezitativen, die er selbst auf dem Cembalo begleitete).

Weitere Großtaten Mahlers und Rollers: „Das Rheingold" (1905), zum erstenmal ohne die Pause nach der Nibelheimszene, und die strichlose „Walküre" (1907), mit der Licht- und Wolkenphantasie des Walkürenrittes und Frickas Auftritt ohne die altvertrauten beiden Widder aus Pappe. Ihre letzte gemeinsame Premiere war „Iphigenie in Aulis" (1907) mit der Gutheil-Schoder in der Titelrolle. Die Figuren wirkten wie antike Reliefs, die ganze Oper spielte vor einem Vorhang, der sich erst am Ende über dem Hafen von Aulis hob.

Mahler wurde in Wien sehr bewundert und sehr angefeindet, aber um wirklich populär zu sein, war er viel zu „ungemütlich". Auf geistigen Fanatismus wie den seinen hat diese Stadt der Sinne immer sauer reagiert. Nichts an ihm war „wienerisch"; und es ist ein psychologisch interessantes Detail, daß in den letzten vier Symphonien, die er als Operndirektor schrieb (Fünfte bis Achte), die österreichischen Volksliedmotive immer mehr in den Hintergrund treten. Er wurde ebenso geliebt wie gehaßt, seine zwiespältige Natur machte dies unvermeidlich. Er war tyrannisch — und dann wieder weich, er war einsam und versponnen — und dann wieder redselig. Das einzig Wienerische an ihm war seine Liebe zum Kaffeehaus. Vor und nach der Oper saß er sehr oft im Café Imperial, von wo aus man über die Tarockpartner der Katharina Schratt das Ohr des Kaisers erreichen konnte. Er las die Kritiken („Was schreiben die Herren Vorgesetzten?") und diskutierte die letzte oder nächste Aufführung. In solchen Stunden konnte man dann manchmal auch einen „anderen Mahler" erleben — Max Graf berichtet, er habe ihn dort einmal ausrufen hören: „In vierzig Jahren wird man keine Beethovensymphonien mehr spielen, meine werden ihre Stelle einnehmen!"

Im Laufe eines typischen „Mahlerjahres" gab es 54 Opern und 16 Ballette. Seiner Direktion verdankt man zahllose große Abende zeitgenössischen Opernschaffens. Hans Pfitzner erschien mit seiner „Rose vom Liebesgarten" zum erstenmal auf dem Spielplan der Hofoper (1905) und schloß innige Freundschaft mit Mahler, der das Werk gegen große Widerstände — auch gegen die des Orchesters — durchsetzte. Pfitzners D-Dur wurde zu Rollers Blau. Eugen d'Albert erschien mit zwei Einaktern, Wolf-Ferrari mit den „Neugierigen Frauen". Andere „Debütanten" als Komponisten der Hofoper waren Leo Blech, Emil Nikolaus von Reznicek, Ludwig Thuille und Alexander von Zemlinsky aus dem Kreis um Arnold Schönberg (Zemlinsky war auch kurze Zeit Dirigent der Hofoper).

War nach seinem Urteil nicht alles und jedes perfekt, dann verschob Mahler Premieren noch im letzten Augenblick, so zum Beispiel 1903, als Gustave Charpentier wenige Tage vor der Premiere seiner „Louise" surrealistische Inszenierungswünsche äußerte, die Mahler interessant erschienen. Hugo Wolf, dem Mahler täglich Freikarten auf Lebenszeit zugestanden hatte, war gerade in geistiger Umnachtung gestorben, als sein „Corregidor" einen postumen Achtungserfolg erzielte. Hugo Wolf hatte von der Annahme des Werkes noch erfahren und war über die Verzögerung der Aufführung verzweifelt.

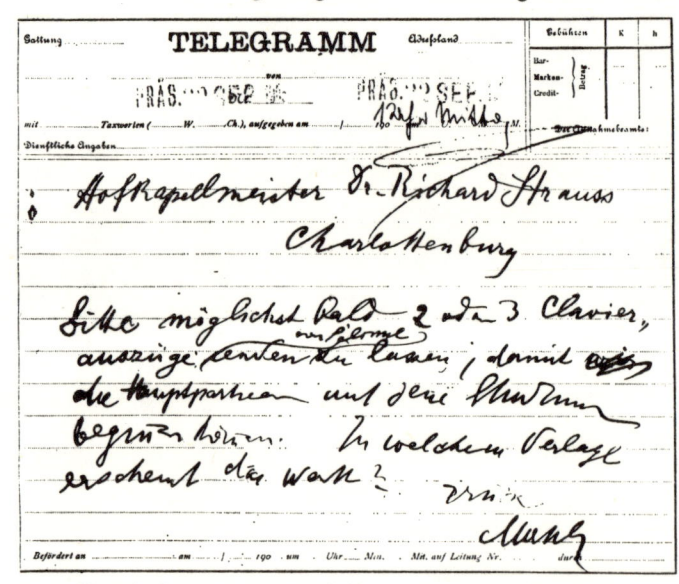

Er soll sich bei seinen Anfällen mitunter als Hofoperndirektor ausgegeben haben.

Zweifellos waren Mahlers Neuinszenierungen epochemachender als seine Novitäten; aber das lag auch an den neuen Opern. An wirklich bedeutenden Werken sind Mahler nur „Tosca", „Tiefland" und „Pelleas und Melisande" entgangen.

Wenn italienische Stars auftraten, mußte das ganze Ensemble italienisch singen. So war es bei den Gastspielen

Hochwohlgeboren
Herrn Dr. Richard Strauß   Berlin

Euer Hochwohlgeboren!
Nach einer an die Direktion des k. k. Hofopernthearters gelangten Verständigung hat sich die hierortige Censurbehörde aus „religiösen und sittlichen Gründen" gegen die Zulassung des Textbuches der Oper „Salome" ausgesprochen und „es ist sohin die General-Intendanz der k. k. Hoftheater nicht in der Lage, die Zustimmung zur Aufführung dieses Bühnenwerkes zu ertheilen."
Ich erlaube mir Sie von dieser Entscheidung in Kenntnis zu setzen, indem ich mein lebhaftestes Bedauern ausspreche, bei dieser Sachlage von einer Aufführung Ihres Werkes leider absehen zu müssen. Mit dem Ausdrucke meiner vorzüglichen Hochachtung bin ich
Ihr ganz ergebenster Mahler
Wien, am 22. September 1905

In einem ausführlichen Memorandum vom 31. Oktober 1905 hat der Zensor die Gründe für sein Verbot erläutert: „Der erste Anstand ergibt sich aus der wiederholten ausdrücklichen oder andeutungsweisen Erwähnung Christi im Texte... ‚Er ist auf einem Nachen auf dem See von Galiläa'... All diese Stellen müßten entfallen. Eine fernere Schwierigkeit liegt darin, daß Johannes der Täufer auf die Bühne gebracht wird ... Aber auch abgesehen von diesen textlichen Bedenken kann ich über das Abstoßende des ganzen Sujets nicht hinaus und kann nur wiederholen: Die Darstellung von Vorgängen, die in das Gebiet der Sexualpathologie gehören... eignet sich nicht für unsere Hofbühne!" Der Zensor ist feig genug, hinzuzufügen: „Ich möchte Ihnen, sehr geehrter Herr Direktor, anheimgeben, ob es sich nicht im Interesse aller Beteiligten empfehlen würde, der Presse gegenüber die Frage, ob das Verbot der ‚Salome' ein definitives sei, als eine noch offene zu bezeichnen..." Die Geschichte dieses Verbotes möge die Tränen aller jener trocknen, die dem alten Österreich in allem und jedem nachweinen.

Gustav Mahler war entschlossen, die „Salome" von Richard Strauss in Wien herauszubringen. Am 22. September 1905 richtete er an den Komponisten folgendes Telegramm (links): „Hofkapellmeister Doktor Richard Strauss, Charlottenburg. Bitte möglichst bald 2 oder 3 Clavierauszüge von Salome senden zu lassen, damit die Hauptpartien mit dem Studium beginnen können. In welchem Verlage erscheint das Werk? Grüße Mahler."
Wenige Augenblicke nachdem dieses Telegramm abgesendet war, traf in der Direktionskanzlei das Zensurverbot ein, wovon Mahler noch am selben Tag Strauss brieflich in Kenntnis setzte.

133

> Das Verhältnis Mahlers zu seinen Künstlern ist, abgesehen von der Notizenwut der Zeitungen und des Publikums und von der Reklamesucht mancher Sänger und ihrer Rechtsanwalte, die immer irgend etwas zu „vertreten" haben, damit sie in einer Zeitung genannt werden, auch noch aus einem Fehler zu erklären, der allen absolutistischen Regierungen anhaftet. Es ist nicht einzusehen, warum gerade Gustav Mahler der einzige Autokrat sein sollte, der davon verschont bliebe. Je mehr er für sich allein stehen will, desto mehr mußte er sich in mancher Hinsicht auf andere verlassen, und so mag es kommen, daß Einflüsse in ihm und durch ihn tätig waren, die er selbst nicht kannte. Und dann — eine selbstherrliche Natur, wie es Mahler glücklicherweise ist, sollte niemandes Freund sein. Im Augenblick, wo es eine Partei für ihn gab, mußte es auch eine gegen ihn geben. Wäre alles gegen ihn gewesen, er wäre nicht sobald des Kampfes müde geworden. Und wie jeder Selbstherrscher, hat Mahler zu viel untertänige Geister um sich gesehen, um nicht auch ein ehrliches Urteil unberücksichtigt zu lassen. Nichts aber braucht ein Künstler mehr als Redlichkeit der Gesinnung, die man ihm entgegenbringt. Wenn der französische Minister Guizot einmal sagte: „Wenn ich im Rechte bin, brauche ich meine Freunde nicht," so gilt für den Künstler nicht das gleiche. Die Allzuvielen, die sich an Mahler herandrängten, weichen zurück, da er die Macht niederlegt; wer weiß, wie viele, die eine lächerliche Kundgebung für ihn unterschrieben, nicht auch gleichzeitig eine für seinen Nachfolger — er sei, wer er sei — bereitwilligst unterschreiben würden?
>
> Nun geht Mahler, um wieder alle künstlerische Freiheit zurückzugewinnen, die seine ekstatische Natur braucht. Er hat im einzelnen Lob und Tadel verdient und gefunden, im ganzen sich aber den Anspruch auf Ruhm und mehr als dies, auf Liebe erworben. Und er soll nicht ohne die Versicherung scheiden, daß ihm ein guter Teil Wiens, das sich seiner Leistungen freuen durfte, dieses Gefühl in Aufrichtigkeit und Dankbarkeit bewahren wird.
>
> Dr. D. J. Bach.

Aus dem Feuilleton von Dr. David Bach anläßlich der Demission Gustav Mahlers, „Arbeiter-Zeitung" vom 7. Juni 1907.

Enrico Carusos 1906 und 1907, und auch 1900, als Gemma Bellincioni die „Fedora" von Giordano kreierte. Bei Stargastspielen war Mahler tolerant; er hatte nichts dagegen, als Nellie Melba 1900 nach ihrer „Traviata" von den Toten auferstand und die Wahnsinnsarie aus „Lucia von Lammermoor" zum besten gab...

In den letzten Jahren seiner Direktion begann eine unerhörte Hetze gegen Mahler. Alternde und zurückgesetzte Sänger schürten die Revolution. An den Philharmonikern, deren Konzerte er drei Jahre lang geleitet hat, fand Mahler niemals eine wirkliche Stütze, obwohl Konzertmeister Arnold Rosé (der Schöpfer des berühmten Quartetts) Mahlers Schwester zur Frau hatte. Ein großer Teil der Presse attackierte die „dunkle Rollerei", die zahlreichen Gastspiele und insbesondere die (für heutige Begriffe lächerlich kurzen) Auslandsreisen Mahlers zu Aufführungen seiner Werke. Deutschnationale Kreise verlangten „mehr deutsche Novitäten". In den Kaffeehäusern zirkulierten Witze über Mahlers „Cäsarenwahn": Er wolle sich in Mödling niederlassen — unter der Bedingung, daß man dorthin mit der Nordbahn (statt mit der Südbahn) reisen könne und daß man den Wienerwald durch eine Lichtdekoration von Roller ersetze. Charakterschwächen Mahlers wurden aufgebauscht. Es ist wahrscheinlich, daß Mahler Züge von Sadismus und Masochismus hatte (die man auch aus seinen Symphonien herauszuhören glaubt). Als Schalk den „Lohengrin" übernehmen mußte, verlangte Mahler, daß er ihm das Werk bei einer Orchesterprobe „vordirigieren" solle, wobei Mahler wie ein Prüfungskommissär auf der Bühne stand und Schalk in die Augen blickte — was sowohl den Unwillen Schalks als auch den des Orchesters erregte. Als Kind hatte Mahler auf die Frage, was er werden wolle, geantwortet: „Ein Märtyrer." Die ganze Haßkampagne fand höheren Orts erst dann Gehör, als die Geldausgaben Mahlers immer mehr stiegen und die Einnahmen immer mehr sanken. Mahler hatte schon einmal demissioniert, 1905, als ihm die Hofzensur Richard

Strauss' „Salome" verbot, die er am selben Tag herausbringen wollte, an welchem die Dresdner Uraufführung in Szene ging. Damals wurde die Demission nicht angenommen. Im Sommer 1907 zerbrach Mahlers Widerstand an der Revolte der Alltäglichen, er demissionierte endgültig. In einer historischen Adresse versuchten die größten Geister Österreichs, Mahler zum Widerruf seines Schrittes zu bewegen: Arthur Schnitzler, Stefan Zweig, Arnold Schönberg, Gustav Klimt, Sigmund Freud. Vergebens. Am 15. Oktober 1907 dirigierte er zum letztenmal in der Oper („Fidelio"), ließ seine Auszeichnungen und Orden in der Schublade seines Direktionsschreibtisches zurück („für meinen Nachfolger") und fuhr nach Amerika, um an der Metropolitan — gestrichene Wagneraufführungen zu dirigieren und mit den New Yorker Philharmonikern Konzerte zu geben.

Seit 1907 war er schwer herzleidend, er soll bei einer „Lohengrin"-Probe auf der Bühne einen Infarkt erlitten haben. In New York verschlimmerte sich sein Zustand. Er kehrte zurück in sein geliebtes und gehaßtes Wien und starb hier. Im Mai 1911 begrub man den „Hinausgeschmissenen", wie er sich selbst genannt hatte, bei Sturm und Regen „unter ungeheurer Beteiligung" auf dem Grinzinger Friedhof. In seinem Abschiedsbrief an die Künstler der Hofoper sagte Gutav Mahler: „Statt eines Ganzen, Abgeschlossenen, wie ich geträumt, hinterlasse ich ein Stückwerk, Unvollendetes, wie es dem Menschen bestimmt ist." Aber hat nicht E. T. A. Hoffmann gesagt, daß es ohne die deutliche Ahnung eines unerreichbaren Ideals gar keine Künstler gäbe?

Als Mahler am 9. Dezember 1907 Wien verließ, hatten sich Arnold Schönberg, Alexander von Zemlinsky und etwa hundert Freunde zum Abschied am Westbahnhof eingefunden. Als sich der Zug in Bewegung setzte, sagte Mahler zu seiner Frau: „Die Repertoireoper ist hin. Ich bin froh, daß ich den Abstieg hier nicht mehr selbst miterleben muß."

Wie aktuell diese Worte klingen!

AN DIE GEEHRTEN MITGLIEDER DER HOFOPER!

Die Stunde ist gekommen, die unserer gemeinsamen Tätigkeit eine Grenze setzt. Ich scheide von der Werkstatt, die mir lieb geworden, und sage Ihnen hiemit Lebewol.

Statt eines Ganzen, Abgeschlossenen, wie ich geträumt, hinterlasse ich Stückwerk, Unvollendetes: wie es dem Menschen bestimmt ist.

Es ist nicht meine Sache, ein Urteil darüber abzugeben, was mein Wirken denjenigen geworden ist, denen es gewidmet war. Doch darf ich in solchem Augenblick von mir sagen: Ich habe es redlich gemeint, mein Ziel hochgesteckt. Nicht immer konnten meine Bemühungen von Erfolg gekrönt sein. „Dem Widerstand der Materie" — „der Tücke des Objekts" ist Niemand so überantwortet wie der ausübende Künstler. Aber immer habe ich mein Ganzes darangesetzt, meine Person der Sache, meine Neigungen der Pflicht untergeordnet. Ich habe mich nicht geschont und durfte daher auch von den Anderen die Anspannung aller Kräfte fordern.

Im Gedränge des Kampfes, in der Hitze des Augenblicks blieben Ihnen und mir nicht Wunden, nicht Irrungen erspart. Aber war ein Werk gelungen, eine Aufgabe gelöst, so vergaßen wir alle Not und Mühe, fühlten uns reich belohnt — auch ohne äußere Zeichen des Erfolges. Wir alle sind weiter gekommen und mit uns das Institut, dem unsere Bestrebungen galten.

Haben Sie nun herzlichsten Dank, die mich in meiner schwierigen, oft nicht dankbaren Aufgabe gefördert, die mitgeholfen, mitgestritten haben. Nehmen Sie meine aufrichtigsten Wünsche für Ihren ferneren Lebensweg und für das Gedeihen des Hofoperntheaters, dessen Schicksale ich auch weiterhin mit regster Anteilnahme begleiten werde.

WIEN, am 7. Dezember 1907.

GUSTAV MAHLER.

Mit diesem Aushang verabschiedete sich Gustav Mahler von seinen Künstlern

Felix von Weingartner
1908 bis 1911

„Ich selbst — lichtgeboren"

Nun galt es also, für Mahler einen Nachfolger zu finden. Das war sicherlich sehr schwer. Die sozusagen logische Lösung hätte Felix Mottl geheißen. Aber Mottl, der gebürtige Wiener, dessen Dirigentenkarriere am Ringtheater begonnen hatte und der jetzt Generalmusikdirektor in München war, gehörte zu jenen vielen im Laufe der Wiener Musikgeschichte, die sich um keinen Preis in das Wespennest Hofoper hineinsetzen wollten. Schon 1897, als es um die Nachfolge Jahns ging, hatte man an ihn gedacht. Hanslick, der Allmächtige, hatte heftig protestiert, er wollte keinen Wagnerianer als Operndirektor sehen, und man berief damals Mahler — von dem Hanslick noch nicht wußte, daß auch er Wagnerianer war. Nach Mahlers Abgang rückte Mottl erneut ins Scheinwerferlicht, und man begann bereits mit ihm in München zu verhandeln. Aber Mottl lehnte ab.

Nun ist es eine bekannte Tatsache, daß sich bei Wiener Operndirektionskrisen die Kandidaten — oder jene, die sich dafür halten oder die gerne Kandidaten werden möchten — scheinbar ganz zufällig nach Wien begeben. Sie haben dort einen unaufschiebbaren Familienbesuch zu machen oder müssen ganz plötzlich zum Zahnarzt. Und so befand sich denn im Sommer 1907 auch Felix von Weingartner, Edler von Münzberg, auf der Durchreise in der Haupt- und Residenzstadt. Er erschien in ein paar prominenten Vorstellungen, Fürst Liechtenstein bat ihn zu sich, trug ihm die Leitung der Hofoper an, und Weingartner griff zu. An und für sich war diese Lösung durchaus begrüßenswert. Auch Weingartner war ein berühmter Dirigent, aber er war ein vollkommen anderer Musikertyp als Gustav Mahler, und es schien bestimmt besser, die Operndirektion einer ganz konträren Persönlichkeit in die Hände zu legen als irgendeinem unbedeutenden Imitator Mahlers.

Größere Gegensätze als Mahler und Weingartner sind kaum vorstellbar. Weingartner entstammte einer österreichischen Aristokratenfamilie; er war der erste Direktor, der bereits als Adeliger in das Haus am Ring einzog, die andern bekamen den Adel ja immer erst hinterher verliehen: Dingelstedt zum Beispiel, für seine hervorragenden Leistungen, oder Jauner, als Trostpflaster für den Hinauswurf.

Weingartners Geburtsort war Zara, seine Musikstudien absolvierte er in Graz und am Leipziger Konservatorium, er wirkte in mehreren deutschen Städten (Königsberg, Danzig, Hamburg) als Dirigent, gehörte zum engeren Schülerkreis von Franz Liszt in Weimar und hatte 1882, als neunzehnjähriger Bursche, ein langes Gespräch mit Richard Wagner gehabt, das ihm unvergeßlich blieb. Er wurde dann Kapellmeister an der Königlichen Oper Berlin, leitete auch die Berliner Hofkapelle und galt bereits um die Jahrhundertwende als einer der besten Dirigenten im deutschen Raum. 1897 löste er seine Berliner Verträge — sein Nachfolger wurde Richard Strauss, den er nicht besonders leiden konnte — und ging nach München als Chef des von Dr. Kaim gegründeten neuen Orchesters. In dieser Eigenschaft lud er sogar Gustav Mahler nach München ein, der dort mit dem Kaim-Orchester, unter Weingartners Oberleitung, seine Vierte Symphonie zur Uraufführung brachte.

So ließ sich also von einer Direktion Weingartner für Wien viel Gutes erwarten.

Der neue Opernchef trat sein Amt am 1. Januar 1908 an, und wäre er vernünftig gewesen, so hätte er zunächst einmal kühl und sachlich die Frage studiert, wie man denn das Erbe Mahlers am geschicktesten übernehmen könnte. Das Ergebnis hätte lauten müssen: Das Gute der Mahlerschen Erbschaft bewahren und es durch intensive Pflege jener Gebiete ergänzen, denen Mahler, nach dem ziemlich einmütigen Urteil der Kritiker, zuwenig Aufmerksamkeit gewidmet hatte, zum Beispiel dem Belcanto. Dafür hatte Mahler eben jene erlesene Schar geistig orientierter Wagnersänger herangebildet, die es kaum sonst irgendwo auf der Welt gab.

Weingartner jedoch, und das kann man heute in aller Sachlichkeit aussprechen, hatte eine vollkommen falsche Vorstellung von seiner Aufgabe und seinen Möglichkeiten, er ließ sich von den Wiener Mahlergegnern, deren Zahl er weit überschätzte, auf den Schild heben und fühlte sich ganz und gar als „Rächer" der „Sünden" seines Vorgängers.

So hatte er zum Beispiel die unglückselige Idee, noch im selben Monat, in welchem er in die Hofoper einzog, in aller Eile einen neuen „Fidelio" herauszubringen —

Die Wiedereinführung der Striche in der „Walküre" war eine der unpopulärsten Taten Weingartners. Auf dieser Karikatur verkündet ihm Brünnhilde seinen baldigen Tod als Operndirektor.

Siegmund! Sieh' auf mich! Ich bin's, der bald du folgst.
Nur Todgeweihten taugt mein Anblick; wer mich
erschaut, der scheidet vom Lebenslicht.

und gerade die „Fidelio"-Inszenierung galt in aller Welt als eine der größten Taten Mahlers. Nun wurde die genial durchdachte Regie zerstört, der erste Akt spielte wieder vom Anfang bis zum Ende in ein und derselben Dekoration, und die Dritte Leonoren-Ouvertüre, die Mahler mit so großem Erfolg zwischen die Kerkerszene und das Finale eingebaut hatte, wurde gestrichen. Ebenso die „kleine" „Fidelio"-Ouvertüre. Man begann mit der Zweiten Leonoren-Ouvertüre. Auch Alfred Rollers Schlußdekoration war ab sofort ins Depot verbannt.

Leidenschaftlich polemisierte Weingartner dagegen, daß er irgend etwas „zerstört" habe: Mahler habe die Dritte Leonoren-Ouvertüre ja doch nur deshalb an die Stelle nach dem Kerker placiert, weil Roller für den Umbau volle zehn Minuten benötigte und so weiter. Ihm, Weingartner, sei sie zu gut für eine bloße Umbaumusik. Weingartners Reformen standen also im Zeichen erbitterten Kampfes.

Der neue Direktor erhielt zahllose anonyme Briefe mit Drohungen für den Fall, daß er die Aufführung persönlich dirigieren würde, und tatsächlich mischten sich in den jubelnden Applaus, der ihn empfing, auch nicht zu überhörende Gegendemonstrationen. Sein „Fidelio" ging unter starkem Polizeischutz über die Hürden.

Die Besetzung wurde heftig kritisiert; der neue Hofoperndirektor, hieß es, scheine eben doch nicht das rechte Gefühl für die Bühne zu haben. Im Vergleich mit Anna Mildenburg stellte man fest, daß Lucy Weidt, die nun die Leonore sang, nicht das geistige Format mitbringe, und seinem Don Pizarro fehle es an der nötigen Härte und dem gebührenden Ernst.

Der Pizarro hieß Leopold Demuth, ein lyrischer Bariton mit herrlicher Stimme, der aussah wie ein Gymnasiallehrer, aber trotzdem nur Bonhomie und Gutmütigkeit ausstrahlte; Mahler hatte ihn nicht sehr geschätzt, Weingartner liebte ihn. Zudem gehörte zum neuen Kostüm des Gewalttäters ein Haarbeutel plus Zopf, die ihn eher komisch erscheinen ließen, und auch die Soldaten des Gouverneurs hatten ihre künstlerisch geschneiderten strengen Uniformen gegen jene der Zopfzeit vertauscht. Diese vielen hinzugefügten Zöpfe hat man Weingartner ebenso verübelt wie später den einen, liebgewordenen Zopf, den er Gounods Margarethe wegnahm.

137

Mit der Wiener Erstaufführung der Oper „Tiefland" (1908) von Eugen d'Albert, der sein Kollege als Schüler Franz Liszts war, hat Felix von Weingartner eine Unterlassungssünde Mahlers erfolgreich gutgemacht.

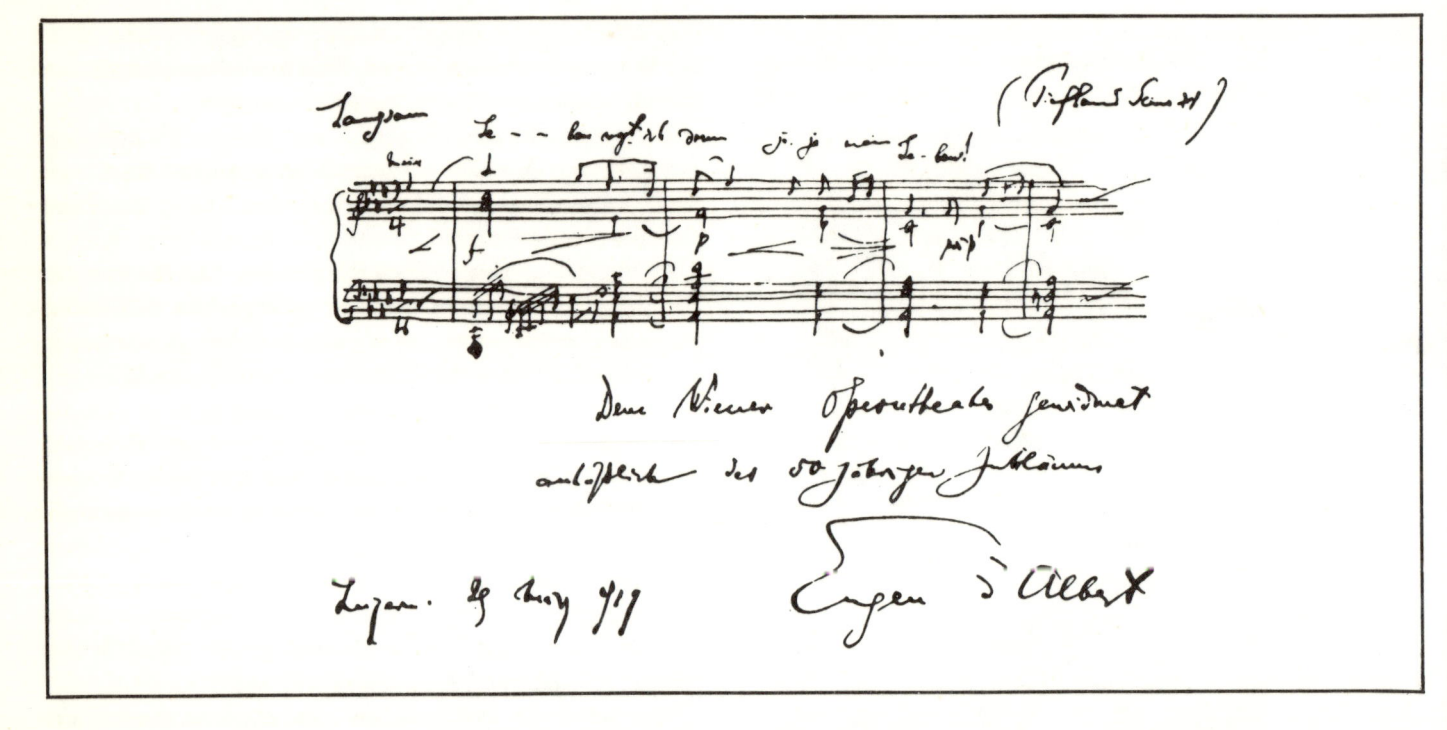

Mit dem reformierten „Fidelio" begannen die ersten Konflikte zwischen Weingartner und dem Ausstattungschef Alfred Roller, der zusehen mußte, wie sein in Jahren aufgebautes Werk allmählich vernichtet wurde. Bereits 1909 verließ Roller tief gekränkt die Hofoper. Später hat Weingartner diese „Fidelio"-Inszenierung ein wenig abgeändert, und zwar gemeinsam mit dem ehemaligen Schauspielregisseur Wilhelm von Wymetal, den er aus Köln nach Wien geholt hatte. Wymetal, der später an die Metropolitan Opera nach New York ging, ersann für die Verwandlung nach dem Kerker einen Umbau, der so rasch vonstatten ging, daß man die alte Roller-Dekoration des Schlußbildes — auch ohne Leonoren-Ouvertüre — wieder aufstellen konnte. Im Januar 1908 hatte Weingartner für dieses Bild einfach zwei riesige Tore verwendet, die sich in der Hinterwand des Kerkers plötzlich öffneten, wodurch es möglich wurde, das Schlußbild unmittelbar an das Kerkerbild anzureihen.

Die gleiche unglückselige Hand wie beim „Fidelio" bewies Weingartner bei den Wagneropern, die unter Mahler bereits sämtlich strichlos aufgeführt worden waren; jetzt gab es schon nach wenigen Monaten wieder eine „Walküre" mit Strichen.

Über die Striche bei Wagner hat sich Weingartner — wie über alles — viele Gedanken gemacht. In Berlin hatte man experimentiert: es gab dort alternierend gekürzte und ungekürzte Aufführungen. In Wien aber hatte Mahler sein Publikum derart erzogen, daß es die strichlosen Wagneropern nicht nur „ertrug", sondern sie mit immer größerer Begeisterung und Zustimmung aufnahm. Also war es ein schwerer taktischer Fehler, die Tradition aus purer Animosität gegen Mahler plötzlich wieder zu unterbrechen und eine „Walküre" mit Kürzungen herauszubringen. Zudem war Mahlers „Ring"-Inszenierung ja nicht über „Rheingold" und „Walküre" hinaus gediehen, „Siegfried" und „Götterdämmerung" konnten erst unter Weingartner herausgebracht werden; da aber die „Walküre" nun auf einmal wieder mit Strichen im Repertoire erschien und den beiden folgenden Opern das gleiche Schicksal sicher war, wurde das von Mahler inaugurierte einheitliche „Ring"-Bild vernichtet. Zum Glück brachte Weingartner, unter dem Eindruck des allgemeinen Protestes, „Siegfried" und „Götterdämmerung" dann doch strichlos; die Striche in der „Walküre" jedoch blieben.

Sehr scharf wendete sich der neue Direktor gegen die Rollersche „Siegfried"-Dekoration. Sie war allerdings so kompliziert, daß man einen vollen Tag benötigte, um sie aufzubauen, und einen zweiten kompletten Tag, um sie wieder auszuräumen und abzutransportieren. Diese Tage gingen dem Probenbetrieb verloren. Auch ließ Weingartner das Bühnenbild heller ausleuchten, als sein Schöpfer es haben wollte, worüber Roller ungeheuer zornig war. Weingartner hielt sich eben an die von Possart empfangene gute Lehre: „Lieber Weingartner, geben Sie acht, Theaternacht ist keine Nacht!" Die besonders gut gelungene Verwandlung mit dem Feuerwall, den Siegfried im dritten Akt zu durchdringen hat und der vor seinen Schritten in den Boden verschwindet, um den Walkürenfelsen freizugeben, stammte wieder von Wilhelm von Wymetal.

Weingartners erste „Walküre" war eine Kampfvorstellung par excellence. Wieder regnete es Drohbriefe, und am Abend erschienen die Stehplatzhabitués mit Klavierauszügen, und sobald ein Strich kam, brachen wütendes Zischen und Pfuirufe los. Ähnliche Mißfallenskundgebungen mischten sich auch in den Begrüßungsapplaus vor jedem Akt, wenn Weingartner am Pult erschien. Die Striche waren noch dazu schlecht angebracht; so entfiel zum Beispiel eine der für den ganzen Geist und Fortgang der Handlung des „Ringes" entscheidend wichtigen Stellen im zweiten Akt, nämlich Wotans tragischer Ausruf: „... eines will ich noch, das Ende — das Ende!"

Mahler hatte, was man ihm ein wenig ankreidete, in den letzten Jahren seiner Direktion den organisatorischen Problemen nicht mehr die gleiche brennende Aufmerksamkeit gewidmet, die besonders seine ersten fünf Jahre — die größten, wie man fand — ausgezeichnet hatte; er überprüfte die Termine der Urlaube und der Engagements nicht mehr so gewissenhaft. Das hatte unangenehme Folgen, mit denen sich Weingartner nun herumzuschlagen hatte. Bereits nach vier Monaten seiner Tätigkeit war wieder ein Wagnerzyklus fällig, im Mai, das war damals eiserne Tradition. Die noch von Mahler bewilligten Urlaube waren aber so ungünstig angesetzt, daß die erste zyklische Wagnergesamtaufführung unter dem neuen Direktor nur mit den allergrößten Anstrengungen und Konzessionen über die Bühne gehen konnte.

Solche Gesamtaufführungen der Werke Wagners gab es in Wien pro Jahr drei, unter Mahler einmal sogar vier. Und viermal brachte Weingartner den „Ring des Nibelungen" 1909 heraus.

Wie stand es nun um das Sängererbe, das Weingartner übernahm? Hier gab es manches zu ergänzen und aufzufrischen: zu ergänzen vor allem beim Schönsängerensemble, bei dem von Mahler etwas vernachlässigten Sektor des Belcanto, aufzufrischen innerhalb des „geistigen Ensembles" der Wagnersänger. Noch strahlte Erik Schmedes' Tenor, aber die hochdramatische Anna Mildenburg war bei Weingartners Amtsantritt schon nicht mehr ganz in erstklassiger stimmlicher Verfassung. Und Marie Gutheil-Schoder sowie der herrliche Sachs und Wotan Friedrich Weidemann auch nicht mehr. Mahler, so heißt es, hat diese Sänger sehr überanstrengt, so daß ihre Karrieren etwas früher als notwendig endeten.

An der Spitze des lyrischen Ensembles rangierten Leo Slezak, dann Selma Kurz, die weltberühmte Koloratursängerin, und der im italienischen Fach am meisten überzeugende Bariton Leopold Demuth, der bereits im dritten Weingartnerjahr starb. Der Bassist Wilhelm Hesch aus Jahns großer Zeit starb noch im Januar 1908. Unser unvergeßlicher wundervoller Richard Mayr aus Salzburg übernahm fast sein ganzes Repertoire.

Mit Slezak und Selma Kurz hatte Weingartner arge Vertragsschwierigkeiten: beide waren bei seinem Amtsantritt ohne Bindung an Wien und konnten gewissermaßen diktieren. Slezak wollte auf keinen Fall einen neuen Vertrag mit der Hofoper abschließen, er wollte der österreichische Caruso werden und in der ganzen Welt gastieren. Die Pläne der Kurz waren ähnlich gelagert, doch gelang es Weingartner, sie dennoch wieder an Wien zu binden. Nicht gelang ihm das bei Leo Slezak, der unter seiner Direktion in Wien nur als Gast zu hören gewesen ist.

Weingartner hatte es also schon von allem Anfang an mit den Sängern recht schwer. So war zum Beispiel die Titelpartie der „Elektra" von Richard Strauss, die im März 1909 zum erstenmal aufgeführt und zur epochalsten

Premiere der Ära Weingartner werden sollte, im Dezember 1908 noch immer nicht besetzt! Und dies vor allem deshalb, weil Weingartner der Gutheil-Schoder nicht zutraute, den schwierigen Part zu bewältigen. (Sie hat später diese Rolle trotz stimmlicher Mängel ganz wundervoll interpretiert.)

Am letzten Jahrestag aber kam es zum Vorsingen von Lucille Marcel, einer Amerikanerin, die in Paris bei Jean de Reszke studiert hatte. Sie kam, sang und siegte. In welchem Ausmaß, das erzählt uns Weingartner in seinen Lebenserinnerungen in dem ihm eigenen Courths-Mahler-Stil:

„Ganz benommen überschritt ich die auf die Bühne führende Verbindungsbrücke und stellte mich vor. Waren es ihre seltsam tiefen Augen, die gesungen hatten? Ich versuchte, die wütenden Dissonanzen der ‚Elektra' zu überhören. Große, leuchtende Augen fühlte ich mit einem Blick mir folgen. Oh, diese Zweiheit der Geschlechter... Die dunklen Räume des Opernhauses schienen heller geworden. Lucille sagte, sie habe einen Schein um mein Haupt leuchten gesehen, den sie sonst noch bei keinem anderen Dirigenten bemerkt habe..." (Das haben nach dem Vorsingen auch schon andere Sängerinnen dem Dirigenten oder Direktor gesagt, eine interessante Erscheinung.)

Als die beiden einige Zeit später miteinander vor dem Wiener Beethovendenkmal standen, da setzte sich, so erzählt Weingartner weiter, auf das bronzene Haupt des Monuments ein Vogel, „der hell in die Frühlingsluft hinauszwitscherte. Da wußte ich, das war die Sängerin, die ich brauche".

Lucille Marcel ist später Weingartners Frau geworden. Als Elektra hatte sie einen fulminanten Erfolg; man sagte ihr nach, sie habe der Hysterie dieser schwierigen Rolle eine gewisse Grazie verliehen. „Eine exotische Sirenenstimme", urteilten die Kritiker, „eine Odaliske des Belcanto!" Richard Strauss hat die Proben persönlich überwacht, nicht dirigiert, das besorgte Hugo Reichenberger, Weingartners Kapellmeister, der nun die Stelle des von Mahler engagierten Schönbergjüngers Alexander von Zemlinsky einnahm.

Dieser interessanteste Opernabend seiner Direktion fiel Weingartner sozusagen in den Schoß, bemüht hat er sich wenig darum, sein Herz war nicht dabei, er war auf Strauss eifersüchtig, weil er selber diesen Stoff zu einer Oper „Orestes" verarbeitet hatte... Er habe sich diese neue Straussoper, dieses Monstrum, um das so viel pompöser Reklamewirbel herrsche, einmal aus der Nähe ansehen wollen, sagte er — und er ärgerte sich enorm, daß er für das Werk so hohe Prozente zahlen mußte.

Das Bühnenbild, eine überwältigende Schöpfung Rollers, ist mir noch in unvergeßlicher Erinnerung, durch Jahre und Jahre hat es die Wiener Opernfreunde tief beeindruckt: die gigantische Mauer von Mykene, in der Mitte das Tor des Schicksals, durch das alle tragischen Figuren ein und aus schritten. Besonders erinnere ich mich des herrlichen Auftritts der Klytämnestra, wie sie, lechzend nach einem Mittel gegen ihre bösen Träume, die Sklaven und Sklavinnen mit den Opfertieren zur Schlachtstätte jagt. Eine der grandiosesten Strauss-Hofmannsthalschen Theatervisionen nahm hier Gestalt an.

Bei der Premiere hat Anna Mildenburg diese sündige Königin gesungen, einstimmig bewundert von allen, „ausgelebt und ausgeliebt". Man erzählt, daß sie in ihrem fahlgleißenden Pomp selbst einem bösen Traum geglichen habe. — Bald nach der „Elektra" hat die Mildenburg den Schriftsteller und Bühnenautor Hermann Bahr geheiratet, und eines Tages machte ein höchst ungalantes Witzwort die Runde. Man fragte: „Wie heißt die älteste Bar von Wien?" Antwort: „Mildenburg."

Beim Publikum siegte der Neutöner Richard Strauss, bei der Presse kam er miserabel weg. Man tadelte die „holde Gewöhnlichkeit" seiner Melodien, empörte sich über die „entsetzlichen Kakaphonien", den „orkanartigen Lärm", die „klägliche Impotenz der musikalischen Erfindung", sprach von einem „Tiefpunkt der Kunst unserer Zeit". Dr. Julius Korngold, der Vater des Komponisten, als Kritiker der „Neuen Freien Presse" Eduard Hanslicks Nachfolger, schrieb, daß in Straussens „Elektra" das Blut, dieser „ganz besondere Saft", wie ein alltäglicher Likör kredenzt werde, und er beendete seine Rezension mit den Worten: „Wie schön war die Prinzessin Salome!" Dabei hatte er seinerzeit die „Salome" keineswegs so großartig gefunden.

„Die Zeit, die ist ein sonderbar Ding"

Die Musik der Marschallin ist ein einziger großer Abschied von der Jugend. Dabei hat Strauss sie als Frau von zweiunddreißig Jahren gesehen, die sich nur bei schlechter Laune ihrem siebzehnjährigen Liebhaber gegenüber alt vorkommt. Ist Octavian ihr letztes Abenteuer? Jedenfalls nicht ihr erstes!... Und wieviel weiß eigentlich ihr „kleiner Neger", der im 1. Akt die Schokolade bringt und im letzten mit dem Taschentuch ins Publikum winkt? Der kleine Mohr singt keinen Ton, doch scheint er gut Deutsch zu verstehen.
Aus dem Reigen der großen Wiener Marschallinnen: Della Casa, Anni Konetzni, Hilde Konetzni, Jones, Jurinac, Ludwig, Reining, Rysanek, Schwarzkopf, Zadek...

Gwyneth Jones

Christa Ludwig

Lisa della Casa

Elisabeth Schwarzkopf

Hilde Zadek

Leonie Rysanek

Maria Reining

Lotte Lehmann

Anni Konetzni

Hilde Konetzni

Sena Jurinac

Einem anderen Kritiker war es beim Anhören der „Elektra" zumute, als ob jemand eine Herde Elefanten, Rinder, Pferde und Schweine — von letzteren ganz besonders viele — zusammengepfercht und durch grausame Mißhandlungen zum Trompeten, Brüllen, Wiehern und Quietschen gebracht hätte.

Ungefähr ein Jahr später dirigierte Strauss zum erstenmal selbst eine „Elektra"-Vorstellung in der Hofoper. Felix von Weingartner war an diesem Abend „verreist", was man ihm sehr übelnahm.

Die Liebe, die Weingartner für *Richard* Strauss nicht aufbringen konnte, ließ er *Johann* Strauß in doppeltem Maße zuteil werden. 1910 nahm er den „Zigeunerbaron" in den Spielplan auf und dirigierte die Premiere selbst. Und als eines Tages Frau Adele Strauß bei ihm erschien — wegen ihrer Betriebsamkeit in puncto Tantiemen und sonstiger Rechte ihres verstorbenen Gatten „die lästige Witwe" genannt — und ihm ein Manuskript aus Johann Strauß' Nachlaß überreichte, das Ballett „Aschenbrödel", ließ es Weingartner durch Josef Bayer, den Schöpfer der „Puppenfee", bühnenreif fertigstellen und führte es mit großem Erfolg auf.

Überhaupt zeigte Weingartner einen gewissen Hang für die leichte Muse. So dirigierte er einmal, allerdings schon nach seiner Demission, bei einem Festkonzert der Journalistenvereinigung „Concordia" im Großen Musikvereinssaal Johann Strauß. Im selben Konzert dirigierten auch Franz Lehár und Leo Fall...

Genau wie Mahler, der sich stets um neue Werke der Opernliteratur bemüht hatte, war auch Felix von Weingartner der zeitgenössischen Produktion sehr aufgeschlossen. Debussys „Pelleas und Melisande", d'Alberts „Tiefland", das Hauptwerk des deutschen Verismus, und Puccinis „Tosca" allerdings hatten zur Mahlerzeit keine Chancen gehabt, ihre Hofopernpremiere zu erleben, ja die „Tosca" hat Mahler ganz besonders gehaßt. Weingartner spielte nun sowohl „Tiefland" (1908), dessen Siegeszug von Berlin ausgegangen war, als auch „Tosca" (1910). Der Erfolg war verschieden: „Tiefland" mit Erik Schmedes als Pedro und Marie Gutheil-Schoder als Martha schlug ein und erregte Begeisterung. Die „Tosca" (die dem Wiener Publikum schon vorher an der Volksoper gezeigt worden war) konnte sich an der Hofoper nicht sogleich durchsetzen, man fand das Werk für viel zu brutal, und die Presse verübelte Weingartner diese Neuerwerbung sehr: „Folterwerkzeuge, mit parfümierter Baumwolle umwickelt... Stählerne Spitzen mit harmlosen Hornknöpfen... Seelenkränkung, die durch Seelenkrankheit kaum entschuldigt werden kann (Robert Hirschfeld, ‚Wiener Zeitung')... Unisonogeschrei exaltierter Liebe zu schluchzenden Appoggiaturen (Vorhalten) der Wehmut... Unerträgliche harmonische Gewaltmaßregelung, Schauerpantomime für Hinterwäldler... Dramatisierter Kolportageroman... ‚Es ist abscheulich', sagt der idiotische Mesner (im ersten Akt) in einem lichten Moment." So und ähnlich lauteten die Kritiken. Max Kalbeck schrieb: „Man lacht, um nicht weinen zu müssen, und die wohltuende Erschütterung des Zwerchfells schützte uns vor einer allzu heftigen Reaktion des Magens."

Wohl erntete Lucille Marcel — mit großen Kinderaugen, Grübchen in den Wangen und viel Hingabe in Lächeln und Gebärde — enthusiastischen Beifall mit dem Gebet im zweiten Akt; sonst aber fiel der Erfolg eigentlich mager aus. Daran war wohl auch die Besetzung schuld. Mit Leo Slezak hatte Weingartner seine ewigen Schwierigkeiten, so mußte Erik Schmedes, der Heldentenor, den Cavaradossi singen, der ihm nicht recht lag; nur das „Vittoria!" im zweiten Akt gelang ihm natürlich vortrefflich. Leopold Demuth wieder — nomen est omen — war für den teuflischen Polizeipräfekten Scarpia viel zu gutmütig. Resümee: Erster Akt — Achtungserfolg, zweiter Akt — Beifall nach dem Gebet, aber einige Zischtöne am Ende, dritter Akt — Höflichkeitsapplaus, auch für den Herrn Direktor am Dirigentenpult. Doch schon nach wenigen Jahren eroberte „Tosca" die Herzen der Wiener, besonders später, als Maria Jeritza die Titelpartie so unvergleichlich und unvergeßlich verkörperte.

Jubiläen, die er pflichtgemäß zu feiern hatte, versetzten Weingartner in nicht geringen Zorn. 1909 jährte sich Haydns Todestag zum hundertstenmal, also mußte, in Gottes Namen und ganz gegen Weingartners Willen, eine schwache Haydnoper, „Die wüste Insel", herausgebracht werden. Doch das ging noch hin. Viel mehr Kopfzerbrechen machte dem Hofoperndirektor das sechzigste Regierungsjubiläum Kaiser Franz Josefs I. im Dezember 1908. Der große Festabend sollte ein Ballett „Aus der Heimat" bringen, verfaßt und einstudiert von Ballettmeister Haßreiter, in Musik gesetzt von „Puppenfee"-Vater Josef Bayer. Vorher gab es „Des Kaisers Traum", ein Festspiel aus der Feder von Christiane Gräfin Thun-Salm, Musik von Anton Rückauf. Es war furchtbar schwer einzustudieren, benötigte beinahe das ganze Burgtheaterpersonal, verursachte enorme Probenschwierigkeiten und brachte viel Unruhe ins Repertoire.

Da hatte jemand eine originelle Idee: Während das Ensemble der Burg in der Oper „Des Kaisers Traum" spielte, solle die Oper in der Burg den „Barbier von Sevilla" geben ... Gesagt, getan. Der Erfolg der Oper in der Burg war so groß, daß Weingartner dem Fürsten Montenuovo den Plan unterbreitete, die seit 1810 bestehende Repertoiretrennung wiederaufzuheben. Hatte man vor hundert und mehr Jahren im Kärntnertortheater auch Schauspiele gegeben und später das Burgtheater zugleich als Hofoper verwendet, warum sollte man nicht künftig wieder Spielopern in der Burg geben und dafür das Burgtheater einladen, Stücke mit großem Personalaufwand — zum Beispiel „Wilhelm Tell" oder „Julius Cäsar" — in der Hofoper zu spielen? Aber Montenuovo winkte ab.

Die Spieloper hat Weingartner, ähnlich wie vor ihm Jahn, sehr geliebt und gepflegt. Er brachte alte französische Werke wie „Joseph und seine Brüder", „Der Postillon von Lonjumeau", „Fra Diavolo", „Djamileh", „Der schwarze Domino", brachte Flotows „Stradella" und die Glanzstücke Lortzings („Waffenschmied", „Wildschütz", „Zar und Zimmermann"), und er führte die „Verkaufte Braut" auf und den „Barbier von Bagdad" von Cornelius, mit dem köstlichen Schlußchor „Salem aleikum" und mit Richard Mayr in der Titelrolle. Und er hob neue Opern von Karl Goldmark aus der Taufe: 1908 das „Wintermärchen" (nach Shakespeare), 1910, zu Goldmarks achtzigstem Geburtstag und als eine der letzten Premieren seiner Ära „Götz von Berlichingen".

1909 gab es drei Vorstellungen des kaiserlich-russischen Balletts vom Marjinskijtheater in St. Petersburg, mit Anna Pawlowa in „Schwanensee".

Aber all dies war beständig überschattet von der Tatsache, daß Weingartner kein rechtes Glück mit neuen Sängern hatte, und dabei hätte er gerade das bitter nötig gehabt. Sein einziges wirklich erfolgreiches Engagement war und blieb Lucille Marcel. Und deren einziger Triumph wieder war und blieb die Elektra. In deutlichem Abstand folgten Margarethe und Evchen.

Um dem gewaltigen Tratsch, den die Liebesromanze zwischen ihr und dem Herrn Hofoperndirektor erzeugte, den Boden zu entziehen, veranlaßte Weingartner die geliebte Frau, frühzeitig aus dem Ensemble auszuscheiden; sie war nur ein Jahr lang Mitglied der Hofoper gewesen. Sie wurde dann seine Frau und starb 1921, noch sehr jung.

Hedwig Francillo-Kaufmann, eine gebürtige Wienerin, kam über die Berliner Komische Oper und die Hofoper Berlin wieder in ihre Heimatstadt und war hier im Koloraturfach erfolgreich; später ging sie nach Rio de Janeiro, wo sie starb.

Josef Schwarz, ein prachtvoller lyrischer Bariton aus Riga, kam aus Graz an die Volksoper und von dieser auf Grund eines noch mit Gustav Mahler geschlossenen Vorvertrages an die Hofoper zu Weingartner. Leider war seine Bühnenpersönlichkeit gering.

Bei italienischen Stagionen sangen des öfteren Alessandro Bonci, Mattia Battistini, und einmal gab es „Rigoletto" mit Battistini und einem jungen englischen Tenor mit damals italienischem Vornamen: Alfredo Piccaver! Aber erst unter Weingartners Nachfolger Gregor sollte dieser zu einem der größten Publikumslieblinge werden, die Wien je gehabt hat.

Zum Nachfolger Leo Slezaks im Wagnerfach (Lohen-

K. K. Hof-Operntheater.

Im Jahres-Abonnement 1. Viertel — **Donnerstag den 3. Dezember 1908** — Bei aufgehobenem Saison-Abonnement

Des Kaisers Traum

Festspiel in einem Aufzuge von Christiane Gräfin Thun-Salm.

Musik von Anton Rückauf.

Kaiser Rudolf von Habsburg	Hr. Sonnenthal
Herzog Albrecht } seine Söhne	Hr. Reimers
Herzog Rudolf	Hr. Zeska
Hugo von Taufers, Vorsitzender im Rat	Hr. Baumeister
Der Hofmarschall	Hr. Loewe
Ein Baumeister	Hr. Hartmann
Ein Wiener Bürger	Hr. Thimig
Eine Bürgersfrau	Fr. Witt
Ein Bürgermädchen	Frl. Albach-Retty

(Edelleute der österreichischen Länder; mehrere Baumeister; Bürger, Frauen, Mädchen und Kinder; Gefolge, Pagen, Knappen, Volk, Musikanten.)

Die Zukunft	Fr. Römpler-Bleibtreu
Die Liebe	Fr. Hoheneils
Die Treue	Fr. Medelsky

Traumbilder:

I. Die Doppelhochzeit in der Stephanskirche 1515. Unter Mitwirkung der Fr. Treßler, Fr. Wittels, Frl. Schulz, Frl. Wille, Fr. Danegger, des Hrn. Kittschau und Hrn. Jenbach.

II. Die Begegnung Kaiser Leopolds I. und König Sobieskis nach dem Entsatz von Wien 1683. Unter Mitwirkung des Hrn. Gebrs und Hrn. Guttenberger.

III. Kaiser Karl VI. proklamiert in Gegenwart der achtjährigen Erzherzogin Maria Theresia die pragmatische Sanktion 1725. Unter Mitwirkung der Fr. Devrient-Reinhold, der Herren Moier und Heller und der kl. Eißner.

IV. Kaiserin Maria Theresia und Kaiser Franz I. mit ihren Kindern lauschen dem Spiel des kleinen Mozart 1763. Während dieses Bildes wird ein Menuett gespielt, das Mozart in seinem fünften Lebensjahre komponiert hat. Unter Mitwirkung der Frau Lewinsky, der Frls. Mell, Müller, Rub und Schopf, der Herren Sommer, Gregori, Walter, Danegger und der kl. Berzhofer und kl. Liebal.

V. Der Wiener Kongreß 1814. (Nach Isabey.) Unter Mitwirkung der Herren Devrient, Römpler, Ginnig, Kainz, Treßler, Frank, Paulien, Brechtel, Cluhorit, Rub, Baumgartner, Basch, Strebinger, Muratori, Geraich, Senbelmann und Wiesner.

Pause.

Freitag den 4. Carmen. "Don José" Hr. Hermann Jadlowker vom großh. Hoftheater in Karlsruhe als Gast. (Anfang 7 Uhr.)
Samstag den 5. Des Kaisers Traum. Hierauf: Aus der Heimat. (Anfang halb 8 Uhr.) Bei aufgehobenem Saison-Abonnement.
Sonntag den 6. Des Kaisers Traum. Hierauf: Aus der Heimat. (Anfang halb 8 Uhr) Bei aufgehobenem Saison-Abonnement.

☞ Zum Dienstgebrauche. ☜

Aus der Heimat

Nationales Tanzspiel mit Gesang in fünf Bildern.

Choreographie von Josef Haßreiter. — Musik von Josef Bayer.

1. Bild: Kirchweihfest in den Alpen.

Tänze:
Ländler. Frl. Fleischinger, Hr. Godlewski und das Ballettkorps.
Oberösterreichisches Lied. Fr. Pohlner.
Schuhplattler mit Gesang. Hr. Maikl, Frls. Berger C., Kohler, Berger L., Pentel, Windbek, die Herren Bauer, Buttula, Kammel, Neuber.
Koschat-Quintett. Fr. Elizza, Frl. Paalen, die Herren Koschat, Trapler, Fournes, Jochlein, Haan.
Meranertanz. Frls. Wopalenski, Spuller, die Herren Rathner J., Dubois und das Ballettkorps.

2. Bild: Südslavische Hochzeit.

Tänze:
Kroatien-Slavonien. Frls. Wasserbauer, Katlein, die Herren Czadill und Scotti.
Dalmatien. Frls. Kohler, Berger L., Pentel, Windbek, die Herren Bauer, Buttula, Neuber und Kammel.
Herzegowina. Frls. v. Strohlendorf und Hr. Raimund.
Slavisches Lied. Fr. Weidt.
Bosnien. Frls. Wasserbauer, Katlein, Kohler, Berger L., Pentel, Windbek, v. Strohlendorf, die Herren Czadill, Scotti, Bauer, Buttula, Neuber, Kammel, Raimund und das Ballettkorps.

Walzer (1836—1908).
Lied. Fr. Förster-Lauterer.

3. Bild: Erntefest in Böhmen.

Mähren und Schlesien. Frls. Preinersdorfer, Arnoldt, Reingruber, v. Strohlendorf II., die Herren Whytteis, Winter R., Kopeckh und Meier.
Böhmen. Frls. Wopalenski, Peterka, Berger L., die Herren Godlewski, Rathner J. und Dubois.
Hanna. Frls. Pentel, Fleischinger, und Herr Scotti.
Slowaken. Frl. Spuller und Hr. Buttula.
Bukowina. Frl. Gerri und Hr. Raimund.
Polen. Frls. Berger O., Kohler, Berger E., Piringer, Lustig, Pohl, Nowak und Jusl.

4. Bild: In der Csárda.

Ungarische Tänze. Frls. Windbek, Wasserbauer, Katlein, Kaar, Pohl, Popper, die Herren Czadill, Rathner J., Dubois, Buttula, Bauer, Neuber, Kammel und das Ballettkorps.

Nationale Märsche.

5. Bild: Allegorisches Tableau.

Das Gesamtpersonale der k. k. Hofoper.

Der freie Eintritt ist heute ohne Ausnahme aufgehoben.

Der Beginn der Vorstellung sowie jedes Aktes wird durch ein Glockenzeichen bekanntgegeben.

Abendkassen-Eröffnung vor 7 Uhr. Anfang halb 8 Uhr. Ende um 10 Uhr.

Über den großen Festabend, den er 1908 zum 60jährigen Regierungsjubiläum Kaiser Franz Josefs I. einstudieren mußte, war Weingartner sehr unglücklich. In dem Festspiel „Des Kaisers Traum" von Christiane Gräfin Thun-Salm wirkte beinahe das ganze Burgtheaterensemble mit, und Adolf Sonnenthal erschien als Rudolf von Habsburg. In „Aus der Heimat", einem „nationalen Tanzspiel" der beiden „Puppenfee"-Autoren Haßreiter und Bayer, konnte man Georg Maikl schuhplatteln hören, und Elise Elizza und Bella Paalen sangen gemeinsam mit Thomas Koschat in einem Quintett. (Der Kärntner Liederkomponist — „Verlassen bin i" — war Chorsänger im Hofopernchor. Zweiter Baß!)

Mit gemischten Gefühlen erlebte Weingartner bei der Premiere der „Elektra" den Triumph des verhaßten Richard Strauss und den seiner geliebten Lucille Marcel.

grin, Tannhäuser, Stolzing) hatte Weingartner den amerikanischen Tenor William Miller ausersehen, der auch einige Jahre hindurch ziemlich erfolgreich war.

Um so bleibendere Verdienste erwarb sich Weingartner durch die Förderung zweier österreichischer Komponisten: Julius Bittner und Erich Wolfgang Korngold.

Bittner, eine der liebenswürdigsten Erscheinungen der österreichischen Operngeschichte, ein großes Bühnentalent mit viel Sinn für Humor und Dramatik und mit einer reichen Palette volkstümlich-melodischer Einfälle, war im Hauptberuf Jurist, Richter. Er war mit einem etwas schwülstigen Jugendwerk im Stil der neudeutschen Wagnernachfolge zu Gustav Mahler gekommen, der sogleich erkannte, daß Bittners eigentliches Talent auf einem anderen Gebiet lag, und dem komponierenden Richter riet, sich mit seinem Ersten Kapellmeister Bruno Walter zu besprechen. Unter Walters Einfluß schrieb Julius Bittner dann eine Oper, „Die rote Gred", die 1908 mit Walter am Pult ihre Wiener Premiere erlebte (sie war vorher bereits in Deutschland gespielt worden). Es war ein mittelalterlicher Stoff, die Geschichte einer Verführerin mit brennendrotem Haar, halb Carmen, halb Salome, in Wien von Marie Gutheil-Schoder meisterhaft dargestellt. Bittner erntete großen Beifall. Aber fast noch besser gefiel 1910 seine Oper „Der Musikant", in welcher Erik Schmedes einen fahrenden Spielmann und Richard Mayr den Fagottisten Oberstierberger gab, der zwischen zwei Frauen steht, deren eine — „das Geigerl", eine Geigerin namens Friederike — eine bezaubernde Rolle für die Gutheil abgab. Wieder dirigierte Walter.

Mit Korngold, dessen Name später Weltruhm erlangte, verbindet sich die Erinnerung an einen der ungewöhnlichsten Abende der Ära Weingartner und der Wiener Oper überhaupt. Am 4. Oktober 1910 durfte sich der erst dreizehnjährige Erich Wolfgang, Sohn des bereits genannten allmächtigen Kritikers der „Neuen Freien Presse", Doktor Julius Korngold, von der Hofopernbühne herab für den reichen Beifall bedanken, mit welchem die Uraufführung seines Balletts „Der Schneemann" bedacht wurde.

Die Vorgeschichte ist in jeder Hinsicht merkwürdig. Erich Wolfgang hatte schon mit sechs oder sieben Jahren zu komponieren begonnen, und Vater Korngold führte ihn zu dem von ihm heißverehrten Gustav Mahler, der sich über das Talent des Kleinen sehr bedeutsam äußerte. Ein paar Jahre später verschickte die Universal-Edition Kompositionen Erich Wolfgangs, darunter auch eine Klavierfassung des „Schneemanns", an eine Reihe bedeutender Musiker mit der Bitte um Beurteilung. Der Name des Komponisten wurde nicht genannt, doch stand in dem Begleitschreiben, daß es sich um die Schöpfungen eines

An diesem Abend wurde Wien um zwei volkstümliche Figuren reicher: der alte und der junge Korngold. Es war das erstemal, daß ein dreizehnjähriger Komponist in der Hofoper den Applaus des Publikums entgegennehmen konnte.

elfjährigen Kindes handle. Die Gutachten der größten Musiker der Zeit waren durchwegs sehr positiv.

Ein Jahr später veranstaltete die Gattin des österreichischen Ministerpräsidenten Bienert in ihrem Haus eine Party, bei der der junge Korngold aus seinem „Schneemann" auf dem Klavier spielte, und ein paar Tänzer der Hofoper tanzten dazu. Das Ganze gefiel ungemein, man berichtete Felix von Weingartner davon, und der Direktor der Universal-Edition, Alfred Hertzka, offerierte der Hofoper die Uraufführung des Balletts. Weingartner nahm es an, obwohl sich Vater Korngold — und das ist authentisch — gegen die Aufführung aussprach: er hatte Angst, es könnte für seinen Sprößling doch noch etwas zu früh sein. Aber Weingartner blieb fest.

Nun setzte der große Tratsch ein: Die Instrumentation des Werkes stammte von Kapellmeister Alexander von Zemlinsky, und böse Gerüchte behaupteten, er habe das Ganze komponiert. Man fragte sich allgemein: Warum macht Weingartner das? Die Antwort war einfach und plausibel genug: Wenn das Stück durchfällt, hat er seinem ärgsten Gegner, dem Dr. Korngold, der ja jedem Nachfolger Mahlers Tod und Vernichtung schwur, ein böses Schnippchen geschlagen. Und kommt das Stück beim Publikum an, nun, dann hat er erstens einen Erfolg im Haus, und zweitens hat er sich den alten Korngold natürlich zu Dank verpflichtet...

Wie dem auch gewesen sein mochte, der „Schneemann" ging über die Bretter und wurde, was niemand erwartet hatte, ein ganz großer, ehrlicher Erfolg. Es gab langen Applaus nach der A-Dur-Serenade, die Konzertmeister Arnold Rosé überwältigend schön gespielt hatte, und am Schluß verneigte sich ein dreizehnjähriger Bub vor dem riesigen Vorhang, linkisch wie ein Bär und, wie man erzählt, mit Augen, die so dreinblickten, als ob er sich noch über den Schneemann auf der Bühne am meisten gefreut hätte, mehr als über den Erfolg seiner nun schon zwei Jahre alten Komposition. Wie ein Kind eben. Er hat selbst gesagt, das schönste sei dieser wundervolle weiße Schneemann gewesen, der am Schluß unter den wütenden Faustschlägen des Pantalon zusammenfällt.

Aus dem Wunderkind wurde später eine der prominentesten Gestalten des Operntheaters der ersten Hälfte unseres Jahrhunderts („Die tote Stadt", „Das Wunder der Heliane").

Wie Papa Korngold, der gefürchtete Kritiker, alle Welt tyrannisierte und beeinflußte, besonders auch zugunsten seines genialen Sprößlings, so tyrannisierte er auch diesen selbst. Ein paar Wochen nach dem „Schneemann" wurde ein Klaviertrio des Dreizehnjährigen aufgeführt, mit

Bruno Walter am Flügel. Bei einer Probe saß der kleine Erich zwischen dem Vater und der Mutter (die man, weil ihre Verwandten am Salzgries wohnten, witzelnd „die Salzgrisette" nannte). Als Bruno Walter nun das Tempo des ersten Satzes angab, brummte der alte Korngold: „Es ist zu schnell." Darauf die Salzgrisette: „Es ist zu langsam." Hierauf wieder Papa Korngold. „Zu schnell." Und Mama Korngold: „Zu langsam." Meint der Bub und Schöpfer des Werkes: „Ich weiß nicht, mir gefällt's, wie der Walter es spielt." Worauf die Eltern sich erbost zu ihm wenden und unisono zischen: „Du kusch!"

Felix von Weingartner verlor die Lust an der Leitung der Wiener Oper sehr bald. Die Presse griff ihn unbarmherzig an, und selbst die Mahlergegner sagten nach einiger Zeit, die Direktion Weingartner sei eigentlich die beste Rechtfertigung Gustav Mahlers gewesen.

Julius Korngold blieb auch nach dem Erfolg seines Sohnes Weingartners heftigster Feind; nicht umsonst hatte er, wie der Schwager von Johann Strauß berichtet, 1907 — bei der Demission Mahlers — vor dem Café Museum ausgerufen: „*Jeder* Nachfolger soll sich freuen!" Und auch Richard Batka, der die Kritiken für das offiziöse, bei Hof gerngelesene „Fremdenblatt" schrieb, stellte sich gegen Weingartner und raubte ihm zu allem Überdruß auch noch die Sympathien der Hofkreise.

Am 1. März 1911, nach genau drei Jahren und zwei Monaten, schied Felix von Weingartner. Er hatte demissioniert. Seine letzte Premiere — einen Tag ehe er Wien in Richtung Semmering verließ, um sich zu erholen — wurde zugleich eine seiner interessantesten: „Benvenuto Cellini" von Hector Berlioz, mit William Miller und dem neuen Bariton Rudolf Hofbauer.

Weingartner — im Grunde, wenn auch stets kampfbereit, ein liebenswürdiger Weltmann und Aristokrat — war kein leichter Charakter und schuf sich wie schon zuvor in Berlin, wo er sich mit Generalintendant von Hülsen zerkriegt und nach allen Seiten Streitigkeiten verursacht hatte, auch in Wien zahllose Feinde. Er hätte deren weniger gehabt, wäre er nicht dauernd von Komplexen gejagt gewesen, besonders von zweien: von seinem Mahlerkomplex als Direktor (er hat beharrlich geleugnet, von Mahler ein reiches Erbe an Sängern und Repertoireopern übernommen zu haben) und von seinem Richard-Strauss-Komplex als Komponist.

Als er in Wien antrat, stellte man an einen Operndirektor noch derart hohe Ansprüche, daß die Blätter schrieben, Weingartner verfüge gar nicht über die Qualifikation für dieses Amt, da er ja „nur" dirigiere und nicht zugleich auch Regie führe wie Herbeck, Jahn und Mahler. (Wie wenig erwartet man doch heutzutage von einem Operndirektor!) Nach seinem Abgang regten sich dann plötzlich die gegenteiligen Zweifel: Ob eine Musikerdirektion überhaupt das richtige sei. Ob es nicht falsch wäre, einen ausübenden Musiker zum Direktor zu machen. Ob man nicht wie in der Politik so auch im Operntheater lieber die Legislative von der Exekutive streng scheiden sollte. Und so weiter.

Weingartner hatte einen beinahe psychopathisch anmutenden Hang zu Pathos und Kitsch: „Ich selbst — lichtgeboren", schrieb er von sich. Um nur ja nicht mit Mahler und dessen „Freundeskreis" in einen Topf getan zu werden, nahm er die Ausdrucksweise späterer Jahrzehnte vorweg: „Mir steht das Ariertum auf die Stirne geschrieben." Und mit dem Blick auf seine Kritiker: „Dieses kriechende Gewürm! Droben im Äther ist meine Wohnstatt." Von den gegen ihn gesponnenen Intrigen sprach er als von „giftigen Tränken, die seinerzeit in den Küchen der Borgia gebraut wurden", und er informierte sich aus okkulten Büchern über allerhand magische Praktiken, die ihn vor seinen Feinden schützen sollten.

Unter der Bevormundung durch die Generalintendanz, dieser „Brutstätte für Umtriebe", litt Weingartner ganz besonders. Er erzählt, daß man in der Generalintendanz von den Opernsängern meist als von „diesen Schlingeln" sprach. Als er dort einmal die Erhöhung einer Sängergage durchzukämpfen hatte und der Beamte für kein Argument zugänglich war, fragte Weingartner den Mann: „Warum sind Sie so hart?" Da sagte dieser: „Schaun S', lieber Weingartner, ich hab' nach oben nix zu sagen und nach unten nix zu sagen, also bleibt mir nix übrig, als schmutzig zu sein, wenn ich wer sein will." Bei „nach unten nix zu sagen" hatte er auf Weingartner gedeutet.

Dieses typisch österreichische Rencontre erinnert an eine andere, kaum weniger typische Begebenheit aus der Anfangszeit der Ära Weingartner. Der neue Hofoperndirektor wollte einen bestimmten Punkt in seiner Dienstinstruktion abgeändert haben. Aber Sektionschef Baron Wetschl von der Generalintendanz, dem er sein Anliegen vortrug, schüttelte nur den Kopf und meinte: „Mein Lieber, kennen Sie Wien denn nicht? Es wird doch ohnehin nichts von dem wahr, was da drinnen steht."

Weingartner hat während seiner Direktionszeit auch gesundheitlich Schweres durchgemacht. Während der Sommerferien erlitt er am Tegernsee einen Fahrradunfall, dessen Folgen ihn lange Zeit ans Bett fesselten. Und im darauffolgenden Herbst stürzte in der Oper ein Dekorationsstück so unglücklich auf ihn, daß es ihm ein Bein brach. Julius Korngold hat damals, leider etwas geschmacklos, geschrieben: sogar die Kulissen lehnten sich gegen Felix Weingartner, den Mahlergegner, auf. Von diesem Unfall blieb eine Verkürzung des linken Beines zurück, und Weingartner mußte von da an auf einem eigens für ihn konstruierten Sitz dirigieren.

Er dirigierte ruhig, präzise und mit sehr eleganten Bewegungen, die berühmt waren, wie später die von Hans Knappertsbusch. Charakteristisch für ihn war die merkwürdig ausgestreckte linke Hand, deren fünfter und vierter beziehungsweise dritter und zweiter Finger sich aneinanderlegten, und zwischen den beiden Fingerpaaren klaffte ein weiter offener Winkel. Weingartner war der erste Dirigent, von dem man munkelte, daß er seine Gesten vor dem Spiegel einstudiere.

Heute ist Felix von Weingartner als Komponist so gut wie vergessen. Vergessen sind seine Opern, seine Musik zu Goethes Faust II, vergessen seine Symphonien, deren Dritte, genannt „Le sermon d'amour", in E-Dur stand — weil das E aus den Buchstaben F und L zusammengesetzt erscheint: den Initialen von Felix und Lucille (Marcel). Im Finale wird ein Thema aus der „Fledermaus" variiert... Dann und wann hört man noch bei einem Liederabend seine wirksame Vertonung von Lenaus Gedicht „Frühlingsfeier", und relativ häufig seine Orchestrierung der „Aufforderung zum Tanz" von Carl Maria von Weber. „Goldene Mittelmäßigkeit", lautete das Urteil einer Kritikerin des „Neuen Wiener Journals" über ihn. Nicht vergessen aber ist der bedeutende Beethovendirigent, als den ihn das Konzertpublikum des In- und Auslandes sehr schätzte und von dem uns noch gute alte Platten einen Eindruck vermitteln. Weingartner hat von 1908 bis 1927 die Konzerte der Wiener Philharmoniker geleitet und wurde später noch einmal Operndirektor in Wien.

Trotzdem muß man zugeben, daß Weingartner seine Pflichten als Opernchef sehr ernst genommen hat. Er hinterließ im Haus am Ring eine unvergängliche Spur dadurch, daß er das Dirigentenpult endgültig an den in der heutigen Aufführungspraxis einzig üblichen Platz gerückt hat: an die den Orchestergraben gegen den Zuschauerraum abgrenzende Bordwand, von wo aus der Dirigent den besten Überblick über die Mitwirkenden hat und auch von ihnen allen am besten gesehen wird.

Seit Weingartner steht in Wien der Dirigent auf dem Theaterzettel, er wollte seinen Namen dort lesen — und so mußte er auch Bruno Walter und Franz Schalk daraufsetzen.

Hans Gregor
1911 bis 1918

Der erste Manager im Haus am Ring

Der neue Erste Obersthofmeister Seiner Majestät hieß Alfred Fürst Montenuovo (1909—1917); sein Name war eine Italianisierung des deutschen Namens Neipperg. Er verwaltete die kaiserlichen Schlösser, die Museen, die Hofgärten und das Hofburgtheater — aber nichts bereitete ihm so viele Sorgen wie die Oper.

Wieder einmal mußte die Stelle des Operndirektors neu besetzt werden, und der Obersthofmeister ließ die Erfahrungen aus den letzten Jahrzehnten Revue passieren. Man hatte mit Mahler ein unbequemes Genie berufen, hatte mit ihm Triumphe gefeiert, aber auch ununterbrochen, wie man so sagt, „Scherereien" gehabt. Und man hatte sich nach Mahler ein unbequemes Nichtgenie geholt, Felix von Weingartner, der wieder nach seinem Weggang ein deutliches Gefühl der Nichtbefriedigung hinterließ. Es ist also verständlich, daß sich das Obersthofmeisteramt entschloß, nun einmal ganz neue Wege zu gehen. Mahler war Jude, Weingartner Katholik — nun kam der Protestant.

Schon die Art und Weise, wie die Verbindung mit dem neuen Direktor zustande kam, war völlig unorthodox: er wurde durch eine Agentur offeriert. Die damals überall aufstrebenden modernen Agenturen mit ihren Künstlermanagements hatten bei allem ihre Hand im Spiel, und zwar nahmen sie nicht nur Prozente (das hatten die Agenturen auch schon in alten Zeiten getan), sondern sie griffen in die Struktur der Verträge ein, trieben die Gagen hinauf und konnten auch bei der Erneuerung der Kontrakte bereits engagierter Künstler, die sie im richtigen Zeitpunkt zu ihren Klienten machten, die Bedingungen diktieren.

Nun empfahl also eine dieser Agenturen einen gewissen Hans Gregor, von welchem man in Wien bis dahin wenig gehört hatte. Er stammte aus Dresden, Jahrgang 1866, war Schauspieler am Deutschen Theater in Berlin gewesen (Romeo, Karl Moor), hatte verschiedene Bühnen in verschiedenen deutschen Städten geleitet, darunter auch das Theater in Barmen-Elberfeld, wo er ein recht interessantes Opernrepertoire (sogar mit Werken von Pfitzner und Debussy) gestaltet haben soll. In Berlin gründete und leitete er die Komische Oper, an welcher er auch Operetten geschickt lancierte.

Das Haus an der Ecke Friedrichstraße-Weidendamm hatte 1250 Plätze, einen viel zu kleinen Orchesterraum, kleine Büros und wurde von Gregor mit einem ganz kleinen Verwaltungsapparat geschickt „auf Kasse" geführt. Einen Welterfolg heimste er mit Eugen d'Alberts „Tiefland" ein, und er war es, der „Hoffmanns Erzählungen", die postum in Paris in einer nicht ganz bühnenreifen Gestalt ihre Uraufführung erlebt hatten — Offenbach hatte ja von ganzen Teilen des Werks nur fliegende Blätter hinterlassen —, in jene Form brachte, in der wir sie heute kennen und lieben. 600, ja wirklich 600 ausverkaufte Vorstellungen in 5 Jahren! Der Ruf der Agentur: „Zugreifen!", fand offene Ohren bei den Wiener Behörden.

Die Propagandafahne kündigte diesen gehobenen Kunstmanager als den „Max Reinhardt der Opernbühne" an, da er in Deutschland auch als Regisseur ein gewisses Aufsehen erregt hatte. Ein solcher Typ war in Wien seit Jauner unbekannt gewesen, und Fürst Montenuovo war sich über das Risiko, das er da einging, vollkommen im klaren. Bei Hans Gregors Antrittsaudienz sagte er zu dem neuen Direktor: „Ich habe Gründe für meinen Wunsch, mit dem bisherigen Leitungssystem zu brechen, und vor, statt eines Dirigenten von hohem Namen einen praktischen Theatermann in die Direktion zu berufen." Es war ein Experiment.

Diese Direktion Gregor, die volle sieben Jahre dauerte und mit allem Positiven und Negativen eines Kunstmanagers behaftet war, ist deshalb besonders interessant, weil viele Dinge, die heute zum täglichen Gespräch über Opernangelegenheiten gehören, damals gleichsam in embryonaler Gestalt zum erstenmal auftauchten.

Da man aber damals höheren Orts sehr wohl wußte, daß man den lieben Wienern einen Manager als Hofoperndirektor noch nicht so mir nichts, dir nichts „verkaufen" konnte — nach Jahn, Mahler, Weingartner —, unterstrich man in der Propaganda wie in den offiziellen Aussendungen mehr die künstlerischen Seiten des neuen Mannes. In Wirklichkeit hatte der Hof bewußt den Mann des Rechenstifts berufen. Gregor soll einmal vor dem Gebäude der Generaldirektion der Hoftheater in Dresden stehengeblieben sein und seinen Hut mit ausgestrecktem Arm aufgehalten haben: „Die schmeißen so viel Geld zum Fenster hinaus — vielleicht fällt da etwas in meinen Hut!" Im übrigen teilte er die Auffassung von Burg-

Diese Oper hatte noch Felix von Weingartner angenommen.
Hans Gregor fiel sie in den Schoß — „als Morgengabe".

*Aus der Kritik Dr. Julius Korngolds, „Neue Freie Presse",
9. April 1911.*

> modernstem Gepräge zu kontrollieren ist. Und da darf man nun ein bißchen protestieren, ja dieser Protest muß gegen den „Rosenkavalier" aus Wien kommen: Wenn Wien wirklich die Stadt der Walzer ist, so ist es keineswegs die Stadt der gegenwärtig herrschenden, ausdrucksleeren, schablonenhaften, banalen Operettenwalzer. Walzer solcher Art vertragen wirklich nicht die Standeserhebung, die ihnen Richard Strauß, obendrein in tiefer Verkennung der Kunst Johann Strauß', zugedacht hat. Nicht um die Verwendung des Walzers überhaupt würde es sich handeln, der heiterer Opernmusik nie ganz fremd blieb, sondern um Verwendung **dieser** Walzer, vollends um Verwendung in geradezu unwahrscheinlicher Menge. Wenn der erste und zweite Walzer auftauchen, mag man vergnügt schmunzeln, zum dritten und vierten noch lächeln; wenn aber der fünfte und sechste heranrücken, stutzt man und ist gründlich verstimmt, wenn dann noch im dritten Akt eine unaufhörliche Folge von zum Teil unbegreiflich schalen Walzern — an fünfzig Seiten des **Klavier-**

theaterdirektor Heinrich Laube, daß nur noch *ein* Stand ein gleich hohes Maß von Machtbefugnis brauche wie der Bühnenleiter, nämlich der Räuberhauptmann...

Gregor versprach, alles „billig einzukaufen" — Sänger, Dirigenten und Holz für die Dekorationen. Firmen, die bisher an die Hofoper Material lieferten, verloren ihre Prestigekundschaft: Gregor ließ von Anfang an, und mit Erfolg, fast alles in hauseigenen Werkstätten herstellen. Man hatte es nicht für möglich gehalten, daß eine Inszenierung so billig sein könne wie Gregors Kassenschlager „Der Gaukler unserer lieben Frau" von Massenet.

*Moritz Scheyer in der „Wiener Allgemeinen Zeitung" vom
10. April 1911.*

> **„Der Rosenkavalier."**
> Komödie für Musik in drei Aufzügen von Hugo v. Hofmannsthal, Musik von Richard Strauß. — Zur Erstaufführung im k. k. Hofoperntheater am 8. April 1911.
>
> Es ist eine Komödie, tatsächlich eine Komödie: wie Richard Strauß nämlich es sofort gespürt hat, als die sexuell-neuropathische Hausse vorüber war. Unversehens waren Salome und Elektra ins gefährliche Alter geraten: vergebens buhlte das Tierchen Salome um die Gunst des Publikums, umsonst wand sich die Bestie Klytämnestra vor halbleeren Häusern in hysterischen Zuckungen. Inzwischen stieg die Operette hoch im Kurs; die Operette mit ihren „süßlichen Wiener Glissandi", ihren klebrigen Sentimentalitäten und ihrer so ganz unkomplizierten, daher gemeinverständlichen Erotik. Die Leute, sie hören es gerne... So ist nun diese Komödie für Musik entstanden, von den heulenden Derwischen, die seit einigen Jahren Strauß verzückt umtanzen, als **die heiß ersehnte „komische Oper"** proklamiert; diese Komödie, die wiederum mehr eine Komödie mit dem Publikum ist, als für das Publikum. „Das Ganze war halt eine Farce, weiter nichts," wie die Feldmarschallin sagt. Eine Farce, die stellenweise zur Operette herabsinkt, stellenweise noch tiefer, zur Posse mit Musik.

Im übrigen führte sich Gregor bald auch als Regisseur ein. Schon in den Vorbesprechungen verursachte er einigen Schrecken. Gregor, der Typ des bulligen Norddeutschen, dem Kasernenhofton und Kasernenhofdrill im Blut lagen, groß, dick, kahlköpfig, bebrillt, von einem bieder-forschen, junkerhaften Piefkehumor, der nicht immer gut ankam, fühlte sich stets als Mordskerl. Gleich in den ersten Tagen ließ er die musikalischen Leiter des Hauses, also die beiden Ersten Dirigenten Bruno Walter und Franz Schalk, zu sich kommen und hielt ihnen einen Vortrag über moderne Opernregie, die weit mehr verlange, als daß man

> **Hofoperntheater.** Zum ersten Male „Der Rosenkavalier", Komödie für Musik von Hugo Hofmannsthal. Musik von Richard Strauß. Die Ruhestörungen der Wiener Richard Strauß-Woche haben gestern glücklich ihren Höhenpunkt erreicht. An einer anderen Stelle dieses Blattes, auf Seite 15 findet der Leser ausführlichen Bericht über Dichtung und Musik, die dem Schreiber dieser Zeilen schon von einer Münchener Aufführung her bekannt waren und die ihm die Wiener Première leider in kein froheres Licht zu rücken vermocht hat.

*Hans Liebstöckl im „Illustrierten Wiener Extrablatt"
vom 9. April 1911.*

> Die vielgepriesenen Walzer im „Rosenkavalier" haben uns trotz ihrer raffinierten Instrumentation wenig Geschmack abgewinnen können und ihre banalen Melodien gemahnen direkt an die Operette. So sehr wir das enorme Talent Richard Strauß' zu schätzen geneigt sind, so können wir seinen „Rosenkavalier" nicht als einen Fortschritt seines Schaffens bezeichnen und wir glauben auch nicht, daß sich diese „Komödie für Musik" im Repertoire unserer Hofoper lange erhalten wird.

*Alfred Angermayer im „Neuigkeits-Weltblatt" vom
9. April 1911.*

Robert Hirschfeld in der „Wiener Abendpost", 10. April 1911.

> Theresias, der die Ausstatter der Hofmannsthalschen Stilkomödie peinlich getreue Formen entnahmen, der Wiener Walzer noch gar nicht geboren war und daß der Walzer nicht das Tempo jener Zeit gewesen ist. Er mutet in dieser Umgebung so unecht an wie das fürchterliche Hofmannsthalsche Wienerisch im „Rosenkavalier", das nicht allein mit „Führa (!) g'fahr'n" eine bedenkliche Orthographie aufzuweisen hat.
>
> Die Gründe des Mißvergnügens, das sich um den „Rosenkavalier" verbreitet, liegen aber tiefer. Hugo von Hofmannsthal und Richard Strauß, die sich für eine musikalische Komödie befähigt hielten, sind gänzlich von Humor verlassen; sie bringen nicht mehr als kleinen, niedrigen Witz in ihr Werk. Die

Dr. David Bach in der „Arbeiter-Zeitung" vom 9. April 1911.

> Leibblatt erkoren. Für Wiener Ohren klingt der Walzer zu normalwienerisch, um das Auffälligste, Merkwürdigste, Besondere zu sein — daß Richard Strauß Walzer schreibt, kann vor der Aufführung die Neugier reizen, aber mit dem Ablauf der Musik wird auch die Erwartung entspannt. Für das Merkantilische, um mit Nestroy zu sprechen, ist allerdings, wie es scheint, der Walzer die Hauptsache. In dem großen Berliner Kaufhaus Wertheim, in dem man schlechterdings alles erhält, wird auch der neueste Strauß verschleißt, und zwar ein Potpourri, das heißt ein Gemengsel der hübschesten Walzerthemen aus dem „Rosenkavalier" — der Unterschied von dem rührigen Vertrieb irgend eines kolossalen Operettenschlagers, wie die Verleger und sonstige Interessenten zu sagen pflegen, ist wahrhaftig nicht sehr bedeutend.

nur schön singe (als ob das Gustav Mahler nicht auch schon gewußt und verlangt hätte). Er gedenke, sagte er, hier in Wien sehr modernes Theater zu bringen. „Schaun Sie, zum Beispiel, es genügt für unsere modernen Augen doch nicht, in ‚Rheingold' nur drei Rheintöchter zu haben! Wir wollen mehr Rheintöchter auf der Bühne sehen!" Und als Bruno Walter entgegnete: „Schrecklich, man kann doch nicht ein ganzes Aquarium machen", konterte Gregor: „Warum nicht?" Darauf Walter: „Herr Direktor, Richard Wagner hat ja doch nur für drei Singstimmen geschrieben." Aber Gregor war nicht unterzukriegen: „Bei mir ist das eben anders — drei singen, die vierte schwimmt." Derartige Vorträge über seine Auffassung vom Theater hielt er in den ersten Wochen noch öfter. Er sagte zum Beispiel zu Bruno Walter, der das dann später erzählt hat: „Sehen Sie, Richard Wagner hat vom Theater gar nicht so viel verstanden, wie wir glauben. Der ‚Fliegende Holländer' ist ein ganz schlechtes Stück — zwei Schiffe zugleich auf der Bühne! Ist doch unmöglich! Hätte Wagner das bei mir eingereicht, so hätte ich gesagt: ‚Gehen Sie heim und ändern Sie das.'" Und als Walter meinte, daß doch der Wille dessen, der ein Kunstwerk schafft, über alles zu stellen sei, versetzte Gregor: „Mein lieber Walter, Sie respektieren den Komponisten viel zu sehr. Bei mir gibt ein Komponist seine Partitur beim Portier ab."

Das wichtigste, was ein Manager braucht, wenn er eine Direktion führt, ist Glück. Und Glück hat Gregor weiß Gott gehabt. Schon seine erste Premiere war — der „Rosenkavalier"! Am 8. April 1911, nur fünf Wochen nach dem Abgang Weingartners, der das geniale Werk noch selbst angenommen hatte (sicherlich mit halbem Herzen) ging Strauss' Opus 59 zum erstenmal über die Bretter der Hofoper. Weingartner hatte sogar getrachtet, die Uraufführung nach Wien zu bekommen, und auch Richard Strauss war daran interessiert gewesen. Da aber alle seine anderen Uraufführungen in Dresden unter Ernst von Schuch stattgefunden hatten, landete auch der „Rosen-

> Das in allen Rängen geradezu überfüllte Haus bereitete dem neuen Werke nicht ganz den straußüblichen Premierenerfolg. Der erste Aufzug wurde mit zurückhaltendem Applaus aufgenommen, auch einige Opposition ließ sich hören. Nach dem zweiten Akte mit der drastischen Leistung des Herrn Mayr erschien auch Herr Strauß wiederholt an der Rampe und brachte einmal auch Kapellmeister Schalk mit. Auf den dritten Akt folgte der überlaute und zähe Beifall der Unbedingten, dem Herr Strauß wiederholt Folge leistete, das Publikum aber ging mit gemischten Gefühlen nach Hause.
> **Balduin Bricht.**

Balduin Bricht in der „Österreichischen Volkszeitung" vom 9. April 1911.

155

K. K. Hof-Operntheater

Samstag den 16. März 1912

Im Jahres-Abonnement   2. Viertel   66. Vorstellung im Saison-Abonnement

Zum ersten Male:

Aphrodite

Oper in einem Aufzug. Dichtung nach Pierre Louys von Hans Liebstoeckl

Regie: Hr. v. Wymétal   Musik von Max Oberleithner   Dirigent: Hr. Schalk

Chrysis	*	Myrtokleia	Freundinnen	Frl. Jovanovic
Königin Berenike	Fr. Hilgermann	Melitta	der Chrysis	Frl. Luna
Demetrios, Bildhauer	Hr. Weidemann	Aphrodisia		Frl. Cantl
Der erste Priester der Göttin	Hr. Haydter	Djala, eine Sklavin der Chrysis		Frl. Moravetz
Timon, ein Fremder	Hr. Leuer	Seso, eine Sklavin der Bacchis		Frl. Pohl
Naukrates, sein Gastfreund	Hr. Betetto	Der Haushofmeister der Königin		Hr. Fränzl j.
Bacchis	Frl. Paalen	Ein Neger		Hr. Schreitter

Junge Mädchen im Dienste der Göttin Aphrodite, Wächter des Tempels, Trabanten im Gefolge der Königin, Volk c.

Ort der Handlung: Alexandria. Zeit: Um das Jahr 200 vor Christi Geburt

Lyrischer Tanz: Frl. Jamrich, Fleischinger, Katlein, Kaar, Piringer, Pohl, die Koryphäen und das Ballettkorps.

Das Textbuch ist an der Kassa für 80 Heller erhältlich

* * * „Chrysis" Fr. **Mizzi Jeritza** als Gast

Als Maria noch Mizzi war. Der erste Abend der Jeritza an der Hofoper.

---

kavalier" dort. Daß freilich der allerbeste Ochs auf Lerchenau, den es je geben konnte, der Wiener Oper zur Verfügung stand, nämlich Richard Mayr, dem die klassische Lustspielgestalt auf den Leib geschrieben war, wußte Strauss besser als jeder andere, und man bemühte sich auch, Richard Mayr zur Uraufführung nach Dresden zu bekommen. Es gelang nicht, und erst drei Monate später konnte Strauss den herrlichen Bassisten in dieser Rolle erleben.

Im großen und ganzen kam der „Rosenkavalier" in ziemlich derselben Gestalt nach Wien, in der er sich den Dresdnern vorgestellt hatte. Der dortige Regisseur war keine besondere Leuchte, und Richard Strauss, mit Max Reinhardt persönlich befreundet, konnte diesen bewegen, die Regie zu übernehmen, und zwar anonym, um den Dresdner Opernregisseur nicht zu desavouieren. So hat also Reinhardt den „Rosenkavalier" auf die Beine gestellt und ihm jene Form gegeben, die er im großen und ganzen seit der Uraufführung behalten hat. Hofmannsthal und Strauss revanchierten sich bei Max Reinhardt damit, daß sie für ihn die „Ariadne auf Naxos" schufen, die er dann 1912 in Stuttgart zur Uraufführung brachte.

Bei den Proben in Wien ahnten nur wenige, wie heimisch und wie geliebt dieses Werk hier einmal sein würde. Gregors Kasernenton war nicht gerade das, was man in jenen Probentagen in der Hofoper brauchte. Trotzdem ging alles gut, bis auf einen kleinen Zwischenfall. Die Generalproben waren damals nicht öffentlich, nur ganz wenige hausfremde Leute durften zugegen sein, und als Selma Kurz, die den Part der Sophie übernommen hatte, Gregor bat, ihre Schwester in die Generalprobe mitbringen zu dürfen, lehnte dieser ihr Begehren ziemlich drastisch ab, worauf die Kurz ihre Rolle auf der Stelle zurücklegte, die Premiere nicht sang und damit ihrer Kollegin Gertrude Förstel zu einem großen Erfolg verhalf.

In Wien führte Oberspielleiter Wilhelm von Wymetal Regie, dirigiert hat Franz Schalk. Lucie Weidt, sonst im Wagnerfach und als Fidelio geschätzt, gab eine gute Marschallin, die Gutheil-Schoder sang den Octavian, Richard Mayr den Ochs, unerreicht bis heute. Die Bettszene wurde in der „gemilderten" Form, die von der Zensur in Dresden verlangt worden war, gespielt (die Inszenierung Otto Schenks im Jahre 1968 hat wieder die von den Autoren ursprünglich gewollte realistische Form gebracht), und die Gutheil setzte bei der Wiener Behörde tapfer durch, die erste Szene nur in Hemd und Hose, ohne Weste, spielen zu dürfen ...

Der Publikumserfolg war ungeheuer. Noch ungeheurer freilich der Durchfall der Presse. Was die Wiener Kritik sich damals leistete, ist uns Heutigen kaum faßbar: „Eine Farce, die stellenweise zur Operette herabsinkt, stellenweise auch tiefer" — „... hin und her pendelnd zwischen völlig heterogenen Stilarten asthmatischer Melodik" — „... aus dem dunkelsten Tiefland der Operette importiert" — „Ein künstliches, aber kein Kunstwerk" — „... banales Schlußduett" — „Richard Mayr als Ochs voll dummschlauer Gemeinheit und selbstgefälliger Eitelkeit, ordinär durch und durch" — „,Rosenkavalier' wird ein Homunculusdasein in der üblichen kurzen Dauer der Neugierde haben" — „Es geht zu wie bei einer Dorfkirmes" — „Es sollte heißen: Komödie gegen die Musik" — „Richard Strauss ist einer, der immer was zu reden weiß, wenn er nichts zu sagen hat" („Österreichische Volkszeitung", Balduin Bricht) — „Das Werk ist völlig von Humor verlassen" — „... eine Feldmarschallin, erotisch im Ruhestand" („Wiener Abendpost") — „Die Oper müßte heißen: Das Schwein von Lerchenau" — „Die

Musik ist ungesund, wider die Natur im höchsten Grad" — „... ein markerschütterndes Tohuwabohu, eine musikalische Mißgeburt" (Hans Puchstein). Und Dr. Julius Korngold in der „Neuen Freien Presse": „Ochs ist ein Falstaff der Mistgrube, ein Don Juan der Jauche..."

Trotzdem gab es unzählige Vorhänge. Im folgenden Jahr dirigierte Richard Strauss eine Reprise.

Das Managerglück hat also Hans Gregor als Antrittspremiere eines der größten Opernwerke aller Jahrhunderte in den Schoß gelegt, das noch dazu ein Lieblingswerk der Wiener werden sollte. Aber der neue Direktor hat auch sofort erfaßt, was nun zu tun war. Er war ein meisterhafter Auswerter, ich möchte sagen ein großartiger Ansetzer von Stücken. Das im heutigen Opernbetrieb so sklavisch befolgte Gebot möglichst langer Vorausplanung gehörte nicht zu seinem Glaubensbekenntnis. Heute kann man ja einen Erfolg gar nicht mehr „ausnützen", weil wir den Spielplan schon ein Jahr lang oder länger genau vorausgeplant haben. Und aus demselben Grund merken wir auch einen Durchfall nicht mehr. Wir disponieren die lebendige Oper zu Tode, denn durch Abonnements und an Organisationen verkaufte Häuser sind diese immer voll. Gregor aber hat alles kurzerhand aus dem Spielplan hinausgeworfen, was nicht „ging" — und dafür nach der Premiere in den noch verbleibenden neun Monaten des Jahres 1911 den „Rosenkavalier" nicht weniger als 37mal angesetzt, eine Zahl, die man sich heute überhaupt nicht vorstellen kann. Eine Meisterleistung.

Nach dem gleichen Rezept schrotete er den großen Erfolg seiner Weihnachtspremiere 1911 aus, Massenets „Gaukler unserer lieben Frau" (in seiner Regie), den er 1912 gleich 52mal spielte. Gefiel aber etwas nicht sofort, dann wurde es erbarmungslos abgesetzt. So erging es Hans Pfitzner, damals schon als großer Komponist verehrt, mit seinem „Armen Heinrich", der wegen des lauen Erfolges nur zwei Aufführungen erlebte. Gregor war respektlos gegen seine „Hausleerer".

1913 brachte Gregor „Tannhäuser" in der Pariser Fassung, mit dem großen Venusberg-Ballett, und er war sehr darauf bedacht, Wagners Schwan aus der Inszenierung von 1875 wieder auftreten zu lassen, der in Jauners Tagen Daniel Spitzers spitzige Bemerkung hervorrief (siehe Seite 76). Nun lese ich in der „Reichspost" von 1913 in der Kritik von Max Springer: „Es schwimmt ein gewaltiger Schwan mit beweglichem Hals und Gefieder zu der am Ufer ruhenden Frauengestalt, und seine Bewegungen lassen an Deutlichkeit nichts zu wünschen übrig..." Der Schwan war also wieder da, und nach der Verwandlung wimmelte der Wald am Fuß der Wartburg von edlen Rossen und bellenden Jagdhunden. Karajan ließ auch in unseren Tagen wieder lebende Hunde im „Tannhäuser" auftreten.

Zu Gregors permanenter Glücksserie zu zählen ist auch das Ablaufen der dreißigjährigen Schutzfrist für Wagners „Parsifal". Sie ging am 1. Januar 1914 zu Ende. Bis dahin war das Werk nach dem Willen seines Schöpfers an Bayreuth gebunden gewesen, und nur in Amerika hatte man es, sozusagen „illegal", gespielt (mit einer dressierten Taube im letzten Bild). Nun war es frei, und Gregor brachte „Parsifal" noch 1914 heraus (doch kam ihm die Große Oper in Paris zuvor; damals führte man eigene Sonderzüge von London in die französische Hauptstadt zu „Parsifal").

Die Wiener Hofoper durfte mit Erik Schmedes als Parsifal, Richard Mayr als Gurnemanz und der Mildenburg als Kundry einen großen Erfolg buchen. Es war die letzte Rolle der Mildenburg unter Gregor; sie hatte sich mit ihm von Anfang an sehr schlecht vertragen, schied aus und betätigte sich während des Krieges als Krankenpflegerin.

Wegen des starken Erfolges setzte Gregor „Parsifal" im ersten Jahr gleich 27mal an. Vor der Premiere ließ er sämtliche Gaststätten der Umgebung verständigen, sie sollten „auf Draht sein", um die während der langen Pausen zu erwartenden zahlreichen Flüchtlinge entsprechend aufzunehmen und zu laben. Bei einer der „Parsifal"-Vorstellungen hat Gregor sogar den Versuch gemacht, Eintrittskarten zu versteigern: die Galeriekarten wurden ohne festen Preis an der Kasse den Meistbietenden ausgefolgt.

Hans Gregors großer Stolz war die Verwandlung am Ende des zweiten Aktes, der Zusammenbruch von Klingsors Zaubergarten. Nicht weniger als 30 große Theaterwagen mußten die Dekorationen und Requisiten für diese

K. K. Hof- Opernteater

Samstag den 7. März 1914

Im Jahres-Abonnement 3. Viertel 56. Vorstellung im Saison-Abonnement

Die Tante schläft

Singspiel in einem Akt von Hector Crémieux — Deutsch von M. Oscar

Regie: Hr. v. Wymétal   Musik von Henri Caspers   Dirigent: Hr. Reichenberger

Die Marquise d'Ambert..... Fr. Hilgermann Scapin, Kammerdiener des Chevalier Hr. Preuß
Gabriele, ihre Nichte..... Frl. Jovanovic Martine, Gabrielens Kammer-
Der Chevalier de Kerpry..... Hr. Rittmann mädchen..................... Fr. Kiurina

Das Stück spielt im französischen Städtchen Pau, Gasthof zur Sonne; 18. Jahrhundert

Auf seiner Suche nach Kassenschlagern war Direktor Gregor nicht wählerisch. Diesmal ging es schief. E i n e Vorstellung.

Oper aus den Werkstätten ins Haus schaffen. Der Aufbau auf der Bühne dauerte einen Tag, ebenso der Abbau. So entgingen dem allgemeinen Probenbetrieb drei volle Tage. Wie anstrengend die Proben für „Parsifal" selbst waren, kann man sich vorstellen, wenn man hört, was Gregor damals anläßlich einer Pressekonferenz über die veralteten, noch aus 1869 stammenden technischen Einrichtungen des Hauses sagte. Bühnenarbeiter mußten sich bei den Umbauten über die Bühne hinweg per Megaphon verständigen, es mag schaurig gedröhnt haben. Um den schweren großen Plüschvorhang aufzuziehen, bedurfte es einer achtköpfigen Bedienungsmannschaft: die Leute waren in verschiedenen Höhen postiert und mußten auf Kommando aus Leibeskräften an den Seilen ziehen, damit sich der Vorhang gleichmäßig öffnete. Kein Wunder, daß es noch bei der Generalprobe zu allen möglichen Unglücksfällen kam und die Verwandlung der Landschaft in den Gralstempel im ersten Akt streikte. Und zu allem Überfluß regte man sich im Haus auch noch darüber auf, daß Gregor für „Parsifal" weit weniger Proben angesetzt hatte als für Puccinis „Mädchen aus dem Goldenen Westen".

Zwei Monate nach der triumphalen „Parsifal"-Premiere, im März 1914, setzte Gregor als nächstes die französische Lustspieloper „Die Tante schläft" von Caspers an. Die Tante schlief nur einmal. Es gab einen gewaltigen Skandal, beinahe eine Revolte der Öffentlichkeit gegen den Direktor. Böswillige Behauptungen, wonach der Durchfall von „Die Tante schläft" im Frühjahr 1914 den Ausbruch des Weltkriegs verursacht habe, sind jedoch stark übertrieben.

Hans Gregor hat später sehr lustig über die Attacken erzählt, denen er in Wien ausgesetzt war. Die 80jährige Fürstin Metternich verlangte, man möge den Zuschauerraum — wie in den ältesten Zeiten — während der Vorstellung wieder beleuchten, damit man die Toiletten der Damen sehen könne. Und als er mit der Tradition der spiel- und probenfreien Karwoche brechen wollte, richtete eine Gruppe von Ballettdamen eine Beschwerde an den Thronfolger Franz Ferdinand: Gregor, der böse Protestant, wolle sie am Wallfahren hindern ...

Am meisten warf man Gregor seinen Kommerzsinn vor. In anderen Ländern protestiert man gegen die Opernleiter, wenn sie zuwenig auf die Kasse schauen — in Wien wuchs die Antipathie gegen Gregor, weil er zuviel auf die Kasse geschaut hat. Jedenfalls war es den Leuten unfaßbar, daß in der Welt der Oper, von der man ja immer sagt: um hier Erfolge zu haben, gehört in die Direktion der Verschwender und die Kurtisane auf die Bühne, nun plötzlich jemand erschien, der für die Schatulle des Kaisers sparte oder zumindest trachtete, das aufgewendete Geld auch wieder einzuspielen. Man fand das für absolut standeswidrig. Einmal forderte Dr. Julius Korngold: „Geben Sie in Ihrem Denken der Kultur mehr Raum als der Kasse!" Und Gregor: „Warum hat Ihre Zeitung zehn Seiten Annoncen und nur eine Seite Kultur?"

Als Regisseur hatte Gregor bedeutende Erfolge, den größten mit „Pelleas und Melisande" von Debussy, einem Werk, das er schon seinerzeit in Barmen-Elberfeld herausgebracht hatte und das zu den „Unterlassungssünden" Mahlers und Weingartners gehörte. Gregor erwies sich als sehr phantasievoller Regisseur, der Lichteffekte brillant einzusetzen wußte. Er arbeitete mit Bruno Walter, der die Premiere dirigierte, recht gut zusammen und hat diese Oper im ersten Jahr neunmal, im zweiten Jahr dreimal angesetzt; das ist nicht oft, aber immerhin öfter, als irgendein anderer Wiener Operndirektor es seither zustande gebracht hat. Die Melisande sang die Gutheil.

Das wichtigste für Gregor war die Kasse, das zweitwichtigste das Optische, dann erst kam die Musik. Er

Siegfried Wagner dirigierte 1912 an der Hofoper seinen „Banadietrich" (Scherenschnitt von Otto Böhler).

verstand etwas von Massenregie, und wenn es darum ging, dadurch Publikumswirksamkeit und hohe Einnahmen zu erzielen, konnte er das genaue Gegenteil eines Schmieranten sein; da konnte er arbeiten wie der Teufel, sich mit höchster Präzision noch um das kleinste Detail kümmern, und sein wahnwitziger Probenfahrplan tyrannisierte in solchen Fällen das ganze Haus. Für „Pelleas" und „Bohème" waren je 40 Bühnenproben angesetzt, was auch für heutige Zeiten ein Rekord ist; für Stücke, die Gregor weniger interessierten (und von anderen Regisseuren gemacht wurden), bewilligte er manchmal nur fünf.

Aus Gregors Tagen hören wir bereits Dinge, die uns heute, im Zeitalter der Despotie der Regisseure, recht geläufig sind, z. B. daß die Spielleiter es hassen, wenn neue Sänger in ihre Inszenierungen „einsteigen", ohne die ganze Regie von Anfang an mitgemacht zu haben; so wollte Gregor zunächst um keinen Preis Enrico Caruso den Rudolf singen lassen, weil Caruso sich anfangs nicht die Zeit hatte nehmen können, Gregors neue „Bohème"-Regie nachzustudieren. Nach 1915 hat Gregor nicht mehr inszeniert.

„Die Musik kam für Gregor, wie gesagt, erst an dritter Stelle, er hat sie anderen überlassen. Seine Feinde sagten: „Unter Weingartner ist *ohne* Musik inszeniert worden, jetzt wird *gegen* die Musik inszeniert." Aber wer wollte heutzutage solchen Urteilen widersprechen oder ihnen beipflichten? Wir können diese Inszenierungen ja leider nie mehr sehen.

Trotz seiner etwas kargen Beziehungen zur Musik trachtete Hans Gregor doch, viele interessante Dirigenten an die Hofoper zu holen. Er lud Arthur Nikisch und Ernst von Schuch ein, aber beide lehnten ab. Dafür kam z. B. der Italiener Antonio Guarnieri, der später neben dem alles überschattenden Riesen Toscanini einer der großen Wagnerdirigenten Italiens wurde. Leider hat er sich mit Gregor wegen dessen geringen Interesses für das Musikalische sofort zerstritten und Wien bereits nach vier oder fünf Monaten unter Vertragsbruch fluchtartig verlassen. Dasselbe wiederholte sich mit dem Dirigenten Gregor Fitelberg, den Hans Gregor eigentlich entdeckt hatte und der dann der große Dirigent Polens wurde. Er war ein ganz hervorragender Mann, sah ein bißchen wie Gustav Mahler aus, bleich, glattrasiert, schwarzäugig, etwas dämonisch à la E. T. A. Hoffmann. Gregor setzte ihn falsch ein: Fitelberg war ein glänzender Kapellmeister für die Moderne, zum Beispiel für Richard Strauss; an Marschners „Hans Heiling" mußte er scheitern.

Und auch Bruno Walter schied schließlich 1912 in Unfrieden und ging nach München. Schalk blieb. Ohne ihn wäre Gregor gescheitert. An Walters Stelle trat, von Gregor engagiert und dem Haus dann durch lange Jahre verbunden, Leopold Reichwein. Reichwein wird als ungleich beschrieben, er konnte an guten Abenden zu großer künstlerischer Höhe wachsen, besonders der erste „Parsifal", den er alternierend mit Franz Schalk leitete, soll eine vorzügliche Leistung gewesen sein; an anderen Abenden gab er bloße Routine. Von der Volksoper kam Bernhard Tittel, ein solider Handwerksdirigent. — Auf diesem Sektor war Gregor wenig erfolgreich: Dirigentendirektionen sind oft von dem Neid des Dirigentendirektors auf andere Dirigenten überschattet, aber von einer Managerdirektion erwartet man sich eigentlich die Mitwirkung vieler bedeutender Musiker am Pult.

Liest man heute die leidenschaftlichen Beschimpfungen, die sich in jenen Jahren aus Büchern und Zeitungsartikeln über Hans Gregor ergossen, so ist man veranlaßt zu fragen: Wie schlecht war dieser Direktor eigentlich, der ständig 60 bis 70 Werke im Repertoire hatte, ja noch bei ganz reduziertem Spielplan in den Weltkriegsjahren immer noch 35, und unter diesen so viele Novitäten, daß man von einem Avantgardespielplan sprechen kann? Die meistgespielten Komponisten waren freilich trotzdem Verdi und Wagner, Puccini und Richard Strauss. Denn so ist das ja über alle Jahrzehnte hinweg bis auf den heutigen Tag geblieben: ob sich ein Direktor in Interviews noch so avantgardistisch und modern gibt, ob er sich als begnadeter Künstler und Förderer des Neuen gebärdet oder als kundiger Kassendirektor — immer beherrschen das Programm Verdi und Wagner, Puccini und Richard Strauss. Seit kurzem auch Mozart.

Wie schlecht also, fragen wir nochmals, war dieser Hans Gregor, der die Mahlersche „Fidelio"-Inszenierung wieder einführte, Verdi, sooft es ging, italienisch singen ließ, riesige Gastspielpreise durchsetzte und den prophetischen Ausspruch tat: „Das einzige, was von der Moderne bleiben wird, ist Richard Strauss." Trotzdem spielte er auch die neuen Nebenwerke seiner Zeit, weil er glaubte, es dem Publikum schuldig zu sein.

Dieser „Kunstbanause" und „Kunstvandale" hat in sieben Jahren, die von den Zeitgenossen seufzend als „die sieben fetten Jahre für die Kasse und die sieben mageren für die Kunst" getadelt wurden, fünf Gesamtaufführungen der Werke Wagners und vierzehnmal den „Ring" herausgebracht, nur im Kriegsjahr 1917 gab es keines von beiden.

Wie schlecht war dieser Direktor, der in sieben Jahren drei große Richard-Strauss-Premieren auf die Beine stellte, mit entsprechend vielen Wiederholungen („Rosenkavalier", „Ariadne", „Salome")? Wie seinerzeit Jauner Wien zur Wagnerstadt gemacht hat, so machte jetzt Gregor Wien zur Strauss-Stadt. Und so ganz nebenbei hat dieser Hans Gregor der Stadt, die ihm gerne jeden Kunstgeist absprach, drei ihrer größten Publikumslieblinge beschert, die sie jemals gehabt hatte: Lotte Lehman, Alfred Piccaver und Maria Jeritza. Er hat eben auch bei den Engagements das nötige Managerglück gehabt — oder nennen wir bei Managern „Glück", was wir bei Künstlern als „Initiative" bezeichnen?

Der große Name ist gefallen: Maria Jeritza. Gregor hat um diesen Star der Volksoper hart ringen müssen. Mizzi Jeritza, wie sie damals auf dem Programmzettel noch hieß, stammte aus Brünn, hatte ihr Debüt in Olmütz gehabt, hatte am kaiserlichen Sommertheater in Bad Ischl Operetten gesungen, war dann zu Rainer Simons an die Wiener Volksoper gekommen, hatte unter Reinhardts Regie in München als Schöne Helena und unter demselben genialen Regisseur als Ariadne in Stuttgart Furore gemacht. Am Währinger Gürtel hatte sie ihrem Direktor die größten Triumphe ins Haus gebracht: als Elsa, als Elisabeth im „Tannhäuser", als Sklavin in der Oper „Quo vadis?" von Nougès, als Agathe im „Freischütz" und zuletzt als Blanchefleur in Wilhelm Kienzls „Kuhreigen". Erst nach unendlich komplizierten Verhandlungen konnte Gregor diese Sängerin in sein Haus bekommen, wo sie 1912 in Oberleithners „Aphrodite" in einer Nacktheit debütierte, die man auf einer Hofopernbühne bis dahin noch nie erlebt hatte. Sie eroberte ihr Publikum auch hier im Sturm.

Die zweite große Jeritza-Premiere war Puccinis „Mädchen aus dem goldenen Westen" am 24. Oktober 1913. Das Werk erlebte bis Jahresende 14 Wiederholungen, im Jahr darauf wurde es 27mal gespielt. Erfolg war Gregor alles, und so setzte er „Das Mädchen aus dem goldenen Westen", diese von wunderbaren Puccinimelodien umrankte „Raubersgeschichte", sogar am Weihnachtstag an! Die Uraufführung hatte 1910 in New York unter Toscanini stattgefunden, mit Caruso und Emmy Destinn in den Hauptrollen; es war ein Achtungserfolg für Puccini gewesen, der den Amerikanern „sein" Amerika made in Italy zeigte; der durchschlagende Erfolg kam erst, als diese Oper auch an der „Met" mit der Jeritza herauskam. Wo die Jeritza dieses Mädchen nicht sang, ist die Oper bis heute nicht heimisch geworden.

Daß in der Wiener Premiere als Partner der Jeritza Alfred Piccaver in der Rolle des Ramerrez erschien, darf als weiterer Pluspunkt für Gregor gewertet werden. Auf ein solches Opernpaar hatte Wien schon lange gewartet.

„Schön war der Knabe..."

So beschrieb in Korngolds Einakter „Das Wunder der Heliane" Lotte Lehmann in der Titelrolle 1927 den Fremden — das war Jan Kiepura, der junge Tenor aus Polen. Ein Jahr zuvor hatte er als Kalaf, als der unbekannte Prinz in „Turandot", in Wien wie eine Bombe eingeschlagen. Wir Gymnasiasten hatten es von diesem Tag an mit unseren Flirts immer schwerer: sämtliche Backfische waren „Kiepura-Mädchen".

Das waren meine Stehplatzjahre

Der totale Star

Jan Kiepura (oben als Herzog in „Rigoletto") war wirklich der
„schöne Knabe", er sah beinahe aus wie ein Kind, und etwas
Knaben- und Kindhaftes blieb ihm sein ganzes Leben lang. Er
war ein strahlender Ritter vom hohen C, hohen Cis, und der
Sex-Appeal seiner Stimme war so unwiderstehlich wie der
Charme seines Lachens. Wie niemand anderer war er der Star
aller Medien: er war einer der größten Kassenmagneten des
Films (bei „Zauber der Bohème", dem Film, den er 1937 in
Wien mit seiner Gattin Martha Eggerth drehte, betrug die An-
zahlung auf die künftigen Einspielergebnisse 150.000 alte Dol-

lar), dasselbe war es bei der Schallplatte und später bei der Operette. Er war der einzige Opernsänger, der jemals an der Wiener Oper an den Einnahmen seiner Abende beteiligt war — er kam in Wien pro Vorstellung immer auf rund 1000 alte Dollar. Kiepura (links als Don José) führte schon in den dreißiger Jahren das damals bei uns noch unbekannte Leben des Reisestars, er pendelte dauernd zwischen den europäischen und amerikanischen Opernhäusern und Filmateliers. Der Film hat ihm eine Popularität verschafft, die kein Opernsänger je in einem derartigen Ausmaß hatte. Steckte er in Wien, Paris, London, Mailand, Buenos Aires oder Warschau den Kopf zum Fenster hinaus, gab es überall den gleichen Menschenauflauf (oben: Rummel nach einem Abend in der Opéra Comique, Paris). Die Sitte der heutigen Stars vorwegnehmend, hat er nur sehr wenige Rollen gesungen: Kalaf, Cavaradossi, Don José, Rudolf, Manrico, den Herzog in „Rigoletto", den Fremden in „Wunder der Heliane" ... Während heute in jeder Oper die vom Regisseur bestimmten Kostüme getragen werden müssen, reiste Jan Kiepura stets mit seinen eigenen. Hätte es das Wort Star nicht schon gegeben, für ihn hätte man es erfinden müssen!

Rechts: Emil Schipper war Bariton und kam über die Volksoper. Mir hat er am besten im italienischen Fach gefallen. Unser Bild zeigt ihn als René in Verdis „Maskenball"; ich habe sein strahlendes hohes G in seiner Arie noch ebenso im Ohr wie sein hohes As als Rigoletto. Im deutschen Fach war wahrscheinlich der Borromeo in „Palestrina" seine beste Rolle. Für den Hans Sachs war er mir zuwenig vergeistigt. Er hatte eine Stimme von elementarem Volumen, war aber kein ausgesprochener Belcantosänger. Die Stimme nahm an Volumen von der Höhe bis zur Tiefe rapid ab; wenn er einen tiefen Ton nicht voll erreichen konnte, zeigte er statt dessen mit dem Finger nach unten. — Unten: Josef Kalenberg war ursprünglich Elektrotechniker und wurde der verläßlichste Repertoiretenor der Wiener Oper. Er sang alles: Wagner, Verdi, Mozart, Puccini, und er sang sehr, sehr viel, denn er war der immer bereite Einspringer. Der große Absager Piccaver hat ihm zu vielen Abenden verholfen. Hätte er seltener gesungen, so wäre er vielleicht mehr geschätzt worden. Hier sehen wir ihn als Walther Stolzing mit dem glänzenden Spieltenor Erich Zimmermann als David. Zimmermann war sehr klein — jedesmal, wenn in der „Fledermaus" Slezak als Alfred den Schlafrock von Zimmermann nahm, fragte er die Rosalinde: „Haben Sie einen Liliputaner geheiratet?"

Ich erinnere mich noch genau, wie wir 1930 im Stehparterre den Erfolg der „Wozzeck"-Premiere durchgepeitscht haben. Für uns war es ein ganz großes Erlebnis: die erste theaterwirksame Oper eines genialen jungen Zeitgenossen, der das Vokabular der Musik bereicherte. Außerdem habe ich sehr für Rose Pauly geschwärmt (unser Bild zeigt sie als Marie). Sie war eine Schülerin von Rosa Papier und eine grandiose Richard-Strauss-Sängerin (Salome, Elektra, Färberin). Ich war sehr stolz, wenn ich sie nach der Vorstellung auf den Petersplatz bis zu ihrem Haustor begleiten durfte. Weltpolitik hat merkwürdig in ihr Privatleben hineingespielt: ihrem Mann gehörte das ominöse Hotel Dreesen in Bad Godesberg, wo Hitler Chamberlain empfangen hat. — Auf dem unteren Bild sitzt der Komponist Alban Berg vor Georg Maikl (Hauptmann — der gute Mozart-Tenor war noch ein Engagement Gustav Mahlers), vor Josef von Manowarda (Wozzeck — auch er war von der Volksoper gekommen, seine größte Leistung ist wahrscheinlich der König Philipp in „Don Carlos" gewesen) und vor Hermann Wiedemann (Doktor; mit seinem Beckmesser und Alberich sind wir aufgewachsen).

„Giuditta" war nicht die erste Operette der Wiener Staatsoper — unter Jahn kam „Die Fledermaus", unter Weingartner „Der Zigeunerbaron", unter Krauss der „Opernball"; aber „Giuditta" im Jahre 1934 war die einzige Operettenuraufführung an der Wiener Oper.

Richard Tauber stand auf dem Höhepunkt seiner Kunst, und Lehár hatte seine Lieder wiederum für die besonderen Eigenheiten von Taubers Stimme geschrieben (sie standen fast stets in Des-Dur, D-Dur oder Es-Dur, damit Tauber mit seinen besten Noten As, A und B effektvoll enden konnte). Und Jarmila Nowotna machte an diesem Abend aus „Meine Lippen, die küssen so heiß" einen Weltschlager. Das Paar Tauber-Nowotna war ein noch größerer Erfolg als die Operette selbst: bald nachher sangen sie zusammen „Die verkaufte Braut".

Elisabeth Schumann (rechts) habe ich gleichfalls sehr verehrt, und meinen privaten Spionagediensten gelang es sehr oft, herauszufinden, wann sie ihre beiden Pinscher im Burggarten spazierenführte. Dort habe ich ihr aufgelauert und zahllose Autogramme gesammelt. Heute hätten Sängerinnen ihrer Klasse keine Zeit mehr, zu bestimmten Stunden im Burggarten ihre Hunde „äußerln" zu führen — sie müssen zum Flughafen... Als Mozart-Sängerin war Elisabeth Schumann weltberühmt, ebenso als Sophie im „Rosenkavalier". Mir privat hat sie beinahe am allerbesten in jenen Rollen gefallen, die eigentlich über ihr Stimmfach hinausgingen: Evchen, Mimi. Unvergeßlich der Silberklang ihres Soprans im Zusammenklingen mit anderen Frauenstimmen, wie in den Terzetten des „Rosenkavaliers" und der „Ariadne". (Unser Bild zeigt sie als Susanne im „Figaro" 1927.) — Mit dem wunderbaren Alfred Piccaver (oben) hatte ich es persönlich recht schwierig, denn ich gehörte zur militanten Kiepura-Garde. Trotzdem habe ich immer gewußt, wie großartig er war. Oft sind wir ja sehr enttäuscht, wenn wir versuchen, dem Glanz unserer Jugenderinnerungen mit Hilfe alter Schallplatten nachzuspüren. Bei Piccaver dürfen wir das getrost tun: wenn wir uns seine Puccini-Arien oder den Traum aus „Manon" oder sogar seine lieben englischen Schmachtfetzen heute anhören, dann stehen wir erstaunt vor dem Phänomen, wieso dieser verwienerte Brite trotz einzelner großer Auslandserfolge doch eigentlich nur eine Wiener Lokalberühmtheit geblieben ist. Unser „Pikki" liebte seinen Brahmsplatz und haßte das Reisen. (Das Bild zeigt ihn als Räuber Babinsky in „Schwanda der Dudelsackpfeifer" von Jaromir Weinberger, 1930.)

Margit Schenker-Angerer war eine der schönsten Sängerinnen der Wiener Oper. Sie hatte einen lyrischen Sopran von mittlerem Volumen, aber eine leuchtende, strahlende Höhe. Von allem, was sie sang, ob den Octavian, den Komponisten, die Elsa oder die Elisabeth, ging ein bezaubernder persönlicher Reiz aus. Ihre Technik war leider nicht perfekt, ihre Karriere dementsprechend kurz. (Unser Bild zeigt sie mit Franz Völker in der Neueinstudierung von Tschaikowskys „Pique Dame" unter Clemens Krauss 1931.) Völkers Stimme war ein herrlicher, weicher, großer Zwischenfachtenor, die Winterstürme, das Preislied, die Gralserzählung haben wir damals von niemandem schöner gehört — und die beiden Stimmen, seine und die der Schenker-Angerer, klangen in „Pique Dame" wundervoll zusammen: am Newaufer und in Lisas Zimmer... „Gib deinen Segen mir, bevor ich scheide". — Ich habe sehr viele große Altistinnen gehört — Maria Olczewska, Kerstin Thorborg, später Giulietta Simionato —, aber es gibt Stellen, die niemand so herrlich singen konnte wie unsere Rosette Anday (unten). Das waren besonders Phrasen der Bruststimme in der tiefen Lage, wie „Ich lieb' ihn ja noch immer" („Aida") oder „Er gedachte, Brünnhilde, dein" („Götterdämmerung") und die prachtvollen tiefen Stellen in „Samson und Dalila" (unser Bild).

Maria Jeritza

Primadonna
des
Jahrhunderts

Oben links: „Ihr habt bei einem edlen, guten und reinen Herzen ein engelschönes Angesicht", sang Alfred Piccaver als Räuber Ramerrez zu Maria Jeritza in „Das Mädchen aus dem goldenen Westen". — Oben rechts: Das Gesicht der Jeritza — hellblondes Haar, reizende Grübchen in den Wangen und das strahlende Lächeln der Dorfmädchen aus Mähren. — Unten: Zweimal hat die Jeritza die schönste Frau der Welt gespielt: in der „Ägyptischen Helena" von Strauss und (unser Bild) lange vorher in Max Reinhardts Münchner Inszenierung der Offenbach-Operette „Die schöne Helena". — Rechte Seite: „Nur der Schönheit weiht' ich mein Leben." Als Tosca sang sie das berühmte Gebet auf dem Boden liegend, was noch heute oft imitiert wird.

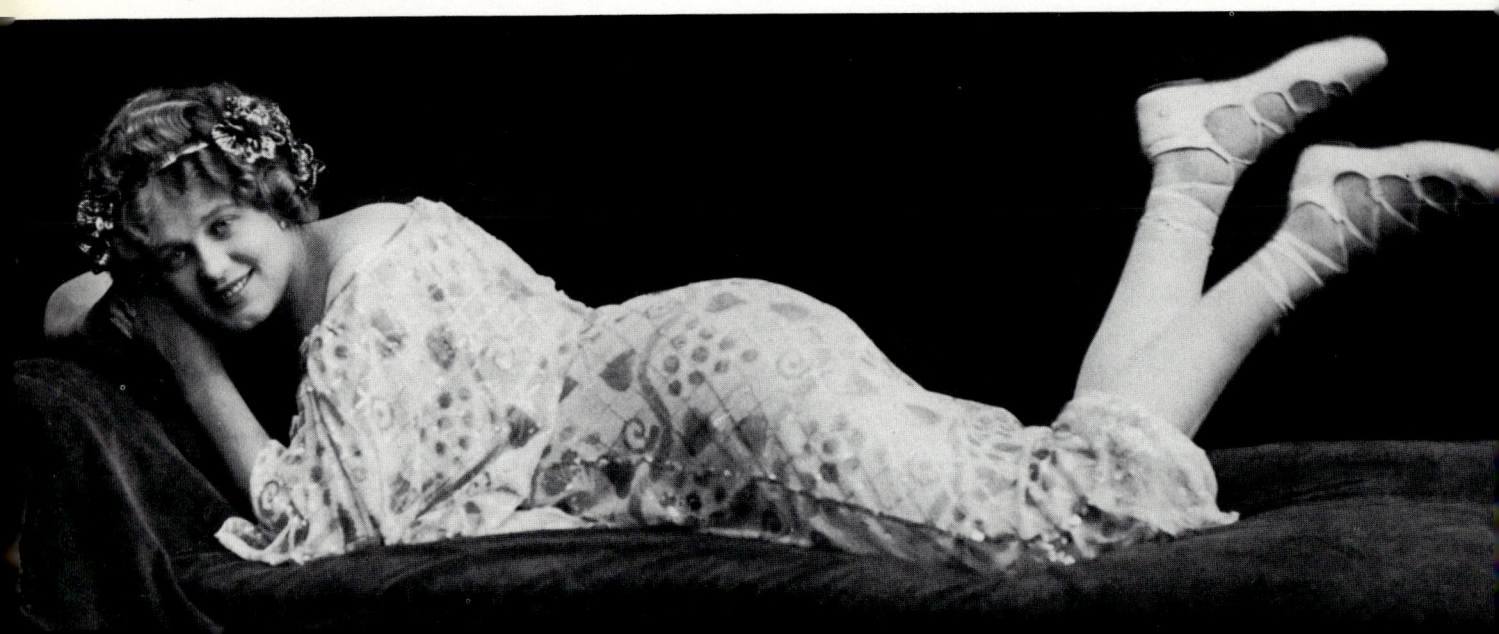

Man nannte sie die „Duse der Oper", und das Burgtheater, wie später auch der Broadway, wollte sie als Sprechschauspielerin haben. Ihr Sopran war von einzigartiger Leuchtkraft, ihr Spiel ein Vulkanausbruch menschlicher Leidenschaften. Ihre Spitzentöne stieß sie fast mit dem ganzen Körper ins Publikum. Jeder Ton war eine Lockung der Sinne. Der Jeritza-Schrei war ebenso hinreißend wie die Jeritza-Drehung, mit der sie sich dem Tenor in die Arme warf und sich unter seinen Kuß beugte. Die Jeritza hatte kein „Fach" — sie war Diva, Salondame und Soubrette (unser Bild zeigt die Künstlerin als Manon Lescaut).

Links: Maria Jeritza als Elisabeth in „Tannhäuser". Einmal sagte Ausstattungschef Alfred Roller aufgeregt zu Franz Schalk: „Herr Direktor, der Baum im dritten Akt ‚Tannhäuser' ist schon sehr schäbig, das geht wirklich nicht mehr!" Darauf Schalk: „Der Baum ist noch sehr schön, wenn die Jeritza davor steht." — Rechts: Die Aphrodite in Oberleithners Oper war ihre erste Rolle an der Hofoper. Viele Opern wurden für die Jeritza geschrieben, hatten mit ihr Erfolg und verschwanden mit ihr. Die Verzauberung ihres Spiels machte jede Kulissenreißerei glaubwürdig und veredelte jeden Kitsch.

Als Turandot (rechts) kam die Jeritza im zweiten Akt nicht wie die anderen Sängerinnen von oben, sondern von unten. Langsam stieg sie die hohe Treppe hinauf, wobei sich die riesige Prachtschleppe über die Stufen ausbreitete. Oben angelangt, wandte sie sich mit einem Ruck um, stand da — unter ihr floß die Schleppe fast bis zur Bühnenrampe. Bei jedem der Rätsel stieg sie dann tiefer herab, und beim zweiten tauchten ihre Augen in die Kalafs, und das Eis begann zu schmelzen. — Unten: Karikatur von L. Unger.

Es machte viel Aufsehen, daß die Jeritza als erster Wiener Star zwischen der „Met", an der sie seit 1921 jeden Herbst und Winter spielte, und Wien hin und her pendelte. Jedes Jahr zwei Ozeanreisen — da muß doch jeder seine Stimme verlieren, sagten die Amateurpropheten in der Steinzeit der Reisestars ...

Ihr Photo steht auf Puccinis Schreibtisch in Torre del Lago. In der amerikanischen Villa der Jeritza steht ein großes Photo von Richard Strauss mit einer herrlichen Widmung des dankbaren Meisters. Die ebenso geniale wie schöne und humorvolle Künstlerin hat einem glanzvollen Zeitalter der Oper ihren Stempel aufgedrückt. Unser Photo zeigt das bekannte Porträt des Malers Arthur Halmi. (Ich bin stolz auf die Widmung, in welcher sie mich als ihren besten Freund bezeichnet. Ich bin es und werde es immer bleiben.) Als sie in der „Toten Stadt" die Doppelrolle der Toten und der Lebenden spielte, hat das Gedicht eines Bewunderers die Jeritza folgendermaßen beschrieben: „Sie spielt, von ihrer großen Kunst durchglüht, ein Weib, das einer Toten ähnlich sieht. / Das machte klug der Opernlibrettist — / weil keine Lebende ihr ähnlich ist."

Hoch Slezak!

Zum letztenmal haben wir das 1934 nach einer „Bajazzo"-Vorstellung gebrüllt. Leo Slezak war damals einundsechzig, seit seinem Wiener Debüt waren 33 Jahre vergangen, die Stimme war noch immer imposant, und wir wollten es nicht glauben, als wir hörten, er habe sich mit dieser Vorstellung — unfeierlich, wie er war — verabschiedet. Wenn der Schlossergeselle aus Mährisch-Schönberg mit dem enormen Stimmvolumen Othellos Tod sang, lief es einem kalt über den Rücken. Im Vergleich mit ihm enttäuschte Carusos Volumen in Wien. Slezaks Jugendbilder zeigen ihn ganz schlank; später machten er selbst und alle andern ihre Späße über seine Korpulenz. „Hier in den Stuhl?" sang er als Walther Stolzing in den „Meistersingern" und blickte entsetzt auf den engen Singestuhl, in den er sich zwängen sollte. Er war vielleicht kein großer Schauspieler, rührte aber durch die tiefe Ehrlichkeit seiner Interpretation die Menschen oft zu Tränen. Seine Stimme war ungemein modulationsfähig, geheimste Schattierungen standen ihr zu Gebote, niemand konnte den Ausdruck von Hohn und Enttäuschung vergessen, mit dem er als Tannhäuser sang: „Wolfram bist du, der wohlgeübte Sänger"... Slezak wurde auch an der „Metropolitan" sehr gefeiert, er war der letzte Held der Meyerbeer-Opern; sie sind nach seinem Abgang verschwunden. Nebenbei war er ein ungemein liebenswerter Mensch, voll von Späßen, zum Schrecken seiner Kollegen auch auf der Bühne. Er schrieb reizende lustige Bücher und baute sich nach seinem Abgang von der Opernbühne eine zweite Karriere als singender Filmkomiker auf. Slezak starb 1946 am Tegernsee, wo der Weltberühmte ein Haus hatte und mit seinen Freunden Ganghofer und Ludwig Thoma auch zur Tegernsee-Prominenz gehörte. Er ruht auf dem Ortsfriedhof neben seiner über alles geliebten Gattin Elsa. — Die nebenstehenden Bilder zeigen den Sänger in seiner Abschiedsrolle als Canio in „Bajazzo" und als ersten Wiener Kalaf in „Turandot".

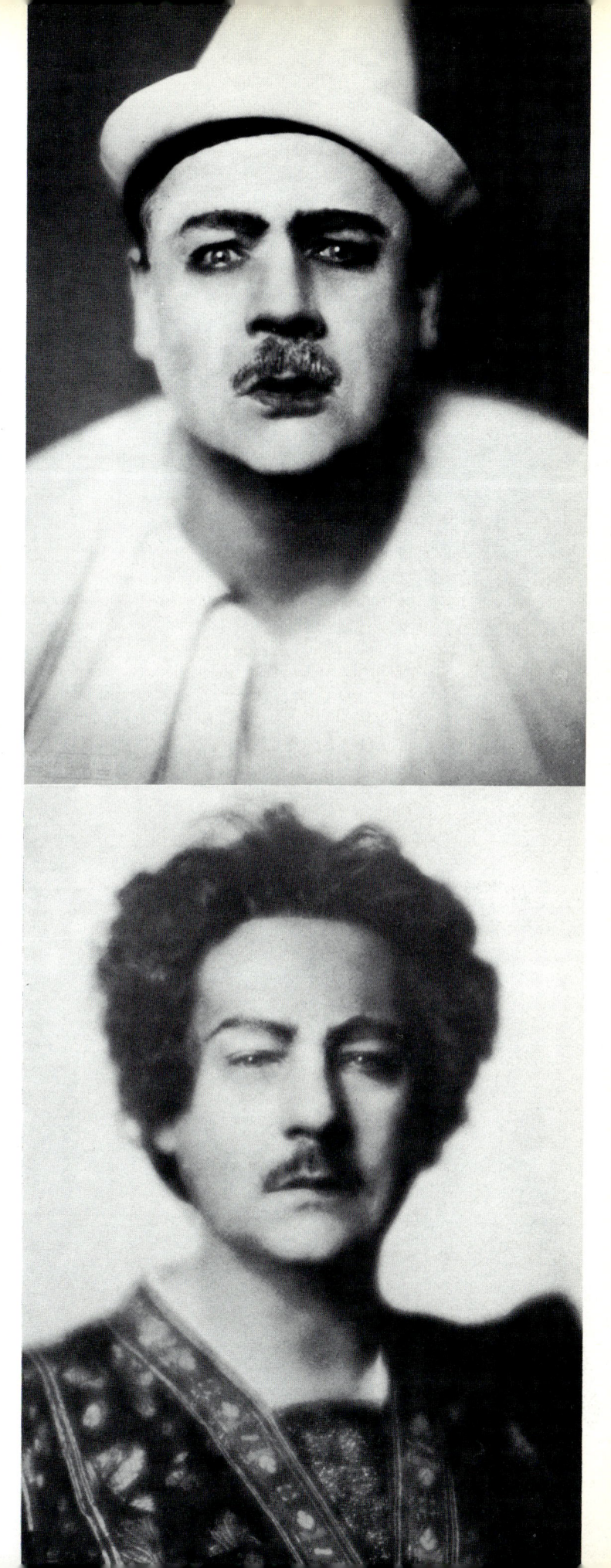

„Wie sah meine Mutter wohl aus?" sang Slezak, nur in ganz jungen Jahren, als Siegfried. Leos Mutter war Stickerin und Näherin — die Mimi von Mährisch-Schönberg.

Mit „Holdee Aiidoh" sang er sich als Rhadames immer wieder neu in die Herzen — wie haben wir doch Slezaks „Böhmakeln" geliebt, das er zeitlebens nicht losgeworden ist.

„O Mathilde", sang er als Arnold von Melchthal in „Wilhelm Tell" — nicht ganz schiller-, aber sehr rossinigetreu.

„Lodern zum Himmel" sah er die Flammen als Manrico in „Troubadour", der Oper, von welcher er gestand, daß selbst er nicht angeben könne, was in ihr eigentlich vorgehe.

„Gegrüßt sei mir, du teure Stätte", sang als Faust mit dem schönsten hohen Falsett-C seines Repertoires — Slezak Leo, wie er sich stets unterschrieb.

„Dir, Göttin der Liebe, soll mein Lied ertönen." Der Tannhäuser war seine besondere Glanzrolle, er sang sie bis in die letzten Jahre, mit Lotte Lehmann oder mit der Jeritza als Partnerin.

„Magische Töne, berauschender Duft", klang sein Piano süß durch die orientalische Nacht der „Königin von Saba", die gleichfalls mit ihm vom Spielplan verschwand.
Wie hier als Assad verstand er es auch sonst, mit Mänteln geschickt seine Beleibtheit zu verbergen.

„Hast du zur Nacht gebetet, Desdemona?" fragt Othello. „Geliebter, nimm mein Leben — aber schone meine Hühneraugen", seufzte die Desdemona, sobald der Riese Leo zum Würgegriff ausholte.

Links: Leo Slezak
als Walther Stolzing
(„Hier in den Stuhl?").
Siehe den Text
bei den ersten zwei Photos
dieses Bildblocks.

Diese aus den zwanziger Jahren stammende Karikatur von L. Unger hat folgende Legende: „Leo Slezak: Meistersingvogel und Ehrenmitglied der Staatsaffärenoper mit Nachsicht der Affären. Patentierter Frühlingsbote. Erstbesteiger des hohen C von der mährischen Seite. Weltmeister im Schwanfahren für Übermittelgewichtler. Königl. nibelungischer Balm(ung)echome. Besitzer des Gralsritterkreuzes und des Signum kalau-dis. Au-Witzepräsident des Vereines ‚Lohengrin' zur Bekämpfung des Gesellschaftsspieles ‚Frag mich was'. Gesammelter Werkmeister des Rowohltverlags. Fastnobelpreisträger für humoristische Altertumsforschung. Glücklicher Potentate einer hoffnungsvollen Künstlerdynastie. In erster Ehe verheiratet mit seiner Landsmännin Brünn-hilde." (Heute nur mehr für echte Slezak- und Jargonkenner verständlich).

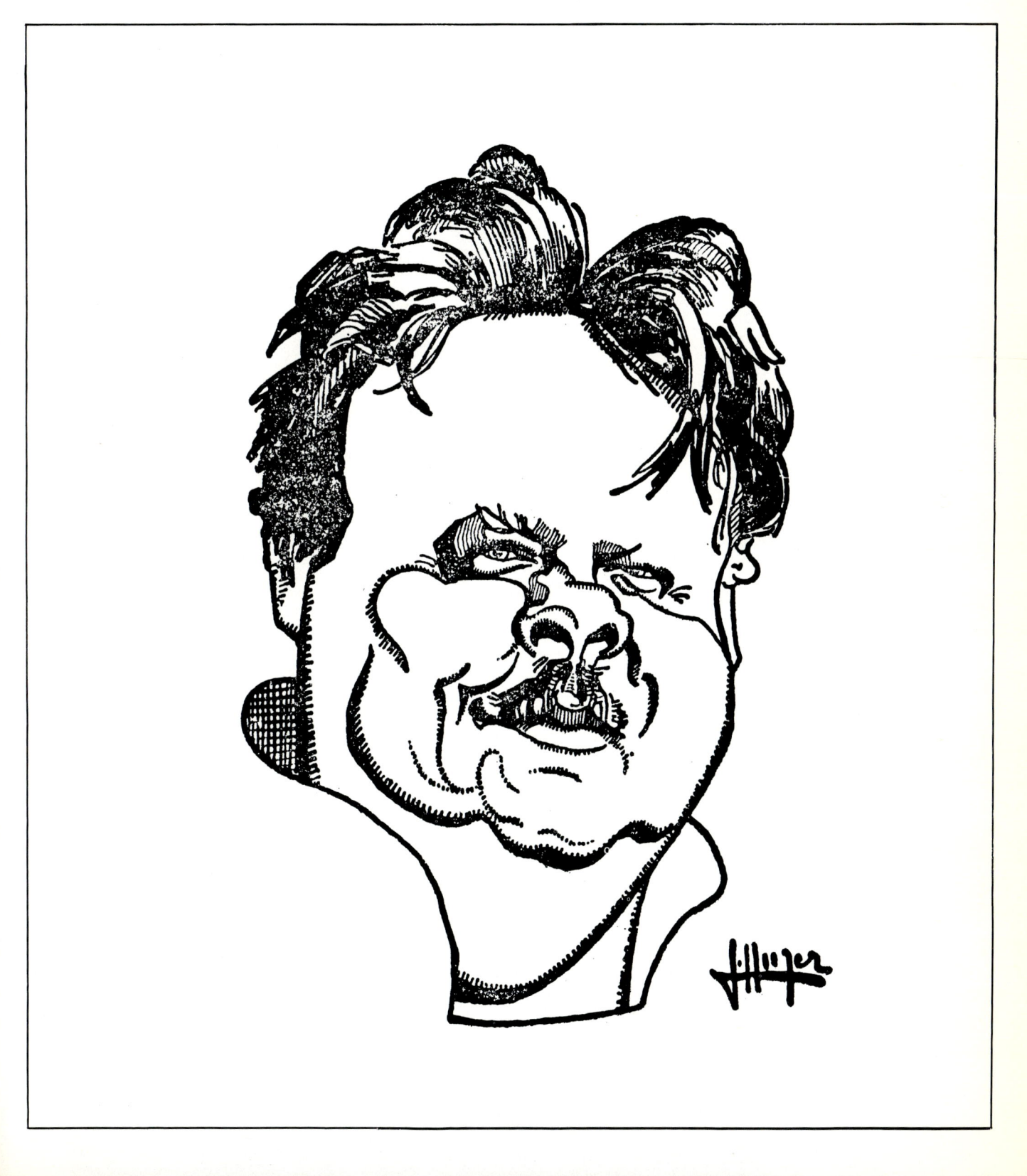

„Der Le-he-he-henz ist da!"

Leo Slezak war auch ein hervorragender Liedersänger. Er sang Schubert, Schumann, Hugo Wolf und Richard Strauss — und als Zugabe, immer und immer wieder stürmisch darum gebeten, das Lied „Der Lenz" von Eugen Hildach („Die Finken schlagen, der Lenz ist da..."). „Beim Hals hängt mir das Zeug schon heraus!" schimpfte er manchmal. Wie fast alle Künstler seiner Zeit sang Slezak bei seinen Liederabenden nicht auswendig, sondern mit dem Notenblatt in den Händen, wie es auch diese unsignierte Zeichnung festhält.

Wir werden diesem jungen Engländer, der in Amerika aufwuchs, in Italien studierte und, wie schon erzählt, als Alfredo Piccaver 1910 im Rahmen einer italienischen Stagione als „Einspringer" für den erkrankten Tenor gastiert hat, im nächsten Kapitel wieder begegnen. Hier nur so viel, daß er eine ganz herrliche Stimme hatte, mit einem in der höheren Mittellage nasalen Timbre von unerhörter Weichheit und Schönheit, daß er als Partner der Jeritza sehr oft zu hören war, daß er aber im Gegensatz zu ihr schauspielerisch recht konventionell und leidenschaftslos war; wenn er einmal nicht den ganzen Abend wie festgeleimt auf den Brettern stand, sondern zwei Schritte machte und dabei die linke Hand hob, sagten wir jungen Leute hernach ganz berauscht: „Hast du gesehen — der Piccaver kann ja doch spielen!" Die Jeritza mit ihrer elementaren Vitalität und den großen Bühneneffekten, die zuweilen von der Mitarbeit der Partner abhingen, hatte es da schwer. Zum Beispiel in „Cavalleria rusticana", wo sie sich nach dem großen Fluch „Auf dich die roten Ostern!" von Turiddu über die Kirchentreppe hinabstoßen ließ. Wenn der Tenor sie aber nicht stieß, konnte sie nicht fallen, und wenn Piccaver, der so seine Launen hatte, auf die Jeritza wieder einmal nicht gut zu sprechen war, dann hat er sie eben nicht gestoßen und sich hernach damit entschuldigt, seine künstlerische Auffassung sei an diesem Abend eben „etwas ruhiger" gewesen...

Bei der Premiere von „Mädchen aus dem goldenen Westen" war Puccini in Wien. Er war von der Jeritza begeistert und hat sie als seine größte Darstellerin bezeichnet. Sie hat dann an der Hofoper vor Puccini ihre grandiose Tosca gesungen, mit Piccaver als Cavaradossi.

Es fällt sehr schwer, einer Generation, die sie nicht mehr in ihrer großen Zeit erlebt hat, zu schildern, wie die Jeritza war: welch ungeheuren erotischen Zauber sie ausstrahlte und welch elementare Stimme ihr zur Verfügung stand. Ich habe das große Glück, mit dieser Künstlerin sehr befreundet zu sein, und wenn ich — wie z. B. im Herbst 1968 — im Garten ihrer Villa bei New York stehe und aus dem Haus dringt ihr „gesungener" Ruf nach der geliebten Sekretärin „Liiiieeeeslllll" — dann erwacht die Erinnerung an vergangene herrliche Tage. Der Liesl-Ruf wird zum Walkürenruf, zum strahlenden „Hojotoho", und auch ihr Liesl-Ruf hat noch immer mehr Volumen als viele Walkürenrufe von heute.

Spricht jemand unter der älteren Generation den legendären Namen Jeritza aus, so geht bei allen, die ihn hören, ein Leuchten über die Gesichter, in Wien genauso wie in Amerika. Ob das in 40 oder 50 Jahren auch so sein wird, wenn der Name einer Sängerin oder eines Sängers von heute genannt wird?

Der Jeritza-Mythos entstand noch vor der Herrschaft der mechanisierten Musik. Sie war keine Präzisionssängerin, hat des öfteren ein Achtel zuviel oder ein Achtel zuwenig gesungen, manchmal drei Achtel zuviel oder zwei Achtel zuwenig, und sie hat auch die Tonhöhe nicht immer ganz exakt getroffen, was die Korrepetitoren mitunter gerne verbessern wollten. Aber die, die gesagt haben: „Um Gottes willen, nur nichts daran ändern", hießen Giacomo Puccini und Richard Strauss. Sie war ohne Regisseur die strahlende Alleinregentin der Szene. Sie war die große Primadonna des Jahrhunderts, war das Symbol für alles, was damals Theaterspielen hieß. Als einmal Alfred Roller — nach 1924 — zu Franz Schalk kam und sagte: „Herr Direktor, im dritten Akt ‚Tannhäuser' der Baum ist schon recht schäbig", antwortete Schalk: „Der Baum ist noch sehr schön, wenn die Jeritza davor steht."

Die Jeritza hatte ein instinktives Verhältnis für die innersten Geheimnisse des Theaters. Als ich 1966 mit ihr in ihrer ständigen Loge in der neuen „Met" saß (es gab „Elektra", mit der besten Besetzung, mit einem unerhörten Wohllaut der Stimmen), da beugte sich Maria Jeritza bei jeder besonders schönen Phrase zu mir her und sagte, halb englisch, halb deutsch, halb tschechisch, wie das bei ihr seit jeher so war und bleibt: „Prawyček, schön... beautiful... ach, singen die schön!" Aber als dann der Vorhang fiel, wurde sie plötzlich nachdenklich und meinte: „Weißt du, Prawyčku, früher, die Gutheil-Schoder und die Mildenburg, die haben gar nicht so beautifully gesungen, aber man hat sich gefürchtet..." Sie traf genau ins Zentrum des Problems vieler moderner „Elektra"-Vorstellungen: die herrlichsten Stimmen der Welt, ein Meer von Schönheit — aber man fürchtet sich nicht.

Nun wollte also Hans Gregor die „Ariadne" bringen, die 1912 mit der Jeritza in Stuttgart uraufgeführt worden war. Diese Stuttgarter Fassung, die das Molière-Schauspiel mit der Oper vereinigte, behagte dem alten Theaterpraktiker nicht. In dieser Form wird das in Wien kein Erfolg, behauptete er und gesellte sich zu denjenigen, die auf Umarbeitung drangen. Hofmannsthal und Strauss, gegenüber dramaturgischen Einwänden mit Hand und Fuß durchaus aufgeschlossen, schufen die sogenannte Wiener Fassung, in welcher die „Ariadne" dann 1916 herauskam. In dieser von Molières „Bürger als Edelmann" losgelösten Gestalt wurde das Werk dann auf der ganzen Welt heimisch.

Es gab eine großartige Premiere mit Richard Strauss in der Proszeniumsloge, mit Franz Schalk am Pult und mit der Jeritza als Ariadne. Den Komponisten sang Lotte Lehmann, die aus Hamburg an die Donau übersiedelt war und hier bis zu ihrem Abgang nach Amerika bleiben sollte. Der Komponist war ihr Wiener Debüt, und die „Ariadne" war neben „Frau ohne Schatten" und „Walküre" eine der wenigen Opern, in welcher man die Lehmann gemeinsam mit Maria Jeritza erleben konnte. (In der „Frau ohne Schatten" — im Strauss-Hofmannsthalschen Briefwechsel abgekürzt „Frosch" genannt — sang Lotte Lehmann die Frau des Färbers, in der „Walküre" die Sieglinde.)

Die Freundschaft zwischen den beiden Künstlerinnen war nicht eben überschwenglich, und demgemäß waren auch die Fehden, die sich die Fanklubs der beiden Sängerinnen lieferten, erbittert. Wenn der Jeritza-Klub und der Lehmann-Klub gleichzeitig vor dem Bühnentürl erschienen, um ihre Ovationen darzubringen, kam es zu veritablen Schlachten.

Die Bühneneingänge waren damals noch nach Geschlechtern getrennt, die Damen kamen in der Operngasse, die Herren in der Kärntner Straße heraus. Frau Jeritza und Frau Lehmann aber brachten es zuwege, auch auf der Operngassenseite durch zwei getrennte Bühnentürln herauszukommen.

Lotte Lehmann, die gebürtige Preußin aus der Mark Brandenburg, hat in ihrer herrlichen, warmen Stimme immer den Jubel der Jugend getragen — und keine hat als Marschallin das Altern so ergreifend dargestellt wie sie. Sie hat der von Hofmannsthal erfundenen Altwiener Barocksprache die unverkennbare preußische Klangfarbe beigemengt und so jenes „Rosenkavalier"-Deutsch geschaffen, mit dem wir alle aufgewachsen sind. Ihre letzte Station vor Wien war Hamburg gewesen, wo Otto Klemperer sie entdeckt hatte. Ihrem liebenswerten, durch und durch fraulichen Naturell gelangen demgemäß die Elsa, die Elisabeth, die Marschallin, die Manon — als Partnerin Piccavers —, die Sieglinde, das Evchen, die „Figaro"-Gräfin, die Desdemona, fast sämtliche Puccini-Frauen und die Heliane von Korngold ganz besonders gut. Sie war keine Hochdramatische, aber wie herrlich war sie als Fidelio! Sie und Piccaver stellten das große lyrische Liebespaar langer Wiener Opernjahre: Manon und Des Grieux, Lotte und Werther...

Bei der „Ariadne"-Premiere debütierte auch ein von Gregor brandneu engagierter Tenor namens Béla Környey, ein gewaltiger Hüne aus Ungarn mit einer riesigen, angeblich wunderschönen Stimme, einer richtigen „Röhr'n", wie die Wiener sagen. Er hat schrecklich ausgesehen und war von dem schönen jungen Gott, den Hofmannsthal mit seinem Bacchus zeichnen wollte, weit entfernt. Die Zerbinetta dieser denkwürdigen Premiere war Selma Kurz, mit der es wieder einen Konflikt gab; ihre Abendgage betrug 2800 Kronen (40mal garantiert). „Die Zerbinetta", argumentierte Gregor, „hat achtundzwanzig Minuten Gesang. Hundert Kronen pro Minute! Zuviel!"

Hans Gregor brachte aber auch noch andere ausgezeichnete Sänger, vor allem holte er die besten Leute von der Volksoper weg: den Heldenbariton Emil Schipper (hervorragender Hans Sachs und Rigoletto), den Baßbariton Josef von Manowarda (auch er ein wunderbarer Hans Sachs, später — unter Clemens Krauss — der ausgezeichnete erste Wiener Wozzeck) und den lyrischen Bariton Hans Duhan, der in der „Ariadne"-Premiere gleich zwei Rollen sang (Musikmeister und Harlekin). Später war Duhan der erste Morone in „Palestrina", ein glänzender Papageno, er führte Regie und dirigierte sogar; ich habe noch unter seiner Stabführung „Tosca" (mit Jan Kiepura als Cavaradossi) gehört, ebenso „Gianni Schicchi".

Richard Strauss hatte persönlich bei den höchsten Stellen interveniert, um endlich die Aufhebung des Verbotes der „Salome" zu erwirken. Es war die letzte Premiere des Kaiserreiches.

Von den Sängern, die Gregor engagierte, sind uns außer den genannten noch ein paar andere Namen bis heute geläufig: Georges Baklanoff, der imposante russische Mephisto (er blieb nur kurz im Engagement), die charmante und temperamentvolle Rose Ader, die Soubrette Carola Jovanovic, die glänzende Mozartsängerin Lotte Schöne, der Bariton Hermann Wiedemann (gleich dämonisch als Alberich wie als Beckmesser), der Tenor Hermann Gallos, ein brillanter David, Olga Bauer-Pilecka, Bella Alten, der Bassist Nicola Zec, Charlotte Dahmen usw.

Leo Slezak wurde wieder an die Oper gebunden, sang seine herrlichen Rollen in „Jüdin", „Othello", „Meistersinger", „Prophet" und brachte die Kollegen durch Witze aus dem Konzept, aber in der Regel erst, wenn seine eigenen schwierigen Stellen vorüber waren: „Parnaß und Paradies" sang er als Stolzing, die Rolle war für ihn fast aus, und schon stand er neben dem Hans Sachs und begann: „Du, paß auf, der Moritz kommt nach Hause und sagt zum Tate..." etc. Manchmal, wenn er sich besonders gut fühlte, trieb er auch schon zu Beginn des Abends seine kabarettistischen Allotria. So erzählte mir Rosette Anday, daß Slezak einmal um 1930 im „Troubadour", als sie die Azucena sang, er den Manrico, nach dem Zigeunerchor, als die Schar der Choristen monoton in die Kulisse latschte, zu ihr hintrat und ihr ins Ohr flüsterte: „Piri, die lassen dich alle schön grüßen.."

Aus der früheren Ära wurde die Sopranistin Elise Elizza (dramatische Koloratur) prominent.

Wie Gregor überall Jagd auf gute Sänger machte, so sah er sich auch an allen Ecken und Enden nach interessanten Premieren um. Er brachte alle bedeutenden Komponisten seiner Zeit, auch wenn man schon damals bei dem einen oder anderen deutlich merken konnte, daß der Glanz seines Namens nicht ewig dauern dürfte. Zu diesen gehörten neben dem in Wien lebenden Holländer Jan Brandt-Buys mit seinen „Schneidern von Schönau" (drei Schneider warben um Lotte Lehmann) insbesondere Franz Schreker. Er wurde in Monaco geboren, wuchs in Wien auf und wirkte in Berlin — ein Dichter-Komponist von großer Klangphantasie, in dessen Lebenswerk sich Märchen, Traum und Wirklichkeit spielerisch vereinen. „Das Spielwerk und die Prinzessin" wurde nur ein Achtungserfolg für Schreker. Die Handlung war voll von Symbolismen und wurde von den meisten nicht verstanden. Am Schluß erhob sich der Spielmann, nachdem er bereits gestorben war, und spielte mit kalten Händen zum Tanz auf, das Volk betete auf den Knien und rief: „O Herr, wir wissen nicht aus noch ein", und das Publikum stimmte bei. Auch Regisseur Gregor hatte das Werk nicht verstanden.

„Wer sind unsere besten neuen Komponisten?" hieß es damals in den Kaffeehäusern. Antwort: „Max Auf-Reger, Franz Ab-Schreker und Närrisch-Schönberg."

Felix Weingartner erschien zum erstenmal als Opernkomponist in Wien, mit „Kain und Abel" (1914). In Max von Schillings' „Mona Lisa" erlebte man 1915 mit der Jeritza das Schicksal jener Mona Fiordalisa, die Leonardo in seinem Gemälde unsterblich gemacht hat. Gregor brachte d'Alberts Oper „Die verschenkte Frau", mit der er jedoch den „Tiefland"-Erfolg nicht wiederholen konnte, und, noch unter Walters Stabführung, den „Bergsee" von Julius Bittner: wagnerischer Naturzauber des entfesselten Sees und revolutionäre Bauern, ein recht wirkungsvolles Werk des talentvollen österreichischen Juristen.

Direktor Gregor ließ sehr viele Komponisten selbst dirigieren. Wie seinerzeit Richard Wagner, Brahms, Verdi, Rubinstein, Delibes, Massenet das Hofopernorchester bei Aufführungen eigener Werke leiteten und später Mascagni hier am Pult erschien, so dirigierten jetzt Siegfried Wagner seinen „Banadietrich", d'Albert „Tiefland", Kienzl den „Evangelimann", Max von Schillings seine „Mona Lisa", Franz Schmidt „Notre Dame", Oskar Nedbal, der Komponist der Operette „Polenblut", sein Ballett „Der faule Hans", und zahlreiche Male leitete Meister Richard Strauss Aufführungen seiner Opern.

Erich Wolfgang Korngold war bei seiner zweiten Hofopernpremiere 1916 achtzehn Jahre alt. Die beiden Einakter, die er noch in der Gregor-Zeit später gleichfalls selbst dirigiert hat, „Violanta" und „Der Ring des Polykrates", waren seine ersten Opern und eine erstaunliche Talentprobe. „Violanta" war eine Glanzrolle für Maria Jeritza — Korngolds Musik hatte erregende Farben der Sinnlichkeit und Leidenschaft für Hans Müllers Geschichte von der Renaissancedame, die den Verführer ihrer Schwester bestrafen will, aber selbst dessen Verführung unterliegt. In „Der Ring des Polykrates" waren Selma Kurz und Alfred Piccaver ein entzückend kleinbürgerliches Ehepaar von 1797. Wie bezaubernd las die Kurz in ihrem Tagebuch zur ersten großen celestaumspielten Opernmelodie Korngolds ihr „Kann's heut' nicht fassen, nicht verstehn...".

Der junge Korngold und sein allmächtiger Kritiker-Vater, der alte Korngold, waren das unerschöpfliche Thema von Wiens Theatertratsch. Bei einer Matinee im Hause eines reichen Wiener Industriellen spielte der junge Korngold eigene Werke, und der alte gebärdete sich wieder einmal allzusehr als „Boß". Als man dem Industriellen für sein nächstes Programm eine Pergolesimatinee vorschlug, antwortete er: „Gut, aber unter einer Bedingung — der alte Pergolesi bleibt zu Haus!"

Ein Höhepunkt der Gregor-Jahre war das Gastspiel des russischen Balletts von Diaghilew (1912 und 1913), das Wien mit neuen Perspektiven der Tanzkunst bekannt machte: man hörte hier zum erstenmal Strawinskys „Petruschka" und bewunderte in „Scheherazade" Nijinsky und die Karsawina.

Während des Krieges durften nur tote Franzosen und Italiener gespielt werden, keine lebenden Ausländer, was Gregor ganz besonders schmerzte, und Verdis Vorname mußte von Giuseppe in Josef umgewandelt werden. Keine „Bohème", keine „Cavalleria", keinen „Bajazzo" — wie sollte man da die Kasse füllen?

Die Sommerferien 1914 dauerten bis zum Oktober, von Oktober an und das ganze Kriegsjahr 1915 hindurch war reduzierter Spielbetrieb mit durchschnittlich vier Abenden pro Woche. Trotzdem hat Gregor 1915 zwei große Premieren herausgebracht, Pfitzners „Armen Heinrich" und die „Mona Lisa" von Schillings. 1916 war normaler Betrieb, es war sogar ein ziemlich hektischer Betrieb in der Oper, die Preise waren sehr hoch, aber das Haus war trotzdem Tag für Tag bumvoll, denn dem neuen Publikum („Kriegsgewinnerpublikum" nannten es die alten Stammgäste) machten die hohen Preise nichts aus. „Die Leute gehen hinein, ohne auf den Theaterzettel zu blicken", hieß es damals. Ende 1916, nach Kaiser Franz Josefs Tod, blieb die Oper bis Neujahr geschlossen. 1917 war wieder normaler Betrieb.

Die letzten Jahre der Direktion Gregor spiegelten den Zerfall des alten Österreich wider. Besonders interessant ist, daß sich der von seiten der kaiserlichen Regierung unternommene Versuch, die Nationalitäten der Donaumonarchie mit Wien zu versöhnen, auch auf den Spielplan der Hofoper auswirkte. Man gab Leoš Janáčeks „Jenufa" (Februar 1918), was allgemein als Politikum, als Konzession an die Tschechen aufgefaßt wurde; die Oper war beinahe zwanzig Jahre alt, man hatte sich gar nichts von ihr erwartet, doch erwies sich die Musik als sehr stark, und Maria Jeritza trug das Ihre zum großen Erfolg bei; es war Janáčeks erster Erfolg außerhalb Böhmens. Heute gilt der Komponist als einer der führenden des 20. Jahrhunderts. Wie sehr hat sich die gebürtige Brünnerin Jeritza, die ja immer ausgesehen hat wie ein schönes mährisches Dorfmädchen, da in ihrem Element gefühlt. Die erwarteten Demonstrationen blieben aus. Auf dem Theaterzettel stand: „Jenufa — auf Allerhöchsten Befehl — bei erhöhten Preisen". Und der Bühnenbildner Pühringer war zu Originalstudien nach Böhmen geschickt worden. Mehr konnte man wirklich nicht tun. Viel geholfen hat es nicht mehr. Janáček war anwesend und verbeugte sich vor dem Vorhang. Die deutschnationale Presse schrieb: „Nur die in der Menge anwesenden Stammesgenossen des Komponisten feierten ihn." Das war gelogen, der Enthusiasmus war allgemein.

Ein ähnliches Politikum hatte man schon 1917 bei „Ferdinand und Luise" von Julius Zaiczek-Blankenau vermutet. Gregor hat später erzählt, daß er die elende „Kabale-und-Liebe"-Oper des erzherzoglichen Klavierlehrers gespielt habe, um den Hof für eine Aufhebung des Zensurverbots der „Salome" gefügig zu machen. Das gelang aber erst kurz vor dem Zusammenbruch — Richard Strauss hatte sogar beim Kardinal-Erzbischof interveniert — und nun wurden die Zensurbestimmungen (ebenfalls zu spät!) erleichtert. Auf einmal war die wegen Verwendung einer biblischen Figur, des Täufers Johannes, verbotene „Salome" erlaubt; ein Witzwort bezeichnete sie sogar als „die kaiserlich-königliche Salome", weil nämlich auf dem Theaterzettel der Premiere am 14. Oktober 1918 stand: „Auf Allerhöchste Anordnung zu Gunsten des k. k. österreichischen Militär-Witwen- und Waisenfonds". Am Pult: Franz Schalk. In der Darstellung der Titelrolle wechselten die Jeritza und die Gutheil-Schoder miteinander ab. „Die Jeritza zeigt ihre volle Raubtiernatur, bildhaft schön in der Erscheinung... raffiniertes Kostüm, das ihre Reize entschleierte, lange ehe der Schleiertanz begann", schrieb das „Deutsche Volksblatt". Dem Baßbariton Weidemann, der den Jochanaan gab und schon recht undeutlich sang, hielt die Kritik vor, daß ein Prophet, den man nicht verstehe, es in seinem Beruf nicht weit bringen werde. Sehr gelobt wurde die Ausstattung, an der nur ein kleiner astronomischer Makel zu entdecken war: der Mond bewegte sich von rechts nach links. Daß die Hauptdarstellerin, was heute allgemein üblich ist, selbst tanzte, wurde sehr bewundert, doch bemängelte man das allzu große Dunkel auf der Bühne, wodurch man „bei Frau Jeritza den Unter- vom Oberkörper nicht unterscheiden konnte". Auch daß der Prophet in so sauberer Kleidung erschien, als ob er eben aus der Wäscherei gekommen sei, fand man stilwidrig, und die „Arbeiter-Zeitung" regte sich darüber auf, daß die Salome, „nachdem sie alle sieben Schleier abgeworfen hat, wieder in ganz demselben Kostüm dasteht wie zu Beginn des Dramas. Das mag wahrscheinlich Hoftheatersitte sein", schrieb das Blatt.

Während der letzten Kriegsjahre gab es in der Oper auch interessante Konzerte, so im April 1918 Gustav Mahlers Achte Symphonie sowie Orchesterwerke von Richard Strauss im Rahmen einer Strauss-Woche, bei welcher der Komponist auch „Elektra", „Rosenkavalier" und „Ariadne" dirigierte.

Zur selben Zeit war Gregor bereits reichlich theatermüde geworden. Das Geld war im Krieg plötzlich nicht mehr so wichtig, es war ganz gleichgültig, ob in der Kasse viel oder wenig drinnen war, die Atmosphäre hatte sich völlig geändert. Gregor, in dessen Tun und Lassen man immer noch zuwenig „Geist" fand, war allmählich aus dem Bewußtsein der Leute ausgeschieden, schon lange bevor er gekündigt war. Der Kaiser hatte bereits auf die Teilnahme an den Staatsgeschäften verzichtet, die Republik war ausgerufen, aber der Vertrag, den sich der raffinierte Manager seinerzeit hatte aufsetzen lassen, war ungeheuer schwer zu lösen. Endlich, im Laufe des November, war man soweit. Gregor ging, hat nie wieder ein Theater geleitet und schrieb zu seiner Verteidigung ein Buch „Die Oper der Welt — die Welt der Oper", worin er die Theaterprobleme seiner Zeit sehr interessant behandelt. Nach vielen Jahren in den USA starb er 1945 in Deutschland.

Der letzte Generalintendant Seiner Majestät des Kaisers — er hieß Leopold Freiherr von Andrian-Werburg und amtierte von Juli 1918 bis zum 24. November dieses Jahres — ließ Herrn Dr. Richard Strauss, der anläßlich der Strauss-Woche gerade in Wien weilte, zu sich in die Intendanz rufen und fragte ihn: „Wollen Sie Direktor der Wiener Hofoper werden?"

Strauss nahm an.

Was die Oper betrifft, hat sich die Monarchie einen guten Abgang gemacht.

Richard Strauss leitet die Oper (zusammen mit Franz Schalk) 1919 bis 1924

„Hab' mir's gelobt, ihn lieb zu haben"

Ich glaube, ich schulde es meinen Lesern, daß ich am Anfang dieses Kapitels bekenne: es gibt auf der Welt vielleicht kaum einen größeren Verehrer von Richard Strauss als mich. Er war der Abgott meiner Jugend, und alles, was er gemacht hat, war für uns richtig, war das Größte, Schönste und Beste. Wir standen Strauss vollkommen kritiklos gegenüber, und wenn mich jemand fragen würde: Wann waren eigentlich die Richard-Strauss-Jahre der Wiener Oper, dann müßte ich, auf jene Zeit zurückblickend, antworten: Immer. Denn diese feinen Unterschiede: zuerst Strauss als Gastdirigent, dann eine Doppeldirektion Richard Strauss—Franz Schalk, dann ab 1924 Schalk allein, wobei wir aber immer nur auf Strauss gewartet und uns gefragt haben: Wann kommt er wieder? Dann Strauss als Gastdirigent in der Ära Schalk und der Ära Krauss — diese feinen, geringen Unterschiede haben uns wenig interessiert, für uns waren das alles die wunderbaren Richard-Strauss-Jahre. Wie wunderbar waren sie wirklich?

Der letzte k. k. Generalintendant, Leopold Freiherr von Andrian-Werburg, selbst Amateurdichter und mit Hugo von Hofmannsthal sehr befreundet, hatte also Richard Strauss als nächsten Direktor verpflichtet, und dieser legte einen großartigen Plan zum geistigen Wiederaufbau der Wiener Oper vor: Das gesamte Repertoire sollte erneuert und ergänzt werden, von der Barockoper bis zum Ende des 19. Jahrhunderts, und zwar mit Werken aus allen Nationen. Es war ein ganz besonders teurer Plan, aber er hat Baron Andrian sehr beeindruckt, und es kam zu einem Abkommen zwischen ihm und Strauss, das den Künstler zu 100 Prozent moralisch und eigentlich auch zu 99 Prozent rechtlich für später an Wien band.

Am 10. November 1918, also am letzten Tag der Monarchie, war Franz Schalk zum „Leiter des Opernhauses" bestellt worden, doch hatte Andrian schon damals im Auge, Richard Strauss möglichst bald zum aktiven Mitdirektor zu machen. Über den Titel war sich Baron Andrian nicht im klaren. Direktor? Generaldirektor? Er ist viel mehr, meinte Andrian: er ist Dr. Richard Strauss.

Damals gab es noch keine Spannungen zwischen Schalk und Strauss, der in seinen Plänen für den geistigen Wiederaufbau der Oper sogar ausdrücklich erklärte, daß er mit Schalk gerne zusammenarbeiten würde. Er hatte schon im ersten Memorandum vorgeschlagen, Franz Schalk in führender Stellung zu belassen, Alfred Roller als Ausstattungschef zu bestellen, und er deutete sogar an, daß er Hans Gregor als administrativen Direktor nicht ablehnen würde.

Strauss — nach „Rosenkavalier" und „Ariadne" als geistiger Fastwiener begrüßt — hatte weitgehende, große Pläne mit Wien: er regte an, Max Reinhardt das Burgtheater zu übergeben, und ein bis zwei Jahre später wollte er die Volksoper, die sein Erzfeind Felix von Weingartner als Privattheater leitete, diesem wegnehmen und als subventioniertes Haus der Staatsoper angliedern, als Bühne für Raritäten und zum Ausprobieren junger Sänger; also schon beiläufig die Linie, die in den sechziger Jahren die Direktion Albert Moser am Währinger Gürtel verfolgte.

Die Donaumonarchie war zu Ende gegangen, der Doppeladler und das „k. k." verschwanden von den Programmen, die Hofoper wurde zur Staatsoper, und nun erhob sich die große Frage: Wird die Republik das Abkommen zwischen Baron Andrian und Richard Strauss anerkennen, oder wird sie versuchen, es loszuwerden?

Die Autoritäten der Republik erklärten klar und deutlich, daß sie Strauss haben wollten, und am 1. März 1919 wurde das Abkommen offiziell bestätigt.

Da ereignete sich jedoch eine der traurigsten Grotesken in der Geschichte Wiens. Österreich hatte trotz der schlechten Zeiten ein Genie von Weltruhm als Operndirektor bestellt, aber die Größe und Gemeinheit, deren unser liebes Wien in charmanter wie uncharmanter Weise fähig ist, hat sich damals wieder einmal enthüllt. „Die Wiener bewundern das Talent eines Toten, sie verzeihen es einem Lebenden nur, wenn es ihm schlecht geht", sagt Richard Specht.

Kaum war nämlich das Abkommen mit Strauss bestätigt, als beinahe das gesamte Personal des Operntheaters an die Behörde des Hofärars die Aufforderung richtete, Strauss nicht zu ernennen, und zwar auf Grund des Beschlusses einer Plenarsitzung von 800 Mitgliedern der Staatsoper. Diese Sitzung hat, wie sich später herausstellte, niemals stattgefunden. Der wahre Sachverhalt ist aber womöglich noch grotesker: Vier Gruppen, nämlich die Sänger, das Ballett, das Orchester und der Chor, hatten separate Sitzungen abgehalten. Die Mitglieder wurden von Vertrauensmännern der genannten Gruppen in getrennte Zimmer geführt, wo man jeder Gruppe für sich erzählte, die anderen drei Gruppen hätten bereits zugestimmt und eine gegen die Ernennung von Strauss gerichtete Resolution gutgeheißen; es bliebe somit gar nichts mehr übrig, als ebenfalls zuzustimmen, sonst wäre ein „unkollegialer Bruch der Solidarität" gegeben. So wurden diese vier Gruppen buchstäblich in ein Votum gegen den neuen Direktor hineinmanövriert.

Ausgelöst wurde diese Attacke durch eine dreifache Hetze: erstens wolle man nicht „gleich am Anfang der Republik eine schwarzgelbe Ernennung" anerkennen, hieß es, zweitens regten sich die Vertrauensleute ganz schrecklich über die Gage auf, die Richard Strauss bekommen sollte: für sieben Monate 80.000 Kronen als Direktor und 1200 Kronen für jeden Abend, an welchem er selbst dirigierte. „Eine so arme Stadt kann sich eben ein so teures Genie nicht leisten", rief und schrieb man. Dabei gab es, wie später nachgerechnet wurde, bereits andere Mitglieder des Opernhauses, die genau das gleiche Salär erhielten; der Dirigent Hugo Reichenberger, keineswegs eine Pultleuchte, hatte zwei Drittel dieser Bezüge. Richard Strauss' Einkünfte in Deutschland waren zu jener Zeit unvergleichbar höher. Aber alle diese Aufregungen änderten — gottlob! — nichts mehr, der Vertrag war bestätigt, und es blieb dabei. Er verpflichtete Strauss für eine Gage von 60.000 Kronen zu einer fünfmonatigen ununterbrochenen Anwesenheit pro Jahr und zu vierzig Dirigentenabenden jährlich.

Die dritte Hetze ging angeblich von Felix von Weingartner aus, der eine Direktion Richard Strauss in der Staatsoper mehr fürchtete als den Teufel. Er war ständiger Dirigent der Wiener Philharmoniker und redete dem Orchester ein, Strauss wolle die Philharmonischen Konzerte durch Konkurrenzkonzerte der Philharmoniker in der Staatsoper torpedieren, woran nach unseren heutigen Informationen kein wahres Wort gewesen ist. — Genauso unwahr ist auch das kursierende Gerücht gewesen, Strauss wolle, sehr zum Nachteil der Wiener Oper, zugleich mit

Die erste und einzige Uraufführung einer Richard-Strauss-Oper in Wien.

dieser die Berliner Staatsoper leiten. Wahr ist vielmehr, daß Strauss nach dem Zusammenbruch 1918 auf Wunsch der Berliner Staatsoper die interimistische Leitung dieses Instituts übernahm, nur interimistisch und ohne weitere Bindung, weil er ja bereits mit seiner Berufung nach Wien rechnete. Er war über 20 Jahre lang Gastdirigent der Berliner Oper gewesen und wollte sie in ihrer momentanen Notlage nicht im Stich lassen.

Es gab natürlich auch Staatsopernangehörige, die sich an der üblen Wiener Resolution nicht beteiligten: so fehl-

Geteilter Strauß ist — doppelte Freude.

Im Verlauf der Intrigen, die 1919 verhindern wollten, daß Richard Strauss die Direktion der Wiener Staatsoper übernahm, wurde auch das Gerücht verbreitet, Strauss wolle die Wiener und die Berliner Oper gleichzeitig führen.

ten bezeichnenderweise Maria Jeritza, Selma Kurz und Franz Schalk, der damals leidenschaftlich für Strauss als Direktor eintrat. Es ist belustigend und vielleicht menschlich nett, daß viele Künstler, die sich zur Teilnahme an dem ominösen Beschluß hatten überreden lassen, nachher einzeln die verschiedenen Wiener Zeitungen anriefen und diesen erklärten: Bitte, ich habe es nicht so gemeint, mir ist das nur so herausgerutscht, man hat mich gezwungen usw. „Sind halt a so." Der bekannte Musikschriftsteller Richard Specht aber hielt im Mai 1919 vor den Jubiläumswochen zum 50jährigen Bestand der Oper in der Hofburg einen Vortrag gegen die „Revolte gegen Richard Strauss", und Franz Schalk schrieb in der „Neuen Freien Presse": „Und wenn es noch mehr Sträusse gäbe, man müßte sie alle nach Wien holen!"

Strauss war zu jener Zeit nicht in Wien, sondern in seiner Villa in Garmisch. Dorthin ging alsbald eine Depesche ab, in welcher Männer wie Arthur Schnitzler, Stefan Zweig, Hugo von Hofmannsthal, George Szell, Joseph Marx, Julius Bittner, Alfred Roller und andere, kurz, das geistige Wien, den Brüskierten aufforderten, trotz der Resolution anzunehmen und unbedingt nach Wien zu kommen. Kapellmeister Leopold Reichwein, angeblich einer der Befürworter der Resolution, wurde bei einer „Parsifal"-Vorstellung von der Stehplatzjugend mit lauten Hochrufen auf Richard Strauss empfangen. Die „Operettenrevolution" versandete. Und Strauss kam. Eine Tatsache, die die Moral des Nachkriegswien sehr stärkte, weil sich viele sagten: Wo sich ein solcher Praktiker, ein solcher notorischer Erfolgsmensch hinsetzt, dort kann es schon nicht ganz schiefgehen.

Das alles ereignete sich im Frühjahr 1919, mit seinen Arbeiterunruhen, seinen kommunistischen Aufständen, seinen Hungerstreiks und den zahlreichen, verrücktesten Plänen, die in Wien gerüchtweise kursierten: die beiden Hoftheater aufzulassen und aus ihnen Privattheater zu machen, auch die beiden staatlichen Museen zu veräußern, das Pflaster der Ringstraße zu entfernen und dort Weideland zu machen, das Burgtheater in ein Kino zu verwandeln usw.

Das war die Atmosphäre, in welcher Strauss als Mitdirektor Franz Schalks bestätigt wurde; im Dezember 1919 sollte er sein neues Amt antreten. Doch schon im Mai 1919, im Rahmen der sogenannten 50-Jahr-Feier, dirigierte er einige Vorstellungen: „Fidelio", „Tristan", „Zauberflöte", „Rosenkavalier", „Ariadne". Während dieses Festivals, es war der künstlerische und gesellschaftliche Mittelpunkt des Jahres, ließ die Staatsoper ihr gesamtes Repertoire Revue passieren. Viele lebende Komponisten dirigierten damals eigene Opern, Franz Schmidt seine „Notre Dame", Wilhelm Kienzl den „Evangelimann", Korngold seine Einakter. Die Hauptbürde des Festes jedoch — Mozart, Beethoven, Wagner — lag auf den Schultern von Franz Schalk.

In späteren Jahren erwies es sich als verhängnisvoll, daß die Kompetenzenabgrenzung zwischen Strauss und Schalk juristisch nicht klar geregelt worden war. Vertraglich fungierte Schalk als „Leiter des Opernhauses", der später hinzugekommene Richard Strauss erhielt den Titel „Künstlerischer Oberleiter". Darin lag bereits der Keim zur künftigen Spannung; da Strauss sehr oft von Wien abwesend war, erhob sich bald die Frage: Was geschieht und wer entscheidet während seiner Abwesenheit? Das war in den Verträgen überhaupt nicht festgehalten. Strauss war für insgesamt fünf Monate an Wien gebunden, vom 15. Dezember bis 15. Mai jedes Jahres; während der ganzen übrigen Zeit lag alles de facto, aber nicht de jure in den Händen Franz Schalks. Später, als die Spannung zwischen den beiden wuchs, hat Strauss, sehr zum Schmerz von Schalk, diese im Grunde selbstverständliche Praxis heftig angegriffen. Immer mehr fühlte Schalk, daß er doch nur ein halber Direktor war, aber mit der ganzen Verantwortung, und obwohl beide Künstler de jure gleichgeordnet waren, haben die Sänger bei wichtigen Entscheidungen mehr als einmal zueinander gesagt: „Warum gehst du zum Schmiedl, warum nicht gleich zum Schmied?" Der Schmied war natürlich Richard Strauss.

Zu Beginn aber lief noch alles reibungslos. Es war eine wunderbare Zeit, auch wenn man Richard Strauss beharrlich nachsagte, er habe die Direktion der Staatsoper hauptsächlich deshalb übernommen, um hier möglichst oft seine eigenen Werke zu spielen. Will man ehrlich sein: Richard Strauss' Programm hieß Richard Strauss. Uns war das recht.

Die Wiener nörgelten natürlich und sagten: es genüge doch wohl *ein* Strauß-Theater (nämlich das Johann-Strauß-Theater an der Favoritenstraße, die spätere Scala), was brauchen wir noch ein Richard-Strauss-Theater, die Oper.

Strauss selbst trat diesen Vorwürfen entgegen und erklärte noch vor Antritt seiner Direktionstätigkeit: wenn man das Gefühl habe, daß er als Direktor den Spielplan mit seinen „eigenen Werken belasten" wolle, so sei er gerne bereit, die für Oktober 1919 angesetzte Uraufführung seiner „Frau ohne Schatten" zurückzuziehen. Und dabei fiel sie noch gar nicht in seine Amtszeit.

Außer dieser bevorstehenden Premiere gab es in jenem ersten Friedensjahr noch eine zweite bedeutsame Erstaufführung in der Staatsoper: im März ging Hans Pfitzners „Palestrina", dessen Uraufführung unter Bruno Walter in München stattgefunden hatte, in Szene. Erik Schmedes sang die Titelpartie (diesen „Hans Sachs im Tenorschlüssel", wie man damals scherzte). Das Werk schlug sofort ein, und man sagte: so wie Bach eine Hohe Messe schrieb, so habe Pfitzner hier eine Hohe Oper geschaffen. Der „Palestrina" schuf sich gleich nach seiner Premiere eine ganze Gemeinde von Kennern, die nicht nur Pfitzners eigenwillige Musik, sondern auch das von ihm selbst gedichtete wertvolle Textbuch heiß liebten.

Beide Premieren, „Palestrina" wie „Frau ohne Schatten", standen im Zeichen des Hungers, der Arbeitslosigkeit, der Not an Heizmaterial und einer ungeheuer schwierigen Materialbeschaffung für das Theater; all dies lastete irgendwie über den Aufführungen. „Die Frau ohne Schatten" war die erste und auch letzte Uraufführung einer Strauss-Oper in Wien. Am Pult: Franz Schalk, Ausstattung: Alfred Roller; Regie führte Hans Breuer, der noch von Gustav Mahler engagierte Charaktertenor, einer der berühmtesten Darsteller des Mime in „Siegfried", sei-

193

ner Lieblingsoper, deren Titelhelden er zu seinem Leidwesen nie singen konnte; so nannte er wenigstens seinen Sohn, den später bekannten Filmschauspieler Siegfried Breuer — Siegfried. Mit dem schwersten Inszenierungsproblem der „Frau ohne Schatten" ist Breuer allerdings nicht fertig geworden: Wie verliert und bekommt man auf der Bühne einen Schatten...? Die Eintrittspreise betrugen das Zehnfache des letzten Caruso-Gastspiels in der Gregor-Zeit.

„Die Frau ohne Schatten" hat in Wien zur Gründung eines ebenso zwanglosen wie leidenschaftlichen Fanklubs geführt. Sie hat nicht so eingeschlagen wie „Rosenkavalier" oder „Ariadne", wurde aber von den Strauss-Verehrern enthusiastisch geliebt. Für uns junge Leute war „Die Frau ohne Schatten" das bedeutendste Werk, das Strauss bis dahin geschrieben hatte, es zeigte ihn auf dem Höhepunkt seiner melodischen Inspiration. Viele Leute fanden das Textbuch von Hofmannsthal schwer oder gar nicht verständlich; ich muß gestehen, daß ich als ganz junger Bub diese wundervolle Dichtung sofort und mühelos verstanden habe. Was ich hingegen nicht verstand, waren die Einführungsschriften, die wir damals zu lesen bekamen. Dieses Erlebnis hat mich später zu dem Entschluß gebracht, im Fernsehen meinen „Opernführer" zu machen.

Mittelpunkt der glanzvollen Besetzung war Maria Jeritza in der Rolle der Kaiserin, dieses aus einer weißen Gazelle hervorgesprungenen Wesens aus der Geisterwelt, das dann durch Läuterung zur Menschenfrau wird. Das Menschenweib, die Färbersfrau, gab Lotte Lehmann, eine wundervolle Leistung, und ihren Mann, den Färber Barak, Inbegriff wärmster Menschlichkeit, sang — prachtvoll wie in allen seinen Rollen — Richard Mayr: „Mir anvertraut..."

Als Kaiser begrüßte Wien einen Tenor, der für kurze Zeit ein großer Publikumsliebling werden sollte, Karl Aagard Oestvig aus Dänemark, der ganz besonders hübsch war, eine strahlende, bühnenwirksame Erscheinung. Aagard Oestvig war ein vortrefflicher Wagnertenor, der Wagner mehr von der lyrischen Seite auffaßte, ein glänzender Lohengrin. Zu den skandinavischen Tenorlieblingen Wiens gehörten später der Däne Helge Roswaenge und der Schwede Set Svanholm. Die Amme sang Lucie Weidt, die nach dem Abgang der Mildenburg viele Wagnerrollen übernahm. Sie sang gut, konnte aber im geistigen Format der Mildenburg nicht das Wasser reichen, und wenn sie ihre beiden Hände mit einer stereotypen Pose zum Himmel hob, dann nannten wir das: „Sie hängt schon wieder die Wäsche auf."

Wir Strauss-Fanatiker hatten schon damals das unbeirrbare Gefühl, daß die Zeit für die „Frau ohne Schatten" einmal kommen werde, und fanden uns aufs schönste bestätigt, als dieses Werk im Herbst 1966 bei der Eröffnung der neuen Metropolitan Opera in New York in der Inszenierung von Nathaniel Merrill zu einem Zug- und Kassenstück ersten Ranges wurde. Die New Yorker Opernfans begrüßten einander damals mit den Worten: „Have you seen the ‚Frau'?"

Aber zurück zu Strauss und zum Dezember 1919, als er offiziell seinen Vertrag antrat. Am 1. Januar 1920 debütierte er als dirigierender Mitdirektor mit „Lohengrin", Maria Jeritza sang die Elsa, Oestvig den Lohengrin. Er hatte also für seinen ersten Abend dieselbe Oper gewählt, mit der 1897 Mahler zum erstenmal als Dirigent am Pult der Hofoper erschien, und auch Frank Schalk hatte bei seinem Eintritt als Dirigent hier eine „Lohengrin"-Aufführung geleitet. Die Vorstellung lief ungestrichen und brachte auch Lohengrins Arie nach der Gralserzählung.

Strauss dirigierte während seiner Direktionszeit sehr oft, auch viele Repertoireabende, er war, wie man das nennt, ein „rascher Übernehmer". „Wir kennen das", sagte er in solchen Fällen zum Orchester, „wir verstehen das" — eine Orchesterprobe (oder keine) und schon „saß" die Sache. Er hat Richard Strauss dirigiert, viel Richard Strauss, aber auch viel Mozart und Wagner, einmal, in einer berühmtgewordenen Vorstellung mit Michael Bohnen als Kaspar, den „Freischütz", dann „Hänsel und Gretel", den „Barbier von Bagdad" und die „Carmen", in welcher Maria Jeritza, für Wien eine unerhörte Neuerung, eine blonde Titelheldin auf die Bühne stellte. Kurz, Richard Strauss war nicht nur ein Mann für festliche Premieren, sondern durchaus auch ein Mann des Opernalltags.

Apropos Opernalltag, ein kleiner Exkurs in die Kassen-

„Schmied" und „Schmiedel" 1920.

politik: Nach dem Kriegsende hatte es (und schon vor diesem) jenes neue Publikum gegeben, von dem die Direktion Gregor profitiert hatte, die vielen Neureichen, die Kriegsgewinner, damals auch „Schieber" genannt, die sich die teuren Opernsitze leisten konnten, während die Bevölkerung größtenteils hungerte. Nach der Sanierung der österreichischen Währung setzte nun eine neue Krise ein, die Kriegsgewinner waren verschwunden, der Mittelstand war, wie man sagte, tot, er hatte sein karges Vermögen in Kriegsanleihen verloren, und auch die wohlhabenderen Wiener gaben das nunmehr wieder harte Geld nicht mehr so sorglos aus. Fazit: Besucherschwund in den Bundestheatern. Um diesem Übelstand zu begegnen beziehungsweise um dem kulturfreudigen Publikum den Theaterbesuch zu ermöglichen, gründete man die großen Besucherorganisationen, die ab der Mitte der zwanziger Jahre das ganze Publikumsbild änderten und beherrschten. Ich erinnere mich noch, daß wir z. B. bei vielen Aufführungen der „Ariadne" mit Strauss am Pult dicht gedrängt im Stehparterre standen, und zwischen uns und dem Orchester war das Haus nur halb voll. Das gab es bald nicht mehr. Alle möglichen Institutionen für organisierten Besuch sorgten für volle Häuser: die Kunststelle der Sozialdemokratischen Partei, die Christliche Kunststelle mit ihren Sonderveranstaltungen, die Deutsche Kunst- und Bildungsstelle, die Volksbildungsstelle für die studierende Jugend, der Zentralrat geistiger Arbeiter, die Veranstaltungen des Bundesministeriums für Unterricht, die von der Gemeinde Wien unterstützten Arbeitervorstellungen usw. Das Zeitalter, in welchem allein die Abendkasse diktierte, war vorbei. Heute kann man überhaupt nicht mehr an der Art des Besuches ablesen, ob eine Oper erfolgreich ist oder nicht — das allmächtige Abonnement und die „geschlossenen Vorstellungen" verwischen alle Unterschiede. Als Kinder sagten wir oft: „Bei ‚Elektra' darf es gar kein volles Haus geben, die wirklichen Enthusiasten können nur das halbe füllen..." Ein Zufallspublikum war damals unbekannt. („... an jedem vierten Dienstag.")

Um zu verstehen, was uns die Richard-Strauss-Direktion bedeutete, muß man sich daran erinnern, wer Strauss war. Er war eine völlig andere Persönlichkeit als Gustav Mahler. Mahler war ein Derwisch, ein Priester, ein Fanatiker, der die Augen beständig ins Jenseits gerichtet hielt — Strauss hingegen war ein reiner Diesseitsmensch. (Wenn Salome, Elektra, Ariadne im Glanz seiner Musik sterben, gehen sie in ein anderes Diesseits ein.) Er war der letzte große Komponist, der Musik nur schrieb, um den

Menschen Freude zu bereiten. Bezeichnend dafür war unter anderem die Art und Weise, wie er, wenn vertraute Freunde zu ihm in sein Haus nach Garmisch kamen, diesen ein paar Kostproben aus irgendeinem neuen Werk am Klavier vorführte, sich dann nach einer Weile unterbrach und mit einem liebenswert sachlichen Seitenblick seine Gäste fragte: „Na, ist doch Musik? Kann man sich doch anhören, net wahr?"

Er hat die schönste Bühnenmusik geschrieben, die unser Jahrhundert hervorbrachte, er hat seine eigene Musik gern gehabt und sich gefreut, wenn andere sie ebenfalls gern hatten.

Ein getreues Spiegelbild dieses seines Charakters war auch seine Direktionszeit, und das ist eigentlich schon sehr viel. Es gab keine geistige Linie wie bei Mahler, ein Gedanke wie der eines erneuerten Zyklus der gesamten deutschen Oper lag ihm fern, er spielte einfach, was ihm gefiel. Seine eigenen Opern haben ihm sehr gefallen. Er setzte sie oft an — aber keine der nachfolgenden Direktionen konnte es sich leisten, sie weniger oft anzusetzen.

Es ist mir unmöglich, das Gefühl zu schildern, das uns Kinder in jenen Jahren ergriff, sooft der Mann, der „Elektra" geschrieben hatte, ans Dirigentenpult trat. Seine Zeichengebung war denkbar knapp, große oder gar „tänzerische" Gesten gab es keine, und gerade deshalb war dieser Mann, wenn er dirigierte, ein so unbeschreiblich schöner Anblick. In den späten zwanziger Jahren, die in meiner Erinnerung besonders lebhaft nachwirken, war er schon weißhaarig: schlank, groß und leicht nach vorne gebeugt stand er als Grandseigneur am Pult. Vollkommen untheatralisch. Ein kleiner Ruck mit den Knien, so erzählten die Musiker, ging bereits als belebender Impuls durchs ganze Orchester; manchmal ein kurzes Zucken mit dem Ellbogen; manchmal erhob er sich ganz wenig von seinem Sitz; gelegentlich hatte er beim Dirigieren den Mund halb offen, als ob er schliefe; er dirigierte mit seinem Blick, mit der Magie seiner Persönlichkeit; mit der einfachen Tatsache, daß er Richard Strauss war, peitschte er das Orchester wie die Sänger zu größten Ausbrüchen der Leidenschaft auf. Ich habe noch heute Nuancen in seiner „Elektra" im Ohr, die nur ihm gelangen, die im Augenblick entstanden und von denen niemand hätte sagen können, durch welches Zeichen, durch welche Technik er sie hervorbrachte. Stefan Zweig hat das mit einem herrlichen Satz beschrieben: „Er hat eine erhabene Selbstverständlichkeit."

Er war kein Präzisionsfanatiker, am wenigsten von allen Komponisten, von denen wir genauere Kunde haben. Er wollte nichts anderes, als daß sein Werk im Glanz des Theaterabends — hier und jetzt — erstehe, und hat jede Ungenauigkeit toleriert, ja sogar geliebt, wenn sie den Glanz des Abends erhöhen half. Man hat von der Jeritza gesagt, daß sie in Gegenwart von Richard Strauss über weite Strecken seiner Partituren auf der Bühne singend komponiert hat. Und als die anderen sie korrigieren wollten, wehrte Strauss ab: „Laßt sie, sie weiß schon, was sie macht." Wie oft sagte er bei Proben zu Aufführungen seiner Opern: „Wenn S' die Noten nicht derpacken, singen S' a andere. Punktieren Sie s', machen Sie was anderes, so daß Sie es richtig singen können, es kommt nicht darauf an."

All das war *vor* dem Schallplattenzeitalter, dessen Gesetze heute leider in den Opernbetrieb eingebrochen sind und die Präzision höher werten als Unmittelbarkeit. Damals stand über dem Werk und seiner Wiedergabe noch kein zusätzlicher Richter, kein Schallplattentonregisseur, der alle paar Minuten mit der Partitur in der Hand dahergerannt kommt, weil er einen Fehler festgestellt hat, wo ihn weder der Komponist noch der Ausübende, noch das Publikum je bemerkt hätten.

Wie man in den Jahren der Ära Gregor aus dem Spielplan deutlich den Weltkrieg ablesen konnte, so konnte man an dem der Doppeldirektion Strauss-Schalk erkennen, daß der Krieg vorüber war. Puccini, als lebender „feindlicher Ausländer" vier Jahre lang verboten, erlebte jetzt eine Renaissance, die flutartig über Wien hereinbrach. Im Oktober 1920 gab es die erste Puccinipremiere mit den drei Einaktern „Der Mantel", „Schwester Angelika" und „Gianni Schicchi". Der Komponist war selbst zugegen und äußerte sich in Worten höchsten Lobes über die Aufführung. Im „Mantel" sang Maria Jeritza mit Alfred Piccaver, es war einer der wenigen Fälle, wo sie für Lotte Lehmann einsprang, sie hatte innerhalb ganz kurzer Frist die Rolle der Georgette übernommen. Die

Eine Opernvorstellung 1920. Strauss dirigiert, Slezak und die Jeritza singen, am Ersten Pult spielten Professor Arnold Rosé und Franz Mairecker, im Zuschauerraum sitzt, steht, lümmelt, redet, schmust, tarockiert, frißt und säuft das Publikum der Schieberzeit. (Karikatur von Theo Zasche.)

Lehmann als Schwester Angelika war rührend; um so rührender, als es sich in Wien herumgesprochen hatte, daß Puccinis eigene Schwester Nonne geworden war, und er, wie er selbst erzählte, diesen Einakter einmal am Klavier den versammelten Nonnen in dem Kloster vorgespielt hatte, in welchem Romilda Puccini den Schleier tug. 1923, ein Jahr vor seinem Tod, hielt sich Puccini noch einmal für länger in Wien auf, es gab herrliche Abende mit seinen Werken, unter anderem hörte man — an der Staatsoper mit dreißigjähriger Verspätung — seine „Manon Lescaut", mit Maria Jeritza und Piccaver. Damals hatte man die erste Gelegenheit, dieses Werk mit der längst zur Lieblingsoper der Wiener gewordenen „Manon" von Jules Massenet zu vergleichen, die ebenfalls im Repertoire stand. Die Puccinioper kam sehr gut weg, hat sich aber trotzdem bei uns nie richtig eingebürgert.

Alfred Piccaver stand damals im Zenit seiner Karriere. Er ließ an Beliebtheit alle Kollegen desselben Faches weit hinter sich. Die in ihn vernarrten Wiener und Wienerinnen nannten ihn nur noch „Pikki", im vertrauten Freundeskreis hieß er „Teddy". Er war ein recht merkwürdiger Mensch. Seine Stimme war samtweich, und er sang alles, auch die höchste Höhe, aber er hatte dennoch keine *strahlende* Höhe. Mühelos erkletterte er das hohe C — aber er war trotzdem kein C-Tenor. Seine wahre Stärke war die samtweiche, glänzende Farbe der Mittel-

197

lage, ein bißchen nasal gefärbt, alles schon von Mutter Natur aus auf „schön" angelegt. Wenn er sang, hatten die Frauen das Gefühl, als streichelte diese Stimme sie. Er war der König der Absager, so daß man in Wien spöttelte: „Piccaver hat seine Indispositionen für das ganze Jahr bereits getroffen." Im Grunde entsprang dieses häufige Absagen einem übertriebenen Pflichtbewußtsein, einer krankhaften Angst, vor dem Publikum an Niveau zu verlieren. Man erzählte sich, daß er in der Frühe in seiner Wohnung am Brahmsplatz aufstand, zum Klavier ging, zu singen begann, und wenn irgendwo in der Mittellage ein Ton nicht hundertprozentig „saß", bat er auch schon seine Frau: „Ria, sag ab."

So merkwürdig wie seine unvergeßliche Stimme, so merkwürdig war auch seine Art zu singen. Piccaver sang — wie auch Caruso — sehr oft mit geschlossenen Augen (wie Karajan später auch viel mit geschlossenen Augen dirigierte), und nicht minder extravagant war seine Aussprache, besonders die der Vokale. Man hat mir erzählt, Piccaver habe auf Diphthongen „vokalisiert"; während andere Sänger ihre täglichen „Vokalisen" (Singübungen, Tonleitern) auf einem A, einem E oder einem O absolvieren, sang Piccaver, der geborene Engländer, der in Amerika aufgewachsen war, seine Skalen auf englischen Diphthongen, und zwar mit Vorliebe auf dem letzten Diphthong des englischen Wortes für Schwiegervater: father in law — aw — aw — aw — aw usw. Das ergab dann jene ganz sonderbare nasale und eben „diphthongisierende" Aussprache.

Richard Strauss kannte alle Opern. Wenn ein Sänger für das Vorsingen irgendeine Arie gewählt hatte, setzte sich Strauss ans Klavier und begleitete ihn, auch zu „Selig sind, die Verfolgung leiden", wie im Falle des von ihm engagierten Buffos und Charaktertenors William Wernigk (wie großartig war er als Wenzel in der „Verkauften Braut"!). Dieses Vorsingen fand, wenn es nicht auf der Bühne sein mußte, im sogenannten „Großen Salon" der Staatsoper statt. Heute ist dort der Gobelinsaal. Es ist jener Raum im ersten Stock an der Ecke Kärntner Straße-Ringstraße, wo unterhalb die Arkaden beginnen. Hier standen das Klavier und ein wie für ein Team von Diplomaten vorbereiteter Sitzungstisch, mit einer weinroten Decke und mit weinroten Sesseln rundherum. Hier fanden Besprechungen und kleinere Proben statt, hier wurde vorgesungen, hier war das Nervenzentrum der Oper. Und wenn die Besucher heute in den Pausen durch den Gobelinsaal wandeln, dann sollten sie nicht nur an die Vorstellung denken, auf deren nächsten Akt sie sich freuen (oder an die Sandwiches am Buffet), sondern sie sollten sich einen Moment auch daran erinnern, daß dies die Stelle war, an welcher Jauner, Jahn, Mahler, Strauss, Schalk, Weingartner amtiert und gearbeitet haben.

Durchforscht man heute mit sachlichem Auge das Novitätenprogramm der Doppeldirektion Strauss—Schalk, so staunt man, wieviel lebende Komponisten neben dem Genius Strauss da zu Worte kamen. Nicht nur Puccini

An diesem Abend hat Maria Jeritza „Glück, das mir verblieb" zum letzten Opernschlager der deutschen Bühne gemacht.

Staatsoper

Montag den 10. Jänner 1921
Bei aufgehobenem Jahres- und Stammsitz-Abonnement
Zu besonderen Preisen
Zum ersten Male

Die tote Stadt

Oper in drei Bildern, frei nach G. Rodenbachs Schauspiel „Das Trugbild" von Paul Schott — Musik von Erich Wolfgang Korngold

Inszenierung: Hr. Wymetal   Musikalische Leitung: Hr. Schalk

Paul	Hr. Oestvig
Marietta, Tänzerin	Fr. Jeritza
Die Erscheinung Mariens, Pauls verstorbener Gattin	
Frank, Pauls Freund	Hr. Wiedemann
Brigitta, bei Paul	Fr. Kittel
Juliette, Tänzerin	Frl. Rajdl
Lucienne, Tänzerin	Fr. Hussa
Gaston, Tänzer — in Mariettas Truppe	Hr. Renneth
Victorin, der Regisseur	Hr. Maikl
Fritz, der Pierrot	Hr. Mayr
Graf Albert	Hr. Gallos

Beginnen, die Erscheinung der Prozession, Tänzer und Tänzerinnen
Spielt in Brügge, Ende des 19. Jahrhunderts; die Vorgänge der Vision (2. und zum Teil 3. Bild) sind mehrere Wochen später als jene des 1. Bildes zu denken
Die dekorative Ausstattung ist im Atelier Kautsky hergestellt
Die modernen Toiletten und Anzüge wurden im Atelier der Firma Heinrich Grünbaum hergestellt
Der im Orchester zur Verwendung gelangende Flügel ist von der Firma Bösendorfer beigestellt
Die „Blätter des Opernheaters", Heft 9, Sonderheft „Die tote Stadt", sowie Textbücher zum Originalpreise sind an der Kasse erhältlich

Das offizielle Programm nur bei den Billeteuren erhältlich

Nach jedem Bild eine größere Pause
Der Beginn der Vorstellung sowie jedes Aktes wird durch ein Glockenzeichen bekanntgegeben
Kassen-Eröffnung vor 6 Uhr   Anfang 6½ Uhr   Ende 10 Uhr

und Korngold, sondern auch Schmidt, Schreker, Bittner und viele andere aus der Welt der zwanziger Jahre. Strauss hat einmal in einem Brief gesagt, seiner Meinung nach gehörten lebende Komponisten erst dann in die Staatsoper, wenn sie sich an einem anderen Theater bereits bewährt hätten, die Wiener Oper sei kein Experimentierhaus. Nur den lebenden österreichischen Komponisten räumte er das Recht ein, an der Staatsoper uraufgeführt zu werden. (Strauss hat sich wiederholt — erfolglos — bemüht, für gewisse Produktionen der Staatsoper zusätzliche Subventionen, zum Beispiel von der Gemeinde Wien, zu erhalten.)

Nach seiner Demission hat Strauss bekannt, daß er alles gespielt hat, aber die zahlreichen Durchfälle zeitgenössischer Opern nicht verhindern konnte. Er hätte, sagte er, auch „Schönberg und Křenek gespielt", denn was er spiele, müsse ja nicht ihm gefallen. Strauss hat später durchblicken lassen, daß Schalk gegen alle modernen Premieren war, „außer Korngold", wie er boshaft hinzufügte ...

Im zweiten Jahr der Direktion kam Franz Schreker mit seiner „freudianisch" angehauchten Oper „Die Gezeichneten" zu Worte, einem sehr prächtigen, klangvollen, ein wenig dick instrumentierten Porträt aus der Welt der Renaissance. Die Gezeichneten sind ein Krüppel und eine herzkranke Malerin, die einen Liebestod erleidet, das heißt, sie muß, wenn ihre Liebe die letzte Erfüllung findet, sterben. 1922 erschien Schreker noch einmal, diesmal mit dem „Schatzgräber". Es war ein mittelalterlicher Stoff, der dieser Oper zugrunde lag, in welcher übrigens die einzige Melodie vorkommt, mit der Schreker den Schatten einer längerdauernden Popularität erwarb: das Wiegenlied der Els. Schreker lebte damals in Berlin als Leiter der Hochschule für Musik.

Den größten Erfolg mit einer neuen zeitgenössischen Oper errang die Direktion Strauss—Schalk 1921. Im Januar dieses Jahres erlebte „Die tote Stadt" von Korngold ihre Wiener Premiere. Die Hauptpartien wurden von Aagard Oestvig, dem Kaiser der „Frau ohne Schatten", und Maria Jeritza verkörpert. Hier konnte die Jeritza wieder einmal alle Register ihres genialen Opernspiels ziehen: sie hatte eine Doppelrolle, hatte zwei ganz verschiedene Frauencharaktere darzustellen, die leichtfertige Tänzerin Marietta und die verstorbene ernste Marie, die ihr zum Verwechseln ähnlich sieht. Unvergeßlich, wie die Jeritza im ersten Akt aus dem Bild hervortrat und wie ihre Stimme, die eben noch den Jugendglanz der Marietta gehabt hatte, nun auf einmal den verschleierten Klang der Toten annahm, die aus dem Jenseits spricht. Unvergeßlich die Eifersuchtsszene zwischen der Tänzerin und dem Bild der Toten, in der die lebende Frau in einem tollen Tanz das Bild mit einer Haarsträhne der Verstorbenen attakkiert!

„Die tote Stadt" war auch noch in anderer Hinsicht eine ganz besondere Premiere. In allen großen Erfolgsopern der Welt gibt es doch das, was man den „Opernschlager" nennen kann: dasjenige, was uns aus dem Theater nach Hause begleitet, uns am Frühstückstisch wieder einfällt, im Büro, im Geschäft durch den Kopf geht, was unser Leben eben um eine Melodie reicher macht. Die Geschichte des Opernschlagers reicht in der deutschen Musik von Glucks „Orpheus und Eurydike" („Ach, ich habe sie verloren") bis zu Korngolds „Toter Stadt". Die schöne, todestraurige Melodie „Glück, das mir verblieb" wird bis heute buchstäblich auf der ganzen Welt gesungen, nach ihr ist keine Melodie einer deutschen Oper mehr zu einem „Weltschlager" geworden.

Manchmal hat Richard Strauss höchstpersönlich ein bißchen Politik mit Erich Wolfgang und dessen Vater, der als Kritiker kein Freund seiner Direktion war, getrieben: „Im Dezember, lieber Erich, gäb's vielleicht noch eine ‚Violanta', wenn Ihr Herr Papa gnädigst ..."

Aber auch Erich wußte, wann der Name seines Vaters, dessen Übereifer dem Sohn mehr geschadet als genützt hat, einzusetzen war. Als Maria Jeritza 1921 an der „Met" die „Tote Stadt" mit einigen Strichen gesungen hatte, wollte sie diese Striche auch in Wien machen. Erich war verzweifelt und flüsterte der göttlichen Maria ins Ohr: „Grad diese drei Seiten hat der Papa so gern!" Maria setzte ihre Striche trotzdem durch...

Die nächste Premiere nach der „Toten Stadt" war „Die Kohlhaymerin" von Julius Bittner. Das Werk spielte im Österreich der Kongreßzeit, klang mit seinen Walzerthemen ein bißchen an Operetten, wohl auch an den

„Rosenkavalier" an, und Franz Schalk, um ein zynisches Witzwort nie verlegen, knurrte bei einer Probe: „Äh — die tote Vorstadt."

Auch Bittner hatte in der Doppeldirektion noch eine zweite Premiere, und zwar mit der Oper „Das Rosengärtlein", nach Sagenmotiven rund um den grausigen Freiluftkerker der Burg Aggstein in der Wachau.

„Fredigundis" hieß die nach einem Roman von Felix Dahn geschaffene Oper Franz Schmidts, die unter Strauss-Schalk nach dem Durchfall in Berlin ihre Wiener Erstaufführung erlebte und der Hauptdarstellerin Gelegenheit zu dem seit „Salome" und „Elektra" anscheinend obligaten Bühnentanz bot. Fredigundis ist eine Magd aus der Merowingerzeit, die es bis zur Königin bringt und sich redlich durch das ganze Stück hindurchmordet. Und zwar mordet sie nicht nur Männer, sondern zum Entsetzen aller Tierfreunde auch Rotkehlchen. Während des Tanzes rund um den Sarkophag des Liebhabers wird ihr feuerrotes Haar weiß. In dieser Rolle errang Wanda Achsel-Clemens — die später den Rosenkavalier, einen ausgezeichneten Komponisten in der „Ariadne" und in der Salzburger „Fledermaus" eine sehr temperamentvolle Rosalinde gab — einen großen persönlichen Erfolg.

Geleitet hat die Premiere Clemens Krauss, den Richard Strauss aus Graz nach Wien geholt und für zwei Jahre als Kapellmeister an die Staatsoper gebunden hatte. Er war ein — besonders für das Straussische Œuvre — hervorragend begabter Dirigent, der dann von Wien nach Frankfurt ging, als Leiter des dortigen Opernhauses. Wenn wir in der Geschichte der Wiener Oper beim Jahr 1929 angelangt sind, werden wir Clemens Krauss als Staatsoperndirektor begegnen.

Vor der Franz-Schmidt-Premiere sagte Richard Strauss zu Franz Schmidt mit Bezug auf „Fredigundis": „Ihre Musik ist sehr gut. Aber aus so viel Musik, wie Sie da geschrieben haben, mache ich vier neue Opern."

Überhaupt: Richard Strauss und seine Komponistenkollegen... Da begegnete er eines Tages Hans Pfitzner auf einem Gang in der Staatsoper. Sie kamen ins Gespräch, der hochgewachsene, stets bajuwarisch gelassene Strauss und der kleine, immer ein wenig zappelige Pfitzner, der sich für den „Tieferen" hielt. Plötzlich sagte Pfitzner: „Sie dürfen nie vergessen, lieber Strauss, ich habe zehn Jahre allein an meinem ‚Palestrina' gearbeitet." Als er gegangen war, brummte Strauss in unverfälschtem Münchnerisch: „Was schreibt er dann, wann's ihm so schwerfallt?"

Zu den weiteren zeitgenössischen Werken, die die Direktion Strauss—Schalk herausbrachte, gehörte die Oper „Der Zwerg" von Alexander von Zemlinsky und zwei Einakter, „Meister Andrea" und „Die Dorfschule", von Felix von Weingartner. Daß dieser Feind von Richard Strauss bei dessen Berufung so übel gegen ihn gehetzt hatte, hielt diesen nicht davon ab, Weingartner genau wie jeden anderen Zeitgenossen zu spielen. Der Erfolg blieb bescheiden.

Das wahre Programm der Direktion Strauss aber hieß, wie gesagt, Richard Strauss. Die Zeitungen meinten boshaft: Wie nett von Direktor Strauss, daß er Strauss so oft ansetzt... „Und wenn schon", sagten wir Kinder. „Warum nicht noch öfter!"

Und trotzdem hat es während dieser Ära keine einzige Premiere einer Strauss-Oper gegeben! „Die Frau ohne Schatten" fiel in den Oktober 1919, als zwei Monate vor Strauss' Amtsantritt, und die beiden Strauss-Premieren, die es in der Doppeldirektion gab, waren beides Ballette: „Josephslegende" und „Schlagobers".

Dabei hatte Strauss, der während seiner Direktion weniger zum Komponieren kam, als ihm lieb war, eine neue Oper fertiggestellt, zum größten Teil in Wien: „Intermezzo". Er wollte dieses auf den Ton eines musikalischen Kammerschauspiels gestimmte Werk in Wien uraufführen, aber die Staatsoper schien ihm zu groß dafür. Er dachte an das Theater an der Wien, aber es wurde nichts aus diesen Plänen.

Das Ballett „Josephslegende", nach einem Buch von Hofmannsthal und Harry Graf Kessler, wurde 1914 vom Diaghilew-Ballett an der Pariser Großen Oper uraufgeführt. In Wien hat es der neue, von Richard Strauss engagierte Ballettmeister Heinrich Kröller inszeniert. Die Autoren verlangten für die Ausstattung dieser barocken Vision der alttestamentarischen Joseph-Potiphar-Episode den Stil des Malers Paolo Veronese. Es war eine prunkvolle, sehr teure Produktion, allein das Kostüm des Erz-

Aus diesem Blickwinkel erlebten wir schon als Kinder die Wunder der Oper. Hier hörten wir: „O schöne Jugendtage", „Glück, das mir verblieb", „Ach, ich habe sie verloren", hier sahen wir den Brand der Götterburg...

Die große Szene

So sah das Haus nach den Bomben vom 12. März 1945 aus.

Das Theater an der Wien zu Kriegsende. Auf dem Dach hockt die Brandwache. Das Haus, in welchem der erste „Fidelio", die erste „Fledermaus" und die erste „Lustige Witwe" erklangen, war seit 1938 geschlossen und ohne Direktion, es verfiel. Im Krieg war es Kleidermagazin. Nun wurde das Theater an der Wien — neben der Volksoper — zum Heim der Staatsoper im Exil.

„O Gott! — O welch ein Augenblick!
O unaussprechlich süßes Glück!
Gerecht, o Gott! ist dein Gericht,
Du prüfest, du verläßt uns nicht."

Am 6. Oktober 1945 nahm die Staatsoper mit „Fidelio" unter Josef Krips im Theater an der Wien ihre Tätigkeit wieder auf. Wer diesen Abend erlebt hat, wird ihn nie mehr vergessen — obwohl die Ausstattung sehr primitiv war: die echten Mauern des Theatergebäudes mußten mitspielen, und manche Versatzstücke stammten aus der „Aida" der Volksoper. (Auf unserem Bild im Vordergrund von links nach rechts: Herbert Alsen [Rocco], Willy Franter [Florestan], Anni Konetzni [Leonore], Paul Schöffler [Pizarro]; Marzelline war Irmgard Seefried, Jacquino Anton Dermota, den Don Fernando sang Fritz Krenn. Regie: Oscar Fritz Schuh, Bühnenbild: Robert Kautsky.)

Sie kann ein Mord sein oder ein Gebet, ein blitzendes Messer oder eine Umarmung, ein Hassesblick oder ein Kuß, ein Schrei, ein Lächeln ... sie kann von hundert Menschen gestaltet werden oder nur von einer einzigen einsamen Stimme aus der Kulisse ... sie kann von einem großen Regisseur bis ins kleinste Detail ausgearbeitet sein oder aus Theaterpersönlichkeiten, die alle Bande sprengen, in einem unvergleichlichen Augenblick geboren werden: ihretwegen gehen wir ins Theater, sie tragen wir in unserem Herzen mit nach Hause — die große Szene. — Links: „Ha, welch ein Mut! Begeisterungsglut!" (Richard Wagner: „Die Meistersinger von Nürnberg". Hans Sachs: Paul Schöffler, Walther Stolzing: Wolfgang Windgassen.) — Oben: „Du mißverstehst die Tatsachen, das Urteil kommt nicht mit einemmal, das Verfahren geht allmählich ins Urteil über." (Gottfried von Einem: „Der Prozeß". Josef K.: Max Lorenz, der Geistliche: Ludwig Hofmann.) — Rechts: „Sie haben die Ehre mit Nika Magadoff, Illusionist und Telepathist ... ich brauche ein Visum." (Gian-Carlo Menotti: „Der Konsul". Zauberer: Laszlo Szemere, links Polly Batic als Vera Boronel, vorne Marta Rohs als Sekretärin.)

„War ich gestern ein Tor,
Weil ich hundert verlor,
Macht mich klug heut' das
               Glück,
Hol' ich tausend zurück!"
(P. I. Tschaikowsky:
„Pique Dame". Czekalinsky:
Peter Klein.)

Linke Seite unten: „Ist Sie ein rechter Kapricenschädel. Steigt Ihr das Blut gar in die Wangen, daß man sich die Hand verbrennt?" (Richard Strauss: „Der Rosenkavalier". Sophie: Hilde Güden, Ochs: Kurt Böhme, Faninal: Alfred Poell, Leitmetzerin: Judith Hellwig.)

„Stirb!"
(Giacomo Puccini: „Tosca". In der Titelrolle: Carla Martinis, Scarpia: George London.)

„Gefahren bannt man ohne Müh',
nur muß man sie entdecken ...
Bei meinem höh'ren Willen,
tu, was ich dir befehle!" (Jacques Offenbach: „Hoffmanns Erzählungen". Mirakel: George London.)

Während der Vorbereitungen zur Wiedereröffnung des Hauses am Ring im Spätherbst 1955. Der neue eiserne Vorhang von Rudolf Hermann Eisenmenger stellt die Szene aus dem dritten Akt von Glucks „Orpheus und Eurydike" dar, in welcher Orpheus die geliebte Gattin, noch ohne sich nach ihr umzuwenden, aus dem Hades an die Oberwelt geleitet. Für den Zwischenvorhang zur tragischen Oper im alten Haus hatte Professor Karl Rahl gleichfalls Motive aus der Orpheussage verwendet.

„Dich, teure Halle, grüß' ich wieder!"
Die Eröffnung 1955 (Henri Cartier-Bresson, Magnum)

So symbolisch es war, daß der reguläre Opernbetrieb vor dem Brand mit „Götterdämmerung" schloß, so sinnbildhaft war es, daß das durch Bomben zerstörte Haus im Jahr des Staatsvertrages 1955 wiedereröffnet werden konnte.

5. November 1955. Die zehnjährige Bauzeit ist vorbei, im Haus am Ring wird wieder gespielt. Seit 17 Uhr umstehen viele tausend Wiener das strahlendhell erleuchtete Gebäude, und zwar nicht nur, um die „noblen Leut'" zu sehen, die aus allen Erdteilen nach Wien kommen und ihre „sündteuren" Plätze schon vor Monaten bestellt haben, sondern auch, um aus ehrlichem Herzen irgendwie mitzufeiern und sich zu freuen, wie sie im März zehn Jahre zuvor aus ebenso ehrlichem Herzen mitgetrauert hatten, als die Oper in Flammen stand.

Links: Sektionschef Dr. Fritz Meznik, Leiter des Bundespressedienstes, beim Studium der Sitzordnung für die Eröffnungsvorstellung, die ihm unendliches Kopfzerbrechen bereitete. „Wer sitzt wo?" Das war hier die Frage, bei welcher es beinahe auch um „Sein oder Nichtsein" ging... Zahlen mußten alle.

Rechts: Inspektion der Logenschließer und Platzanweiser. Sie mußten noch viel mehr Proben plus Generalprobe über sich ergehen lassen als die Sänger und das Orchester. — Rechte Seite: Der große Moment war da, die Mitteltreppe wimmelte von festlich gekleideten Besuchern aus nah und fern, die der Festvorstellung beiwohnten, aber auch von solchen, die nur schauen wollten. Beängstigendes Gedränge der Photoreporter.

Linke Seite oben: Bundespräsident Dr. h. c. Theodor Körner betrat seine Loge und wurde lebhaft begrüßt. — Darunter links: Das treue Stehplatzpublikum war wieder da, wie eh und je, und es stand bei der Eröffnung auch noch genau so, wie wir einst stehen mußten, ganz frei. Seit 1962 jedoch gibt es dort bequeme Stangen, gegen welche man sich stützt, und jetzt ist es eigentlich mehr ein „Lehnplatzpublikum". — Rechts davon und auf der rechten Seite: „Wer zählt die Völker, nennt die Namen, die gastlich hier zusammenkamen?" In der Direktionskanzlei lagen die Listen auf, ansonsten mußte sich der gewöhnlich Sterbliche damit begnügen, die vielen teuer gekleideten Damen und zum Teil ordengeschmückten Herren im Frack gebührend zu bestaunen.

Rechts: Unter der Prominenz aus Übersee sah man Henry Ford II mit Gemahlin, unter der heimischen Dr. Bernhard Paumgartner (unten), den Sohn der großen Altistin Rosa Papier und des Kritikers Dr. Hans Paumgartner, die beide mitgeholfen haben, daß Gustav Mahler als Direktor der Hofoper berufen wurde.

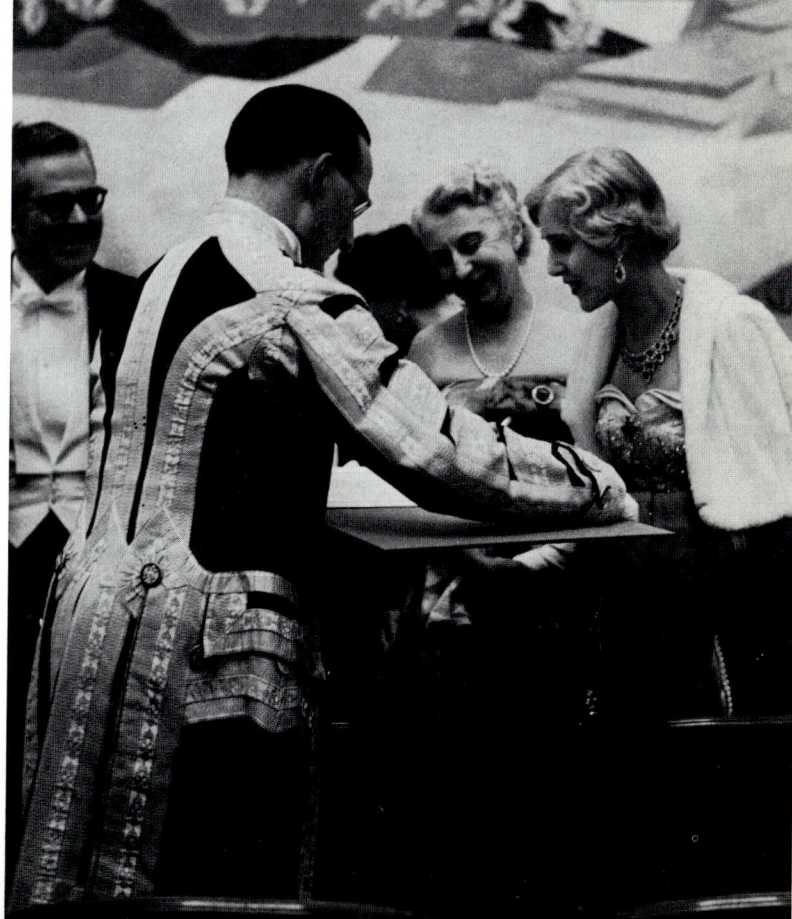

Oben: Der Anblick des Publikums in den Logen wie im ganzen Haus sagte deutlicher als alle Worte, daß seit dem Kriegsende zehn Jahre vergangen waren, die der westlichen Welt eine neue Austerity beschert hatten. — Rechts: Frau Claire Boothe-Luce, US-Botschafterin in Rom, bekannte Schriftstellerin, die Gattin des Herausgebers der beiden weltberühmten Zeitschriften „Time" und „Life".

Der „Fidelio", der dem gesellschaftlichen Auftakt mit seinem Jahrmarkt der Eitelkeit folgte, war zwar durch das Werk selbst und Textstellen wie diese: „Wir wollen mit Vertrauen auf Gottes Hilfe bauen, wir werden frei, wir finden Ruh'", für den Anlaß sehr passend. Die Vorstellung als solche war jedoch kein einstimmiger Erfolg.

engels, der am Schluß erscheint und den standhaften Joseph in den Himmel geleitet, kostete, wie es hieß, eine runde Million damaliger Kronen. Das mußte Sensation erregen, obwohl man 1922 schrieb, ein Inflationsjahr ohnegleichen, in welchem die Lebensmittelpreise grausame Höhen erkletterten und ein Auslandsbriefporto 5000 Kronen betrug. Der monatliche Lebensmittelbedarf einer Arbeiterfamilie stieg in 6 Monaten von 15.000 auf 300.000 Kronen. Für alle, die sich an die neuen Relationen noch nicht recht gewöhnt hatten, klang das alles ganz unbegreiflich. Die Presse verhielt sich gegenüber dieser „getanzten Religionslehre" skeptisch.

Eine originelle Idee war es gewesen, die Frau Potiphar nicht von einer Tänzerin tanzen, sondern von Marie Gutheil-Schoder spielen zu lassen. Die große Sängerin erschien also stumm als Pharaonsgattin mitten unter dem Ballettkorps der Staatsoper, und der Ausdruck ihrer Augen, ihrer Lüsternheit und hysterischen Gier soll ganz unvergleichlich gewesen sein.

Gekoppelt war die „Josephslegende" mit dem Straussischen Frühwerk „Feuersnot". „Diese Tänzerinnen könnten selbst dem heiligen Franziskus den Kopf verdrehen", sagte Giacomo Puccini nach einer solchen Wiener „Josephslegende".

Im Mai 1924 — es war das Jahr, in welchem es seit 1894 wieder die erste Opernredoute gab und in welchem es zwischen den beiden Direktoren schon stark kriselte — fand die Uraufführung von „Schlagobers" statt, und zwar im Rahmen der Festvorstellungen zum 60. Geburtstag des Komponisten. Man spielte sämtliche Strauss-Opern (außer „Guntram") und machte den Meister zum Ehrenbürger von Wien. Unter den tanzenden Hauptfiguren im „Schlagobers" begegnet man allen Köstlichkeiten einer Wiener Konditorei: Zwetschkenkrampusse und Lebkuchenmännchen treten auf, der Marzipan ebenso wie Prinz Kaffee (Hedy Pfundmayr) und Prinz Kakao, Mademoiselle Chartreuse (Adele Krausenecker) und Prinzessin Praline (Gusti Pichler), Teeblüte (Tilly Losch) und Don Zuckero (Willy Fränzl), aber natürlich auch Schmalznudeln, diverse Gugelhupfe und ein Baumkuchen. Witzbolde behaupteten, das ganze Ballett sei überhaupt nur deswegen entstanden, weil alle diese Herrlichkeiten kurz nach dem Weltkrieg nicht zu haben waren. Ausstattungskosten: 5 Milliarden Kronen...

Die reizende Komposition war als Geschenk für Strauss' über alles geliebten Sohn Franz entstanden, dem er ja auch in dem Kind in „Intermezzo" ein schönes Denkmal gesetzt hat. Kurz vor der „Schlagobers"-Premiere hatte sich Dr. Franz Strauss mit Alice Grab vermählt, worauf in Wien prompt das Witzwort die Runde machte, Strauss habe seinen Antisemitismus in der Schottenkirche zu „Grab" getragen.

Im selben Jahr 1924 gab Erik Schmedes seinen Abschiedsabend als Matthias im „Evangelimann". Es war ein sehr schmerzliches Lebewohlsagen zwischen dem noch von Mahler engagierten großen Wagnertenor und den Wienern, deren erklärter Liebling er gewesen ist. Mit ihm verließ Slezaks großer Rivale die Staatsoper.

Slezaks Stimme hatte sich damals gerade zu ihrer höchsten Schönheit und Fülle entwickelt, und die Beifallsstürme und die Liebe des Publikums richteten sich jetzt auf ihn allein. Es hat kaum jemals einen Sänger mit einem so strahlenden Fortissimo und einem derart hauchzarten Pianissimo gegeben wie ihn. Sein hohes C war mit keinem seiner Zeitgenossen vergleichbar. Othello war damals seine Glanzrolle, und wir erinnern uns natürlich noch, wie er nach dem Sturm erschien, in den dunklen Samtmantel gehüllt, den purpurnen Samthelm mit dem blau-weißen Federbusch auf dem Kopf, und sein „Freut euch alle" über die Rampe in den Zuschauerraum förmlich hineinwarf. — Die Eifersucht zwischen ihm und Schmedes hatte mitunter merkwürdige Blüten getrieben. So kam einmal Schmedes' kleine Tochter Dagmar zu Slezak und sagte: „Du, Onkel Leo, mein Papi hat gesagt, er ist ein Künstler, aber du bist nur ein Sänger." Da beugte sich Slezak zu dem Kind hinab und meinte freundlich: „Sag deinem Papi, wenn er ein hohes C hätte wie ich, wäre er auch nur ein Sänger."

Unter Strauss und Schalk kam es auch zur Eingliederung des stimmungsvollen Redoutensaales in den staatlichen Opernbetrieb. Schon Maria Theresia und Josef I. wollten in diesem festlichen und doch intim wirkenden Raum im Hofburgtrakt über der Spanischen Reitschule Opern aufführen lassen, aber erst 1921, in der

Republik, wurde der alte Kaisertraum zur Wirklichkeit. Im Dezember dieses Jahres leitete hier Franz Schalk eine Aufführung von Mozarts „Figaro". Hernach konnte man im Redoutensaal „Don Pasquale" von Donizetti hören — mit der aus München gekommenen großen Koloraturdiva Maria Ivogün und mit Elisabeth Schumann, die alternierend die Partie der Norina sangen —, aber auch eine ganz vergessene kleine Oper, die Strauss besonders ans Herz gewachsen war, weil sie die erste war, die er als Kind gehört hatte: „Johann von Paris" von Boieldieu. Er hatte sie oft in Deutschland dirigiert — nun dirigierte er sie in Wien in einer virtuosen Bearbeitung für Selma Kurz.

Wie es im großen Haus unter Strauss—Schalk sehr interessante Ballettabende gab, zum Beispiel den „Don Juan" von Gluck, so auch im Redoutensaal, etwa die von Strauss selbst nach Motiven von Couperin zusammengestellte „Couperin-Suite".

Am selben Abend konnte man Richard Strauss als Johann-Strauß-Dirigenten erleben — es wurde nämlich die „Tritsch-Tratsch-Polka" getanzt.

Die technische Umwandlung des Redoutensaales in einen Saal für Opernaufführungen hatten Alfred Roller und der neuverpflichtete Bühnenbildner Robert Kautsky besorgt. Ehe er das Theater in der Josefstadt übernahm, inszenierte dort der mit Strauss eng befreundete Max Reinhardt Goethes „Clavigo" und „Stella" und Calderons „Dame Kobold". Als Gemeinschaftsproduktion mit dem Burgtheater führte Richard Strauss am 1. Oktober 1924 Molières „Bürger als Edelmann" auf, mit seiner Musik, die er aus der Urfassung der „Ariadne" herausgelöst hatte. Er dirigierte selbst, die Hauptrollen spielten Willi Thaller (der neureiche Jourdain) und Alma Seidler (seine Tochter) — es war der Schwanengesang der Richard-Strauss-Direktion.

Die allerletzte Premiere der Ära Strauss—Schalk im großen Haus war „Die Ruinen von Athen" in einer Bearbeitung von Hugo von Hofmannsthal. Und zwar hatte Hofmannsthal da etwas ganz Eigentümliches, Kostbares geschaffen: eine Kombination aus einem Ballett und einem Schauspiel mit Gesang und Chören, in dessen Mittelpunkt eine an Goethe erinnernde Gestalt stand, ein Philhellene

Wo heute der Gobelinsaal ist (Ecke Ringstraße-Kärntner Straße neben dem Foyer), war seinerzeit das Nervenzentrum der Staatsoper. Staatsoperndirektor Dr. Heinrich Reif-Gintl, der in der Ära Schalk als ganz junger Mann hier begann, hat mir aufgezeichnet, wie das damals aussah. An der Ecke war der Salon, in welchem Besprechungen und kleine Vorsingen stattfanden. Dann kam das Zimmer Franz Schalks, dann das Zimmer von Strauss und schließlich ein drittes, in welches später Dr. Kerber einzog. Im nächsten Zimmer saß Dr. Manker von der Bundestheaterverwaltung (später Dr. Reif-Gintl), dann kamen die Sekretärinnen und das Zimmer des Administrativen Sekretärs (Dr. Reif-Gintls erste Stellung). Im letzten Raum saß Dr. Lothar Wallerstein. Alle diese Zimmer waren durch den Direktionsgang miteinander verbunden. Beim Zimmer Dr. Wallersteins endete die Wendeltreppe, die vom Bühnentürl heraufkam.

aus der Zeit um die Wende des 18. zum 19. Jahrhundert. Inmitten der Ruinen erlebt dieser Griechenfreund die Vision der Vergangenheit Athens. Die Musik stammte teils aus Beethovens „Ruinen von Athen", teils aus seinen „Geschöpfen des Prometheus".

In der Rückschau stellt sich ein ganz eigenartiges Gefühl ein, wenn man überlegt, daß ein so tief humanistisch angelegtes Werk, das alle Elemente der Oper — Einzelgesang, Chor, schauspielerische Darstellung, Tanz und bedeutungsvolles Bühnenbild — harmonisch zusammenfaßte, den künstlerischen Schlußpunkt hinter die bald so disharmonisch zerbrechende gemeinsame Arbeit zweier großer Persönlichkeiten setzte.

1922 wuchs die Spannung zwischen Strauss und Schalk immer mehr, doch merkten die Sänger und das übrige Personal — zum Unterschied von Direktionskrachs und -krisen späterer Zeit — nichts davon. Der Zwist wurde hinter den Kulissen ausgetragen, erst im allerletzten Jahr hat die Öffentlichkeit etwas davon erfahren, und bis dahin war auch der vertrauteste Freundeskreis so gut wie ahnungslos gewesen. So nobel war man damals.

Den Grund des Konfliktes bildete die schon eingangs erwähnte Nichtabgrenzung der Kompetenzen und ein bißchen wohl auch der menschlich verzeihliche Neid Schalks auf den erfolgreichen Weltmann Strauss, der überdies immer nur einen kurzen Teil seiner Zeit in Wien zubrachte; der tun und lassen konnte, was ihm gefiel, und der trotzdem, sobald es darauf ankam, der Schmied blieb. Jeder sprach von der Richard-Strauss-Direktion, keiner sagte: die Direktion Strauss—Schalk. Und Schalk pochte auf seine Ernennung im Jahre 1918, die keinen Mitdirektor vorgesehen hatte. Er wollte die künstlerische Oberleitung von Richard Strauss höchstens „bei Pult und Probe" gelten lassen, keinesfalls auf dem Gebiet der Planung und Administration. Schalk lief Sturm gegen gewisse Konzessionen, die Strauss einzelnen Künstlern im Interesse seiner Werke zugestanden hatte. So wurden Lotte Lehmann gewisse Gastspielreisen zu Richard-Strauss-Vorstellungen im Ausland nicht auf ihren Urlaub angerechnet.

Im April 1924 unterzeichnete Strauss einen neuen Vertrag — mit einer jährlichen Präsenzpflicht von fünf Monaten — und knüpfte daran die Bedingung, daß man Schalk mit Ablauf der Spielzeit 1924/25 pensioniere. Der Unterrichtsminister, Dr. Schneider, soll diesbezüglich keine fixe Zusage gemacht und Strauss bis „nach Weihnachten" vertröstet haben. Doch hegte Strauss die, wie er glaubte, begründete Hoffnung, man werde seinem Wunsch willfahren.

Natürlich blieb auch Schalk nicht tatenlos. Er war ein hochgebildeter Mann, von einem großen Kunstethos beseelt, gleichzeitig aber auch einer, der es glänzend verstand, Beziehungen zu Behörden herzustellen, sie zu pflegen und im richtigen Moment auch auszuspielen. In jedem subventionierten und staatlich kontrollierten Theater ist der Konflikt zwischen der Behörde und dem Künstler immer latent vorhanden, und Schalk hat sich, da dieser Konflikt nun ausbrach, voll und ganz hinter die Behörde und bewußt gegen Richard Strauss gestellt. Bis er, die Geister, die er rief, nicht mehr loswerdend, von derselben Behörde auf die ganz gleiche Art wie Strauss selbst abgesägt wurde.

Nun, Strauss hatte seinen Vertrag im April unterschrieben und fuhr aus Wien weg. Er kam immer erst Mitte Dezember wieder. Während seiner Abwesenheit setzte Schalk eine Verlängerung seines Kontraktes durch und erwirkte eine neue Dienstinstruktion, nach welcher bei Abwesenheit von Strauss das alleinige Entscheidungsrecht bei ihm lag.

Jetzt mußte das Ministerium versuchen, Strauss dazu zu bringen, das alles, wie man so schön sagt, auch zu fressen. Fraß er es aber nicht, dann war man in Wien bereits entschlossen, die Konsequenzen zu ziehen. Der Vertrauensmann des Unterrichtsministeriums, Ludwig Karpath, ein guter Freund von Strauss, wurde im November nach Dresden geschickt, wo Strauss gerade mit den letzten Proben zur Uraufführung von „Intermezzo" beschäftigt war. Dort, in Dresden, wo fast alle seine Uraufführungen stattgefunden hatten, hatte er das kleinere, intimer wirkende Theater, das er sich für diese Oper wünschte. Fritz Busch betreute die Partitur. Bei der Generalprobe erschien nun Ludwig Karpath mit der Nachricht, daß Schalks Vertrag verlängert worden sei, und mit der neuen Dienstinstruktion in der Hand und bat Strauss,

Nach der Demission von Richard Strauss schrieb der prominente Wiener Musikschriftsteller Dr. Heinrich Kralik am 3. November 1924 im „Neuen Wiener Tagblatt" einen flammenden Appell, Strauss unbedingt in Wien zu halten. Er sprach von einem zweiten Fall Mahler. Sein Artikel endete mit folgenden Worten:

> Wo ist der Mann, der uns mehr zu bieten hätte, wo ist das große theatralische Ingenium mit den großzügigen Plänen und Ideen, meinetwegen auch mit dem unfehlbaren „System", von dem wir einen nennenswerten künstlerischen Gewinn erhoffen dürfen? Wohin man sieht, nichts als Mittelmäßigkeiten; bestenfalls Phantasten mit strohfeuerartigen Augenblickserfolgen. Die Genies sind eben spärlich gesät. Wir aber sind in der glücklichen Lage, eines zu haben. Und wollen es ziehen lassen? Wegen opernpolitischer Kanapeefragen? Man möge „höheren Orts" einmal weniger auf die Meinung der Beamten, Diplomaten und sonstigen unverantwortlichen Berater hören, sondern sozusagen auf die Stimme des Volkes, dessen Begeisterung, Liebe und Anhänglichkeit jedesmal, wenn Richard Strauß am Dirigentenpult erscheint, in überwältigender Weise zum Ausdruck kommt. Seit Gustav Mahler hat kein Dirigent das Wiener Publikum auf die Dauer so stark zu packen gewußt. Der Jubel, der dem Meister gilt, zeigt deutlich an, daß dem naiven Hörer, der keine Vorurteile, keine Programme und keine Opernpolitik kennt, die Magie des auserwählten Genius tausendmal wertvoller ist als die noch so systematische Bewährung des bloß Berufenen. Diese junge oder weniger junge, aber immer empfängliche und immer begeisterungsfähige Hörerschaft stellt das wunderbare Medium dar, das dem Opernhaus Wärme, der Kunst Leben verleiht; sie repräsentiert zugleich die höchste demokratische Instanz, die in Kunstdingen entscheidet; ihr tausendmal abgegebenes Votum lautet: daß man Richard Strauß nicht ziehen lassen darf.
>
> Dr. Heinrich Kralik

er möge das doch annehmen. Strauss erklärte, daß es einzig und allein die Person Schalks sei, die ihn zu einer Ablehnung zwinge. Den Vertreterpassus würde er ohne weiteres akzeptieren — was er jedoch nicht akzeptiere, sei Schalk als Vertreter.

Noch am selben Tag gab Strauss seine Demission, die nach einigen lahmen Versuchen Wiens, ihn doch noch zu halten, angenommen wurde.

Vom ersten Tage an hatte man Strauss mit Mahler verglichen. Jede seiner Taten wurde an Mahler gemessen. Die Mahler-Jünger, bereits in Ehren ergraut, haben es als unloyal empfunden, Strauss-Jünger zu werden. In den Wochen unmittelbar vor und nach der Demission überschlug sich die Wiener Anti-Strauss-Kampagne — man las Zeilen wie: „Schluß mit dem Richard-Strauss-Theater!", „Strauss muß raus aus dem Haus!" uow. Die meisten Kritiker, wie auch Dr. Julius Korngold, bezeichneten die Doppeldirektion als einen Mißerfolg. Lediglich Heinrich von Kralik sah im Verlust von Richard Strauss einen neuen „Fall Mahler"... Die Hetze gegen Strauss hatte aber, im Vergleich zu der gegen Mahler, eine pikante zusätzliche Nuance, nämlich den Neid. „Die Wiener verzeihen einem Lebenden sein Talent nur, wenn es ihm schlecht geht"... Und Strauss ging es gut.

Der „Fall Strauss" gab sogar Kabarettprogrammen Nahrung. Der Volkswitz aber kleidete die Ablehnung des größten musikalischen Genies unseres Jahrhunderts in charmante Bosheit: „Wenn Richard, dann Wagner. Wenn Strauss, dann Johann. Wenn Intermezzo, dann das aus Cavalleria. Und wenn Schlagobers, dann von Demel!"

„Wer nun dem Gral zu dienen ist erkoren"

Franz Schalk als Alleindirektor 1924 bis 1929

Die Richard-Strauss-Jahre waren zu Ende, und es begannen — die Richard-Strauss-Jahre, nämlich unser Warten auf seine Rückkehr.

Die Tatsache, daß Korngold senior im Finale der Pressekampagne um Strauss nicht gegen den Komponisten, wohl aber gegen den Direktor Richard Strauss Stellung genommen hatte, brachte mich jungen Menschen von damals in den ersten großen Gewissenskonflikt. Denn als Korngold junior, der Komponist, zum erstenmal in der Direktion Schalk, die nun folgte, als Dirigent seiner „Violanta" angesetzt war, rief der Strauss-Anhang, zu welchem ich natürlich begeistert gehörte, zu einem großen Zischkonzert auf. Sämtliche Mitglieder wurden in die Staatsoper beordert, um Erich Wolfgang dafür auszupfeifen, daß Vater Korngold mitgeholfen hatte, Strauss aus Wien hinauszuekeln. Nun hatte ich aber die Musik von Erich Wolfgang Korngold sehr gern, war außerdem auch noch mit ihm persönlich befreundet, weshalb ich dem Aufruf nur insoweit Folge leistete, daß ich zwar in die Oper kam, bei dem Zisch- und Pfeifkonzert aber nicht mittat.

Es war ein fürchterlicher Lärm, Korngold mußte seinen Platz am Dirigentenpult verlassen und konnte erst nach sechs bis sieben Minuten wieder an das Pult zurückkehren und mit der Vorstellung beginnen.

Auch sonst rumorte Richard Strauss' Demission noch lange in den Herzen und Köpfen und wurde bisweilen von Künstlern, die aus irgendeinem Grund die Oper verlassen mußten oder sonst ein Unrecht erlitten, gerne — und oft bei recht ungeeigneten Anlässen — als Kronbeispiel zitiert. So einmal auch von Maria Olczewska nach ihrer berühmten Spuckaffäre. Die Olczewska — sie stammte aus Bayern, war eine herrliche Amneris und Carmen — sang in einer „Walküre"-Vorstellung der Staatsoper die Fricka, ihr Gatte — Dr. Emil Schipper — gab den Wotan. In der Kulisse stand Maria Jeritza, die auf ihren Auftritt als Sieglinde wartete, neben ihr die Altistin Hermine Kittel. Die beiden Damen flüsterten vielleicht ein bißchen zu laut miteinander, jedenfalls sagte die Olczewska, während Wotan seine grollenden Entgegnungen gegen die zürnende Gattin losließ, einige Male und immer lauter, immer bayrischer: „Seids doch ruhig! — Seids still! — So halts doch das Maul! Seids ruhig da hinten!" Aber es nützte nichts. Dann kam der erste große Ausbruch der Fricka mit der dramatischen Frage: „Wann ward es erlebt, daß leiblich Geschwister sich liebten?" Da wandte sich die große Altistin plötzlich gegen die Kulisse, und im selben Augenblick flog eine mächtige Spucke in Richtung Maria Jeritza, traf aber Hermine Kittel. Damals sagte man, die Kittel sei das Symbol für das arme, kleine neue Österreich: Wenn die Großen sich streiten, trifft die Kleinen die Spucke... Einige Zeit später, als Maria Olczewska, deren nachtschwarze Altstimme ich sehr liebte, im Rundfunk eine Liederstunde gab, sagte sie an einer Stelle ihres Programms: „Ich singe jetzt zwei Lieder von Richard Strauss, dem es in dieser schönen Stadt genauso ergangen ist wie mir."

Maria Olczewska war nämlich nach ihrer Spuckaffäre aus dem Verband der Staatsoper entlassen worden.

Nun regierte also Schalk endlich allein im Haus am Ring, und man muß sagen, er hat sich sehr bewährt. Das Institut blühte unter seiner Hand, wofür schon der Reichtum des Repertoires zeugte: in der für seine Direktionszeit typischen Saison 1926/1927 gab es insgesamt 84 verschiedene Werke (66 Opern, 18 Ballette), ein meines Wissens weder vorher noch nachher je wieder erreichter Rekord.

Schalk, gebürtiger Wiener, war ein Schüler Anton Bruckners und hatte, als er seine Tätigkeit an der Oper begann, bereits eine schöne Karriere als Dirigent hinter sich; einmal hatte er sogar in der New Yorker Metropolitan dirigiert. Mahler holte ihn als Kapellmeister an die Wiener Oper. Schalk blieb seit damals mit ihr ununterbrochen verbunden (die „Meistersinger" hat er hier nicht weniger als 149mal dirigiert!). Gleichzeitig unterrichtete er an der Musikakademie und leitete durch lange Jahre die Konzerte der Gesellschaft der Musikfreunde. Er war mittelgroß, sehr schlank, hatte einen Spitzbart und trug Zwicker; eigentlich sah er aus wie ein Gelehrter, sein Gesicht war das eines typischen Intellektuellen. Er war ein Mann von großer Bildung, durch und durch Humanist, aber zugleich von einem zynischen, makabren Humor, hinter welchem sich, wie seine Freunde wußten, ein großes Herz verbarg. Die Oper liebte er zutiefst, sie ging ihm über alles auf der Welt.

Bis zum Ausbruch der Krise in der Doppeldirektion war Franz Schalk mit Richard Strauss beinahe befreundet, er hatte mit großer Begeisterung die Premieren von „Rosenkavalier", „Ariadne" und „Frau ohne Schatten" geleitet. Und nun, als Alleindirektor, setzte er — trotz des Zerwürfnisses — sehr viel Strauss ins Programm, um zu zeigen, daß er den Konflikt mit dem Direktorkollegen auf keinen Fall als Ranküne gegen den Komponisten ausgelegt wissen wollte. Er nahm „Die Frau ohne Schatten" sehr bald wieder ins Repertoire auf und bemühte sich, die nächsten Strauss-Opern, „Intermezzo" und „Die ägyptische Helena", möglichst bald herauszubringen.

Obwohl wir anerkennen mußten, daß er alle Opernfreunde mit wunderbaren Abenden beschenkte, waren wir — halbe Kinder noch — dem Alleindirektor nicht gut gesinnt. Wir warteten unentwegt auf die Rückkehr von Richard Strauss und verschlangen alle Nachrichten, die uns darüber informierten, was er tat, wo er sich aufhielt, was er komponierte... Heute schäme ich mich manchmal, wenn ich daran denke, wie wir Buben Franz Schalk quälten. Wir wußten, daß er seine Sommer in Edlach bei Reichenau zubrachte, und da sind wir einmal, ein paar Freunde und ich, zu Beginn der Theaterferien am Südbahnhof in denselben Zug eingestiegen, mit welchem Schalk in den Urlaub fuhr. Um nach Edlach zu gelangen, mußte er den Zug in Reichenau verlassen. Da rannten wir Mistbuben voraus auf den Bahnsteig, stellten uns militärisch in einer Reihe auf, und als Direktor Schalk an uns vorüber zum Ausgang schritt, begannen wir unisono zu rufen: „Hoch Strauss — pfui Schalk!" Nur um ihm den Sommer zu verpatzen. Dann bestiegen wir den nächsten Zug und fuhren befriedigt wieder nach Wien zurück.

Trotzdem mußten wir, wenn auch zähneknirschend, von Jahr zu Jahr mehr zugeben, daß Schalk ein hervorragender Opernchef war. Vor allem wußte er um die Lücken, die die Direktion Strauss hinterlassen hatte; die füllte er nun aus und bereicherte das Repertoire um viele interessante Stücke, die Strauss nicht gelegen waren oder die er nicht spielen konnte. So kam es schon 1925 zu der aufsehenerregenden Wiener Premiere des „Boris Godunow" von Mussorgskij. Die Titelpartie wurde zu einer der Glanzrollen Emil Schippers, des Juristen, den noch Hans Gregor von der Volksoper wegengagiert und den Richard Strauss in einer Neuinszenierung des „Fliegenden Holländers" mit großem Erfolg herausgestellt hatte.

Bezüglich der Ausstattung des „Boris" gab es allerlei Probleme. Alfred Roller, der die Oper in der Ära Weingartner verlassen und den Schalk 1919 wieder zurückgeholt hatte (wie später auch die mit Gregor unzufriedene Anna Mildenburg), war wieder Ausstattungschef und hatte Dekorationsskizzen entworfen. Sie sahen ein sehr naturalistisch gezeichnetes, dreidimensional gebautes Rußland des späten 16. Jahrhunderts vor, waren also für die damalige Sparperiode der Staatsoper viel zu teuer. „Das muß billiger auch gehen", sagte Schalk, und man wagte ein Experiment, indem man einen jungen Wiener Künstler, Emil Pirchan, mit der Ausstattung des „Boris" beauftragte, der in der expressionistischen Schule um den Berliner Regisseur Leopold Jessner Aufsehen erregt hatte. Pirchan ging mit großem Geschick zu Werke, arbeitete mit nur andeutenden, ganz billigen Dekorationen, täuschte durch kleine Muster und Farbeffekte den Eindruck kostbarster Stoffe und Tapeten vor, und statt einer aufwendig gebauten Kathedrale zauberte er mit vielen kleinen Zwiebeltürmen eine wunderbare Vision Moskaus vor den Zuschauer hin. Derlei hatte man bis dahin in Wien noch nicht gesehen, der Erfolg war groß. Zu groß wohl für Roller, der der Berufung Pirchans zwar zugestimmt hatte, hernach aber doch etwas verstimmt gewesen sein soll.

Mit „Boris Godunow" hatte ein ganz großes Meisterwerk — viel zu spät — seinen Einzug in die Wiener Staatsoper gehalten. Zwei Jahre später, im Mai 1927, sang den Boris ein weltberühmter Gast: Fjodor Schaljapin. Er war für drei Abende verpflichtet worden, einmal Boris, zweimal Mephisto (in Gounods „Margarethe"). Schaljapin war stimmlich nicht mehr auf dem allerhöchsten Höhepunkt, dafür spielte er die Gewissensqualen und die metaphysische Entrücktheit des Boris unerhört genial. — Ein paar Wiener Bassisten versuchten damals, Schaljapin nachzuahmen. Sie sagten: „Wie singt er denn schon! So kann doch ein jeder singen!" Alfred Muzzarelli, ein präch-

Franz Schalk dirigiert (Scherenschnitt von Hans Schließmann, 1900).

```
Freitag den 15. Oktober 1926
Bei aufgehobenem Abonnement        Zu besonderen Preisen

                    Turandot
     Lyrisches Drama in drei Akten (fünf Bildern) von G. Adami und R. Simoni
                    Ins Deutsche übertragen von A. Brüggemann
                         Musik von Giacomo Puccini
 (Das letzte Duett und das Finale der Oper sind nach hinterlass. nen Skizzen vervollständigt worden von F. Alfano)
              Inszenierung von Dr. Lothar Wallerstein
Regie: Hr. Dr. Wallerstein a. G.         Musikalische Leitung: Hr. Schalk
Turandot, eine chinesische Prinzessin  . . . . . . . . . . .   Fr. Nemeth
Altoum, Kaiser von China  . . . . . . . . . . . . . . . . .    Hr. Breuer
Timur, entthronter König der Tartaren  . . . . . . . . . .     Hr. Zec
Der unbekannte Prinz (Kalaf), sein Sohn  . . . . . . . . .
Liu, eine junge Sklavin  . . . . . . . . . . . . . . . . . .   Fr. Helletsgruber
Ping, Kanzler  . . . . . . . . . . . . . . . . . . . . . . .   Hr. Renner
Pang, Marschalk  . . . . . . . . . . . . . . . . . . . . . .   Hr. Arnold
Pong, Küchenmeister  . . . . . . . . . . . . . . . . . . . .   Hr. Wernigk
Ein Mandarin  . . . . . . . . . . . . . . . . . . . . . . .    Hr. Ettl
Der junge Prinz von Persien  . . . . . . . . . . . . . . .     Hr. Nemeth
Der Scharfrichter  . . . . . . . . . . . . . . . . . . . . .   Hr. Schreiter
Die kaiserlichen Wachen, die Gehilfen des Henkers, Knaben, Priester, Mandarine, Würdenträger,
die acht Weisen, Turandots Kammerfrauen, Diener, Soldaten, Bannerträger, Musikanten,
         Schatten der Verstorbenen, geheimnisvolle Stimmen, die Menge
                   Zu Peking — In vergangenen Tagen
         Entwürfe der Dekorationen und Kostüme: Alfred Roller
       Ausführung: Eigene Malerei und Atelier Kautsky, eigene Schneiderei und
                    Werkstätte für dekorative Kunst (German)
    * * * „Der unbekannte Prinz (Kalaf)" Hr. Jan Kiepura von der Staatsoper in
                                Warschau a. G.
            Das offizielle Programm nur bei den Billetteuren erhältlich. Preis 50 Groschen

                    Nach dem ersten Akt eine größere Pause

   Der Beginn der Vorstellung sowie jedes Aktes wird durch ein Glockenzeichen bekanntgegeben

Kassen-Eröffnung nach 6½ Uhr    Anfang 7½ Uhr    Ende vor 10½ Uhr

        Der Kartenverkauf findet heute statt für obige Vorstellung und für
Samstag den 16. Das Rheingold (Anfang 7½ Uhr) 4. Viertel
Sonntag den 17. Die Walküre. Bei aufgehobenem Abonnement (Anfang 6 Uhr)
                    Weiterer Spielplan:
Montag   den 18. Turandot. Zu besonderen Preisen (Anfang 7½ Uhr) 2. Viertel
Dienstag den 19. Ariadne auf Naxos (Anfang 7½ Uhr) 1. Viertel
```

tiger Episodist der Staatsoper (er studierte sein ganzes Leben auf den „Star", der er nie werden sollte), ein richtiger Witzbold, entgegnete diesen Kollegen damals: „Ja, ja, machts den Schaljapin nur nach — aber immer!"

Fjodor Schaljapin sang als Boris manchmal Worte, die nicht im Textbuch standen, und improvisierte auch gleich die Melodie dazu, so etwa bei seinen ersten Angstvisionen in der Uhrenszene. Da er aber aus verschiedenen Gründen auf die Staatsoper nicht gut zu sprechen war, behaupteten böse Zungen, seine russischen Extempores hätten nichts anderes geheißen als „Scheiße mit der Wiener Oper! Scheiße mit der Wiener Oper!" Und als er dann den Mephisto sang, kam es beim Schlußduett des ersten Aktes zu einem öffentlichen Streit zwischen dem großen Bassisten und dem Dirigenten Alwin, der dem Gast zu langsam dirigierte (er mußte es tun, weil der Tenor so langsam sang). Schaljapin trat plötzlich an die Rampe, rief: „Schneller, schneller!", schlug den von ihm gewünschten Takt mit klatschenden Händen und hat so von der Rampe aus die ganze Schlußszene bis zum Fallen des Vorhanges selbst „dirigiert". So etwas war für Wien ein Novum und blieb bis heute ein Unikum. Ein Wiener Blatt schrieb damals: „Es war eine öffentliche Generalprobe, bestenfalls, Aufführung kann man so etwas doch wohl nicht gut nennen."

Bei seinem Liederabend, den Schaljapin in Wien gab und an den ich mich noch sehr gut erinnere, ließ er statt des Programmzettels kleine Büchlein verteilen, welche die fortlaufend numerierten Texte seines gesamten Repertoires enthielten. Er selbst hatte gleichfalls ein solches Büchlein in der Hand und sagte, wie der Pastor in der Kirche, immer das nächste Lied auf französisch an: „Numéro trente et un, bitte ... Jetzt numéro cinquante deux ..." usw.

Mit „Boris Godunow" war eine große Lücke im Staatsopernspielplan geschlossen. Jetzt ging Schalk daran, den

Wien freute sich über diese neue Oper und die Entdeckung Jan Kiepuras. Er sang deutsch, nachdem er bei seiner ersten Gastvorstellung („Tosca") mit dem Glanz seiner Stimme ebensolches Aufsehen erregt hatte wie mit seiner originellen Mischung aus Polnisch und Italienisch.

italienischen Sektor auszubauen, dem Strauss recht wenig Augenmerk geschenkt hatte.

Als erste italienische Premiere kam Umberto Giordanos „André Chénier" heraus. Dieser veristische Vorläufer der „Tosca" durfte zur Zeit der Monarchie wegen seiner revolutionären Tendenzen nicht gespielt werden. Es bestand zwar kein offizielles Zensurverbot, doch winkte die Intendanz jedesmal ab, wenn „André Chénier" zur Sprache kam (den auch Mahler geschätzt hatte; aber er mußte statt dessen „Fedora" spielen, das schwächere Werk). Die Premiere — mit Trajan Grosavescu in der Titelpartie und mit Lotte Lehmann als Madelaine de Coigny — war ein durchschlagender Erfolg. Später war der zur Guillotine verurteilte Dichter eine Lieblings- und Glanzrolle Alfred Piccavers.

Das war im Januar 1926 gewesen. Im Oktober desselben Jahres — es war ein richtiges „italienisches Jahr" — folgte dann die legendäre Wiener Erstaufführung der nachgelassenen, unvollendeten Oper Puccinis, die im Frühling 1926 unter Toscanini ihre Uraufführung an der Mailänder Scala erlebt hatte: „Turandot". Wer damals nicht dabei war, kann sich den Begeisterungstaumel nicht vorstellen, in den diese Premiere die Wiener Opernfans versetzte. Nicht nur daß man hier mit einem Wunderwerk des modernen Musiktheaters bekannt gemacht wurde, auch die Montierung dieser Kostbarkeit durch Franz Schalk war eine Meisterleistung. Es war eine Doppelpremiere: am ersten Abend sang Lotte Lehmann die Prinzessin aus Eis, Leo Slezak den rätsellösenden Kalaf (ein „chinesischer Tamino", wie damals jemand sagte) und Berta Kiurina die liebende, leidende Sklavin Liu; am zweiten Abend wurde die Prinzessin von Maria Nemeth dargestellt, einer Ungarin mit einer der elementarsten Stimmen ihrer Zeit, Luise Helletsgruber sang die Liu, und als Kalaf debütierte Jan Kiepura, der schon vorher in einer „Tosca"-Vorstellung als teils italienisch, teils deutsch, teils polnisch singender Cavaradossi (mit der Jeritza als Partnerin) einen triumphalen Erfolg gehabt hatte. Seit diesem „Turandot"-Abend waren ihm die Wiener und Wienerinnen buchstäblich verfallen.

Kiepura war damals vierundzwanzig, er hatte in Warschau Jus studiert, war dann aus seiner Heimat nach Wien

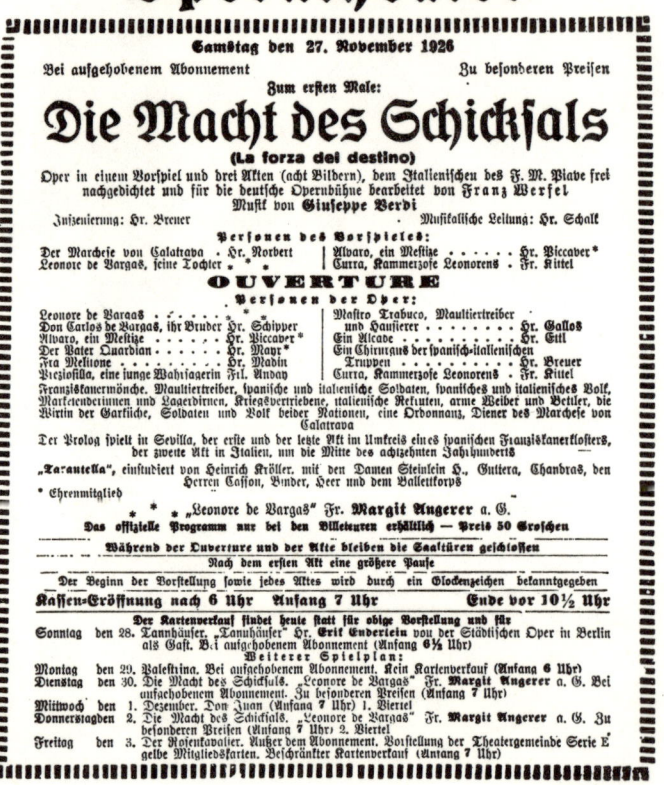

Mit der Werfel-Fassung von „Die Macht des Schicksals" begann die deutsche Verdi-Renaissance.

gekommen, um an der Staatsoper vorzusingen, und schon nach den ersten Tönen hat Schalk aufgeschrien: „Eine unverschämte Stimme!" Aber auch der Vorsingende selbst war unverschämt. „Wollen Sie ein hohes C? Können Sie haben!" sagte er und sang eins. „Wollen Sie noch eines? Bitte! ... Noch ein drittes?" So sang er vor Schalks bewunderndem Ohr ein hohes C nach dem anderen.

Er sah fabelhaft aus, so strahlend, wie sich Richard Strauss den jungen Gott Bacchus in der „Ariadne" erträumt haben mochte. Sein Gesicht bezauberte, sein Spieltalent war voll Poesie und Natürlichkeit, die ganze romantische Schönheit seiner Erscheinung übte auf das

Opertheater

```
Samstag den 21. Mai 1927
Bei aufgehobenem Abonnement    Zu außerordentlichen Preisen
```

Margarethe
(Faust)

Oper in vier Akten. Text nach Goethe von J. Barbier und M. Carré, übersetzt von Gollmick – Musik von Ch. Gounod.

Regie: Hr. Runge   Dirigent: Hr. Alwin

Faust . . . .
Mephistopheles . . . . Hr. Schipper
Valentin . . . .
Brander . . . . Hr. Muzzarelli
Margarethe . . . .
Siebel . . . . Fr. Helletsgruber
Marthe . . . . Fr. Kittel

Studenten, Soldaten, Bürger, Mädchen und Frauen, Volk, Hexen und Gespenster, Schutzgeister

Vorkommende Tänze: Lais: Frl. Pichler, Aspasia: Frl. Krauseneder, Cleopatra: Frl. Pfundmayr, weiters die Damen Horvath, Fränzl J., Dirtl, Weinrich, Steinlein H., Hurm, Knöpfler, Fränzl P., Maninger, Köcher und das Ballettkorps

* „Faust" Hr. **Paul Marion** a. G.
* „Mephistopheles" Hr. **Fedor Schaljapin** a. G.
* „Margarethe" Fr. **Margit Angerer** a. G.

Das offizielle Programm nur bei den Billetteuren erhältlich. Preis 40 Groschen

Nach dem zweiten Akt eine größere Pause

Der Beginn der Vorstellung sowie jedes Aktes wird durch ein Glockenzeichen bekanntgegeben

Kassen-Eröffnung nach 6 Uhr   Anfang 7 Uhr   Ende nach 10 Uhr
Während der Vorspiele und der Akte bleiben die Saaltüren zum Parkett, Parterre und die Galerien geschlossen. Zuspätkommende können daher nur während der Pausen Einlaß finden

Der Kartenverkauf findet heute statt für obige Vorstellung und für

Sonntag den 22. **Die Meistersinger von Nürnberg** (Anfang 6 Uhr) 4. Viertel
Montag den 23. Abo. anläßlich der Anwesenheit dänischer Pflegeeltern. Bei aufgehobenem Jahres- und Stammsitz-Abonnement. Kein Kartenverkauf (Anfang 7 Uhr)

Weiterer Spielplan:

Dienstag den 24. Margarethe (Faust). „Margarethe" Fr. Margit Angerer a. G. „Faust" Hr. Paul Marion a. G. „Mephistopheles" Hr. Fedor Schaljapin a. G. Bei aufgehobenem Abonnement. Zu außerordentlichen Preisen (Anfang 7 Uhr)
Mittwoch den 25. Tannhäuser (Anfang 7 Uhr) 3. Viertel
Donnerstag den 26. Der Rosenkavalier. „Sophie" Fr. Adele Kern vom Opernhaus in Frankfurt am Main als Gast (Anfang 7 Uhr) 4. Viertel
Freitag den 27. Palestrina (Anfang 6½ Uhr) 1. Viertel
Samstag den 28. Madame Butterfly (Anfang ½7 Uhr) 2. Viertel
Sonntag den 29. Othello (Anfang 7 Uhr) 3. Viertel

Als der Dirigent Alwin bei dieser Vorstellung dem Schleppen des Tenors im Schlußduett der ersten Szene allzusehr nachgab, stellte sich Schaljapin an die Rampe und gab mit klatschenden Händen das Tempo an.

Publikum eine magische Anziehungskraft aus, wie man sie in dieser Art bis heute nicht mehr erlebt hat. Auch daß aus diesem Sänger, um den sich die größten Opernhäuser der Erde „rissen", schon sehr bald und zugleich mit seiner Bühnenkarriere der Filmstar Numero eins jener Jahre wurde, ist eine völlig einzigartige Erscheinung.

Jan Kiepura blieb mit Wien bis 1938 verbunden, er war ein ebenso herrlicher Rudolf wie Des Grieux, ein hinreißender Herzog in „Rigoletto" und natürlich immer wieder *der* Kalaf. Was für ein Paar waren Jeritza und Kiepura — „Tosca", „Turandot", „Manon" . . . !

Eines Tages stellte er in einem seiner Filme wieder einmal einen berühmten Sänger dar, und in einer der Endszenen des Streifens, wo ihn die begeisterten Opernfans am Bühnenausgang umdrängten, sprang er kurzerhand auf das Dach seines parkenden Autos und sang von dort herunter eine Zugabe nach der anderen. Die Wiener „Kiepura-Mädchen" wollten das aber auch live sehen . . . So wurde der Einfall des Drehbuchautors zum geheiligten Brauch, und jedesmal wenn nun der junge Pole aus dem Bühnentürl kam, mußte er auf das Dach seines Autos hinaufturnen und singen: „Heute Nacht oder nie." Später war es meist ein Taxi, weil er seinen eigenen Wagen schonen wollte. Bei der heutigen Verkehrs- und Parkplatzsituation Wiens wäre so etwas überhaupt nicht mehr möglich, denn um das Auto mit dem Sänger standen nicht etwa nur ein paar Dutzend Jugendliche und Opernnarren, sondern man hatte den Eindruck, als ob sich sämtliche Zuschauer hier nach der Vorstellung nochmals zusammenrotteten und mit den übrigen Wienern zu einem einzigartigen improvisierten Publikum verschmolzen. Der Verkehr auf dem Ring stockte, von der Oper bis weit über die gegenüberliegende Seite der Ringstraße und bis tief in die Kärntner Straße hinein standen die Leute, ein Menschenmeer, und lauschten dankbar-verzückt der „unverschämten Stimme" ihres „Janek".

Einmal, nach einer „Rigoletto"-Vorstellung, brüllten die Leute in der Oper drinnen so lange, bis Kiepura sich entschloß, ein paar seiner Schlagerlieder als Zugabe im Haus selbst zu singen, vor dem herabgelassenen Vorhang. Im Orchester stand ein Klavier, und wie zufällig fand sich auch immer jemand, der ihn begleiten konnte („Wäre vielleicht jemand von den Herrschaften so lieb . . . o danke vielmals" — die Regie klappte). Hernach bat einmal Hofrat Reif-Gintl, damals wohl noch nicht Hofrat, aber später Staatsoperndirektor, den Sänger, er möge das doch nicht tun, dieses Singen mit Klavierbegleitung nach der Vorstellung. Als aber die kiepurabesessenen Zuschauer beim nächstenmal wiederum ihr „Singen, singen, singen!" schrien, hielt Jan Kiepura eine kurze Rede, ganz im Geiste Till Eulenspiegels: „Leider hat man mir gesagt, ich soll hier nicht mehr singen — mit Klavierbegleitung. Gut, werde ich ohne Klavier singen." Und los ging's mit „Ob blond, ob braun, ich liebe alle Frau'n" und „Mein

Operntheater

Samstag den 31. Dezember 1927
Bei aufgehobenem Abonnement — Besondere Preise mit Zuschlag
Zum ersten Male:

Jonny spielt auf

Oper in zwei Teilen von **Ernst Krenek**

Regie: Hr. Dr. Wallerstein	Musikalische Leitung: Hr. Heger
Der Komponist Max . . . Hr. Pataky	Der Manager . . . . Hr. Norbert
Die Sängerin Anita . . . Frl. Schwarz	Der Hoteldirektor . . . Hr. Breuer
Der Neger Jonny, Jazz-	Ein Bahnangestellter . . Hr. Wolken
band-Geiger . . . Hr. Jerger	Erster ⎱ . . Hr. Arnold
Der Violinvirtuose Daniello Hr. Duhan	Zweiter ⎰ Polizist Hr. Madin
Das Stubenmädchen Yvonne Fr. Schumann	Dritter . . Hr. Gitl

Ein Stubenmädchen, ein Groom, ein Nachtwächter im Hotel, ein Polizeibeamter, ein Chauffeur, ein Ladenmädchen, ein Gepäckträger, Hotelgäste, Reisende und Publikum

Vorkommende Tänze einstudiert von Leo Dubois, ausgeführt von Frl. Berka, Ranninger, Steinlein O., Szakal, Steinlein F., Guttera, Graf, den Herren Fränzl R., Bauer, Casson, Nemeth, Buttula, Binder und dem Ballettkorps

Die Handlung spielt teils in einer mitteleuropäischen Großstadt, teils in Paris und teils an einem Gletscher in den Hochalpen, in der Gegenwart

In Szene gesetzt von Dr. Lothar Wallerstein

Entwürfe der Bühnenbilder und Kostüme von Dr. Oskar Strnad

Die Toiletten der Damen Schwarz und Schumann wurden im Atelier der Firma Heinrich Grünbaum hergestellt — Damenhüte: Modehaus „Susanne" — Haus der Schuhmoden H. Bauer, I., Fleischmarkt 10 — Schmuckgegenstände: „Brillantenkönigin", I., Kärntnerstraße 51 — Das Auto wurde von den Steyr-Werken A. G. beigestellt — Staubsauger „Kis-Kat" von der Firma F. Wieser

Das offizielle Programm nur bei den Billetteuren erhältlich, Preis 50 Groschen

Nach dem ersten Teil eine größere Pause

Der Beginn der Vorstellung sowie jedes Aktes wird durch ein Glockenzeichen bekanntgegeben

Kassen-Eröffnung nach 6½ Uhr — Anfang 7½ Uhr — Ende nach 10 Uhr
Während der Vorspiele und der Akte bleiben die Saaltüren zum Parkett, Parterre und den Galerien geschlossen. Zuspätkommende können daher nur während der Pausen Einlaß finden

Der Kartenverkauf findet heute statt für obige Vorstellung und für:
Sonntag den 1. Jänner 1928. Jonny spielt auf. Besondere Preise mit Zuschlag (Anfang 7½ Uhr)
Montag den 2. Die Zauberflöte (Anfang 7 Uhr)

Weiterer Spielplan:
Dienstag den 3. Ariadne auf Naxos. Dirigent: Hr. Dr. Richard Strauß a. G. Im Abonnement (Anfang 7½ Uhr)
Mittwoch den 4. Jonny spielt auf. Bei aufgehobenem Abonnement. Besondere Preise mit Zuschlag (Anfang 7½ Uhr)

Chärz ruft immär nur nach diiir". Nach Verdi war somit Robert Stolz in die Oper eingezogen.

Nach der Premiere von „Turandot" fungierte Doktor Lothar Wallerstein als Oberregisseur, er drückte dem Szenisch-Geistigen bis zum Ende der Direktion Clemens Krauss den Stempel seiner Persönlichkeit auf. Wallerstein war weniger ein Regisseur für den Einzeldarsteller als ein großartiger Gestalter von Massenszenen, zum Beispiel des Mondchores in „Turandot".

Um noch ein wenig von dieser „Turandot" zu sprechen, die mich als Kind bei der Doppelpremiere so tief beeindruckt hat und die ich in den zwanziger und dreißiger Jahren unzählige Male gehört habe: Wenn man sie heute aufgeführt sieht, serviert uns die Regie fast immer nur eine entsetzlich harte, böse Prinzessin, die nur Leute köpfen läßt, nie ein freundliches Wort sagt, nie einen warmen, menschlichen Blick um sich sendet, so daß man sich eigentlich wünscht, der gute, nette, so schön singende Kalaf möge doch diese unsympathische Frau nur ja nicht bekommen. Hier wird eine Rolle falsch angelegt. Die Turandot hingegen, die die Jeritza gespielt hat, war eine Frau, die sich bereits während der Rätselszene in den jungen Mann verliebt und sich, zum erstenmal im Leben von echter Empfindung überwältigt, nichts sehnlicher wünscht, als von Kalaf besiegt zu werden. Die Niederlage und damit zugleich auch noch einen zweiten, den eigenen, fraulichen Sieg über ihn durch Liebe, das wünscht sie sich. Und bei der Jeritza haben wir alle ganz genau gewußt, in welcher Sekunde sie sich in Kalaf verliebt hat: beim zweiten Rätsel. Da wurde die Prinzessin aus Eis zur Frau, zur Liebenden, zur eigentlich schon Besiegten. Und nicht weniger genau haben wir gefühlt und gewußt, daß beim zweiten großen Moment dieser Oper, wenn Turandot wie ein Stück Schmutz auf dem Boden liegt, unterlegen, weil Kalaf alle Rätsel gelöst hat, diese Niederlage die Erfüllung ihres geheimsten Wunsches ist: daß Turandot sich nun endlich auch als wahre Siegerin über sich selbst fühlen kann, durch ihre Liebe zu Kalaf. Die große Arie „Die ersten Tränen" im dritten Akt „Turandot" wird heute, weil sie sehr anstrengend ist, häufig gestrichen — tut man das, dann versteht man die Turandot überhaupt nicht mehr. Denn darin gesteht sie ja selbst, während sie ihm zu Füßen liegt, daß sie zum erstenmal im Leben weinen mußte, als sie Kalaf sah! Nur in dieser Arie erleben wir Turandot als liebende Frau!

Wenn „der Richtige" kommt, schmilzt das Eis, und die Rätsel haben nur noch eine symbolische Funktion wie der Liebestrank im „Tristan", der nur besiegelt, was viel früher schon begann: „Ich sah ihm in die Augen..."

Kalaf — Jan Kiepura, Turandot — Maria Jeritza. Was da zwischen beiden auf der riesigen Treppe an Haß und Liebe, an Siegen- und Unterliegenwollen, kurz an Psychologie in Stimme und Mienen und Gesten mitschwang, das kann kein Superregisseur von heute „stellen". Es versteht auch keiner die Bedeutung dieser Szene. (Bei der zweiten Premiere schrieb eine Zeitung: „Wie konnte Kalaf die Rätsel nur lösen? Beim ‚Ungohrln' Maria Nemeths verstand man doch kein Wort, und an Kiepuras polnischem Akzent merkte man auch, daß er noch kaum Deutsch kann...")

Wiener und Wienerinnen!

Die Zersetzung und Vergiftung unserer bodenständigen Bevölkerung durch das östliche Gesindel nimmt einen gefahrdrohenden Umfang an. Nicht genug, daß unser Volk durch die Geldentwertung einer durchgreifenden Ausplünderung zugeführt wurde, sollen nun auch alle sittlich-kulturellen Grundfesten unseres Volkstumes zerstört werden.

Unsere Staatsoper,

die erste Kunst- und Bildungsstätte der Welt, der Stolz aller Wiener,

ist einer frechen jüdisch-negerischen Besudelung zum Opfer gefallen.

Das Schandwerk eines tschechischen Halbjuden

„Jonny spielt auf!"

in welchem Volk und Heimat, Sitte, Moral und Kultur brutal zertreten werden soll, wurde der Staatsoper aufgezwungen. Eine volksfremde Meute von Geschäftsjuden und Freimaurern setzt alles daran, unsere Staatsoper zu einer Bedürfnisanstalt ihrer jüdisch-negerischen Perversitäten herabzuwürdigen. **Der Kunst-Bolschewismus erhebt frech sein Haupt.** Die Schamröte muß jedem anständigen Wiener ins Gesicht steigen, wenn er hört, welch ungeheuerliche Schmach und Demütigung der berühmten Musikstadt Wien durch volksfremdes Gesindel angetan wurde.

Da die christlich-großdeutsche Regierung diesem schamlosen Treiben untätig zusieht und von keiner Seite eine Abwehr versucht wird, so rufen wir alle Wiener zu einer

Riesen-Protest-Kundgebung

auf, in welcher über die Wahrheit der jüdischen Verseuchung unseres Kunstlebens und über die der Staatsoper angetane Schmach gesprochen werden wird.

Christliche Wiener und Wienerinnen, Künstler, Musiker, Sänger und Antisemiten erscheint in Massen und protestiert mit uns gegen diese unerhörten Schandzustände in Oesterreich.

Ort: Lembachers Saal, Wien, III., Landstraße Hauptstraße.
Zeitpunkt: Freitag, den 13. Jänner 1928, 8 Uhr abends.
Kostenbeitrag: 20 Groschen. / Juden haben keinen Zutritt!

Nationalsozialistische deutsche Arbeiterpartei
Großdeutschlands.

Das dritte große Ereignis des „italienischen Jahres" 1926 war dann noch die Premiere von Verdis Oper „Die Macht des Schicksals", die wir hier bis dahin noch nie hatten hören können. Damit begann die große Wiener Verdirenaissance, die sich über Jahre hinzog. Schalk hat selbst dirigiert. Franz Werfel, damals bereits vom Nimbus des großen Dichters umgeben, hatte das Libretto nachgedichtet, es übertraf das italienische Original an Poesie und Schönheit bei weitem. Nie hatte man vorher in einer Verdioper so herrliche deutsche Worte gehört. In dieser

---

Gefährliche Drohung

Eines Morgens kam Leo Slezak, der „Göttliche", auf die Probe, bewegte seine massige Gestalt auf den in der Kulisse stehenden alten Inspizienten Franz Blümel zu und fauchte diesen mit rollenden Augen und einwandfreiem Böhmakeln an: „Ich habe vergangene Nacht von Ihnen geträumt! Wenn das noch einmal vorkommt, kriegst du zwei Watschen!"

---

sensationellen Premiere feierte eine reizende, grazile Sängerin ihr Debüt: Margit Schenker-Angerer, eine bildschöne Frau der Wiener Gesellschaft mit einer Botticelli-Figur und einem Botticelli-Lächeln. Sie war die Gattin eines Spediteurs, Importeurs und Exporteurs namens Schenker, der sich später von ihr trennte und Mönch wurde. Bei ihren Freunden und Bekannten hieß sie „Manzi", und diese Freunde und Bekannten, boshaft, wie man in der sogenannten „Gesellschaft" nun einmal ist, warteten bloß darauf, daß die Frau des Spediteurs durchfiel und die Oper sich mit ihr blamierte. Man hielt das Ganze nur für eine Amateurangelegenheit, für die Befriedigung eines Sängerinnenfimmels durch das Geld und die Beziehungen des Herrn Gemahls. Aber im Verlauf der Premiere, als jeder deutlich merken konnte, daß die „Manzi" durchaus „professional" war und als Leonore in der „Macht des Schicksals" einen sich von Akt zu Akt steigernden großen Erfolg errang, wurden die Gesichter der Freunde und Bekannten immer länger.

Margit Schenker-Angerer wurde ein wundervoller Octavian, kreierte in Wien die Dorota in „Schwanda der Dudelsackpfeifer" von Jaromir Weinberger, erntete viel Beifall als Elsa, Elisabeth und als Komponist in „Ariadne". Doch konnte sich die schöne Frau nur einer kurzen Karriere von fünf oder sechs Jahren erfreuen. Ihr Studium war doch ein bißchen mangelhaft gewesen, sie lebte vom Glanz einer Naturstimme, die in den tieferen Lagen nicht viel Substanz hatte, und vielleicht war es ein entscheidender Fehler gewesen, daß man sie den Octavian, der sehr tief liegt, zu früh singen ließ ...

Nun versuchte Franz Schalk sein Glück mit der modernen Oper, die er mit einer gewissen Hartnäckigkeit zu pflegen begann. Das hatte eine Vorgeschichte, und das Hauptdokument dieser Vorgeschichte ist ein Brief von Richard Strauss an seinen getreuen Paladin, den Musikschriftsteller Heinrich Kralik. In diesem Brief zählt Strauss sämtliche modernen Opern auf, die er während seiner Direktionsperiode herausbrachte, und meint dazu, es sei nicht seine Schuld gewesen, daß diese Werke samt und sonders keinen Erfolg hatten. Strauss schreibt auch, daß alle modernen Werke gegen den Willen Schalks auf den Spielplan kamen, ausgenommen (und das war jetzt die boshafte Spitze gegen den einstigen Mitdirektor) die Opern von Erich Wolfgang Korngold ... Denn wer hätte es gewagt, Korngold junior abzulehnen, wo doch Korngold senior der allseits gefürchtete Kritiker war.

Dieser Brief saß bei Schalk wie der Pfahl im Fleisch, und er trachtete nun zu beweisen, daß er als Alleindirektor eben die zugkräftigeren unter den modernen Opern zu finden und herauszubringen verstehe, bessere als Richard Strauss, denn eine Bosheit war der anderen wert. Und so setzte Schalk als erstes die Oper „Cardillac" (nach E. T. A. Hoffmann) von Paul Hindemith an, einem der genialsten Komponisten der letzten Moderne. Aber wie sehr die enragierten Kenner Hindemiths Ringen um die schwierigsten Formprobleme bewunderten, die Oper fiel genauso durch wie die meisten von jenen, die Strauss seinerzeit herausgebracht hatte. Hindemith selbst, der den Proben beigewohnt hatte, reiste noch vor der Premiere ab.

Im selben Jahr, es war 1927, erschien eine neue Oper von Korngold, „Das Wunder der Heliane". Es war die letzte Premiere einer Korngold-Oper an der Staatsoper, und es war vielleicht seine interessanteste. Das Werk setzte sich aber nirgends durch, auch nicht in Wien. Maria Jeritza lehnte es ab, die Heliane zu singen, Lotte Lehmann übernahm die Partie, den dämonischen, innerlich vereinsamten Herrscher sang Alfred Jerger, die Lichtfigur des Fremdlings stellte Jan Kiepura dar. Das Ganze spielt in einem Märchenreich, der schwerverständliche Text fußt auf einem Mysterienspiel von Hans Kaltnekker; einen wirklich dramatischen Eindruck hinterließ die Gerichtsszene, an die ich mich noch gut erinnere: Heliane wird da des Ehebruchs angeklagt, leugnet diesen, aber die Musik ihrer großen Verteidigungsarie ist so komponiert, daß jeder sofort versteht: Heliane ist schuldig. Und sie wird ja auch verurteilt.

Trotz der glänzenden Besetzung war es kein Erfolg. Schalk hatte auch hier eine Doppelpremiere vorbereitet wie bei „Turandot", doch kam es gar nicht zu der zweiten Besetzung; man gab statt dessen „Die tote Stadt". Korngold war an beiden Abenden anwesend und am ersten fürchterlich unglücklich über Schalks langsame Tempi (Schalk war ein sehr langsamer Dirigent). Korngold saß tiefverzweifelt in der Loge und schlug nach seiner Gewohnheit den Takt mit. Mitten im dritten Akt, eine halbe Stunde vor dem Ende der Vorstellung, hörte er plötzlich zu dirigieren auf und sagte zu uns: „*Ich* bin bereits fertig." Am anderen Tag, als man „Die tote Stadt" gab, dirigierte Karl Alwin, ein ausgesprochen rascher Dirigent, und da sagte Korngold am Schluß der Vorstellung: „Gott sei Dank, der Alwin hat die gestrige Verspätung vom Schalk eingebracht!"

Nun hatte Schalk erfahren, daß in Deutschland eine neue Oper unerhörte Kassenerfolge erzielte, wo immer sie auf dem Spielplan erschien. Sie hatte soeben (1927) in Leipzig ihre Uraufführung erlebt, hieß „Jonny spielt auf" und war von Ernst Křenek, dem Schwiegersohn Gustav Mahlers. Es war die erste Jazzoper, und obwohl Schalk für dieses Genre überhaupt keine Ader hatte, erwarb er — innerlich widerstrebend — das Werk. Denn erstens mußte auch er auf seine Kasse sehen, und zweitens war da ja jener Passus in dem bewußten Brief von Richard Strauss, den es durch einen Erfolg mit einer modernen Oper zu widerlegen galt. Und diesmal gelang es endlich! „Jonny spielt auf" schlug ein und wurde ein derartiges Zugstück, daß Schalk zynisch meinte: „Die Kassenergebnisse haben meine schlimmsten Befürchtungen überboten."

Die Premiere — geleitet von dem beliebten Hausdirigenten Robert Heger, einem Elsässer (er konnte das Werk genausowenig ausstehen wie Schalk) — war ein Sensationsabend. Auf der Bühne erschien ein Negerjazzband-Kapellmeister, ein richtiger Bandleader aus der Neuen Welt, der einem europäischen Virtuosen die Geige stiehlt. Einem solchen Sujet war man bisher an der Staatsoper noch nicht begegnet, es symbolisierte den Übergang der Musikweltherrschaft von Europa auf Amerika, auf den Jazz. Es war bei Wallersteins Inszenierung sehr eindrucksvoll, wie Alfred Jerger als Jonny zuletzt mit der Violine in der Hand auf eine fabelhaft gemachte Weltkugel sprang und hoch oben auf diesem Globus aufspielte. Auf der Bühne gab es alle möglichen, in der Oper ungewohnten Dinge zu sehen: ein Radioapparat spielte, ein Auto kam auf die Bühne gefahren, ein Eisenbahnzug ratterte vorüber, Scheinwerfer blendeten ins Publikum, es wurde telephoniert — kurz, es war alles da, und dazu die Musik, die einem damals enorm kühn vorkam. Heute wirkt sie absolut nicht mehr so, vor allem empfindet man sie nicht als amerikanisch. Es war gar kein echter Jazz, sondern äußerst talentierte Kommerzmusik der Jazzband aus den zwanziger Jahren, wie man sie in den Tanzlokalen serviert bekam, nur eben ungleich geschickter geschrieben und großartiger — sagen wir „nachempfunden". Später, als ich schon auf die Universität ging, hat uns Egon Wellesz in der Vorlesung genau analysiert, woher das meiste aus dem „Jonny" war. Teils stammte es aus Opern, deren Namen wir noch nie gehört hatten, zum Beispiel aus „Ariane und Blaubart" von Paul Dukas und anderen, dem gewöhnlichen Publikum verborgenen Quellen. Manches aber fiel uns auch schon selber auf. Wir hatten uns auf einen sogenannten „heißen Abend" gefaßt gemacht, auf Spannungen, die sich am Schluß entladen würden. „Wenn ich dort die Geige spiele, Banjo zupfe..." Aber als Alfred Jerger mit der gestohlenen Violine aufs Klavier sprang und seine große Arie „Jetzt ist die Geige mein" zu singen begann, deren Phrase „da kommt die Neue Welt übers Meer" mit einem Raunen als „Aus meiner Truhe stehlen" aus Puccinis

„Bohème" erkannt wurde, da war der Bann gebrochen, der Abend verlief vergnüglich, und man applaudierte der blendend gemachten Arie wie dem ganzen Stück. Ein paar „Zischer" gingen unter. Es war ein kurzlebiger Riesenerfolg. Alfred Jerger und Elisabeth Schumann erhielten von dem Millionär Castiglioni mehr als ihre Monatsgage dafür, daß sie ihr Bluesduett „Leb wohl, mein Schatz" im Kostüm auf einem Maskenball in seiner Villa sangen. Manche Zeitungen schrieben höhnisch von „Fidelio-Girls" und schlugen vor, zur Sanierung der Oper auch gleich noch die beliebte, mitunter etwas vulgäre Kabarettistin Gisela Werbezirk zu engagieren oder Karl Farkas ...

Die Premiere fand am Silvesterabend 1927 statt, im folgenden Jahr wurde das Werk 22mal gegeben, im übernächsten schon nur mehr 8mal, 1930 gar nur mehr 4mal, 1931 einmal. Dann spielte Jonny nicht mehr auf.

Deutschnationale Kreise protestierten schon vor der Premiere heftig gegen diese, es kam zu Demonstrationen vor der Oper, und ich erinnere mich noch, daß ein Abgeordneter im Parlament erregt schrie: „Wann hat man je erlebt, daß man auf der Opernbühne einen Neger zeigt!" Worauf einer seiner politischen Gegner den Fachmann fragte: „Waren Sie schon einmal bei ‚Othello'?"

In München allerdings mußte die Vorstellung in der Mitte des Abends abgebrochen werden, der durch die Rheinlandbesetzung genährte Negerhaß war zu groß, und außerdem hielten die Leute den Hauptdarsteller auch noch für einen echten Nigger. Aber es war auch in München niemand anderer als unser Alfred Jerger aus Brünn. Die Opernfans haben ihn nach der abgebrochenen Vorstellung am Bühnentürl herzlich gefeiert.

Es war überhaupt Alfred Jergers großes Jahr, sein Cardillac wie sein Jonny waren Glanzleistungen gewesen. Richard Strauss hatte den jungen Landsmann Slezaks aus Zürich weggeholt, wo er in dreifacher Eigenschaft engagiert gewesen war: als Kapellmeister, als Sänger und als Schauspieler. Er übernahm unter Strauss ganz kurzfristig den Ochs und spielte dann im Laufe der Jahre und Jahrzehnte an der Wiener Oper nicht weniger als 130 Rollen, aus den „Meistersingern" allein sechs: Sachs, Pogner, Beckmesser, zwei Meister und den Nachtwächter. Später inszenierte er auch, und einmal dirigierte er eine sehr flotte „Fledermaus"-Vorstellung. Er war eine der interessantesten, vielfarbigsten Persönlichkeiten der Staatsoper.

Läßt man mit ihm auch alle anderen Prominenten der Ära Schalk an sich vorbeiziehen, so stellt man fest, daß damals zum überwiegenden Teil Ausländer engagiert waren. Die Jeritza stammte wie Slezak und Jerger aus Brünn, Kiepura war Pole, Piccaver Engländer, Grosavescu Rumäne, Koloman von Pataky und Rosette Anday waren Ungarn, Lotte Lehmann und Elisabeth Schumann waren Deutsche. Die großen Österreicher waren Richard Tauber, Richard Mayr, Hans Duhan, Hermann Gallos, Georg Maikl.

Rosette Anday war eine Entdeckung Franz Schalks, der sie in Budapest gehört hatte; er ließ das blutjunge Mädchen 1921 als Carmen in Wien debütieren. Mit dem eigenartig brennenden Timbre ihrer Stimme (das sie bei Redouten, Empfängen etc. gerne in ungarischen und Zigeunerliedern zur Geltung brachte), mit der Anmut ihrer schlanken Figur und dem erotischen Zauber ihrer großen, schönen Augen eroberte sie die Herzen der Wiener schon mit dem ersten Abend. Sie sang dann durch vierzig Jahre an der Staatsoper sämtliche Hauptrollen des Altfachs — Dalila, Amneris, Azucena, Fricka, Brangäne, die Botin in „Wunder der Heliane" —, bis sie 1961 als Klytämnestra im Vollbesitz ihrer Stimme von der Bühne Abschied nahm. Die Bruststimme hatte in der Tiefe einen unvergeßlichen Klang — ich habe Phrasen der Anday wie „Und wenn ich liebe, nimm dich in acht" aus „Carmen" noch immer im Ohr. Unvergeßlich auch für jeden, der sie erlebte, ihre Leistungen auf dem Konzertpodium, zum Beispiel der tiefe, durchgeistigte Ernst, mit welchem sie das Altsolo in Mahlers Zweiter Symphonie sang: „O Röslein rot, der Mensch liegt in tiefster Not" oder „Ewig, ewig" im „Lied von der Erde".

Elisabeth Schumann, die Gattin des von Richard Strauss an die Staatsoper engagierten Dirigenten Karl Alwin (übrigens auch ein brillanter Pianist), stammte aus Thüringen. Auch sie kam unter Strauss nach Wien und entwickelte sich hier zu einer der glänzendsten Vertreterinnen der großen Opernsoubrette und zur herrlichsten Sophie im „Rosenkavalier", die wir vielleicht je gehört haben. Sie verfügte über ein hauchdünnes Pianissimo,

„Ich will den Kopf des ... Gesandten Prochnik", sagt Maria Jeritza auf dieser Karikatur von Ludwig Unger (1929). Der österreichische Gesandte in Washington war nämlich bei einem Empfang zu ihren Ehren nicht erschienen. Rechts Franz Schneiderhan, Generaldirektor der Bundestheater, und Bundeskanzler Dr. Ignaz Seipel.

aber merkwürdig, sie konnte — man muß es so paradox ausdrücken — auch den leisesten Ton so laut singen, daß das hohe H der Sophie bei der Überreichung der silbernen Rose („Wie himmlische, nicht irdische") das ganze Haus füllte, so hauchzart es auch war. Und das hat ihr eben noch keine nachgemacht.

Richard Tauber, aus Linz an der Donau gebürtig, der unvergleichliche Mozartsänger der Wiener Oper, ehe er zur Operette abwanderte (ohne jedoch der Oper völlig untreu zu werden), einer der Abgötter unserer Jugend, war ein Musterbeispiel dafür, wie man mit Intelligenz auch aus in der Höhe beschränkten Stimmitteln das Überzeugendste herausholen und damit Weltkarriere machen kann. Tauber hatte eine wundervolle, ganz eigenartig timbrierte Mittellage, sein Naturkapital, aber er hatte Schwierigkeiten mit der Höhe, das B war der letzte Ton, der im Forte gelang — doch verstand er so gescheit zu phrasieren, eine solche Emphase in die für ihn prekären Melodiestellen zu legen, daß man, auch wenn er den hohen Ton gar nicht wirklich gesungen hatte, dennoch meinte — und es beschwor —, er *habe* ihn gesungen. Ein Tauber-Falsett, ein Tauber-Pianissimo waren ein Erlebnis. Vielleicht war das Crescendo auf dem langen F in der zweiten Ottavio-Arie aus „Don Juan" sein größter Moment — Franz Lehár hat aus dem Zauber dieser Tauber-Stimme eine neue Ära der Operette erschaffen. Und auf Schallplatten flüsterte Taubers Stimme in allen Bars und Salons: „Ich küsse Ihre Hand, Madame..."

Das Register beliebter Sänger aus der Schalk-Zeit ist damit aber noch keineswegs vollständig, und um der Freude willen, die sich bei jedem Opernfreund begreiflicherweise einstellt, sobald er die vertrauten Namen von einst wieder zu hören bekommt, wollen wir noch einige der prominentesten und auch solche aus dem Episodenfach nennen, die uns durch tüchtige Leistungen unvergeßlich bleiben. Da gab es den Heldentenor Laurenz Hofer, den Charakterdarsteller William Wernigk (hervorragender Monostatos in der „Zauberflöte"), gab es den schon einmal genannten Viktor Madin, der über 4000mal auftrat und eigentlich Madincea geheißen hat (Gustav Mahler, der ihn engagierte, sagte zu ihm: „Ich beschneide Sie, bei mir heißen Sie Madin"). Und wie viele erinnern sich

nicht dankbar an Maria Gerhart, die große Koloratursängerin, an Luise Helletsgruber, die erfolgreiche Liu (sie fiel einem Autounfall zum Opfer), an die Mozartsängerin Felice Hüni-Mihacsek, an Maria Rajdl (Oestvigs Gattin), an Lotte Schöne, an Claire Born, deren Fach dem der Lotte Lehmann benachbart war, oder an die reizende Aenne Michalsky und an Richard Schubert, den Heldentenor mit den wunderschönen Beinen und der so tragisch kurzen Karriere; ehe er die Stimme verlor, war er ein ganz wunderbarer Siegfried und Walther Stolzing gewesen. Da wirkten ferner Gertrude Kappel und die glänzende Brünnhilde, Leonore und Isolde Helene Wildbrunn, von Richard Strauss engagiert. Gertrude Kappel, eine hervorragende Elektra, ging später nach New York. Da gab es, jahrzehntelang Stütze des Hauses und allzeit verläßlicher „Einspringer" in allen Rollen des Heldenfachs, Josef Kalenberg, im „Nebenberuf" Ehrenpräsident des Fußballklubs Rapid, des mehrmaligen österreichischen Meisters. Wenn Kalenberg in einer Nachmittagsvorstellung zu tun hatte, am Sonntag, und es gab irgendwo ein Match mit Rapid, dann eilte er zwischen seinen Auftritten jedesmal zum Telephon und ließ sich voll Ungeduld über den Stand des Spiels informieren. Daß mir die große Vera Schwarz erst zuletzt einfällt, hat weiß Gott nichts mit ihrer Bedeutung zu tun, sie war ein Star ihres Fachs, war aus Agram an die Wiener Oper gekommen und beherrschte das ganze Jeritza-Repertoire. Aber auch Bella Paalen, die noch von Mahler engagierte Altistin, besonders erfolgreich als Mutter in Meyerbeers „Prophet", soll nicht vergessen sein und der tüchtige Baß — wer hätte ihn nicht als Kezal in der „Verkauften Braut" gehört — Karl Norbert; er war der wohl größte Freund und Bewunderer seines Fachkollegen Richard Mayr, der 1935 starb und im Salzburger Petersfriedhof begraben liegt. Und wie ein getreuer Geselle ruht zu Mayrs Füßen der Bassist Karl Norbert, genau wie er es sich in seinem Letzten Willen gewünscht hat.

Es war eine großartige Tenor-Ära. 1927 zum Beispiel hatten wir Slezak, Piccaver, Kiepura, Tauber, Grosavescu, Schubert, Hofer und dazu noch den ausgezeichneten Mozart- und Verdisänger Koloman von Pataky.

Aber mehr als das alles bedeutete uns die endliche Rück-

Im Regiezeitalter
Für oder gegen die Oper?

Der Regisseur ist, neben dem Dirigenten, der König des modernen Opertheaters. In den alten Tagen haben die Autoren selbst Regie geführt, wie Wagner oder Puccini, oder die Kapellmeister oder pensionierte Sänger. Sie sahen in der Regie keinen Selbstzweck, sondern lediglich den Dienst am Werk. Spitzenleistungen und totales Theater waren ihnen vielleicht unbekannt, aber sie bildeten sich auch nichts darauf ein, ein Werk aus respektloser Selbstgefälligkeit, Eitelkeit und Originalitätssucht zu verändern und zu entstellen. — In Wieland Wagners „Lohengrin" (1965) wird der Schwanenritter dazu verurteilt, an einer völlig falschen Stelle der Partitur viel zu früh aufzutreten und sich gelangweilt den ganzen Chor anzuhören, der Lohengrins Ankunft schildert (man glaubt, in der Matthäuspassion zu sitzen) und an dessen Ende er eigentlich erst auftreten sollte. Aus einer der spannendsten Szenen der Opernliteratur wurde eine hoffnungslos fade Angelegenheit, und so versteht auch niemand mehr das große Motiv in A-Dur, das Lohengrins Auftritt begleiten soll; wenn es erklingt, ist er ja fälschlicherweise schon längst auf der Bühne. Unser Bild zeigt Elsas Auftritt im ersten Akt unter einer Art Plastikdach, das an Kirchenfenster erinnert, damit man ja nicht glauben könnte, der Akt spiele, wie Richard Wagner es wollte, auf einer „Aue am Ufer der Schelde". Manche finden dieses Bühnenbild schön. Schön? Vielleicht. Jedenfalls ist es falsch. (Ortrud: Christa Ludwig, Telramund: Walter Berry, Heerrufer: Robert Kerns, König Marti Talvela, Elsa: Claire Watson.)

Otto Schenk ist als Regisseur ein Fanatiker der absoluten Werktreue, sein Stil ein überhöhter Realismus. Er bereitet sich lange und intensiv auf seine Inszenierungen vor und studiert zahllose Bücher, Bilder und Schallplatten zur Atmosphäre des Werkes. Seine Suggestivkraft ist so enorm, daß Bühnenbildner und Kostümzeichner seinen Stil oft bis zur Selbstverleugnung annehmen. Schenks präzise Anweisungen für die Dekoration gehen bis in die Details, es gibt für jede Szene zahllose Skizzen von Schenks eigener Hand. Seine Theorie lautet: „Die

Phantasie arbeitet nicht im luftleeren Raum — wir können nichts erfinden, was nicht schon existiert." Auf die erste Bühnenprobe kommt Schenk mit einer umfassenden Werkkenntnis, aber ohne fixes Konzept für einzelne Stellungen, Gänge, Gruppierungen oder Gesten. Er erarbeitet das alles improvisatorisch auf der Bühne, die Einfälle sprudeln in jedem Augenblick nur so aus ihm heraus. Die Sänger lieben ihn, weil sie mit ihm lachen können und durch ihn lernen, sich als echte Menschen zu bewegen. In seinem „Rosenkavalier", den er mit Leonard Bernstein 1968 herausgebracht hat, ging er zum erstenmal von den alten Roller-Grundrissen völlig weg und schuf mit dem glänzenden Bühnenbildner Rudolf Heinrich für Faninals Palais (unser Bild) eine dreiteilige Spielfläche. Saal und Stiegenhaus ergaben einen großen Raum, der für die intimen Szenen durch Paravents verkleinert werden konnte. (Bühnenbild: Rudolf Heinrich, Kostüme: Ernie Kniepert, von links nach rechts: Octavian: Gwyneth Jones, Ochs: Walter Berry, Faninal: Erich Kunz, Sophie: Reri Grist, Leitmetzerin: Emmy Loose.)

Herbert von Karajan war der einzige Wiener Operndirektor, der die ganze Wagnersche Tetralogie neu inszeniert und dirigiert hat. In der „Walküre" (1957) — „Rheingold" folgte 1958 — zeigte er eine sehr interessante Lichtregie (es gab 25 Beleuchtungsproben), und die Bühnenbilder und Kostüme von Emil Preetorius versuchten die Mitte zwischen dem alten Wagner-Stil und Neu-Bayreuth zu halten. Karajan hat sich später von diesem Wiener „Ring" distanziert und bei seinen Salzburger Osterfestspielen (gemeinsam mit Günther Schneider-Siemssen) eine viel interessantere, abstraktere Lösung gefunden. (Unser Bild: Zweiter Akt, Walkürenfelsen. Inszenierung: Herbert von Karajan, Bühnenbilder und Kostüme: Emil Preetorius, die Walküren von links nach rechts, oben: Margarethe Sjöstedt, Christa Ludwig (!), Hilde Rössl-Majdan, Marta Rohs, Rosette Anday, Ljuba Welitsch (!), unten: Gerda Scheyrer, Judith Hellwig.) — Rechts oben: Auch Zeffirelli ist Realist wie Schenk. Im ersten und vierten Akt seiner „Bohème" atmete man förmlich den Geruch des Ateliers, im zweiten und dritten Akt schoben und drängten sich die Menschenmassen vor dem Café Momus (ein lebendes Pony zog den Karren des Spielzeughändlers), und man fröstelte bei der Abschiedsszene im dritten Akt: Winter in der Landschaft, Winter in den Herzen der Menschen. (Inszenierung und Bühnenbild: Franco Zeffirelli, Kostüme: M. Escoffier, Mimi: Mirella Freni, Rudolf: Gianni Raimondi.)

Unten: „Jenufa" von Leoš Janáček war Otto Schenks erste Inszenierung an der Wiener Staatsoper (1964). Gemeinsam mit dem hervorragenden Bühnenbildner Günther Schneider-Siemssen aus Augsburg hatte er da ein erschütternd lebenswahres Bild aus dem mährischen Volksleben geschaffen. (Inszenierung: Otto Schenk, Bühnenbild: Günther Schneider-Siemssen, Kostüme: Hill Reihs-Gromes.)

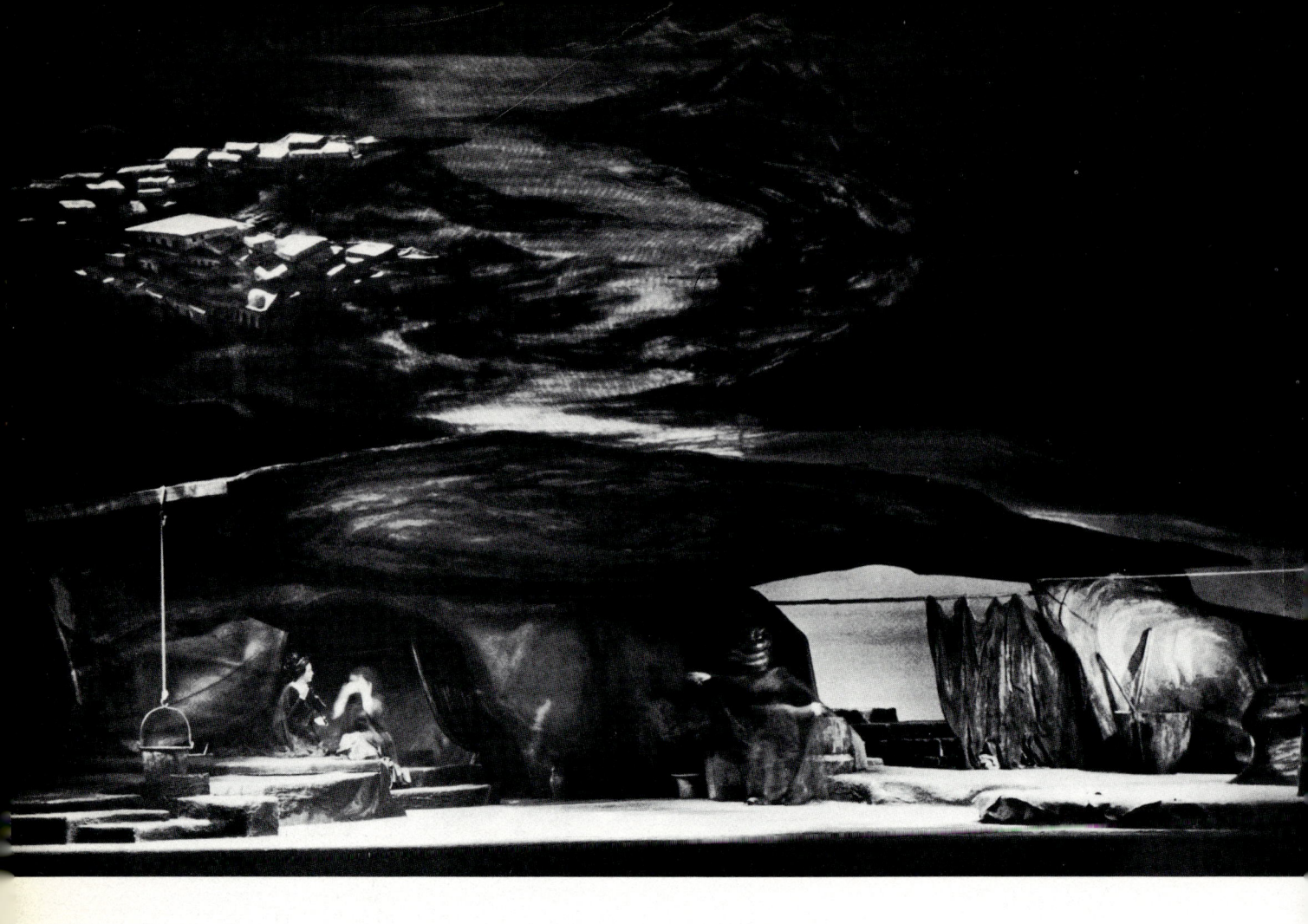

„Die Frau ohne Schatten", inszeniert und dirigiert von Herbert von Karajan, war die letzte Premiere seiner Ära (Juni 1964). Seine Stabführung war großartig, und die Inszenierung dieses Märchenstückes in ihrer traumhaften Transparenz sehr eindrucksvoll. Faszinierend die Verwandlungen mit Hilfe der Versenkung! Allerdings gab es bei dieser „Frau ohne Schatten", vielleicht zum erstenmal in der Geschichte der modernen Opernregie, neben bedeutenden Strichen auch einen grundlegenden Eingriff des Regisseurs in die Struktur des Werkes: Die 1., 3. und 5. Szene des 2. Aktes spielen im Färberhaus, die 4. bringt die Vision des versteinernden Kaisers. Dieses 4. Bild wurde nun vor das 3. gestellt, und die 3. und 5. Szene verschmolzen zu einer einzigen großen Szene ohne Zäsur. Das schien dem Regisseur eine wirkungsvolle Vereinfachung zu sein, hat aber den inneren Sinn all dieser Szenen entstellt. Die Kaiserin darf die Vision des durch ihre Schuld versteinernden Kaisers (in der 4. Szene) erst erleben, nachdem sie (in der 3.) durch ihr aufkeimendes Mitleid mit dem Färber Barak schon fast zum Menschenweib geworden ist. Jetzt aber sah man die Reaktion der Kaiserin bereits vor dem Ereignis, das sie auslöst. (Regie: Herbert von Karajan, Bühnenbilder: Günther Schneider-Siemssen, Kostüme: Ronny Reiter, Kaiserin: Leonie Rysanek, Färberin: Christa Ludwig, Amme: Grace Hoffmann.) — Rechte Seite oben: Die teuersten Stars, die teuersten Stoffe, viel Aufmärsche und wenig Geist — Regie als Auslagenarrangement: das war die neue „Turandot" von 1961. So chinesisch wie da sieht es nicht einmal in China aus. (Inszenierung: Margarete Wallmann, Bühnenbilder: Nicola Benois, Kostüme: Chou Ling, Turandot: Birgit Nilsson, Kalaf: Giuseppe di Stefano.) — Unten: Günther Rennert ist einer der bedeutendsten Opernregisseure unserer Zeit, seine Palette reicht von der Moderne über Wagner bis zu Mozart und Rossini. Den „Barbier von Sevilla" (1966) hat er spielerisch, beinahe choreographisch empfunden. Das Einheitsbühnenbild ist ein Haus im Längsschnitt, dessen Zimmer sich abwechselnd öffnen und schließen. Rosina wohnt im ersten Stock links. (Inszenierung: Günther Rennert, Bühnenbilder und Kostüme: Alfred Siercke, Basilio: Oskar Czerwenka, Rosina: Reri Grist, Marzelline: Hilde Konetzni, Figaro: Eberhard Wächter, Bartolo: Erich Kunz, Almaviva: Fritz Wunderlich.)

Für Oscar Fritz Schuh ist das Theater ein Produkt des Geistes und die Vorbereitung auf eine Inszenierung alles. Monatelanges Studium in Bibliotheken und Galerien geht seinen Arbeiten voraus. Zum Unterschied von Schenk, bei dem die wahre Regiearbeit erst mit der inspirierten Improvisation während der Proben einsetzt, kommt Schuh am ersten Probentag mit einem bereits bis ins letzte fertigen Konzept auf die Bühne. Was dann folgt, ist die Ausführung dessen, was er in seinem Geiste lang vorher geboren hat. Schuh versteht es hervorragend, auf den besten Mitarbeitern und der besten Besetzung unerbittlich zu beharren. Seinen Wiener „Orpheus" (1959) schuf er mit Caspar Neher — das Team so vieler großartiger Mozart-Inszenierungen. Schuh spielte „Orpheus" ohne Pause, auf eineinhalb Stunden zusammengestrichen, was nicht kritiklos aufgenommen wurde. Die Dekoration bot einen fast sezessionistischen Raum mit seltsamen geometrischen Gebilden und wechselnden Postamenten als Spielfläche (auf unserem Bild sehen wir die zwei Ringe im Elysium); die Bühne war von drehbaren Paravents begrenzt, die bei jeder Wendung verschiedene Farben freigaben. (Regie: Oscar Fritz Schuh, Bühnenbild und Kostüme: Caspar Neher, Orpheus, auf unserem Bild in der Mitte: Giulietta Simionato.)

Der Dirigent ist, neben dem Regisseur, der König des modernen Opherntheaters. In Wien stand bis zum Ende der Direktion Mahler sein Name nicht auf dem Theaterzettel. Da Weingartner jedoch seinen eigenen Namen dort lesen wollte, führte er notgedrungen die Nennung des Dirigenten auf dem Theaterzettel generell ein. Vor dem Zeitalter der Stardirigenten sah man die Aufgabe des Kapellmeisters in drei Dingen: er hatte das Tempo anzuzeigen, den Sängern ihre Einsätze zu geben und es durch sein Taktschlagen den gerade pausierenden Musikern zu erleichtern, im richtigen Augenblick wieder da zu sein. Schon Verdi hat es getadelt, daß man nun auch begann, die Kapellmeister zu feiern. In der heutigen Zeit des Stardirigententums liegt die Frage nahe, welcher Dirigent „richtig" dirigiert: der tanzende Derwisch, zu dem die Augen aller Unaufmerksamen hinirren, oder der Dirigent der knappen Gesten und Blicke. Was zählt, ist das Resultat — wie es erreicht wird, ist uninteressant. Clemens Krauss (unten) war ein Grandseigneur am Pult, aber kein Showman. Er war ein harter Probierer: er ließ nicht nur einzelne Instrumentengruppen allein spielen, sondern oft auch einzelne Spieler oder ungewöhnliche Gruppen von solchen („Die sich bei der Vorstellung nie hören, sollen sich wenigstens bei der Probe hören"). Bei einem anderen wären die Musiker beleidigt gewesen, bei ihm nicht.

„... und zwingt uns,
ihm noch Größres zuzutraun."
(Franz Werfel: „Der Dirigent")

In den legendären 68 Jahren seiner Karriere hat Arturo Toscanini an der Wiener Staatsoper vier Dirigentengastspiele gegeben: 1929 mit der Mailänder Scala, 1930 bei den Konzerten der New Yorker Philharmonie, 1934 beim Verdi-Requiem zum Gedenken an den ermordeten Bundeskanzler Dr. Dollfuß, und 1936 dirigierte er „Fidelio" mit seiner Lieblingssängerin Lotte Lehmann. Der Sohn des armen Schneiders aus Parma (er war für die Mailänder Scala das, was Mahler für Wien gewesen ist) galt damals unter den Spitzendirigenten der Welt als der große Antipode Furtwänglers. Bei Toscanini, der als einer der ersten beinahe alles auswendig dirigiert hat (sein Augenleiden zwang ihn dazu), gab es vielleicht zum erstenmal das Ideal der absoluten Präzision. Es war kein Zufall, daß er der erste Dirigentenstar der Schallplatte wurde.

Ich weiß, daß mein lieber und verehrter Freund Karl Alwin, der ausgezeichnete, von Richard Strauss an die Staatsoper verpflichtete Repertoiredirigent, nicht Weltklasse war. Aber wie groß waren sein Repertoire und sein Können! Wie glänzend hat er seine Gattin Elisabeth Schumann bei Liederabenden begleitet. Und wie nett waren unsere privaten Abende, bei denen er ganz nach Wunsch jede Repertoireoper — inklusive „Elektra" — vom ersten bis zum letzten Ton auswendig auf dem Klavier spielen konnte.

Im Gegensatz zu Arturo Toscaninis Präzisionsideal stand bei Wilhelm Furtwängler das Ideal des freien, romantischen Ausschwingens der Musik. Man staunte bei Toscanini, daß er über lange Strecken ein Tempo so gleichmäßig einhalten konnte wie ein Metronom — und man bewunderte bei Furtwängler die Freiheit der Phrase in jedem Augenblick. Sein Kopf wackelte beim Dirigieren fast unausgesetzt, desgleichen sein Taktstock. Musiker in Spitzenorchestern, die ihn verehrten, erfaßten intuitiv, wann sie einzusetzen hatten. Neulinge taten sich schwerer. Furtwängler schuf mit seiner eigentümlichen Technik jenen ganz bestimmten, von ihm gewollten „Furtwängler-Klang": ein Akkord des vollen Orchesters, etwa der Anfang der „Meistersinger", sollte nicht mit mechanischer Präzision von allen Musikern im selben Sekundenbruchteil begonnen werden — das Zittern des Taktstockes schuf ein gewolltes Nacheinander (an der Grenze eines Arpeggios). Furtwängler blieb mit der Wiener Oper seit jenem ersten „Rheingold" im Jahre 1928 in der Ära Schalk mit längeren Pausen bis in die Theater-an-der-Wien-Zeit verbunden.

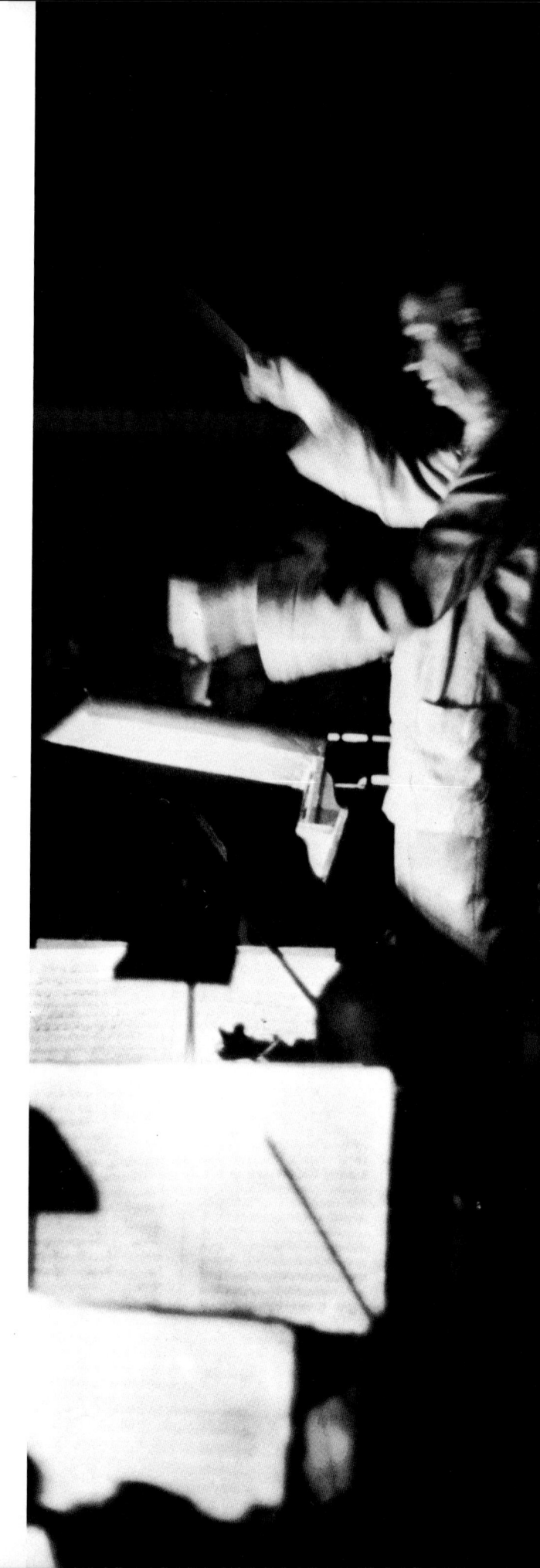

Links: Hans Knappertsbusch hat nicht so wenig geprobt, wie die Anekdoten es immer erzählen; er hat nur schwierige Schlüsselstellen im Detail ausgearbeitet. Dadurch erlebte man bei ihm wie bei kaum einem anderen die Faszination der spontanen Schöpfung im Augenblick. Er war sehr hoch gewachsen. Wenn er aufsprang und mit dem ausgestreckten rechten Arm und dem Taktstock in das Orchester hineinstach, dann hatte man das Gefühl: jetzt wird die Musik von Strauss oder Wagner überhaupt erst geboren. Knappertsbusch war von der Mitte der dreißiger Jahre an bis nach der Wiedereröffnung 1955 mit der Wiener Oper auf das engste verbunden.

Rechts: Den Glanz der Wiener Oper haben Dirigenten, die in allen Hauptstädten der Welt ihre Kunst zeigten, ebenso geschaffen wie jene andere Type, die Dr. Julius Korngold den „autoritativen Arbeitsdirigenten" genannt hat. Sie betreuen das Repertoire, die Sänger, das Studium. Bei ihnen war alles „in guter Hand". So zum Beispiel in der Kriegs- und ersten Nachkriegszeit bei Rudolf Moralt, dem Neffen von Richard Strauss.

Bruno Walter war bei den Proben mit seinen Orchestern leise, mild und freundlich. „Singen! Singen!" war die Lieblingsaufforderung an die Musiker. Wenn er einmal total unzufrieden war, dann flüsterte er melancholisch: „Ich bin noch nicht ganz glücklich..." Kenner nannten dies seinen Wutanfall. — Gustav Mahler hat Bruno Walter hauptsächlich im italienischen Fach eingesetzt. In meiner Erinnerung bleiben von Walters Vorstellungen an der Staatsoper besonders der herrliche „Eugen Onegin" von 1934, der „Orpheus" von 1935 und die neue „Carmen" von 1937 unvergeßlich. Bruno Walter war seit 1925 mit den Salzburger Festspielen verbunden. Bedauernswerte Umstände haben seine Tätigkeit an der Wiener Staatsoper nie so bedeutsam werden lassen, wie es dieser Berliner, der sich fast als Wahlwiener gefühlt hat, gerne gehabt hätte. Als Mahler-Jünger konnte er das Regime von Weingartner und Gregor nicht vertragen und schied 1912 nach über 500 Dirigentenabenden aus. Seiner Tätigkeit als künstlerischer Leiter in der Direktion Kerber machte nach 18 Monaten der Umbruch von 1938 ein Ende.

Karl Böhm (rechts) begann seine Tätigkeit an der Wiener Oper 1933 mit „Tristan und Isolde". Als Direktor der Staatsoper schied er nach wenigen Monaten im Februar 1956 in Unfrieden — weil man ihm seine vielen Reisen verübelt hatte. Sein Nachfolger als künstlerischer Leiter wurde Herbert von Karajan (linke Seite), der 1937 mit „Tristan und Isolde" seine Staatsoperntätigkeit begonnen hatte und noch viel mehr gereist ist. Karajan demissionierte 1964 — verärgert wie Weingartner 1911, wie Strauss 1924, wie Schalk 1928, wie Clemens Krauss 1934. Karajan ist Salzburger, Böhm Grazer. Beide haben in der Oper von der Pike auf begonnen, aber Karajans Weltruhm begann im Konzert und folgte in der Oper, Böhms Ruhm begann in der Oper und folgte im Konzert. An der Metropolitan Opera wirken beide geniale Dirigenten friedlich nebeneinander — meistens in verschiedenen Spielzeiten.

Josef Krips gehört noch zu jenen immer seltener Werdenden, die eine Inszenierung von der ersten Klavierprobe bis zur Premiere persönlich betreuen. Krips, der seinen vergötterten Mozart vom Lückenbüßerdasein in der Oper befreit hat, legt in alles, was er tut, die unerhörte Vehemenz seines grenzenlosen Enthusiasmus. Er liebt jede Reprise genauso wie die Premiere, und jede Premiere ist für ihn ein Stück Weltgeschichte.

Es war ein richtiger Sprung mit beiden Beinen, mit welchem Leonard Bernstein 1966 den ersten Einsatz zum „Falstaff" gab. Auch sein „Rosenkavalier" 1968 begann mit dem gleichen Sprung. Man fragte sich, wie das wohl bei „Lohengrin" sein würde... Jedenfalls hatte mit dem ersten Sprung Wien einen neuen Publikumsliebling. Als er langsam durch den Orchestergraben zum Pult ging, sah er ein bißchen aus wie Karajan. Doch sind beide grundverschiedene Persönlichkeiten. Wenn man Bernstein fanatisch liebt, dann spricht man von „Lennie", liebt man Karajan fanatisch, so spricht man von „Herrn von Karajan". Bernsteins Geheimnis ist seine unerhörte Freude, die er an der Musik in allen Formen hat und die in allen Formen auf sein Publikum überspringt. Alle Formen der Musik werden durch seine eigene Freude an ihnen zu der sonderbarsten natürlichen Einheit: er brachte 1967 in der Oper eine aufwühlende Interpretation der Zweiten Symphonie von Mahler — und trotzdem war es für jeden ganz selbstverständlich, daß dieser Mann auch die „West Side Story" geschrieben hat oder daß er sich ans Klavier setzen kann und ganz nebenbei eine Kleinigkeit wie ein Mozart-Klavierkonzert spielt — und seinem amerikanischen Publikum im Fernsehen die Geheimnisse Beethovens erklärt. Oder des Jazz.

kehr von Richard Strauss nach Wien. Er war wieder da! Nicht als Direktor, aber als Gastdirigent, und vor allem als Mensch und Künstler, als Privatmann, als Bewohner unserer Stadt.

Was Strauss wirklich wieder nach Wien gezogen hatte, war sein Haus in der Jacquingasse. 1924, als er seinen 60. Geburtstag feierte, war er Ehrenbürger von Wien geworden, da hatte man ihm in der Nähe des Belvederes, beim Botanischen Garten draußen, einen Baugrund in Pacht gegeben. Der Pachtzins bestand darin, daß er die Partitur des „Rosenkavaliers" der Österreichischen Nationalbibliothek überließ. Viele haben sich damals darüber aufgeregt, daß einer für ein paar beschriebene Blätter Notenpapier gleich einen Baugrund kriegt; wir Jungen aber hatten die Empfindung, man hätte ihm für *diese* Partitur mindestens das ganze Schloß Schönbrunn schenken müssen. Schenken! Nicht nur verpachten. Man habe sich ihm gegenüber eigentlich recht schäbig benommen, fanden wir...

Nun, auf diesem Pachtgrund in der Jacquingasse hat er sich dann sein Haus gebaut, das sogenannte „Strauss-Schlößl", dessen oberen Stock er selbst mit seiner Gattin Pauline bewohnte, im unteren Stockwerk wohnte das junge Paar, Dr. Franz und Alice.

Richard Strauss war nie sehr lange auf irgend jemanden böse; über Jahre hinaus zu grollen lag ihm nicht, dazu war er viel zu realistisch, zu praktisch veranlagt. Und so war es denn auch nicht allzu schwierig gewesen, ihn zwei Jahre nach dem üblen Hinauswurf wieder zurückzuholen, worin der neue Generaldirektor der Bundestheater ein Kardinalziel seiner Amtstätigkeit erblickte. Die Verhandlungen gestalteten sich gar nicht so unangenehm, wie man bei einem anderen Partner hätte befürchten müssen. Strauss unterzeichnete einen neuen Vertrag, der ihn zu insgesamt 100 Dirigentenabenden verpflichtete und zur Übergabe der Partitur seiner „Ägyptischen Helena" an die Nationalbibliothek. Dafür ging der Baugrund ganz in sein Eigentum über. Strauss kam zurück, er war versöhnt und bescherte den dankbaren Wienern eine unbeschreiblich schöne Vorstellung seiner „Elektra".

Im Jahr darauf, 1927, gab es endlich die seit langem fällige Premiere der Straussischen Oper „Intermezzo" aus dem Jahre 1924. Wie er in der „Sinfonia domestica" (1904) sein häusliches Leben in symphonischer Form geschildert hatte, so brachte er es jetzt in dieser „Comedia domestica" auf die Opernbühne. Hauptfigur ist Strauss selbst, als Kapellmeister Storch, seine geliebte Gattin Pauline, die „Gefährtin", tritt uns als Christine Storch entgegen, und auch das Söhnlein fehlt nicht. Das Werk, dessen Text Strauss selbst verfaßt hat, ist eine höchst originelle Sache, ohne jedes Vorbild in der Musikgeschichte: eine Gruppe kurzer Szenen (Familienszenen, Rodelszene, Bauernball usw.), die in einem ganz neuartigen Parlandostil gesungen werden müssen, von Strauss „parlandissimo" genannt. Im Vorwort zu „Intermezzo" gab der Komponist genaue Anweisungen, wie dieses Parlando von den Sängern zu behandeln sei. Dort stehen wertvolle Hinweise für das Singen im allgemeinen.

„Der Sänger im besonderen", heißt es da, „sei daran erinnert, daß nur der regelrecht gebildete Konsonant jedes, auch das brutalste Orchester durchringt, während der stärkste Gesangston selbst auf dem besten Vokale a von einem auch nur mezzoforte spielenden Klangkörper von 80 bis 100 Instrumentalisten mühelos übertönt wird. Für den Sänger gibt es gegen ein polyphones und indiskretes Orchester nur *eine* Stoßwaffe: den Konsonanten."

An den Höhepunkten wächst das Parlando zu großem Gesang, und zwischen die Spielszenen sind die wunderbarsten Orchesterzwischenspiele eingefügt, die eigentlich alle nur von der „Gefährtin" handeln, ihr huldigen. In einer der Parlandoszenen aber huldigt der Komponist auch dem Skatspiel, das ihm während seines ganzen Lebens so viel Spaß bereitet, so viel Erholung geboten hat („Ach, so ein Skätchen ist ein Genuß"). Witzbolde behaupten, Strauss habe, wenn bei einer Programmänderung eine längere Oper für eine kürzere einsprang, rascher dirigiert, um nur ja zur anberaumten Skatpartie zurechtzukommen.

Strauss hat den Text zu „Intermezzo" selbst geschrieben. Die Schilderung seiner häuslichen Atmosphäre geht bekanntlich so weit, daß man aus dem Textbuch von „Intermezzo" sogar Strauss' Lieblingsmarmelade erfährt, Hagebuttenmark; und wir Kinder waren solche Strauss-Narren, daß wir nichts Eiligeres zu tun hatten, als halb

249

Wien abzuklappern, um irgendwo ein Glas Hagebuttenmark zu erstehen. Wir fanden es erst in einem Geschäft am Neuen Markt, wo man uns erklärte, daß man es unter dieser Bezeichnung nicht bekäme, weil es in Wien „Hetschepetschmarmelade" heißt.

Ich glaube, „Intermezzo" ist zum Verständnis der Persönlichkeit von Richard Strauss genauso wichtig wie der „Tristan" zum Verständnis Richard Wagners. Die Ehestreit- und Eheversöhnungsgeschichte gibt nur den dramatischen Rahmen ab; worum es eigentlich geht, ist die Verewigung des Wesens seiner Gattin Pauline und des tiefen Einflusses, den sie auf sein Schaffen gehabt hat. Diese „Gefährtin des Helden", denn als solche erscheint sie ja schon in Strauss' symphonischer Dichtung „Ein Heldenleben", war nicht nach jedermanns Geschmack, sie war ebenso kratzbürstig wie gutmütig, und zahllos sind die Anekdoten, die heute noch über sie kursieren. Strauss hat diese Frau (sie hat als Opernsängerin sogar in Bayreuth gesungen) unendlich geliebt — andere haben in Pauline Strauss das Unangenehmste gesehen, was es im Bereich des Opernbetriebes geben konnte. So erzählt man zum Beispiel, daß sie während der Direktion Strauss-Schalk bei Proben des öfteren im Zuschauerraum saß, und wenn ihr da oben auf der Bühne irgend etwas nicht paßte, dann pfiff sie, und die Sache mußte anders gemacht werden. Oberregisseur Wilhelm von Wymetal war über diese Eingriffe so böse, daß er nicht zuletzt deshalb seinen Vertrag löste und an die „Met" nach New York abwanderte, wo er das Jeritza-Debüt mit Korngolds „Toter Stadt" inszenierte und damit einen Riesenerfolg erntete. Er blieb in den USA.

Nach einer „Intermezzo"-Probe, bei welcher Alfred Jerger, der Darsteller des Kapellmeisters Storch, an einer bestimmten Stelle mit der Hand heftig auf den Tisch geschlagen hatte, kam Strauss auf die Bühne und sagte: „Das haben Sie gut gemacht, Jerger, genauso mach' ich das auch, hauen Sie nur immer fest auf den Tisch, auch bei der Premiere." Zwei Minuten später erschien Pauline in der Garderobe des Sängers und sagte: „Mein lieber Jerger, ausgezeichnet gesungen, gut gespielt, alles sehr schön, aber auf den Tisch hauen, das gibt's nicht, das muß weg, das möcht' sich mein Richardl nie trauen!" Pauline war eine große Frau. Manfred Mautner-Markhof, Präsident des Wiener Konzerthauses, hat mir erzählt, wie sie in Tränen ausgebrochen ist, als sie einer Sängerin die Wiedererkennungsszene aus „Elektra" vorspielte.

Nach der Wiener Premiere von „Arabella", in der Jerger den Mandryka gesungen hatte, fuhr Strauss mit dem Künstler und ein paar anderen Freunden von Genua nach Rapallo, um dort Gerhart Hauptmann zu besuchen. Unterwegs öffnete er einen Brief seiner Gattin, den er vor der Abfahrt gerade bekommen hatte, las ihn und sagte dann zu den Mitreisenden: „Heute habe ich wieder so einen lieben Brief von der Pauline gekriegt, hörts zu, wie lieb sie schreibt." Und er las vor. Der Brief strotzte nur so von saftigen Bezeichnungen für seine Person: Trottel, Ochs, Esel etc. Die Zuhörer staunten und fragten, wo denn das Liebe wäre. „Ja", erwiderte Strauss, „das versteht's ihr nicht, das Liebe steht alles zwischen den Zeilen."

Schalk war unermüdlich hinter Novitäten her, um Strauss für die bewußte Bemerkung, die ihn als Novitätenfeind hinstellte, Lügen zu strafen. Es ließ ihm keine Ruhe, zumal da noch ein zweiter Brief war, einer der allerletzten, die Strauss während der Doppeldirektion an Schalk selbst gerichtet hatte, bereits auf dem Höhepunkt ihrer Krise. Strauss hatte mit diesem Schreiben versucht, den Mitdirektor zu gemeinsamem Auftreten gegen die Sparmaßnahmen der vorgesetzten Behörde zu veranlassen, denn wenn sie nichts dagegen unternähmen, schrieb er, würden sie beide bald arbeitslos sein und könnten miteinander Schach spielen. Wichtiger als das war aber der Passus, in welchem Strauss Schalk aufforderte, seine Aufmerksamkeit unbedingt auf die Bühnenwerke von Ravel, zum Beispiel auf „Die spanische Stunde", und auf die Werke Strawinskys, zum Beispiel „Pulcinella", zu lenken. Schalk hat dann auch tatsächlich eine Raveloper, „Das Zauberwort", gespielt, er nahm Strawinskys „Pulcinella" ins Repertoire auf und vom selben Komponisten den „Ödipus Rex" — zum großen Staunen des Publikums, denn das Textbuch war lateinisch, und zum nicht geringen Kummer einiger Dutzend Wiener Gymnasiasten, weil ein paar Professoren, die zugleich rechte Opernnarren waren, Teile dieses Textbuches zum Klassenlehrstoff erhoben.

Daneben pflegte Schalk in alter Redlichkeit die zeitgenössische österreichische Oper weiter. Schon im zweiten Jahr seiner Direktion hatte er Bittners erfolgreichstes Werk, „Höllisch Gold", herausgebracht; darin gab es eine Glanzrolle für Rosette Anday und für den Baßbariton Josef von Manowarda, der von der Volksoper kam. In Bittners Werk erscheint der Teufel mit einem Beutel Gold auf der Oberwelt, um eine Seele zu kaufen. Er bekommt jedoch plötzlich unter den Menschen den gesunden Menschenverstand und begnügt sich zuletzt mit der bösen Hexe als Beute.

Mit dem Ballett „Das lockende Phantom" erschien zum erstenmal ein Werk des hochbegabten Franz Salmhofer auf der Staatsopernbühne. Tilly Losch tanzte das Phantom. Einen besonders schönen Erfolg konnte Schalk mit einem Märchenspiel verzeichnen, an das sich viele aus ihrer Kinderzeit noch gerne zurückerinnern: der Komponist hieß Clemens Schmalstich, das Spiel „Peterchens Mondfahrt".

Auch eine neue Operette von Johann Strauß gab es: nach „Fledermaus" und „Zigeunerbaron" nahm Schalk „Eine Nacht in Venedig" ins Repertoire auf, mit Maria Jeritza als Annina. Korngold hatte eine originelle Bearbeitung geschrieben und dirigierte selbst, und der König der neuen Operette, Hubert Marischka, feierte sein Staatsoperndebüt als Caramello!

Unter Schalk fanden auch die ersten großen, wirklich modern organisierten Auslandsgastspiele der Wiener Oper statt: in der Pariser Großen Oper mit „Tosca", „Don Juan", „Rosenkavalier", „Walküre" und „Fidelio", an der Königlichen Oper Stockholm mit „Fidelio" und „Don Juan". Dafür gastierte die Opéra Comique während der Abwesenheit des Staatsopernensembles mit „Manon", „Margarethe", „Carmen" und „Werther" in Wien. Das Gastspiel in Paris fand im Mai 1928 statt, das Gastspiel in Stockholm im Jahr darauf.

Der „Fidelio", den Franz Schalk dem Ausland präsentierte, war jener, der anläßlich der großen Feierlichkeiten zum 100. Todestag Beethovens 1927 neu inszeniert wurde und der einen Höhepunkt der Direktion Schalk darstellte. Zum erstenmal war hier das Experiment gemacht worden, die beiden sonst immer nur von hochdramatischen Stimmen besetzten Hauptrollen lyrisch zu besetzen: mit Alfred Piccaver und Lotte Lehmann. Die Lehmann wurde von da ab für uns zum Inbegriff des Fidelio.

Nicht vergessen werden soll auch noch das Gastspiel der Kölner Oper in Wien, die „Pelleas" und eine Händeloper brachte, und natürlich das grandiose Gesamtgastspiel der Mailänder Scala im Mai 1929 unter Arturo Toscanini, mit dem herrlichen Falstaff Mariano Stabiles und Toti dal Monte als Lucia; ihr Partner war Aureliano Pertile. Es war für uns ein großer Eindruck, die große Kunst des Starensembles der Scala unter Arturo Toscanini zu erleben. Für unser Verständnis des wahren Charakters der italienischen Oper waren diese Abende entscheidend.

Das Jahr 1927, in welchem Schalk den „Fidelio" herausbrachte, wurde an seinem Beginn durch ein grausiges Ereignis überschattet: der rumänische Tenor Trajan Grosavescu, ein junger vielversprechender Sänger (etwas beleibt, mit einer schönen Naturstimme, aber als Darsteller nur sehr konventionell), wurde am 15. Februar in seiner Wohnung in der Lerchenfelder Straße von seiner Gattin Nelly aus Eifersucht erschossen. Am Abend vorher war er zum letztenmal aufgetreten, in „Rigoletto", was die Presse natürlich entsprechend sentimental ausschrotete („Ach, wie so trügerisch sind Weiberherzen"). Nun sollte er nach Berlin reisen, wo er ein Rendezvous hatte. Seine Frau erklärte plötzlich, sie wolle, entgegen der früheren Abmachung, nun doch mitfahren, es kam zum Streit, der für den Sänger tödlich endete. Da Nelly Grosavescu gerade eine Fehlgeburt hinter sich hatte und in einem Zustand hochgradiger nervöser Überreizung war, billigte ihr das Gericht Sinnesverwirrung zu, und die Geschworenen sprachen sie frei.

Einmal noch während seiner Direktionszeit konnte Schalk durch eine Premiere Richard Strauss ehren, als er im Juni 1928 zu Strauss' 64. Geburtstag „Die ägyptische Helena" zur Wiener Erstaufführung brachte; der Meister dirigierte sein Werk selbst.

Das auf Herodot und Euripides fußende Textbuch Hofmannsthals machte die Strauss-Enthusiasten mit einer ganz neuen Variante des Helena-Stoffes vertraut: Menelas segelt nach dem Trojanischen Krieg mit seiner wiedergewonnenen Gattin Helena der Heimat zu. Durch einen Sturm werden sie auf eine Felseninsel verschlagen — dort erzählt die ägyptische Königstochter Aithra dem König Menelas, der Helena richten will, daß er ein Phantom aus Troja heimführe und daß die wahre Helena vor zehn Jahren von den Göttern nach Ägypten entführt worden sei, ohne je nach Troja gelangt zu sein. Das Werk erregte nicht jenen Beifallssturm wie die vorausgegangenen Strauss-Werke. Unvergeßlich, wie sich die Jeritza als Helena am Beginn des Zwischenspiels von dem großen Lager, auf das sie sich hingeschmiegt hatte, erhob und über die gewaltige Treppe hinunterschritt. Für die singende Muschel, die in dieser Oper vorkommt, wurde im Haus am Ring zum erstenmal in seiner Geschichte eine Verstärkeranlage eingebaut.

Es gab in der Ära Schalk auch interessante Stargastspiele: Gitta Alpar, die spätere Operettendiva, als Aithra, der spanische Tenor Miguel Fleta in „Carmen" (mit George Baklanoff), Giacomo Lauri-Volpi in „Rigoletto", Benjamino Gigli als Rudolf — denkwürdiger Abend, weil im ersten Akt in der großen Arie Giglis hohes C nicht „aufging" und von der Galerie Rufe „Hoch Piccaver!" kamen. Erst im dritten Akt war Giglis Triumph wieder da.

Den 100. Todestag Franz Schuberts beging die Staatsoper im Oktober 1928 mit einer Aufführung der Singspiele „Rosamunde", „Der Zwillingsbruder" und „Der häusliche Krieg", alle drei an einem Abend — ein auch wegen seiner großen Seltenheit sehr schönes Erlebnis.

Ein knappes Jahr später war Franz Schalk nicht mehr Direktor. Er stolperte über dieselbe Behörde, mit der er sich seinerzeit so erfolgreich zum Sturz von Richard Strauss verbündet hatte. Die Generalintendanz der Bundestheater brachte 1928 eine neue Dienstinstruktion heraus, die dem Generaldirektor ganz besondere Rechte bei der Auswahl der Premieren, beim Engagement der Sänger, bei der Lösung von Besetzungsproblemen usw. einräumte. Damit waren die Befugnisse und die notwendige künstlerische Freizügigkeit des Hausherren so arg beschnitten, daß Schalk gar nicht anders konnte, als sich dagegen aufzulehnen. Er brachte mit gebotener Deutlichkeit zum Ausdruck, daß in einem Theaterbetrieb nur *einer* regieren, nur einer das Wort führen kann. Da man sich ihm gegenüber jedoch harthörig zeigte, gab er seine Demission. Er demissionierte per 31. August 1929.

Schalk blieb dann noch als Gastdirigent mit der Oper verbunden, er war schon bei seiner Demission ziemlich krank, im Juni 1931 dirigierte er zum letztenmal, es war eine Aufführung von Wagners „Tristan" — nur mehr „ein Bündel Geist" sei damals am Pult gestanden, erzählten Leute, die diese Aufführung erlebt haben —, im August desselben Jahres starb Schalk und wurde in Edlach bei Payerbach zu Grabe getragen.

Nach seiner Demission hatte man eigens für ihn den Titel „Österreichischer Generalmusikdirektor" erfunden und ihn ihm rasch verliehen. Karl Böhm wurde später der zweite, der ihn bekam.

Franz Schalk, der sarkastische Humanist, der Mann mit dem weltfremden Äußeren, der so geschickt zu intrigieren und mit Behörden umzugehen verstand, hatte zu alledem auch einen Hang zu einem gewissen Pathos, doch wirkte es nicht unangenehm, weil es echt war. „Ich habe gedient", sagte er bei seinem Abschied von der Oper, der er mit der Haltung eines Gralshüters zugetan gewesen war. Er ist während seiner Direktionszeit bedeutend über sich hinausgewachsen, so daß man den Titel dieses Kapitels mit dem nächsten Lohengrin-Vers ergänzen kann: „... den rüstet er mit überirdischer Macht." Schalks Abschiedsbotschaft an die Mitglieder der Staatsoper enthält die schöne Aufforderung: „Wohlbehütet vermehren Sie den Schatz dessen, was wir im Sinne höheren Menschentums Tradition nennen!"

Im Oktober 1928 hatte Wilhelm Furtwängler mit einem neuinszenierten „Rheingold" das Opernpublikum genauso begeistert wie seine enthusiastischen Zuhörer bei den Philharmonischen Konzerten. Wien war sicher: der nächste Operndirektor heißt Furtwängler.

Aber es sollte anders kommmen.

Extreme des Ensembletheaters   Das Regime Clemens Krauss
1929 bis 1934

Hinter der letzten Direktionskrise verbarg sich ein ganzes Netz von persönlichen Eitelkeiten und Intrigen, deren Zentralfigur der Generalintendant der Bundestheater, Franz Schneiderhan, war, ein gebürtiger Wiener und von Beruf eigentlich Hutfabrikant (Stroh- und Filzhüte); das Unterrichtsministerium hatte ihn aus Breslau in seine Heimatstadt Wien zurückberufen, damit er, als Beamter, Ordnung in die wackeligen Finanzen der Bundestheater bringe.

Schneiderhans erster Gedanke war es nun, Wilhelm Furtwängler, der als Nachfolger Felix von Weingartners ständiger Dirigent der Philharmonischen Konzerte geworden war und als solcher in der Saison 1927/28 enorme Erfolge errungen hatte, zum Operndirektor zu machen. Er ging schrittweise vor. Zunächst kam im Frühjahr 1928 ein Vertrag mit Furtwängler zustande, der den Künstler für eine begrenzte Tätigkeit während der Saison 1928/29 an die Oper verpflichtete; Furtwängler leitete dann auch im Oktober 1928 jene „Rheingold"-Neuinszenierung, die beim Publikum so großen Jubel auslöste. Mit dieser Inszenierung begann der dritte Nibelungenring der Wiener Oper: den ersten hatte Jauner herausgebracht, der zweite war mit „Rheingold" und „Walküre" von Mahler begonnen, mit „Siegfried" und „Götterdämmerung" von Weingartner beendet worden, nun begann der dritte mit „Rheingold" unter Wilhelm Furtwängler in der Schlußphase der Ära Schalk. Was lag angesichts des großen Erfolges näher, als über eine weitere Tätigkeit Furtwänglers an der Wiener Oper zu verhandeln?

Schneiderhan ging aber noch weiter und bot Furtwängler ganz offen (das heißt: hinter dem Rücken Schalks) die Direktion der Oper an, und zwar ab 1930, dem Jahr, da Schalks Vertrag abgelaufen wäre. Schalk erfuhr davon, und man sagt, daß weniger die neue Dienstinstruktion von 1928 als vielmehr dieses Geheimangebot an Furtwängler den letzten Anstoß zu seiner Demission gegeben habe. In welche Form Furtwängler seine Zusage kleidete, wird wohl niemals mehr völlig geklärt werden können; jedenfalls war man auf offizieller Seite der Meinung, Furtwängler so gut wie gebunden zu haben, und rechnete mit ihm als dem künftigen Direktor. Schneiderhan hatte alles so weit vorangetrieben, daß er nur noch die allerletzten Vertragsformulierungen mit Furtwängler festlegen mußte. Aber in dem Augenblick, als Schneiderhan die Hand ausstreckte und Furtwängler auch schon einschlagen wollte, sprang Furtwänglers Sekretärin, Frau Beate Geismar, plötzlich hinzu (sie selbst hat die Szene immer so geschildert) und fuhr mit ihrer Hand dazwischen, so daß es nicht zum Handschlag kam. In Furtwänglers Büro lag nämlich bereits ein anderer Antrag, der ihn eng an die Berliner Philharmoniker binden sollte (man hatte für Furtwängler bereits den Titel „Generalmusikdirektor der Stadt Berlin" erfunden), und diesen Antrag hat Furtwängler dann auch angenommen. Damit war er für Wien verloren.

Inzwischen hatte aber Franz Schalk bereits demissioniert; man hatte keinen neuen Direktor, und da man höheren Orts entschlossen war, Schalk, der sich mit den Behörden nicht mehr so gut vertrug wie einst, fallenzulassen, trachtete man, so rasch wie möglich einen Nachfolger für ihn zu finden, wenn möglich, schon für die Saison 1928/29.

Unter den Namen, die in diesem Zusammenhang in der Wiener Presse auftauchten — Erich Kleiber, Bruno Walter usw. —, befand sich auch der des damaligen Intendanten der Städtischen Oper Frankfurt am Main, Clemens Krauss. Diesem legte man im Dezember 1928, kurz nach dem Scheitern der Verhandlungen mit Furtwängler, einen Vertrag vor, den Krauss nach einigem Zögern unterschrieb, und ließ die Ernennung des neuen Operndirektors unverzüglich verlautbaren. Der Vertrag band den neuen Direktor auf fünf Jahre an Wien, beginnend mit 1. September 1929.

Diese sonderbar überstürzte Beendigung der Direktionskrise ließ die Gerüchte nicht verstummen, man habe an verschiedenen höheren Stellen Furtwängler gar nicht haben wollen und durch gleichzeitige heimliche Verhandlungen mit Clemens Krauss schon seit längerem zu diesem hin tendiert und dadurch Furtwängler verärgert. Einmal soll sogar Franz Schalk eingespannt und gebeten worden sein, er möge Clemens Krauss wenn schon nicht als Direktor, so doch als Kapellmeister mit bedeutenden Vollmachten ins Haus holen. Die Wiener Kritik — insbesondere Dr. Julius Korngold in der „Neuen Freien Presse" —

hatte nämlich immer wieder die Forderung nach einem (in Korngolds Formulierung) „autoritativen Arbeitsdirigenten neben dem amtierenden Direktor" erhoben.

Wie dem auch war, Clemens Krauss wurde ernannt. In Wien hieß er sofort der „Frankfurtwängler", und Hermann Leopoldi, der unvergeßliche Kabarettist, sang sein Lied auf ihn:

Melodie: „O Tannenbaum, o Tannenbaum"

O Furtwängler, o Furtwängler,
wie hoch sind deine Gagen!
Du gabest uns dein Ehrenwort,
dann gingst du nach Berlin uns furt,
doch wir, wir holten flugs uns her
aus Frankfurt den Frankfurtwängler.

Melodie: „Da geh' ich ins Maxim"

Der schöne Clemens Krauss,
der paßt fürs Opernhaus,
die Damen rufen: Nehmen S'
doch nur den schönen Clemens!
Der Künstlerhut rutscht schief,
die Locke sitzt ihm tief,
was immer er auch leistet,
er wirkt dekorativ.

Clemens Krauss war von allen Operndirektoren, die je in Wien ihr Amt angetreten haben, wahrscheinlich der für diesen Beruf am besten ausgebildete, der erfahrenste, und auch nach seiner Personsbeschreibung war er für diesen Posten ungemein geeignet. Er war Wiener, ehemaliger Sängerknabe, war fraglos ein hervorragender Musiker, ein ausgezeichneter Dirigent, hatte seine Studien in Wien absolviert, war dann einige Jahre in Brünn im Engagement gewesen und über Nürnberg, Prag, Stettin und andere Opernhäuser nach Graz gekommen. Dort erregte er die Aufmerksamkeit von Franz Schalk und Richard Strauss, die ihn schließlich nach Wien holten, wo er von 1922 bis 1924 als Opernkapellmeister wirkte. Sein prominentester Abend in jener Zeit war die Erstaufführung der „Fredigundis" von Franz Schmidt. Gleichzeitig hatte er, als Nachfolger Furtwänglers, die bedeutenden Konzerte des Wiener Tonkünstlerorchesters geleitet. Noch zweimal im späteren Leben hatte Krauss das Pech, Furtwänglers Nachfolger zu werden: als Leiter der Wiener Philharmonischen Konzerte und als Operndirektor in Berlin.

Von Wien ging Clemens Krauss nach Frankfurt, wurde zuerst Direktor, bald Intendant der Städtischen Oper und gleichzeitig ständiger Dirigent der Museumskonzerte. Er hat die Frankfurter Oper sehr erfolgreich geführt. Sein interessanter Spielplan mischte das gängige Repertoire mit hochmodernen Novitäten; er spielte zum Beispiel als erster in Frankfurt Janáčeks Oper „Die Sache Makropulos", spielte Busoni und Hindemith und versuchte schon damals sein großes Ideal zu verwirklichen, nämlich aus der Oper eine „Musikschaubühne" mit gleicher Beteiligung des optischen wie des akustischen Moments zu machen. Seine Hauptmitarbeiter waren Dr. Lothar Wallerstein als Oberregisseur (seit 1927 an Wien gebunden, Krauss fand ihn also bei seinem Antritt in Wien vor) und der Bühnenbildner Ludwig Sievert, der dann auch zeitweise mit Krauss in Wien gearbeitet hat.

Dr. Wallerstein war einer der bedeutendsten Spielleiter, die jemals langfristig an die Oper gebunden waren.

Er war ein Mann von unerhörten Fähigkeiten und einer Sachkenntnis, wie man sie heute bei seinen den modernen Opernbetrieb diktierenden Fachkollegen nicht mehr finden wird. Wallerstein war Prager, er war Doktor der Medizin, gleichzeitig Pianist und hatte einige Jahre als Opernkapellmeister in Posen gewirkt. Ich erinnere mich noch, wie er nach dem Krieg bei Proben in der Wiener Volksoper manchmal aufsprang und sich selber ans Klavier setzte, er kannte die Musik oft besser als der Kapellmeister.

Das war das Team, welches nun die Wiener Staatsoper ab September 1929 führte. Clemens Krauss unterrichtete gleichzeitig an der Akademie für Musik und darstellende Kunst, eine Position, die er schon in seinen ersten Wiener Jahren innegehabt und die er eigentlich nie völlig aufgegeben hatte, auch nicht während seiner Frankfurter Zeit.

Und nun begann also das Regime von Clemens Krauss.

Dem persönlichen Auftreten wie dem privaten Leben dieses hervorragenden Musikers haftete ein irgendwie operettenhafter Zug an. Wenn er ins Zimmer trat, mit seinem kurzen Mantel, der wie ein Frackmantel aussah, mit dem riesigen Hut und dem merkwürdigen Schal, dann war es wie der Auftritt des Danilo im ersten Akt der „Lustigen Witwe", und man hat immer erwartet, daß er nun auch zu singen beginnt: „Da geh' ich ins Maxim." Die Wiener wurden nicht müde, Clemens Krauss mit irgend etwas oder irgend jemandem zu vergleichen. „Er hat einen Römerkopf, er sieht aus wie eine antike Büste", sagten die einen. „Nein, er sieht aus wie ein Torero", fanden die anderen, und wieder andere meinten, er sähe aus wie ein Habsburger.

Nun, ein Habsburger war er gerade nicht, aber doch „beinahe". Denn auch in der Geschichte von Clemens Krauss' Herkunft findet sich ein Element, das zwischen Johann Strauß und Emmerich Kálmán die Mitte hält. Seine Mutter war eine Tänzerin der Wiener Oper, Clementine Krauss, nach welcher er Clemens hieß. Clemens wurde 1893 geboren, unehelich, und die Tänzerin mußte gemäß dem damaligen Moralkodex sofort aus dem Corps de ballet der Hofoper verschwinden. Der Vater war, wie man erfuhr, ein Kavalier am Hofe Kaiser Franz Josefs, ein Baron Baltazzi. Um die Operette perfekter zu machen, spielte auch Mayerling hinein, er war nämlich ein Onkel der Mary Vetsera. Gleichzeitig war er — wie später Hubert Marischka in Kálmáns „Teufelsreiter" am Theater an der Wien — Parforce- und Parcoursreiter, der mit seinem Pferd große Rennpreise einheimste — und auch Clemens Krauss ließ sich, nachdem er Operndirektor in Wien geworden war, gerne des Morgens im Prater auf einem weißen irischen Wallachen bewundern. Der Vater des Barons Baltazzi wiederum, also der Großvater von Clemens Krauss, war Botschaftssekretär beim Fürsten Metternich in Paris gewesen und soll, als die Deutschen 1870/71 Paris einschlossen, die Kaiserin Eugenie heimlich nach England gebracht haben.

Doch auch Clementine Krauss, die Mutter, war eine nicht uninteressante Frau. Nach ihrem Hinauswurf aus der Hofoper machte sie eine beinahe echte Karriere — an der Volksoper als Sängerin. Clemy Krauss nannte sie sich jetzt, sang große Rollen, wie die Selica in Meyerbeers „Afrikanerin", und wurde unter Rainer Simons die erste „Opernregisseuse" von Wien.

Clemens Krauss hat sich als der profilierteste Wiener Operndirektor seit Mahler erwiesen und zugleich als der, der auf sein Amt am besten vorbereitet war. Er kam schon mit einem klar formulierten Konzept in der Tasche an, das gefallen konnte oder nicht: er hat dieses Konzept erstaunlicherweise durch alle fünf Jahre seiner Direktion, die dann so abrupt und dramatisch (und auch wieder mit einem leichten Anflug von Operette) endete, durchgehalten.

Sein Konzept war das bis zum letzten Extrem hinaufgepeitschte Ensembletheater. Und so muß man, wenn man die Direktion Krauss würdigen will, bevor man berichtet, was er alles gespielt hat, erzählen, *wie* er Theater machte. Krauss erzog sich einen Kreis von Künstlern, die ihm bedingungslos ergeben waren und die er so langfristig wie möglich an das Haus band. Und nur mit dieser Gruppe hat er wirklich gearbeitet und seine Premieren herausgebracht, die anderen Sänger und Sängerinnen brüskierte er mehr oder weniger oft.

Zu solchen Konflikten mit der „alten Garde" kommt es immer, wenn ein neuer Direktor mit einer neuen Gruppe einzieht. Zu Mahlers Zeit verließen die Renard und van Dyck die Hofoper, jetzt waren es eben Lotte Lehmann und Elisabeth Schumann, also die Stars der Ära Schalk, die sich durch die von Clemens Krauss neu engagierten Kräfte zurückgesetzt fühlten. Clemens Krauss wiederum meinte, daß diese älteren Künstler doch nicht mehr in Spitzenform wären (da hatte er unrecht) und daß sie nicht gewillt wären, die langwierige, sehr präzise Bühnenprobenarbeit mitzumachen, die der neue Chef für seine Produktionen verlangte. „Die wollen", wie Clemens Krauss sagte, „lieber ihre Rollen abziehen und dazwischen ein bißchen gastieren." Darin lag ein Körnchen Wahrheit.

Aber ich glaube nicht einmal, daß er sie nicht geschätzt hat, und muß heute zugeben, daß unsere Jugenderinnerungen täuschen und wir Clemens Krauss unrecht tun. Wir haben als junge Leute immer gesagt: „Krauss läßt die Lotte Lehmann nie die Marschallin singen, immer singt nur die Ursuleac!" Doch genügt ein Blick in die Statistik, um festzustellen, daß Lotte Lehmann unter Krauss die Marschallin viel öfter gesungen hat als Viorica Ursuleac, seine spätere Gattin. Nur war halt Lotte Lehmann für uns die unvergleichlich bessere, innigere, wärmere, charmantere Marschallin, und wir ärgerten uns, wenn sie diese Rolle einmal nicht sang. Solcher Ärger multipliziert die Dinge. Die Statistik bleibt kühl.

Die Sänger, die Clemens Krauss neu engagierte, waren hochinteressante, ausgezeichnete Künstler, und er vereinigte sie mit allen jenen aus dem vorigen Regime, von denen er wußte, daß sie seinen Intentionen gerne folgten, wie zum Beispiel Josef von Manowarda, Richard Mayr und insbesondere Alfred Jerger, dem er große Aufgaben übertrug. Mit ihnen allen arbeitete Krauss gern.

Allerdings wurde diese Krauss-Gruppe sozusagen unerbittlich eingesetzt, das heißt, sie sangen die Opern, in denen sie blendend waren, und sie sangen die Opern, in welchen sie nicht so gut waren, in der immer gleichen Besetzung womöglich von der Premiere bis zur letzten Wiederholung: Krauss mochte keine Umbesetzungen. So wie ein Werk herausgebracht worden war, mußte es bleiben, so hatte man es hinzunehmen. Alle seine Premieren waren von einer unerhörten Präzision, und wenn man auch über seine Besetzungspolitik streiten konnte — manchem hätte dieser oder jener Künstler in der oder jener Rolle besser gefallen —, einstudiert war alles mit größter Akribie. Unter allen Direktoren, die ich gekannt habe, hat Krauss die Premierenqualität bei den Reprisen am längsten gehalten.

Das kam zum großen Teil auch daher, daß Krauss alles selber dirigierte. Er machte — und das hatte seine positiven wie seine negativen Seiten — aus der Wiener Oper eigentlich einen Einmannbetrieb, zumindest auf dem musikalischen Sektor, und der eine Mann war Clemens Krauss. (In Sachen der Regie hieß der Alleinherrscher Lothar Wallerstein.) Sein „L'état c'est moi" war so ausgeprägt, daß man das Gefühl hatte, die Sänger und Sängerinnen seien bei Clemens Krauss angestellt, nicht bei der Wiener Oper, und als 1934 ein großer Teil von ihnen mit Krauss nach Berlin abwanderte, mitten in der Saison, trat diese Bindung an seine Person mit empörender Kraßheit zutage. Es war ein Staat im Staate, das Fürstentum

---

Zahl: 546/1932. (Gen. Int. Zahl 1313/1932.)

Budgetjahr 1932

Ersparungen:

Nemeth	60 Abende à 1.026 S	. . .	61.560 S
Piccaver	60 Abende à 1.026 S	. . .	61.560 S
Lehmann	12 Abende à 1.026 S	. . .	12.312 S
Rode	17 und 8 Abende à 1.026 S	. . .	25.650 S
Slezak	18 Abende à 900 S	. . .	16.200 S
Kern Option auf 2 Urlaubsmonate à 3.064 S		. . .	6.128 S
		insgesamt	183.410 S

hievon durch Neuengagements, Mehrverpflichtungen und Bezugserhöhungen (Michalsky) bereits in Anspruch genommen:

Zika vom 1. 9. bis 31. 12.		. . . .	10.000 S
Michalsky vom 1. 9. bis 31. 12.		. . .	1.600 S
Jerger	18 Abende à 600 S	. . .	10.800 S
Pauly	5 Abende à 1.026 S	. . .	5.130 S
Trundt	8 Abende à 1.026 S	. . .	8.208 S
Ursuleac 15 Abende à 900 S unter der Annahme eines 12maligen Auftretens vom 1. 9. bis 31. 12.		. . .	13.500 S
Nemeth	4 Abende à 1.026 S	. . .	4.104 S
Verlängerung Pataky 8 Abende à 900 S		. . .	7.200 S
Verlängerung Angerer 7 Abende à 700 S		. . .	4.900 S zus. 65.442 S

eine Anzahl bereits absolvierter und noch in Aussicht genommener Ersatz- und Dirigentengastspiele im Gesamtbetrag von . . . . 38.919 S

		verbleiben . . .	79.049 S
Roswaenge	24 Abende à 950 S	. . . . . .	22.800 S
		verbleiben . . .	56.249 S
Nemeth	14 Abende à 1.026 S	. . .	14.364 S
		verbleiben . . .	41.885 S

5. 6. 1932.

Die Höchstgagen der Staatsopernmitglieder nach den Kürzungen des Jahres 1932.

Clemens Krauss, und die Sänger waren wirklich „seine" Sänger, aber nicht nur im künstlerischen Sinn. Die Oper und die Leute vom Bau waren beinahe sein Privateigentum.

Um diese Theaterpolitik durch einen prominenten Musterfall in puncto Besetzung zu illustrieren, sei an Viorica Ursuleac erinnert, eine ausgezeichnete Sopranistin, eine Deutsche aus Czernowitz, Tochter eines orthodoxen Priesters. Sie hatte an der Wiener Volksoper begonnen (war dort die erste Mimi, die ich hörte, mit dem später so tragisch ums Leben gekommenen Trajan Grosavescu als Rudolf) und ging dann nach Frankfurt, wo sie Clemens Krauss' Freundin, später seine Gattin wurde. Er brachte sie zurück nach Wien, sie wurde eines der prominentesten Mitglieder der Oper und war wunderbar in allen Rollen, denen der explosive, weißleuchtende Glanz ihrer kalten Stimme entsprach; sie war ebenso imponierend als Chrysothemis („Elektra") wie als Kaiserin („Frau ohne Schatten") und war in verschiedenen Nebenwerken blendend, zum Beispiel als Penelope in Hegers „Bettler Namenlos"; hingegen war sie eine sehr schwache Fiordiligi, Grazie und Charme der Mozartphrase gelangen ihr schlecht, und ihr Evchen war Durchschnitt, meilenweit entfernt von der Wärme und Herzlichkeit einer Lehmann oder Schumann. Aber selbstverständlich war Frau Ursuleac die Lieblingssängerin von Clemens Krauss und wurde auch in den Rollen, wo sie nicht gut war, sehr selten abgelöst.

Dasselbe war es mit Wilhelm Rode, der bei allem Negativen, was ich von ihm sagen muß, doch einer meiner Lieblingssänger war. Wenn ich heute die drei größten Hans-Sachs-Darsteller aufzählen soll, die ich im Leben hörte, so würde ich zunächst Paul Schöffler nennen, dann Wilhelm Rode, und über den dritten müßte ich schon nachdenken. Wilhelm Rode, Baßbariton aus Hannover, war von kleiner Statur, seine Stimme hatte kein besonderes Volumen, aber viel Farbe, seine Interpretation war geistvoll, deshalb war er ein so guter Sachs und Wotan; dem italienischen Fach hingegen war er stimmlich nicht gewachsen, sein Scarpia war Durchschnitt, sein Dapertutto in „Hoffmanns Erzählungen" war sicherlich eine originelle, aber keine Spitzenleistung, und als Almaviva war er geradezu schlecht. Trotzdem wurde auch in diesen Rollen fast immer nur er und kein anderer herausgestellt. Neuengagierte hatten Vorrang.

Clemens Krauss hat nicht nur so gut wie alle großen Premieren selbst dirigiert, sondern auch fast alle Wiederholungen; andere prominente Dirigenten gehörten nicht zu seinen Lieblingsspeisen. Wohl durfte Robert Heger, der große, noch von Schalk verpflichtete Pfitznerjünger, der lustigerweise ausgerechnet mit „Jonny spielt auf" populär geworden war, durften Hugo Reichenberger, noch von Weingartner als Hausdirigent verpflichtet, und mein lieber, verehrter Freund Karl Alwin, von Strauss engagiert (er konnte die ganze „Elektra" auswendig auf dem Klavier spielen), das Repertoire zwischendurch betreuen — aber die glanzvollen Dirigenten der Zeit sind in der Ära Krauss nicht am Pult erschienen. Es gab nur ihn.

Ihn und selbstverständlich Richard Strauss, seinen persönlichen Freund, seine große Stütze. Strauss mußte ja noch seine 100 Abende zu Ende dirigieren, um den Baugrund in der Jacquingasse abzuzahlen, und bis dahin hatten wir die Freude, ihn noch öfters als Dirigenten zu begrüßen.

So setzten sich also die Richard-Strauss-Jahre noch unter Clemens Krauss fort.

Richard Strauss hatte viel zur Ernennung von Direktor Krauss beigetragen; es war wohl, so würde ich heute sagen, bei der ganzen Sache ein bißchen ein Komplott Strauss—Schneiderhan dabei. Strauss wollte in Wien, wo er nun wohnte, eine Direktion haben, die seine Werke pflegte; so machte er sehr dafür Stimmung, daß der jüngere Freund berufen wurde, und er hat ihm auch entsprechend zugeredet, die Berufung anzunehmen, denn Krauss war nicht sofort entschlossen, nach Wien zu gehen, er wollte mit diesem prominenten Job noch ein wenig zuwarten, er war erst 36. (Übrigens war Gustav Mahler, als er Direktor wurde, 37.) Aber Strauss verstand es ausgezeichnet, Clemens Krauss in Briefen zu überzeugen, daß er nach Wien kommen *müsse*, denn wenn er nicht käme, schrieb er, dann würde „der Andere" kommen, und dieser „Andere" war Felix von Weingartner, der wie bei jedem Direktionswechsel so auch jetzt in erreichbarer Nähe auf der Lauer gelegen hatte. Und schließlich wurde

„der Andere" ja auch fünf Jahre später Clemens Krauss' Nachfolger.

Schon das erste Jahr der Regierung Clemens Krauss — wir nannten das schon damals so, obgleich Krauss seinem Benehmen nach durchaus kein Autokrat war — spiegelte bereits das Programm seiner ganzen Direktionszeit: Mozart, Wagner, Verdi, Richard Strauss und die Moderne. Von jedem dieser fünf Projekte brachte er im ersten Jahr eine interessante Kostprobe. Die erste war die Neuinszenierung der „Meistersinger". Sie wurde sehr begrüßt, denn die „Meistersinger", die wir damals hatten, waren von überhaupt niemandem inszeniert worden, sie hatten sich über die Jahrzehnte hin bis ins 20. Jahrhundert hereingeschleppt, die Dekorationen stammten von drei verschiedenen Ausstattungsmalern — das Werk war also durchaus „fällig".

Mit dieser Inszenierung errangen Wallerstein, Sievert und Krauss, also das komplette Frankfurter Trio, einen ganz großen Erfolg. Max Lorenz, der Heldentenor aus Düsseldorf, den wir später so besonders liebten und der in der großen Reihe Winkelmann, Schmedes, Schubert, Lorenz der letzte große Wagnertenor war, der in Wien dazu wurde (Set Svanholm kam ja schon als berühmter Mann hierher), sang den Walther Stolzing. Evchen war Lotte Lehmann, Wilhelm Rode war Sachs.

Clemens Krauss hat damals mit den raschen Tempi in den „Meistersingern" begonnen, das war für die konservativen Wiener, die an die von Hans Richter bis auf Franz Schalk vererbte, sehr gemächliche „Meistersinger"-Tradition gewöhnt waren, eine völlig unerwartete Sensation. Gleich das C-Dur-Vorspiel setzte in einem so unorthodox schnellen Tempo ein, daß ein merkliches Aufhorchen durch das Haus ging.

Ich habe einmal in einer Rundfunksendung sämtliche erreichbaren Aufnahmen von „Meistersinger"-Vorspielen miteinander verglichen, jeweils die ersten drei Takte. Merkwürdigerweise erwies sich der als langsam verschriene Hans Knappertsbusch als zu den rascheren Dirigenten gehörig, der langsamste von allen war der sonst immer als besonders rasch gerühmte Richard Strauss.

Außer über diese modernen raschen Tempi regten sich die Konservativen, wie ich mich noch gut erinnere, schrecklich darüber auf, daß Walther Stolzing sein Preislied nicht mehr auf dem kleinen grünen Hügelchen sang, das bis dahin von zwei Lehrbuben in einem Korb hereingebracht und aus diesem herausgestülpt worden war, sondern auf einem kleinen, schmucken zweirädrigen Wagen mit Rückengeländer, der an eine Kanzel erinnerte. Man empfand diese Neuerung als ausgemachtes Sakrileg. Vorzüglich gelöst war das Spiel der einzelnen Gruppen des Chores in der schwierigen Prügelszene.

Die neuen „Meistersinger" waren die erste in einer Reihe sehr interessanter Wagnerinszenierungen, unter denen mir der „Rienzi" und der zum 50. Todestag Wagners 1933 teilweise erneuerte „Parsifal" in guter Erinnerung sind. Die meistdiskutierte Leistung von Clemens Krauss in der Wagnerpflege war jedoch die Vollendung des neuen Nibelungenringes, der noch in der Schalk-Ära mit Furtwängler begonnen worden war („Rheingold") und den Krauss nun zu Ende führte.

Dieser neue Nibelungenring wurde ziemlich zwiespältig aufgenommen, er fand ebenso große Bewunderer wie große Feinde. Im Rückblick von heute muß man sagen, er war von Krauss exzellent dirigiert; ansonsten war vielleicht nicht alles stilistisch so einheitlich, wie man es sich von einer so kapitalen Neuinszenierung erwarten durfte. Regisseur war Wallerstein, die Bühnenbilder stammten noch vom alten Roller, doch hatte er in seinem Alterswerk die Romantik mit verschiedenen, bis ins Kubistische gehenden modernen Elementen verbunden, was nicht völlig glückte. Ich erinnere mich an ein wunderbares Hundinghaus in der „Walküre" mit einem etwas spartanisch entrümpelten Eschenbaum, an allzu zackige abstrakte Felsen im zweiten Akt (die waren schon im „Rheingold" so gewesen) und an einen Feuerzauber aus mächtigen flatternden roten Seidenfetzen, den züngelnden Flammen, mit Düsenantrieb von unten. Jedenfalls zeigte das neue Experimentieren mit dem „Ring", daß man die von Adolphe Appia und Edward Gordon Craig begründete und von Roller weiterentwickelte Vereinfachungs- und Vergeistigungsphilosophie schon vor Neu-Bayreuth ernst nahm. Daraus ergaben sich aber in der Praxis mitunter groteske Dinge. So erinnere ich mich, daß es in der neuen „Walküre" auf einmal keine Tanne mehr gab, unter welche Wotan sein kühnes, herrliches Kind bisher zum Schlaf gebettet hatte. Da das von Presse und Publikum heftig kritisiert wurde, entschloß man sich in der Direktionskanzlei, die Tanne bis zum dritten Akt „Siegfried" wieder nachwachsen zu lassen, und als dann dort die Schlußszene begann, war sie richtig wieder da, und Jung Siegfried fand seine Tante Brünnhilde schlafend unter ihr.

Im „Rheingold" hatte man einen dunkelblau bemantelten Wotan, einen wirklich feuerroten Loge und einen grausig-grünen Alberich gesehen, und auch in der „Walküre" war die Licht- und Farbenregie sehr schön.

Der neue Nibelungenring hatte einen unbeschreiblichen Glanzpunkt, ein wirklich „kühnes, herrliches Kind" als Brünnhilde: Maria Jeritza; fern von jedem klassischen Wagnergesang, jubelte sie ein unglaubliches „Hojotoho".

Ansonsten gab es gewisse Besetzungsschwächen. So war zum Beispiel Josef Kalenberg, der verdienstvolle Allroundtenor, der das italienische, deutsche und französische Fach ganz gleichwertig beherrschte (und wenn man ein russisches oder chinesisches an der Staatsoper gepflegt hätte, dann hätte er gewiß auch diese beiden beherrscht), keine große Premierenbesetzung für den jungen Siegfried und auch nicht für den in „Götterdämmerung".

Sieglinde war Lotte Lehmann, eine Sieglinde von der innigsten Fraulichkeit und Wärme; der ganze erste Akt der „Walküre" erhielt seinen Glanz von ihr.

Zu den auf dem Gebiet der Wagner-Erneuerung gelungenen Experimenten von Clemens Krauss gehörte die Besetzung der Brünnhilde in „Siegfried" mit Maria Nemeth, deren strahlende, imposante Stimme bis zu diesem Zeitpunkt fast nur in den Rollen des italienischen Fachs eingesetzt war.

Im Laufe der Jahre gelang dem neuen Direktor mancher wertvolle Zuwachs zum Wagnerensemble. So engagierte er Erich Zimmermann, einen der glänzendsten Buffotenöre, an den heute noch viele dankbar zurückdenken; er war ein ebenso brillanter Mime wie David.

Den besten Fang aber machte Clemens Krauss mit dem Tenor Franz Völker, einem gebürtigen Frankfurter. Er war Bankbeamter in der Mainstadt gewesen und machte sein Glück als Sieger bei einem Rundfunkwettbewerb. Völker sah sein ganzes Leben lang aus, wie man sich einen Bankbeamten vorstellt, mit seinem bürgerlich-runden Gesicht und seiner Brille. In Frankfurt sang er einen glänzenden Florestan, später war er in Wien ein ebenso glänzender Siegmund wie Lohengrin. Seine Stimme hatte ein großes Volumen, ihre Farbe war typisch deutsch, und doch war er auch ein perfekter Belcantosänger, als Canio wie auch als Don Carlos gleich hervorragend. Ein großer Schauspieler war er nicht, und er hatte auch im Leben mehr Humor als auf der Bühne. Trotzdem gelang ihm einmal ein Extempore, das einem Nestroy Ehre gemacht hätte. Er gastierte in einer deutschen Mittelstadt in Lehárs „Land des Lächelns", und die dortigen Lokalblätter gerieten in beträchtliche Erregung wegen der hohen Gage, die er als Sou-Chong bekam. Da zog er bei den Worten des Auftrittsliedes „Doch wie's da drin aussieht, geht niemand was an" seine Brieftasche und zeigte sie dem verdutzten Publikum.

Die erste Mozartpremiere der Ära Krauss war „Così fan tutte", mit reizenden neuen Bühnenbildern von Ludwig Sievert. Regie: Wallerstein. Die Despina sang Adele Kern, eine entzückende Koloratursoubrette (aber wir kränkten uns damals natürlich, weil „unsere" Elisabeth Schumann durch sie nicht mehr so zum Zuge kam). Adele Kern war mit Lothar Wallerstein sehr befreundet, ein etwas geschmackloses Witzwort nannte sie „Wallersteins Lager". Ich erinnere mich noch gerne an die weite Meereslandschaft, vor welcher Viorica Ursuleac und die Tschechin Eva Hadrabova als Fiordiligi und Dorabella auf zwei Schaukeln schaukelten. Das ganze Stück war auf zwei Farben abgestimmt, auf die Welten der beiden Schwestern, die jede ihre eigene Farbe hatten: Dorabella ein zartes Blau, die Farbe Fiordiligis ging ins Rosa, wenn meine Erinnerung mich nicht trügt.

Aus dem weiteren Mozartprogramm dieser Direktion stach der „Idomeneo" hervor (1931), in der Neufassung von Richard Strauss, der selbst dirigierte, und eine neue „Zauberflöte", die Krauss leitete.

Die Pflege des Straussischen Werkes, die Krauss sehr am Herzen lag (es war ja eine echte Lebensfreundschaft zwischen den beiden, Krauss schrieb später für den so verehrten Meister das Textbuch zur Oper „Capriccio"), begann mit einem teilweise erneuerten „Rosenkavalier", bei welchem man im zweiten Akt zum erstenmal durch die Flügeltür in das weiträumige Stiegenhaus blicken und so auch im Detail wahrnehmen konnte, wie die Rübenacker-Lakaien des Lerchenauers hinter den kreischenden Faninalschen Mägden herjagen.

Hierauf kam eine ebenfalls teilweise neu inszenierte „Frau ohne Schatten" mit einigen entscheidenden Änderungen des Rollerschen Bühnenbildes: außer dem Färberhaus von innen gab es nun auch den Hof des Färberhauses, so daß die letzte Szene des ersten und die erste Szene des zweiten Aktes nicht mehr in derselben Dekoration spielen mußten. Clemens Krauss begründete das mit einem klassischen Leitsatz für das Theater: „Wenn der Vorhang gefallen ist, darf er nur über einem neuen Bühnenbild wieder aufgehen, sonst glaubt man, man kann sich nichts andres leisten."

Den Höhepunkt unter den Strauss-Premieren stellte natürlich die Wiener Erstaufführung von „Arabella" im Oktober 1933 dar. In der ersten Besetzung sang Lotte Lehmann die Titelpartie; es war ein Abend mit sehr traurigen Begleitumständen, weil am Morgen Lotte Lehmanns Mutter gestorben war. Die tiefgetroffene Künstlerin hat trotzdem beschlossen, die Premiere zu retten, und hat sich erst später einige Schonung auferlegt. Richard Strauss sprach vor dem Vorhang ein Dankeswort an Lotte Lehmann. Die zweite Wiener Arabella war Viorica Ursuleac, die diese Rolle schon bei der Uraufführung in Dresden gesungen hatte. Man bejubelte das Duett „Aber der Richtige" (wie herrlich war es, dabei zu sein, wenn diese Melodie zum erstenmal erklang!), fand aber den Fiakerball ohne jede österreichische Atmosphäre. Adele Kern jodelte ihre Koloraturen als filigranes Diwanpüppchen (statt einer drallen Fiakermilli). Aus Ersparungsgründen spielte man den zweiten Akt „Arabella" in der Dekoration von Heubergers Operette „Ein Opernball", die 1931 ohne Erfolg herausgekommen war. Und Toscanini sah in einer Loge zu.

Die Zdenka sang am ersten Abend Luise Helletsgruber, am zweiten eine neuengagierte entzückende Sopranistin namens Margit Bokor, eine Ungarin, die durch die Rassengesetze des Dritten Reiches gezwungen worden war, Deutschland zu verlassen, man schrieb ja schon 1933. Durch Clemens Krauss erhielt sie an der Wiener Staatsoper eine neue Heimat.

Krauss kannte persönlich gar keine Vorurteile. Er hatte trotz seiner sehr intensiven Kontakte mit der nationalsozialistischen Führung in Berlin gleichzeitig eine ganze Reihe von Emigranten zu sich an die Wiener Oper geholt. Man wurde aus ihm nicht klug, eigentlich auch dann noch nicht ganz, als er und seine Gattin 1934 die Karten ganz offen auf den Tisch zu legen schienen...

In der „Arabella" sang Richard Mayr, den auch Krauss sehr liebte, eine seiner letzten neuen Rollen, den Vater Waldner. Eine hervorragende Leistung bot Alfred Jerger als Mandryka: ganz von Balkanromantik umweht, mit wunderbar echtem Akzent singend.

Und nun zu Verdi. Clemens Krauss hing mit ganzem Herzen an diesem Komponisten, und vielleicht zählt neben der Einführung des „Wozzeck" ins Repertoire der Wiener Staatsoper die Fortführung der Verdirenaissance zu den bleibendsten Taten von Krauss. Er hat diesem Projekt eine unendliche Arbeit gewidmet und Wien drei Verdiopern erschlossen, die bis dahin hier kaum bekannt gewesen waren: „Simone Boccanegra", „Don Carlos" und „Macbeth". Franz Werfel, der schon für „Die Macht des Schicksals" einen neuen Text geschrieben hatte, dichtete nun auch die Libretti für „Don Carlos" und „Simone Boccanegra" neu, und auch diese übertrafen das Original an Tiefe und Schönheit bei weitem. Den neuen Text für „Macbeth" jedoch durfte Werfel schon nicht mehr verfassen, er war als Jude in Deutschland nicht mehr „tragbar", wie das im Parteijargon so schön hieß, die Opernhäuser des Dritten Reiches hätten Werfels Text abgelehnt, und so unterblieb diese Neufassung durch den großen Dichter. Daß Clemens Krauss sich nicht trotzdem bis zuletzt zu ihm bekannte und nicht auch auf einem Werfelschen „Macbeth"-Libretto bestand, hat damals mehr als einen stutzig gemacht.

Es waren großartige Verdiabende. In „Simone Boccanegra" sangen Wilhelm Rode und Dr. Emil Schipper alternierend die Titelrolle. Schipper mochte Krauss nicht recht leiden, und Krauss liebte Schipper nicht besonders. Schipper hatte einen sehr füllungen Bariton mit glanzvoller Höhe, eigentliche Gesangskultur hatte er wenig, er sang sozusagen in „erratischen Blöcken", dafür war seine Bühnenerscheinung ungemein imposant. Für den Geschmack seines Direktors liebte er den Alkohol ein kleines bißchen zuviel; populär ausgedrückt: er war mitunter besoffen. Als er einmal in Graz als Holländer gastierte, retteten ihn im ersten Akt nur die Taue des Geisterschiffes, an die er sich bei seiner großen Arie krampfhaft anklammerte, davor, gänzlich in die Knie zu sinken und das heulende Elend zu bekommen. Graz staunte.

Für mich war von den drei Verdiabenden „Don Carlos" der schönste. Diese Oper haben die Wiener ähnlich ins Herz geschlossen wie vorher Puccinis „Turandot", und sie kann eigentlich nie mehr wieder vom Repertoire verschwinden; in anderen Musikstädten sind diese beiden Opern längst nicht so bekannt und beliebt wie bei uns. Daß es Krauss und Wallerstein gelang, in einer deutschsprachigen Stadt eine neue Schilleroper beim Publikum einzubürgern, was durchaus nicht so leicht ist, verdankten sie ihrer eigenen großartigen Dramaturgie. Franz Werfel hat da kräftig mitgeholfen.

Es gibt nämlich zwei Fassungen des Verdischen „Don Carlos", und in der ersten (von 1867) begegnen wir Don Carlos noch als Geliebtem der Elisabeth, die später seinen Vater Philipp heiratet; wir werden gleich im ersten Akt mit dem noch jugendlichen Liebespaar in Fontainebleau konfrontiert. In der späteren zweiten Fassung, der heute allgemein gespielten, ist dieser Akt gestrichen, und wenn die Oper beginnt, ist Elisabeth bereits die Stiefmutter des Don Carlos.

Nun haben Krauss, Wallerstein und Werfel diesen ersten Akt aus der Fassung von 1867 auf wunderbare Art in den ersten Akt der späteren hineinverwoben, und zwar in Form einer Vision. Da saß Don Carlos, bereits unglücklich darüber, daß seine Braut nun die Frau seines Vaters ist, im Königspalast von Madrid vor einem riesigen Gobelin, der das Schloß Fontainebleau darstellte, und der Anblick dieses Gobelins rief nun in dem jungen Prinzen die Erinnerung an glückliche Zeiten wach, da er in Fontainebleau Elisabeth kennenlernte. Macht man nun diese dramaturgische Tat, wie das inzwischen leider geschehen ist, rückgängig und streicht diese Vision wieder, so ist das nach meiner Meinung eine Art Mord an Verdis „Don Carlos", und zwar aus dem einfachen Grund, weil ja das Liebesmotiv aus dem ersten Akt der früheren Fassung die spätere Fassung als Reminiszenz durchzieht, als solche aber sinnlos wird, wenn niemand sich mit diesen Melodien an irgend etwas zurückerinnern kann, weil der ursprüngliche erste Akt fehlt.

Die Schuld daran, daß die Krauss-Wallerstein-Werfelsche Dramaturgie nicht einmal in Wien bis heute erhalten blieb, trifft leider einen der Großen, nämlich Bruno Walter, der bei der Wiederaufnahme des „Don Carlos" ins Repertoire (in den Jahren vor dem Zweiten Weltkrieg, als er künstlerischer Leiter der Oper war) dem ersten Akt wieder die altgewohnte verstümmelte Gestalt gab. So ging ein genialer künstlerischer Effekt, der das Werk von der musikalischen Charakterisierung her erst wirklich voll verständlich macht, bis auf weiteres verloren.

Clemens Krauss wurde zum „Maestro", die Szene der Ketzerverbrennungen war ein Meisterstück von Wallerstein, und die Premierenbesetzung bot sozusagen alles auf, was gut und teuer war: Alfred Jerger gab den blinden Großinquisitor, Manowarda sang den König Philipp, als Eboli feierte der neu engagierte Mezzosopran Gertrude Rünger, die aus Nürnberg kam, ihren größten Triumph. Es war eine hohe Mezzostimme, und die Rünger wurde in späteren Lebensjahren zur reinen Sopranistin. Unter Clemens Krauss, mit dem sie am Ende seiner Direktion gleichfalls nach Berlin abwanderte, sang sie die Klytämnestra; sie kehrte in späteren Jahren als Elektra zurück.

Die vierte und letzte Verdi-Inszenierung der Krauss-Ära war „Falstaff", im letzten Direktionsjahr (1934). In der Titelrolle brillierte ein Wiener Sänger, der in Deutschland bald zu einem der ersten Wagnerbaritone werden sollte: Jaro Prohaska. Bei den Umbauten dieser hervorragenden Inszenierung wurde eine Drehbühne verwendet, die in zwanzig Minuten zerlegt und unter den Bühnenboden versenkt werden konnte; Clemens Krauss hatte sie eigentlich für „Carmen" konstruieren lassen, doch kam es zu keiner „Carmen"-Neuinszenierung, weil sie viel zu teuer geplant war und von der Intendanz immer abgelehnt wurde, es waren die Jahre der Wirtschaftskrise. Unter Krauss hätte Jarmila Nowotna, die schöne Tschechin, die Carmen spielen sollen; später sang sie dafür an der Staatsoper eine Operetten-Carmen in Lehárs „Giuditta".

So kam also die Drehbühne dem „Falstaff" zugute.

Die vielen behördlichen Aktionen zur Einsparung im Opernbetrieb machten Clemens Krauss das Leben sauer, Gagenreduktionen verärgerten die Sänger, besonders natürlich die besten. Der Kartenverkauf litt unter den unrealistisch hohen Preisen und dem ungesunden Gefälle zwischen den sehr teuren, aber kaum an den Mann zu bringenden Sitzen einerseits und einer wahren Sintflut von Freikarten. Das Defizit der Bundestheater betrug damals 6 Millionen Schilling — einen Schilling für jeden Österreicher.

Der Gagenstopp bei den Spitzenverdienern unter den Sängern brachte die Direktion in prekäre Lagen, Alfred Piccaver und einige andere schieden für kurze Zeit aus Protest aus, Piccaver sang damals ziemlich viel in der Volksoper. Und zu allem Überfluß erschien auch noch ein umfangreiches Pamphlet gegen Clemens Krauss, der nach allen Seiten in Streitereien verwickelt war. Dieses Pamphlet hatte er sich selbst zuzuschreiben, weil er sich eines Tages unter jene Theaterdirektoren einreihte, die wieder einmal die Claque abschaffen wollten. Die Claque in der Wiener Oper war damals in zwei Lager gespalten: auf der Galerie saßen sozusagen die unschuldigen Klatscher, geleitet vom alten Claquechef Josef Schostal, der ein ganzes Heer musikalischer Leute um sich versammelt hatte. Sie wurden jedoch überhaupt nicht honoriert, ja manchmal erhielten sie nicht einmal Freikarten, sondern nur Karten zum halben Preis dafür, daß sie auf einen Wink hin applaudierten. Diese Musikenthusiasten wurden von Schostal sehr individuell eingesetzt, er sagte von manchem: „Der ist ein guter Pucciniklatscher, aber zu schwach für Wagner, bei den ‚Meistersingern' kann man den nicht brauchen." Es gab natürlich auch Mozartklatscher und Verdiklatscher, aber woran Schostal das so genau erkannte, blieb sein Geheimnis. Er war eine rührende Figur. Brauchte ein Sänger Geld, so lieh er es ihm aus eigener Tasche und hat es oft nie zurückbekommen. Ich war bei seinem Begräbnis in New York, er arbeitete später an der Metropolitan Opera. Er war einer der populärsten Claquechefs, aber bei seinem Tod verleugneten ihn alle Sänger bis auf einen einzigen, der Tenor Kurt Baum, der mit mir dem Begräbnis beiwohnte. Und während Baum, der aus Prag gekommen war und in den dreißiger Jahren in Wien unter anderem in der „Afrikanerin" auftrat, hinter dem Sarg des armen Josef Schostal stand, schlängelte sich ein Herr, der sichtlich Schostals Erbe übernehmen wollte, an ihn heran und sagte, noch während die Totenmesse erklang, zu Kurt Baum: Mein Name ist so und so, und ich werde die Dienste ebenso gut weiterführen wie der Verewigte.

Schostals Gegenclaque war die von Otto Stieglitz im Stehparterre, eine scharfe, militante Gruppe, die auch mit den Direktoren verhandelte, souverän in das Operngeschehen eingriff, sich als eine Phalanx von Kulturpolitikern fühlte und manche Nuß zu knacken aufgab.

Nun, Clemens Krauss schaffte die Claque ab, doch wollten die Gerüchte nie verstummen, daß seine Freunde für ihn selbst die Claque weiterbezahlten, so daß der Begrüßungsapplaus für den Herrn Direktor, sooft dieser ans Pult eilte, an Stärke nicht verlor.

Otto Stieglitz — er endete tragisch, weil er nach der Nazibesetzung Wiens irgendwie doppeltes Spiel spielte, man will ihn in einer braunen Uniform gesehen haben, obwohl er anderseits vielen Verfolgten geholfen hat, jedenfalls wurde er unter ungeklärten Umständen von den Nazis hingerichtet —, Otto Stieglitz also veröffentlichte nach Abschaffung der Claque jenes Pamphlet gegen Krauss, und zwar in Form der ersten Nummer einer „Forum" betitelten Zeitschrift, die er in zwangloser Folge erscheinen lassen wollte. Diese erste Nummer hieß „Opernkorruption", sie erhob starke Beschuldigungen gegen Clemens Krauss, prangerte an, daß er keine anderen Dirigenten nach Wien ließ (obwohl das längst alle Spatzen vom Dach pfiffen), auch daß er seinen intimeren Freunden überhöhte Gagen zahlte und alle Neuengagements immer nur über eine einzige Agentur, nämlich die von Hugo Gruder-Guntram, dem ehemaligen Volksoperndirektor, abwickelte. Dieses „Forum" ließ zwischen den Zeilen durchblicken, daß Krauss mit Gruder die Provisionen teile. Das wurde nie bewiesen, es kam zum Ehrenbeleidigungsprozeß, der, wie ich glaube, mit einem Vergleich endet. Jedenfalls stand Krauss völlig schuldlos da.

Das fünfte Projekt seiner Direktion, das moderne Repertoire, brachte sehr interessante Novitäten, allen voran Alban Bergs „Wozzeck" gleich im März 1930. Das Werk erlebte 14 Vorstellungen, die Krauss hervorragend leitete. Oskar Strnad, ein neuer Bühnenbildner, den Krauss sehr bevorzugte, hatte die Bühnenbilder geschaffen. Das ungewöhnliche Werk erregte großes Aufsehen, und es muß dem Wiener Publikum zur Ehre angerechnet werden, daß ihm der „Wozzeck" so sehr gefiel. Es war ein bewegter Premierenabend, das Stehparterre stand unter Polizeischutz, und wir setzten mit Fanatismus diesen Abend gegen einige Zischer durch. Die Presse war geteilt, Kralik begrüßte den Triumph der radikalen Moderne, Julius Korngold verlangte ein „Anti-Stehplatzterror-Gesetz"; andere sprachen von „musikalischem Nihilismus" und „fragwürdiger Kunst". Aber alles war von der Aufführung begeistert. Manowarda sang die Titelrolle, Gunnar Graarud, ein sechs Fuß hoher dänischer Tenor (im Wagnerfach, in welchem er eine Zeitlang stark eingesetzt war, konnte er nicht ganz befriedigen), gab einen Tambourmajor von brutaler Unwiderstehlichkeit, die Marie verkörperte Rose Pauly — sie war eine der größten veristischen Opernschauspielerinnen, die ich kannte, mit einer leidenschaftlichen, rotglühenden Stimme, vielleicht die beste Elektra bis heute. Brillant auch, als Hauptmann, Georg Maikl, der unter Gustav Mahler den ersten Linkerton in der „Butterfly" gesungen hatte.

Zum „Wozzeck" fällt mir eine typische Begebenheit ein, die sich in der Direktionskanzlei zutrug. Alban Berg ist ja der einzige aus der Zwölftonschule, der einen breiten Publikumserfolg erringen konnte; obwohl sein „Wozzeck" der „Cavalleria" ja keine ernste Konkurrenz machen wollte, nannte man Alban Berg einmal den „Mascagni der Zwölftonmusik". Berg, der im Grunde ein echter Musikant war und in seiner Jugend auch wunderbare konservative Musik geschrieben hat, nahm die Schönbergschule insgeheim vielleicht doch nicht so streng doktrinär, wie es schien. Das mutmaßte auch Richard Strauss, und als er eines Tages zu Clemens Krauss in dessen Büro kam und dort die Partitur des „Wozzeck" liegen sah, sagte er: „Ich habe jetzt so viel von diesem Werk gehört, ich möchte mir gerne einmal die Partitur ein bißchen ansehen." Krauss reichte sie dem großen Freunde hin, Strauss blätterte darin und begann lesend mit seinen kleinen, primitiven Bewegungen zu dirigieren. Er dirigierte mit den gleichen rhythmischen Akzenten des Ellbogens, wie er es auch sonst bei den herkömmlichen Werken immer tat, und nach einer Weile sagte Clemens Krauss konsterniert: „Aber ich bitte Sie, schaun Sie sich diese Partitur doch einmal ganz genau an, diese wahnsinnig komplizierten Taktformen, wie das ununterbrochen wechselt, schaun Sie nur, wie kompliziert das alles ist!" Strauss jedoch dirigierte seelenruhig und durchaus konservativ-rhythmisch mit dem Ellbogen weiter und sagte nur: „Na ja, wenn er's so aufschreibt?"

Mit den weiteren Premieren auf dem Sektor der Moderne hatte Krauss viel weniger Erfolg als mit „Wozzeck". Hans Pfitzners Oper „Das Herz", nach einem Textbuch von Hans Mahner-Mons, einem routinierten Schreiber von Illustriertenromanen und reißerischen Filmen, war eine interessante Novität. Das Libretto spielte „um 1700" und handelte von einem herzoglichen Leibarzt Athanasius, der sich, um den soeben verstorbenen Erbprinzen wieder zum Leben zu erwecken, der schwarzen Magie bedient: Er beschwört den Geist Asmodi, bestimmt unter den schlagenden Herzen der schlafenden Menschen irgendeines, das dem Dämon nach einem Jahr gehören soll — und muß nach Ablauf der Frist erkennen, daß es das Herz seiner eigenen Geliebten und Gattin, Helge von Laudenheim, gewesen ist, das er damals gewählt hatte. Helge bricht tot zusammen, der Prinz stirbt zum zweitenmal, diesmal endgültig, und der in den Grafenstand erhobene Magier wird nun in den Kerker geworfen. Er bereut, wird von der Seele seiner Gattin in die Freiheit hinweggeführt, und die Henkersknechte finden nur mehr seinen Leichnam. Merkwürdigerweise hatte Pfitzner in die spätromantische Musik eine volkstümliche Melodie eingebaut, die sich beinahe wie ein Ländler anhörte — das einzige, was mir von dieser sonderbaren Oper im Gedächtnis haftenblieb.

Ein kurzlebiger, aber schöner Erfolg war die böhmische Volksoper „Schwanda der Dudelsackpfeifer" von Jaromir Weinberger — leichte, für den Export kommerzialisierte tschechische Folklore, aber voll schöner Melodien und effektvoll serviert.

Der böhmische Musikant Schwanda spielt nicht nur in der Oberwelt, sondern auch in der Unterwelt zum Tanz auf; er besänftigt mit seinem Dudelsackblasen sogar den Teufel, gewinnt das Herz der Eisprinzessin und rettet sich zuletzt vor dem Tod, weil er angesichts des Galgens, den er besteigen soll, die berühmtgewordene „Höllenpolka" spielt, zu welcher Ober- und Unterwelt zugleich tanzen müssen. Das gab eine Glanzrolle für einen Lieblingssänger von Krauss, den Bariton Karl Hammes (er ist leider im Krieg gefallen). Den Teufel sang Richard Mayr, er hat in der Hölle Karten gespielt.

Zu Silvester, wo man damals noch nicht so phantasielos war, immer nur die „Fledermaus" abzuhaspeln (unter Schalk gab es einmal statt dessen „Jonny spielt auf"), brachte Clemens Krauss einmal „Spuk im Schloß" von Jaroslav Křička, eine moderne tschechische Gespensteroper („Böse Zeiten für Gespenster"), in welcher Rosette Anday als Eton-Boy einen Charleston auf die Bretter legte, Margit Schenker-Angerer, die noch immer entzückend aussah, die patiencenlegende Tochter eines amerikanischen Gesandten gab und Hermann Gallos, der vielseitige, liebenswerte Spieltenor, als Gespenst auftrat.

In Bittners „Veilchen" erschien Richard Mayr hoch zu Roß — es war seine letzte neue Rolle.

Dann gab es noch von dem aus der Schönbergschule kommenden bedeutenden Komponisten Egon Wellesz „Die Bacchantinnen" (nach Euripides); die interessante Oper wurde nur wenige Male gespielt. Und schließlich, als Verbeugung vor dem hochbegabten Hausdirigenten Robert Heger, dessen nicht uninteressante Oper „Bettler Namenlos": eine Odysseusoper. Viorica Ursuleac war die Penelope, Max Lorenz der Bettler, Mayr der Hirt. „Bettler Einnahmenlos" nannten boshafte Zungen sie.

Außerhalb der fünf großen Krauss-Projekte gab es die reizenden „Vier Grobiane" von Wolf-Ferrari, eine wunderschöne Neueinstudierung von Tschaikowskys „Pique Dame", mit Gertrude Rünger in der Rolle der alten, einst so lebenslustigen Spielerin und schönsten Frau von Paris, und als zweite Tschaikowskypremiere 1934 „Eugen Onegin", von Bruno Walter dirigiert. Walter, der nach der Machtübernahme Hitlers seine Stellung als Leiter der Berliner Oper eingebüßt hatte, war durch eine Intervention der österreichischen Bundesregierung nach Wien gerufen worden, er bezog ein Haus am Rand des Wienerwaldes, war mit Franz Werfel befreundet, kannte den damaligen Bundeskanzler Dr. Schuschnigg sehr gut und dirigierte nun einen wunderschönen „Eugen Onegin", später auch Verdis „Maskenball", und diese Tätigkeit führte später zur Übernahme der künstlerischen Leitung der Oper durch ihn (1936). Walter hatte seit seinem Abgang unter Gregor 1912 nicht mehr an der Wiener Oper dirigiert.

Zu den Opern außerhalb der fünf Krauss-Projekte hätte auch die „Anna Karenina" des ungarischen Komponisten Jenö von Hubay gehört, nur kam es nie zur Premiere. Clemens Krauss sagte einmal: „Ich werde eines Tages ein Buch herausgeben, betitelt ‚Gesammelte Aus-

Haus und Bühne heute

Der Zauber der Großen Treppe

Ein besonderer Reiz alter Opernhäuser ist die sogenannte „Große Treppe": das Entree mit seinen Lustern und Kandelabern, mit Gewölben, Geländern, Überschneidungen und Durchblicken, mit Goldstuck und Fresken. Hier, in diese Vorhalle, kamen und kommen noch immer die Menschen von der Straße herein, um die erwartungsvoll eintretenden und zu ihren Plätzen gehenden Besucher zu sehen und so — auch ohne Eintrittskarte — einen Hauch der Oper mit heim zu nehmen. Auch das gehört zum Glanz des Hauses. Die wenigsten modernen, in unseren Tagen erbauten Opernhäuser bieten diesen Zauber der „Großen Treppe" noch.

Blick von der Bühne in den Zuschauerraum. Die Spielfläche, die am Abend Rudolfs Mansarde oder Florestans Kerkermauern trägt, zur Nürnberger Festwiese oder zum Verdeck des Tristan-Schiffes wird, mißt in ihrer Gesamtausdehnung (Hauptbühne, Seitenbühne, Hinterbühne) 1508 Quadratmeter (beim Schlußchor in „Fidelio" steht die hinterste Sängerreihe fast beim Hotel Sacher). Seiten- und Hinterbühne bekommt der gewöhnliche Sterbliche nur bei Führungen oder beim Opernball zu Gesicht. Von der Sohle der Unterbühne bis zum Schnürboden (mit seinen 105 Zügen) sind es 45 Meter, ein Drittel der Stephansturmhöhe. — Die „fünf Geschosse" des Zuschauerraums wurden schon in dem der „Concours-Ausschreibung" zugrunde liegenden „Programm für den Bau eines neuen Hof-Opern-Hauses in Wien" vom Jahre 1860 verlangt; ebenso daß „beiläufig 2500 Personen" Platz finden mußten. Heutiger Fassungsraum: 2209 Personen (1658 Sitz- und 551 Stehplätze), das sind um 115 Plätze weniger als vor der Zerstörung des Hauses 1945; die heutigen Vorschriften verlangen nämlich breitere Gänge und weitere Abstände zwischen den Sitzreihen. Im Vergleich zu manchen ausländischen Opernhäusern ist der Fassungsraum unserer Oper geringer. Dafür sitzt man bei uns bequemer.

Im offiziellen Bauprogramm von 1860 heißt es: „Das Spectatorium (Zuschauerraum) hat aus einem Parterre mit Logen zu beiden Seiten zu bestehen." Das war damals eine Selbstverständlichkeit, und daß man beim Wiederaufbau nach dem Zweiten Weltkrieg am Prinzip des Logentheaters festhielt, war ein Glück für uns Opernbesucher. Man kann nämlich Opern, welchen Genres immer, nur dann wirklich genießen, wenn Publikum, Orchester und Bühne eine räumlich geschlossene Gemeinschaft bilden. Kahle, glatte Wände wie in manchen um die Mitte unseres Jahrhunderts erbauten Opernhäusern ergeben den Eindruck eines Großkinos. In solchen Häusern wird viel weniger applaudiert als in Logentheatern. Viele Architekten kennen ein Geheimnis der Oper nicht: es müssen auch Plätze vorhanden sein, auf denen man *einander* sieht. Daher haben gerade die am besten gebauten Opernhäuser immer auch eine Anzahl Plätze mit schlechter Sicht. Lauter gute Plätze gibt es eben nur im Kino.

Im Foyer, dem Mittelstück eines großen, U-förmigen Kranzes von Festräumen rund um das Hauptstiegenhaus, stehen die Büsten von Gustav Mahler (eine Schöpfung Auguste Rodins) und von Richard Strauss.

In dem kleinen Salon hinter der Mittelloge im ersten Stock — der ehemaligen Hofloge — verbringen Ehrengäste aus dem In- und Ausland die Pausen. Hier, im Glanz der Wiener Oper, sind im Lauf der Zeit über alle Grenzen der Nationalität und der Sprache hinweg viele Freundschaften geschlossen worden.

Der Wunderbau der Oper gewährt uns zauberhafte Anblicke, wie sie weder vom Textautor noch vom Komponisten oder vom Regisseur geplant werden und die dem Publikum ewig verschlossen blieben, gäbe es nicht die moderne Photographie und deren mutige Meister. Hier sieht man die Überreichung der silbernen Rose im zweiten Akt „Rosenkavalier" aus der Astronautenperspektive: Wir blicken vom obersten Rand des Rundhorizonts an diesem entlang hinunter auf die Hauptbühne. Rechts und links die auf die Sitzfläche hinabführenden Rampen. Mit dieser Inszenierung hat Oberregisseur Otto Schenk zum erstenmal — und erfolgreich — mit den Roller-Grundrissen des Bühnenbildes von 1911 gebrochen. Bei der Premiere im April 1968 bot Leonard Bernstein, der geniale Amerikaner, einen überraschenden, unorthodoxen und internationalen „Rosenkavalier": Gwyneth Jones sang den Octavian, die farbige Sängerin Reri Grist die Sophie. Bei der *hier* gezeigten Aufführung dirigierte Josef Krips, die Sophie sang Lucia Popp, Octavian war Irmgard Seefried, die berühmte Liedersängerin, die sich in der Oper von einer blendenden Mozart-Sängerin zur ergreifenden „Wozzeck"-Marie entwickelt hat.

„Drum schonet mir an diesem Tag Prospekte nicht und nicht Maschinen..." Ein ganzes anonymes Heer fleißiger und begabter Menschen, die kein dankender Beifall je erreicht, muß in den Werkstätten bei der Oper und im großen Malersaal (rechts) tätig sein oder die Dekoration auf der Bühne aufbauen (unten), damit wir dann beim Hochgehen des Vorhangs wieder die große Verzauberung erleben dürfen. Links das Schaltpult, von welchem aus das Heben oder Senken der beweglichen Teile des Bühnenbodens bewerkstelligt wird.

Letzte Bildseite: Beim Tode bedeutender Persönlichkeiten, die mit der Oper verbunden waren, wird in diesem Teil des Stiegenhauses auf dem Treppenabsatz der Sarg hingestellt und die Totenfeier abgehalten. Hier habe ich 1968 von Egon Hilbert und Anni Konetzni, 1977 von Paul Schiller, Abschied genommen.

reden eines Theaterdirektors'" Zuerst sagte er: „Man kann die Oper nicht spielen, weil im Burgtheater ein Anna-Karenina-Stück läuft", dann wieder: „Man kann die Oper nicht spielen, weil das Sprechstück so schlecht gegangen ist", dann wieder meinte er, man könne Hubays Werk nicht aufführen, weil doch jedermann Tolstoj lese — oder: „Wer kennt schon Tolstoj?" Schließlich hat er die „Anna Karenina" angenommen, sie aber seinem Nachfolger Weingartner zur Aufführung überlassen, bei dem sie, mit Maria Nemeth in der Titelrolle, ein solenner Durchfall wurde.

Randlichter der Direktion Krauss waren ein paar Operetten: eine sehr steife Aufführung von Heubergers „Opernball" mit Lotte Lehmann und Margit Schenker-Angerer, die — im Gegensatz zur Jeritza — in dieser Welt nicht daheim und als Operettendivas langweilig waren. Viel erfolgreicher war Suppés „Boccaccio", da konnte Maria Jeritza in der Titel-Hosen-Rolle ihre Operettenvergangenheit mit viel Elan zurückrufen; und im Januar 1934 gab es dann noch die Uraufführung von Lehárs „Giuditta", die Krauss ebensowenig leiden konnte wie vor ihm Schalk den „Jonny". Aber Franz Lehár dirigierte („um Tiefe ringend", wie ein Blatt schrieb), das Haus war bei der Premiere und bei fast sämtlichen Wiederholungen bumvoll, Richard Tauber und Jarmila Nowotna, die bildschöne, gertenschlanke Tschechin, die den verliebten Offizier zur Desertion verleitet und immer mehr in den Abgrund treibt, triumphierten mit zahllosen Dacapos der neuen Lehárschlager („Freunde, das Leben ist lebenswert", „Meine Lippen, die küssen so heiß"). Hätte Meister Lehár nicht gar soviel Respekt vor der Staatsoper gehabt, so wäre es eine echte Lehároperette geworden, und das wäre besser gewesen. In „Giuditta" steht zwischen den glänzenden Hauptliedern viel pathetischer Puccini aus dritter Hand. Es war ein gesellschaftliches Ereignis, die Nowotna trug ihre faszinierenden Toiletten mit letztem Raffinement, Tauber spielte als Barpianist Klavier, und der kleine, graue Esel Aristoteles stahl für einen Augenblick beiden die Show. Der Erfolg war enorm, die Kassen füllten sich — und als Lehár 1938 auch noch „Das Land des Lächelns" in der Staatsoper dirigierte, füllten sie sich von neuem.

Im Fürstentum Clemens Krauss bespielte die Oper viele Theater: im Redoutensaal gab es Rossinis „Aschenbrödel" unter dem Titel „Angelina" (die Mezzohauptrolle wurde in dieser Fassung eine Sopranglanzrolle von Adele Kern), im Akademietheater gab es den „Waffenschmied", im Schönbrunner Schloßtheater „Die Magd als Herrin" von Pergolesi. Ein sehr interessantes Projekt von Clemens Krauss blieb unausgeführt: „Iphigenie auf Tauris" von Gluck gleichzeitig in zwei Inszenierungen, einer als Kopie der Originalregie von 1778 und einer modernen.

Die Götterdämmerung des Regimes Clemens Krauss und der Sturz des Helden (man spricht über Krauss immer wie von einem Heerführer) erfolgten in Etappen, die gegen das Ende zu immer dramatischer wurden. Das erste Zeichen, an welchem Krauss merkte, daß sein Wiener Stern im Sinken war, war eine Abstimmung bei den Philharmonikern, mittels welcher deren Vorstand Hugo Burghauser ihn als ständigen Dirigenten der Philharmonischen Konzerte ausbootete. Burghauser, ein ausgezeichneter Fagottist, der interessante und kühne Projekte für das Orchester hatte, durchbrach damit überhaupt die Tradition des „ständigen Dirigenten". Oft war dies der jeweilige Opernchef gewesen, dem die Philharmoniker als Staatsopernorchester ja automatisch unterstehen und den die sonst autonome Körperschaft meist zum ständigen Konzertdirigenten wählte. Burghauser wollte von nun an nur mehr Gastdirigenten einladen (schon einmal, zwischen Mahler und Weingartner, hatten die Philharmoniker ein paar Jahre lang nur unter Gastdirigenten konzertiert), und als erste „Kanone" sollte Arturo Toscanini nach Wien geholt werden, der dem faschistischen Italien den Rücken gekehrt und auch auf seine Tätigkeit im Hitlerdeutschland verzichtet hatte. Er war frei. Und er war genau derjenige, den Clemens Krauss am meisten von allen als Konkurrenten fürchtete.

Krauss war wütend, aber ebenso machtlos. Auf Burghauser war er schon seit längerem sehr schlecht zu sprechen, weil dieser dem Claquechef Stieglitz Material für dessen Pamphlet geliefert hatte. Eine vom Operndirektor gegen Burghauser beantragte Disziplinaruntersuchung war von der Regierung und den Krauss nicht gut gesinnten Kreisen der Heimwehr unterdrückt worden. Burghauser wollte Krauss nicht mehr als ständigen Dirigenten der Philharmoniker, weil er beim Publikum der Philharmonischen Konzerte viel weniger gefiel als in der Oper (auch wegen seiner modernen Programme) und weil die Konzerte unter Krauss schlecht besucht waren. Die Gegner von Krauss erzwangen („zu modern!") auch die Absetzung der geplanten Uraufführung der hochinteressanten Oper „Karl V." von Křenek, deren Klavierproben bereits begonnen hatten.

Es war die Zeit, da man sozusagen täglich einen Überfall des Dritten Reiches auf Österreich befürchten mußte. Das hat sich ja schließlich auch als eine sehr realistische Befürchtung erwiesen. Diese wirre und gespannte Lage von damals, mit ihren Kräften und Gegenkräften, hat sich Clemens Krauss sehr klug und tüchtig zunutze gemacht. Er wußte immer, wann er auf welchen Knopf zu drücken hatte. In diesem Fall drückte er abwechselnd auf *zwei* Knöpfe. Er engagierte eine große Zahl emigrierter jüdischer Künstler — forcierte aber auch Sänger, die den deutschen Machthabern sehr genehm waren. Er holte den ehemaligen Hamburger Generalmusikdirektor Egon Pollak als Dirigenten ins Haus, pflegte aber zugleich seine Kontakte mit Berlin, wo man mit Krauss bedeutendere Dinge vorhatte.

Wie intensiv diese Kontakte bereits waren, erwies sich dann während der Salzburger Festspiele 1934. Nach dem Juliputsch und der Ermordung des Bundeskanzlers Dollfuß durch die Nationalsozialisten sagte Richard Strauss merkwürdigerweise seine Teilnahme an den Festspielen plötzlich ab. Es war das Jahr von Strauss' 70. Geburtstag, Krauss wollte unbedingt Strauss in Salzburg haben und ließ Viorica Ursuleac, preußische Kammersängerin und schon damals Mitglied der Berliner Oper, Hermann Göring in Berlin anrufen (aus einer Telephonzelle im Hotel Bristol). Göring war bekanntlich Chef der Staatstheater und kam auch tatsächlich an den Apparat. Im Verlauf des Telephonats wurde es Frau Ursuleac klar, daß Richard Strauss nur auf Befehl Berlins abgesagt hatte. Göring war es plötzlich peinlich, daß dies publik werden könnte, und so hob er das Verbot auf: Strauss durfte nach Salzburg kommen! — Das Telephonat war polizeilich abgehört worden, die allzu guten Beziehungen von Herrn — oder zumindest Frau — Krauss waren evident, und mit diesem Tag war der Kopf des Operndirektors gefallen.

Vorsichtshalber (weil man sein Doppelspiel durchschaute?) hatte man ihn schon im Frühling dieses Jahres 1934, als sein Vertrag ablief, nur mehr einen mit einjähriger Kündigungsklausel unterschreiben lassen und ließ ihn im unklaren, ob man von dieser Kündigungsklausel im Frühling 1935 Gebrauch machen würde oder nicht. Mit einer so unsicheren Bindung kann aber ein Operndirektor nicht disponieren, er muß auf längere Sicht planen können. Und das war wiederum für Clemens Krauss ein Grund, sich noch mehr Berlin in die Arme zu werfen.

Er bildete da ja durchaus keine Ausnahme. Viele Menschen haben damals so gehandelt oder gedacht wie er, aber wir wußten das noch nicht. Er hat uns die Augen geöffnet. Wir wußten noch nicht, daß viele diesseits der Grenze lauthals für Österreich waren, und sobald sie die Paßkontrollen hinter sich hatten, steckten sie im Waggon oder im Auto das Hakenkreuz an. Einen so starken, konsequenten Charakter wie Arturo Toscanini haben in diesen schrecklichen Zeiten nur wenige Dirigenten gehabt.

Das Unglück im Sommer 1934 war nicht mehr ganz zu reparieren gewesen. Der Jubilar Richard Strauss kam zwar nach Salzburg, nicht als Dirigent, sondern nur als Zuschauer, „Elektra" konnte er noch hören, „Frau ohne Schatten" aber war schon abgesetzt. Bundeskanzler Schuschnigg dachte eine Zeitlang daran, die Werke von Strauss (und Pfitzner) aus politischen Gründen zu verbieten.

Im November dirigierte dann Toscanini, der Gefürchtete, in der Staatsoper das Verdi-Requiem zum Gedenken an den im selben dramatischen Sommer ermordeten Bundeskanzler Dollfuß. (Toscanini hatte zu Beginn der Ära Krauss in der Oper Konzerte mit den New Yorker Philharmonikern gegeben.) Bei der ersten Probe ereignete sich ein für den weltberühmten Gast charakteristischer Zwischenfall: Als Maria Nemeth die ersten paar Töne ihres Parts zu singen begann, klopfte der Maestro finsteren Blickes ab und rief brüsk: „Un altro soprano, direttore!" Anna Bathy aus Budapest sprang ein.

Anfang Dezember demissionierte Furtwängler als Chef der Berliner Oper, aus Protest gegen die Ächtung Hinde-

Montag „Wiener Sonn- und Montags-Zeitung". 17. Dezember 1931

Was alles unter einen Hut geht

Karikatur auf Clemens Krauss als Konjunkturritter, erschienen in der „Wiener Sonn- und Montags-Zeitung" vom 17. Dezember 1931, wenige Tage nach seinem Abgang nach Berlin. Unter dem Sombrero des Wiener Exoperndirektors: links „Duce" Mussolini und Nichtarier Dr. Wallerstein, rechts Richard Strauss und Hermann Göring.

279

miths in Deutschland — und am 10. Dezember unterschrieb Clemens Krauss in Berlin seinen neuen Vertrag.

Am nächsten Tag, dem 11. Dezember 1934, dirigierte Krauss in Wien den „Falstaff". Die Empörung des Publikums darüber, daß ein österreichischer Staatsopern-

„Neues Wiener Journal" vom 12. Dezember 1934.

Polizei in der Staatsoper.

„Falstaff" unter Clemens Krauß. Der Operndirektor ist also doch aus Berlin zurückgekehrt. Für 19 Uhr 30 ist der Beginn der Vorstellung angesetzt. Es vergehen Minuten, doch das Dirigentenpult bleibt unbesetzt. Plötzlich teilt sich der Vorhang: der diensthabende Regisseur Herr D u h a n erscheint. Man wittert eine Sensation. Herr Duhan lächelt, macht eine Verbeugung. Dann teilt er mit, daß in der Pause für die Winterhilfe gesammelt werden wird...

Die Lichter im Zuschauerraum werden abgedreht. Clemens Krauß zwängt sich durch die Reihen der Philharmoniker: Pfeifen und Zischen von allen Seiten. Gleich darauf wildes Beifallklatschen. Seine Anhänger lassen ihn nicht im Stich. In dem Sturm wird eine hohe Trillerpfeife deutlich vernehmbar. Der Operndirektor kann das Zeichen zum Beginn nicht geben. Erst als der Beifall die Zischer übertönt, hebt er den Taktstock. Der „Falstaff" nimmt seinen Anfang.

Auf der vierten Galerie, wo das Pfeifkonzert am lautesten war, sieht man einen Wachmann neben dem anderen. So viel Polizei hat es bisher wohl noch in keiner Opernvorstellung gegeben. Und die Demonstranten, die so heftig gegen Clemens Krauß Stellung genommen hatten, müssen das wohl oder übel zur Kenntnis nehmen.

---

direktor im Jahr des Dollfuß-Mordes — der es so besonders deutlich gemacht hatte, welch tödliche Feindschaft die deutschen Nationalsozialisten gegen Österreich hegten — nach Deutschland ging, um dort Karriere zu machen, war grenzenlos. Es war für viele einfach unfaßbar. Als Krauss ans Pult trat, empfing ihn ein Zisch- und Pfeifkonzert. Ich bereue es nicht, damals mitgezischt zu haben (obwohl ich heute verzeihender über die Konjunkturritter von damals denke).

Krauss machte der Regierung den Vorschlag, noch bis 1. Januar zu bleiben, doch man bedeutete ihm, sofort zu verschwinden. Ein großer Teil des Ensembles fuhr gleich mit Krauss nach Berlin: Ursuleac, Rünger, Völker, Manowarda, Hammes, Zimmermann. Manche kamen später wieder, aber in den Tagen nach Krauss' Abgang konnte man oft nur schwer eine Vorstellung ansetzen.

Am 17. Dezember erschien in der „Sonn- und Montagzeitung" in Wien eine Karikatur, die Krauss mit seinem riesigen Sombrero darstellte, unter welchem zu seiner Linken Hermann Göring, zu seiner Rechten Dr. Lothar Wallerstein standen. Überschrift: „Was bei ihm alles unter einen Hut geht."

Krauss fuhr nach Deutschland, machte unbekümmert Musik zu all den Grausamkeiten des Dritten Reiches, kam in den Zwischenzeiten weiterhin zu seinem jüdischen Zahnarzt Dr. Schorr nach Wien — und machte in Berlin eine Eingabe mit dem Vorschlag, den nichtarischen Doktor Lothar Wallerstein anonym an der Berliner Oper inszenieren zu lassen.

Krauss wurde nicht nur Operndirektor in Berlin (bis 1937), sondern auch einer der Kunstdiktatoren des Hitlerreiches überhaupt. Er leitete später die Oper in München. Das geplante neue Münchner Festspielhaus wollte Hitler ihm übertragen. Während des Krieges leitete Krauss außerdem noch die Salzburger Festspiele und das Salzburger Mozarteum.

In Clemens Krauss war alles vereinigt: ein Musiker mit genialen Zügen, ein professioneller Operndirektor modernster Prägung, ein Mann, der seine angeborenen Hemmungen, seine Schüchternheit hinter starker Arroganz verbarg, die es einem schwermachte, mit ihm in Kontakt zu kommen, der aber ungemein liebenswürdig und charmant sein konnte, sobald er sich jemandem aufgeschlossen hatte; dazu ein guter Erzähler von Witzen und über alledem ein Karrierist und Opportunist, wie er im Buch steht.

In ihm war aber auch ein Stück „Herr Karl", über das er zuletzt gestolpert ist.

Glanzvolles Abendrot

Felix von Weingartner,
Erwin Kerber, Bruno Walter
1934 bis 1938

Wie bei jeder Wiener Direktionskrise wartete Felix von Weingartner auch diesmal in greifbarer Nähe, ob man ihn nicht plötzlich brauchen und wieder an die Staatsoper berufen würde. Er wirkte in Basel. Anscheinend saß er dort Tag und Nacht am Telephon, und diesmal klappte es: am 11. Dezember war Clemens Krauss' Abgang nach Berlin verlautbart worden, am 13. Dezember verlautbarte Wien die Ernennung Weingartners; das Interregnum hatte nur 24 Stunden gedauert. Die Verrücktheit der Weltpolitik hatte anscheinend auch uns verrückt gemacht — wir Richard-Strauss-Verehrer haben aus Zorn über das Betragen des Strauss-Freundes Clemens Krauss dem Strauss-Feind Felix von Weingartner einen enthusiastischen Empfang bereitet.

Und wieder einmal in der langen Reihe der Jahrzehnte und Direktoren war es der „Lohengrin", mit dem die neue Ära begann, er scheint aus unerfindlichen Gründen die Wiener Debütoper schlechthin zu sein. Vor Beginn der Vorstellung begrüßten wir Weingartner mit riesigen Tafeln, auf denen die rasch ersonnene Kampfparole eines ad hoc gegründeten Weingartner-Klubs zu lesen war: „Zara 63". Zara in Dalmatien war Weingartners Geburtsort, (18)63 sein Geburtsjahr.

Außer „Lohengrin" dirigierte er noch im selben Dezember die „Meistersinger" und die Silvester-„Fledermaus". Wir alle waren besonders „nett" zu ihm, und die Stehplatzgarde tat im Rahmen ihrer bescheidenen Möglichkeiten alles, um ihm das Leben in Wien leichtzumachen. Weingartner wohnte in der Kantgasse, gegenüber dem Platz des Eislaufvereines beim Konzerthaus, und einige meiner Freunde und ich haben ihn oft nach den Vorstellungen nach Hause begleitet. Wir haben ihn jetzt recht gern gehabt, er konnte sehr interessant erzählen, auf Richard Strauss schimpfte er nicht mehr, er hatte endlich erkannt, wie delikat der Wiener Boden ist. Und wir schätzten auch seine (fünfte) Frau, Carmen Studer-Weingartner. Er war schon über siebzig, sie war blutjung, seine ehemalige Dirigentenschülerin. Auch in Wien hatte sie einmal ein Konzert geleitet, wobei sie ein nur für diese Tätigkeit geschneidertes schwarzes Kostüm trug, dessen Schnitt deutlich an den eines Fracks erinnerte. Natürlich trug sie dazu die entsprechende weiße Bluse. Unser kleiner Klub spendete kräftig Beifall. Carmen Studer-Weingartner war eine sehr intelligente Frau, die sogar einen neuen guten Text zu Bizets „Carmen" verfaßte, den Clemens Krauss später in Deutschland spielte.

Ich erinnere mich auch noch an einen Nachmittag im Kleinen Festsaal der Universität, wo Weingartner vor einem zahlreichen Auditorium selbst aus dem „Faust" las und man seine melodramatische Musik zum Zweiten Teil der Goetheschen Dichtung am Klavier vorführte. Er machte einen sehr kultivierten, geistvollen Eindruck.

Diese Direktion Weingartner II war trotz allem eine ganz merkwürdige Ära. Sie dauerte nur kurz, am 1. Januar 1935 trat er sein Amt an, am 31. August 1936 war alles wieder vorbei. Weingartner nahm erneut seine Spielereien mit dem „Fidelio" auf; hatte er in der ersten Direktion die Zweite Leonorenouvertüre, wie bei der Uraufführung, an den Anfang gestellt (E-Dur-Vorspiel und Dritte Leonore wurden gar nicht gespielt), so stellte er in der zweiten Direktion die Dritte Leonorenouvertüre an den Beginn (und das E-Dur-Vorspiel entfiel selbstverständlich wieder). Um zu demonstrieren, daß die Dritte nicht zur gespielten Endfassung des „Fidelio" gehört, stand auf dem Theaterzettel: „Beethoven: Dritte Leonorenouvertüre. Hierauf: Fidelio"...

Klugerweise hakte Weingartner zu Beginn seiner zweiten Direktion, zum Unterschied von der ersten, dort ein, wo der Vorgänger den Opernfreunden etwas vorenthalten hatte: nämlich die Begegnung mit anderen Dirigenten. Also kamen gleich von Anfang an eine ganze Reihe prominenter Orchesterleiter als Gäste. Hans Knappertsbusch betreute viele Wagnervorstellungen, darunter einen kompletten „Ring", Victor de Sabata dirigierte „Aida" und „Othello". Jene peinliche „Othello"-Vorstellung, bei welcher der Vorhang nicht aufgehen wollte! Dreimal schon hatte de Sabata den Einsatz zur Sturmmusik gegeben, das Orchester spielte die ersten Takte, aber zuerst ging der Vorhang nur mannshoch auf, dann gab er die Bühne nur zu einem Drittel frei, beim drittenmal wieder nur zu einem Viertel, und erst beim viertenmal sauste er endlich ganz hinauf, und die Vorstellung konnte ihren Fortgang nehmen.

Ein anderer, freilich tragischerer Zwischenfall ereignete

sich in einer Vorstellung des „Tannhäuser" unter Wilhelm Furtwängler. Es war eine durch die Umstände besonders erschütternde Sache, die in der Operngeschichte nur wenige Parallelfälle haben dürfte: der deutsche Heldentenor, der die Titelpartie sang und Gotthelf Pistor hieß, verlor im zweiten Akt genau an der Stelle, wo er zu singen hatte „Erbarm dich mein", plötzlich die Stimme. Er hat den Abend mit letzter Kraft noch zu Ende gesungen, ohne Stimme.

Josef Krips, der an der Volksoper begonnen hatte und nach dem Zweiten Weltkrieg zu einem Spitzendirigenten in Europa und den USA geworden ist, dirigierte viel Mozart und eine entzückende Inszenierung der „Verkauften Braut" mit Jarmila Nowotna und Richard Tauber; auch eine neue „Ariadne" (Regie: Wallerstein, Bühnenbild: Strnad) mit Vera Schwarz in der Titelpartie.

Weingartner setzte dann die vielleicht eindrucksvollste Tat seiner zweiten Ära, als er gleich 1935 Glucks „Orpheus", den Bruno Walter seit Jahren bei den Salzburger Festspielen zu einem wahren Zugstück gemacht hatte, mit Walter nach Wien brachte. Walter und Margarete Wallmann schufen eine großartige, dramatische Inszenierung (mit einer aufwühlenden Höllenszene), die Walters besonderer Protektor und späterer Freund Bundeskanzler Schuschnigg sehr liebte (nach dem Autounfall, dem Schuschniggs Gattin Herma zum Opfer gefallen war, hat der Kanzler fast alle Aufführungen dieser Oper unter Walter besucht — die Feierlichkeiten für die entschwundene Eurydike waren für ihn zugleich eine Art Trauerfeier für die eigene Verlorene). Auch einen schönen „Corregidor" mit der Nowotna dirigierte Walter in der Weingartner-Ära.

In das erste Weingartnerjahr fiel der Tod dreier Künstler, die für die Wiener Oper durch Jahrzehnte unendlich viel bedeutet hatten: Marie Gutheil-Schoder, Alfred Roller und Richard Mayr. Die Gutheil-Schoder war uns, der jüngeren Publikumsgeneration, als Regisseuse der „Elektra" und aus den Erzählungen der Eltern bekannt, in Alfred Rollers Bühnenbildern hatten wir fast die ganze Opernliteratur kennengelernt... aber unser Richard Mayr... der geliebteste Ochs, Sarastro und Gurnemanz war nicht mehr. In einem Nachruf las man: „Nie mehr wird man sein ‚Sölbstverständlich empfängt mich ihre Gnod'n' und sein ‚Gesegnet sei, du Reiner' hören, nie mehr wieder im Musikverein in der Neunten sein ‚O Freunde, nicht diese Töne'. Nie mehr wieder wird er mit seinem oben eingedrückten Reindlhut aus dem Bühnentürl treten, nie mehr seine spaßigen Bonmots von Stapel lassen" — wie etwa damals, als in der Oper plötzlich hinter der Bühne Tafeln angebracht wurden mit der Aufschrift: „Extemporieren verboten!" Als nämlich in der nächsten „Walküre" Brünnhilde zur Todesverkündigung erschien, mit Grane am Halfter (seit Krauss gab es dann kein Roß mehr), und der edle Schimmel auf einmal den edlen Schweif hob, um etwas Pferdliches zu verrichten, trat Mayr, der als Hunding in der Kulisse wartete, auf den Gaul zu, tätschelte ihm die Kruppe und sagte auf echt salzburgerisch-wienerisch: „Aber, aber, Tschakerl, hast denn net g'lesen, daß Extemporieren verboten is?" — Er war übrigens ein großer Pferdeliebhaber, hielt sich in beschaulicheren Zeiten auch in Wien ein Gespann und hat an freien Tagen öfters seine Kollegen persönlich von Wien bis nach Henndorf am Wallersee kutschiert, wo er daheim war. Wenn er am Abend in der Oper zu tun hatte, erschien er eine halbe Stunde vor Beginn, kostümierte und schminkte sich und wartete geduldig auf seinen Auftritt, auch in „Palestrina", wo er erst im letzten Akt als Papst drankam. Die Teilnahme an seinem Trauerzug war groß, und als der Kondukt sich der Oper näherte, spielte ein Bläserensemble der Philharmoniker auf der Loggia am Ring die Trauermusik aus Wagners „Götterdämmerung". Dann wurde Mayr in sein geliebtes Salzburg auf den Petersfriedhof überführt.

Der neue Ochs der Oper hieß Fritz Krenn, er war ganz anders als Mayr, aber ebenfalls hervorragend; neben ihm verfügte die Staatsoper in diesen Jahren noch über zwei weitere erstklassige Bassisten: Herbert Alsen, der nach dem Krieg die Festspiele in Mörbisch schuf, den Deutschen Ludwig Hofmann und den in den USA und in Bayreuth groß gewordenen Wiener Emanuel List. Festtage waren die Gastspiele des Russen Alexander Kipnis.

Was den Spielplan anlangte, blieb Weingartner noch das eine und andere zu erfüllen, was Krauss, der ein großer Vorausplaner gewesen ist, projektiert hatte. Ob auch

Felix Weingartner und Clemens Krauß *Direktionswechsel 1934. (Karikatur von N. Kraft.)*

— Ich beneide Sie um eines, Herr Kollega: Sie haben den besseren Vorgänger.

„Orpheus und Eurydike" schon vom Vorgänger geplant war, ist nicht mehr mit Bestimmtheit festzustellen, unzweifelhaft aber hätte Ravels „Spanische Stunde" im Februar 1935 eine Clemens-Krauss-Premiere werden sollen. Die reizende Margit Bokor spielte die spanische Uhrmachersgattin Concepción, die während der Abwesenheit ihres Gatten im Uhrmacherladen ihre diversen Rendezvous vereinbart; wenn die Liebhaber zu zahlreich werden und die Gefahr besteht, daß sie einander in die Arme laufen, versteckt sie sie alle in den großen Standuhren, von denen sie einige sogar samt Inhalt in ein anderes Zimmer schleppen läßt, und zwar von Ramiro, dem Maultiertreiber, der als schlichte Kundschaft zum Uhrmacher kommen wollte, nun aber auf einmal der hübschen Uhrmacherin zuliebe schwere hölzerne Uhrenkasten schleppt. Es fällt dem kräftigen Kerl nicht schwer — und so gehört denn auch zuletzt das Schäferstündchen ihm. Alfred Jerger hat ihn sehr vergnüglich gesungen.

Gekoppelt war „Die spanische Stunde" mit Mussorgskijs „Jahrmarkt von Sorotschintzi", jener Geschichte von dem angeblichen Gespenst, das das Geschäftsleben eines ganzen Jahrmarktes zum Erliegen bringt — hier konnte das Ballett mit einem grandios getanzten Hopak „abräumen". Brillante Folklore in Rhythmus und Melodie, auf der Drehbühne serviert.

Ebenfalls 1935 erlebten wir eine noch von Krauss konzipierte schöne italienische Stagione, ganz nach altem Muster. Man gab den „Barbier von Sevilla" mit der Koloratursängerin Toti dal Monte (sie hatte schon 1929 als Lucia im Gastspiel der Scala unter Toscanini auch die tollsten Selma-Kurz-Anhänger begeistert), man spielte „Tosca" und „Traviata" mit Mercedes Capsir, und man gab „André Chénier". Und noch ein weltberühmter Gast aus Italien erschien in diesem Jahr in Wien: Ezio Pinza. Er war vielleicht der größte Don Giovanni, den die Welt bis heute gehört und gesehen hat; viel später, am Abend seines Lebens, wurde er mit dem ungebrochenen Sex-Appeal seiner herrlichen Stimme und seiner schlanken Beine in den USA der erste Musicalstar im Baßschlüssel.

Mit manchen seiner Premieren hatte Weingartner weniger Glück. Hubays „Anna Karenina" fiel durch, aber Franz Salmhofers „Dame im Traum", die erste Oper des Komponisten (nach einem Textbuch von Ernst Descey), wäre einer Wiedererweckung wert. Das Libretto spielt teils in Nizza, teils im Hochgebirge; es geht um eine Frau, die einen Ehebruch erwägt, diesen mit allen tragischen Folgen im Traum erlebt, und am Schluß des Traumes ist die gute Ehe wiederhergestellt. Der Stoff, eine „freudische" Angelegenheit, ist effektvoll, die Verse müßte man ändern. Die Musik ist sehr bühnenwirksam und enthält viele Schönheiten. Es war eine glänzende Rolle für Vera Schwarz, deren Stimme seit der Strauss-Zeit unvermindert blühte. Ihre Partner waren der junge tschechische Tenor Emmerich Godin (der eine reizende Serenade Salmhofers sang) und der ungarische Bariton Alexander Sved (in Wien liebte man seinen Rigoletto und René). Am Pult: Josef Krips.

Viel Glück hatte Weingartner mit dem Ballett. Er engagierte die hervorragende Tänzerin Margarete Wallmann, die schon unter Krauss Ballett inszeniert hatte, als Choreographin. Hatte Salmhofer schon unter Schalk mit dem Ballett „Das lockende Phantom" (mit Tilly Losch) Erfolg, unter Clemens Krauss mit dem Ballett für Grete Wiesenthal „Der Taugenichts in Wien" (nach Eichendorff) und dem „Weihnachtsmärchen" zu eigener und zu Musik aus der Straußfamilie (1933), so bot er nun mit seiner blendenden „Österreichischen Bauernhochzeit" Margarete Wallmann Gelegenheit, alle Register ihrer choreographischen Kunst zu ziehen. Es war ein großer Ballettabend! Und Karl Alwin dirigierte sein eigenes Ballett „Symphonischer Walzer".

Natürlich leitete Weingartner selbst sehr viele Vorstellungen; sein Comeback als Dirigent hatte er bereits im September 1934 zu seinem 50jährigen Dirigentenjubiläum mit einer Aufführung der „Götterdämmerung" gefeiert (er war damals 71 Jahre alt), nun dirigierte er „Die lustigen Weiber von Windsor", „Aida", einen Nibelungenring und viel Mozart, darunter eine „Entführung" mit einer reizenden neuengagierten griechischen Konstanze, Margherita Perras, und Millöckers Operette „Der Bettelstudent" als „Ausstattungsoper" mit dem amerikanischen Tenor Charles Kullman in der Titelrolle („Viel Wagner, etwas Rossini, kaum Millöcker", meinte man). Und Piccaver sang den „Zigeunerbaron"!

Doch bald war das Ende da, es kam in der Gestalt von Dr. Erwin Kerber, Direktionsrat der Wiener Staatsoper, der schon seit einigen Jahren im Gremium der Salzburger Festspiele eine führende Position innehatte; er war Regierungsrat, ein richtiger Salzburger, der seine angestammte Mundart, genau wie sein Landsmann Richard Mayr, sein Lebtag nicht verleugnen konnte. Er war sehr kunstsinnig, ein liebenswerter Mensch, ein tüchtiger Organisator, und er wollte selbst Direktor werden. Und das war der Grund, warum Weingartner gehen mußte. Der alte Herr hatte zwar kein Konzept gebracht, aber als vorzüglicher Hausherr doch immerhin viel zu bieten gehabt. Kerber hat ihm nach einer kleinen, sehr aufgebauschten privaten Affäre einfach gütig zugeredet, er möge doch die Sache niederlegen, worauf Weingartner in aller Ruhe demissionierte und dem Haus als Gastdirigent erhalten blieb. Offiziell hieß es, er sei „aus Gesundheitsrücksichten zurückgetreten". Es war die bisher einzige gemütliche Wiener Direktionskrise. Nach dem Umbruch wartete Weingartner wieder: auf seine dritte Berufung. Vergeblich. 1942 starb er in der Schweiz.

Mit 1. September 1936 wurde Kerber administrativer Direktor, als künstlerischer Leiter aber wurde niemand Geringerer als Bruno Walter berufen.

Diese Berufung war eigentlich das persönliche Werk Bundeskanzler Schuschniggs in Verbindung mit dem ihm gleichfalls sehr befreundeten Dichter Franz Werfel und dessen Gattin Alma, der Witwe Gustav Mahlers. Dieser Personenkreis hat bei einem Abendessen im Grandhotel

Die Gluck-Oper unter Bruno Walter war seit 1931 ständiges Glanzstück der Salzburger Festspiele. Nun wurde sie der Höhepunkt der Direktion Weingartner II. Bruno Walter zeichnete gemeinsam mit Margarete Wallmann für die Regie. Der Theaterzettel ist ein Kuriosum: Eurydike fehlt — Gott sei Dank nur im Titel. Dafür ist sie im Personenverzeichnis falsch geschrieben.

Operntheater

```
Im Abonnement     Dienstag den 1. Juni 1937        I. Gruppe
                    Anfang 6½ Uhr
```

Tristan und Isolde

von Richard Wagner
Handlung in drei Aufzügen

Spielleitung: Hans Duhan   Dirigent: **

Tristan	Josef Kalenberg
König Marke	Alexander Kipnis
Isolde	Anny Konetzni
Kurwenal	Fred Destal
Melot	Hans Duhan
Brangäne	Enid Szantho
Ein Hirt	Hermann Gallos
Ein Steuermann	Karl Ettl
Stimme des Seemannes	Anton Dermota

Schiffsvolk, Ritter und Knappen

Schauplatz der Handlung: Erster Aufzug: Auf dem Verdeck von Tristans Schiff, während der Überfahrt von Irland nach Kornwall — Zweiter Aufzug: In der königlichen Burg Markes in Kornwall — Dritter Aufzug: Tristans Burg in Bretagne

** Dirigent: Generalmusikdirektor **Herbert von Karajan**, Stadttheater Aachen, a. G.

Nach jedem Aufzuge eine größere Pause

Das offizielle Programm nur bei den Billetteuren erhältlich. Preis 50 Groschen — Garderobe frei

Kassen-Eröffnung vor 6 Uhr   Anfang 6½ Uhr   Ende nach 11 Uhr

Während der Vorspiele und der Akte bleiben die Saaltüren zum Parkett, Parterre und den Galerien geschlossen. Zuspätkommende können daher nur während der Pausen Einlaß finden.

Telephonische Bestellungen von Sitzen, R-28-320 (ausgenommen Säulensitze) zum Preise von S 4.— aufwärts werden für folgende Vorstellungen entgegengenommen.

Der Kartenverkauf findet heute statt für obige Vorstellung und für

Mittwoch	den 2.	Tosca. Im Abonnement I. Gruppe (Anfang 7½ Uhr)
Donnerstag	den 3.	Oberon. Dirigent: **Bruno Walter** a. G. (Anfang 7 Uhr)

Weiterer Spielplan:

Freitag	den 4.	Der Barbier von Sevilla. Bei aufgehobenem Abonnement. Kein Kartenverkauf (Anfang 7½ Uhr)
Samstag	den 5.	Der fliegende Holländer. Im Abonnement I. Gruppe (Anfang 7½ Uhr)
Sonntag	den 6.	Der Schmuck der Madonna. Dirigent: Generalmusikdirektor **Hans Knappertsbusch** a. G. Im Abonnement (Anfang 7½ Uhr)
Montag	den 7.	Elektra, Dirigent: Generalmusikdirektor **Hans Knappertsbusch** a. G. Theatergemeinde Serie C, rote Mitgliedskarten (Anfang 8 Uhr)

Kartenverkauf für alle Bundestheater (Burg-, Opern- und Akademie-Theater) an den Tageskassen: I. Bräunerstraße 14, an Werktagen von 9—18 Uhr, an Sonn- und Feiertagen von 9—17 Uhr und an den Abendkassa an Vorstellungstage. Telephonische Bestellungen von Sitzen (ausgenommen Säulensitze) zum Preise von S 4.— aufwärts ausschließlich unter der Telephonnummer R-28-3-20 von 8—18 Uhr.

An diesem Abend erschien Herbert von Karajan zum erstenmal am Pult der Wiener Staatsoper. „Theatralisch wirkt schon das äußere Bild seines Dirigierens, wenn die schmächtige Figur, auf der ein schmaler Kopf mit fliegender Künstlermähne sitzt, in Leidenschaft erzittert, sich aufrichtet und niederbeugt, wenn die Rechte, die den Stab emphatisch führt, Orchesterstürme entfesselt, während die Linke mit breitgespannter Fläche den aufgewühlten Wogengang beschwichtigt; und theatralisch ist vollends der Stil seines Vortrages in Tempo und Dynamik... Krachende Entladungen bestimmen den Charakter und den Grundton dieser Aufführung, die den Feuerbrand der Wagnerschen Liebessymphonie gewaltsam anheizt und über die Flammen noch die Helle bengalischen Lichtes breitet..."

die „Direktion Bruno Walter" geboren. Das gab einen großen Glanz — der wahre Direktor aber war Kerber.

Erwin Kerber packte seine Sache mit Talent und Energie an, und durch das Hinzutreten einer so großen Künstlerpersönlichkeit, wie Bruno Walter eine war, wäre die Ära Kerber—Walter wahrscheinlich zu einer großen Periode in der Wiener Operngeschichte geworden, hätten die politischen Ereignisse nicht einen so unseligen Verlauf genommen.

Gleich im September 1936 erschien Arturo Toscanini am Pult und dirigierte einen hinreißenden „Fidelio" mit Lotte Lehmann, die Toscanini sehr verehrt hat und der zuliebe er sich bei dieser Aufführung einmal nicht als so absolut unnachgiebig erwies, wie man es ihm (besonders wenn er einen Sänger haßte) immer nachsagte — denn er transponierte für Lotte Lehmann die Fidelio-Arie ab der Mitte (von der Stelle an, wo es heißt: „... der spiegelt alte Zeiten wider...") um einen halben Ton tiefer. Da Beethovens Original an dieser Stelle ohnehin um einen halben Ton nach unten geht, wurde dieser Halbtonsprung nun zu einem Ganztonsprung. Es gab einem einen Riß.

Zu den großen Ereignissen der Ära Kerber—Walter gehörte sodann der neue „Oberon", der zuerst im Sommer in Salzburg Premiere hatte und dann nach Wien kam, mit Hilde Konetzni als Rezia und Helge Roswaenge als Hüon. Die beiden Schwestern Konetzni aus Wien waren damals bereits prominent; Anni, eine ehemalige Meisterschwimmerin, war von Clemens Krauss engagiert worden und hatte sich bald in die erste Reihe der Wagnerheroinen hineingesungen, ihre Schwester Hilde, als jugendlich-dramatischer Sopran die wahre Erbin der Lehmann, hatte eine ebenso wundervolle Stimme, und noch mehr Poesie und Herz; sie wurde später eine einzigartige Marschallin. Beide Schwestern waren eher voluminös von Statur — es war sensationell, wenn die beiden Riesenstimmen im Duett erklangen wie in der „Walküre" oder in „Elektra".

Helge Roswaenge, der auch schon unter Schalk und Clemens Krauss gesungen hatte, war Däne. Seine glanzvolle Stimme mit der strahlenden Höhe ließ ihn bald zum erklärten Publikumsliebling werden. Er hatte eine ganz merkwürdige Technik: zwischen jedem Ton war immer so etwas wie ein hörbares Atemholen, nicht gerade ein „Huster", nicht gerade ein „Beller", aber doch eben eine Brücke von Ton zu Ton. Da er von Beruf ausgebildeter Ingenieur war, nannte man ihn einen „Tonbauingenieur". Daneben besaß er noch in Österreich eine kleine Teigwarenfabrik, viel später produzierte er auch Filme.

Eine nicht uninteressante Premiere war „Wallenstein" von Jaromir Weinberger, der jedoch seinen „Schwanda"-Erfolg damit nicht wiederholen konnte. Max Brod hatte Schiller aus dem Tschechischen rückübersetzt — aus den drei Dramen waren sechs Szenen geworden —, in der Erinnerung blieben Jerger als Friedländer und ein Militärmarsch. Wenige Tage später dirigierte Furtwängler die „Meistersinger".

An weiteren Premieren gab es Ermanno Wolf-Ferraris einzigen Ausflug in den blutigen Verismo: „Der Schmuck der Madonna", geleitet von Knappertsbusch, der auch Ottorino Respighis Oper „Die Flamme" dirigierte. Es war ein Achtungserfolg. Besser gefiel die von Bernhard Paumgartner aus Rossinimelodien zusammengestellte komische Oper „Rossini in Neapel" — trotz Richard Tauber als Rossini und Alfred Jerger, der als Theaterdirektor Barbaja einen prächtigen geldgierigen Spekulanten auf die Beine stellte. Es war das erste- und bisher letztemal, daß ein Wiener Operndirektor (wir kennen ihn aus dem Kapitel über das Kärntnertortheater) als Opernheld erschien. Wer wird in hundert Jahren den Karajan singen? — Schwach war auch der Erfolg einer Oper von Marco Frank, nach einem Buch von Friedrich Schreyvogl, „Die fremde Frau" (die Geschichte einer modernen Frau, die von Stufe zu Stufe sinkt und schließlich als Mörderin endet), und ein totaler Mißerfolg war „Die Sühne", eine von dem Komponisten Josef Wenzel-Traunfels nach Theodor Körner fabrizierte Heimkehrergeschichte. Da kehrt ein Mann aus dem Krieg zurück, findet seine Frau mit einem anderen Mann, dieser Mann ist aber sein Bruder, er will den Bruder ermorden, ermordet aber irrtümlich die Frau, und der Bruder ermordet dann ihn... Vielleicht hätte Mascagni das komponieren können!

In der Ära Kerber—Walter gab es italienische Stargastspiele mit Lauri-Volpi und dem längst weltberühmten Benjamino Gigli; aus Amerika kamen die Wagnersänger Lauritz Melchior und Kirsten Flagstad zu Gast, aus Deutschland Frida Leider, die berühmte Brünnhilde. Anton Dermota, der jugoslawische Tenor, der als lyrischer Spieltenor begann, dann im Krieg zum großen Mozarttenor (und später Palestrina) aufrückte und bei der Wiedereröffnung der Staatsoper den Florestan sang, wurde ans Haus gebunden, ebenso die griechische Altistin Elena Nikolaidi; Josef Witt wurde mit dem schönen neuen „Palestrina" in der Inszenierung des aus Dresden verjagten Oberspielleiters Otto Erhardt auf Jahre hinaus zum Palestrina schlechthin, wie seinerzeit Richard Mayr zum Ochs. Maria Reining, Wienerin, die unter Krauss Soubrettenrollen gesungen hatte, wuchs zum herrlichen jugendlich-dramatischen Sopran: Elisabeth, Elsa, Sieglinde.

Im „letzten" Jahr, 1937, gab es noch andere bedeutende Opernabende, so zum Beispiel das erste Gastspiel Herbert von Karajans am 1. Juni; er kam vom Opernhaus Aachen und leitete einen „Tristan" (den „Tristan" konnte man in den Jahren 1931 bis 1937 unter sieben Spitzendirigenten hören: Strauss, Schalk, Knappertsbusch, Furtwängler, Walter, Karajan und Böhm, dessen erstes Gastspiel in das Frühjahr 1933 fiel). Drei Gastspiele von Sängern konfrontierten die Wiener mit drei späteren Weltstars: Lawrence Tibbett aus den USA (ein guter Jago und Rigoletto), Jussi Björling, der den Troubadour auf schwedisch sang, und Zinka Kunz (Tosca), die später als Zinka Milanov zur ganz großen Diva der „Met" wurde. Richard Tauber ging in diesen Jahren zwischen seinen intensiven Abstechern zur Operette und zum Film bis an die Grenze des Heldentenors („Tiefland", „Evangelimann", „Bajazzo").

1937 gab es als Weihnachtsgeschenk endlich die lang erwartete neue „Carmen", inszeniert von dem emigrierten Direktor der Berliner Oper und späteren Gründer der Glyndebourne-Festspiele, Karl Ebert, der den ersten und vierten Akt — mit je zweimaligem Szenenwechsel — auf die noch von Clemens Krauss konstruierte Drehbühne stellte. Der erste Akt spielte in der Soldatenstube, schwenkte dann hinaus auf den Platz, der vierte Akt spielte vor der Arena und zuletzt beinahe in dieser selbst. Bruno Walter dirigierte, der Erfolg war groß — man hatte bis dahin die beliebte Oper noch immer in der Ausstattung von 1875 zu sehen bekommen. Mit Schrecken denke ich an die neue Übersetzung von Gustav Brecher. „Kann ein Geschäft mißlingen nie, ist eine Frau von der Partie" — kann eine Übersetzung mißlingen? Ja!

Den Don José sang Todor Mazaroff, ein Bulgare, eine interessante Entdeckung der Kerber-Zeit, Preisträger in einem Wiener Musikwettbewerb, die Carmen war eine junge Dänin, Elsa Brems. Nach einigen Vorstellungen gastierte Jan Kiepura als Don José (er sang französisch, es war sein letztes Auftreten in der Wiener Oper) und mußte die Blumenarie und das Duett mit der reizenden neuen Micaela aus Ungarn, Esther Rethy, wiederholen. Esther Rethy wurde eine ausgezeichnete lyrische Sopranistin und nach dem Krieg die große Operettendiva der Staatsoper in der Volksoper.

Einmal während der Bruno-Walter-Zeit warfen die Wiener Nationalsozialisten während des dritten Aktes „Tristan" Stinkbomben in der Oper, und zwar so perfekt, daß Anni Konetzni als Isolde unmöglich mehr weitersingen konnte und das Orchester den Liebestod unter Walter allein zu Ende spielen mußte. (Stinkbomben waren schon einmal 1934 geworfen worden, als der berühmte Bayreuther Bariton Friedrich Schorr, der Jude war, den Wotan sang; Krauss ließ die Oper eine Stunde lang lüften, und die „Walküre" begann eine Stunde später.)

Dann kam das Jahr 1938. Im Januar dirigierte Weingartner zum 80. Geburtstag von Kienzl den „Kuhreigen" (mit Tauber), Vera Schwarz und Tauber wiederholten unter Lehár ihr „Land des Lächelns" aus dem Theater an der Wien. Im Februar dirigierte Bruno Walter seine letzte Premiere, „Dalibor" von Smetana; Kautskys schönes Bühnenbild zeigte die Prager Georgskirche auf der Kleinseite mit dem Hradschin... Als Bundeskanzler Dr. Schuschnigg in seiner Loge erschien, erhob sich das Publikum. Er war gerade von seinem Gespräch mit Adolf Hitler auf dem Obersalzberg zurückgekommen.

In den ersten Märztagen versuchte man trotz der für viele Einsichtige bereits so gut wie hoffnungslosen Lage, Bruno Walter, der damals gerade in Amsterdam dirigierte, durch Vermittlung seines Freundes Dr. Ernst Lothar, damals Direktor des Theaters in der Josefstadt, für drei weitere Jahre an die Wiener Oper zu binden (so viel Vertrauen in die Zukunft hatte man damals noch!), und man wandte sich telegraphisch an Toscanini in New York mit der Bitte um Teilnahme an den Salzburger Festspielen 1938. Toscanini antwortete mit einer Absage. Ob er bereits klarer in die Zukunft blickte als wir?

Am 9. März fand die Premiere von Salmhofers erfolgreichster Oper, „Iwan Sergejewitsch Tarassenko", statt, in der einaktigen Urfassung, gekoppelt mit Bizets „Djamileh". Der Bariton Fred Destal und Hilde Konetzni führten Salmhofers Werk zum ganz großen Erfolg; es ist die Geschichte eines heldenhaften Dorfschmiedes, der aus Liebe zu einer Frau während des russischen Bauernaufstandes der siebziger Jahre den Mörder eines zaristischen Unteroffiziers schützt, die Mordschuld auf sich nimmt und einen Opfertod stirbt. Leider war der schöne Abend bereits von den immer dramatischeren politischen Ereignissen überschattet; Schuschnigg hatte an diesem Tag die für den 13. März geplante Volksabstimmung verkündet.

Als mein lieber Freund Karl Alwin am Abend des 11. März den Taktstock hob und die Aufführung von Tschaikowskys „Eugen Onegin" begann, hatte Doktor Schuschnigg über den Rundfunk bereits seinen Rücktritt bekanntgegeben, und auf dem Bundeskanzleramt flatterte die Hakenkreuzfahne.

Am 12. März begann der Einmarsch der deutschen Truppen. Am Abend spielte man „Tristan und Isolde" unter Hans Knappertsbusch. Kerstin Thorborg, der hünenhaften Germanin aus Skandinavien (Bruno Walters herrlichem Orpheus), war der Boden zu heiß geworden, sie reiste ab, und um an diesem „glanzvollen Tag" doch auch eine glanzvolle Besetzung zu haben, mußte als Brangäne — Rosette Anday einspringen, die den Nürnberger Rassegesetzen in keiner Weise entsprach.

Mit diesem Treppenwitz der Weltgeschichte starb das freie Österreich in der Staatsoper.

Die Oper im Dritten Reich 1938 bis 1945

Zum Kontrapunkt der Kanonen

Österreich hatte zu existieren aufgehört. Am 13. März 1938 marschierten die deutschen Truppen ein, die Staatsoper wurde für einige Tage geschlossen, und am 27. März begann mit einer „Fidelio"-Vorstellung unter Knappertsbusch (mit Hilde Konetzni und Max Lorenz) in Anwesenheit von Ministerpräsident Generalfeldmarschall Hermann Göring die neue Ära. „Reich geschmückt mit Hakenkreuzfahnen und hell erleuchtet bietet die Oper ein festliches, ein eindrucksvolles Bild wie noch nie", schrieb der „Völkische Beobachter" am nächsten Tag.

Ich glaube, es wird immer sehr schwierig bleiben, der Wiener Oper in ihren zweiten Kriegsjahren Gerechtigkeit widerfahren zu lassen, denn diese Zeit ist für alle Menschen, auf welcher Seite sie auch gestanden haben mögen, mit tragischen Erinnerungen verknüpft. Entweder haben sie fern der Heimat in der Emigration leben müssen, oder sie haben ihre engsten Verwandten durch die Kriegsereignisse verloren. An diese Jahre denkt jeder mit Grauen zurück.

Die Zeitungsberichte von damals sind nicht mit den Kritiken vergleichbar, wie wir sie von früher kennen, da ja Reichspropagandaminister Dr. Josef Goebbels sehr bald den Auftrag gegeben hatte, daß an die Stelle der Kritik etwas anderes zu treten habe; „Kunstbetrachtung" taufte er es. Die Presse mußte gehorchen, und so haben wir eben aus jenen Jahren keine brauchbaren Kritiken. („... und starb in geistiger Umnachtung als Opfer unserer Kunstbetrachtung", ließ der Humorist Eugen Roth zum Gaudium seiner Zuhörer sein Gedicht von einem Mann enden, der Kunstfreund war und zugleich regelmäßig Zeitung las.) Für die Sänger waren das paradiesische Zustände; es gab keine Verrisse mehr, weil die Kritiker ja nie wissen konnten, ob der zu Verreißende nicht vielleicht engere Beziehungen zu irgendeinem Parteibonzen hatte...

Andererseits, wenn wir heute die Annalen von 1938 bis 1945 durchgehen, erschrecken wir mitunter geradezu über die großartigen Besetzungen, die die Wiener Oper damals aufzuweisen hatte. Wir finden die Namen der herrlichsten Sänger, die wir in den Jahren nach dem Krieg in ihrer Glanzzeit weiterverfolgen konnten, und wir stellen fest, daß am Pult die größten Dirigenten — Furtwängler, Knappertsbusch, Karl Böhm — einander ablösten. (Die Künstler nach Wien zu bekommen, war nicht besonders schwierig, weil damals die meisten viel lieber in Wien lebten als in Deutschland, pardon: „im Altreich").

Alle Leute, die diese Zeit miterlebt haben, stimmen darin überein, daß die Wiener Oper eine Insel des Friedens inmitten der grauenvollen politischen und kriegerischen Begebenheiten blieb. Sie wurde von den nationalsozialistischen Behörden auch als solche behandelt und abgeschirmt. Die Nazis waren klug genug, zu wissen, wie sehr die Wiener ihre Oper lieben und daß eine tolerante Führung des Instituts dazu beitragen konnte, das politische Klima Wiens zu verbessern. Daher gaben die Berliner Behörden den Auftrag, die Wiener Oper, wo es nur ging, zu schonen und sie finanziell reich zu dotieren.

Dazu kam, daß Gauleiter Baldur von Schirach, der sich gerne das Air eines Kunstmäzens gab, den nebulosen Plan hegte, die österreichischen Traditionen auch im Rahmen des Dritten Reiches — entgegen den Verdeutschungsprojekten eines Goebbels und Konsorten — zu bewahren.

Zunächst blieb einmal Erwin Kerber als Direktor im Amt, ruhender Pol in der Erscheinungen Flucht. Er stand zwar vom ersten Tag an auf der Abschußliste, weil man genau wußte, daß er der nationalsozialistischen Ideologie alles andere als freundlich gegenüberstand, konnte aber lange nicht „entfernt" werden. (Er erzählte, daß er jeden Morgen, bevor er in sein Büro kam, an seine eigene Tür klopfte, um sich zu vergewissern, ob nicht schon ein anderer an seinem Schreibtisch saß.) Er blieb also weiterhin in seinem Direktionszimmer und auf seinem Direktionssessel und betrachtete ab und zu das ihm gegenüberhängende Gemälde Kaiser Franz Josefs I., das nur bei wichtigen Besuchen von einem Bild Adolf Hitlers abgelöst wurde. (Es lehnte hinter einem Schrank — einsprungbereit.)

Wie so viele Künstler mußte auch Bruno Walter auf Grund der Rassengesetze ausscheiden. Sein Zimmer hatte nun Hans Knappertsbusch inne, der damals weiter an die Oper gebunden wurde und großartige Dirigentenabende gab. Nur manchmal stiftete er Verwirrung, zum Beispiel mit einem im Druck nicht wiederzugebenden Fluch, als er einen Aschenbecher gegen die Lautsprecheranlage schleuderte, über welche gerade eine Hitlerrede im Haus verbreitet wurde. Solche Reden des Führers mußten vom gesamten Personal angehört werden; und handelte es sich um angesagte große Reden, dann wurden die Lautsprecher im Zuschauerraum eingeschaltet, wo sich das Personal vollständig zu versammeln hatte. Im Lauf der Übertragung lichtete sich die Zuhörerschaft meist ein wenig. Bei nicht angesagten Reden unterbrach man die Probenarbeit und verkündete, daß nun eine Hitlerrede übertragen werden würde, was eben bei Hans Knappertsbusch jenen Wutanfall auslöste.

Den ersten Geburtstag des „Führers" in der großdeutschen Ära, den 20. April 1938, feierte die Oper natürlich mit Wagners „Meistersingern" unter Furtwängler (später gab es einmal „Siegfried" unter Knappertsbusch).

Furtwängler hatte damals neben anderen Problemen (z. B. seine Demission als Berliner Opernchef 1934 aus Protest gegen die Verfemung Paul Hindemiths) auch noch einige akustische Schwierigkeiten zu bewältigen: so rief er bei der Probe zu einem Philharmonischen Konzert im Musikvereinssaal mit einem Blick auf den mit Hakenkreuzfahnen förmlich tapezierten Raum ganz laut: „Ich weiß nicht, ob die Musik bei dieser Verhängung gut klingen wird..."

Die Einheit des großdeutschen Raumes sollte in jener Zeit, und ganz besonders während des Krieges, durch Austauschgastspiele der Opernhäuser untereinander demonstriert werden. Die Berliner Oper kam mit „Lohengrin" nach Wien; um die großdeutsche Einheit zusätzlich zu unterstreichen, brachte sie neben Maria Müller und Franz Völker auch den eigenen Chor mit, der sich mit dem der Wiener Oper vereinigte (ein Volk, ein Reich, ein Chor); später unter Direktor Böhm „verbrüderten" sich auch innerhalb Wiens die Chöre: in den „Meistersingern von Nürnberg" in der Staatsoper sang der Chor des „Opernhauses der Stadt Wien" (so hieß damals die Wiener Volksoper) auf der Festwiese mit.

Zum „Tag des Großdeutschen Reiches" nach der Angliederung der Tschechoslowakei 1939 gastierte Wien in Brünn und Prag, später — nach dem Einmarsch der deutschen Truppen — gab es Staatsoperngastspiele in Holland, Agram und Bukarest; die römische Oper sandte ihr Ballett nach Wien, das Teatro Communale in Florenz spielte in Wien „Falstaff" mit Mariano Stabile, der auch die Regie führte — der ganze von Hitler kontrollierte Raum wurde von Austauschgastspielen gleichsam überzogen.

1939 war die Hamburger Oper nach Wien gekommen und hatte hier „Julius Cäsar" von Georg Friedrich Händel gespielt. Die Titelrolle sang Hans Hotter, der sofort zu einem Liebling aller Opernfreunde wurde. Inszeniert war das Werk von Karl Heinrich Strohm, dem Intendanten der Hamburger Oper.

Josef Goebbels machte sich natürlich Gedanken, wer die Wiener Oper leiten sollte, und man war sich in Berlin bald darüber klar, daß es angezeigt wäre, nach Wien einen sogenannten „sanften Mann" zu schicken, nicht einen mit der harten Klaue, weil man recht gut wußte, daß so einer es bei den Wiener Künstlern nur schwer haben konnte.

Nun hatte Dr. Goebbels einen Schulkollegen, der mit ihm zusammen im Internat gewesen war, und das war dieser Karl Heinrich Strohm, Opernchef in Hamburg, ein ruhiger, stiller Mann, der schüchtern sprach und eher wie ein versponnener Privatgelehrter wirkte. Den hatte nun Goebbels ausersehen für den Posten, den einst ein Gustav Mahler, ein Richard Strauss eingenommen hatte.

Das aber war für den Mann anscheinend zu viel, und im Wiener Job ist er endgültig übergeschnappt. Schon nachdem ihm 1940 die Ernennung zum Wiener Operndirektor in Hamburg zugestellt worden war, begann er leicht verwirrt zu reden, und Kollegen erzählten, daß er bei seiner Abschiedsrede in Hamburg Dinge von sich gegeben habe, die nicht mehr ganz koscher waren (wie Adolf Hitler gesagt hätte).

Einige Zeit nach dem sehr erfolgreichen Gastspiel mit „Julius Cäsar" zog also Karl Heinrich Strohm in die Wiener Oper ein, und hier wurde aus dem stillen, schüchternen, zurückhaltenden Mann ein wilder, großspuriger und großsprecherischer Diktator in der Westentasche, der erklärte, wie saumiserabel in Wien alles wäre und wie er alles viel besser machen werde.

Er löste bei allen einen ganz besonderen Schrecken dadurch aus, daß er sofort anfing, die Oper, nämlich das Haus, persönlich umzumodeln. Zunächst riß er einmal die Gobelins von den Wänden, unter anderem auch in jenem Raum, wo einst Mahler, Strauss und Schalk amtiert hatten. Dann war ihm plötzlich die berühmte alte Wendeltreppe, die vom Bühnenportier ins Direktionszimmer hinaufführte, nicht gut genug, er mußte über die Erzherzogstreppe in sein Büro schreiten und ließ zu diesem Zweck in der Kärntner Straße ein neues, großes Tor ausbrechen. Es befindet sich am Ende der Arkaden gegen die Ringstraße hin.

Untrügliche Probe
Zur Zeit, da der Charaktertenor Peter Klein (der berühmte Mime) während des Krieges sein Wiener Engagement antrat, hing in der Portierloge beim Bühnentürl der Oper bereits jene Tafel: „Hier wird nur mit dem Deutschen Gruß gegrüßt.". Als nun der unvergeßliche Hausherr in der „Bohème" und ebenso unvergeßliche Spaßmacher Alfred Muzzarelli zum erstenmal mit seinem neuen Kollegen in der Oper zusammentraf, sagte Klein zu Muzzarelli: „Grüß Gott." Da blickte ihm dieser tief und todernst in die Augen: „Wissen Sie nicht, daß hier nur mit dem Deutschen Gruß gegrüßt wird?" Hierauf Peter Klein laut und stramm: „Heil Hitler!" Da blickte ihm Muzzarelli nochmals tief und todernst in die Augen und sagte: „Sehen Sie, ich habe gleich gewußt, Sie sind kein Nazi."

In Wien hatte er überhaupt keinen Kontakt zu den Menschen, er wurde als absoluter Fremdkörper empfunden und behandelt und konnte sich trotz seiner Großmäuligkeit (oder gerade wegen dieser) überhaupt nicht durchsetzen, was nach einiger Zeit auch die nationalsozialistischen Behörden bemerkten. Strohm machte es ihnen leicht, ihn abzuservieren: er mußte im Februar 1941 in eine Nervenheilanstalt eingewiesen werden.

Von diesem Schock hat sich Strohm nie wieder erholt. 1945 — nach der Befreiung Wiens — gabelte er sich eines Tages auf der Straße drei alliierte Offiziere auf, die keine Ahnung von den Wiener Verhältnissen hatten, ging mit ihnen durch das Bühnentürl des Theaters an der Wien, wo die Staatsoper damals spielte, führte die drei auf die Bühne und gebärdete sich dort als Direktor. Er sagte, dies sei sein Haus, hier inszeniere er dies und das, wozu er allerlei benötige — es war gespenstisch.

Auf diesen kleinen Mann, der ein Großsprecher geworden war und im Größenwahn endete, folgte ein anderer stiller Mann, der jedoch vom ersten Tag an von den Künstlern mit großer Sympathie aufgenommen wurde und noch lange nachher, als das Tausendjährige Reich zerfallen war, in führender Stellung blieb: Ernst August Schneider, allen vertraut, die die Oper im Krieg und nachher gekannt haben, und den ich selbst wie einen guten Freund liebte. Wir nannten ihn unseren „Ernesto".

Ernst August Schneider stammte aus Mecklenburg, war früher Kritiker gewesen und hatte sogar Unterricht in der Technik der Kritik gegeben. Einer seiner Schüler, ein gewisser Walter Thomas, der in Baldur von Schirachs Dienststelle saß, hatte den Gauleiter auf Schneider aufmerksam gemacht, und so kam der ehemalige Kritiker und Pädagoge als neuer Opernchef nach Wien.

Als man Ernesto berief, wirkte er bereits seit längerer Zeit als Chefdramaturg und Oberspielleiter in Köln. Seine eigentliche Mission als Nachfolger Strohms war eine zweifache. Erstens sollte er den lästigen, aber sehr starken, weil im Hause beliebten Kerber hinausekeln. Hier hat Schneider gleich einmal total versagt, denn er war ein Mann, der sich überall nur Freunde schaffte. Er erkannte Kerbers Talent sofort, die beiden verstanden sich ausgezeichnet und führten das Haus gemeinsam. Zweitens hatte man Ernst August Schneider in Berlin von allem Anfang an bedeutet, daß seine Berufung nur ein Interim darstelle, weil man als endgültigen Opernchef einen prominenten Musiker haben wolle; tatsächlich verhandelte man schon seit 1941 mit Dr. Karl Böhm.

Schneider führte also zunächst die Oper zusammen mit Kerber, der im Frühling 1942 in seine Heimatstadt Salzburg zurückging und dort das Landestheater übernahm. Während seiner Wiener Zeit hatte Kerber gelegentlich auch Regie geführt, und zwar sehr gut. Er brachte einen „Eugen Onegin" (mit Maria Reining und Paul Schöffler) und dann Louis Maillarts schon lange nicht mehr gespieltes „Glöckchen des Eremiten" (es hängt bekanntlich in einer Einsiedelei hoch oben im Gebirge und hat die peinliche Eigenschaft, jedesmal zu läuten, sooft in der Gegend eine Ehefrau ihren Mann betrügt). Kerber starb 1943 — man spielte in Wien als Trauerfeier die „Turandot" in seiner Inszenierung.

Nun war Schneider also allein; man setzte diesem Fachmann, der den Kulturpäpsten an der Spree doch „zu weich" war, sogleich wieder einen anderen vor die Nase: Lothar Müthel, den Burgtheaterdirektor, der nun als Generalintendant beide Häuser unter sich hatte. Gekümmert hat sich Müthel um die Staatsoper wenig, er hat dort nur (mit Wilhelm Furtwängler am Pult) einen angeblich sehr guten „Fidelio" inszeniert.

Im Frühjahr 1943 übernahm Karl Böhm endgültig die Direktion der Wiener Staatsoper. Mit Böhm, einem gebürtigen Grazer, der als Konzertdirigent bereits stark mit den Wiener Philharmonikern verbunden war und schon in der Ära Krauss einen „Tristan" dirigiert hatte, war wieder ein ganz großer Musiker auf den Direktionsstuhl des Instituts gelangt. Richard Strauss hat Böhm sehr geschätzt

---

Presserundschreiben Nr. II/279/40 vom 27. April 1940 des Reichspropagandaamtes Berlin.

Anläßlich des 70. Geburtstages von Lehár am 30. 4. 40 soll ihm eine besondere Ehrung zuteil werden. (Letzteres wird den Schriftleitungen nur zur Kenntnis, nicht zur Auswertung mitgeteilt.) Da die Ungarn wegen der ungarischen Staatsangehörigkeit Lehárs ihn für sich beanspruchen, er aber tatsächlich deutschstämmig ist, soll in der Presse nicht etwa von dem „ungarischen" Komponisten Lehár gesprochen werden, sondern von dem Meister der deutschen Operette. Jede Polemik in bezug auf Lehárs Musik und Person ist selbstverständlich unerwünscht.

An:
A I,   Im Auftrag   Stempel:
B I,   Wittenberg   Reichspropaganda-
D I.   Pressereferent   amt Berlin

— unter Böhm hatten ja die Uraufführungen der „Schweigsamen Frau" und der „Daphne" in Dresden stattgefunden. Mit Krauss in München und Böhm in Wien wußte Strauss seine Opern in guten Händen; er hat sich oft über schlechte Besetzungen unter Kerber beklagt. Böhm blieb Direktor bis April 1945, bis zum Ende des Krieges.

Es waren bizarre Jahre, deren Widersprüche wohl niemand je ganz durchschauen wird. Die Sänger, die aus Deutschland nach Österreich kamen, wunderten sich in den ersten Tagen immer, wieviel hier mit „Heil Hitler!" gegrüßt wurde. In den deutschen Theatern war man schon seit geraumer Zeit über dieses Stadium hinaus; aber wenn sie länger an unserer Staatsoper blieben, dann erlebten sie es noch, daß dieser Gruß auch hier sehr aus der Mode kam. Trotzdem mißtraute jeder jedem und sah in jedem Fremden einen Feind. Zugleich aber war die Macht, war die Magie der Wiener Oper in diesen Jahren besonders groß, so daß die Künstler zwischen 1938 und 1945 eine viel einheitlichere, geschlossenere menschliche Familie bildeten als nach Kriegsende. Man ließ sie politisch so ziemlich in Ruhe, sie wurden viel weniger als die Leute in anderen Betrieben zum Eintritt in die Partei verhalten, die Behörden hatten „ein Herz" für die Oper. Wurde irgend jemand denunziert — wenn zum Beispiel eine fanatisierte Zimmervermieterin den bei ihr logierenden Sänger oder Musiker anzeigte, weil er am Geburtstag ihres geliebten Adolf nicht vorschriftsmäßig beflaggt hatte —, so versuchte man das nach Möglichkeit „abzuwürgen".

Im Krieg war es dann auch meist nicht allzu schwierig, für die Sänger Rückstellungen zu erreichen, die Einberufungsbefehle konnten bei den Künstlern leichter manipuliert werden als bei anderen; da die untersuchenden Ärzte in der Regel gleichfalls „ein Herz" für die Kunst hatten, erreichte man es relativ leicht, daß jemand „uk." (unabkömmlich) geschrieben wurde. Man hatte eben so seine Beziehungen zu den Barmherzigen Brüdern in der Großen Mohrengasse, wo die Untersuchungen stattfanden. Ernst August Schneider war jeden Monat in Berlin, um die Rückstellungen der Sänger zu erwirken.

Irgendwie bezeichnend war es auch, daß seit Direktor Strohm in der Portierloge beim Bühnentürl wohl eine Tafel mit der Aufschrift hing: „Hier wird nur mit dem Deutschen Gruß gegrüßt", daß aber das Horst-Wessel-Lied in der Wiener Oper kein einziges Mal erklungen ist. (Der Hilfsarbeiter und SA-Mann Horst Wessel hat übrigens den Text zu dieser alten Moritatenmelodie in Wien verfaßt, im Haus Alser Straße 16, wo er bei einer Familie verkehrte, die voll Stolz jedermann das Pianino zeigte, auf welchem Horst Wessel beim Dichten klimperte. Gehört das auch zur Musikgeschichte?)

Untergrundwitze und Untergrundanekdoten zirkulierten innerhalb und außerhalb der Oper. Da war zum Beispiel Josef von Manowarda, der ausgezeichnete Wozzeck und Hans Sachs und weniger begabte Parteimitläufer. (Seine Frau, die Sängerin Nelly Pirchhof, soll stets eine Glasplatte auf jener Stelle ihrer Hand getragen haben, die der Führer geküßt hatte.) Eines Tages traf Manowarda seine Baßbaritonkollegen Jerger und Kunz auf dem Gang und sagte zu ihnen mit seinem berühmten, schief nach links unten gezogenen Mund in sehr geheimnisvollem Ton: „Jetzt hat der Führer die größte Geheimwaffe aller Zeiten erfunden, die schießt direkt von Berlin nach London!" Worauf Erich Kunz und Alfred Jerger unisono flüsterten: „Und zurück!"

Richtige Spitzel gab es nur unter den unbedeutenderen Sängern, je kleiner der Künstler, desto größer der Nazi. Der übelste Vertreter dieser Gattung war ein Herr J., der stets in SS-Uniform zur Probe kam und gefährlich war. Im Rollenfach brachte er es nur bis zum Angelotti in der „Tosca". Dann schlug er sich plötzlich auf die andere Seite und wurde, noch während seiner aktiven Zugehörigkeit zur Oper, im Hotel Metropol auf dem Morzinplatz, dem Hauptquartier der Gestapo, blutig geprügelt.

Unter den Dirigenten begrüßte nur einer das Orchester mit dem „Deutschen Gruß": Leopold Reichwein, der während der Hitlerära an das Haus zurückgekehrt war und sich 1945 das Leben nahm.

Richard Strauss genoß auch während dieser Jahre die Narrenfreiheit des Genies. Einerseits wurde er vom Naziregime sehr scheel angesehen. Er hatte ja als Präsident der Reichsmusikkammer demissioniert, nachdem er 1935 die Uraufführung der nach einem Textbuch des nichtarischen Schriftstellers Stefan Zweig komponierten Oper „Die schweigsame Frau" in Dresden durchgesetzt hatte. „Für mich existiert das Volk erst in dem Moment, wo es Publikum wird. Ob dasselbe aus Chinesen, Oberbayern, Neuseeländern oder Berlinern besteht, ist mir ganz gleichgültig, wenn die Leute nur den vollen Kassapreis bezahlt haben." Das Schreiben von Strauss an den nach Zürich emigrierten Dichter wurde von der Gestapo spoliiert und zu Hitlers „gefälliger Kenntnisnahme" photokopiert. Effekt: siehe oben. Sieben Jahre später schied Zweig in Südamerika freiwillig aus dem Leben.

„... im Namen des Führers"

An den
Leiter des Presseamtes
Pg. Biedermann
im Hause

Amt Musik
Berlin, den 3. 3. 44
Dr. Gk/Ga.

Lieber Parteigenosse Biedermann!

Im Juli wird Richard Strauss 80 Jahre alt, und es ist zu erwarten, daß auch die Partei-Presse große Artikel über ihn bringen wird.

Reichsleiter Bormann hat kürzlich im Namen des Führers in einem vertraulichen Rundschreiben zum Ausdruck gebracht, daß alle führenden Parteigenossen, die bisher persönliche Beziehungen zu Richard Strauss unterhalten haben, abzubrechen sind (!), weil Strauss sich schwer gegen die Forderungen der Volksgemeinschaft vergangen hat. Ich sprach kürzlich mit unserem Reichsleiter darüber, um zu erfahren, wie er über die Würdigung Richard Strauss' in unseren Zeitschriften und im VB denkt. Der Reichsleiter empfiehlt, daß wir lediglich registrierend von etwaigen Ausführungen Notiz nehmen und nach Möglichkeit keine großen Artikel über Strauss erscheinen sollen.

Da ich nur ganz kurz in Berlin bin, möchte ich Sie bitten, den VB entsprechend zu informieren.

Heil Hitler!
Gk.
(Dr. Gerigk)

Dr. Herbert Gerigk war der Leiter der Hauptstelle Musik beim „Beauftragten des Führers für die Überwachung der gesamten weltanschaulichen Schulung und Erziehung der NSDAP" (Amt Rosenberg). Das Vergehen, auf das sein Brief anspielt, bestand darin, daß Richard Strauss es abgelehnt hatte, Evakuierte und Bombengeschädigte in seiner Garmischer Villa aufzunehmen, und auf die Vorhaltung, daß im Krieg jeder Opfer auf sich nehmen müsse, erwidert hatte, seinetwegen brauche kein Soldat zu kämpfen, ihn gehe das alles nichts an; worauf Bormann die benötigten Zimmer kurzerhand beschlagnahmen ließ. — VB = „Völkischer Beobachter".

Die Champagneroper

Der erste, der „Die Fledermaus" auf einer Opernbühne gespielt hat, war Gustav Mahler in Hamburg. Unter Direktor Jahn wurde die geniale Johann-Strauß-Operette 1894 in Wien hoffähig. Seither ist sie ein Fixstern am Opernhimmel der ganzen Welt und *das* Silvesterstück der Wiener Staatsoper geworden. In ihrer früheren Form als Sprechstück „Réveillon" von Meilhac und Halévy spielte die turbulente Geschichte weder in Wien noch zu Silvester oder gar im Fasching, sondern wie die „Bohème" am Heiligen Abend in Paris. Das lärmende französische Weihnachtsfest war aber für das Wiener Publikum unverständlich, deshalb verlegten Johann Strauß' Librettisten Haffner und Genée das Sujet in einen „Badeort bei einer großen Stadt" und machten aus dem Pariser Weihnachtsrummel das Fest beim Fürsten Orlofsky. — Das seit der Karajan-Neuinszenierung 1960 besonders prominente und beliebte Sängerpaar für Rosalinde und Eisenstein (unser Bild) ist ein waschecht wienerisches Paar: Hilde Güden und Eberhard Wächter, beide in Wien geboren. Die bildschöne Hilde Güden begann an der Volksoper mit Operetten und wurde als Mozart- und Richard-Strauss-Sängerin Weltstar. Als Operettendiva ist sie heute nur mehr auf Schallplatten zu hören und — in der Staatsoper-„Fledermaus". Eberhard Wächter (Amfortas, Escamillo, Posa) liebt Operetten so sehr, daß er an der Volksoper sogar im „Orlow" von Granichstaedten sang. Den Eisenstein studierte er bei einem der berühmtesten Wiener Spezialisten dieser Rolle, Burgschauspieler Fred Liewehr.

Die klassische „Fledermaus"-Besetzung der zwanziger und dreißiger Jahre war: Richard Tauber als Eisenstein, Elisabeth Schumann oder Adele Kern als Adele, Lotte Lehmann als Rosalinde, Alfred Jerger als Frank, Leo Slezak als Alfred. Den Frosch gaben manchmal Hans Moser, Ernst Tautenhayn, einmal sogar der ungarische Filmkomiker Szöke Szakall (1937). Heute verkörpert ihn neben anderen auch Ifflandringträger Josef Meinrad (links) von der „Burg", berühmter Nestroy-Darsteller und Mann von La Mancha.
Der klassische Frosch-Witz (weil der betrunkene Gefängnisdirektor mit einer Zeitung über dem Gesicht schnarcht: „Der Direktor stöhnt unter dem Druck der Presse."

Unorthodox wie in allem ist Otto Schenk (rechts), Oberregisseur der Staatsoper, auch als Frosch. Als nach dem Abgang Karajans, der die meisten Opern in der Originalsprache spielte, ein deutsch gesungener „Barbier" ausgezischt wurde, knurrte Schenk als Frosch (wenn Alfred im Gefängnis hinter der Szene „Ach wie so trügerisch" singt): „Der singt deutsch, der traut sie wos!" (Orkane von Applaus). Die Tradition, für den besoffenen Gefängnisdiener einen Gast ins Haus zu bitten, galt in den zwanziger und dreißiger Jahren nur für Silvester, unterm Jahr gab es immer nur einen einzigen und hauseigenen Frosch: Staatsopernsänger Karl Norbert.

Silvester 1960. „Die Fledermaus" neuinszeniert. Zweiter Akt. Von links nach rechts: Eberhard Wächter (Eisenstein), Rita Streich (Adele), Gerhard Stolze (Orlofsky), Elfriede Ott (Ida). (Aus der traditionellen Hosenrolle des Fürsten Orlofsky wurde diesmal eine Tenorpartie.) Regie: Leopold Lindtberg, Bühnenbild: Teo Otto. Herbert von Karajan am Pult brachte einen brillanten Strauß, zuweilen in beinahe lehnender Stellung den Dialogen zuhörend. Von 1963 bis 1966 leitete die Silvestervorstellung Altmeister Robert Stolz mit altwienerischem Elan.

Anderseits konnten die Nationalsozialisten nicht auf den Glanz des Namens Richard Strauss verzichten — noch nicht, denn „eines Tages", so hatte Goebbels gesagt, „werden wir unsere eigene Musik haben und brauchen dann diesen dekadenten Narkotiker nicht mehr".

Wien feierte den 80. Geburtstag von Strauss trotzdem sehr glanzvoll. Der Meister saß fest genug im Sattel seines Ruhmes, um es sich leisten zu können, daß er den Taktstock, den ihm Baldur von Schirach überreicht hatte, beim Festkonzert — nicht verwendete. Er gab ihn dem Gauleiter zurück mit den Worten: „Den mag i net, der is mir zu schwer." Nach dem Konzert sagte Pauline Strauss zu Schirach: „Ich hab' morgen bei mir eine Teegesellschaft, aber wir haben nur gezählte Gäste, und für Ihnen is ka Sessel mehr da." Sie schien mit dem ehemaligen Reichsjugendführer überhaupt auf einem sonderbar vertrauten Fuß zu stehen. Während der Feierlichkeiten zu Mozarts 150. Todestag in Wien trat sie auf Schirach zu und sagte: „Lieber Freund, zu Ihnen brauch' ich ja das ‚Heil Hitler!' nicht zu sagen, helfen Sie mir, ich möcht' unserm Freund Ferdl in Rio so gern ein Dokument schicken, mein Mann hat's ihm versprochen, er braucht's, und der Ferdl is so ein lieber Jud!"

In einem offiziellen Artikel der Parteipresse, der damals zum Achtzigsten erschien, wurde die These aufgestellt, daß Strauss der einzige wäre, der eine „nationalsozialistische Oper" schreiben könnte. Vermutlich hätte er überhaupt ganz andere, vorbildliche germanische Bekenntniswerke geschrieben, wenn er nur statt der nichtarischen Librettisten Hofmannsthal und Zweig „die richtigen Dichter" gefunden hätte. Der wahre, der kerndeutsche Strauss sei jener Jüngling gewesen, der mit seinem Erstling „Guntram" eine germanische Mythenoper zu schaffen versucht habe. (In „Guntram" hatte übrigens Pauline de Ahna, Strauss' spätere Gattin, die Rolle der Freihild verkörpert.)

In den Spielplan der Staatsoper haben die Machthaber nur in harmloser Weise eingegriffen, etwa damals, als Adolf Hitler einmal in Wien weilte und man ihm den bescheidenen Wunsch erfüllte, seine Lieblingsoper „Tiefland" hören zu können. Ärgerlich war dabei höchstens, daß er nach dem Bergbild im ersten Akt, also vor der Verwandlung, unbedingt eine Pause haben wollte, weil er für diesen Zeitpunkt eine unaufschiebbare Besprechung angesetzt hatte. Hitlers anderes Lieblingswerk, „Die lustige Witwe", war gerade nicht im Repertoire; man spielte aber zu Lehárs 70. Geburtstag „Das Land des Lächelns", dessen Textautoren rassisch ebenso „untragbar" waren wie die der „Lustigen Witwe". Und während Franz Völker „Dein ist mein ganzes Herz" sang, war der jüdische Librettist Fritz Löhner-Beda längst im Konzentrationslager und harrte dort des Todes.

Der Anblick des Publikums, das die Staatsoper allabendlich meist bis auf den letzten Platz füllte, hatte sich sehr verändert. Man sah viele Uniformen, in der einstigen Hofloge saßen prominente Nazigäste und während des Krieges meist Schwerkriegsverletzte; eine gewisse Gereiztheit machte sich mitunter durch (von der Polizei tolerierte) Zwischenrufe oder sonstige Mißfallensäußerungen Luft. So rief während der Premiere von Werner Egks Oper „Columbus" (1942), als darin das Wort „Gold" fiel, ein Zuhörer laut: „Wir wollen unser Gold zurück!" — „Columbus" war eigentlich ein szenisches Oratorium. Schuh führte Regie, Leopold Ludwig dirigierte, Reinking schuf das Bühnenbild; besonders schön war die Landung in der Neuen Welt mit dem riesigen Schiff.

Der latente Mißmut der gehobenen Publikumsschichten, auch der Jugend, war schuld daran, daß Meisterwerke der Moderne, die in normalen Zeiten von den Wienern sicherlich mit Interesse und einigem Beifall zur Kenntnis genommen worden wären, bei der Premiere recht geteilt und mit einigen „Zischern" aufgenommen wurden. Erst später, bei einigen Wiederholungen, gingen solche Opern erfolgreich über die Runden. Besonders auffallend waren diese Stimmung und ihr allmählicher Umschwung bei Orffs „Carmina burana" — eine ganz herrliche Aufführung! — und dem damit gekoppelten Ballett „Joan von Zarissa" von Werner Egk (1942). Hier gastierte Harald Kreutzberg in der Rolle des Narren, der ein Mittelding zwischen Leporello und einem Satan ist; man sah da ein so bezauberndes französisches Mittelalter, daß man sich in die raffinierte Farbenwelt jener kostbaren französischen Buchmalereien versetzt fühlte, die wir in den Handschriftensammlungen bewundern. Der Chor kommentierte die Aktionen der Tänzer. Die Chordamen trugen teils Hauben der Bürgersfrauen jener Tage, teils die spitzen Mützen der Adelsdamen, mit dem Schleier daran. Der Chor war hoch oben in einer Konstruktion aus bunten Stangen mit kleinen, stoffumkleideten Logen postiert und hielt Notenblätter in den Händen. Es erinnerte an die Tribünen eines Turnierplatzes.

Über die „Carmina burana" erzählen alle, die sie damals gehört haben, begeistert. Warum bei solchen Premieren trotzdem gezischt wurde? Die politisch unzufriedenen Gemüter sagten sich: jetzt werden wir euch zu Fleiß in eure avantgardistischen Ambitionen hineinzischen, denn da kann uns auch niemand verhaften, weil wir ja nicht den Herrn Hitler gemeint haben, sondern etwas, was ihr sonst immer als „entartete Kunst" bezeichnet.

Bei der Premiere der „Johanna Balk" von Rudolf Wagner-Régeny (1941) gab es ein Pfeifkonzert und Tumulte auch bei den Wiederholungen. Man traf mit diesen Demonstrationen den Gauleiter Schirach, der den Komponisten protegierte und der Premiere beigewohnt hatte: auf dem Umweg über ihn wollte man das Regime treffen. „Johanna Balk" sollte das Paradestück der „Woche der zeitgenössischen Musik" 1942 sein und verschwand trotz des Mißerfolges nicht vom Spielplan: „Johanna geht *nicht* — und kehrt doch immer wieder."

Nun, hier hatte ein Gauleiter ein Werk protegiert, das immerhin von einem begabten Komponisten stammte. Regelrecht aufoktroyiert haben die Nazibonzen der Wiener Oper nur ein einziges Mal eine Oper: „Königsballade" von Rudolf Wille. Das war 1939 gewesen, kurz vor Kriegsbeginn. Den jungen König in Willes Oper sang Helge Roswaenge. Trotz der strahlenden Höhen dieses echten C-Tenors war es ein Durchfall, ganz nach Schopenhauer: „In der Ethik ist der Wille alles, in der Kunst nichts." Auch fand man, daß eben mitunter „der Wille für das Werk" gilt. Der Komponist, ein unscheinbarer Mann, der aussah wie ein Steuerbeamter oder ein Gaskassier, war ein besonderer Liebling des Herrn Reichspropagandaministers.

Mit Spannung erwartete man 1939 die Premiere des Einakters „Der Friedenstag" von Richard Strauss (nach einem Text von Joseph Gregor, er war Vorstand der Theatersammlung der Österreichischen Nationalbibliothek). Hans Hotter und Viorica Ursuleac sangen die Hauptrollen, Rudolf Hartmann, der spätere Direktor der Münchner Oper, inszenierte. Am Pult stand Clemens Krauss. Das Werk spielt im Jahre 1648, als der Dreißigjährige Krieg zu Ende ist. Das Wiener Bühnenbild war ungeheuer eindrucksvoll: die Zitadelle, in welcher diese Oper spielt, hatte einen Durchlaß von zehn Meter Höhe, durch welchen man — als Zentrum und Symbol des ganzen Geschehens — einen mächtigen, düsteren grauen Turm sah, der vor dem großen Friedenshymnus am Schluß in den Erdboden versank und die breite Lichtflut der aufgehenden Sonne hereinließ, Sinnbild des endlich angebrochenen Friedens...

Ein Brief Richard Strauss' vom 10. Januar 1940 (!)

„Soviel ich sehe, geht die allgemeine Meinung dahin, daß Deutschland nach dem Kriege auf jeden Fall total verarmt sein wird, und wenn wir gar den Krieg verlieren, ist die Frage, ob überhaupt noch eine Opernkultur und ein Musikleben sein wird; wenn Rußland über uns kommen sollte, ob überhaupt noch ein Urheberrecht gelten wird, ob eine Stagma weiter bestehen wird — kurz, ob Objekte, die heute noch mit 500.000 M. eingeschätzt werden, in wenigen Monaten überhaupt noch einen Pfifferling wert sein werden, ob von all meinen Werken überhaupt nicht nur höchstens der ‚Rosencavalier' am Leben bleiben wird."

Stagma = die damalige deutsche musikalische Tantiemenverrechnungsgesellschaft.

Die Erstaufführung am 10. Juni 1939, dem Vorabend von Strauss' 75. Geburtstag, blieb zugleich die letzte in Wien. Das ging auf einen Wink aus Berlin zurück: wer sich gerade anschickt, einen Weltbrand zu inszenieren, der kann keinen „Friedenstag" brauchen.

Ein Jahr später (1940) kam „Daphne" mit Maria Reining, dann mit Maria Cebotari. Diese wundervolle Natur- und Götteridylle am Fuß des Olymp — eine „bukolische Tragödie" nennt sie das wiederum von Gregor geschaffene Textbuch — war gewiß die schönste Wiener Premiere am

Beginn der politisch so traurigen Ära. Hier griff Strauss sehr stark in die Inszenierung ein. Besonders am Herzen lag ihm die Schlußszene, in welcher sich Daphne in den singenden Lorbeerbaum verwandelt. In einem Brief an Clemens Krauss schreibt Strauss, man müsse deutlich sehen, wie die von Apoll verfolgte Nymphe plötzlich wie gebannt stehenbleibt und wie aus ihren ausgebreiteten Armen und ihrem flatternden Haar sichtbar Zweige und Blätter hervorwachsen, wie die Füße zu Wurzeln werden. „Meine ganze Musik hat sonst keinen Sinn. Die Verwandlung Daphnes muß von A bis Z sichtbar sein."

1942 hat Richard Strauss zum letztenmal in der Wiener Oper dirigiert. Hernach schrieb er an Clemens Krauss: „Habe hier letzten Sonntag in alter Frische und ohne jede Anstrengung die gute alte Salome dirigiert." Da konnte man damals, zum Unterschied von so vielen Dirigenten, noch einmal erleben, was für ein Schoner der Sänger Strauss war, wie er das Orchester immer wieder abdämpfte; die Sänger haben es unter ihm leicht gehabt.

Zu Strauss' 80. Geburtstag (1944) gab es dann einen großen Zyklus mit seinen Opern. Selbst dirigiert hat er nur mehr im Musikvereinssaal. Höhepunkt war eine „Ariadne", wie man sie seither nur selten so glänzend erlebt haben dürfte: mit Maria Reining in der Titelrolle, Alda Noni als Zerbinetta, dem „jungen Gott" Max Lorenz als Bacchus und mit Karl Böhm am Pult. Von diesem Abend gibt es den bekannten Mitschnitt auf Platten.

Im selben Jahr kam auch noch „Capriccio" heraus, die Strauss-Oper, zu der Clemens Krauss das sehr originelle Buch verfaßt hatte. Sie spielt auf einem Schloß in Frankreich im 18. Jahrhundert und beinhaltet eine Auseinandersetzung unter mehreren Musikliebhabern und Professionals über die Frage, was bei einer Oper wichtiger sei, die Musik oder der Text. Mit welcher Stimmung und Poesie ist das alles gestaltet! — Paul Schöffler hatte seinen großen Tag: dieser alte Theaterdirektor La Roche mit seiner Philosophie über die Theaterpraxis blieb eine der größten Schöffler-Rollen. Böhm dirigierte, Hartmann inszenierte, Cebotari war die Gräfin.

Als man 1941 in Wien zum 150. Todestag Mozarts die „Mozart-Woche des Deutschen Reiches" (wie das klingt!) beging, gastierte die Münchner Oper mit „Così fan tutte" unter Krauss (Despina: Hilde Güden!), und Richard Strauss dirigierte den „Idomeneo" in seiner Fassung. Er kam damals überhaupt oft nach Wien zu Besuch und stand den Dirigenten, die seine eigenen Opern betreuten, gerne zur Verfügung. Einmal saß er während einer Probe zu „Salome" hinter Hans Knappertsbusch, und als dieser zu einem breiten Dreivierteltakt-Ritardando am Schluß von Salomes Tanz ausholte, brummte ihm Richard Strauss ins Ohr: „Machen S' Richard, net Johann!"

Im Rahmen dieser Mozartwoche erlebte Wien etwas ganz Besonderes: Gustaf Gründgens inszenierte „Die Zauberflöte", die er auch in Berlin in Szene gesetzt hatte. 150 Jahre nach der Uraufführung — sie fand am 30. September 1791 im Freihaustheater auf der Wieden statt, mit Schikaneder als erstem Papageno — sah man das Werk ganz als Märchen angelegt, teils mit sehr realistischen Elementen, teils mit ins Geistige transponierten Requisiten. So kroch, bäumte und ringelte sich die Schlange mit äußerster Lebensechtheit, während hingegen Tamino die Flöte nicht blies, sondern sie nur bedeutsam hob und wie einen beinahe schwebenden Gegenstand über sich hielt. Die Flöte wurde fast zum Dirigentenstab! Die Töne schienen gar nicht aus dem Instrument hervorzukommen, sondern aus dem Äther, aus weiter Ferne, von irgendwoher... Die drei Knaben schwebten in einer Art Blumengondel hoch durch die Luft.

Der Dialog war fast ungekürzt wiederhergestellt, die traditionellen Papageno-Späße gestrichen. (Derlei „Reinigungen" haben allerdings viele Regisseure versucht, doch hält das immer nur bis zum Premierenabend, schon am zweiten Abend sind die Späße unweigerlich wieder da, zum Beispiel das berühmte Extempore Papagenos, wenn ihm die Priester im zweiten Akt Papagena wegnehmen: „Herr, mischen Sie sich nicht in meine Familienangelegenheiten!" Dagegen wettern die Regisseure vergebens.) Tamino war Helge Roswaenge, Pamina Maria Reining, Erna Berger sang die Königin der Nacht, Knappertsbusch dirigierte.

Für das breite Publikum war die erfolgreichste Novität jener Jahre sicherlich „Der schwarze Peter" von Norbert

Schultze, dem Komponisten der „Lili Marleen". Die Wiener Staatsoper war die 81. Bühne, auf welcher dieses Zugstück erschien (1939). In dieser Märchenoper für Kinder gab es ein reiches Königreich und ein armes Königreich, in dem einen gab es einen Königssohn, im anderen eine schöne Prinzessin, die beiden Kinder heiraten, und wenn sie nicht gestorben sind, so leben sie noch heute. Anton Paulik, der schon 1924 die „Gräfin Mariza" im Theater an der Wien aus der Taufe gehoben hatte und nun an der Staatsoper wirkte, hat das reizende Werk in Tausende Kinderherzen hineindirigiert.

Studiert man heute die Programme von damals, so muß man zugeben, daß sich eine Schar grandioser Künstler im Haus am Ring zusammengefunden hatte. Einmal führte Wilhelm Furtwängler (bei „Tristan und Isolde") selbst Regie — und verlangte hierfür (mitten im Krieg) die völlig authentischen Entwürfe, die Gustav Mahler und Alfred Roller 1903 gemeinsam geschaffen hatten ...

Hans Knappertsbusch dirigierte meistens Wagner — Wagner war ja damals in allen deutschen Opernhäusern das Herzstück jedes Repertoires —, er dirigierte viel Strauss, aber auch Humperdincks „Königskinder". Böhm dirigierte ebenfalls Wagner, er begann als Direktor 1943 mit den „Meistersingern", aber auch Mozart und Verdi. 1943 gab es zum 140. Geburtstag des genialen Italieners eine Verdiwoche, deren interessantester Abend wahrscheinlich „Macbeth" mit Elisabeth Höngen als Lady Macbeth gewesen sein dürfte. „Die größte Tragödin der Welt", nennt Böhm sie in seinem Tagebuch. Schöffler und Hotter alternierten als Macbeth! Es gab einen neuen „Maskenball" und einen neuen „Othello", beide von Böhm geleitet und von Oscar Fritz Schuh in Bühnenbildern von Caspar Neher inszeniert. Maria Reining war Desdemona, Max Lorenz sang einen blendenden Othello (Willi Forst half ihm, sich zu schminken!).

Als Oberregisseur der Staatsoper war Oscar Fritz Schuh engagiert, der mit Strohm aus Hamburg gekommen war, namhafte Bühnenbildner waren Caspar Neher und Wilhelm Reinking (später Ausstattungschef der Berliner Oper). Schuh und Neher brachten Mozart im Redoutensaal, „Figaro" und „Così fan tutte" — es waren die Geburtsjahre jenes Wiener Mozartstils, der später in den Theater-an-der-Wien-Jahren seine Hochblüte erlebte.

Interessante Neuinszenierungen waren der „Falstaff" unter Clemens Krauss als Gastdirigenten und „Notre Dame" von Franz Schmidt, inszeniert von Koloman von Nádasdy, dem späteren Direktor der Budapester Oper. Herbert Alsen, in grauenerregender Maske, sang den Quasimodo.

Von Puccini gab es eine neue „Bohème" auf der Drehbühne, von Verdi eine glanzvolle „Aida" unter Vittorio Gui, mit dem großen Siegfried Set Svanholm als Radames und mit Daniza Ilitsch in der Titelpartie (die Künstlerin geriet in große Schwierigkeiten, als es aufflog, daß sie einem englischen Fallschirmjäger in ihrer Wohnung Asyl gewährt hatte). Und Borodins prachtvoller „Fürst Igor" erlebte viel zu spät seine Wiener Erstaufführung mit dem herrlichen Paul Schöffler.

Schöffler trat auch, gemeinsam mit Esther Rethy, in Händels „Rodelinde" auf. Die Vorstellung fand im Redoutensaal statt, der während des Krieges viel bespielt wurde. Man hatte im Anschluß an das „Julius-Cäsar"-Gastspiel der Hamburger Oper so etwas wie eine Wiener Händelrenaissance versucht, doch gelang sie trotz der glänzenden Leistungen von Schöffler und Rethy nicht recht.

Großen Einfluß auf die Spielplangestaltung hatten die verschiedenen Jubiläen, die gerade in die Kriegszeit fielen. Die Strauss-Geburtstage habe ich schon erwähnt, aber es gab noch andere ehrwürdige alte Herren und Damen, die zu feiern waren.

1938 waren es gerade 50 Jahre seit der Hofopern-Uraufführung des Balletts „Die Puppenfee" von Josef Bayer. Die Festvorstellung unter der Leitung von Anton Paulik war die 675. Aufführung.

1939 und 1944 wurde Hans Pfitzner zum 70. beziehungsweise 75. Geburtstag mit „Palestrina" geehrt; Josef Witt sang die Titelrolle, und es war rührend, wie der schon zittrige, greise Meister am Ende bei offenem Vorhang mit ausgestreckten Händen auf seinen bedeutenden Darsteller zuging, vom Jubel des Hauses begleitet. (Witt war auch ein blendender Eisenstein und wurde später ein beliebter Regisseur und Lehrer.)

1940 gab es gleich drei Jubiläen: die 70. Wiederkehr des Tages, an welchem Wagners „Meistersinger" zum erstenmal in Wien erklangen, den 100. Geburtstag Tschaikowskys (der mit „Eugen Onegin" gefeiert wurde) und den 80. Geburtstag Emil Nikolaus von Rezniceks, dessen „Donna Diana" in einer Neufassung wieder ins Repertoire kam. Donna Diana war Else Schulz, eine ungemein reizvolle Sängerin aus Wien, grazil und sportlich,

---

Die Selbsterkenntnis des Genies

Als Richard Strauss „Capriccio" komponierte, hatte er zahllose Sitzungen mit seinem Textautor Clemens Krauss. Einmal während eines solchen Beisammenseins klingelte es. Es war der Geldbriefträger mit einem Tantiemenbetrag. Stolz zeigte der Komponist dem Freund die sehr hohe Summe: „Das hab' ich allein für das Lied ‚Heimliche Aufforderung' bekommen." Darauf Clemens Krauss: „Und Schubert ist als Bettler gestorben." Strauss: „Dafür wird er länger leben."

---

von katzenhafter Beweglichkeit und Behendigkeit; sie war eine gute Salome, sang aber auch die Rosalinde bezaubernd.

Gleichfalls achtzig wurde vier Jahre später Eugen d'Albert, also brachte man Hitlers Lieblingsoper „Tiefland" entsprechend heraus (mit Maria Nemeth als Martha).

Zum Gedenken an den Tag, an welchem 100 Jahre vorher (1842) Otto Nicolai aus dem „sämmtlichen Orchester-Personale des k. k. Hof-Operntheaters nächst dem Kärnthnerthore" das berühmteste Konzertorchester der Welt schuf, unsere herrlichen Wiener Philharmoniker, spielte die Oper den „Fliegenden Holländer", und zum 75jährigen Jubiläum des Wiener Staatsoperngebäudes am 25. Mai 1944 dirigierte Böhm „Fidelio" in jener Inszenierung, die Lothar Müthel gemeinsam mit Furtwängler herausgebracht hatte, mit Anni Konetzni und Paul Schöffler. Vor Beginn der Vorstellung sprach Burgschauspieler Raoul Aslan einen von dem damaligen Poeta laureatus Josef Weinheber verfaßten Prolog.

Über alldem lag ständig der Schatten des Krieges. Schon 1942 war die Oper wegen Kohlenmangels zeitweise gesperrt, 1943, nach der Niederlage von Stalingrad, drei volle Tage lang. Luftschutzanweisungen auf den Theaterzetteln unterrichteten das Publikum, was es bei Fliegeralarm zu tun habe.

Gerade der auf allen lastende Druck veranlaßte jedoch die Berliner Behörden, möglichst viel Heiterkeit für das gesamte Reichsgebiet anzuordnen, und das war ein Grund, warum während des Krieges die Operette an der Staatsoper so stark gepflegt wurde. Man hatte ja auch das Glück, in Anton Paulik den vielleicht besten Operettendirigenten überhaupt im Engagement zu haben. Er dirigierte „Eine Nacht in Venedig", „Die Fledermaus", „Das Land des Lächelns"; den „Zigeunerbaron" leitete Böhm. Im Redoutensaal brachte Oscar Fritz Schuh mit Paulik „Wiener Blut" heraus. Alexander Steinbrecher bearbeitete Suppés „Boccaccio".

Nicht nur Villen und Geschäfte, auch Opern und Operetten wurden „arisiert"; so wurde das von der jetzt „verbotenen" Margarete Wallmann geschaffene Ballett im „Orpheus" durch ein neues von Rosalia Chladek ersetzt (in welchem übrigens die spätere Primaballerina Julia Drapal als Verlorene Seele im Hades ihren ersten großen Erfolg verzeichnen konnte); statt der von Korngold geschaffenen Fassung der „Nacht in Venedig" gab es eine neue von Anton Paulik und Rudolf Kattnigg — wo die Jeritza ein „Lachlied" nach „Ritter Pasman" gesungen hatte, sang nun Maria Reining ein Arrangement des Straußwalzers „Wo die Zitronen blüh'n". Damit war den Nürnberger Gesetzen Genüge getan. (Johann Strauß als „Achteljude" rutschte gerade noch durch.)

In diesen Kriegsjahren standen viele Wiener Lieblingssänger auf dem Zenit: Maria Reining, ursprünglich Soubrette, erreichte ihren Höhepunkt als jugendlich-dramatische Marschallin, Elsa, Elisabeth und Daphne; die nach dem Krieg so tragisch früh verstorbene Maria Cebotari brillierte gleichfalls als Daphne und war eine unvergeßliche Traviata; Peter Klein war mit Direktor Strohm aus Hamburg gekommen, Charaktertenor, auch noch in der Karajan- und Hilbert-Zeit ein grandioser Mime (er ist auch ein ausgezeichneter Lehrer am Konservatorium der Stadt Wien); Erich Kunz, der Wiener, der aus Breslau kommend als Beckmesser debütierte, eroberte sofort alle Herzen, an Humor und genialer Charakterisierungskunst

301

macht es ihm als Papageno und Bartolo noch heute keiner nach; und die noch von Bruno Walter engagierte bezaubernd schöne Esther Rethy sang das Evchen, die Sophie und viel Operette. Strauss hat die Rethy sehr geschätzt, bei der Uraufführung wollte er sie als Daphne. Hilde und Anni Konetzni standen in strahlendster Stimmenblüte. Max Lorenz, der große Wagnertenor, sang in dieser Zeit auch das italienische Fach, sein Othello war einer der großartigsten seit Slezaks Tagen; sehr erfolgreich war eine Zeitlang ein Tenor aus Bulgarien, Wenko Wenkoff; Elisabeth Höngen, von Böhm gebracht, triumphierte als Carmen; Irmgard Seefried, die in der Kneipp-Stadt Wörishofen in ihrer bayrischen Heimat als zehnjähriges Wunderkind mit Schuberts „Allmacht" (als Solistin mit einem mächtigen gemischten Chor!) zum erstenmal öffentlich aufgetreten war, begann als Evchen, war aber schon kurz darauf die prominenteste Wiener Mozartsängerin (Susanne, Pamina, Zerline); sie wurde später die Gattin Wolfgang Schneiderhans; Elisabeth Schwarzkopf begann im Koloraturfach, als Rosine im „Barbier" (unter Böhm 1944) und machte bald im lyrischen Fach Weltkarriere. Emmy Loose war die neue, reizende Mozartsoubrette (Blondchen, Despina usw.); und Christl Goltz, die später so berühmte Salome und Elektra, debütierte in „Frau ohne Schatten", gleichfalls in der Böhm-Ära.

Zur weiblichen Sängerprominenz gehörten ebenso die Mezzosopranistin Piroska Tutsek, die griechische Sopranistin Elena Nicolaidi, dann Gertrude Rünger (sie war Klytämnestra in der Ära Krauss gewesen und kehrte nun als Elektra zurück) und Marta Rohs, deren reizender Cherubino, Octavian und Silla (in „Palestrina") unvergeßlich bleiben. Der Tenor Karl Friedrich begann seine Karriere, die Bassisten Adolf Vogel und Fritz Krenn erreichten gerade ihren Höhepunkt. Vogel war besonders gut in Spielopern, Krenn der beste Wiener Ochs seit Richard Mayr.

Von Direktor Schneider engagiert, kam Erika Hanka als Ballettmeisterin in das Haus am Ring, sie wurde nach dem Krieg auch als Choreographin und Schöpferin des neuen Staatsopernballetts sehr erfolgreich. Erich von Wymetal, der Sohn des alten Wilhelm von Wymetal, folgte den Spuren seines Vaters als Regisseur. Ulrich Rol-

Nach dieser „Götterdämmerung" blieb das Haus wegen des „totalen Krieges" geschlossen. Die Götterdämmerung hatte begonnen.

STAATSOPER WIEN

Freitag, den 30. Juni 1944

Preise II

DER RING DES NIBELUNGEN

Ein Bühnenfestspiel für drei Tage und einen Vorabend
von Richard Wagner

Dritter Tag:

Götterdämmerung

In drei Aufzügen und einem Vorspiel

Musikalische Leitung: Hans Knappertsbusch

Spielleitung: Erich v. Wymetal

Personen der Handlung.

Siegfried	Dr. Julius Pölzer *Staatsoper München*
Brünnhilde	Helena Braun *Staatsoper München*
Gutrune	Daga Söderqvist
Hagen	Herbert Alsen
Gunther	Carl Kronenberg *Staatsoper München*
Alberich	Adolf Vogel
Waltraute	Elisabeth Höngen
Die drei Nornen	Else Schürhoff / Elena Nikolaidi / Daniza Jlitsch
Die drei Rheintöchter	Esther Réthy / Aenne Michalsky / Elena Nikolaidi
Die drei Mannen	Egyd Toriff / Karl Ettl / Roland Neumann

Bühnenbilder und Kostüme nach Entwürfen von Alfred Roller

Nach jedem Aufzug eine größere Pause

Anfang 16 Uhr   Ende 21 Uhr

Das Publikum wird gebeten, sich vor Beginn der Vorstellung beim Erscheinen unserer verwundeten Frontsoldaten in der Mittelloge von den Plätzen zu erheben.

Bei Fliegeralarm Ruhe bewahren! Es ist Vorsorge getroffen, daß alle Besucher Platz in den Luftschutzräumen finden. Richtungspfeile beachten! Die Sitzplätze ohne Hast verlassen und allen Anordnungen der Luftschutzorgane Folge leisten!

ler, Alfred Rollers Sohn, erwies sich als hochbegabter Bühnenbildner, leider fiel er bald an der Ostfront; Leopold Ludwig und Wilhelm Loibner entwickelten sich zu überaus tüchtigen Hausdirigenten; Loibner war ein glänzender Pianist und hatte zunächst als Korrepetitor begonnen, seit seinem „Falstaff" (mit Jerger) blieb er als Kapellmeister eine Stütze des Hauses. Und Rudolf Moralt, Richard Strauss' Neffe, erlebte den Beginn einer viel zu kurzen Karriere als Orchesterleiter. Vor der Wiener „Daphne"-Premiere, die Moralt leitete, erkundigte sich Clemens Krauss bei Knappertsbusch, ob er den jungen Kapellmeister Moralt schon bei der Arbeit gesehen habe. Und Knappertsbusch, wohl wissend um die Eitelkeit von Clemens Krauss, antwortete todernst: „Ja, ja, der ist ausgezeichnet. Der ist besser als ich — und fast so gut wie Sie!"

Daß in Wien alle Jahre im Juni die „Reichstheaterfestwochen" stattfanden, mag bezüglich der Wahl des Ortes bewußte Politik gewesen sein. Oder sollte es ein Kompliment für Wien sein?

Wie reich die Oper damals an Sängern war, kann man zum Beispiel daraus ersehen, daß hier ständig zwei sehr gute Brünnhilden zur Verfügung waren (Anni Konetzni und Helena Braun), vier Hans Sachse (Hans Hotter, Paul Schöffler, Josef Herrmann und Karl Kamann) und ebensoviel Siegfriede (Max Lorenz, Set Svanholm, Joachim Sattler und Dr. Julius Pölzer). Pölzer war es, der am 30. Juni 1944 den Siegfried in der von Knappertsbusch dirigierten „Götterdämmerung" sang. Der Brand und der Zusammenbruch Walhalls nahmen den Brand und die Zerstörung der Staatsoper vorweg.

Der Sommer brachte das Hitler-Attentat des 20. Juli. Im Zuge des „totalen Krieges" blieb die Oper geschlossen, es gab nur noch konzertante Vorstellungen für Soldaten und unter Böhms Leitung im Musikvereinssaal Schallplattenaufnahmen mit dem noch verbliebenen Ensemble. Während einer solchen Aufnahme, am 12. März 1945, heulten gegen elf Uhr vormittags die Sirenen, worauf sich die Sänger und der Chor gemäß den Vorschriften aus dem Musikvereinssaal über den Ring hinüber in die Oper begaben, um dort den Luftschutzkeller aufzusuchen. Er befand sich glücklicherweise unter dem Ringstraßentrakt, dem einzigen, der — mit Loggia, Foyer und Stiegenhaus — an diesem Tag von den Bomben verschont blieb. Der Zuschauerraum, die Bühne, die Probensäle und die Werkstätten brannten aus.

Aus dem „Völkischen Beobachter" vom 13. März 1945

„Als gestern der Terrorangriff der anglo-amerikanischen Flieger ein Ende gefunden hatte, Brand, Trümmer, Not und Tod zurücklassend, da war einer der häufigsten Sätze, die man in der Innenstadt hörte: ‚Unsere Oper brennt', und sprachen damit ihre enge Verbundenheit mit diesem herrlichen Gebäude, dieser weltberühmten Stätte erlesenster Kunstpflege, aus. Und auch wir, die in früheren Zeiten von volksfremden Regierungen teils absichtlich, teils fahrlässig vom Kulturleben ausgeschlossen waren, die keine Möglichkeit zu Opernbesuchen hatten, haben mit dem Haus am Ring mehr verloren als irgendein Gebäude — ein Stück Wien eben, ein sehr wesentliches und kostbares!"

Ernst August Schneider, der noch aktives Mitglied der Direktion war, aber als einfacher Soldat in Mödling dienen mußte, eilte auf die Nachricht vom Brand der Oper nach Wien; das war gut, denn die Löschkommandos bestanden damals zu einem großen Teil aus ukrainischen Hilfstruppen, die natürlich keine Ahnung hatten, daß das, was da brannte, kein gewöhnliches Haus war, und sich nicht gerade sehr ins Zeug legten. Als aber auf einmal ein Mann in deutscher Uniform erschien, der sich auskannte und vernünftige Befehle erteilen konnte, hatten sie gleich einen ganz anderen Respekt und griffen entsprechend zu.

Ein paar Minuten ehe die Bomben auf das Haus am Ring gefallen waren, hatte sich im Luftschutzkeller in einer kleinen Gruppe derer, die dort mit ebensoviel Gottergebenheit wie Humor auf das Ende des Fliegerangriffes warteten, ein Dialog darüber entsponnen, womit sich die Mitglieder des Opernhauses vom Heldentenor bis zum letzten Bühnenarbeiter und zur kleinen Stenotypistin wohl bewaffnen könnten, falls es dazu kommen sollte, daß sie ihre geliebte Oper eines Tages selber verteidigen müßten.

Man ging im Geiste die Bestände der hauseigenen

Waffensammlung durch. „Es ist alles da, was man so braucht", sagte einer, „fünfzig Vorderlader aus 1866 mit aufgepflanzten Bajonetten, eintausend Hiebwaffen, Studenten-, Infanterieoffiziers- und Kavalleriesäbel, teilweise aus der Zeit Maria Theresias — na, und die Landsknechtschwerter aus dem 14. und 15. Jahrhundert?"

Ein anderer erinnerte sich der mit Goldleisten und Edelsteinen verzierten Aluminiumhelme, die von Winkelmann über Oestvig auf Erik Schmedes weitervererbt worden waren. Nur Slezak und Franz Völker hatten stets ihre eigenen Helme und Rüstungen getragen, von wegen des außergewöhnlichen Formats...

„Absolut kugelsicher alles", meinte der dritte, „besonders die Siegfriedhelme mit den echten Gänsefedern und die Walkürenhelme aus prima Stroh!"

„Dafür haben wir aber den ältesten Theaterpanzer von ganz Wien im Waffensaal, die Ritterrüstung aus der ‚Puppenfee' samt der Schmirgelmaschine, die sie immer wieder auf Trab bringt, damit sich die Arme und Beine bewegen lassen, wenn die Geisterstunde schlägt!"

„Alles Talmi", sagte ein älterer Chorist resignierend. „Ist eigentlich auch irgendwas Echtes unter dem ganzen Plunder?"

„O ja — der mexikanische Sattel, auf dem die Jeritza im ‚Mädchen aus dem goldenen Westen' mit ihrem Roß auf die Bühne galoppiert ist..."

In der nächsten Minute war dieses ganze Arsenal vernichtet. Die Wiener Oper aber hat überlebt. Sie hat sich schon immer als stärker erwiesen als ihre Direktoren — diesmal war sie sogar stärker als die Politik.

Auf der Suche nach meiner Welt

Franz Salmhofer leitet die Staatsoper im Theater an der Wien 1945 bis 1955, Hermann Juch in der Volksoper 1946 bis 1955

Ich habe die Kriegsjahre fern der Heimat verlebt. Den ersten Abend meiner Emigration in Amerika verbrachte ich auf dem Stehplatz in der Metropolitan Opera. 1946 kam ich nach Wien zurück, fand weder meine Familie noch meine Freunde vor und das Opernhaus, in dem ich aufgewachsen war, als Ruine.

Nun gibt es in den Augenblicken des höchstens Grauens eine Reaktion der Selbsttäuschung — nämlich für einen Augenblick so zu tun, als ob alles beim alten wäre. Also ging ich in die Oper. Das Ensemble der Staatsoper spielte damals in seinen beiden Exilheimen, dem Theater an der Wien und der Volksoper. Ich wurde in die Volksoper verschlagen. Man gab „Tosca". Es sangen: die Nemeth, der Jerger und, wenn ich mich recht erinnere, Josef Kalenberg. Sie waren sogar gut bei Stimme. Wie in den dreißiger Jahren... Da begriff ich plötzlich, daß es nichts hilft, sich etwas vorzulügen. Meine Welt gab es nicht mehr. Ich machte mir Vorwürfe, daß ich vor einigen Jahren jenen jungen amerikanischen Soldaten zu sehr als Banausen verachtet hatte, der in der „Met" bei „Othello" neben mir stand und mich bei den größten Verzweiflungsausbrüchen des alten Giovanni Martinelli im dritten Akt fragte: „What the hell is he so excited about?" (Warum zum Teufel regt er sich so auf?) Wir hatten Grund, uns über andere Dinge aufzuregen als über Scarpia, der unter den Stichen des Messers verröchelt, oder über die Gewehrsalve, die Cavaradossi erledigt. Die veristische Oper kann nur in Zeiten tiefen Friedens groß sein, nicht wenn das Leben selbst einen viel grausigeren Verismo schreibt.

Und wie stand es mit Wagner? Ich war seit jeher ein glühender Wagnerianer und bin es heute wieder. Dazwischen ist jedoch eine Zeit gewesen, in der man das „Heil, König Heinrich!" nicht hören wollte, weil man im Geiste unwillkürlich nach dem Wort „Heil" mit einem anderen Namen fortsetzte. Pathos verträgt man nur in unpathetischen Zeiten. Was kommen mußte, war das Theater der einfachen Menschlichkeit und Stilisierung. Die Geschichte selbst hatte das Fundament gelegt für die größte künstlerische Revolution, die von der Opernwelt des Nachkriegswien ausgehen mußte: die Mozartrenaissance.

Bei meiner Rückkehr in die alte Heimat war es mir klar, daß ich — wie ein Student, der ein paar Semester versäumt hat — viel „nachzuholen" hatte. Natürlich war ich auch in den bösen sieben Jahren nie ganz ohne Kontakt mit Wien geblieben, manchmal waren Briefe gekommen, manchmal Zeitungen. Für einen echten Opernnarren gibt es aber noch viel delikatere Kanäle der Information. Ich hatte einigemal Gelegenheit, mit deutschen Kriegsgefangenen zu reden — sie haben mir die geistige Schmuggelware am Fließband geliefert: Die beiden Schwestern Konetzni singen schöner denn je (und haben trotz der schlechten Kost nicht abgenommen); und dann gibt es da einen neuen, unvergleichlichen Hans Sachs, Paul Schöffler, und ein reizendes neues Evchen aus Bayern, Irmgard Seefried; das neueste Bühnenwerk von Richard Strauss ist ein veroperter Kursus für Musikästhetik und Literaturhistorie; die Reining singt jetzt das jugendlich-dramatische Fach — na, und wenn Sie erst Hans Hotter hören könnten... Ich war bei meiner Rückkehr von Minderwertigkeitskomplexen geplagt, denn ich erkannte ja die neuen Größen der Oper auf der Straße nicht!

Das hat sich bald gegeben. Ich erinnere mich gerne an ein kleines Restaurant in der Nähe des Hotels Bristol, es nannte sich euphemistisch „Künstlerklub" (dort gab es manchmal ein „illegales" Beefsteak), und hier habe ich viele von ihnen zum erstenmal aus der Nähe gesehen. Unten in einer Ecke saß der Filmproduzent Ernst Marischka mit einem neuen, angeblich phänomenalen Dirigenten, mit dem er einen Film „Matthäuspassion" plante: Herbert von Karajan. Und als Stammgast im ersten Stock, von den Damen umschwärmt und umfüttert, saß Hans Hotter.

Es war das erstemal seit 150 Jahren, daß das Staatsopernensemble zwei Häuser täglich bespielte. Das Projekt hatte schon früher in der Luft gelegen: in seinem „Künstlerischen Vermächtnis" vom April 1945 machte Richard Strauss seinem Freund Dr. Karl Böhm konkrete Vorschläge für eine Repertoireteilung zwischen Staatsoper und Theater an der Wien.

Jetzt war das Zentrum der gigantischen Organisation der vier Bundestheater (Burgtheater, Akademietheater, Staatsoper in zwei Häusern) die Bundestheaterverwaltung mit ihrem Leiter Dr. Egon Hilbert. Er betrachtete die

Theater, und insbesondere die Oper, als sein höchstpersönliches Imperium. Dieser ehemalige Verwaltungsbeamte der Polizei liebte die Oper unbändig — vielleicht mehr die Maschine ihres Betriebes als die Schönheit der Werke. Er hatte Schweres durchgemacht, hatte den Krieg im Konzentrationslager von Dachau verbracht (man sagt, daß es ihm manchmal gelungen sei, mit Transportdiensten nach München zu fahren und dort heimlich in die Oper zu gehen!). Seine Mithäftlinge waren der zukünftige Bundeskanzler Leopold Figl, der zukünftige Unterrichtsminister Dr. Hurdes und der zukünftige Stadtrat Matejka; im Elend des KZ haben sie in verzweifeltem Optimismus die Welt der Zukunft untereinander aufgeteilt — Hilbert bekam die Leitung der Bundestheaterverwaltung zugesagt. Nun arbeitete Hilbert con fuoco, con brio, und die Hilbertlegende spricht von mindestens 25 Arbeitsstunden an einem Durchschnittstag. Jedenfalls hat dieser merkwürdige Mann, der später als Staatsoperndirektor einen Tod von shakespearischer Größe erleiden sollte, in diesen ersten Jahren ganz Großes geleistet. Hilbert mußte mit zwei Staatsoperndirektoren rechnen, die er beide gerne als willenlose Puppen gesehen hätte: Franz Salmhofer hatte schon viele Monate vor Hilberts Amtsantritt den Spielbetrieb im Theater an der Wien aus dem Nichts herausgezaubert, Dr. Hermann Juch war von Hilbert zum Direktor der „Staatsoper in der Volksoper" gemacht worden.

Hilberts ursprünglicher Plan, der nie verwirklicht wurde, war eine klare Trennung des Repertoires: Oper im Theater an der Wien, Staatsoperette in der Volksoper. Beide Theater waren unter Hilbert voneinander vollkommen unabhängig, jedes hatte seine eigenen Sänger unter Vertrag, allerdings mit der Klausel, daß jeder, wenn nötig, auch im anderen Haus arbeiten müsse. Die Philharmoniker wurden dem Theater an der Wien zugewiesen, die Staatsoper in der Volksoper baute ihr eigenes Orchester auf. Lediglich das Ballett war gemeinsam und hatte beide Häuser zu betreuen.

Der Betrieb in der Volksoper war noch vor dem des Theaters an der Wien aufgenommen worden. Am 14. April 1945 waren die Kämpfe in Wien zu Ende gegangen, es kam die russische Besatzung, und am

NEUEINSTUDIERT

Fidelio

Oper in zwei Akten von Ludwig van Beethoven
Text nach Bouilly von Sonnleithner und Treitschke

Musikalische Leitung: Josef Krips
Inszenierung: Oscar Fritz Schuh
Bühnenbilder und Kostüme: Robert Kautsky
Chordirektion: Dr. R. Rossmayer

Florestan, ein Gefangener . . . . Willy Franter
Leonore, seine Gemahlin,
   unter dem Namen Fidelio . . . . . Anny Konetzni-Wiedmann
Don Fernando, Minister . . . . Fritz Krenn
Don Pizarro,
   Kommandant eines Staatsgefängnisses . . Paul Schöffler
Rocco, Kerkermeister . . . . Herbert Alsen
Marzelline, seine Tochter . . . . Irmgard Seefried
Jacquino, Pförtner . . . . Anton Dermota
Erster Gefangener . . . . Hermann Gallos
Zweiter Gefangener . . . . Hans Braun

Staatsgefangene, Wachen, Volk

Nach dem ersten Akt eine größere Pause

Helft die Wiener Staatsoper wieder aufbauen!

Eröffnung im Theater an der Wien am 6. Oktober 1945. Max Lorenz, der den Florestan singen sollte, war im Westen und konnte nicht „über die Ennsbrücke", die berüchtigte Grenze zwischen der amerikanischen und russischen Besatzungszone.

27. April proklamierte Dr. Karl Renner die Wiederherstellung der Republik Österreich. Alfred Jerger war als kommissarischer Leiter der Oper eingesetzt worden. Der russische Stadtkommandant befahl ihm: „Du spielen Oper!" Und Jerger spielte Oper. Die Volksoper, während

des Krieges als „Opernhaus der Stadt Wien", war unversehrt geblieben, ihr Fundus gerettet, während fast alle Dekorationen, Requisiten und Kostüme der Staatsoper zerstört waren. Schon am 1. Mai gab es in der Volksoper „Figaros Hochzeit" unter Krips, mit dem Debüt von Sena Jurinac als Cherubin. „Figaro" war nicht das richtige Stück für diese Zeiten. Es gab eine Besatzungsmacht, die Gold sehr gerne hatte, und so gab es in jeder „Figaro"-Vorstellung nach jeder Pause ein paar goldene Sessel und ein paar goldene Vorhänge weniger. Da mußte ein Arme-Leut-Stück her! Zwei Wochen später setzte Jerger sein österreichisches Wunder mit „Bohème" fort — Anton Dermota als Rudolf, Sena Jurinac als Mimi, Irmgard Seefried als Musette — und improvisierte schon im Juni einen täglichen Spielbetrieb. Es fuhr noch keine Straßenbahn (Boten sagten die Proben an!) und es gab keinen elektrischen Strom — aber die Oper spielte weiter.

Man arbeitete aus Enthusiasmus, die Arbeiter bekamen keine Gagen, jeder fühlte den dynamischen Aufbauwillen der neuen Zeit. Es gab nichts zu essen, aber bei keiner Premiere wurde irgend jemand krank.

Im Juni 1945 wurde Franz Salmhofer zum Direktor der Staatsoper ernannt. Er war durch viele Jahre Kapellmeister des Burgtheaters gewesen und hatte die Maitage bei Ybbs verbracht; nun kam er ohne Gepäck in das besetzte Wien, in kurzen Lederhosen, und nahm in diesen seine Ernennung vom Staatssekretär für Unterricht entgegen. Mit ihm trat eine sehr starke, profilierte Musikerpersönlichkeit das Erbe von Gustav Mahler und Richard Strauss an.

Salmhofer war Wiener, ehemaliger Sängerknabe, Schüler von Franz Schreker, hatte an der Staatsoper mit Balletten und zwei Opern bedeutende Erfolge gehabt. Zunächst rief er alle Sänger und Musiker, die aufzutreiben waren, im erhalten gebliebenen Stiegenhaus der Oper zusammen, um ihnen das Gefühl der Zugehörigkeit zu ihrer alten Heimat wiederzugeben — dort hielt er seine Antrittsrede und überzeugte sich nochmals, daß man in der Ruine auf keinen Fall spielen konnte. Erst nach dieser denkwürdigen Feier entschloß er sich, im Theater an der Wien Oper zu spielen, denn er wußte, daß man die Staatsoper nicht in Währing allein aufleben lassen konnte. Das Theater an der Wien gehörte der Gemeinde, und Salmhofer erreichte durch Bürgermeister Körner, den nachmaligen Bundespräsidenten, die Freigabe des Gebäudes.

Hier wurden „Fidelio" und der „Waffenschmied" uraufgeführt, hier hat Meyerbeer dirigiert, hier hörte Wien zum erstenmal die „Bohème", unter Johann

---

Direktoriale Selbsthilfe

In den ersten Monaten nach Kriegsende verfiel Staatsoperndirektor Franz Salmhofer auf die ungewöhnlichsten Ideen, wenn es darum ging, seinen geliebten Künstlern das Notwendigste zuzuschanzen. „Es muß etwas geschehen!" polterte er. „Ich brauche Speck für die Welitsch, Kohle für den Lorenz, Benzin für den Schöffler!" Neben dem Theater an der Wien befand sich ein Haus von eher zweifelhaftem Ruf, das von Soldaten der Besatzung frequentiert wurde. Als dort wieder einmal ein alliierter Lkw vorfuhr, mit den begehrten Kostbarkeiten reich beladen, und der Chauffeur samt Begleiter in besagtem Hause verschwand, stieg Franz Salmhofer, als Arbeiter getarnt, mit einigen Bühnenarbeitern auf den Lkw und holte sich von dort Speck für die Welitsch, Kohle für den Lorenz, Benzin für den Schöffler. Als einer seiner Helfer den Chef schüchtern zu fragen wagte, ob denn das nicht Diebstahl sei, hob Direktor Salmhofer den gekrümmten Zeigefinger der rechten Hand hoch empor (seine meistimitierte Geste) und sagte voll heiliger Entrüstung: „Merken Sie sich — die Staatsoper stiehlt nicht!"

Strauß die erste „Fledermaus" und unter Franz Lehár die erste „Lustige Witwe".

Franz Salmhofer betrat das Haus mit seinem technischen Stab durch den Bühneneingang in der Lehárgasse und sagte zu der alten Portiersfrau, die auf der Bühne eine Champignonzucht betrieb: „Mutterl, jetzt sind wir die neuen Hausherren!" Sie war sein erstes Engagement — Toilettefrau.

Mit genialem Improvisationstalent machte Salmhofer das verfallende Haus, in welchem man seit 1939 nicht mehr gespielt hatte (es war völlig leer und nur von Ratten bewohnt), wieder spielfertig; unter seiner Führung betätigte sich der Opernchor als Tischler, Tapezierer und Schneider.

Zum Glück hatten die unersetzlichen Philharmoniker, die im Krieg durch das Eintreten Furtwänglers einem drohenden Auflösungsbefehl entgangen waren, den Krieg überlebt, und auch ihre Partituren und das Orchestermaterial waren gerettet. Den Rest konnte Salmhofer herbeizaubern: brauchte er für das Theater Geld, so vermietete er gegen hohe Leihgebühr die goldenen Stühle des Redoutensaales an Besatzungsoffiziere, die gerne auf Gold saßen ... Und wenn das Verbundnetz wieder einmal zusammenbrach, ging er persönlich ins E-Werk und ließ das Spezialkabel, das nur für die russische Kommandantur bestimmt war, für das Theater an der Wien anzapfen.

Am 6. Oktober 1945 konnte er mit „Fidelio" eröffnen. Die echten Mauern und Tore des Theaters an der Wien gaben die Dekoration für den Gefängnishof ab, und ein paar Versatzstücke stammten aus der Volksopern-„Aida". Die Direktion befand sich im 5. Stock — der Lift wurde niemals instand gesetzt, weder die Gemeinde, der das Haus gehörte, noch der Bund, der die Oper führte, wollten ihn reparieren. Die große Theater-an-der-Wien-Zeit hatte begonnen.

Hilbert und Salmhofer konnten einander nicht ausstehen. Beide waren Fanatiker (der eine ein fanatischer Nichtfachmann, der andere ein fanatischer Fachmann), beide sprachen laut und viel (und mit hoher Stimme) und hörten einander niemals zu. Vielleicht bewirkten gerade die ewigen Reibereien zwischen diesen beiden explosiven Persönlichkeiten, daß im Theater an der Wien alles so gut ging.

Die Künstler kamen gerne nach Wien, es gefiel ihnen hier besser als im zerbombten Deutschland, viele von ihnen rissen sich um die österreichische Staatsbürgerschaft, und reisen konnte man ja noch nicht.

Auch das Haus selbst zeigte bald seine besonderen Qualitäten: es war klein, intim, und zum erstenmal konnte man bei Opernaufführungen auch das Mienenspiel der Sänger im Detail verfolgen. Am Anfang dachte man, daß die Akustik nur für kleinere Opern tragbar wäre. Das erwies sich als völlig falsch. Salmhofer ließ den Orchestergraben durch fallweises Entfernen von zwei Parkettreihen vergrößern, dann wieder verkleinern, und

Gottfried von Einems Oper „Dantons Tod" erschien 1947 im Theater an der Wien. (Karikatur von Winnie Jakob.)

obwohl man dort niemals in ganz großer Streicherbesetzung spielte (Maximum: 10 erste Geigen), haben die „Meistersinger" und die „Elektra" im Theater an der Wien prachtvoll geklungen.

Den Eröffnungs-„Fidelio" dirigierte Josef Krips. Er war der dritte Enthusiast im Bunde und wurde natürlich sofort, zwar nicht dem Titel nach, aber de facto, Chefdirigent.

Krips hatte während des Krieges aus rassischen Gründen in Wien nicht arbeiten dürfen, er war in einer Sektfabrik dienstverpflichtet gewesen, doch haben ihn viele Künstler heimlich und illegal für seine großartigen Korrepetitionsstunden hoch bezahlt.

In diesen Theater-an-der-Wien-Jahren trug Krips viel dazu bei, den Lückenbüßer Mozart in Wien zum erstenmal zum Kassenmagneten zu machen. Ein „Don Juan" mit Ljuba Welitsch, Hilde Konetzni, Irmgard Seefried, Paul Schöffler und Anton Dermota wurde so gestürmt, daß während des Einlasses Polizei und Überfallkommando amtshandeln mußten. Es gab eine wundervolle „Così fan tutte" unter Krips, und im Januar 1948 die neue „Zauberflöte" mit dem sensationellen Debüt von Wilma Lipp als strahlende Königin der Nacht.

Krips dirigierte aber auch Verdi (die italienische „Aida" mit der Welitsch 1946), Borodins „Fürst Igor" mit Paul Schöffler (1947) und Richard-Strauss-Opern, zum Beispiel die „Ariadne" mit Maria Cebotari und Sena Jurinac (1947). Die „Aida" (1946) wurde von Dr. Lothar Wallerstein inszeniert, der aus der Emigration zurückgekehrt war, die „Zauberflöte" (1948) von Oscar Fritz Schuh.

Neben Krips wirkte am Pult der unentbehrliche Rudolf Moralt. Er dirigierte 1946, zum 950. Geburtstag des Staates Österreich, Mozarts „Entführung"; neben der Schwarzkopf als Konstanze, Dermota als Belmonte, Weber als Osmin, der Loose als Blondchen und Peter Klein als Pedrillo spielte ein späterer Weltstar den Selim Bassa: Curd Jürgens.

Das Dirigentenproblem war besonders akut, weil unmittelbar nach dem Krieg viele der größten Namen in irgendeiner Form unter alliiertem Auftrittsverbot standen: Böhm, Knappertsbusch, Krauss, Furtwängler, Karajan. Dr. Karl Böhm kam sehr bald zurück. Eine meiner schönsten Erinnerungen an die Böhm-Abende des Theaters an der Wien war die neue „Turandot" (1948) mit Maria Cebotari, Irmgard Seefried (als Liu) und Helge Roswaenge. Wie bei der Wiener Erstaufführung im Jahre 1926 führte Wallerstein Regie: in farbenfrohem, prunkvollem altem Märchenstil — weltenfern, hoch über Volk und Hof — thronte der Sohn des Himmels.

Manchmal gab es ein richtiges Chaos um die Verbote. Ich erinnere mich noch, wie Elisabeth Schwarzkopf — damals großartig im Koloraturfach! — einmal von den Engländern verboten war, aber von den Franzosen erlaubt, dann wieder von den Amerikanern erlaubt und von den Russen verboten. Einmal legte eine Besatzungsmacht Salmhofer nahe, eine verdienstvolle, aber kugelrunde und nicht mehr sehr taufrische Diva aus Polen die Gilda singen zu lassen. Nach den ersten Tönen rief er Emmy Loose ins Haus und befahl ihr, sich bereitzuhalten. Nach dem Gartenakt ließ er Frau Loose weitersingen („denn wann die andere im Nachthemd kommt, lachen die Leut'!"). Als die Besatzungsoffiziere sich über diese Ausbootung empörten, sagte Franz Salmhofer zu ihnen: „Aber, meine Herren, es war eine humane Tat! Was g'schieht, wann die der Schlag trifft???"

Böhm und Krips waren die Dirigenten der großen Gastspielreisen der Staatsoper. Es klingt vielleicht merkwürdig, aber die Besetzung durch die vier Mächte hat Österreich und seiner Kunst erneut die Tore in die Welt geöffnet. 1946 kam es durch Vermittlung der französischen Besatzungsmacht zu einem Gesamtgastspiel der Pariser Oper mit „Pelléas et Melisande" von Debussy im Theater an der Wien; Irene Joachim, eine Enkelin des berühmten Geigers, hatte sehr großen Erfolg als Melisande. Der Dirigent Roger Désormière war von den Wiener Mozartvorstellungen so begeistert, daß er der Staatsoper für 1947 die erste Einladung nach Nizza und Paris (Reise im französischen Militärzug!) verschaffte.

Noch im selben Jahr kam das Gastspiel an der Covent Garden Opera in London; dort sang Richard Tauber, der in London lebte, todkrank — mit nur noch einer Lunge — noch einmal gemeinsam mit seiner Wiener Oper herr-

---

Embonpointscherl und Stimmerl

Franz Salmhofer war für weibliche Reize nicht unempfänglich und genoß manchmal das Vorsingen unternehmungslustiger Vorstadt-Brigitte-Bardots. Einmal kam eine junge Sopran-Sexbombe, sang die Königin der Nacht vor und schmiß alle hohen Töne. Die anwesenden Korrepetitoren und die junge Dame selbst hielten das Vorsingen für beendet. Aber Salmhofer: „Weitersingen! Ein Stimmfachmann versteht, ob ein Spitzenton kommen kann, auch wenn er nicht kommt!" Es folgte Lucia — alle hohen Töne geschmissen, ähnlicher Kommentar. Nach der vierten Arie ging Salmhofer auf die Bühne und betrachtete das Pflänzchen aus der Nähe (da wogte es vorne wie zwei leicht auseinanderschwebende Zeppeline): „Alles großartig! Gsichterl prima, Halserl erstklassig, alles andere auch, Embonpointscherl in Ordnung, wir leben im optischen Zeitalter, es ist die Epoche des Fernsehens, das Auge regiert, die Leut wolln was sehen — und da sehen s' was! Grad solche Leut ghörn auf die Bühne!" Und fügte im selben Ton hinzu: „Stimmerl is a Scherbn", wandte sich um und warf sie hinaus.

---

lich den Ottavio. Salmhofer lud ihn nach Wien ein, Tauber hätte im Frühjahr 1948 in der neuen „Zauberflöte" singen sollen — aber er hat nie wieder eine Bühne betreten. Vier Monate nach dem Londoner Gastspiel war er tot.

In den folgenden Jahren reiste die Oper regelmäßig nach Brüssel, zu den Maifestspielen in Wiesbaden, nach Paris und nach Italien. Man spielte meist Mozart, aber auch „Wozzeck", „Elektra" und „Rosenkavalier".

Es war das absolute Mozartzeitalter. In der Spielzeit

1947/48 gehörte ein Sechstel des Repertoires beider Häuser mit 100 Abenden Mozart. Dann folgten: Johann Strauß, Puccini, Offenbach, Richard Wagner, und dann erst Richard Strauss mit nur 25 Abenden. Die neue „Zauberflöte" von 1948 wurde in der ersten Spielzeit 33mal wiederholt.

Natürlich bedeutete damals jede neue Oper zugleich eine neue Inszenierung, daher war die Zahl der Stücke im Repertoire nicht groß. Die Künstler mußten schwer arbeiten; in der Spielzeit 1947/48 trat Peter Klein 146mal auf, Jerger 124mal, Emmy Loose 88mal, Sena Jurinac 83mal, Hilde Konetzni 68mal, Wilma Lipp 58mal, die Welitsch 53mal, die Seefried 47mal.

Allmählich durften die alten Lieblinge wieder auftreten. Hans Knappertsbusch kam im April 1947 und wurde bei „Salome" mit Cebotari und Schöffler durch minutenlange Ovationen gefeiert. Bald darauf dirigierte er einen neuen „Holländer" mit Hotter und Anni Konetzni. Man hatte sich über das Verbot des bekannten Antinazis Hans Knappertsbusch sehr gewundert: Unmittelbar nach Kriegsende spielte man an der Münchner Oper die „Meistersinger", mit „Kna" am Pult. Vorher redete ein amerikanischer Offizier vor dem Vorhang lange, lange, lange. „Kna" erzählte selbst: „Meine rechte Hand zuckte, und schon war das C-Dur da!" Am nächsten Tag war er verboten.

Clemens Krauss brachte im Dezember 1949 die neuen „Meistersinger" mit dem großartigen Schöffler als Sachs, dem herrlichen Kunz als Beckmesser und mit Anton Dermota als poetischem David. Er dirigierte aber auch Werke, die ich in seiner Direktionsära von ihm nicht gehört hatte, so 1953 zur 140. Wiederkehr des Geburtstages von Wagner den „Tristan" mit Anni Konetzni und Set Svanholm, oder den „Boris Godunow". Clemens Krauss ist gegen Ende der Theater-an-der-Wien-Zeit gestorben, 1954 auf einer Gastspielreise in Mexiko. Damals war eben die Ernennung Böhms zum Direktor der Staatsoper im neuen Haus verlautbart worden — Clemens Krauss war von Unterrichtsminister Dr. Kolb dafür ausersehen gewesen, und die Gerüchte sind nie ganz verstummt, daß die große Kränkung die eigentliche Ursache des Herzanfalls gewesen sei, dem Krauss in der Fremde erlag.

1. Dermota. 2. Taddei. 3. Salmhofer. 4. Oeggl. 5. Kunz.

Im Juni 1948 gab es auf dem Wacker-Platz in Meidling ein seltsames Fußballmatch: Wiener Philharmoniker kontra Staatsopernsänger. Resultat 7:3 für das Orchester. Die Sängerelf wurde von Erich Majkut als Goalmann angeführt (in früheren Jahren sind auch Alfred Piccaver und Franz Völker Goalmänner gewesen). Ihm zur Seite standen Anton Dermota, Karl Friedrich, Giuseppe Taddei, Peter Klein, Erich Kunz, Ljubomir Pantscheff, Hans Braun, Georg Oeggl, Erik Kaufmann... Direktor Franz Salmhofer war der Goalmann der Philharmoniker. Und was fast nie passiert: die Verlierer wurden auf den Schultern vom Platz getragen und verbrachten den Rest des Abends damit, Autogramme zu geben.

Im selben Jahr 1954 trat ich zum erstenmal im Fernsehen in Deutschland auf und hatte dadurch Gelegenheit, bei Wilhelm Furtwänglers Begräbnis in Heidelberg dem großen Dirigenten die letzte Ehre zu erweisen. 1954 war ein großes Jahr des Abschieds — wie auch das Jahr 1949 eines gewesen war: damals ging mein geliebter Richard Strauss in die Ewigkeit ein; er wurde unter den Klängen des „Rosenkavalier"-Walzers in Garmisch feuerbestattet. Das war im September. Im Mai war Hans Pfitzner in Salzburg gestorben; durch die großzügige Hilfe der Wiener Philharmoniker konnte der Notleidende aus Deutschland kommen und seinen Lebensabend in Österreich verbringen; zu seinem 80. Geburtstag durfte er noch einen festlichen „Palestrina" unter Krips mit Hotter als Borromeo und dem wundervoll vergeistigten Tenor Julius Patzak (auch ein Stehplatzkind der Vierten Galerie) in der Titelrolle erleben. Dr. Wallerstein starb 1949 in New Orleans, und im Juni desselben Jahres waren wir im Stiegenhaus der Oper am Ring bei der Trauerfeier für Maria Cebotari versammelt; die bezaubernd schöne, großartige — auch als Filmdiva erfolgreiche — Sängerin aus Rumänien war im Theater an der Wien Turandot und Salome gewesen. Wenige Wochen ehe sie einem tückischen Leiden zum Opfer fiel, war sie in der Volksoper als Laura im „Bettelstudent" zum letztenmal aufgetreten.

Zwei — leider viel zu kurze — Weltkarrieren begannen in der Theater-an-der-Wien-Zeit. Ich erinnere mich noch an den ungeheuren Eindruck, den Ljuba Welitsch auf mich machte, als ich sie zum erstenmal als Giulietta in „Hoffmanns Erzählungen" hörte. Die Bulgarin hatte die sinnlich erregendste Stimme, die es seit der Jeritza gab, und sie war eine raumverdrängende Bühnenpersönlichkeit. Als Salome hat sie Wien ebenso wie später New York auf den Kopf gestellt; sie war auch eine großartige Tosca, Aida, Donna Anna, Tatjana, Manon und Musette. Mit der Jeritza wurde sie am meisten als Jenufa verglichen, die sie mit einem tschechischen Team unter Jaroslav Krombholc sang. Die Welitsch war anders als die Jeritza, sie hatte nicht ganz die gleiche Vielfalt der Palette; auch lebte sie nicht im Jeritza-Zeitalter — es gab keinen Strauss, Puccini oder Korngold, der Opern für ihre exklusive Leidenschaftlichkeit geschrieben hätte. Die Welitsch ist ein entzückender Mensch, und sie verlor später in ernsten Zeiten nie ganz ihren Humor, weder als die Stimmkrisen — viel zu früh — kamen noch in ihrer unglücklichen Ehe mit einem Wiener Wachmann. Sie hat sich dann im Film und im Fernsehen ein neues Fach erobert.

Ganz Wien war auf den Beinen, als im September 1949 in einer „Aida"-Vorstellung (Radames: Set Svanholm!) ein neuer, blutjunger Amonasro debütierte: George

---

Mit Plafond, wenn möglich

Als Erich Wolfgang Korngold 1950 zur Vorbereitung der Premiere seiner letzten Oper, „Die Kathrin", in der Volksoper nach Wien kam, konnte er sich mit dem neuen Stil der „angedeuteten" Dekorationen überhaupt nicht befreunden. Bühnenbildner Walter von Hoesslin hatte für das Stubenmädchen Kathrin ein Zimmer entworfen, natürlich ohne Plafond. „Wo bleibt der Plafond?" fragte EWK. Hoesslin erklärte ihm, daß ein moderner, geistiger Theaterbesucher sich beim Anblick der Zimmerelemente den Plafond dazudenken müsse. Einige Wochen darauf schrieb Korngold, den die Sache nicht schlafen ließ, an Hoesslin (der in Waidring in Tirol einen Besitz hat): „Ich komme auf einen Tag zu Ihnen, um die Dekoration noch einmal zu besprechen. Bitte reservieren Sie mir ein Zimmer im Hotel. Mit Plafond, wenn möglich."

London. Der bildhübsche, elegante, schlanke Amerikaner (er hat in seinen Schülertagen zusammen mit Mario Lanza Musicalfragmente in Konzerten gesungen!) war eine richtige Entdeckung der Wiener Oper: er hatte während eines Gastspiels in Brüssel vorgesungen. George London wurde sofort der Schwarm der Wienerinnen, die — besonders im „Don Giovanni" — seine herrliche Stimme mit dem wundervollen Vibrato ebenso bewunderten wie seine Filmstarbeine. Er ging von Wien an die „Met" und nach Bayreuth. George London wurde zu Escamillo, Dr. Mirakel und Boris, den er — auf russisch — in Moskau sang. Seine Weltkarriere war gleichfalls viel zu kurz; der hochbegabte, gebildete und sehr belesene Mann wurde 1968 Programmdirektor des neugegründeten Kennedy Center in Washington.

In jenen Jahren gab es viele interessante Dirigentengastspiele. 1947 dirigierte Otto Klemperer den „Don

Giovanni", Sir John Barbirolli die „Aida", 1949 George Solti den „Tristan", ein Jahr später auch Eugen Jochum, 1950 dirigierte Fritz Busch den „Othello". Krips war soeben ausgeschieden, und Salmhofer wollte Busch als dessen Nachfolger — aber Busch starb bald nach dem Wiener Gastspiel. 1951 leitete Erich Kleiber den „Rosenkavalier" (mit Fritz Krenn als bezauberndem Ochs). John Pritchard dirigierte „Die Macht des Schicksals" (1953), Wilhelm Furtwängler brachte 1952 „Walküre" und „Tristan", 1953 — zur 70. Wiederkehr von Wagners Todestag — konzertant Fragmente aus „Götterdämmerung" und noch im selben Jahr einen neuen „Fidelio" in der Inszenierung seines alten Mitarbeiters Dr. Herbert Graf (des späteren Direktors der Opertheater von Zürich und Genf).

Die Kritiken jener Zeit beschäftigten sich noch immer zum größten Teil mit den Sängern. Trotzdem warf das Regiezeitalter mit seinem Glanz und seinem Elend bereits seine Schatten voraus. Gustaf Gründgens sollte 1952 die neue Oper von Strawinsky, „The Rake's Progress", inszenieren; er bat knapp vor Probenbeginn um seine Entlassung aus dem Vertrag („Ich kann in Italien in dieser Zeit das Fünffache verdienen..."), und Günther Rennert feierte mit dem interessanten, nach William Hogarth' Kupferstichserie „Aus dem Leben eines Wüstlings" gestalteten Werk, in welchem der Komponist mit überkommenen Formen und den Elementen seiner eigenen Entwicklung spielt, ein erfolgreiches Debüt. Rudolf Schock, lange vor seiner Filmkarriere, sang den Tom, Erna Berger die Ann, Jerger den Nick Shadow und Elisabeth Höngen die (bärtige) Türkenbaba. Die originellen Bühnenbilder stammten von Stefan Hlawa. Dafür begann 1948 mit einer Inszenierung des Wieners Stefan Beinl die lange Kette der „Lohengrin"-Miseren: im dritten Akt erschien auf dunkler Bühne („Am Mittag hoch steht die Sonne"!) Lohengrin vor einem Prospekt, der eine byzantinisch stilisierte Gralsburg zeigte, von deren Existenz *vor* der Gralserzählung doch niemand etwas wissen soll. Da konnten auch Julius Patzak, Maria Reining, Karl Kamann (Telramund) und Herbert Alsen (König) nicht mehr viel retten. Es gab aber eine Sensation bei der Premiere: „Kna" sprang für den indisponierten Krips ein.

Adolf Rott mordete 1949 gleich zwei wilde Damen der Oper: „Elektra" (Kautskys kaltes Bühnenbild hatte die prachtvolle mykenische Burg von Roller ersetzt, und Aegisth wurde in eine geschmacklose offene Falltür geworfen) und „Tosca" (im zweiten Akt sah man fälschlicherweise neben Scarpias Salon den Kerker des Cavaradossi, im ersten Akt dafür ein riesiges sinnloses Bild der Attavanti — Maria Jeritza hat bei ihrem Gastspiel den größten Teil dieser Dekoration ändern lassen!).

Aber 1951 inszenierte Adolf Rott, bei dem immer die Tiefen und Höhen einander auf dem Fuße folgen, Menottis „Konsul" wieder ganz hervorragend. Die Vorstellung hatte nicht die einfache Wärme der amerikanischen Aufführung, die ich gesehen habe, aber Rott verlieh der Flüchtlingstragödie, unter Einsatz seines Showtalents, eindrucksvolle filmische Effekte, Fernsichten des Grauens der Konzentrationslager, Szenen der Verfolgung durch die Geheimpolizei, die Vision eines Massenfriedhofs. Meinhard von Zallinger dirigierte, und Hilde Zadek hatte ihren großen Abend als Magda Sorel (neben Laszlo von Szemere als wirklich zauberndem Zauberer!). Die blitzgescheite Künstlerin war auch im italienischen Fach sehr gut. Ihren allergrößten Erfolg hatte die Zadek 1954 mit ihrer blendenden Darstellung der gutmütigen und kratzbürstigen Pauline, Pardon, Christine in „Intermezzo" (neben Alfred Poell, der wirklich aussah wie Richard Strauss!).

„Der Konsul" war der größte Publikumserfolg unter den zeitgenössischen Opern dieser Ära, neben der Neufassung des „Iwan Tarassenko" von Salmhofer (Welitsch—Schöffler—Roswaenge). Es gab aber in jenen Jahren noch einige andere sehr interessante Premieren des zeitgenössischen Musiktheaters. 1950 inszenierte Josef Gielen Honeggers dramatisches Oratorium „Johanna auf dem Scheiterhaufen" (nach Claudel). Es war ein Abend großen modernen Musiktheaters — da vereinigten sich Pantomime, Gesang, Wort und Tanz, Choral, Jazz und Volkslied zu einem eindrucksvollen Ganzen. In der Mitte der Bühne war der Scheiterhaufen mit der angeketteten Johanna (Alma Seidler), rings erschienen phantastische Gestalten, Schreckensvisionen, Kindheitserinnerungen — zum Schluß kam die Apotheose des Flam-

Inszenierungen seit 1972

„Salome" (22. 12. 1972): In der üppigen Jugendstil-Ausstattung von Jürgen Rose unter der Leitung von Karl Böhm (Inszenierung: Boleslaw Barlog) feierte Leonie Rysanek-Gausmann in ihrem Rollendebüt als Salome einen ganz großen persönlichen Erfolg. Der „Tanz der sieben Schleier" wurde nicht, wie meist üblich, gedoubelt. Ihre Partner waren Hans Hopf (Herodes), Grace Hoffmann (Herodias) und Eberhard Wächter (Jochanaan).

Christoph v. Dohnanyi, der sich mit zwei Repertoire-Vorstellungen von „Salome" hervorragend einführte, leitete die erfolgreiche Aufführung von Schönbergs Musikdrama „Moses und Aron" (20. 5. 1973) in der abstrakten Inszenierung von Götz Friedrich. Rolf Boysen als Moses und Sven Olaf Elisson als Aron taten das Ihrige, um dem schwierigen Werk gerecht zu werden und zu ausverkauften Vorstellungen zu verhelfen (oben).

Boris Godunow (21. 2. 1976): In dieser imposanten Inszenierung spielte Otto Schenk seine gewohnten Fähigkeiten als Regisseur großer Massenszenen voll aus. In der Titelrolle Nicolai Ghiaurov. Der Bühnenbildner war derselbe wie bereits bei der Salzburger Inszenierung: Günther Schneider-Siemssen; die Bühnenbilder allerdings völlig andere (rechte Seite, unten: Nicolai Ghiaurov in der Titelrolle).

Dem Schaffen Richard Strauss' war ein bedeutender Teil der Spielzeit 76/77 gewidmet. Neben der Neueinstudierung von „Arabella" mit Gundula Janowitz gab es mit ihr einen triumphalen Erfolg von „Ariadne auf Naxos" (20. 11. 1976) in der Inszenierung von Filippo Sanjust. Karl Böhm wurde gefeiert. Erich Kunz lieferte ein Kabinettstück als Haushofmeister, Agnes Baltse war ein eindrucksvoller Komponist und Editha Gruberova errang sich mit ihrer phänomenal gesungenen Zerbinetta-Arie eine der längsten Ovationen in der Geschichte der Staatsoper (rechte Seite, oben).

Als wesentlichen Programmpunkt für seine Amtsperiode bezeichnete Dr. Egon Seefehlner nie oder selten gespielte Opern in Wien. Seine spektakuläre Eröffnungspremiere waren die an der Staatsoper noch nie gespielten „Trojaner" (17. 10. 1976) von Hector Berlioz. Die Aufführung wurde ein voller Erfolg für den Dirigenten Gerd Albrecht und Christa Ludwig als Dido. Für die Regie, Bühnenbilder und Kostüme holte er sich das Team des Broadway-Erfolges des Musicals „Hair".

Burgschauspieler Fred Liewehr wurde an der Volksoper zum Star der Operette. (Karikatur von Winnie Jakob.)

mentodes als kirchlicher Gottesdienst (mit echtem Weihrauch). Der Chor saß in halber Bühnenhöhe auf Seitentribünen. Clemens Krauss dirigierte. Besonders eindrucksvoll war Raoul Aslan als Bruder Dominique.

In jenen Jahren war die Zusammenarbeit zwischen Wien und den Salzburger Festspielen besonders eng, und viele Produktionen der Sommerfestspiele übersiedelten im Herbst nach Wien. In dieser Form hatten wir die Begegnung mit den beiden ersten Opern Gottfried von Einems, beide in den Salzburger Inszenierungen von Oscar Fritz Schuh. 1947 kam seine Büchner-Oper „Dantons Tod" unter Ferenc Fricsay mit Paul Schöffler als Danton und Maria Cebotari als Lucille. Bei diesem Werk, das bald zu den stärksten Nachkriegserfolgen auf allen deutschen Bühnen zählte, sprachen manche der damaligen Kritiker noch von „schonungslosen Dissonanzen" und „musikalischem Desperanto"... In Gottfried von Einems interessanter Kafka-Oper „Der Prozeß" sangen 1953 (unter der Leitung von Heinrich Hollreiser) Max Lorenz und Lisa della Casa.

Der liebste Teil meines Nachholprogramms war für mich die Bekanntschaft mit den letzten Richard-Strauss-Opern. Die Klavierauszüge hatte ich mir schon in Amerika besorgt. 1950 dirigierte Rudolf Moralt „Daphne" — wobei die Welt des Sonnengottes und des Lorbeerbaums in tiefes Dunkel gehüllt blieb. Anneliese Kupper war zu schwer, jeder Zoll keine Nymphe, und diese Oper hat auf mich erst viele Jahre später mit der herrlichen Hilde Güden den richtigen Eindruck gemacht. Ein Jahr darauf übernahm man Rudolf Hartmanns Salzburger Inszenierung von „Capriccio" unter Karl Böhm — da erlebte ich zum erstenmal Schöfflers wundervollen Theaterdirektor La Roche. Christl Goltz, in diesen Jahren die faszinierende Intellektsängerin der Wiener Oper, sang die Gräfin.

Und wieder ein Jahr später (1952) dirigierte Clemens Krauss „Die Liebe der Danae" in der Salzburger Inszenierung von Rudolf Hartmann. Die „Danae" hätte 1944 in Salzburg uraufgeführt werden sollen, durch den „totalen Krieg" kam es aber nur bis zur Generalprobe (mit Viorica Ursuleac, Horst Taubmann und Hans Hotter). Joseph Gregor hat den „satirisch-mythologischen" Text um das Wunder des goldenen Regens nach einem alten Entwurf von Hofmannsthal geschrieben. Mit dieser Oper ist es mir merkwürdig ergangen; sie ist vielleicht neben dem „Friedenstag" die schwächste Strauss-Oper, aber das große Ges-Dur-Duett der beiden Frauenstimmen („Wie himmlischer Regen") geht mir nun schon fast zwanzig Jahre lang nicht mehr aus dem Kopf...

317

Maria Jeritza kam zurück. Sie hatte 1948 in der New-Yorker Saint-Patricks-Kathedrale ihren dritten Gatten geheiratet, Mr. Irving P. Seery, den ich sehr geliebt habe und dessen Ableben vor einigen Jahren mir sehr naheging. Es war sein größter Wunsch, seine geliebte Maria, die er seit ihren Metropolitanjahren verehrt hatte, noch einmal auf der Bühne zu sehen. So kehrte die „göttliche Maria" nach Wien zurück und sang zwischen 1950 und 1953 mehrmals im Theater an der Wien „Tosca" und „Salome", an der Volksoper — wo einst ihre Karriere begonnen hatte — die Santuzza und das „Mädchen aus dem goldenen Westen". Ihre Gage spendete sie dem Wiederaufbaufonds der Staatsoper.

Bei der ersten „Tosca" saß ich mit E. W. Korngold in der Loge: es war uns, als hätten die letzten drei Jahrzehnte nicht stattgefunden. Die Jeritza war noch immer in imposanter Form und zeigte der jüngsten Generation noch einmal die vergangene Welt des veristischen Opernspiels. Wieder wie damals raste das Publikum nach dem liegend gesungenen Tosca-Gebet. In „Cavalleria" ließ sie die acht Stufen vor der Kirche auf zwölf erhöhen, um, wie in den guten alten Tagen, bei dem Fluch „Auf dich die roten Ostern" über die Treppe attraktiv nach unten fallen zu können. Sie wollte in „Mädchen aus dem goldenen Westen" auch wieder reiten. Bei der Probe hatte man drei eher fromme Gäule von der Polizei zur Auswahl bereit, Maria Jeritza bestieg den ersten, ritt um die Bühne, dann den zweiten, dann den dritten. Der ließ es sich nicht gefallen, stieg, und die Künstlerin stürzte so unglücklich, daß sie bei der Vorstellung nicht reiten konnte. Es wirkten sechs oder sieben Schimmel im „Mädchen" mit, die oft den Gesang störten — einmal rief Hilbert den Ausstattungschef Hoesslin an: „Sie sind persönlich dafür verantwortlich, daß heute kein Gaul wiehert!"

Ganz Wien bereitete der Jeritza Beweise von ungebrochener Liebe und Treue. Ihr Hotel war ständig von Menschen belagert. Manchmal kam sie auf den Balkon und warf ihren Verehrern — Regenschirme hinunter. Mr. Seery besaß nämlich eine Regenschirmfabrik!

Neben Salmhofer war seit 1946 Dr. Hermann Juch als „Direktor der Staatsoper in der Volksoper" der zweite völlig gleichgeordnete Staatsoperndirektor. Er ist Tiroler,

Wilhelm Loibner begann 1934 als Korrepetitor und wurde als Repertoiredirigent eine Stütze des Hauses. Er war der Gatte der Sopranistin Ruthilde Boesch. (Karikatur von Winnie Jakob.)

Sohn eines ehemaligen Finanzministers und gehörte seit den dreißiger Jahren der Bundestheaterverwaltung an. Direktor Strohm hatte ihn 1941 — als Nachfolger von Kerber — zum Leiter des künstlerischen Betriebsbüros der Staatsoper gemacht. Nun hatte 1945 der Bund die Volksoper übernommen, und damit begann das letzte Kapitel in der merkwürdigen Geschichte dieses Hauses. Es war 1898 zum 50jährigen Regierungsjubiläum Kaiser Franz Josefs I. als Sprechtheater eröffnet worden. Dann erlebte es von 1904 bis 1916 eine kurze Blüte als Volksoper unter dem Mainzer Theaterdirektor Rainer Simons: er war ein geschickter Theatermann, der als erster in Wien die „Tosca" (die Gustav Mahler haßte) und die an der Hofoper von der Zensur verbotene „Salome" aufführte. Bei ihm begannen große Sänger wie Maria Jeritza, Emil Schipper, Josef von Manowarda. Es gab dann noch eine kurze Blütezeit unter Felix von Weingartner mit Vizedirektor Karl Lustig-Prean (1919 bis 1924), die viel Wagner brachten. Danach folgte Krise auf Krise. Im Krieg führte die Gemeinde das Theater als „Opernhaus der Stadt Wien". (Fragte man den Straßenbahnschaffner: „Wann kommt das Opernhaus der Stadt Wien?", antwortete er: „Wann i Volksoper ruf', steigen S' aus.")

Was sollte nun die neue „Staatsoper in der Volksoper" bringen? Dr. Juch war gegen Hilberts Plan einer Staatsoperette und tendierte viel mehr zur Großen Oper. Die größten Erfolge der Ära Juch lagen aber doch im Bereich der leichten Muse — unter dem Druck von Hilbert mußte er die Große Oper immer mehr an das Theater an der Wien abgeben und wollte nun die Volksoper zur „Opéra Comique" machen. Dr. Juch hat ein hochinteressantes Projekt mit der größten Konsequenz zum Triumph geführt, nämlich die vollkommene Renaissance der klassischen Operette in der Interpretation der großen Opernsänger, bedeutender Schauspieler und der ersten Regisseure der Gegenwart. Bei Juch inszenierte Oscar Fritz Schuh „Die Fledermaus" und den „Opernball", Hubert Marischka den „Zigeunerbaron", Hans Jaray „Wiener Blut", Theo Lingen „Die Banditen" von Offenbach, Axel von Ambesser „Die schöne Helena".

Juchs eigentliche Entdeckung war Adolf Rott, der 1949 mit seinem „Bettelstudenten" auf der entfesselten „rottierenden" Drehbühne eine neue Regieära der Operette als großer Show begründete. Der berühmte Anfang des „Bettelstudenten" ist eine Art Karussell, die Sänger, die, während sich die Bühne dreht, die Anfangstakte ihrer größten Melodien singen, stehen auf Postamenten gleich Standbildern in barocken Gärten — Hoesslin hat das dem zauberhaften „Komödiantenparterre" im Schönbornschen Garten aus dem Jahre 1737 nachgebildet.

In dieser denkwürdigen Vorstellung sang Maria Cebotari die Laura, Burgschauspieler Fred Liewehr wurde in der Titelrolle zum großen Operettenstar (sein Eisenstein in der „Fledermaus" ist heute so klassisch wie Girardis Valentin), und Kurt Preger etablierte sich mit dem Ollendorf als der stimmgewaltigste Operettenkomiker, den Wien je erlebte. Die bildschöne Esther Rethy wurde die große Diva der Operette.

Man hat die Volksoper der Juch-Zeit oft das „Bayreuth der Operette" genannt. In der „Fledermaus" konnte man Hilde Güden, Sena Jurinac und Gerda Scheyrer als Rosalinde hören, Rita Streich und Wilma Lipp als Adele (die hauseigene Star-Adele aber war Elfie Mayerhofer), Anton Dermota als Alfred. In „Orpheus in der Unterwelt" (Inszenierung: Willy Forst) gab Max Lorenz den Orpheus (neben Hans Moser als Jupiter!). Im „Zigeunerbaron" hörte man Maria Cebotari als Saffi und Laszlo von Szemere als Barinkay, in „Eine Nacht in Venedig" Helge Roswaenge als Herzog, in „Gasparone" Hermann Uhde und Willi Domgraf-Fassbaender, im „Vogelhändler" Hilde Zadek und Wilma Lipp, in „Giuditta" Ljuba Welitsch.

Die musikalische Seele dieser Renaissance war Anton Paulik, nun zum Altmeister der Wiener Operette avanciert, der vom Ring an die Volksoper übersiedelt war. Juch hatte auch das besondere Glück, daß er als Ausstattungschef und technischen Direktor Walter von Hoesslin vom „Opernhaus der Stadt Wien" übernehmen konnte. Dieser großartige Künstler ist Schüler von Max Reinhardt und Oskar Strnad; es ist sehr selten geworden, daß ein hervorragender Bühnenbildner wie Hoesslin selbst technischer Direktor ist. Hoesslin kennt keinen Neid und hat dadurch auch anderen Bühnenbildnern zum Erfolg verhelfen können.

„Wozzeck" — 1930 und 1952

Anläßlich der ersten „Wozzeck"-Aufführung an der Staatsoper nach dem Krieg (1952) verglich Friedrich Torberg im „Wiener Kurier" das Publikum mit dem der Wiener Premiere 1930:

„Die diesmal klatschten, hätten vor 20 Jahren noch geschwiegen, die diesmal schwiegen, hätten vor 20 Jahren noch gezischt, und die diesmal zischten, wären vor 20 Jahren erst gar nicht hineingegangen. Einige gingen in den Pausen weg. Sie werden vermutlich in 20 Jahren wiederkommen, um zu zischen. Es wäre allerdings auch möglich, daß sie, im Gegenteil, schon vor 20 Jahren geklatscht haben und daß ihnen das Zeug mittlerweile zu unmodern geworden ist."

Eigentlich haben Paulik, Esther Rethy und Hoesslin Direktor Juch zur Operette geführt (meist bei kulinarischen Konferenzen in der „Linde"). Aber auch auf dem ernsten Sektor gab es in der Ära Juch interessante Abende: etwa „Schwanda der Dudelsackpfeifer" in der Drehbühnenregie des Heimkehrers Dr. Lothar Wallerstein unter der musikalischen Leitung von Toscanini-Schüler Erich Leinsdorff (mit Walter Höfermayer als böhmischem Dudelsackpfeifer) oder „Tannhäuser" und „Freischütz" unter Knappertsbusch, „Don Carlos" unter Böhm, „Margarethe" unter Otto Ackermann (später mit George

London als Mephisto); auch Herbert Wanieks Inszenierung der „Lustigen Weiber von Windsor" auf der Shakespearebühne und Brittens „Bettleroper" unter Meinhard von Zallinger waren sehr originell, ebenso „Der Kuhreigen" von Kienzl unter Felix Prohaska (das war die eigentliche Entdeckung Waldemar Kmentts und Teresa Stich-Randalls) oder „Fra Diavolo" mit dem Operettenstar Per Grundén.

Zu den ungewöhnlichsten Abenden der Juch-Zeit gehörten die epochemachende Inszenierung der „Bernauerin" von Orff durch Adolf Rott (mit Fred Liewehr und Käthe Gold vom Burgtheater) und das amerikanische Gesamtgastspiel mit Gershwins „Porgy and Bess" 1952; William Warfield wurde als Porgy bejubelt, der spätere Weltstar Leontyne Price debütierte als Bess. Die Wiener jubelten — nur Clemens Krauss verließ demonstrativ seine Loge (was Gershwins Musik jedoch überlebte).

Sehr traurig war der Durchfall der letzten Korngoldoper, „Die Kathrin". Sie hätte 1938 mit Jarmila Nowotna und Jan Kiepura gespielt werden sollen; der Umbruch verhinderte es. Das Werk hat einen unrettbar kitschigen Text, aber manche schöne Musik. Korngold, aus den USA zurückgekehrt, war von der Stadt seiner Triumphe, die seinen Namen kaum mehr kannte, tief enttäuscht. Verzweifelt wartete er bei allen sieben Vorstellungen, ob nach der Briefarie der Kathrin (Maria Reining) nicht doch Applaus einsetzen würde. Wenn keiner kam, seufzte er: „Es sind nur noch Nazis in der Stadt." Um ihn zu trösten, habe ich mir bei den letzten drei Vorstellungen immer eine Galeriekarte gekauft; der Applaus *kam*, dafür habe ich gesorgt.

An viele Momente dieser Ära denke ich noch heute sehr oft, zum Beispiel an die Desdemona der Carla Martinis (die Sopranistin aus Jugoslawien war eine blendende Verdisängerin — leider auch eine Karriere von tragischer Kürze) oder an Rudolf Christ als Schwerenöter Baron Lummer in „Intermezzo" und als Wenzel in der „Verkauften Braut", zwei Meisterleistungen feinsten Humors. Oder an Ludwig Weber als mächtigen Boris, an Karl Kamann als Sheriff in „Mädchen aus dem goldenen Westen", an Elisabeth Höngen als Pique Dame — und auch an den Bühnenarbeiterstreik, durch den die Bundestheater Anfang 1950 einen Monat lang geschlossen blieben.

Zwei Weltkarrieren haben in jenen Jahren begonnen und — gehalten. Lisa della Casa sahen wir von der Zdenka zur strahlenden Arabella wachsen, unsere herrliche Sena Jurinac vom Octavian zur Marschallin.

Unsere Zeit ist so schnellebig. Wer denkt noch an die seltsamen Rollen, in denen wir unsere späteren Lieblinge in anderem Fach gesehen haben? An Windgassen als Linkerton (1954), oder — im selben Jahr — an Theo Adams bartlosen, viel zu jung aussehenden König Heinrich? Damals haben sie ihre ersten Schritte auf der Bühne gemacht. Ich erinnere mich noch sehr gut an Walter Berry als Silvano in „Maskenball", an Eberhard Wächter als englischer Lord in „Fra Diavolo", an Otto Edelmann als Zigeuner Pali im „Zigeunerbaron", an Karl Dönch als Notar Dr. Blind in der „Fledermaus", Waldemar Kmentt als Beppo im „Bajazzo". Und an die Anfänge von Dagmar Hermann (Octavian), an Hans Braun (Posa), an Adolf Vogel, an Georgine von Milinkovic als Fricka, an Günter Treptow als Tristan, an Josef Gostic in „Liebe der Danae".

In all diesen Jahren führte Egon Hilbert als Leiter der Bundestheaterverwaltung ein autokratisches Regime. Man bewunderte und haßte ihn, man lachte über ihn und stöhnte unter ihm, man imitierte seine Sopranstimme, aber trotz aller Reibungen hat das Trio Hilbert—Salmhofer—Juch einer großen Periode der Wiener Theatergeschichte seinen Stempel aufgedrückt. Hilbert geriet jedoch immer mehr in offenen Konflikt mit Unterrichtsminister Doktor Kolb, der den unbequemen Supermotor schließlich im Oktober 1953 wegen zu eigenwilliger Ausübung seines Amtes vom Dienst suspendierte. Hilbert bekam einen schönen Posten als Leiter des österreichischen Kulturinstituts in Rom. Aber er hielt es ohne die Oper nicht aus. Nach einigen Jahren kehrte er als Intendant der Wiener Festwochen nach Wien zurück, wo er mit Otto Schenks Inszenierungen von „Lulu" und „Dantons Tod" im Theater an der Wien große Erfolge erntete.

Hilberts Nachfolger als Leiter der Bundestheaterverwaltung wurde 1953 Ministerialrat Ernst Marboe, der damals im Bundespressedienst tätig war. Ich habe diesen hochkul-

So sah ein Schweizer Karikaturist die Mitglieder des Staatsopernensembles bei einem „Figaro"-Gastspiel in Genf 1956.

tivierten, brillant begabten Mann, der für die Opernhäuser Wiens die revolutionärsten Pläne hatte — er konnte sie durch sein frühes Ableben nur zum Teil realisieren —, sehr verehrt. Eigentlich war Marboe ein heimlicher Dichter. Ich bin ihm zutiefst dankbar, denn er hat mich 1955 als Dramaturgen und Produktionsleiter zu Salmhofer in die Direktion der Volksoper berufen. Die Volksoper wurde ja 1955, im Jahr der Wiedereröffnung der Staatsoper, selbständiges, von der Staatsoper unabhängiges Bundestheater. Marboe wollte sie als Haus für Musicals, Operetten und die leichte komische Oper führen. Als Marboe 1953 die Leitung der Bundestheater übernahm, stand die Planung für die Wiedereröffnung des großen Hauses im Zentrum seines Aufgabenbereiches. Im Februar 1954 wurde die Ernennung Dr. Karl Böhms zum Staatsoperndirektor verlautbart: mit fünfjährigem Vertrag, beginnend am 1. September 1954, und mit siebenmonatiger Präsenz in Wien. Alles versprach eine schöne, dauerhafte und ruhige Zukunft der Oper. Die Jugend organisierte für Böhm einen Fackelzug vom Theater an der Wien bis zum Schwarzenbergplatz. Wie anders sollte alles kommen...

In vielen Dingen war die Ära des Theaters an der Wien zukunftsweisend; das Mozartzeitalter dauerte an, und das Regiezeitalter, das sich dort schon abgezeichnet hatte, entwickelte sich in den folgenden Jahrzehnten zur Diktatur im Opernbetrieb. Ansonsten aber war es eine Ära des Abschieds. Es war die letzte große Zeit des Ensembletheaters — der wachsende Flugverkehr und die Erfindung der Langspielplatte, durch welche dieselben Sängernamen ständig in der ganzen Welt verlangt wurden, haben bald darauf die Grundfesten des Ensembletheaters unterminiert. Es waren auch die letzten Jahre der italienischen Oper in deutscher Sprache. Da sang Rudolf Schock noch: „Lodern zum Himmel seh' ich die Flammen", Karl Friedrich: „Wie sich die Bilder gleichen" und Anton Dermota: „Wie eiskalt ist dies Händchen". Auch davon hieß es Abschied nehmen. Tempi passati.

Heute nacht zogen sie aus...

Heute nacht wurde es in der Linken Wienzeile und in der Dreihufeisengasse lebendig. Die Tore des Theaters an der Wien öffneten sich und heraus schritten in wallenden Gewändern und unter Waffengeklirr all die Opernfiguren, die hier seit zehn Jahren Unterschlupf gefunden hatten. Sie zogen, nachdem sich der Vorhang über die „Zauberflöte" gesenkt hatte, ringwärts, um sich noch vor der „Coronation" in ihrem neuen feudalen Quartier heimisch niederzulassen

Künstlerische Krönung und Katzenjammer   Dr. Karl Böhm
Das Opernfest im November 1955   1954 bis 1956

Jetzt war also der langerwartete 5. November 1955 gekommen. Ich hatte die vorgeschriebenen 5000 Schilling bezahlt und saß in der Eröffnungsvorstellung unserer wieder aufgebauten Oper, man gab „Fidelio". Das Haus war von Tausenden Menschen umlagert, die auf den Straßen die Rundfunkübertragung hörten; viele lasen in Klavierauszügen mit. Es war ja ein großes Jahr des Feierns: im Mai wurde der Staatsvertrag abgeschlossen, im Oktober zogen die Besatzungstruppen ab. Man hatte also das Gefühl, seine guten 5000 Schilling in eine patriotische Sache investiert zu haben. Am Vormittag hatte es einen offiziellen Staatsakt gegeben: Auf der Bühne saßen sämtliche Mitglieder der Staatsoper, und Ernst Marboe hielt vor den Ehrengästen aus der ganzen Welt eine schöne Rede, in welcher er auch die anwesende Enkelin van der Nülls begrüßte. Dr. Karl Böhm erhielt vom Unterrichtsminister den „Schlüssel der Oper", dirigierte das „Meistersinger"-Vorspiel und gab den Donauwalzer zu. Die Philharmoniker spielten ganz herrlich.

Für das Haus als solches war es ein sehr erfolgreiches Debüt. Ursprünglich hatte man geplant, die Oper wieder genau so aufzubauen, wie sie einmal gewesen war, mit allen ornamentalen Details, doch fehlten hierfür die Skizzen. Aber auch aus geschmacklichen Gründen entschlossen sich die Architekten, Professor Erich Boltenstern und Professor Otto Prossinger, die Oper unter Verwendung des durch die Ruine gegebenen Grundrisses mit dem Lebensgefühl von heute zu erfüllen. Der Zuschauerraum wurde natürlich wieder ein Logentheater mit vier Rängen (allerdings entfielen die Logen des dritten Ranges wie auch die gefürchteten Säulen des vierten, hinter denen man so schlecht gesehen hatte), die Grundfarben blieben Rot, Gold, Elfenbein.

Aus feuerpolizeilichen Gründen gab es nicht mehr 3100 Plätze, wie 1869, sondern nur mehr 2211. Dekorativ wurde alles viel schlichter als in der Makartzeit. Im alten Haus hatten sich Werkstätten, Magazine und sogar die Kesselanlage innerhalb des Gebäudes befunden, jetzt lag all dies außerhalb; das Heißwasser kommt aus einem Fernheizwerk in der Hofburg. Das Operntheater hatte nun eine moderne, hydraulisch betriebene Schiebe-, Versenk- und Drehbühne, so daß man raffinierte Szenenwechsel vertikal und horizontal durchführen kann (bis jetzt hat nur sehr selten ein Regisseur von alledem wirklich Gebrauch gemacht!).

Schon in der „Fidelio"-Pause haben wir die prachtvollen neuen Pausenräume genossen: ein großartiger U-Bogen, 120 Meter lang, 9 Meter breit, im Zentrum das alte Foyer mit den Schwindbildern, an der Kärtner-Straßen-Seite anschließend der große Gobelinsaal (wo früher die einzelnen Direktionszimmer waren), an der Operngassenseite der Marmorsaal mit dem Büffet (früher waren dort Dienstwohnungen). 260 Millionen Schilling hatte der Wiederaufbau gekostet; sie waren zum größten Teil aus Steuergeldern aufgebracht worden, zum kleineren durch Spenden aus aller Welt.

Wir haben mit dem Operngucker die Ehrenmitglieder in den Logen gesucht — Bruno Walter, Lotte Lehmann, Helene Wildbrunn, Anni und Hilde Konetzni, Emil Schipper, Maria Nemeth, Hans Duhan, Gusti Pichler. Schrecklich gealtert und fast unkenntlich war Alfred Piccaver, der das wußte und den Hintergrund seiner Loge nie verließ. Er war aus London nach Wien gekommen, um hier zu sterben; wir haben ihn bald darauf zu Grabe getragen. Maria Jeritza fehlte; sie war „jung verheiratet" und war gekränkt, weil die offizielle Einladung nur an sie und nicht auch an ihren Gatten ergangen war.

5000 Schilling bewirken anatomische Wunder. Hat man sie gezahlt, so bekommt man überkritische Augen und Ohren. Böhm dirigierte den „Fidelio" wundervoll. Aus der seinerzeitigen Eröffnungsvorstellung des Theaters an der Wien von 1945 waren Irmgard Seefried als Marzelline und Paul Schöffler als Pizarro geblieben. Anton Dermota war vom Jacquino zum Florestan avanciert. Martha Mödl sang die Leonore, man hat die großartige Künstlerin vorher und nachher in besserer Form gehört. — Aber diese Regie! Ich ahnte schon damals, daß das Regiezeitalter mit seinen zahllosen Schrecken und zählbaren Freuden endgültig angebrochen war. Da lief zu Anfang des zweiten Bildes Pizarro mit einer feuerroten Franz-Moor-Perücke herein; durch eine sinnlose Szenenumstellung kam er allein — *vor* seinen Soldaten, die nachher in losen Gruppen herbeischlenderten. So mußte der gute Schöffler seine Rachearie singen, noch bevor er den Brief bekommen

323

hatte, der sie auslöst! Wer mußte eigentlich welche Dankesschuld an wen dadurch abzahlen, daß man den inszenierenden (und gelegentlich auch dirigierenden) ehemaligen Berliner Generalintendanten Heinz Tietjen ausgerechnet zur Regie des Eröffnungs-„Fidelio" einlud?

Das „Opernfest" brachte eine gigantische Leistung: acht Premieren in drei Wochen. Am 6. November kam als zweite der „Don Giovanni", wieder unter Böhm; Inszenierung: Oscar Fritz Schuh, Bühnenbilder: Caspar Neher. George London sang seine Champagnerarie vor einem sehr schönen Zwischenvorhang; sonst war es eine Art abstrakter Einheitsbühne, bei der man akzeptieren mußte, daß drei vom Schnürboden herabgelassene Leuchter aus einem Platz in einer spanischen Stadt einen Festsaal machten (Anna: Lisa della Casa, Elvira: Jurinac, Zerline: Seefried, Ottavio: Dermota, Masetto: Berry, Komtur: Weber).

Es folgte, wieder von Böhm wundervoll geleitet, „Die Frau ohne Schatten". Hier rächten sich die Hochstaplerpreise zum erstenmal: man sah viele leere Sitze, sogar ein gähnend leeres Stehparterre. Hartmann führte Regie, und der Bühnenbildner Emil Preetorius kam überhaupt nicht auf die Idee, bei dieser phantasiereichen Märchenoper alle Register der neuen Wunderbühne spielen zu lassen; er zeigte einfach die sehr primitiven Dekorationen, die er schon in München und Berlin verwendet hatte. Damit begann bei uns die geschäftlich sehr einträgliche Praxis des sogenannten „Abziehens" ein und derselben Inszenierungen und Ausstattungen in verschiedenen Städten (Kaiserin: Rysanek, Amme: Höngen, Färberin: Goltz, Barak: Weber, Kaiser: Hopf).

Dann inszenierte Adolf Rott „Aida" in einer Ausstattung von Kautsky als eine Apotheose der ägyptischen Finsternis, mit einem szenisch ausgedeuteten Vorspiel (das hat nur wenige Vorstellungen überlebt!) und mit Radames als Geistererscheinung. Die Szene, die im Gemach der Amneris spielen soll, spielte bereits in der Dekoration des Triumphaktes. Rafael Kubelik, der ausgezeichnete Konzertdirigent, betreute seine erste „Aida" (Aida: Rysanek, Amneris: Jean Madeira, Wiens beliebte Carmen aus den USA, Radames: Hopf, Ramphis: Frick, König: Czerwenka). Es folgten „Die Meistersinger", Inszenierung: Herbert Graf, am Pult: Fritz Reiner, weltberühmter Dirigent aus Ungarn. Seine Augen blieben immer tief in der Partitur vergraben, er gefiel gar nicht. Da er Chefdirigent des Chicago Symphony Orchesters war und Karl Böhm im Februar in Chicago dirigierte, tratschte man natürlich von einem „Tauschgeschäft", obwohl weder Böhm noch Reiner derlei nötig hatten (Sachs: Schöffler, Eva: Seefried, Beckmesser: Kunz, David: Dickie, Pogner: Frick, Kothner: Braun, Magdalena: Anday).

Die größten Erfolge waren die drei letzten Premieren: Hans Knappertsbusch dirigierte einen wundervoll wienerischen „Rosenkavalier" in der Inszenierung von Josef Gielen nach den alten Bühnenbildern von Roller (Marschallin: Reining, Octavian: Jurinac, Sophie: Güden, Ochs: Böhme, Faninal: Poell, Sänger: Terkal) und Karl Böhm einen grandiosen „Wozzeck" (Regie: Schuh, Bühnenbilder: Neher) mit Berry als Wozzeck, der Goltz als Marie und Lorenz als Tambourmajor. Dann kam noch ein Ballettabend mit „Giselle" und der Uraufführung von Boris Blachers Othello-Ballett „Der Mohr von Venedig" in der Choreographie von Erika Hanka (Othello: Dirtl, Desdemona: Zimmerl, Jago: Adama); Heinrich Hollreiser dirigierte.

Es gab auch zwei herrliche Konzerte: am Sonntag, den 13. November Bruckners „Te Deum" und Beethovens Neunte (mit dem Staatsopernchor) unter dem greisen Heimkehrer Bruno Walter und am darauffolgenden Sonntag das Mozartrequiem unter Böhm als eigene Veranstaltung des Staatsopernchores „Im Gedenken an unsere Toten". Vorher sprach Raoul Aslan die Ode „An die Menschheit" von Friedrich Hölderlin.

Auf den Glanz des „Opernfestes wie noch nie", der „Oper als Weltarena", der „Opernfeier als Juwel unserer Freiheit", der „Musical Coronation" folgte ein großer Katzenjammer. Man hatte Vorstellungen gesehen, die, insbesondere musikalisch, ausgezeichnet waren. Aber weder Knappertsbusch noch Kubelik, noch Reiner gehörten zur Wiener Oper — und wenn man eine Housewarming Party gibt, ist es doch nicht üblich, sich die Möbel dafür auszuborgen.

Nach dem Opernfest begann eine ganz traurige Periode. Die Festvorstellungen waren lange und gut vorbereitet worden – nun aber hatte der ausgezeichnete Hausregisseur Josef Witt die undankbare Aufgabe, die Repertoirevorstellungen aus dem Theater an der Wien in die neue Staatsoper zu überstellen. Den meisten Vorstellungen bekam das nicht gut. Außerdem reisten viele der ersten Sänger nach dem Opernfest ab, und es gab Abende mit sehr schlechten Besetzungen. Diese Aufführungen wurden teils als „neu einstudiert" angekündigt, was, gelinde gesagt, eine Übertreibung war. Viele Abende „bei erhöhten Preisen" fanden „bei aufgehobener Regie" statt. Zu den wenigen interessanten Vorstellungen dieser Wochen gehörten im Februar 1956 der „Tristan" unter André Cluytens und eine ganz ausgezeichnete neue Puccini-„Manon"; Günther Rennerts impressionistische Regie, Stefan Hlawas pastellfarbene Dekorationen und die Kostüme von Erni Kniepert ergaben einen wunderschönen Abend (mit der Martinis als Manon und Schock als Des Grieux).

Trotzdem wuchs die Kritik an der Direktion von Tag zu Tag. Böhm dirigierte damals die bewußten Konzerte mit dem Chicago Symphony Orchestra, und man sagte: das einzige perfekte Stück im Repertoire der Wiener Oper sei „Der Böhm in Amerika"... Am 28. Februar kam Direktor Böhm aus den USA zurück und sagte am Flughafen zu Kulturredakteur Karl Löbl den berühmt gewordenen Satz, der so viel Empörung hervorgerufen hat: „Ich denke nicht daran, meine Karriere der Wiener Staatsoper zu opfern." Das klang für lokalpatriotische Ohren gewiß nicht sehr schön, aber anderseits hatte Böhm damit einen Beweis von besonderer Ehrlichkeit gegeben. Wann in der Geschichte hat je ein Dirigent eine internationale Karriere der Wiener Staatsoper geopfert? Ich meine: tatsächlich – nicht in sentimentalen Interviews. Mahler hat nie eine internationale Dirigentenkarriere angestrebt, Schalk war Lokalgröße, Clemens Krauss gelang aus Gründen der Weltpolitik niemals der Sprung in die wirkliche Internationalität, und Furtwängler wollte sich überhaupt nicht binden. Jedenfalls wurde Karl Böhm am 1. März 1956 bei „Fidelio" mit einem riesigen Pfeifkonzert empfangen, bekam aber noch am selben Abend den verdienten Jubel bei der Leonoren-Ouverture – und demissionierte am folgenden Tag als Direktor. Kurz darauf gab es vor „Elektra" ein ähnliches Pfeifkonzert, weil Böhm gesagt hatte, daß „der Pöbel der Straße" die Demonstration gemacht habe. Böhm blieb als Dirigent und stieg in den folgenden Jahren durch seine Tätigkeit an der Metropolitan zur größten internationalen Spitzenklasse auf. Auch in Wien war er als Dirigent nie beliebter als in den Jahren nach seiner dramatischen Demission.

Und die Wiener Staatsoper hatte – sechs Monate nach ihrer Eröffnung – wieder einmal keinen Direktor.

Die Direktion Herbert von Karajan 1956 bis 1964

Luxusoper im Jet-Zeitalter

Ich erinnere mich an viele schöne Gespräche, die ich in der Spielzeit 1955/56 mit Ministerialrat Ernst Marboe, dem Leiter der Bundestheaterverwaltung, hatte. Meistens fanden sie auf dem Weg in die Hinterbrühl statt, wo Marboe mit seinen Kindern und seinem Freund, dem Bassisten Ljubomir Pantscheff, gerne Fußball spielte. Oft fiel der Name Herbert von Karajan.

Karajan hatte nie im Theater an der Wien dirigiert (Gerüchte sagten, daß Hilbert ihn „nur über meine Leiche" hineinlassen wollte), aber seine konzertanten Opernaufführungen mit den Wiener Symphonikern im Großen Musikvereinssaal hatten Furore gemacht.

Ich hatte im Frühjahr 1956 in der Volksoper die Produktion des ersten Musicals in Österreich geleitet: „Kiss me, Kate!", und kam nun mit einem zweiten Vorschlag: ich wollte an der Volksoper unter Direktor Salmhofer nach langen Jahren wieder einmal eine große italienische Stagione im alten traditionellen Stil durchführen. Als ich dies Ministerialrat Marboe — in der Hinterbrühl — vortrug, blickte er mir tief in die Augen und sagte: „Gut. Aber die Stagione muß spätestens am 11. Juni beendet sein." Ich fragte, warum, und erfuhr, daß mich das nichts angehe... Ich führte die Stagione an der Volksoper durch, in den ersten Junitagen, sie brachte die Wiener Debüts des weltberühmten Tenors Mario del Monaco und des ausgezeichneten italienischen Dirigenten Argeo Quadri, der später die Leitung des italienischen Repertoires an der Volksoper und an der Staatsoper übernahm. An der Staatsoper aber kam am 12. Juni das legendäre zweite Gesamtgastspiel der Mailänder Scala mit „Lucia di Lammermoor", inszeniert und dirigiert von Herbert von Karajan. Seit dem ersten Scala-Gastspiel unter Toscanini 1929 hatte es in Wien keine „Lucia" gegeben. Man hatte sich eine Nacht lang auf Decken und Liegestühlen „angestellt". Die Callas sang die Lucia und küßte Karajan vor dem Vorhang nach einem tiefen Knicks die Hand. Giuseppe di Stefano war ein wundervoller Edgardo. Das Sextett wurde wiederholt. Am nächsten Tag spielte die Scala im Akademietheater „Die heimliche Ehe" von Cimarosa in der Regie von Giorgio Strehler. Unter den grandiosen Sängern waren Graziella Sciutti als Carolina (sie lernte Deutsch und wurde Wahlwienerin) und Giulietta Simionato, die Altistin, als Fidalma. Am selben Tag wurde die neue Direktion der Staatsoper durch Marboe bekanntgegeben: Herbert von Karajan war „künstlerischer Leiter" (er wollte den Titel „Direktor" nicht). Dr. Egon Seefehlner, der sich als Leiter der Wiener Konzerthausgesellschaft große Verdienste erworben hatte und schon unter Böhm Vizedirektor gewesen war, bekam den Titel „Generalsekretär". Da verstand ich Marboes Schweigen auf dem Fußballplatz. Karl Böhm ist ja überhaupt der Meinung, daß Marboes Karajanpläne schon *vor* dem ominösen Böhmrummel feststanden.

Für Herbert von Karajan bedeutete diese Ernennung die Krönung seiner Stellung als Generalmusikdirektor der Welt. Seit 1950 war er in leitender Funktion als Dirigent und Regisseur an der Mailänder Scala. Nach dem Tode Wilhelm Furtwänglers wurde er 1955 dessen Nachfolger als Chefdirigent der Berliner Philharmoniker, mit denen er auch in Amerika triumphale Erfolge hatte. Seit 1956 war er künstlerischer Leiter der Salzburger Festspiele. Er war aber auch Konzertdirektor der Wiener Gesellschaft der Musikfreunde und leistete in langjähriger Arbeit viel für die Weltgeltung der Wiener Symphoniker. „Nebenbei" leitete er auch noch das London Philharmonia Orchestra.

Es war sofort klar, daß sich über die Probleme der Oper in der Mitte des 20. Jahrhunderts niemand so viele Gedanken gemacht hatte wie Herbert von Karajan. Diese Gedanken entsprangen der Kenntnis unserer Zeit, sie waren revolutionär, besonders für Wiener Verhältnisse, und waren manchmal mehr das Resultat genialischer Intuition, als daß sie bis in die letzte praktische Konsequenz durchdacht gewesen wären. Doch läßt sich nicht leugnen, daß ein bedeutender Teil des Karajanprogramms — wie das Singen der Opern in den Originalsprachen und die Auflockerung des Ensembletheaters durch den ständigen Einsatz von Gästen — die Karajandirektion überdauerte.

Die Grundprinzipien der Theorie Karajans waren etwa die folgenden: Langspielplatte, Rundfunk und Fernsehen haben bewirkt, daß die Spitzenkünstler der Welt auf der ganzen Erde verlangt werden, und durch die Entwicklung des modernen Verkehrs läßt sich das auch erfüllen. An

Stelle des Ensembletheaters alten Stils, in welchem langfristig anwesende Künstler ein stehendes Repertoire aus vielen verschiedenen Opern singen, sollen wechselnde Ensembles modernen Stils treten: das heißt, daß sich Spitzenkünstler von überallher für kurze Perioden zu einzelnen Produktionen zusammenfinden; jeder Produktion ist dadurch höchste Qualität gesichert – und nach der letzten Wiederholung löst sich das Ensemble auf. Das bedingt eine gewisse Zusammenarbeit zwischen den führenden Opernhäusern der Welt bezüglich der Termine und Gagen und ist außerdem neben dem künstlerischen ein rein praktisches Argument für die Originalsprache – denn selbstverständlich müssen die Künstler in allen Theatern in derselben Sprache singen.

In Wien verursachte dieses Projekt sofort großen Aufruhr, weil man im Ensembletheater ein Stück der Tradition unserer Stadt sieht. Hätte man den neuen Gedanken nicht beinahe als „Opernkartell" angekündigt, sondern bloß als eine intensivierte gemeinsame Planung, so hätte man sich in Wien rascher damit abgefunden. In kultureller Beziehung bedeutet das Prinzip des alten Ensembletheaters, daß man die gängigen Meisterwerke der Opernliteratur jederzeit in Repertoirevorstellungen hören kann, auch wenn man für eine spezielle Vorstellung nicht die allerbeste Besetzung hat. Das Karajanprinzip bedeutet, daß Opern überhaupt nur dann gezeigt werden, wenn die auf der Welt erzielbare optimale Besetzung zur Verfügung steht.

Der erste praktische Schritt Karajans zur Verwirklichung dieses revolutionären Projekts war der Vertrag mit der Mailänder Scala, der 1956 auf drei Jahre abgeschlossen wurde und erst nach der Demission Karajans (1964) von der Scala als aufgelöst erklärt wurde. Die Vorgeschichte dieses vieldiskutierten Scala-Vertrages war folgende: Schon während der Besprechung vor seiner Berufung sagte Karajan zu Finanzminister Kamitz: „Ich warne Sie, bei mir wird es sehr teuer werden!" Kamitz erreichte für Karajan ein Sonderbudget, nämlich eine besondere Aufstockung des „Gästekredits", das ist der Budgetposten für auswärtige, dem Haus nicht zugehörige Dirigenten, Regisseure und Sänger. Da nun die internationalen Spitzensänger Gagen gewohnt waren, die weit

Tanz auf vielen Hochzeiten: Karajan „BZ" (Berlin)

über dem Wiener Niveau lagen, sollten diese Künstler im Rahmen ihres Vertrages mit der Mailänder Scala auch in Wien singen, oder sie sollten von der Scala eigens für Vorstellungen in Wien unter Vertrag genommen werden (das geschah u. a. bei Birgit Nilsson, Elisabeth Schwarzkopf und Leontyne Price). In gewissen regelmäßigen Zeitabständen refundierte die Staatsoper der Scala die für Wien ausgelegten Summen in Pauschalüberweisungen, die eine kleine Perzentuale an die Scala für ihre Unkosten und ihre Arbeitsleistung beinhaltete. Auch sollte ein Haus vom anderen Ausstattungen zu bevorzugten Bedingungen erwerben können. Aber in der Praxis zeigte die Sache auch andere Seiten. Da bei uns viele Opern noch nicht in der Originalsprache einstudiert waren, bezog man auch Sänger zweiter und dritter Partien gleichsam en gros von der Scala, doch schickte diese manchmal auch Italiener zweiter Güte für erste Rollen, die man aus dem eigenen Wiener Ensemble oft besser hätte besetzen können. Die Theaterzettel jener Jahre sahen manchmal aus wie eine Mitgliederliste der sizilianischen Mafia oder ein Verzeichnis der Dörfer Kalabriens.

Der Gedanke einer solchen Zusammenarbeit mit Mailand ist keine „unösterreichische Ausgeburt modernen Managertums", als die man ihn hinstellen wollte, sondern eine uralte österreichische Tradition; im Vormärz stand die Wiener Oper sogar viele Jahre lang mit der Scala unter einer gemeinsamen Direktion (siehe das Kapitel über das Kärntnertortheater). Noch im alten Österreich wollte man diese Zusammenarbeit auf viele Opernhäuser ausdehnen, und auch Karajan forderte alle anderen großen Opernhäuser zum Beitritt auf. Außerdem ist es immer das Charakteristikum der Wiener Oper gewesen, daß ihr große profilierte Künstler in langfristigen Bindungen den besonderen Zauber verliehen: Piccaver, Lehmann, Jerger usw. Aber die höchstbezahlten internationalen Weltstars der alten Opernwelt hatten in Wien nur vereinzelte Gastspiele gegeben: Caruso, Gigli, Schaljapin. Karajan gelang es nun durch den Mailänder Vertrag, solche Spitzenstars wie Franco Corelli, Giuseppe di Stefano, Ettore Bastianini, Giulietta Simionato, Antonietta Stella und einige andere zu einer ausgedehnteren Tätigkeit in Wien zu bekommen. Die italienischen Gäste des ersten und des zweiten Faches sangen in Wien nach dem italienischen Gagenschema — die Scala ist kein Ensembletheater, verwendet ihre Künstler nur von Produktion zu Produktion und ist gewohnt, daß die Sänger nur an wenigen Abenden auftreten, dafür aber sehr hohe Gagen beziehen. Nun traten diese italienischen Gäste in die Wiener Gagenwelt ein, die auf sehr zahlreichem Auftreten beruht; das mußte selbstverständlich zu Spannungen mit den Wiener Künstlern führen. In Wien waren 10.000 Schilling die absolute Spitzengage für allererste Künstler des Ensembles mit Pensionsberechtigung. Eine italienische Gage lag aber nicht selten um eine Million Lire (damals etwa 40.000 Schilling). Die Wiener Künstler waren oft verbittert und strebten eine Angleichung ihrer Gagen an die der Gäste an. Heute sind 40.000 Schilling auch in Wien keine Höchstgage mehr. Viel böses Blut machte es auch, daß die Gagen der Italiener durch die Auszahlung in Italien in Österreich unversteuert blieben.

Was die Ausstattungen aus Mailand betraf, so erregten nur wenige Begeisterung. Manche, wie die „Traviata", blieben so lange gegen Leihgebühr in Wien, daß es billiger gewesen wäre, sie gleich bei uns herzustellen. Es gab da recht kuriose Fälle. So wurde zum Beispiel 1958 die Ausstattung für Hindemiths „Mathis der Maler" auf Kosten der Staatsoper in Italien hergestellt und dann von

Karajan ließ sich nicht gerne photographieren. Nach seiner Demission hatten die Photographen es leichter. (Karikatur von Rudolf Angerer.)

Das Bild des Jahres ohne Schwierigkeiten

Wien an die Scala verliehen, wo die Premiere *vor* der Wiener Erstaufführung stattfand.

Selbstverständlich kann man sich auf den Standpunkt stellen, daß diese Hintergründe für das Publikum unwesentlich sind und daß nur das zählt, was man am Abend sieht und hört. — Es gab auf dem italienischen Sektor unbeschreibliche Abende unter Karajan. Seine zweite Premiere im April 1957 war „Othello"; Karajan dirigierte und inszenierte, die Bühnenbilder schuf Wilhelm Reinking, die Kostüme Georges Wakhevitch. Mario del Monaco sang einen großartigen Othello, die Königin des Abends aber war Leonie Rysanek. Der Jago, Anselmo Colzani, erhielt einige Pfuirufe, Paul Schöffler (bei der Wiederholung) war viel besser. Karajan dirigierte hinreißend, nur wurde seine Sturmmusik von der elektroakustischen Verstärkung des Donners zu sehr überdröhnt.

Karajan dirigierte auch eine neue „Tosca" in der Regie von Margarete Wallmann mit Renata Tebaldi (später mit Leontyne Price!), mit Tito Gobbi als Scarpia und dem neuen italienischen Haustenor Giuseppe Zampieri als Cavaradossi (1958). Er leitete aber auch Repertoirevorstellungen wie „Madame Butterfly" mit Sena Jurinac (1958) oder „Aida" (1959) mit Tebaldi, Simionato, Gobbi und dem neuen Tenor Eugenio Fernandi. Der Chefdirigent der New Yorker Philharmonie, Dimitri Mitropoulos, war vielleicht der einzige ganz große Dirigent, den Karajan neu an Wien binden wollte, er dirigierte „Manon Lescaut", eine neue „Butterfly" mit der Jurinac, Regie: Josef Gielen (1957), und eine neue „Macht des Schicksals" (1960) mit Antonietta Stella, Giuseppe di Stefano, Giulietta Simionato und Ettore Bastianini, Regie: Wallmann. Francesco Molinari-Pradelli leitete 1961 eine neue „Turandot", prachtvoll besetzt mit Birgit Nilsson, Leontyne Price (Liu) und Giuseppe di Stefano. Und Lovro von Matačić brachte 1960 eine Neueinstudierung von „André Chenier" mit Renata Tebaldi, Franco Corelli und Ettore Bastianini sowie eine neue „Cavalleria" mit der Goltz als Santuzza und einen neuen „Bajazzo" (Regie: Paul Hager, Bühnenbild: Jean Pierre Ponelle); Jon Vickers sang den Canio, Aldo Protti den Tonio, Wächter den Silvio, Wilma Lipp ihre erste Nedda. Es gab zahllose Feste des Belcanto — und dazwischen „magere" Abende. Man gewöhnte sich daran, die Oper nach den Sternstunden und nicht mehr nach dem Alltag zu beurteilen. In der Vorkriegsoper hatte es eine Hauptsaison, eine Vor- und eine Nachsaison gegeben. Jetzt wurden die Vorsaison (September) und die Nachsaison (Mai, Juni) zur Zeit der schönsten, festlichsten Abende — es sind jene Monate, in denen weder die „Met" noch die Scala spielen.

Obwohl man die Ära Karajan rückblickend immer als die „italienische Epoche" bezeichnet, haben sich doch auch auf dem deutschen Sektor die interessantesten Dinge ereignet. Karajan hat sieben Wagneropern neu inszeniert und dirigiert: den gesamten „Ring", „Tristan", „Tannhäuser" und „Parsifal". Vollkommen ungerechterweise stellte man sich auch von Anfang an — aus Prinzip — gegen Karajan als Regisseur. „Wozu muß ein Kapellmeister Regie führen? Schuster, bleib bei deinem Leisten!" Das beweist eine totale Unkenntnis der historischen Zusammenhänge. Früher haben beinahe alle großen Operndirigenten Regie geführt, Toscanini an der Scala, Jahn und Mahler in Wien. Karajan hat ein Recht darauf, daß seine Regien lediglich nach ihrer Qualität beurteilt werden. Obwohl Karajan, bereits vor Wien, oft an der Mailänder Scala inszeniert hatte, erwarb er sich doch die volle Praxis als Regisseur erst während seiner Wiener Tätigkeit. Die Prinzipien seiner Spielleitung waren hier völlig ungewohnt und verursachten im Betrieb der Oper gewisse Schwierigkeiten. Bei Karajan ist Regie Ausdeutung der Musik durch die Technik. Er erarbeitet sich in unendlich langen Proben eine Lichtpartitur des Werkes. Takt für Takt werden raffinierte Lichteinstellungen erfunden; zur Koordination mit der Musik verwendet er bei den Bühnenproben meist Tonbänder, wenn es das Werk unter seinem Stab auf Tonband gibt; Statisten markieren die Stellungen der Sänger. Mit den Sängern arbeitet Karajan intensiv bei Klavierproben und bei Stellproben auf der Probebühne; sie kommen erst in einem relativ späten Stadium zu den Bühnenproben dazu, und es ist ihre wichtigste Aufgabe, die Gänge zu ihren Lichtern zu erlernen. Wie man schon seit den Zeiten Mahlers jede Lichtregie als zu dunkel empfand, so bezeichnete man auch Karajans Lichtregie als „Dunkelregie". Man wunderte sich bisweilen auch darüber, daß er (laut Kantinen-Amateurstatistik bis zu 75) Beleuchtungsproben nur dazu braucht, damit man dann auf der Bühne — nichts sieht. (Birgit Nilsson behauptet, man könne in Karajans Inszenierungen von der Bühne verschwinden, um einen Kaffee zu trinken, und niemand wird es bemerken.)

Trotzdem ist Karajan als Regisseur eine eminente Begabung. Er hat auch persönlichen Stil, er entwickelte ihn besonders nach seinem Abgang von Wien bei den Salzburger Osterfestspielen. Seine erste Wiener Premiere war die „Walküre" (April 1957), mit der er einen neuen Nibelungenring begann. Damals brauchte er angeblich „nur" 25 Beleuchtungsproben. Karajans Wiener „Ring" war von Anfang an durch die Bühnenbilder von Emil Preetorius belastet, der zwischen Alt- und Neu-Bayreuth pendelte, ohne zu einem eigenen Stil zu gelangen. (Bei den Osterfestspielen arbeitet er mit dem genialen Augsburger Günther Schneider-Siemssen.) Im ersten Akt ging statt der Tür in Hundings Haus gleich die ganze Rückwand auf und gab den blauen Himmel eines Ferienplakates frei; Karajan gelang aber ein hervorragender Zweikampf und ein wunderschöner Feuerzauber. Sein später so viel diskutierter kammermusikalischer, unpathetischer Stil für die Wagnermusik war schon damals erkennbar. Hans Hotter war Wotan, Jean Madeira Fricka (später Ira Malaniuk), Leonie Rysanek sang die Sieglinde, Ludwig Suthaus den Siegmund, Gottlob Frick den Hunding. Ljuba Welitsch und Christa Ludwig waren unter den Walküren. Herbert Schneiber schrieb: „Helm ab vor Birgit Nilsson als Brünnhilde!" (später sang sie Martha Mödl). Zu Weihnachten 1957 folgte „Siegfried": ein Ast ersetzte den Wald, der Drache war nur ein Schattenphantom, und die Nilsson erwachte als Brünnhilde in

Erich Kunz als Zettel in Benjamin Brittens „Sommernachtstraum" 1962. (Karikatur von Winnie Jakob.)

einem modernen Kleid mit enganliegenden Ärmeln und Zippverschluß. Die Schmiedelieder sang Wolfgang Windgassen vor einem sehr eindrucksvollen gigantischen Blasebalg. Hans Hotter sang den Wanderer, Gustav Neidlinger den Alberich, Peter Klein seinen herrlichen Mime, Hilde Rössel-Majdan die Erda, und die Luxusbesetzung brachte sogar Wilma Lipp als Waldvogel. Der Wanderer kam nicht einäugig, und die seine Einäugigkeit betreffende Stelle aus dem Dialog mit Siegfried im Schlußakt wurde gestrichen, was heftige Kritik auslöste. Das nächste Weihnachtsgeschenk (1958) war „Rheingold": Ballettratten schwebten als Doubles der singenden Rheintöchter in einer sehr wirkungsvollen Wellenprojektion — aber trotz der Ratschläge des Zauberers Kalanag wurde Alberich unter der Tarnkappe nicht unsichtbarer als in früheren Inszenierungen. Zehn echte Ambosse, die aus einer Gewerbeschule geholt wurden, machten Dienst in Nibelheim. Es war Karajans beste Lichtregie. Den Wotan sang Hans Hotter. Alois Pernerstorfer gab seinen brillanten Alberich, Eberhard Wächter sang den Donner (später wurde er sogar Wotan!), Wolfgang Windgassen den Loge. Der „Ring" wurde im Juni 1960 mit „Götterdämmerung" (Nilsson, Windgassen) abgeschlossen.

Musikalisch waren die Wagnervorstellungen unter Karajan vielleicht die allerschönsten seiner Ära. Einmal sprang er sogar bei den „Meistersingern" für Keilberth ein! Im Juni 1959 dirigierte und inszenierte er den „Tristan" mit Nilsson und Windgassen. Im April 1961 kam „Parsifal" (mit Fritz Uhl). Das Bühnenbild von H. Wendel brachte eine schöne Verwandlung von den Bäumen des ersten Bildes zu den Säulen der Gralsburg. In dem Dunkel mußte aber jeder Versuch der Blumenmädchen, Parsifal in der Choreographie von Erich Walter zu verführen, a priori scheitern. Das war die berühmte Inszenierung mit den „zwei Kundrys": Elisabeth Höngen im ersten und dritten Akt, Christa Ludwig im zweiten. Das ist sehr wirkungsvoll, aber doch anfechtbar; denn es liegt in der Konzeption Wagners, daß sich ein Wesen in ein anderes verwandelt, und wenn das Theater das nicht darstellen kann, hat es keine Existenzberechtigung.

Karajans letzte Wagnerregie war „Tannhäuser" (mit demselben Team) im Januar 1963 (Tannhäuser: Hans

Beirer, Wolfram: Eberhard Wächter, Elisabeth: Gre Brouwenstijn, Venus: Christa Ludwig, Landgraf: Gottlob Frick). Die Inszenierung brachte viel Schönes, obgleich das Ballett im Venusberg etwas zuviel Gymnastik trieb und die prachtvoll schönen, großen lebenden Hunde am Ende des ersten Aktes (die Wagner unbedingt wollte!) mit der oratorienhaften Stellung des Ensembles in den uniformierten Kostümen zu sehr kontrastierten. Echte Falkner des Falkner-Klubs trugen auf behandschuhten Fäusten kostbare, prachtvolle lebende Falken.

Vom ersten Tag seiner Amtsübernahme an bis lange nach seiner Demission war Karajan das beinahe einzige Gesprächsthema Wiens. Rußland war nicht mehr wichtig, auch nicht China, wenn Karajan sich seinen dritten Rennwagen gekauft hatte! Eine ruhige Diskussion über Karajan gab es nicht, man konnte über ihn nur aufgeregt diskutieren, er wurde fanatisch geliebt und fanatisch gehaßt. War man von Karajan noch so begeistert, man wurde von der fanatischen Intoleranz seiner Anbeter gegen den eigenen Willen in die Reserve getrieben. Und wollte man selber an Karajan Kritik üben, dann wurde man durch die fanatische Intoleranz der Karajan-Hasser wieder zum bedingungslosen Karajan-Anhänger.

Karajan hatte die ganze Bevölkerung in zwei Lager gespalten. Man konnte es erleben, daß Leute, die sonst zugegebenermaßen keine zehn Pferde in die Oper gebracht hätten, von weither zu Karajanvorstellungen reisten („Von Musik versteh' i nix, aber i weiß, er is a Magier!"). Wenn er — in den ersten Jahren — seine Konzerte mit der berühmten Karajantrance begann: den Körper leicht vorgebeugt, die Arme über der Brust gekreuzt, den Kopf gesenkt, die Augen geschlossen, dann war man fasziniert, oder man lächelte. Aber später, als es diese Trance nicht mehr gab, hat sie einem gefehlt. Karajan hat viel berechtigten Anlaß zu Kritik gegeben, aber sehr viel Kritik gegen Karajan entsprang dem Neid der Wiener, weil er „so viel verdient". Es klang noch gutmütig, wenn man von dem „Weltmeister im Dirigieren", von der „Greta Garbo am Dirigentenpult" oder vom „Dirigenten des 22. Jahrhunderts" sprach — oft aber kritisierte man das Singen der Carmen in französischer Sprache und ließ sich daran die Wut über Karajans Villa in Saint-Tropez aus. Man er-

Otto Wiener in der Titelpartie der Hindemith-Oper „Cardillac". (Karikatur von Winnie Jakob.)

laubte Karajan gerade noch, im Engadin Schi zu laufen — aber, warum muß er mit dem Hubschrauber zur Piste fliegen? „Das hat doch Franz Schalk auch nicht getan!" Leute, die ihre eigenen Villen für horrende Summen untervermieteten, bebten vor heiliger Empörung, wenn Karajan sein Sportflugzeug weitervermietete. „Hat Gustav Mahler Yoga-Übungen zur Entspannung und Konzentration gebraucht?" Es war doch „billige Publicity", wenn der Operndirektor von einer Jury als der bestgekleidete Mann Wiens bezeichnet wurde!"

Karajan „verschleudert unsere kostbaren Schillinge ins Ausland, denn er bestellt sich seinen Salzburger Trachtenanzug bei einem Mailänder Schneider!"

Auch Karajans Steuerprobleme waren plötzlich Gemeingut aller kunstbegeisterten Österreicher. Er war darauf bedacht, pro Jahr nie mehr als 180 Tage in Österreich zu verbringen, sonst hätte er steuermäßig einen Wohnsitz begründet und alle Einkünfte in der ganzen Welt hier versteuern müssen. Viele hätten es nicht ungern gesehen, wenn man ihm aus seinem Besitz Buchenhof in Mauerbach bei Wien den Strick des Steuerwohnsitzes gedreht hätte. Die bravsten Reaktionäre wurden plötzlich überzeugte Republikaner und mokierten sich über Karajans

Von
Adolphe Adam
bis Igor
Strawinsky

*Das Wiener
Staatsopernballett*

Susanne Kirnbauer
als Prinzessin Aurora
in Tschaikowskys
„Dornröschen" (1966).

Adolphe Adams Ballett „Giselle" in der Originalchoreographie von Coralli zählt seit 1841 zum Standardrepertoire aller Tanzbühnen der Welt.

Oben: Erika Zlocha als Giselle in der Szene mit Prinz Albrecht (Richard Adama) und Hilarion (Erwin Pokorny), unten in der darauffolgenden berühmten Variation des ersten Aktes. — Rechte Seite: Fanny Elßler als Florinde in Casimir Gides Ballett „Der hinkende Teufel" (Stich von Geiger 1836).

Costume Bild zur Theaterzeitung. N° 48.

Fanny Elßler in der Cachucha.

Links: Else von Strohlendorf, die erste aus der hauseigenen Ballettschule und dem Corps de ballet hervorgegangene Primaballerina der Wiener Staatsoper (1920 bis 1924). Bis dahin hatte man als Primaballerinen nur Ausländerinnen engagiert, meist Italienerinnen. Mit der Strohlendorf wurde diese Tradition für immer aufgegeben.

Rechts: Gusti Pichler, Primaballerina von 1924 bis 1935, in Franz Schuberts „Deutschen Tänzen". Sie war die unmittelbare Nachfolgerin der Strohlendorf und entzückte mit ihrem Können wie mit ihrer zarten Schönheit das Ballettpublikum der Zwischenkriegszeit mehr als ein Jahrzehnt. 1938 wurde sie zum Ehrenmitglied der Staatsoper ernannt, eine sonst nur Sängern vorbehaltene Auszeichnung. Die Künstlerin war nach der Wiedereröffnung der Staatsoper des öfteren in Wien und durfte sich hier zahlreicher Beweise unvergessener Beliebtheit erfreuen.

Oben: Edeltraud Brexner als Julia in Sergej Prokofjews „Romeo und Julia". Die Brexner trat 1957 an die Spitze des Ballettensembles. 1960 mit dem von der ehemaligen Solotänzerin Riki Raab gestifteten Fanny-Elßler-Ring ausgezeichnet, wurde sie auch als Lehrerin an die hauseigene Ballettschule berufen. — Links: Primaballerina Julia Drapal (1949 bis 1958) als Potiphars Frau in „Josephslegende" von Richard Strauss, auf unserem Bild mit Olga Fiedler als Lieblingssklavin. Hinreißend war Julia Drapal auch in den Operetten der Staatsoper in der Volksoper zwischen 1945 und 1955.

Oben: „Symphonischer Walzer" von Karl Alwin (1935): Poldy Pokorny (links), Willy Fränzl, Julia Drapal. — Unten links: Gusti Pichler und Willy Fränzl in der Uraufführung von Richard Strauss' „Schlagobers" (1924). — Unten rechts: „Don Juan" von Gluck. Erwin Pokorny in der Titelrolle, Lucia Bräuer als Zerline.

Oben: „Der Mohr von Venedig" von Boris Blacher (1955). V. l. n. r.: Edeltraud Brexner (Bianca), Richard Adama (Jago), Christl Zimmerl (die tote Desdemona, im Hintergrund), Willy Dirtl (Othello), Lucia Bräuer (Emilia). — Links: Edeltraud Brexner und Karl Musil während einer Probe. — Unten: Aus Gottfried von Einems „Medusa". Karl Musil (Perseus), Christl Zimmerl (Medusa).
Auf der folgenden Seite: Igor Strawinsky: „Le sacre du Printemps." Szenenbild mit Christl Zimmerl und dem Corps de ballet.

"Ohne meinesgleichen — wo wäre das Theater?" Paul Schöffler als Direktor La Roche in „Capriccio". (Karikatur von Winnie Jakob.)

„von". Leute, die selbst Butter auf dem Kopf hatten, schnüffelten in seiner Tätigkeit während des Dritten Reiches herum — wie Furtwängler, Krauss, Böhm und Knappertsbusch war auch er nach dem Krieg von den Alliierten verboten gewesen. Dieselben Leute wurden aber gleichzeitig erneut zu Verfechtern germanischer Rassensuperiorität: Karajans Vater war Arzt in Salzburg, doch „sein Großvater hieß noch Karajanis oder Karajanopoulos, es sind Mazedonier oder Armenier"... Jeder Ignorant spielte plötzlich Fachmann. Man konnte es erleben, daß der eine jubelte: „Karajan hat der Wiener Oper erst Weltgeltung verschafft!" und der andere philosophierte: „Karajans Verschwendung hat Österreich an den Rand des Abgrunds gebracht" — und beide konnten, auch bei vollständigem Durchspielen, das „Meistersinger"-Vorspiel vom Donauwalzer nicht unterscheiden.

Unter Karajan war der Betrieb der Wiener Oper teurer als je zuvor und billiger als je nachher. Aber Karajan holte die Callas nie mehr zurück — weil sie 2500 Dollar Gage verlangt hatte. Seine eigene Gage betrug monatlich 6000 Schilling als künstlerischer Leiter und 18.000 Schilling pro Abend als Dirigent. — Nach seinem Abgang verdoppelten sich die Kosten. 1969 kostet den Steuerzahler der Betrieb der Staatsoper (inklusive Pensionen etc.) ungefähr eine halbe Million Schilling im Tag...

Karajans schönste Inszenierung war sicherlich „Pelleas und Melisande" von Debussy mit Hilde Güden, weil er hier in dem Bühnenbildner Günther Schneider-Siemssen den kongenialsten Mitarbeiter gefunden hatte (1962). Er ersetzte den umstrittenen Tietjen-„Fidelio" im selben Jahr durch einen eigenen (gleichfalls mit Schneider-Siemssen); die Leonore war Christa Ludwigs Debüt im Sopranschlüssel. Es gab interessante Abende des zeitgenössischen Musiktheaters: „Ödipus Rex" von Strawinsky (1958), einmal unter Strawinsky, einmal mit Jean Cocteau als Sprecher (in aufgerollten Manschetten); dann „Ödipus, der Tyrann" von Orff (1961), mit Gerhard Stolze in der Titelrolle, eine Rennert-Inszenierung, „Mathis der Maler" (1958) in einer Rott-Regie mit Paul Schöffler, einmal unter Leitung des Komponisten Paul Hindemith; „Die Gespräche der Karmeliterinnen" (1959) von Francis Poulenc nach „Die begnadete Angst" von Bernanos (Margarete Wallmann, sonst eher eine „Auslagenarrangeurin", schuf eine eindrucksvolle Szene der Hinrichtungen der Nonnen); „Mord in der Kathedrale" von Pizzetti (1959) mit Hans Hotter als Erzbischof Becket (Karajan dirigierte, der Komponist war anwesend). Und dann den „Sommernachtstraum" von Britten unter Hollreiser in der Inszenierung von Werner Düggelin. Bei einem Gastspiel der Städtischen Oper Berlin sah man 1960 „Moses und Aron" von Schönberg unter Hermann Scherchen in einer Inszenierung des Berliner Generalintendanten Gustav Rudolf Sellner.

Die interessanteste Ausgrabung eines vergessenen Werkes war „L'Incoronazione di Poppea" von Monteverdi (1963) in der modernisierenden Bearbeitung von Kraack, Titelrolle: Sena Jurinac (im neuen Rollenfach als Femme fatale); es war eine ausgezeichnete Inszenierung von Günther Rennert, der 1959 auch „La Cenerentola" von Rossini unter Alberto Erede mit Christa Ludwig herausgebracht hatte und im selben Jahr auch eine entzückende „Verkaufte Braut" unter Jaroslav Krombholc mit Irmgard Seefried, Waldemar Kmentt und Oskar Czerwenka als köstlichem Kezal. Zu Silvester 1960 dirigierte Karajan eine neue „Fledermaus" in der Regie von Leopold Lindtberg mit Hilde Güden und Eberhard Wächter. Im zweiten Akt sang Erich Kunz als Gefängnisdirektor Wienerlieder und Giuseppe di Stefano in einwandfreiem Deutsch (für 1000 Dollar) „Dein ist mein ganzes Herz"... Als Frosch entzückte Josef Meinrad, als Adele: Rita Streich.

Der verläßlichste aller Hausdirigenten, Rudolf Moralt, war 1958 gestorben, kurz nachdem sich in einer von ihm geleiteten „Josephslegende" Primaballerina Julia Drapal nach 25jähriger Zugehörigkeit zum Haus verabschiedet hatte. Karajan hatte Krips nach fünfjähriger Abwesenheit zurückgeholt, es dirigierten aber auch George Szell, Antonino Votto, Lovro von Matačić, Oliviero de Fabritiis, Georges Prêtre, Janos Ferencsik, Tullio Serafin, Heinz Wallberg, Hans Swarowsky, Berislav Klobučar, Heinrich Hollreiser und Wilhelm Loibner.

Nur wenige Leute kannten von Karajan mehr als das von der Publicity geschaffene Klischee. Er war immer ein Einzelgänger, haßte Presse- und Rundfunkinterviews (später wurde er darin flexibler und toleranter). Und die Kreise, in denen er gerne verkehrte, waren nicht die Künstlerkreise und nicht die Zentren des Wiener Tratsches und Klatsches, eher die internationale Hautevolee des Engadin (er hatte ja seinen ständigen Wohnsitz in Sankt Moritz). Unter Karajan gab es sehr viel Glanz, einige Krisen und viele Krischen. Jede Kleinigkeit, die mit Karajan zu tun hatte, regte die Öffentlichkeit auf. So zum Beispiel, wenn er dem Österreichischen Fernsehen nicht erlaubte, den „Rosenkavalier" bei der Eröffnung des neuen Salzburger Festspielhauses zu übertragen — er fand, daß Live-Übertragungen die Vorstellung zu sehr entstellen. Er war nämlich entsetzt gewesen über die Übertragung der „Cenerentola", die er gestattet hatte.

Karajan schloß einen Exklusivvertrag mit der Schallplattengesellschaft Deutsche Grammophon ab, der seine Berliner Philharmoniker angehörten; die Wiener Philharmoniker gehören zu einer britischen Firma. Als Karajan ihnen in einem Gespräch nahelegte, diese Bindung zu lockern, damit es auch zu Plattenaufnahmen der Wiener Philharmoniker mit Karajan kommen könne, nannte das ein Wiener Journalist „Balkansitten". Karajan klagte ihn, und der Mann wurde verurteilt.

Karajan haßt unautorisierte Photos, sowohl von seinen Inszenierungen als von seiner Person. Hier ist das ganz ungewohnt, aber in Amerika darf ein Musical selbstverständlich immer nur von einem einzigen Photographen photographiert werden, der von der Produktion unter Vertrag genommen wird wie die Stars. Karajan soll einem solchen unautorisierten Photographen in Salzburg höchstpersönlich „eine geschmiert" haben, und durch viele Tage erzählte man sich alle Details über den „Propeller-Herbert als Photographenpatscher".

Zur ersten ernsten Krise in der Direktion Karajan kam es am Beginn des Jahres 1962. Das technische Personal verlangte einen neuen Kollektivvertrag mit einer Erhöhung der Bezüge und einer Neuordnung der gesetzlichen Überstunden; die Verhandlungen wurden von der Bundestheaterverwaltung — zunächst ergebnislos — geführt. Karajans Freund Ernst Marboe leitete nicht mehr die Bundestheaterverwaltung, er war 1957, viel zu früh, einem Herzinfarkt erlegen. Die Bühnenarbeiter leisteten nur die Überstunden, zu denen sie verpflichtet waren (das war für den Spielplan zuwenig); der Probenbetrieb gestaltete sich immer schwieriger. Trotzdem leistete Karajan gerade damals ein Meisterstück und bewies, daß er es „auch so" konnte: er schuf auf dem Höhepunkt des Konfliktes, im Januar 1962, mit relativ wenigen Proben seine beste Regie: „Pelleas". Als die Verhandlungen kein Resultat zeitigten, bat Unterrichtsminister Dr. Drimmel Herbert von Karajan, die Verhandlungen selbst zu führen. Da kam es, während Karajan für einige Tage aus Wien verreiste, plötzlich zu einer Einigung zwischen den Bühnenarbeitern und der Bundestheaterverwaltung. Karajan fühlte sich ausgeschaltet und erklärte zudem, daß die Grundlagen der erzielten Einigung für den Opernbetrieb unannehmbar seien. Die Bühnenarbeiter hatten nämlich keine fixe Anzahl von Überstunden akzeptiert, sondern „die freiwillige Leistung unbegrenzter Überstunden, soweit es der Spielbetrieb erfordert". Es war die sogenannte „Klausel der Zumutbarkeit". Der wahre Grund der raschen Einigung war — die Rettung des Opernballs, der für alle offiziellen Stellen das Forum gesellschaftlicher Repräsentation darstellt, Karajan aber völlig egal war.

Zu Anfang Februar demissionierte Herbert von Karajan aus Protest. Fast die gesamte Öffentlichkeit nahm für

Die Krise. Der Arzt sagte: „Erzählen Sie mir alles von Anfang an." Und Herbert von Karajan begann: ... (siehe unten). Karikatur von Erich Sokol aus der „Arbeiter-Zeitung" vom 14. Juni 1964.

„Wissen Sie, am Anfang erschuf ich Himmel und Erde..."

ihn Stellung, es kam auch zu einem Sympathiestreik des gesamten technischen und künstlerischen Personals. Während einer Vorstellung von „Maskenball" wurde der alte Tullio Serafin das schuldlose Opfer lauter Pro-Karajan-Kundgebungen des Publikums.

Karajan stellte für seine Rückkehr zwei Bedingungen. Erstens: sofortige Ernennung eines Mitdirektors seines Vertrauens. Zweitens: weitestgehende Unabhängigkeit der Staatsoper von der Bundestheaterverwaltung (das hatte 1875 schon Jauner verlangt!). Unterrichtsminister Doktor Drimmel, der Karajan durchaus nicht kritiklos gegenüberstand, aber für die Bedeutung Karajans volles Verständnis hatte („Höchste Freiheit für höchste Kunst!"), sorgte dafür, daß beide Forderungen erfüllt wurden. Karajans Mitdirektor wurde der Stuttgarter Generalintendant Professor Walter Erich Schäfer. Karajan hat diesen ausgezeichneten, humanistisch hochgebildeten Mann sehr geschätzt (und auch bei seinen schwäbischen Witzen viel gelacht). Schäfer aber hatte sich wohlweislich zunächst seinen Stuttgarter Vertrag bis 1967 verlängern lassen und führte Stuttgart gleichzeitig mit Wien, wo er nur eine möblierte Wohnung hatte.

Die Unabhängigkeit der Staatsoper von der Bundestheaterverwaltung wurde in Form eines Erlasses des Unterrichtsministeriums, des sogenannten „Additionale", verwirklicht. Es bedeutete, daß gewisse Kreditposten des Etats der Bundestheaterverwaltung (gegen Widerruf) zur unmittelbaren Bewirtschaftung an die Staatsoper selbst übergeben wurden. Populär ausgedrückt: solange sie das Budget nicht überschritt, mußte die Staatsoper nicht mehr bei jeder Ausgabe die Genehmigung der Bundestheaterverwaltung einholen. Man nannte das die „Autonomie". Sie bezog sich auf das fix engagierte künstlerische Personal (außer den sogenannten „Gruppen": Chor, Orchester, Ballett), dann auf die Gäste, auf die Ausstattung und auf alle „Mehrdienstleistungen" des künstlerischen und technischen Personals (Überstunden etc.).

Karajan kam zurück. Außer Professor Schäfer stand ihm noch Albert Moser als Generalsekretär zur Seite. Moser, der erfolgreiche Generalsekretär des Steirischen Musikvereins, den Marboe in die Bundestheaterverwaltung berufen hatte, war der Nachfolger Dr. Seefehlners geworden, der als Vizedirektor nach Berlin gegangen war. Im März 1962 erschien Karajan bei „Aida" wieder am Pult, dort lag ein Strauß roter Rosen; es gab viel Jubel, nach der Pause erhob sich das ganze Parkett zu einer „standing ovation". Vorher hatte Karajan 600 Mitglieder der Oper im Parkett versammelt und ihnen für ihre Treue gedankt. Der Sturm hatte sich verzogen, aber schon bald erschienen neue Gewitterwolken am Horizont...

In den nächsten Wochen gab es Ballettgastspiele (das Ballett des Marquis de Cuevas, das London Festival Ballet) und zwei interessante Gastspiele der Württembergischen Staatsoper Stuttgart unter Ferdinand Leitner mit den Rennert-Inszenierungen von Rossinis „Der Türke in Italien" (hier sang der leider so früh verstorbene herr-

Mirella Freni als Mimi 1963. (Karikatur von Winnie Jakob.)

liche Tenor Fritz Wunderlich) und von Wolfgang Fortners Oper nach García Lorcas „Bluthochzeit" (mit einer Glanzleistung Martha Mödls). Dann kam Karajans neuer „Fidelio", ein „Figaro" mit Lisa della Casa als Gräfin und mit Geraint Evans in der Titelpartie. Im Sommer dirigierte Karajan zur Wiedereröffnung des Theaters an der Wien dort die „Zauberflöte".

Ein schöner Abend der Staatsoper im Theater an der Wien war „Intermezzo" mit der großartigen Leistung Hanny Steffeks als Christine und mit Hermann Prey als Kapellmeister Storch, der glänzend sang und seither auch zum Fernsehstar avancierte.

Es gab einen herrlichen italienischen Herbst mit Corelli und Price, Simionato und Stella, di Stefano und Bastianini. (Innerhalb weniger Monate hatte man die Wahl zwischen Boris Christoff, Nicolai Ghiaurov und Cesare Siepi als Philipp in „Don Carlos".)

1963 kam Karajans neuer „Tannhäuser" und „Die Krönung der Poppea", im Mai die Ballettpremiere „Dornröschen" (Tschaikowsky) in der Choreographie von Wazlaw Orlikowsky. Gleichfalls im Mai 1963 gab es wieder ein vieldiskutiertes Sensatiönchen: eine „Meistersinger"-Aufführung fiel aus; das Publikum wurde nach Hause geschickt, weil der Tenor Windgassen von der abgeänderten Vorstellung (ursprünglich war „Holländer" angesetzt) nicht verständigt worden war und es für ihn keinen Ersatz gab...

Im Juni dirigierte Karajan einen neuen „Don Giovanni". Teo Otto hatte düster-romantische Bühnenbilder im Bronzeton geschaffen, Oscar Fritz Schuh inszenierte (der Komtur trat nicht auf, man hörte nur seine Stimme und sah einen Projektionsschatten!). Zwei prachtvolle Giovanni alternierten: Eberhard Wächter und Cesare Siepi; Leontyne Price (seinerzeit die Bess der Volksoper) war eine großartige Donna Anna, und Hilde Güden eroberte sich ein neues Stimmfach mit der Elvira. Nun hatte man also innerhalb von sieben Jahren den zweiten „Giovanni", einen zweiten „Fidelio", einen zweiten „Tannhäuser". In früheren Jahrzehnten haben Inszenierungen auch 30 Jahre und länger gehalten. Die Zahl der gespielten Werke wurde immer kleiner (1961/62 waren es 42 gegenüber 84 unter Schalk 1926/27!), dafür wurden dieselben Repertoireopern immer wieder neu inszeniert — schon 1967 kam der dritte „Giovanni"!

Im Juni 1963 ereignete sich dann, was alle längst vorausgesagt hatten: Professor Schäfer, der in Wien nie so recht hatte Fuß fassen können, sah ein, daß hier für ihn keine Lorbeeren zu holen waren, und zog sich aus Gesundheitsgründen endgültig nach Stuttgart zurück. Franz Salmhofer hatte fast gleichzeitig aus Gesundheitsrücksichten als Direktor der Volksoper demissioniert. Albert Moser wurde nun Direktor der Volksoper (und damit mein Chef). Und Karajan schlug einen neuen Mitdirektor vor — Dr. Egon Hilbert.

Diese Nachricht schlug wie eine Bombe ein, und man

Dimitri Mitropoulos. Sein Ableben verhinderte eine dauerhafte Bindung an die Wiener Staatsoper. (Karikatur von Winnie Jakob.)

brauchte kein Prophet zu sein, um zu erkennen, „daß sich das nicht halten kann". Eigentlich war dieser Vorschlag, den Karajan über Rat von Oberregisseur Paul Hager gemacht hatte, ein unverständliches Schwächezeichen. Hilbert war ein Lieblingskind der Presse, insbesondere der Anti-Karajan-Presse, aber er hatte als Intendant der Wiener Festwochen und früher, in der Ära des Theaters an der Wien, auch wirklich Glänzendes geleistet. Nur konnten zwei so verschiedene Menschen auf keinen Fall zusammenarbeiten. Hilbert sprach viel, schrieb viel, liebte lange Memoranden und „große Umstände", die Aufregung war sein Leben. Karajan liebte keinen Schriftverkehr, sondern kurze, knappe Worte (wenn es laut wird, geht er aus dem Zimmer, Karajan ist einer der leisesten Menschen, er flüstert bei Bühnenproben und schafft sich gerade dadurch die totale Konzentration aller Mitwirkenden). Karajan wollte jemanden haben, der ihm die administrativen Sorgen abnahm — Hilbert aber wollte Operndirektor mit voller Autorität in allen künstlerischen Fragen sein. Karajan wollte ein Theater mit ad hoc zu einem kurzlebigen Ensemble zusammengestellten Spitzenstars — Hilbert hingegen verfocht (damals noch) das Ensembletheater älteren Stils.

Was sich nun in dem einen und einzigen Jahr ihrer gemeinsamen Arbeit ereignete, war — trotz einiger grandioser Abende — ein ständiges Pendeln zwischen einer Kulturtragödie und einer Löwingerposse.

Im Oktober 1963 bereitete man an der Staatsoper die Premiere einer neuen „Bohème" vor. Karajan hatte das Werk schon vorher in der Inszenierung von Franco Zeffirelli an der Mailänder Scala herausgebracht, wo es ein einzigartiger Triumph wurde. Mimi war Mirella Freni, den Rodolfo sang Gianni Raimondi. Nun sollte dieselbe Inszenierung in derselben Besetzung in Wien „nachproduziert" werden — genau Karajans Ideal für die moderne Opernproduktion. (Die Scala gastierte mit dieser „Bohème" in München und Moskau, und sie wurde auch für das Fernsehen produziert.)

Nun besteht in Italien die Sitte, daß ausgebildete Kapellmeister als Souffleure eingesetzt werden. Sie soufflieren — manchmal auf der richtigen Tonhöhe singend — und geben außerdem mit den Augen und Händen den

Sängern die Einsätze. Der „Maestro Suggeritore" ist in Italien um so unentbehrlicher, je schlechter die Sänger ihre Rollen beherrschen. Nun verlangten die Gäste ihren Maestro Suggeritore auch in Wien, und Karajan engagierte im Rahmen des Vertrages mit der Scala Armando Romano als Kapellmeister-Souffleur mit einer nicht unbeträchtlichen Gage. Die Gewerkschaft protestierte, verhinderte die Arbeitsgenehmigung, und als bei der Premiere Anfang November 1963 Direktor Hilbert persönlich den Maestro Suggeritore tapfer durch Feindesland bis in den Souffleurkasten geleitete, verkündete die Gewerkschaft den Streik des Personals. Die beiden Direktoren erschienen vor dem Vorhang, Karajan im Frack, Hilbert im Smoking. Hilbert verlas eine Erklärung des Sachverhalts, betonte seine Loyalität gegenüber Karajan, umarmte und küßte diesen (niemand, der es gesehen hat, wird Karajans Gesicht dabei vergessen) und schickte die Leute nach Hause. Das Publikum protestierte. Es gab einen Tumult und eine europäische Sensation.

Durch diesen Fall war das arme Land Österreich in zwei sich unerbittlich bekriegende Hälften gespalten worden. Meine Greißlerin, die noch nie in der Oper war, fand es für kulturell untragbar, dem Karajan seinen „Mastro zutscherritohrre" zu verweigern. Mein Schuster hingegen, der gleichfalls noch nie in der Oper war, hielt es für eine Frechheit, daß der Karajan „auf unsere teure Steuergelder so an ‚Mestro dschuzerridoore‘ sich zu verlangen traut". — Die erlauchtesten Namen unterzeichneten eine Erklärung, daß sie nicht ohne MS singen könnten, darunter Franco Corelli, Leontyne Price, Ettore Bastianini, Antonietta Stella, Giulietta Simionato, Mirella Freni und Gianni Raimondi. Ein paar Tage später entschloß sich Karajan, auf den MS zu verzichten, und die Premiere der „Bohème" (mit Freni und Raimondi) wurde — ohne MS — der größte künstlerische Triumph der Ära Karajan. Es war für Karajan eine „Zerreißprobe" gewesen. Auch in der aus Salzburg überstellten schönen „Troubadour"-Inszenierung Karajans (in den geheimnisumwitterten Bühnenbildern von Teo Otto) mit dem großartigen Regieeinfall der langsam hochgehenden, wehenden Riesenfahne im Lagerbild führte Franco Corelli die Sängerschar an und fand seine Einsätze ohne Maestro Suggeritore genauso wie unser Eberhard Wächter, der einen herrlichen Luna gab.

Es ist sehr interessant, daß der Verwaltungsgerichtshof in seinem Erkenntnis vom 2. Juni 1964 (Zl. 408/64) Karajan in Sachen MS vollkommen recht gab: Die Aufführung italienischer Opern in der Wiener Staatsoper mit führenden italienischen Sängern und unter der musikalischen Leitung eines weltberühmten Dirigenten trage dazu bei, Wien und im besonderen die Wiener Oper zu einem Anziehungspunkt ersten Ranges für die Musikliebhaber nicht nur aus Österreich, sondern auch aus dem Auslande zu machen. Das dürfte als unbestritten gelten. Außerdem läge keine Gefährdung der Existenz oder Schmälerung der Bezüge des regulären Souffleurs der Wiener Staatsoper vor, es gäbe also keinen Einwand gegen die Erteilung der Arbeitserlaubnis an „einen solchen Maestro", durch dessen Mitwirkung „eine Steigerung der künstlerischen Gesamtleistung erzielbar sei".

Für die Doppeldirektion erfand man den schönen Titel „Die unheimliche Ehe". Hilbert lief zunächst gegen Karajans Privatsekretär, den charmanten Weltmann André von Mattoni, Sturm, den Karajan zum Direktionsmitglied gemacht hatte und der fraglos der loyalste „Diener seines Herrn" der Weltgeschichte ist und sich bis zur Selbstverleugnung mit seinem Chef identifiziert („Morgen heiraten wir..."). Es gibt da Sitzungsprotokolle zwischen Hilbert und Karajan, in welchen der künstlerische Leiter erklärt, Dr. Hilbert habe nicht das Recht, sich „Staatsoperndirektor" zu nennen, sondern nur „Direktor der Staatsoper" — das haben ernst zu nehmende erwachsene Menschen zu Papier gebracht! Als Hilbert einmal ein Telephonat mit Karajan durch Auflegen des Hörers abbrach, war das Schicksal der Doppeldirektion besiegelt. Es gab nur noch Schriftverkehr zwischen den Co-Direktoren. Der letzte Stein des Anstoßes war eine „Tannhäuser"-Vorstellung am 17. Mai 1964. Es war eine Reprise von Karajans Inszenierung. Hilbert hatte sie angesetzt, obwohl Karajan seit langem für diesen Tag ein Konzert mit den Berliner Philharmonikern im Großen Musikvereinssaal abgeschlossen hatte. Karajan verlangte von Hilbert, daß er den „Tannhäuser" verschiebe. Hilbert weigerte sich und engagierte am 7. Mai den Belgrader

Heinrich von Kralik nach Karajans Demission. „Die Presse", 13. Mai 1964 (auszugsweise).

Umschau nach dem Richtigen
Einem neuen Staatsoperndirektor müßte die Wiedergewinnung Karajans gelingen

Was der Wiener Oper ihre Eigenart und wohl auch ihre Überlegenheit verleiht, liegt in der Tatsache, daß sie keine Manager-, sondern eine Künstler- und Dirigentenoper ist. Seit rund hundert Jahren sind es mit wenigen peinlichen Ausnahmen große Künstler gewesen, die in der Direktionskanzlei das Schicksal der Oper lenkten. Die Tradition der Wiener Oper ist eine Künstlertradition, die ihre Kraft und Bedeutung nicht aus dem Moment ängstlichen Beharrens schöpft, sondern aus der Fähigkeit, sich in ständigem Wechsel zu erneuern. Daß etwa der Blütezeit unter Jahn und Richter das gänzlich anders geartete, geradezu entgegengesetzte Opernerlebnis der Mahler-Zeit folgen konnte, ist für die sozusagen biologische Beschaffenheit des Institutes sehr bezeichnend.

In ähnlicher Weise trug Karajan neue Ideen, neue Gedanken, neue Pläne ins Haus, die zeigen, daß sein Künstlertum ein vielschichtiges und weitschauendes ist, und daß seine Dirigentenkapazität nur eine Teilfunktion bildet. Seiner Idee von einer international gelenkten Interessengemeinschaft der großen Opernhäuser gehört die Zukunft. Wie schön wäre es gewesen, wenn die Zukunft von Wien aus ihren Ausgang genommen hätte, und wenn nicht den ersten schüchternen Versuchen, wie sie der Vertrag mit der Scala vorsieht, nach kleinlicher Buchhalterart eine scheinbare Passivbilanz im Saldokonto vorgerechnet worden wäre.

Neu und ungewöhnlich war es auch, daß Karajan, nach allen Regeln der Kunst, gelernter Musiker, die Aufgaben von Regie und Inszenierung, in die er sich erst einzufühlen und einzuarbeiten hatte, selbst in die Hand nahm. Er brachte damit auch in der szenischen Realisierung des Opernspiels wieder das Musikerrecht zur Geltung, das in bedenklichem Ausmaß von einer weniger musikalischen Theater- und Schauspielregie usurpiert worden war. Nach etlichem Tasten und gewiß nicht immer geglückten Versuchen hat er in den letzten Jahren auch als Inszenator seinen persönlichen Stil, seine klare und sichere Form gefunden. Die von ihm musikalisch und szenisch geleiteten Aufführungen von „Pelléas und Melisande", „Troubadour" oder „Tannhäuser" geben davon das rühmlichste Zeugnis und zeigen die glückhafte Erprobung seiner Methode in drei sehr verschiedenen Stilbereichen. Sie führen aus dem Chaos, in welchem sich die Operninszenierung derzeit allenthalben befindet, zu künstlerisch gesicherter Ordnung. Sie werden vielleicht in ähnlicher Weise Geschichte machen wie die Mahler-Roller-Aufführungen zu Beginn unseres Jahrhunderts.

Heinrich Kralik

Opernchef Oscar Danon als Dirigenten (der dann den „Tannhäuser" auch wirklich und unter lebhaften „Hilbert-hinaus"-Rufen des Publikums dirigierte). Am 8. Mai demissionierte Karajan zum Ende der Spielzeit „aus Gesundheitsrücksichten". Er erklärte, es werde von den künstlerischen Voraussetzungen, die „eine neue Direktion" ihm geben werde, abhängen, ob er als Dirigent und Regisseur an der Staatsoper bleiben könne. Als am 21. Mai während einer von ihm geleiteten „Fidelio"-Vorstellung Florestan ausrief: „Wer ist der Gouverneur dieses Gefängnisses?", ertönte aus dem Publikum ein schriller Schrei: „Hilbert!"

Hinter Karajans Worten „eine neue Direktion" verbirgt sich das juristische Problem, das in letzter Linie Karajans Weggang auslöste. Egon Hilberts Vertrag enthielt nämlich die Klausel, daß er bei einem Ausscheiden Karajans demissionieren „könne". Karajan war aber der Ansicht, daß die Doppeldirektion essentiell eine solche sei und daß mit dem Ausscheiden des einen Direktors die Direktion auch für den anderen beendet wäre. Doktor Drimmel erklärte später, daß dies auch mündlich so besprochen gewesen war. Er war aber damals nicht mehr Unterrichtsminister, und seinem Nachfolger Dr. Theodor Piffl-Perčević lag kein schriftlicher Vertragspunkt vor, der bei einer Demission Karajans das Ausscheiden Hilberts notwendig machte. Im Juni 1964 kam noch die neue, von Karajan dirigierte und inszenierte „Frau ohne Schatten" (Bühnenbild: Schneider-Siemssen, Kostüme:

Ronny Reiter). Es war eine interessante Inszenierung mit effektvollen vertikalen Verwandlungen auf der Versenkbühne. Die Kaiserin sang Leonie Rysanek, die Färberin Christa Ludwig, Grace Hoffman die Amme, Walter Berry den Barak, Jess Thomas den Kaiser. Man hörte eine Luxusbesetzung bis in die kleinsten Rollen: Fritz Wunderlich als Jüngling, den neuentdeckten Koloraturstar Lucia Popp als Falken. Es gab unerhörte Ovationen, Jubel und Sprechchöre für Karajan, der herrlich dirigierte. (Für Kenner der „Frau ohne Schatten" waren die Striche und Szenenumstellungen im zweiten Akt ein bedauerlicher Schönheitsfehler.) Die Wiederholung mit Gundula Janowitz als Kaiserin und Otto Wiener als Barak war Karajans Abschied von der Wiener Oper.

In diesem „letzten Monat" gab es wundervolle Vorstellungen. Im Juni 1964 dirigierte Karl Böhm nach langer Zeit wieder einen „Tristan", Nilsson und Freni (Liu) sangen „Turandot", Lisa della Casa bezauberte in einer Neueinstudierung der „Arabella" unter Josef Keilberth (mit Mimi Coertse als Fiakermilli).

Karajan ging, und Hilbert blieb. Wir waren wieder einmal einen genialen Mann los. Die Karajan-Jahre waren wild, stürmisch, aber hatten immer einen Anflug von echter Größe. Karajan hat den Menschen, die heute ja vielfach „andere Sorgen" haben, ein Opernidol geschenkt. Zugegeben, manchmal hat er dem Jubel durch kleine Tricks nachgeholfen: in der „Götterdämmerung" fiel der Vorhang vor Siegfrieds Rheinfahrt, viel früher, als Wagner es haben will, gleich nach Siegfrieds und Brünnhildes letztem „Heil"; Brünnhilde lauscht nicht mehr dem Horn nach und winkt auch nicht mehr — dadurch wurde das Zwischenspiel „länger" und effektvoller als sonst (Kommentar: „Das haben wir noch nie bemerkt!"). Aber waren das nicht Kleinigkeiten? Man fragte sich auch: Wenn Karajan die teuersten Kräfte aus der ganzen Welt holt, warum holt er als Wagnerregisseur nur sich selbst? Heute, viel später, sehen wir, daß durch die Welle von Neu-Bayreuth die wenigsten großen Regisseure Wagner anrühren und daß die wenigsten mit Wagner Erfolg haben. Manchmal sagen jetzt die Leute, daß Karajan ein grandioser Dirigent, aber ein anfechtbarer Operndirektor gewesen sei. Aber so einfach liegen die Dinge nicht. Karajan war vielleicht kein „geistiger" Opernleiter mit einer systematischen Programmplanung wie Mahler (wer außer Mahler und Krauss hatte sie denn schon?), aber er war ein fabelhafter moderner „Producer". Er stellte als Operndirektor unbezweifelbar große Produktionen auf die Beine und brachte internationale Persönlichkeiten nach Wien, von denen viele hier heimisch wurden.

Auch nach Karajans Abgang gab es kein Zurück mehr zu „Lodern zum Himmel seh' ich die Flammen" und kein Abgehen von der Autonomie, die er durchgesetzt hatte.

Herbert von Karajan, man mag ihn lieben oder nicht, hat auch als Operndirektor einen sehr bedeutenden Platz in der Geschichte der Wiener Oper. Nach seiner Demission im Sommer 1964 sagte er in einem Interview für den „Spiegel": „Meine Aufgabe ist es, meine eigenen Leistungen und die mir gebotenen künstlerischen Möglichkeiten mit dem höchsten Maß zu messen. Ich möchte zeigen, wohin die Anspannung aller Kräfte führen kann. Die Menschen müssen gefordert werden. Auch ein Pferd läuft gern schnell, aber es muß angespornt werden. Damit werde ich nie aufhören. Wenn ich wüßte, daß das aufhört, würde ich aufgeben."

Der Interviewer sagte: „In Wien haben Sie aufgegeben!"

Und Karajan: „Weil es da kein Pferd mehr ist, sondern ein Ackergaul."

Hier irrt Herr von Karajan. Er hat allen Grund, stolz auf großartige Leistungen zu sein, die er in Wien vollbrachte. Aber noch kein großer Operndirektor hat die Wiener Oper aus der Mittelmäßigkeit zur Weltklasse gehoben und noch kein schlechter hat sie von der Weltklasse in die Mittelmäßigkeit gestoßen. Dazu ist ihre innere Kraft zu groß. Die Direktoren setzen nur ihre Lichter auf. Mahler brachte sein totales Theater des Geistes nach den blendenden „kulinarischen" Jahnjahren. Karajan führte seine Ära nach der hervorragenden Epoche des Theaters an der Wien.

Und nach Karajans Demission ritt Leonard Bernstein auf dem Ackergaul eine wundervolle Hohe Schule mit „Falstaff" und „Rosenkavalier".

Hüaho, alter Schimmel!

„Merkwürd'ger Fall"

Direktor Egon Hilbert
1964 bis 1968

Karajan ging, und Hilbert blieb. Sein Vertrag, der für Karajans Co-Direktor 1968 ausgelaufen wäre, wurde später bis 1970 verlängert. Aber Dr. Egon Hilbert wurde der erste Wiener Operndirektor, der im Amt starb.

Ich glaube nicht, daß Hilbert Karajan von Anfang an hinausekeln wollte. Karajan hat ihm den Traum seines Lebens erfüllt und ihn zum Operndirektor gemacht. Hilberts Freudenschrei war ehrlich, und vielleicht auch noch der Kuß vor dem Vorhang bei der abgesagten „Bohème". Zunächst war er Karajan fast hörig. Er ist aber daran zerbrochen, daß Karajan ihn bald nicht mehr ertrug, ihn und seine langatmigen Tiraden und endlosen Memoranden. Da entschloß sich Hilbert wie Elektra: „Nun denn, allein!", und durfte bald mit Angelotti sagen: „Ha, das gelang mir!"

Die erste Hilbert-Saison begann am 1. September 1964 mit dem Ruf „Hoch Karajan!" aus dem Stehparterre — hierauf: „Die Hochzeit des Figaro". In keiner Ära je zuvor gab es so viele Demonstrationen des Publikums.

Hilbert hatte ursprünglich die Rückkehr zum deutschsprachigen Ensembletheater und zur Mozartpflege der Theater-an-der-Wien-Zeit gepredigt — seine erste Sorge als Alleindirektor galt jedoch der Rückkehr der Italiener. Die meisten von ihnen kamen auch. Allerdings war der Spaß durch die Kündigung des Mailänder Vertrages noch teurer: die Italiener wurden jetzt direkt von Wien engagiert und verlangten eine entsprechende Erhöhung ihrer Gagen, weil sie sie früher unter dem Mailänder Vertrag zu den niedrigeren italienischen Steuersätzen versteuert hatten. Hilbert führte de facto eine Super-Karajan-Direktion ohne Karajan.

Einen Trumpf gegen Karajan versprach sich Hilbert von der Rückkehr Giuseppe di Stefanos, den Karajan 1963 in Mailand für „Bohème" abgelehnt hatte, weil er die Arie nicht mehr „in tono" (samt dem hohen C) singen konnte. Hilbert gab di Stefano einen Vertrag für viele Auftritte — Abendgage 2000 Dollar netto. Dieser herrliche Sänger hatte einmal zu den größten Tenören unseres Jahrhunderts gehört. Er kam im September 1964, sang noch ein paar sehr gute Abende, doch dann erlebten wir den traurigen Niedergang dieser Stimme zwischen „Wein, Weib und Gesang" und dem Spielcasino „Le Palais" in der Favoritenstraße. Am Morgen der Generalprobe zur neuen „Carmen" sagte di Stefano in einem nie genau festgestellten Wortlaut ab (James King sprang ein). Die Oper hielt das für seinen Rücktritt vom Vertrag überhaupt. Nach einem halben Jahr meldete sich di Stefano (er sang damals „Land des Lächelns" in Berlin) und klagte die ausständigen Abende ein.

Eine echte Sensation gab es im Oktober 1964, als Ballettchef Aurel von Milloss für „Schwanensee" Rudolf Nurejew als Choreographen und Tänzer holte. Margot Fonteyn tanzte die Odette. Nachdem Milloss nach Rom zurückkehrte und Wazlaw Orlikowsky 1966 das Staatsopernballett übernommen hatte, tanzte das weltberühmte Paar „Marguerite et Armand", ein Ballett nach dem Stoff der „Kameliendame" zur Musik von Liszt, in der Choreographie von Frederick Ashton.

Hilbert war kein Künstler. Er war ein fanatischer Manager, aber kein professioneller, dazu kannte er die internationale Sängerbörse zu oberflächlich. Er war ein dynamischer Supermotor. Die Oper war sein ganzes Leben, doch mehr als die Opernkunst liebte er den Opernbetrieb — das Möglichmachen des Unmöglichen. Mit Mammutmonologen im Fortissimo seines Diskants erreichte er alles: Termine von den Sängern, Geld von der Regierung, Konzessionen der Gewerkschaft. „Über uns die Oper!" war sein Lieblingswort. Er glaubte fest an seine direkte Leitung zum lieben Gott, den er oft im Munde führte. Wenn man mit ihm einen Probenplan besprechen wollte, bekam man statt dessen eine turbulente Religionsstunde. An seinem Schreibtisch saß er vor zwei Telephonen. Das rechte läutete. Er hob das linke ab und sagte in den Hörer: „Das andere Telephon läutet!" Den linken Hörer weiterhin am Ohr haltend, hob er den rech-

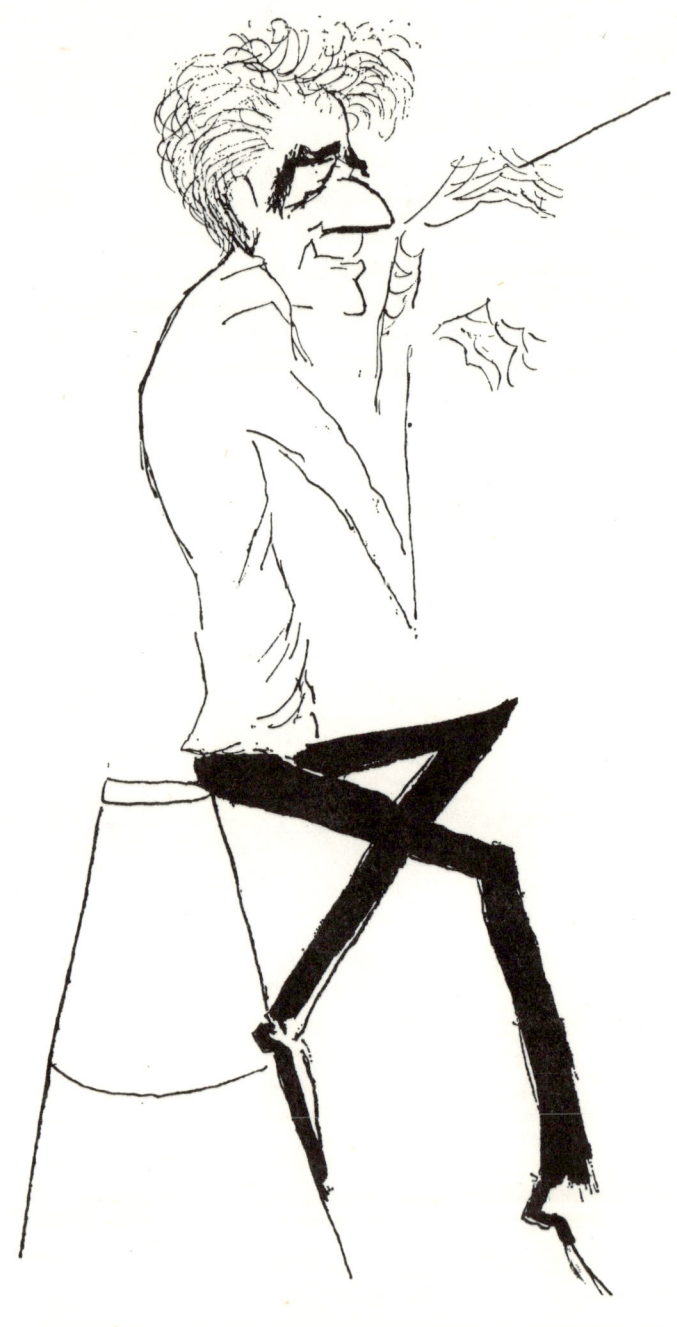

Leonard Bernstein (oben) debütierte 1966 mit „Falstaff" in der Inszenierung von Lucchino Visconti. Maestro Argeo Quadri betreut das italienische Repertoire an der Staatsoper wie an der Volksoper. (Karikaturen: Winnie Jakob.)

Heinz Wallberg, Generalmusikdirektor in Wiesbaden und Repertoiredirigent in Wien. (Karikatur von Winnie Jakob.)

Robert Stolz übernahm mit 83 Jahren die „Fledermaus" nach Herbert von Karajan. (Karikatur von Winnie Jakob.)

ten ab und rief hinein: „Bitte warten! Ich habe ein anderes Gespräch!" Dann sagte er in den linken: „Jetzt ist der andere auch weg!" und legte den rechten Hörer auf...

Hilbert wollte das gesamte Mozartrepertoire erneuern, hatte aber kein Glück dabei. Der „Zauberflöte", mit der Karajan 1962 im Prestissimotempo das Theater an der Wien wiedereröffnet hatte, bekam die Übersiedlung in das Haus am Ring im September 1965 besonders schlecht. Bei der neuen „Entführung" im Oktober 1965 gab es den Zwischenruf: „Armer Mozart!", und auch der herrliche Fritz Wunderlich konnte nichts retten. Die entzückende, italienisch gesungene „Così-fan-tutte"-Inszenierung, mit der Günther Rennert 1960 bei den Salzburger Festspielen im Landestheater Furore gemacht hatte, versandete im April 1966 bei der Überstellung nach Wien in deutscher Sprache, trotz Karl Böhm und der herrlichen Besetzung (Güden, Ludwig, Sciutti, Kmentt, Berry, Dönch). „Figaro" (1967) war eine umstrittene Inszenierung Leopold Lindtbergs, und bei „Don Giovanni" (1967), einer ebenso umstrittenen Inszenierung Otto Schenks, gab es Buhrufe. Hilberts Projekt, die italienischen Opern wieder deutsch zu spielen, begann 1966 mit „Barbier von Sevilla" — Vorhang auf, erstes deutsches Wort, Zwischenruf: „Rossini deutsch? Eine Schande!"

Hilbert holte Wieland Wagner als Regisseur, dessen Ideen in weitesten Schichten fanatischen Widerhall gefunden hatten. Gegen Erscheinungen der Mode ist im Prinzip nichts einzuwenden, nur: in diesem Jahr gibt es Minirock, im nächsten Maxirock, aber Inszenierungen bleiben länger. Und mußte Wieland Wagner wirklich vier der größten Meisterwerke so vernichten, daß man sie überhaupt nicht erkennen würde, wenn man mit Oropax in der Oper säße? — Im Mai 1965 gab es Beifall und Buhrufe für sein „Lohengrin"-Oratorium, das — in blauer Kirchenfensterdekoration — im ersten Akt ohne Naturstimmung abschlich. Im zweiten Akt soll man rechts die Pforte des Münsters sehen. Bei Wieland Wagner sieht man sie nicht, sie ist (wie originell!) im Zuschauerraum anzunehmen, und der Hochzeitszug bewegt sich dem Publikum zu, bis der Vorhang knapp vor Erreichen der Rampe (der Münsterschwelle!) fällt. Ein Höhepunkt dieses Aktes aber ist Ortruds Anrufung der heidnischen Götter. Sie muß nach Richard Wagner auf den Stufen des Münsters gesungen werden (das Heidentum im Todeskampf vor dem Sieg des Christentums!). Die ältere Generation hat sich bei solchen Dingen ein zweigleisiges Sehen angewöhnt: sie sieht das Richtige im Geiste mit. Die Jugend ist solchen Verbrechen an Wagner schutzlos ausgeliefert. — Wenn der Page in „Salome" ausruft: „Schreckliches wird geschehen!", dann ist das noch ein Euphemismus für die Wieland-Wagner-Inszenierung vom November 1965, die ohne Mondnacht in einem Kanalschacht oder einer Art Kloake unter Klötzen oder Koloniakübeln sich so lange abquälte, bis am Schluß Anja Silja in Jeans und Bikini, vom Henker aufgespießt, mit einem gräßlichen Schrei die Farce beendete — „à la Ritterspiele" schrieb Franz Endler. Bei „Elektra" haben im Dezember 1965 das wundervolle Dirigieren von Karl Böhm und die großartigen Leistungen der drei Damen Regina Resnik (Klytämnestra), Birgit Nilsson (Elektra) und Leonie Rysanek (Chrysothemis) viel von der Misere dieser Avantgarde von vorgestern gemildert, bei der Chrysothemis am Ende der Oper ihre „Orest"-Rufe dem Bruder ins Gesicht sang, der sich doch schon längst auf der Flucht vor den Erinnyen befinden muß. Und nach Wieland Wagners tragisch frühem Tod begann und beendete seine Witwe in Wien 1967 ihre Regiekarriere mit einer unfreiwillig komischen Kopie des Bayreuther „Holländers". Das

„Ich bin nicht müde, Tetrarch."
Anja Silja als Salome. (Karikatur von Winnie Jakob.)

Publikum urteilte mit Buhrufen, Zischen und Lachen nach altgermanischer Sippenhaftung.

Hilbert war ein dämonischer Feldherr, der das Kriegführen nicht wirklich verstand und nur eines wußte: Die Stellung muß gehalten werden, bis zum Untergang (hatten wir das nicht auch schon aus anderem Munde gehört?). Da die Oper nicht untergehen konnte, hielt er die Stellung bis zu seinem eigenen Untergang. Er war ein merkwürdiger Mann. Er konnte überhaupt nicht zuhören, und trotzdem kamen Vorschläge, die man ihm gemacht hatte, oft als seine eigenen zurück. Er ging sehr selten zu Vorsingen oder zum Vorspielen neuer Werke. Wenn er aber ging, dann fand er manchmal im Zeitraum einer Sekunde ein erstaunlich richtiges Urteil. Er reagierte blitzschnell. Wollte er jemanden sprechen, dann erreichte er ihn in wenigen Augenblicken, auch wenn der Betreffende gerade auf Hundeschlitten in der Arktis spazierenfuhr.

Der erste Jurist als Wiener Operndirektor hat die antijuristischste Direktion aller Zeiten geführt. Er war ein Weltmeister im Nichterfüllen von Verträgen, wenn es das Wohl der Oper, wie er es verstand, erforderte. Er hegte eine abgöttische Liebe für seine Künstler — manchmal ging sie so weit, daß er der Elisabeth schon in der ersten Pause des „Tannhäuser" zu ihrer großartigen Leistung gratulierte... Wenn er Künstler brauchte, dann bekamen sie zu ihrer eigenen Verwunderung bedeutende Gagenerhöhungen, die sie gar nicht verlangt hatten. Besonders verhängnisvoll wurde ein anderes System der (stillschweigenden) Gagenerhöhung: Hilbert garantierte den Sängern eine hohe Zahl von Auftritten zu einer bestimmten Abendgage und versprach ihnen, daß sie nicht so oft aufzutreten brauchten. Die Differenz zahlte er ihnen aus.

1967 wuchsen die Attacken der Presse. Gleichzeitig verfiel Dr. Egon Hilbert körperlich von Tag zu Tag in gespenstischer Weise. Ein totales Chaos drohte. Dem neuen Leiter der Bundestheaterverwaltung, Ministerialrat Dr. Erwin Thalhammer, fiel die schwere Aufgabe zu, Hilbert den freiwilligen Rücktritt nahezulegen. Schon vom Tode gezeichnet, begleitete der Direktor seine Staatsoper noch im Sommer 1967 zum Gastspiel bei der „Expo" in Montreal. Bei dem grausigen Wettrennen mit dem Tod hatte Hilbert noch eine Hürde zu überspringen: die Ver-

Karl Dönch war an der Wiener Staatsoper wie an der Metropolitan der berühmteste Beckmesser. Auch der Doktor im „Wozzeck", den er in Wien seit 1952 sang, war eine seiner Glanzrollen in beiden Häusern. Heute leitet er die Volksoper. (Karikatur von Winnie Jakob.)

sorgung seiner dritten Frau, Gretl, an der er mit großer Liebe hing. Seine tragische Ehegroteske wurde ja damals in aller Öffentlichkeit breitgetreten. Er war mit der ersten Frau kirchlich getraut und heiratete die zweite auf dem Standesamt, nicht in der Kirche, noch bevor der Vatikan die Ehe mit der ersten annulliert hatte. Dann heiratete er Gretl in der Kirche, nicht auf dem Standesamt, ohne von der zweiten geschieden zu sein. Was für Prüfungsfragen für angehende Juristen! Der „Fledermaus"-Frosch hatte schon sein Extempore bereit, das er aber im letzten Moment aus Taktgründen hinunterschluckte: „Die beiden Damen auf Zelle 13 wollen sich von mir nicht heiraten lassen!" — Erst als Hilbert die Auszahlung seiner Direktorsgage an seine dritte Frau bis zum vorgesehenen Enddatum seines Vertrages (1970) erreicht hatte, unterschrieb er im Januar 1968 seinen Rücktritt per 1. Februar, setzte sich vor seiner Penzinger Wohnung in den Dienstwagen und war tot.

Ein tragisches Element der Hilbert-Story liegt darin, daß der Großteil des Publikums die vielen grandiosen Dinge, die seine Direktion brachte, nicht auf sein Konto setzen wollte. Man traute sie ihm einfach nicht zu. Er hat einen genialen Mann der jüngsten Wiener Generation zum Oberregisseur gemacht: Otto Schenk. Ich bin sehr stolz darauf, daß mein lieber Freund Otti über meinen Vorschlag an der Volksoper während der Ära Salmhofer seine erste Wiener Opernregie machte. Hilbert war damals Intendant der Wiener Festwochen, und Schenk brachte ihm bald darauf als Regisseur von „Lulu" und „Dantons Tod" im Theater an der Wien triumphale Erfolge.

Die Schenk-Regien an der Staatsoper waren große Abende von Weltformat: „Jenufa" mit der Jurinac (1964), „The Rake's Progress" (1965) mit Anneliese Rothenberger, Eberhard Wächter und Waldemar Kmentt — „die Lust am Liederlichen" nannte es Herbert Schneiber —, „Carmen" (1966 — wie großartig war die Habanera der Christa Ludwig als Chanson), „Hoffmanns Erzählungen" mit Anja Silja in allen Frauenrollen — am besten als Puppe mit dem toten Gesicht unter der riesigen blauen Maske (Karl Löbl: „Bedrohliche Seelenlosigkeit"). Waldemar Kmentt, der sich seither sogar den Stolzing eroberte, gab einen prachtvollen Hoffmann, und Otto

Christa Ludwig (hier karikiert als Dorabella) begann 1955 in Wien mit dem Cherubin und wurde seither zu Carmen, aber auch zu Fidelio, Ariadne und zur „Wozzeck"-Marie. 1968 war sie die Marschallin im „Rosenkavalier" unter Leonard Bernstein, der sie und ihren damaligen Gatten Walter Berry, der den Ochs sang, bei einem denkwürdigen Liederabend im Konzerthaus zu Mahlerliedern begleitete. (Karikatur von Winnie Jakob.)

Oberregisseur der Wiener Staatsoper, Untermieter im Fernsehen, Regisseur der „Met", zehnmal ausverkaufter „Humor am Naschmarkt" im Konzerthaus, Thisbe der Salzburger Festspiele und Partner nächtelanger Diskussionen über Sinn und Unsinn der Oper — mio Otto! (Karikatur von Winnie Jakob.)

Wiener, der ausgezeichnete Hans Sachs, hinkte hinreißend als Coppelius. Schenks tiefstes Regiegeheimnis ist nicht imitierbar: er schließt größte Freundschaft mit seinen Schauspielern, studiert ihre Reaktionen im Privatleben und läßt sie dann auf der Bühne so spielen, wie sie sind.

Mit dem Gastspiel von Leonard Bernstein brachte Hilbert eine der größten Sensationen. Es ist richtig, das Projekt kam von den Wiener Philharmonikern, Geschäftsführer Helmut Wobisch hatte die Vorverhandlungen geführt — „allein was tut's?" heißt es in „Salome". Bernstein wurde 1966 mit seinem phänomenalen „Falstaff" rascher der Liebling Wiens als irgend jemand zuvor. Und Hilbert, der so gerne vom Ensembletheater sprach, mußte es erleben, daß diese Inszenierung von Lucchino Visconti mit den vielen Gästen — eine richtige „Produktion" — der vielleicht größte Triumph seiner Ära wurde. Im Jahr darauf brachte Bernstein mit den Philharmonikern in der Staatsoper eine unvergeßliche Zweite Mahler.

Hilbert hat noch zwei bedeutende moderne Werke dem Spielplan einverleibt: 1965 „Katerina Ismailowa", im Beisein des Komponisten Schostakowitsch, und 1967 „Dantons Tod" von Gottfried von Einem in einer Inszenierung von Harry Buckwitz mit einer Glanzleistung von Eberhard Wächter. In einem neuen „Tristan" debütierten 1967 August Everding als Wagnerregisseur und Jess Thomas als Heldentenor, „Palestrina" war 1964 die erste Wiener Regie von Hans Hotter mit der letzten neuen Glanzrolle des so jung tödlich verunglückten Tenors Fritz Wunderlich.

Unter Karajan gab es viele glanzvolle Premieren und dazwischen manchen mageren Abend — Hilbert gingen viele Premieren schief, dafür gab es manche prachtvolle Abende im Repertoire. Mit Nicolai Ghiaurov brachte er den vielleicht größten Baß unserer Zeit; bei einem Zufallsvorsingen entdeckte er Jeannette Pilou.

All das half nichts. Die Mißerfolge schrieb man Hilbert zu, die Erfolge der unzerstörbaren Lebenskraft des Kolosses Wiener Staatsoper.

Vielleicht wird man einmal die Geschichte der Wiener Oper in lauter „Fledermaus"-Extempores schreiben können. Erich Kunz sagte damals: „Nicht jeder Direktor ist ein Karajan — aber nicht jeder Karajan ist ein Direktor."

355

DR. HEINRICH REIF-GINTL
Staatsoperndirektor 1968-1972

„Vater Reif" nannte ihn Gottfried von Einem

Nun sah der achtundsechzigjährige Direktor-Stellvertreter den Traum seines Lebens erfüllt: Er wurde Direktor der Staatsoper, zunächst interimistisch, mit 1. Dezember 1968 definitiv. Er stand im 45. Jahr seiner Zugehörigkeit zu dem Institut, denn er war 1923 als Volontär in die Bundestheaterverwaltung eingetreten, die republikanische Nachfolgerin der alten kaiserlichen Generalintendanz. Bei seiner Übernahme in die Staatsoper 1927 stellte ihm Direktor Franz Schalk die Aufnahmsprüfungsfrage: „Können Sie einen Violinschlüssel von einem Haustorschlüssel unterscheiden?" Der junge Jurist bestand die Prüfung, denn er war ein Vertreter jenes musischen Beamtentyps, auf den man in Österreich mit Recht so stolz ist. Er spielte Geige, Bratsche und Waldhorn, und daher verzieh ihm Schalk auch seine frühere Zugehörigkeit zur „General-Dilettanz", wie der damalige Operndirektor seine vorgesetzte Behörde bezeichnete. Reif-Gintl blieb der Organisation verbunden — mit Ausnahme der Kriegsjahre, während der er in dem staatlichen Betrieb nicht arbeiten durfte — und brachte es also vom „Artistischen Sekretär" auf vielfachen Umwegen zum Staatsoperndirektor. Die Umwege führten ihn auch nach dem Kriege zeitweilig in die Bundestheaterverwaltung zurück. Daher kannte er die Achillesfersen beider feindlicher Lager und nützte dieses Wissen mit der Schläue eines Fuchses. Er war ein glänzender Gesellschafter, ein blendender Anekdotenerzähler aus seiner überreichen Erfahrung und verstand viel von Musik, obwohl ich oft den Eindruck hatte, so sehr er seine Oper liebte, gehöre sein wahres Herz der Kammermusik. Als gelernter Österreicher verstand er das helle C-Dur der „Meistersinger" ebenso perfekt wie das dunkelste „fis-Moll" der Intrige. Wehe dem, den Reif's Lächeln traf.

Nach vielen Jahrzehnten hatten wir also wieder einen im Hause groß gewordenen Direktor, und seine ersten Maßnahmen waren durchaus richtig. Man begrüßte sein erstes Engagement: Er erfand den Titel „Erster Dirigent" und gab ihn dem hervorragenden Horst Stein, damals Generalmusikdirektor in Mannheim.

Auch der Gedanke, statt häufiger Neuinszenierungen von Repertoirewerken den Spielplan durch selten gespielte Opern zu bereichern, war durchaus begrüßenswert. Man freute sich, Smetanas „Dalibor" (19. Oktober 1969) wieder zu hören — aber weder dem Dirigenten Josef Krips noch dem Regisseur Harry Buckwitz war es zuzumuten, aus Ludovic Spiess, dem Tenor der Titelrolle, einen zündenden Freiheitshelden zu machen. So hatte man die seltene Gele-

---

STAATSOPER

Sonntag, den 25. Mai 1969
Beschränkter Kartenverkauf — Preise IV

Vormittags 11.30 Uhr

Wiener Festwochen

Festkonzert zum 100jährigen Bestand des Hauses am Ring

Ludwig van Beethoven
MISSA SOLEMNIS

Op. 123, für Soli, Chor und Orchester (1823)

Ausführende:

Gundula Janowitz (Sopran), **Christa Ludwig** (Alt),
Waldemar Kmentt (Tenor), **Walter Berry** (Baß)
Willi Boskovsky (Violine)

**Die Wiener Philharmoniker
Der Wiener Staatsopernchor**

Dirigent:
Leonard Bernstein

Anfang 11.30 Uhr   Ende etwa 12.45 Uhr

genheit, die beiden Schwestern Leonie und Lotte Rysanek einmal gemeinsam in einer Oper zu hören. Der „Fall Dalibor" war typisch. Die Produktionen waren einfach nicht stark genug, um die an sich kühne Folge der von Reif-Gintl angesetzten, nicht unbedingt „publikumssicheren" Opern zum Sieg zu führen. Man hatte das Gefühl, große Komponisten hätten auch schwächere Opern geschrieben — das war aber nicht gemeint. In „Iphigenie auf Tauris" (29. November 1969) hielt man sich mehr an die geliebte Sena Jurinac in der Titelrolle als an Gluck. Für uns unverbesserliche Richard-Strauss-Narren war es eine große Freude, daß „Die schweigsame Frau" (1. März 1968) nach so vielen Jahren des Wartens zum ersten Mal ihren Weg zu uns nach Wien gefunden hatte. In der reizenden Inszenierung Hans Hotters sangen Mimi Coertse, Renate Holm und Oskar Czerwenka unter der Stabführung von Silvio Varviso. Es war schön „Arabella" (2. Mai 1969) und „Daphne" (1. April 1972) wieder zu sehen, aber bei der „Ägyptischen Helena" (5. Dezember 1970) übten in einer szenisch eher verworrenen Vorstellung die geliebten Melodien unserer Jugend „Bei jener Nacht, der keuschen, einzig einen..." und „Zweite Brautnacht..." nicht mehr den alten Zauber aus. „Idomeneo" (14. März 1971) war kein Stück für den — in anderem Repertoire so hervorragenden — tschechischen Dirigenten Jaroslav Krombholc und für den Regisseur Václav Kaslik, der die Erfolge mit der „Laterna Magica" und allerlei technischen Gags seiner Fernsehinszenierungen hier nicht wiederholen konnte. Und bei Cherubinis „Medea" gewöhnte man sich im Laufe des Abends durch den hinreißenden Gesang von Leonie Rysanek-Gausmann an die genialisch-stilfremden Dekorationen des prominenten Malers Arik Brauer.

Es gab eine Reihe grandioser Verdi-Aufführungen in der Ära Reif-Gintl. Dr. Karl Böhm wiederholte am 18. April 1970 seinen „Macbeth"-Erfolg seiner ersten Direktionszeit, der viele Jahre zurücklag, in einer wundervollen Inszenierung von Otto Schenk, wobei Christa Ludwig und Birgit Nilsson als Lady Macbeth und Sherill Milnes mit Kostas Paskalis in der Titelrolle alternierten. Bei Schenks „Don Carlos" (25. Oktober 1970) hielt sich die Luxusbesetzung Corelli, Ghiaurov, Talvela, Janowitz, Wächter, Shirley Verrett leider nur für wenige Vorstellungen. Eine

Man nannte DR. REIF-GINTL „Vater Reif", den „musischen Hofrat", den „Patriarchen der Oper". Er hat fast 50 Jahre seines Lebens im Hause dem Hause gedient.

neue „Traviata" (25. Dezember 1970) wurde ein Triumph für Ileana Cotrubas und Nicolai Gedda. Völlig verunglückt war auf dem Verdi-Sektor „Simone Boccanegra" (28. März 1969), inszeniert von dem Starregisseur Lucchino Visconti, der meistens zur Probenzeit im „Sacher" saß, durch Assistenten arbeiten ließ und für sein merkwürdiges Monstrum mit Austronauten-Gesichtsmasken ein wildes Zisch- und Buhkonzert entgegennehmen mußte. „It doesn't look like an opera", war der vielbelachte Kommentar eines Amerikaners in der Pause. Er hatte recht.

HORST STEIN, von Dr. Reif-Gintl als „Erster Dirigent" verpflichtet, schlug als Wagner-Dirigent ein und leitete die Welturaufführung der Oper „Der Besuch der alten Dame" von Gottfried von Einem.

Reif-Gintl gehörte der Welt von gestern an, war aber im Grunde nicht altmodisch. Ich erinnere mich, wie oft ich mich in Gesprächen mit ihm geärgert habe, wenn er die Oper meiner Jugendzeit zugunsten derer seiner Zeit herabsetzen wollte. „Lulu" (16. Dezember 1968) wurde unter Karl Böhm und Otto Schenk ein Triumph für das Werk und Anja Silja. Bei einer Neuinszenierung von Gottfried von Einems „Der Prozeß" (31. Januar 1970) durfte man nicht an die unvergeßliche Produktion der Salzburger Festspiele aus dem Jahre 1953 denken. Derselbe Komponist hatte jedoch am 23. Mai 1971 mit der Uraufführung seines Auftragswerkes der Wiener Staatsoper, „Der Besuch der alten Dame", einen der größten Erfolge seines Lebens. Otto

---

STAATSOPER

Sonntag, den 25. Mai 1969

Beschränkter Kartenverkauf – Preise IV

Fidelio

Oper in zwei Akten von L. van Beethoven
Text nach Bouilly von Sonnleithner und Treitschke

Dirigent: Karl Böhm
Nach einer Inszenierung von Herbert v. Karajan
Bühnenbilder: Günther Schneider-Siemssen
Kostüme: Charlotte Flemming

Florestan, ein Gefangener	Jess Thomas
Leonore, seine Gemahlin, unter dem Namen Fidelio	Leonie Rysanek-Gausmann
Don Fernando, Minister	Paul Schöffler
Don Pizarro, Kommandeur eines Staatsgefängnisses	Theo Adam
Rocco, Kerkermeister	Walter Kreppel
Marzelline, seine Tochter	Lotte Rysanek
Jacquino, Pförtner	Murray Dickie
Erster Gefangener	Karl Terkal
Zweiter Gefangener	Herbert Lackner

Staatsgefangene, Wachen, Volk

Choreinstudierung: Richard Roßmayer
Technische Einrichtung: Hans Felkel
Beleuchtung: Albin Rotter

Nach dem zweiten Bild eine größere Pause

Anfang 19.30 Uhr Ende etwa 22.15 Uhr

Preis des Programmheftes S 12,–

Schenk gestaltete mit Horst Stein einen packenden Theaterabend. Man hat oft gesagt, daß man auch auf der Opernbühne hierbei eigentlich nur das Stück von Dürrenmatt erlebt. Das ist falsch. Wenn man das Sprechstück nach der Oper hört, fehlt einem die starke neue Dimension, die Gottfried von Einem gegeben hat. Ein Rat für zukünftige Produktionen dieses Werkes, das sich sehr viele Bühnen erobert hat: die beiden Hauptrollen müssen mit relativ zu jungen Sängern „fehlbesetzt" sein, wie das in Wien mit Christa Ludwig und Eberhard Wächter der Fall war. Nur dann erlebt man die Liebesgeschichte der hintergründigen Vergangenheit.

Es gab interessante Ballettabende und außerdem einen ganz ungemein reizvollen Abend im Redoutensaal der Hofburg (2. Oktober 1970): die beiden Einakter „Angélique" von Ibert und „Der arme Matrose" von Milhaud; dazwischen das Ballett „Hommage à Couperin" von Couperin-Strauss in der Choreographie von Aurel von Milloss. Leider kam es zu nur vier Aufführungen. In den beiden Opern gab der populäre Fernseh-Allrounder Axel Corti sein Regiedebut an der Staatsoper. Im Redoutensaal wurde auch eine sehr interessante, umfassende Ausstellung zur 100. Wiederkehr des Eröffnungstages des Hofoperngebäudes am Ring gezeigt.

Am Jubiläumstag selbst, dem 25. Mai 1969, dirigierte Karl Böhm „Fidelio"; am Vormittag desselben Tages Leonard Bernstein die „Missa solemnis" — man nannte es die Feier in Es-Dur mit den 3 Bs: Beethoven, Bernstein, Böhm. Am 26. Mai folgte „Don Giovanni" unter Josef Krips mit Wächter in der Titelrolle. Reif-Gintl zeigte bis zum Saisonende eine imposante Parade des Repertoires der Staatsoper.

Zwei neue Opernproduktionen unter Leonard Bernstein (beide inszeniert von Otto Schenk) wurden zu einem großen Höhepunkt der Direktionszeit von Dr. Reif-Gintl. Schon 1968, als er noch interimistisch mit der Führung der Geschäfte der Direktion betraut war, kam der noch von Hilbert angesetzte „Rosenkavalier" (13. April 1968). Wer die Proben miterlebt hat, wird es nie vergessen, wie der Maestro aus Boston mit den Wiener Philharmonikern die Walzerreigen erarbeitet hat. Bei der Premiere ließ er beim Vorspiel zum 3. Akt demonstrativ die Arme fallen und die Philharmoniker allein spielen. Den drei Nicht-Wiener-Damen sprach er jedes Wort im wienerischen Dialekt vor: Da sang Christa Ludwig aus Berlin zum ersten Mal ihre zauberhafte Marschallin, Gwyneth Jones aus Wales den

GOTTFRIED VON EINEMs Auftragswerk der Wiener Staatsoper „Der Besuch der alten Dame" wurde 1971 der stärkste Erfolg des Komponisten seit „Dantons Tod".

Octavian (seither wurde auch sie eine hervorragende Marschallin), die farbige Reri Grist war Sophie. Neben ihnen standen die Wiener: Walter Berry als Ochs, Erich Kunz, Waldemar Kmentt. „Lennie" pendelte damals zwischen seinen „Rosenkavalier"-Vorstellungen, der Diskothek „Atrium", seinem Philharmonischen Konzert und meiner Produktion seiner „West Side Story" an der Volksoper. Er erzählte, wie gerne er in Wien „Die Königin von Saba" von Goldmark dirigiert hätte. „Fidelio" mit der Jones und James King erschien am 24. Mai 1970 zum 200. Geburtstag Ludwig v. Beethovens zunächst am Theater a. d. Wien und wurde noch in derselben Spielzeit in das Haus am Ring übernommen. Bernstein dirigierte eine hinreißende Dritte Leonoren-Ouverture (das letzte G des vorausgehenden Duettes ließ er mit dem ersten G der Ouvertüre zusammenfallen!), Günther Schneider-Siemssen schuf die noch heute aufsehenerregende Zugbrücke des letzten Aktes.

Die Staatsoper ging in dieser Direktion auf Reisen:

nach Zagreb, nach Wiesbaden, nach Moskau (die Bolschoi-Oper gastierte in Wien mit „Boris Godunow", „Pique Dame" und „Krieg und Frieden" von Prokofiew unter Mstislaw Rostropowitsch).

Am Rande vollzog sich hinter den Kulissen ein Ereignis von größter Tragweite für die Zukunft. Die Bundestheaterverwaltung als allmächtige Leitungsstelle der Bundestheater wurde aufgelöst. Reif-Gintl war unter dem feinsinnigen Erwin Thalhammer gekommen, der dann durch den Schriftsteller Dr. Gottfried Heindl — als Leiter des Österreichischen Kulturinstitutes in New York äußerst erfolgreich — abgelöst wurde. Anstelle dieser von den Direktoren der Bundestheater stets ungeliebten Institution trat der neue Österreichische Bundestheaterverband, der den Direktoren volle künstlerische Selbständigkeit garantiert, aber gleichzeitig den Versuch eines wirtschaftlichen Eigenlebens der Vereinigung der Bundestheater anstrebt. Als Generalsekretär wurde ein dynamischer moderner Kulturmanager berufen: Robert Jungbluth.

Die „Ära Reif" lief 1972 aus. Der „Patriarch der Oper" starb im Jahre 1974, 51 Jahre nach seinem Eintritt in die Bundestheaterverwaltung.

„*Wenn die Not auf's höchste steigt,
Gott der Herr die Hand uns reicht.*"
(Humperdinck: „Hänsel und Gretel")

RUDOLF GAMSJÄGER
Staatsoperndirektor 1972–1976

Als der Ministerrat mit einstimmigem Beschluß am 8. September 1970 Professor Rudolf Gamsjäger mit Wirksamkeit vom 1. September 1972 zum Direktor der Wiener Staatsoper bestellte, da fand dies fast ungeteilt positive Aufnahme. Der designierte Direktor, Wiener, Jahrgang 1909, Absolvent der Meisterklasse für Gesang an der Musikakademie – Programme von Arienabenden mit dem „Lied an den Abendstern", „gesungen von Rudolf Gamsjäger, Bariton", kursieren auf dem Sammlermarkt –, hatte als Generalsekretär der Gesellschaft der Musikfreunde in siebenundzwanzigjähriger Tätigkeit sehr Gutes geleistet. Man erwartete sich durch seine erprobten Verbindungen und sein oft bewiesenes Managertalent eine moderne Führung des Hauses am Ring auf traditioneller plus internationaler Basis, die Rückkehr des mit ihm befreundeten Herbert von Karajan, die Fortdauer der Verbindung mit Leonard Bernstein und allen anderen großen Dirigenten, Regisseuren und Sängern. Ich war im siebenten Himmel, als mich Rudolf Gamsjäger – anläßlich unseres Treffens im September 1971 in Washington bei der unvergeßlichen Eröffnung des Kennedy-Centers mit „Mass" von Leonard Bernstein – einlud, die Direktion der Volksoper zu verlassen und Chefdramaturg der Staatsoper zu werden. Die Zusammenarbeit gestaltete sich von Anfang an denkbar schlecht; ich konnte beim Arbeitsgericht wohl die Gültigkeit meines Vertrages, aber keine konstruktive Arbeit für die Staatsoper durchsetzen. Woran lag es? Ich weiß es nicht. Gamsjägers Managertalent konnte sich im Musikverein bewähren, wo der Konzertbetrieb ein stetes Kommen und Gehen von Gastkünstlern und Gastensembles bedeutet. Für eine bleibende, eine Einheit bildende, einer Familie vergleichbare Riesenorganisation wie die Staatsoper war er zu verschlossen, zu kontaktarm und zu unpsychologisch im Umgang mit seinen Mitarbeitern. Die Besten ließ er gehen. Helga Schmidt, Mitarbeiterin des Künstlerischen Betriebsbüros – wie oft hat sie heimlich einen guten Tenor angerufen, wenn die Direktion einen schlechten angesetzt hatte! – entließ er; sie wurde bald darauf Artistic Administrator der Covent Garden Opera in London.

Ein Gespräch über dramaturgische Probleme, Repertoire, Ideen zum Spielplan, Beschäftigung der hauseigenen Künstler und Zuziehung neuer Talente, Gewerkschaftsfragen war für mich mit ihm unmöglich. Er versuchte mir immer in langen Worten zu erklären, daß es wichtig sei, in welcher Farbe man den Ensemble-Probesaal möbliert. Was ich bei ihm vermißte, war die innere Liebe zur Oper. Man konnte keine Vorstellung mit ihm diskutieren, und er hat sich nur äußerst selten eine Vorstellung angehört. Mit infernalischem Haß habe ich den Fernsehapparat in seinem Staatsopernbüro verfolgt, auf dem die laufende Staatsopernvorstellung, für whiskytrinkende Parties profaniert, verzerrte Berieselung abgab. Als er den Satz aussprach: „Alles, was die Wiener Oper braucht, ist die weltbeste zweite Besetzung", war ich aus meinem Himmel gestürzt und hatte seelisch mit ihm gebrochen.

Die Eröffnungspremiere „Don Giovanni" (12. Oktober 1972) wurde unter der musikalischen Leitung von Josef Krips, insbesondere durch die phantasievolle Regie und die Bühnenbilder von Franco Zeffirelli, ein schöner Erfolg, obwohl sie sängerisch in manchen Rollen stilfremd besetzt war. Die Vorarbeiten standen unter einem Unstern. Zeffirelli hatte anfangs 1972 seinen Vertrag, der mit dem neuen Vizedirektor Professor Herbert von Strohmer verhandelt worden war, gekündigt. Ich wurde nach Rom geschickt, um das rückgängig zu machen. Es gelang. Was aber nicht gelang, war, den überlasteten Zeffirelli zur Arbeit an den Dekorationen und Kostümen zu bringen. All dies geschah sehr verspätet, wurde sündhaft teuer. Niemals werde ich die Aufenthalte in Rom mit den technischen Leitern der Staatsoper Hans Langer, Robert Stangl, Pantelis Dessyllas und dem Kostümbildner Leo Bei vergessen, bei denen wir den immer charmanten, immer bezaubernden, immer genialen, immer verspäteten Zeffirelli dazu brachten, an den Modellen zu arbeiten. Er baute sie aus Spaghetti. Die nicht verwendeten verspeisten wir in seiner prachtvollen Villa nahe der Via Appia.

Zu einer viel publizierten Schlappe für die Direktion, aber zu guter Letzt zu einem grandiosen Opernabend führte die Angelegenheit „Tristan und Isolde". Bernstein hatte den Wunsch nach einer Neuinszenierung, verbunden mit Schallplatte, ausgesprochen, und Gamsjäger hatte zugesagt. Dann aber fuhr Gamsjäger nach Bonn, wo Herbert von Karajan 1970 zum Beethoven-Jubiläum dirigierte, und legte ihm „die Wiener Oper zu Füßen". Was damals gesprochen wurde, wird niemals genau festzustellen sein. Kreise um Karajan behaupten, der Maestro habe „Tristan" auch unter den von ihm für seine Rückkehr gewünschten Werken genannt. Gamsjäger behauptete, dies sei erst geschehen, als der Bernstein-Plan bekannt wurde. Jedenfalls rechneten beide Maestri mit „Tristan" und zogen sich schließlich auf Grund der grotesken Situation von jeder Mitwirkung an der Wiener Oper in der Ära Gamsjäger zurück. Es kam aber am 7. Oktober 1973 zu einer grandiosen Neueinstudierung des Werkes in der alten Produktion von August Everding unter der überwältigenden musikalischen Leitung des Staatsoperndebutanten Carlos Kleiber. Kleiber gilt als „schwierig". Ich habe im Auftrag Gamsjägers die Verhandlungen im Sommer 1972 vom Kurhaus Jägerwinkel am Tegernsee aus geführt. Dorthin sollte Kleiber kommen. Ich versprach, ihn mit meinem Auto und einem gemieteten Chauffeur aus Stuttgart abholen zu lassen. Er fragte mich: „Was für ein Auto haben Sie?" Ich sagte: „Einen Chrysler", was Kleiber akzeptierte. Am nächsten Tag kam mein Chrysler samt Chauffeur leer aus Stuttgart zum Jägerwinkel zurück, dahinter fuhr Kleiber mit seinem eigenen Wagen. Auf meine erstaunte Frage antwortete er: „Sie haben mir verschwiegen, daß Sie nur einen französischen Chrysler haben."

Dieser „Tristan" wurde eine herrliche Vorstellung mit Catarina Ligendza als moderner, poetischer Isolde und dem noch immer glänzend disponierten Hans Hopf. Wieviel haben wir alle bei dieser Produktion durch Kleiber über die „Tristan"-Musik gelernt!

Drei ungewöhnliche Produktionen von Werken des 20. Jahrhunderts gehören zu den unleugbaren Aktivposten der Ära Gamsjäger. Christoph von Dohnányi, der sich mit zwei Repertoire-Vorstellungen von „Salome" (1972) erfolgreich eingeführt hatte, brachte die Partitur von Arnold Schönbergs „Moses und Aron" (20. Mai 1973) in einer aufregenden abstrakten Inszenierung von Götz Friedrich zu sinnlichem Klingen. Karl Böhm dirigierte „Salome" (22. Dezember 1972) in einer Inszenierung von Boleslaw Barlog, dem ehemaligen Berliner Schillertheater-Intendanten, in einer Jugendstil-Ausstattung von Jürgen Rose mit dem Rollendebut von Leonie Rysanek-Gausmann; Eberhard Wächter sang den Jochanaan. Joachim Herz, der Nachfolger von Walter Felsenstein als Leiter der „Komischen Oper" in Ostberlin wurde, führte Regie bei der längst fälligen Staatsopern-Erstaufführung der „Katja Kabanowa" (19. April 1974) von Leos Janáček; ihm gelang unter

SILVIO VARVISO, der Stuttgarter Generalmusikdirektor, dirigierte Repertoire-Vorstellungen und die Premiere von „Das Mädchen aus dem goldenen Westen". Das Werk war ihm neu, aber er erhielt für seine traditionsfreie Interpretation viel Beifall.

CHRISTOPH VON DOHNANYI dirigierte „Salome", „Zauberflöte", „Moses und Aron", „Meistersinger". Er übernahm 1977 die Leitung der Staatsoper Hamburg.

HANS SWAROWSKY sollte unter Gamsjäger eine Art vereinter Leitung des Studiumbetriebes und der Nachwuchspflege übernehmen. Durch seine schwere Erkrankung, die zu seinem Ableben führte, konnte das Projekt nicht völlig realisiert werden.

der musikalischen Leitung von Janoš Kulka mit Antigone Sgourda in der Titelrolle und Astrid Varnay als Kabanicha eine stimmungsvolle Vorstellung. Weniger Glück hatte Herz mit der „Zauberflöte" (30. November 1974), bei der sozialkritische Elemente durch eine Empörung der Bevölkerung des Sarastroreiches gegen Monostatos etwas künstlich unterstrichen wurden, und mit einem intellektuell erdachten, etwas unnatürlich realistischen, aber wieder schwanlosen „Lohengrin" (20. Februar 1975), bei dem das Dirigentendebut von Zubin Mehta sehr bejubelt wurde. Ein prachtvoller Wagner-Abend waren die neuen „Meistersinger" (21. Oktober 1975) mit der Glanzleistung von Karl Ridderbusch als Hans Sachs in der Inszenierung von Otto Schenk, der auch mit einer effektvoll-naturalistischen „Cosi fan tutte" (22. Mai 1975) unter Karl Böhm sowie mit „Boris Godunow" (21. Februar 1976) großen Erfolg hatte. Nicolai Ghiaurov war imposant, wie bei der Salzburger Produktion, für die ebenfalls Günther Schneider-Siemssen die (allerdings vollkommen verschiedenen) Bühnenbilder entworfen hatte. So kam es doch zu diesen drei schönen Schenk-Inszenierungen — auch die Nichtbeschäftigung von Otto Schenk gehörte zu Gamsjägers ausgesprochenem Antrittsprogramm, das er unter massivem Druck aufgeben mußte.

Eine Vollkatastrophe wurde „Der Zigeunerbaron", zu einem Wahnsinnstermin, am 6. Dezember 1975, am Ende des Johann-Strauß-Jahres, nach allen Feiern, angesetzt. Und sonst? „Aida" (4. Februar 1973) wurde trotz Placido Domingo und dem kalten Feuer von Riccardo Muti und Nathaniel Merrills Regie in der optischen Gestaltung abgelehnt. „Das Mädchen aus dem goldenen Westen" (23. Mai 1976) war trotz der Pferde zahm und blaß. Werner Kelch mußte von dem ausgeschiedenen Rudolf Noelte die Inszenierung von „Eugen Onegin" (10. November 1973) übernehmen, Wolfang Zörner nach dem Ableben von Herbert Graf den „Fliegenden Holländer" (1. Dezember 1972). „Luisa Miller" von Verdi (23. Januar 1974) war in einer akzeptablen Vorstellung unter Alberto Erede mit Lilian

Sukis und Gamsjägers Lieblingstenor Franco Bonisolli eine willkommene Bereicherung; Christa Ludwig gab sich für ihren inszenierenden Gatten Paul-Emile Deiber mit einer Rolle von wenigen Minuten zufrieden.

Und sonst? Viele müde, unterbesetzte Repertoire-Abende. Für die Pflege des Nachwuchses geschah fast nichts — lediglich die von Dr. Sigrid Wiesmann, derzeit meine Assistentin an der Hochschule für Musik, entdeckte Libanesin Sona Ghazarian wurde — erst nach ausländischen Erfolgen — richtig präsentiert.

Statistik: Zusätzlich zu den Balletten, die von Aurel von Milloss betreut wurden, gab es in den vier Gamsjäger-Jahren achtzehn Opernpremieren und neunundfünfzig Werke im Spielplan. Trotz vereinzelter Höhepunkte war es eine Zeit, mit der niemand so recht glücklich war. Weder die Künstler des Hauses noch das Publikum noch die Presse noch der mit Komplexen beladene Direktor.

Es war ein seltsames Zwischenspiel. Unsere geliebte Staatsoper hat sich in dieser Zeit wieder als das dinosaurische Wunderwesen mit dem unzerstörbaren Eigenleben bewiesen, hat ihre Geschicke selbst in die Hand genommen und diese Ära mit einem durch die sehr negative internationale Presse etwas geschwächtem Prestige, aber doch künstlerisch intakt und zu neuen Taten gerüstet, überlebt.

„Ich habe kein Bedürfnis nach Macht. Ich will nur, daß alles so geschieht, wie ich es will!"
E.S.

DR. EGON SEEFEHLNER
Staatsoperndirektor ab 1976

In Wien standen seit jeher die ersten Opernvorstellungen der jeweiligen Spielzeit nicht im Zentrum des Interesses der Stadt. Die Opernsaison wurde mit der ersten Herbstpremiere voll präsent. Dies änderte sich mit einem Schlag, als Prof. Dr. Egon Seefehlner am 1. September 1976 sein Amt als Staatsoperndirektor antrat. In Anlehnung an die „Opening Night" der Metropolitan Opera eröffnete er die Spielzeit mit einer glanzvoll besetzten Repertoire-Vorstellung von „Don Carlos" (Caballé, Ghiaurov, Cappuccilli, Aragall unter dem neu verpflichteten Dirigenten Miguel Gomez Martinez) und setzte die von ihm geschaffene Tradition auch zu Beginn seiner zweiten Spielzeit am 1. September 1977 fort: Mit „Tosca" (Tomowa-Sintow, Carreras, Milnes unter Giuseppe Patané) erreichte er wieder, daß man schon am ersten Tag der Saison von der Oper sprach.

Dr. Seefehlner brachte nach seinen bedeutenden Wirkungskreisen als Generalsekretär der Wiener Konzerthausgesellschaft, Generalsekretär der Wiener Staatsoper unter Herbert von Karajan, Vizedirektor und schließlich Generalintendant der Deutschen Oper Berlin für sein neues Amt zunächst die Voraussetzung unbedingter und unangezweifelter Autorität mit. Eine Autorität, die nicht nur auf außerordentlichem Fachwissen, sondern auf universeller humanistischer Bildung eines Renaissance-Geistes beruht. Mit Dr. Seefehlner über Musik zu sprechen ist faszinierend, auch wenn man selbst einen anderen Lieblingskomponisten haben sollte. Auf jedem Gebiet kann man etwas von ihm lernen: Geschichte, Philosophie, bildende Kunst. Ich werde niemals die improvisierte Führung vergessen, in der er uns zu versteckten Kunstschätzen der Toskana führte, als die Wiener Staatsoper in Florenz im Juni 1977 ein von den Italienern mit Begeisterung aufgenommenes Gastspiel gab. Seefehlners Autorität ist eine Autorität kleiner Blicke und leiser Worte. Seefehlner-Kenner hören aus der Länge eines ausgesprochenen Vokales seine Stimmung heraus. Wenn er seinen persönlichen Referenten, Dr. Gotthard Böhm, mit langem Vokal „Bööööhm" in sein Büro ruft, ist das Klima gut. Aber wehe, wenn er „Böhm" ruft ...

Schon in seiner Antrittsrede bezeichnete der neue Staatsoperndirektor die Erweiterung des Spielplans durch Opern, die in Wien nie oder nur selten gespielt wurden, als wesentlichen Programmpunkt. So wurden „Die Trojaner" von Hector Berlioz, an der Staatsoper noch nie gespielt, am 17. Oktober 1976 die erste echte Premiere. Das Werk fand großes Interesse, die Vorstellung wurde ein voller Erfolg für Gerd Albrecht, Erster Dirigent der Deutschen Oper Berlin und Leiter der Züricher Tonhalle, sowie für die Sänger, unter anderen für Christa Ludwig als Dido. Es war mutig, das Team, das „Hair" geschaffen hatte (Regie: Tom O'Horgan, Bühnenbild: Robin Wagner, Kostüme: Randy Barcelo), zum ersten Mal zur Gestaltung einer Oper einzusetzen. Am 17. März 1977 folgte — nach 50jähriger Abwesenheit von Wien — „Norma" von Bellini unter Riccardo Muti.

Ein bedeutender Teil der Spielzeit 1976/77 war dem Schaffen von Richard Strauss gewidmet. Und schon am 12. September 1976 hörte man wieder eine neueinstudierte „Arabella", dirigiert von Heinrich Hollreiser, mit dem Wiener Rollendebüt von Gundula Janowitz, die nach ihrer stiefmütterlichen Behandlung in der vorangegangenen Direktionsära fast als Wien-Heimkehrerin bejubelt wurde. Auch über die Wiederkehr von Lucia Popp (Zdenka) gab es nur Freude — das Duett Arabella—Zdenka im ersten Akt fand viel Beifall, und als Mandryka verwandelte sich Baron Eberhard Wächter überzeugend in den Kroaten.

Die Janowitz sang auch die Titelrolle in der neuen „Ariadne auf Naxos", die am 20. November 1976 in der Inszenierung und Ausstattung von Filippo Sanjust ein triumphaler Erfolg wurde. Dr. Karl Böhm wurde gefeiert — er hatte uns bei den Proben mit reizenden Kommentaren viel über die Geheimnisse des Werkes erzählt. Erich Kunz gab ein Kabinettstückchen als der von der Regie sehr aufgewertete Haushofmeister, Agnes Baltsa war ein eindrucksvoller Komponist, und Edita Gruberova ersang sich mit einer phänomenal gelungenen Zerbinetta-Arie eine der längsten Ovationen in der Geschichte der Staatsoper. Im Januar 1977 folgten Richard-Strauss-Festtage, bei denen sich „Die Frau ohne Schatten" unter Dr. Karl Böhm in einer Neueinstudierung durch den neuen Oberregisseur der Staatsoper, Helge Thoma, mit Birgit Nilsson (zum ersten Mal als Färberin in Wien!) als solches Zugstück erwies, daß die daraufhin angesetzten Wiederholungen die

Planung für die folgende Spielzeit entscheidend beeinflußten.

In jeder Spielzeit der Ära Seefehlner soll es eine zeitgenössische Premiere geben. Am 17. Dezember 1976 kam die Uraufführung eines Auftragswerkes der Wiener Staatsoper, "Kabale und Liebe" von Gottfried von Einem, in einer Otto-Schenk-Inszenierung unter der musikalischen Leitung von Christoph von Dohnányi mit Anja Silja als Luise und Bernd Weikl als Ferdinand. Dieses Werk wurde auch bei dem Staatsoperngastspiel in Florenz gezeigt, neben "Ariadne" und "Salome" — Gwyneth Jones sang die Titelrolle dreimal in vier Tagen!

Und im Mai 1977 war es endlich soweit: Herbert von Karajan kehrte nach fast 13jähriger Abwesenheit an die Wiener Staatsoper zurück. Generalsekretär Jungbluth hatte in langwierigen Verhandlungen die finanziellen Voraussetzungen geschaffen, die sich daraus ergaben, daß Karajan in seiner Periode als Künstlerischer Leiter der Staatsoper zum großen Teil keinen formellen Vertrag für seine Dirigententätigkeit gehabt hatte. Karajans Wiederkehr brachte buchstäblich die ganze Stadt auf die Beine. Tagelang, nächtelang war die Staatsoper umlagert. Ein klug ausgedachtes Nummernsystem verhinderte das ärgste Chaos bei den Wartenden. Karajan selbst war ruhig, still, gelöst und sichtlich über das Ende seiner Abwesenheit von Wien erfreut. Er dirigierte Wiederaufnahmen des "Troubadur" (8., 12., 15. Mai 1977), bei denen man neben Pavarotti, Cappuccilli und der Ludwig endlich wieder Leontyne Price begrüßen konnte; "La Bohème" (13., 16., 20. Mai 1977) in der noch immer einmaligen Zeffirelli-Inszenierung mit Mirella Freni (wie in der Premiere 1963) und José Carreras; dazwischen eine klug durchdachte Neuinszenierung von "Die Hochzeit des Figaro" (10., 14., 18. Mai 1977), Anna Tomowa-Sintow debütierte als Gräfin, Frederica von Stade als Cherubin, Ileana Cotrubas war Susanna, Tom Krause der Graf, José van Dam sang die Titelrolle, und Jean Pierre Ponnelle führte Regie.

Es war ein Erlebnis, Karajan, der zwischen seiner Villa in Mauerbach (mit 46.000 Quadratmeter Grund und, laut André von Mattoni, 4 Hirschen und 42 Rehen!) und dem "Bristol" pendelte, bei der Arbeit zu beobachten. Das Orchester war anders aufgestellt als üblich: links und rechts vom Dirigenten Geigen und Bratschen, vor ihm die Holzbläser, dahinter die Bässe. Bei den Proben bewunderten wir besonders das, was die Italiener "concertazione" nennen: das Abstimmen der Lautstärke jedes Instruments

---

Sonntag, 8. Mai 1977 *Staatsoper*

Neuinszenierung

In italienischer Sprache

Il Trovatore

Oper in vier Akten (acht Bildern) nach einem Drama des Antonio Garcia Gutierrez von Salvatore Cammarano

Musik **Giuseppe Verdi**

Dirigent	Herbert von Karajan
Inszenierung	Herbert von Karajan
Bühnenbild	Teo Otto
Kostüme	Georges Wakhewitsch
Graf von Luna	Piero Cappuccilli
Leonore	Leontyne Price
Azucena, eine Zigeunerin	Christa Ludwig
Manrico	Luciano Pavarotti
Ferrando	José van Dam
Inez	Maria Venuti
Ruiz	Heinz Zednik
Ein Zigeuner	Karl Caslavsky
Ein Bote	Ewald Aichberger

Nonnen, Krieger, Diener des Grafen, Zigeuner und Zigeunerinnen

Abendspielleiter	Marta Lantieri
	Josef Zehetgruber
Musikalische Studienleitung	Arnold Hartl
Chorleitung	Helmuth Froschauer
Leitung der Bühnenmusik	Ralf Hossfeld
Technische Einrichtung	Hans Langer
Beleuchtung	Robert Stangl
Maske	Konrad Keilich
Dekorations- und Kostümherstellung	Werkstätten der Bundestheater
Größere Pause	nach dem vierten Bild
Beginn	19 Uhr
Ende	etwa 22 Uhr
Bühnenverlag für Österreich	G. Ricordi & Co., Mailand Universal-Edition, Wien
Preis des Programms	S 12,–

für die Geburt des Gesamtklanges. Rein technisch waren es Meisterstücke moderner Probenarbeit: Wenn Karajan viel korrigieren wollte, spielte der Pianist, wenn Karajan einige Takte nicht unterbrechen wollte, rief er „Tonband", und ein Techniker setzte, genau auf den Taktteil, mit dem Tonband einer früheren Karajan-Vorstellung als Begleitung der Probe ein. Der kurioseste Moment kam, als Carreras bei der Probe stumm zum Klang des Tonbandes mit Pavarotti agierte, wobei Franco Bonisolli (einspringbereit) im Publikum Kommentare über seine Tenorkollegen abgab! Diese „Bohème" war der unvergleichliche Höhepunkt der Karajan-Abende. Bei der letzten Vorstellung am 20. Mai dauerte der Applaus 45 Minuten, also ebenso lange wie eineinhalb Akte dieser Oper. Übrigens lenkte Karajan vom Pult aus auch den Applaus nach den Arien. Er deutete mit der Hand an: „Verbeugen!", „Nach vorne kommen!", „Zurück in die Stellung!". Karajan war über die Wärme und Liebe, mit der er begrüßt wurde, gerührt. Beim Applaus nach „Figaro" sagte er hinter der Bühne: „Jetzt gehe ich allein vor den Vorhang, nein, mit Mozart . . ."

Besonders ernst nimmt Dr. Seefehlner die Pflege des Nachwuchses, wie er es nennt: den Aufbau „von unten". Es wurde ein Studio der Wiener Staatsoper gegründet, in dem zwölf junge Sänger unter der Leitung von Kammersängerin Hilde Güden, Kammersängerin Hilde Konetzni, Kammersänger Otto Wiener, dem Studienleiter der Staatsoper Arnold Hartl und Kapellmeister Leo Müller ausgebildet und fortlaufend in Repertoire-Vorstellungen eingesetzt werden. Diese begabten jungen Sänger haben so die Gelegenheit, neben großen und erfahrenen Kollegen ihre Rollen praktisch zu erarbeiten. Weitere Grundpfeiler dieser Operndirektion: die Bestellung von Dr. Gerhard Brunner zum Leiter des Balletts; die Betreuung der Bundesländer. In Zusammenarbeit mit der Arbeiterkammer zog „Don Pasquale" auf deutsch durch opernlose Orte wie Bad Gastein, Hollabrunn, Gmunden, Judenburg. Da mir seit meinen Kindertagen unverändert die Oper das Heiligste auf der Welt ist, hatte ich anfangs nicht viel Verständnis für das Projekt dieser Tournee, die den Steuerzahlern außerhalb Wiens die Wichtigkeit der Wiener Oper vor Augen führen sollte. (Müßten wir dann nicht den Großglockner nach Wien schicken, um den Wienern die Wichtigkeit der Alpen zu beweisen?) Aber die Tournee hat der Staatsoper Ehre gebracht: Regisseur Helge Thoma und der Dirigent Hector Urbon haben eine reizende Vorstellung geschaffen, in der Oskar Czerwenka in der Titelrolle mit dem jungen Nachwuchsbassisten Alfred Sramek alternierte.

Es war sicherlich aufregend, daß man selbst nach 15.000 Opern-Besuchen noch immer Dinge erleben konnte, die man noch nie erlebt hatte und die wertvolle Bestandteile des Anekdotenmuseums bilden werden. Da war der Tag, wo Kammersänger Hans Beirer, der in dieser Saison noch ausgezeichnete Abende gesungen hat, einen Einsatz in „Götterdämmerung" verpaßt hat und Horst Stein vom Pult aus für ihn sang; und die „Norma"-Vorstellung, in der Montserrat Caballé plötzlich zu singen aufhörte, Maestro Muti durch ein Zeichen bat, das Orchester zu unterbrechen und laut erklärte: „Es ist so viel Lärm hinter der Bühne . . ."

Selbstverständlich freue ich mich über die schöne Tätigkeit, die ich als Chefdramaturg in dieser Direktion entfalten darf. Ich halte vor den Premieren, am Sonntag, um 11 Uhr, Einführungsvorträge in der Staatsoper, oft unter Mitwirkung des Leading-Teams und bei Anwesenheit der Sänger, und bin glücklich, daß die Staatsoper dabei so übervoll ist, daß diese Matineen manchmal um 14 Uhr wiederholt werden. Zu meinen Fernseh-Sendungen kann ich nun Ausschnitte aus den Staatsopern-Vorstellungen aufnehmen und freue mich, daß der Obmann des Betriebsrates des Darstellenden Künstlerischen Personals, Herr Ewald Vondrak, bei den schwierigen Verhandlungen so viel Verständnis für diese kulturpolitischen Aspekte gezeigt hat. Zu den jeweiligen Premieren gestalte ich Ausstellungen mit historischen Dokumentationen im Gobelin-Saal.

Für all dies bin ich sehr, sehr dankbar.

Und damit nehme ich Abschied von meinen Lesern. Die Arbeit zu diesem Buch über die Wiener Oper ist mir lieb geworden, weil ich in ihr mein ganzes Leben noch einmal leben durfte.

„Ich liebe dieses herrliche, aber auch furchterregende Haus..."
(aus der Antrittsrede des Staatsoperndirektors Dr. Egon Seefehlner)

Am 22. März 1976 hielt der ab der Saison 1976/77 amtierende Direktor der Wiener Staatsoper, Prof. Dr. Egon Seefehlner, im Zuschauerraum der Staatsoper vor dem gesamten Personal sowie Vertretern der in- und ausländischen Presse eine Antrittsrede, in der er unter anderem folgende programmatische Erklärungen abgab:

„Da ich heute hier in diesem Haus vor Ihnen stehen darf, um über die Belange der Wiener Staatsoper in den nächsten Jahren zu sprechen, bin ich zutiefst ergriffen, und wohl niemand von Ihnen dürfte sich darüber wundern. Nach einer langen Reise bin ich nun wieder heimgekehrt in diese Stadt, die mich niemals losgelassen hat und die mir alles gegeben hat, was ich zu meiner Arbeit in Berlin gebraucht habe. Und ich bin heimgekehrt in dieses Haus, wo ich meine ersten künstlerischen Eindrücke gewonnen habe, wo mir zum ersten Male bewußt wurde, was Kunst, Musik und vor allem Oper für mich bedeuten. In diesem Haus wurde mein künstlerischer Sinn geformt, ohne den ich nicht das geworden wäre, was ich nun bin, und ohne den ich einfach hilflos gewesen wäre in den Positionen, die ich einnehmen durfte. Ich bin ergriffen, weil ich — und das scheint mir das Wichtigste — dieses herrliche, aber auch furchterregende Haus liebe, ohne jede Einschränkung. Diese Liebe scheint mir notwendig als Voraussetzung für den Erfolg eines Theaterleiters. Man kann kein Theater führen, ohne die Absurditäten, die Unzulänglichkeiten, die es im Theater gibt, in diese Liebe einzuschließen. Dies gilt im besonderen Maße für den Leiter der Wiener Oper. Ich erwähnte nicht nur wegen der theaterüblichen Unzulänglichkeiten die Wiener Oper als furchterregendes Haus, sondern auch, und vor allem deshalb, weil es furchtbar ist, belastet zu sein mit Vorgängern wie Gustav Mahler, Richard Strauss, Franz Schalk, Clemens Krauss, Karl Böhm und Herbert von Karajan. Es ist eine furchterregende Verantwortung, die man hier tragen muß. Es ist von vornherein klar, daß in dieser Reihe nur bestehen kann, wer nach anderen Maßstäben gemessen wird. Nur dann, wenn man voll von Ehrfurcht anerkennt, was diese für den Ruf und den Rang der Wiener Oper bedeutet haben: nur dann kann man seinen bescheidenen Anteil zu der Geschichte dieses Hauses beitragen. Es ist die Schwäche eines nicht künstlerisch tätigen Direktors, daß er keine künstlerischen Leistungen aus eigener Kraft vollbringen kann. Seine Aufgabe muß es sein, diese künstlerischen Leistungen zusammenzutragen und ohne jede Eitelkeit in den Dienst des Begriffes Wiener Staatsoper zu stellen, um auf diese Weise Profil für das Haus zu gewinnen...

Die Oper ist nicht einfach als veraltete Kunstform abzutun. Die Oper ist nach wie vor ein Teil unseres Lebens, denn zu unserem Leben gehört die Kunst, gehört die Musik, gehört das Schauspiel, gehört der Tanz und gehört die all dies umfassende Oper, ohne unsere Musik, ohne die Wiener Philharmoniker wären wir für etwa 80 Prozent der Menschen in der Welt — ich sage das aus eigener Erfahrung — nicht einmal vorhanden...

Wer also unsere Oper schädigt, schädigt mit dem Schaden, den er uns zufügt, das ganze Land. Das sollten alle jene bedenken, die ohne Rücksicht die Axt anlegen an das, wovon wir leben."

Mein Familienalbum

Meine Familie ist sehr zahlreich. Ich habe nie geheiratet, denn wo ist die Frau, der man ein Leben mit all meinen geliebten Lohengrins und Mimis, Papagenos und Klytämnestras zumuten könnte? Sie sind meine Cousinen und meine Brüder, meine Tanten und Neffen — meine liebe Familie.

Anfangs schwebten die Götter der Oper für mich in unerreichbarer Ferne. Das änderte sich 1925, als eine entfernte (wirkliche) Tante meinem entfernten Onkel zum Geburtstag Lotte Lehmann einlud, worauf er sich scheiden ließ und die Lehmann heiratete. Meine Verwandten waren gegen die Lehmann, ich klatschte illegal weiter für sie und schlug mich als Geächteter endgültig auf die andere Seite. Dann nahm meine Familie von meinem Leben Besitz.

Jan Kiepura forderte mich 1936 auf, als sein Privatsekretär mit ihm die Welt zu bereisen. Ich stand bei seinen Triumphen hinter den Kulissen der Metropolitan in New York und der Pariser Oper; er diktierte mir Briefe am Strand von Nizza oder auf den Zuckerfeldern im innersten Kuba. Ich habe ihn sehr geliebt und bin stolz auf das Photo, auf welches er die Widmung schrieb: „Wenn Sie das Wort Familie aussprechen, denken Sie an uns!" Ich habe Maria Jeritza in Hollywood besucht und monatelang in ihrer Villa in New Jersey gewohnt. Hinter Jarmila Nowotna stand ich in der Freilichtoper von Cincinnati, die sich im Zoologischen Garten befindet; manchmal wird die Musik vom Gebrüll der Löwen übertönt. Obwohl ich Antialkoholiker bin, brachte ich das Opfer und ging mit Maria Callas und Ministerialrat Marboe nach der Wiener „Lucia" zum Heurigen. In Beirut habe ich konferiert, als Gerda Scheyrer sang, und da Ruthilde Boesch in meiner Show in Texas mitwirkte, konnte ich sie ihrem Gatten Wilhelm Loibner in die Arme führen, der gerade als Gastprofessor an der Universität von Austin wirkte. Mit Regine Resnik habe ich eine Fernsehshow gemacht, mit Paul Schöffler Schallplatten, mit Richard Tauber teilte ich in London das Heimweh im letzten Kriegsjahr, und Anneliese Rothenberger durfte ich in einer Pause der „Fledermaus" — sie sang eine glanzvolle Adele — dem Schah von Persien vorstellen. Emmy Looses Gatte war mein Halsarzt und hat mir, der ich viel sprechen muß, schon unendlich geholfen. Ich bin keine Spielernatur, aber als Anna Moffo mich beim Rennen in Triest aufforderte, auf ihr Pferd zu setzen, habe ich, ohne mit der Wimper zu zucken, ein paar hunderttausend Lire auf ihren trägen Gaul gesetzt und verloren. Oft und oft war die Familie bei Otto Schenk in dessen Wohnung vereint: Eberhard Wächter, Evelyn Lear, Thomas Stewart, Gundula Janowitz, Lucia Popp, Heinz Holecek, Hans Christian oder bei Rita Streich, Mimi Coertse, Renate Holm — und bei den herrlichen Premierenfeiern 1968 mit Birgit Nilsson und Franco Corelli in New York nach Otto Schenks „Tosca" an der „Met", und an jenem unvergeßlichen Abend mit Leonard Bernstein nach dem „Rosenkavalier" in der Villa von Christa Ludwig und Walter Berry in Klosterneuburg.

Vor kurzem habe ich lange und erfolglos eine Wohnung gesucht. Es wollte mir keine gefallen. Plötzlich fand ich eine Villa, in der ich mich merkwürdigerweise sofort riesig wohl fühlte. War es die Aussicht? Die Lage? Die Luft? Ich zog ein. Erst später erfuhr ich — rechts wohnt Hilde Zadek, gleich dahinter Eberhard Wächter, vorne Gwyneth Jones und hinten Lotte Rysanek.

Die Gesichter meiner Familie habe ich in meinem Herzen in vielen, vielen Familienalben festgehalten. Sie sind mir alle gleich lieb und teuer.

Dies hier ist eines von ihnen.

Franz von Dingelstedt
(1867—1870)

Johann Herbeck
(1870—1875)

Franz Jauner
(1875—1880)

Wilhelm Jahn
(1881—1897)

Gustav Mahler
(1897—1907)

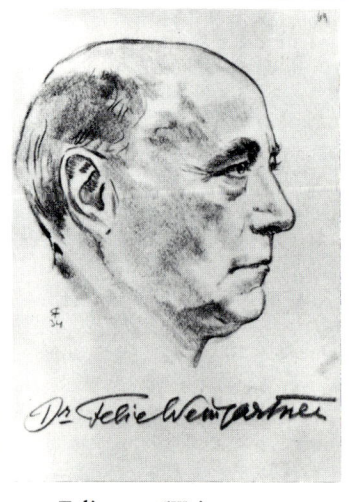

Felix von Weingartner
(1908—1911/1934—1936)

Hans Gregor
(1911—1918)

Richard Strauss
(1919—1924)

Franz Schalk
(1918—1929)

Clemens Krauss
(1929—1934)

Erwin Kerber
(1936—1940)

Heinrich Strohm
(1940—1941)

Ernst August Schneider
(1942—1943)

Karl Böhm
(1943—1945/1954—1956)

Franz Salmhofer
(Staatsoper im Theater an der
Wien 1945—1955)

Hermann Juch
(Staatsoper in der Volksoper
1946—1955)

Herbert von Karajan
(1956—1964)

Egon Hilbert
(1964—1968)

Heinrich Reif-Gintl
(1968—1972)

Rudolf Gamsjäger
(1972—1976)

Egon Seefehlner
(1976—   )

Theodor Reichmann (Wotan)    Amalie Materna (Brünnhilde)    Hermann Winkelmann (Dalibor)    Emil Scaria (Wotan)

Ernest van Dyck (Des Grieux)    Marie Renard (Carmen)    Gustav Walter (als Romeo in „Romeo und Julia" von Gounod) 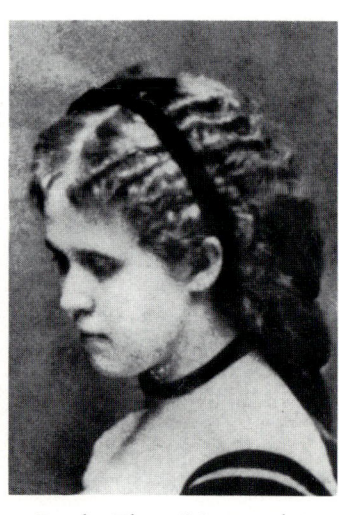   Bertha Ehnn (Margarethe)

Antonie Schläger (als Valentine in Meyerbeers „Hugenotten")    Paula Mark (Nedda)    Marie Wilt (in der Titelrolle von Donizettis „Lucrezia Borgia")   Wilhelm Hesch (Falstaff)

Leo Slezak (Tannhäuser) 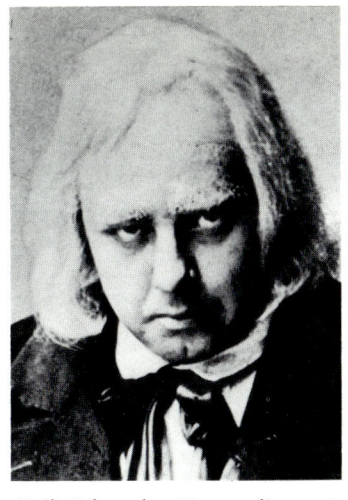   Erik Schmedes (Evangelimann)    Adelina Patti (Privataufnahme)    Selma Kurz (Mignon)

Lucille Marcel (Elektra)    Anna Mildenburg (Klytämnestra)    Marie Gutheil-Schoder (als Esmeralda in „Notre Dame" von Franz Schmidt)   Lucie Weidt (als Elisabeth in „Tannhäuser")

Leopold Demuth (Don Juan)    Pauline Lucca (Privataufnahme)    Rosa Papier (Sieglinde)    Friedrich Weidemann (Wotan)

Alfred Piccaver (André Chénier)	Lotte Lehmann (in „Manon" von Massenet)	Richard Tauber (Don José)	Jarmila Nowotna (als Marie in „Die verkaufte Braut")
Emil Schipper (Gunther)	Maria Olczewska (Privataufnahme)	Alfred Jerger (Jonny)	Rosette Anday (Carmen)
Richard Mayr (Ochs)	Viorica Ursuleac (Marschallin)	Josef von Manowarda (Philipp)	Gertrude Rünger (als Amme in „Die Frau ohne Schatten")

Koloman von Pataky (Privataufnahme)

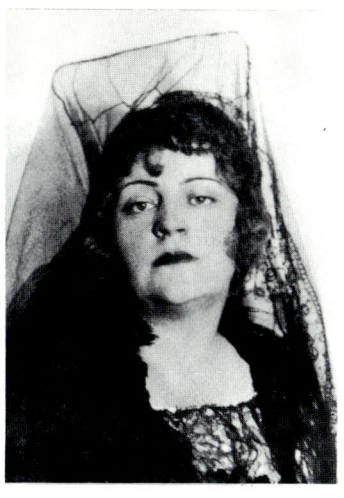

Maria Nemeth (Donna Anna)

Karl Hammes (als Charles Gérard in André Chénier)

Margit Schenker-Angerer (Octavian)

Elisabeth Schumann (Privataufnahme)

Marie Gerhart (Privataufnahme)

Adele Kern (Privataufnahme)

Alexander Sved (als Wilhelm Tell in der Volksoper)

Vera Schwarz (als Renate in „Dame in Traum" von Franz Salmhofer)

Fritz Krenn (Kaspar)

Elena Nicolaidi (Azucena)

Richard Schubert (Loge)

Laurenz Hofer (Privataufnahme)	 Josef Kalenberg (als Siegfried in „Götterdämmerung")	 Max Lorenz (Aegisth)	 Erich Zimmermann (David)
 Franz Völker (als Sou-Chong in „Land des Lächelns")	 Gunnar Graarud (als Menelas in „Die ägyptische Helena")	 Set Svanholm (als Siegfried in „Götterdämmerung")	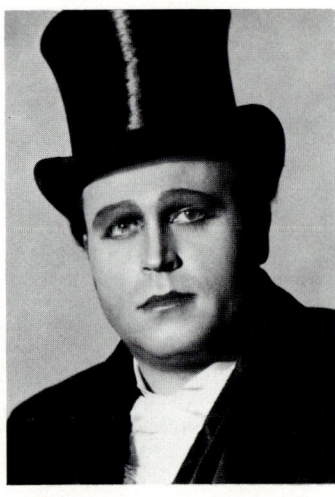 Todor Mazaroff (als Alfred in „Traviata")
 Helge Roswaenge (Don José)	 Trajan Grosavescu (Don José)	 Helene Wildbrunn (Fricka)	 Rose Pauly (Marie in „Wozzeck")

Wilhelm Rode (Doktor Mirakel)

Hermine Kittel (Brangäne)

Kerstin Thorborg (Privataufnahme)

Margit Bokor (Alice Ford)

Georg Maikl (Don Octavio)

Wanda Achsel-Clemens (Alice Ford)

Bella Paalen (Privataufnahme)

Hermann Wiedemann (Beckmesser)

Hermann Gallos (als Andres in „Wozzeck")

Hans Duhan (Privataufnahme)

Enrico Caruso (als Herzog in „Rigoletto")

Titta Ruffo (Privataufnahme)

Mattia Battistini (Privataufnahme)	Fjodor Schaljapin (Boris Godunow)	Benjamino Gigli (Radames)	Aureliano Pertile (Privataufnahme)
Ezio Pinza (Figaro)	Kirsten Flagstad (Privataufnahme)	Lauritz Melchior (Tannhäuser)	Toti dal Monte (Privataufnahme)
Jussi Björling (Privataufnahme)	Julius Patzak (Palestrina)	Herbert Alsen (Komtur)	Maria Cebotari (Frau Fluth)

Elisabeth Höngen (Azucena)

Rudolf Schock (als Bacchus in „Ariadne")

Christl Goltz (Färberin)

George London (Eugen Onegin)

Carla Martinis (als Amelia in „Ein Maskenball")

Hilde Rössel-Majdan (als Meg Page in „Falstaff")

Hans Braun (als John Sorel in Gian-Carlo Menottis „Konsul")

Peter Klein (Mime)

Sena Jurinac (Octavian)

Irmgard Seefried (als Komponist in „Ariadne")

Wilma Lipp (Zerbinetta)

Hilde Güden (Zerbinetta)

Hilde Zadek (als Magda in „Der Konsul" von Gian-Carlo Menotti)

Esther Rethy (als Lisa in „Das Land des Lächelns")

Walter Berry (Papageno)

Christa Ludwig (Dorabella)

Hanni Steffek (als Christine in „Intermezzo")

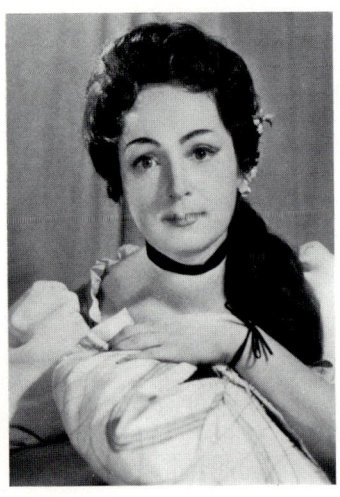

Dagmar Hermann (als Nancy in „Martha")

Renate Holm (Papagena)

Gerda Scheyrer (als Gabriele in „Wiener Blut" in der Volksoper)

James King (Erik)

Astrid Varnay (Herodias)

Emmy Loose (Blondchen)

Anton Dermota (Des Grieux)

Ljuba Welitsch (in Massenets „Manon")

Ludwig Weber (als Timur in „Turandot")

Martha Mödl (Eboli)

Jeannette Pilou (Micaela)

Maria Reining (als Lisa in „Das Land des Lächelns")

Anni Konetzni (Marschallin)

Hilde Konetzni (Marschallin)

Erich Kunz (Papageno)

Paul Schöffler (Don Pizarro)

Hans Hotter (als Borromeo in „Palestrina")

Gerhard Stolze (als Nero in „Die Krönung der Poppäa" von Monteverdi)

Eberhard Wächter (Graf Luna)

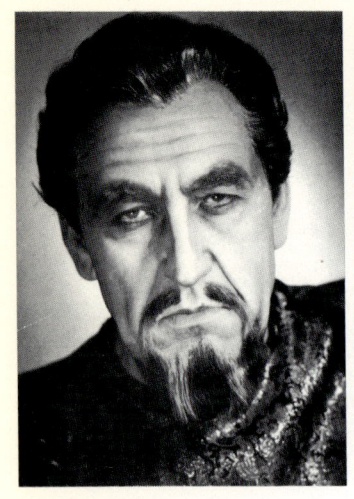

Gottlob Frick (Marke)  • Otto Wiener (als La Roche in „Capriccio") • Biserka Cvejic (als Olga in „Eugen Onegin")  • Walter Kreppel (Rocco)

Otto Edelmann (Holländer)  • Murray Dickie (als Valzacchi im „Rosenkavalier")  • Giuseppe di Stefano (als Alvaro in „Die Macht des Schicksals") • Franco Corelli (André Chénier)

Giulietta Simionato (als Ulrica in „Ein Maskenball")  • Nicolai Ghiaurov (Mephisto)  • Cesare Siepi (Philipp)  • Renata Tebaldi (Aida)

Tito Gobbi (Scarpia)  James MacCracken (Othello)  Birgit Nilsson (Elektra)  Anja Silja (Salome)

Wolfgang Windgassen (Tristan)  Oskar Czerwenka (Kezal)  Regina Resnik (als Mrs. Quickly in „Falstaff")  Rita Streich (Susanne)

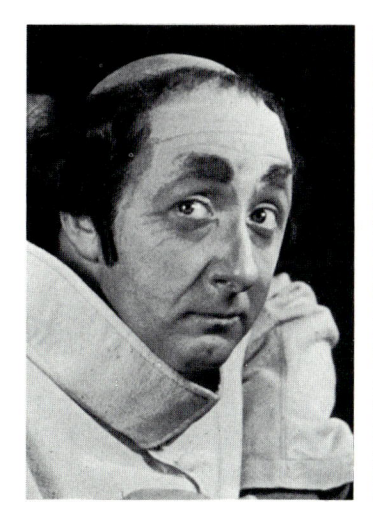

Karl Dönch (als Fra Melitone in „Die Macht des Schicksals")  Mimi Coertse (als Aminta in „Die schweigsame Frau")  Gundula Janowitz (Arabella)  Lotte Rysanek (Madame Butterfly)

Leonie Rysanek (als Kaiserin in „Die Frau ohne Schatten")    Anneliese Rothenberger (Mimi)    Fritz Wunderlich (Palestrina)    Lucia Popp (Pamina)

Waldemar Kmentt (Erik)    Karl Riddersbusch (Hans Sachs)    Sona Ghazarian (Rosina)    Marti Talvela (Philipp)

Editha Gruberova (Königin der Nacht)    Nicolai Gedda (Privataufnahme)    Leontyne Price (Aida)    Placido Domingo (Privataufnahme)

Anhang

Das Ballett der Wiener Oper

„Jeder Mensch trägt den Tänzer in sich", sagt Rudolf von Laban. Trägt aber auch jeder Opernkenner den Ballettkenner in sich? Das kann man nicht so apodiktisch behaupten. Ich bin beim Ballett immer interessiertes Publikum gewesen. Ich habe wundervolle Ballettabende erlebt, habe leichter faßliche Fachartikel gelesen und hatte die Freude, mit Leuten sprechen zu dürfen, denen Ballett so viel bedeutet wie mir die Oper.

In Wien förderte der kaiserliche Hof die neue Kunstform, die am Ende des 16. Jahrhunderts aus Oberitalien kam, weil sie „Glanz und Macht" repräsentierte. Kaiser Leopold I., der selbst komponierte und auch dirigierte, war eigentlich der Begründer unseres heutigen Staatsopernballetts.

Um bei ihm Hoftänzer zu werden, mußte man die Pariser Tanzakademie absolviert haben (sie war das A und O des klassischen Balletts!), man mußte aber auch aus einer angesehenen Familie sein und über gute Beziehungen verfügen. Der Primat des Mannes galt zunächst auch hier. Die Frau als Tänzerin wurde erst im späten 17. Jahrhundert entdeckt, dann freilich um so gründlicher. Im 19. Jahrhundert war die Tänzerin schon absolute Alleinregentin der Tanzbühne geworden. Erst in unseren Tagen konnte der Tänzer seine ebenbürtige Stellung neben der Ballerina zurückerobern.

Der Berufstänzer hatte im barocken Wien viel zu tun. In beiden kaiserlichen Theatern, dem Ballhaus nächst der Burg und dem Kärntnertortheater, beherrschte das Ballett vorerst einen großen Teil des Spielplanes. Die berühmtesten Choreographen ihrer Zeit, Franz Hilverding — der Schöpfer des „Ballet d'action" —, Gasparo Angiolini und Jean Georges Noverre, leiteten das Wiener Ballett. Es dauerte nicht lange, da war Wien neben Paris das zweite europäische Ballettzentrum im 18. Jahrhundert. Ein Wiener Ballettensemble wuchs heran, aber seine Solisten und Leiter waren noch immer Ausländer.

Die barocke Tanzkunst gipfelte im „Schau- und Maschinenballett", der Mensch war eigentlich Nebensache, Prachtentfaltung und technische Spielereien hatten unbedingten Vorrang. Angiolini aber entdeckte bereits das tanzende Individuum, den Menschen als agierendes und leidendes Wesen. Gluck, der Opernreformator, schuf mit dem Ballettreformator gemeinsam die erste tragische Ballettpantomime: „Don Juan".

Noverre wurde von Maria Theresia nach Wien berufen und forderte, „die Masken zu zerbrechen, die Perücken zu verbrennen, die Reifröcke zu vernichten", Ausdruck im Tanz zu zeigen. Ausdruck des Menschlichen und Geist im Tanz waren der Inhalt seiner Bemühungen. 1767 wurde eine „Theatral-Tanzschule" gegründet. Hier erzog Noverre seine Tänzer. Unter anderer Form existiert die Schule noch heute: sie ist der Oper unmittelbar angegliedert, und ihre Absolventen allein werden in das Wiener Staatsopernballett aufgenommen.

Im 19. Jahrhundert fand das Opernballett seine alleinige Heimstatt im Kärntnertortheater. Hier war um die Jahrhundertwende der Neapolitaner Salvatore Vigano Ballettmeister. Seine Frau war Wienerin und tanzte als erste ohne Kostüm und Reifrock im fleischfarbenen Trikot; Beethoven komponierte für das Ehepaar Vigano seine „Geschöpfe des Prometheus" (1801). Bald beherrschte die Romantik Stil und Ausdruck der Ballette. Da wimmelte es von Luft-, Wald- und Wassergeistern, deren Mittelpunkt die Ballerinen waren, die als zarte, zerbrechliche Sylphiden in durchsichtigen Tüllröckchen und den eben erfundenen absatzlosen, an den Fußspitzen verstärkten Seidenschuhen durch das Mondlicht schwerelos dahinschwebten. Der Verherrlichung der Ballerinen, gar der Primaballerina, hatte sich alles zu unterwerfen: auch der männliche Partner, der zu ihrem „dritten Fuß" degradiert wurde.

Inbegriff dieses Stiles war die blutjunge, in Stockholm geborene Italienerin Maria Taglioni, die am Kärntnertortheater debütierte und von hier aus eine Weltkarriere startete — bis eine Wienerin ihr die Weltherrschaft streitig machte: Fanny Elßler.

Sie war ein echtes Vorstadtmädel, aus Gumpendorf. Ihr Vater war Haydns Kammerdiener, ihre Mutter trug sie als kleines Kind in einer Butte auf dem Rücken in die Ballettschule, damit ihre kostbaren Füßchen auf den elenden Straßen von damals nur ja keinen Schaden erlitten... Das anmutige, blauäugige Mädchen wurde zum Inbegriff der entfesselten Sinnlichkeit und zur meistdiskutierten Frau Europas: durch ihre Kunst und durch ihr Privatleben — seit sie als Sechzehnjährige einem italienischen Herzog ein Kind geboren hatte und als Achtzehnjährige die Freundin des alten Gentz geworden war. Sie wurde zur Schöpferin des dramatischen Tanzes und der modernen Pantomime; es war ein Umschwung ohnegleichen.

Fanny Elßler war in allem „erdverbundener" als die Taglioni, und so machte sie die verschiedenen Volkstänze bühnenfähig. Ihre „Cachucha" in Gides Ballett „Der hinkende Teufel" (ein temperamentvoller spanischer Volkstanz) brachte die Zuschauer in der Alten, später auch in der Neuen Welt zur Raserei. Der deutsche Dichter Friedrich Rückert schrieb, nachdem er Fanny Elßler tanzen gesehen hatte: „Was sollen wir Engel im Himmel tun nach solchem Tanz auf Erden?" Und die Universität Oxford machte sie zum „Doktor der Tanzkunst".

1851 ging die Elßler von der Bühne ab, und man begann, für die Spitzenpositionen im Opernballett wieder Ausländer heranzuziehen. Die letzte Primaballerina im Kärntnertortheater war die Mailänderin Claudine Couqui; Richard Wagner hat eine „Tristan"-Probe unterbrochen, um ihr Komplimente zu machen.

Im Kielwasser der Revolution von 1848 gab es drastische Sparmaßnahmen. Weil die Not manchmal ihr Gutes hat, erweckte sie (auch als Reaktion auf den übertriebenen Starkult) eine Art Ensemblegeist im Opernballett. Er wurde gerade vom Bruder eines Stars, nämlich von Paul Taglioni, gepredigt.

Als man 1869 in den Prunkbau am Ring hinüberwechselte, erlitten alle Versuche zur Schaffung eines typischen Wiener Ballettstils einen Rückschlag. Der erste Ballettabend im neuen Haus, am 16. Juni, brachte ein Werk des damals sehr erfolgreichen Zweigespanns Paul Taglioni (Libretto) und Paul Ludwig Hertel (Musik); es hieß „Sardanapal" und war ein Ballett rund um den letzten, sagenumwobenen Assyrerkönig.

Die Schöpfungen des Duos Taglioni-Hertel waren ein Rückschritt in die Zeiten des alten, pompösen Ausstattungs- und Maschinenballetts: Himmel, Erde und Hölle, das Reich der Geister und die Menschenwelt wurden mit einem unbeschreiblichen Aufwand an Dekorationen und Kostümen in Bewegung gesetzt, das Auge kam keine Sekunde zur Ruhe.

Allein in den beiden ersten Jahren nach der Eröffnung erschienen drei weitere Taglioni—Hertel-Produktionen im Spielplan der Hofoper: „Flick und Flock", „Satanella" und das große, mehraktige Zauberballett „Fantasca" (Thema: die Entführung und Errettung der Tochter eines spanischen Granden).

Diese Ballette waren enorm beliebt, noch um 1900 finden wir sie im Hofopernrepertoire; „Sardanapal" erreichte bis zur Jahrhundertwende 100 Aufführungen, „Satanella" 78, und „Fantasca" brachte es sogar auf 154 Vorstellungen.

Bei unseren Eltern besonders beliebt war das Ballett „Excelsior" (Libretto: Luigi Manzotti, berühmter Tänzer und Choreograph, Musik: Romualdo Marenco). Die bedeutendsten Erfindungen der Menschheit paradierten, und die „Aufklärung" kam höchstpersönlich auf die Bretter, wo sie mit der „Verfinsterung" um die Völker dieser Erde kämpfte. Zwei volle Generationen von Ballettfans fanden an diesem sonderbaren Duell bis 1913 ihr Entzücken ... 329 Vorstellungen!

Die reinen „Unterhaltungs-Ballette" hatten den Sinn für die verfeinerte Tanzkunst der Romantik beinahe gänzlich umgebracht, Elfen und Nymphen in schlichtem weißem Tüll waren nicht mehr gefragt. Kein Wunder, daß etwa Adolphe Adams „Giselle" — eines der anspruchsvollsten Ballette der Hochromantik, dessen Titelrolle bis zum heutigen Tag zu den gefürchtetsten Prüfsteinen der Kunst jeder Ballerina zählt — zwischen 1869 und 1945 nur 14mal gegeben wurde.

Echtes Leben kehrte erst wieder in das Opernballett zurück, als der Wiener Josef Haßreiter Ballettchef wurde. Ihm gelang es, gemeinsam mit Ausstattungschef Franz Gaul und dem Komponisten Josef Bayer so etwas wie einen „wienerischen Ballettstil" zu begründen (damals tanzte Berta Linda, die spätere Gattin Hans Makarts). Dieses Trifolium schuf eine große Zahl erfolgreicher Ballette, die aber alle von einem einzigen Werk überstrahlt werden, dessen Lebensfähigkeit bis heute über die Grenzen unseres Landes hinaus anhält: „Die Puppenfee". Kein Ballett hat je solche Kassenorgien in aller Welt gefeiert wie diese gemeinsame Schöpfung Josef Bayers und Josef Haßreiters. Wie einfach war der Grundeinfall! Ein Spielwarenladen wird plötzlich lebendig, und die einzelnen Puppen und Spielsachen stellen sich tanzend dem Publikum vor. In der Wiener Oper allein erlebte das Werk von 1888, dem Jahr seiner Premiere, bis 1945 nicht weniger als 700 Aufführungen, und schon im November 1958 — nur drei Jahre nach der Wiedereröffnung der Staatsoper — wurde abermals eine Neueinstudierung herausgebracht. An unzählige Opern wurde dieses Ballett angehängt, immer wieder findet man auf den Theaterzetteln die stereotype Formel „Hierauf: ‚Die Puppenfee'", und selbst Giuseppe Verdi mußte es sich gefallen lassen, daß an die Uraufführung seines „Falstaff" an der Mailänder Scala 1893 noch „La Fata delle Bambole" angehängt wurde!

Gustav Mahler hatte nicht viel Sinn für das Ballett — aber er hat immerhin die beiden Schwestern Wiesenthal entdeckt. Sie sind für immer in die Interpretationsgeschichte des Wiener Walzers eingegangen.

Haßreiters Initiative gelang es zum erstenmal, alle Spitzenpositionen des Ballettkorps mit hauseigenen, aus der Ballettschule der Oper hervorgegangenen Kräften zu besetzen; bis dahin war ja die Primaballerina immer eine Ausländerin, in den meisten Fällen eine Italienerin. Als Else von Strohlendorf, gebürtige Wienerin und aufgewachsen in der hauseigenen Ballettschule, Primaballerina wurde, war das Ende dieser Tradition gekommen.

Primaballerina wird man in Wien nicht so leicht — nach Gusti Pichler und Julia Drapal war Edeltraud Brexner erst die vierte Trägerin dieses Titels.

Neben seiner „Puppenfee" waren noch Josef Bayers Ballette „Sonne und Erde" und „Rouge et Noir" — die Erlebnisse eines von Spielleidenschaft befallenen jungen Mannes aus gutem Haus — beim Publikum sehr beliebt. „Sonne und Erde", ein großes Ausstattungsstück, hielt sich mit 363 Vorstellungen bis 1927 durch fast vierzig Jahre auf dem Spielplan.

Verschwenderisch ausgestattet war auch die „phantastische Ballettpantomime in einem Vorspiel und zehn Bildern", die von Rotkäppchen über Schneewittchen bis zu Dornröschen alle vertrauten Grimm-Gestalten auf die Bühne brachte: „Die goldene Märchenwelt". Sie gab dem gesamten Ballettensemble reiche Gelegenheit zu brillieren.

Heinrich Berté (als „Schöpfer" des „Dreimäderlhauses" Schu-Berté genannt) schrieb die nette Musik dazu.

Mit dem Ende des Ersten Weltkrieges und der Umwertung so vieler Werte verlor das Ballett der Wiener Oper zunächst an Bedeutung; vielleicht kann der Tanz weniger als jede andere Kunstgattung ohne den entsprechenden gesellschaftlichen Background leben.

Die Renaissance des klassischen Balletts, die von Diaghilew und seinen „Ballets Russes" ausgegangen war, war in Wien trotz der in die Ära Weingartner und Gregor, also noch in die Monarchiezeit fallenden Gastauftritte der legendären Stars des ebenso legendären Sankt Petersburger Marjinskij-Theaters — Anna Pawlowa, Mathilde Kschessinska, Tamara Karsawina und Waslaw Nijinskij — im Grunde ohne Nachwirkung geblieben. Das letzte Gesamtgastspiel des Diaghilew-Ensembles fand 1927 in der Schalk-Zeit statt.

Ein frischer Wind kam erst wieder in das müde gewordene Leben des Staatsopernballetts, als Richard Strauss in der zweiten Hälfte seiner Direktionszeit den sehr vielseitigen Tänzer und Choreographen Heinrich Kröller aus Berlin, der in Deutschland viel für das klassische Ballett getan hatte, nach Wien berief. Aber die Belebung, die Kröller brachte, war nur von kurzer Dauer, der Fiskus würgte sie ab, Geldknappheit machte jede großangelegte Repertoireplanung unmöglich.

Immerhin ging die Ära Kröller mit der Wiener Premiere von Richard Strauss' „Josephslegende" und mit der Uraufführung von „Schlagobers" (ich habe dieses Ballett im Kapitel über die Direktion Strauss-Schalk näher besprochen) in die lokale Tanzgeschichte ein. In der Titelrolle der „Josephslegende" begründete Willy Fränzl seinen Ruhm (die Gutheil-Schoder mimte Frau Potiphar), in „Schlagobers" glänzten mit ihm Gusti Pichler und Tilly Losch.

Für die Zeit zwischen den beiden Kriegen sind die Namen der prominenten Tänzer bezeichnender als die Werke, denen nur selten ein nachhaltiger Erfolg beschieden war. Die bedeutendste Ausnahme bildeten die schönen Ballette mit der Musik von Franz Salmhofer: „Das lockende Phantom" mit der Solotänzerin Tilly Losch (nach ihrem Abgang von Wien machte sie Karriere in Hollywood), „Der Taugenichts in Wien" (1930) nach Eichendorff mit Grete Wiesenthal und die „Österreichische Bauernhochzeit" (1934) in der Choreographie von Margarete Wallmann. In diesen Jahren tanzten Hedy Pfundmayr (Frau Potiphar nach der Gutheil-Schoder!), Riki Raab und Adele Krausenecker. Willy Fränzl und Tony Birkmeyer waren Solotänzer, sie stammten beide aus Tänzerfamilien, die mit der Oper jahrzehntelang verbunden waren.

Willy Fränzl, nun auch schon mit dem Professortitel ausgezeichnet, ist noch in der Direktion Reif-Gintl „aktiv" in der Staatsoper tätig: beim Opernball durch die Einstudierung der Eröffnungspolonaise und die Choreographie des vom Ballett getanzten Walzers. Toni Birkmeyer und Willy Fränzl hatten kurzfristig die Führung des Ensembles inne; sehr kurz dauerte auch die Ära Margarete Wallmann, die als ausgezeichnete Tänzerin rasch populär wurde und im „Orpheus" unter Bruno Walter (1935) eine sehr eindrucksvolle Choreographie schuf.

Im Dritten Reich wurde diese Wallmann-Choreographie durch eine neue von Rosalia Chladek ersetzt (darin debütierte Julia Drapal als Verlorene Seele im Hades!). Die bedeutendste Ballettpremiere der Kriegszeit war „Joan von Zarissa" von Werner Egk mit Harald Kreutzberg. Nach dem kurzfristigen Intermezzo der bekannten Tänzerin und Choreographin Helga Swedlund kam durch Direktor Ernst August Schneider das künstlerisch hochbedeutsame Engagement Erika Hankas als Ballettmeisterin des Wiener Staatsopernballetts zustande.

Erika Hanka war die Tochter eines Offiziers, sie wurde in Kroatien geboren und erhielt ihre Ausbildung in Wien und in Deutschland, wo sie sich der berühmten Truppe von Kurt Jooss anschloß. Später wurde sie nach Düsseldorf engagiert. Hier entdeckte man ihre choreographische Begabung. Hamburg sah sie bereits als Ballettmeisterin. 1941 ging sie nach Wien.

Was sie hier vorfand, war wenig ermutigend — ich meine nicht das Ballett und seine gute Tradition, sondern den Verlust an Tänzern durch Kriegseinsatz, Verwundungen und Gefangenschaft. Nach vier Jahren raubte der Brand der Staatsoper dem Ballett auch noch die notwendigen speziellen Trainings- und Probenräume. Als endlich wieder Frieden war, konnte das Tanztraining nur unter härtesten Bedingungen (ungeheizte Räume, schlechte Lichtverhältnisse) wiederaufgenommen werden: im Keller des Theaters an der Wien.

Das Verdienst von Frau Hanka um den raschen Anschluß vor allem an das moderne Ballettrepertoire kann nicht hoch genug eingeschätzt werden. Schon in den ersten Nachkriegsjahren stellte sie so wichtige Werke wie Strawinskys „Petruschka", Mussorgskij-Ravels „Bilder einer Ausstellung", Hindemiths „Nobilissima Visione", de Fallas „Dreispitz" und Rimskij-Korssakows „Capriccio Espagnol" vor. Man hatte das alles bis dahin in Wien noch nie oder doch nur in einigen wenigen Aufführungen in früherer Zeit gesehen.

Ein großer Abend der Ära Erika Hanka waren die gekoppelten Ballette „Don Juan" von Gluck und „Josephslegende" von Strauss. Im Gluck-Ballett tanzten Erwin und Poldy Pokorny, Lucia Bräuer und Arnold Jandosch; den Joseph tanzte Carl Raimund, Willy Fränzl (nun Potiphar!) und Julia Drapal als Frau Potiphar boten Meisterleistungen tänzerischer Ausdruckskunst.

Es kam Delibes' „Coppelia" mit der Drapal als Swanilda — womit wieder der erste Schritt ins klassische Repertoire getan war.

Heute steht man beinahe fassungslos vor der ungeheuren Zähigkeit und Leistungsfähigkeit Erika Hankas. Das Ballettkorps mußte ja nicht nur die eigenen Abende oder die verschiedenen Operneinlagen im Theater an der Wien betreuen, sondern auch sämtliche Opern- und Operettenaufführungen der Staatsoper in der Volksoper (und auch dort fallweise einen Ballettabend) — und das durch volle zehn Jahre bis zur Wiedereröffnung der Staatsoper. Frau Hanka hatte in jeder Saison seit Kriegsende einen vollständigen Abend und durchschnittlich fünf bis sechs Opern bzw. Operetten in zwei verschiedenen Häusern persönlich zu choreographieren, das Repertoire, das tägliche Training und die Proben zu überwachen und vor allem den Nachwuchs heranzubilden. Dazu kam bereits seit 1946 der Einsatz des Opernballetts bei den Bregenzer Festspielen. Erika Hanka, die viel zu früh Verstorbene, war die große Erneuerin des Wiener Opernballetts.

In jenen Jahren wurde der seit Gusti Pichlers Abgang

1935 unbesetzt gebliebene Posten einer Primaballerina wieder besetzt: 1949 zeichnete man Julia Drapal mit dieser Würde aus. Mit der Drapal trat nicht nur eine sehr temperamentvolle, bühnenbeherrschende Tänzerin an die Spitze des Ensembles, sondern auch eine Künstlerin von intensiver schauspielerischer Begabung, deren Skala von der dramatischsten Leidenschaft bis zum wienerischen Humor reichte — wer erinnert sich nicht an ihren Wiener Schusterbuben in „Zigeunerbaron" (eine der bezauberndsten Balletteinlagen, die Erika Hanka für die Volksoper schuf) oder an den kleinen Teufel in „Höllische G'schicht", zu welchem Ballett Erika Hanka auch das Libretto (auf Musik von Johann Strauß) selbst schrieb. Mit seiner Uraufführung am 14. Juni 1949 anläßlich der 50. Wiederkehr des Todestages von Johann Strauß in der Volksoper war nun auch der Anschluß an den „wienerischen Stil" der Dioskuren Haßreiter-Bayer wieder gefunden.

Wie vielseitig und bedeutend Erika Hanka war, zeigte ihr eigener Spielplan im letzten Jahrfünft vor der Wiedereröffnung der Oper. Im Dezember 1950 brachte sie im Theater an der Wien Strawinskys „Feuervogel" neu heraus, zusammen mit der Uraufführung von Theodor Bergers „Homerischer Symphonie". Der „Feuervogel" war mit exotischem Raffinement in Szene gesetzt, Bühnenbild (Stefan Hlawa) und Kostüme flackerten in allen Nuancen des Flammenelements, und für die „Homerische Symphonie" hatte Stefan Hlawa ein Bühnenbild geschaffen, dessen Archaismus gleichzeitig bedrückte und faszinierte, besonders in der Unterweltszene: da tanzte die Menschenschar an einem Ort, der sich unter einem erloschenen Planeten befand, und dieser Stern schwebte mit seinen erkalteten Vulkankratern zum Greifen nahe über den Häuptern und Händen; die Rundung des Kugelabschnittes, der da in den grauen Bühnenraum hineinhing, ließ den ganzen ungeheuren Umfang des toten Himmelskörpers grausig ahnen.

Neben den Stars Julia Drapal (Feuervogel) und Carl Raimund (Zauberer Katschei) debütierte im Strawinsky-Ballett als Prinz ein junger Tänzer namens Willy Dirtl, von dem man Großes erwarten durfte. Er erfüllte diese Erwartungen schon anderthalb Jahre später in Gottfried von Einems „Rondo vom Goldenen Kalb", das Erika Hanka für die Volksoper choreographierte, später in das Theater an der Wien und nach der Wiedereröffnung der Staatsoper auch in diese übernahm. Da tanzte Dirtl, neben Lucia Bräuer und Carl Raimund zusammen mit Lisl Temple ein großartiges Pas de deux, und in Rimskij-Korssakows „Scheherezade" war er seiner großen Partnerin, der Drapal, bereits kongenial. Seine mit unglaublicher Leichtigkeit und kraftvoller Eleganz durchgeführten Sprünge rissen das Publikum zu Begeisterungsstürmen hin.

Am 20. Juni 1953 erlebte Wien (nach dem „Joan von Zarissa" in der Kriegszeit) wieder einmal ein Ballett von Werner Egk: das Faustballett „Abraxas". Nach der Münchner Uraufführung dieser ersten bedeutenden neuen Ballettschöpfung der Nachkriegszeit war es wegen einiger Liebesszenen sogar zu einem Skandal gekommen. Nach fünf Vorstellungen mußte das Ballett dort abgesetzt werden... In Wien war von alledem nichts zu merken. Die Aufführung — mit Erwin Pokorny als Faust, Lucia Bräuer als Archispora, Lisl Temple als Margarethe, Willy Dirtl als Tiger und Lucia Schwab als Schlange — wurde ein ganz großer Erfolg für das Staatsopernballett, und Edeltraud Brexner, die als weiblicher Mephisto Bellastriga debütierte, galt von da ab als Anwärterin für allererste Aufgaben.

Die letzte Ballettpremiere vor der Wiedereröffnung der Oper (10. Mai 1954) brachte Prokofiews „Symphonie classique" (Margaret Bauer, Edeltraud Brexner, Willy Dirtl), Strawinskys „Orpheus" (Erwin Pokorny, Margaret Bauer, Julia Drapal) und Rossinis „Zauberladen" (mit der Drapal und Carl Raimund als Cancantänzern); den Abschluß bildeten Borodins „Polowetzer Tänze" (Julia Drapal, Lucia Bräuer, Willy Dirtl).

Ein Jahr später kam dem Opernballett nach langem wieder einmal eine Ehre und Funktion zu, die in der Barockzeit sozusagen zum täglichen Brot der höfischen Tanztruppen gehörte: es sollte repräsentieren, und zwar bei den Staatsvertragsfeierlichkeiten am Abend des 15. Mai 1955. Edeltraud Brexner und Willy Dirtl waren dazu ausersehen, vor der österreichischen Regierung und den Vertretern der vier Großmächte auf einer Freilichtbühne vor dem Schloß Schönbrunn das Pas de deux „Der schwarze Schwan" aus Tschaikowskys „Schwanensee" zu tanzen. (In der Wiener Ballettwelt sagt man „das" Pas de deux, und es wird hier wohl ewig ein Neutrum bleiben, auch wenn Herr Duden ganz dagegen ist; vor ein paar Jahren gab es im Ballettkorps einen kleinen Aufstand, als man „von oben her" versuchte, das Pas de deux zu vermännlichen.)

Die Generalprobe verlief ganz vorzüglich, aber die Vorstellung konnte nicht stattfinden, weil ein heftiger Regen das Freilichtpodium unter Wasser gesetzt hatte.

Die Brexner und Willy Dirtl wurden schon drei Wochen später, am 6. Juni, reichlich für den entfallenen Applaus in Schönbrunn entschädigt, als sie im Rahmen eines Ballettabends den „Schwarzen Schwan" in Petipas Originalchoreographie in der Oper tanzten. Der Beifall schwoll zum Orkan an, als die Brexner in der Coda auf einer handtellergroßen Fläche die vorgeschriebenen 32 Pirouetten auf der Spitze in einem atemberaubenden Tempo drehte und Willy Dirtl seine alle Schwerkraft leugnenden Sprünge virtuos vollführte. Damals spürte man, daß es in Wien wieder ein richtiges Ballettpublikum gab, dank der Energie, mit welcher Erika Hanka ihr Aufbauwerk in die Wege geleitet hatte. Wien erlag dem Zauber des klassischen Balletts — das hatte es hier seit Jahrzehnten nicht mehr gegeben. Die guten Tschaikowsky-Ballette waren bisher in Wien nur in den Gastspielen der Truppe des Marjinskij-Theaters gezeigt worden.

Um den Spielplan in der Richtung des klassischen Balletts zu erweitern und das Ensemble besser in der klassischen Technik zu schulen, hatte sich Erika Hanka schon im Jahr zuvor den in Sydney geborenen Tänzer und Choreographen Gordon Hamilton geholt; er war als Solist bei bedeutenden Truppen in London und Paris tätig gewesen.

Am 16. September gab das Opernballett seinen letzten Abend im Ausweichquartier der Staatsoper im Theater an der Wien. Auf dem Programm standen das Divertissement aus Delibes' „Sylvia", Tschaikowskys „Schwarzer Schwan" und Rossinis „Zauberladen". Dann wechselte die in allen Stilrichtungen bereits gut geschulte Truppe mit ihren Solisten, zu denen sich noch für einige Jahre der Amerikaner Richard Adama gesellte, und sehr viel begabtem Nachwuchs hinüber in das wieder aufgebaute Haus am Ring.

29. November 1955. An diesem Tag erntete das Ballett seinen großen Triumph im Rahmen des mehrwöchigen Opernereröffnungsfestes. Adolphe Adams „Giselle", das klassische Ballett der Hochromantik in der Originalchoreographie von Jean Coralli bezauberte die Zuschauer vollkommen. In der Uraufführung von Boris Blachers Othello-Version „Der Mohr von Venedig" (Libretto und Choreographie: Erika Hanka) bewies die Truppe, daß sie auch im modernen Tanzstil up to date war. Als Othello feierte Willy Dirtl einen Triumph als Tänzer und Schauspieler im Charakterfach. Als Desdemona aber debütierte die Nachwuchstänzerin Christl Zimmerl und beschritt damit zugleich den Weg zum sicheren Erfolg als große Solistin. Emilia war Lucia Bräuer, Jago Richard Adama, Bianca Edeltraud Brexner.

Bei der „Giselle"-Premiere tanzte Margaret Bauer die Titelrolle. Als man diesen Ballettabend am 4. Dezember 1955 zum erstenmal wiederholte, tanzte ein bis dahin vollkommen unbekanntes blutjunges Mädchen die von den größten Ballerinen immer nur mit Herzklopfen dargestellte Figur mit perfekter technischer Sicherheit und selbstverständlicher Natürlichkeit: die Entdeckung dieser Eröffnungswoche hieß Erika Zlocha.

Gordon Hamilton entledigte sich seiner Aufgabe mit angelsächsischer Gründlichkeit. Das so lange vernachlässigte klassische Repertoire wuchs zusehends. In den jeweiligen Originalchoreographien erschienen aus den Tschaikowsky-Balletten „Dornröschen" und „Der Nußknacker" je ein Divertissement, in welchem sich neben dem Pas-de-deux-Paar Brexner-Adama auch der begabte Nachwuchs von Erika Zlocha bis zu Dietlinde Klemisch und von Karl Musil bis zu Paul Vondrak erfolgreich behauptete. Aus „Schwanensee" sah man das Pas de trois des ersten Aktes sowie den kompletten zweiten, aus den Minkus-Balletten „Don Quixote" das Pas de deux des letzten Aktes, und aus „Pasquita" ein Pas de trois (jenes allerdings in Balanchines Choreographie). Ergänzt wurde mit Chopins „Les Sylphides" und Carl Maria von Webers „Der Geist der Rose", ein Ballett nach dem Klavierstück „Aufforderung zum Tanz", aber nicht in der Instrumentierung von Weingartner, sondern in der von Hector Berlioz. — Die prominentesten Vorstellungen aus der

Theater-an-der-Wien-Zeit wurden ins Opernhaus übernommen.

Sehr bedeutungsvoll gestaltete sich zu Beginn des Jahres 1957 die Zusammenarbeit Erika Hankas mit dem Regisseur Günther Rennert, die uns am 10. März eine faszinierend originelle Vorstellung von Carl Orffs Triptychon „Trionfi" bescherte („Carmina burana", „Catulli carmina" und „Trionfo di Afrodite"). Brexner, Bräuer, Zlocha, Adama und Vondrak sicherten mit dem Ensemble den „Catulli carmina" einen solchen Erfolg, daß sich das Werk, losgelöst von den beiden anderen, noch viele Jahre im Repertoire hielt.

Im Mai desselben Jahres gab es dann noch als neuen selbständigen Ballettabend „Joan von Zarissa" (Willy Dirtl als Joan, Edeltraud Brexner als Isabeau), gefolgt von Erika Hankas „Hotel Sacher" (Uraufführung); die Partitur nach Melodien von Hellmesberger hatte Max Schönherr zusammengestellt. Nach längerer Zeit wieder einmal ein Ballett im angestammten „wienerischen Stil"! Die Brexner hatte als exaltierte Operndiva die Lacher auf ihrer Seite, Erika Zlocha rührte als süßes Wiener Blumenmädel, Lucia Bräuer, eine ungemein vielseitige Tänzerin, gab sehr temperamentvoll die Schwester des Opernstars, Willy Dirtl und Richard Adama überboten einander als Empfangschef und als fescher Offizier. In teilweise veränderter Besetzung ist das nette Werkchen bis heute immer wieder ein sicherer Erfolg.

Seit 1956 fanden jährlich Ballettwochen statt, die Erika Hanka sehr förderte. Hier konnte das Staatsopernballett sein Können mit zahlreichen internationalen Truppen messen. Im September 1956 war das New York City Ballet mit seinem Leiter George Balanchine zu Gast, sechs Jahre später gab die berühmte Truppe, wieder im Herbst, ihr zweites Wiener Gastspiel, zwar im Theater an der Wien, aber auf Einladung der Staatsoper. Im November 1957 gastierten das Grand Ballet du Marquis de Cuevas und auch Antonio mit seinem spanischen Ballett. 1958 kam das Georgische Ballett der UdSSR zu uns, im November des folgenden Jahres gab das Cuevas-Ballett bereits sein zweites Wiener Gastspiel, im März 1962 folgte das dritte, das unter anderem die berühmte abendfüllende Helpman-Larrain-Produktion von Tschaikowskys „Dornröschen" brachte. 1960 sahen wir Maurice Béjarts „Ballett des 20. Jahrhunderts" vom Théâtre Royal de la Monnaie in Brüssel, 1962 Londons Festival Ballet, Ende Mai 1965 das weltberühmte Bolshoi-Ballett aus Moskau.

Am 16. November 1957 bewies Erika Hanka im Rahmen dieser Ballettwochen erneut — und zum letztenmal — ihre großen Qualitäten als moderne Ballettschöpferin. Sie zeigte, mit Willy Dirtl und Dietlinde Klemisch in den Hauptrollen, eine höchst eigenwillige Inszenierung von Béla Bartoks Ballett „Der wunderbare Mandarin" und choreographierte die Uraufführung der „Medusa" Gottfried von Einems, die zu Christl Zimmerls Glanzabend wurde. Zwischen diese beiden Werke der Gegenwart stellte Gordon Hamilton — auch für ihn war es die letzte bedeutendere Arbeit — Tschaikowskys zweiten „Schwanensee"-Akt in der Lew-Iwanow-Choreographie, mit der Brexner als Odette. — Als Nachfolgerin Julia Drapals wurde die Brexner ebenfalls noch in der Ära Hanka 1957 Primaballerina und erhielt 1960 als erste den von der ehemaligen Solotänzerin Riki Raab gestifteten Fanny-Elßler-Ring (er wird jeweils immer der besten aktiven österreichischen Tänzerin verliehen). Daß unter ein und demselben Ballettmeister hintereinander zwei Primaballerinen ernannt wurden, stellt ein Unikum in der Geschichte des Wiener Staatsopernballetts dar.

Man rühmte bereits den geglückten Anschluß Wiens an die internationale Ballettwelt — da wurde diese Entwicklung am 15. Mai 1958 durch den plötzlichen Tod Erika Hankas unterbrochen. Kurze Zeit später starb auch Gordon Hamilton. Mit einem Abend, der die besten Choreographien ihrer toten Meisterin vereinigte („Der Mohr von Venedig", „Medusa", „Der wunderbare Mandarin"), gedachte die Truppe am 13. Juni 1958 ihrer langjährigen, unvergeßlichen Leiterin.

Aber das Leben ging weiter. Dimitrije Parlić, Ballettmeister und ehemals erster Tänzer der Belgrader Oper, gab gleich bei seiner ersten Wiener Choreographie — Georges Bizets „Symphonie in C" als handlungsloses Ballett im klassischen Stil — eine bemerkenswerte Visitenkarte ab (November 1958). Er versuchte auch, den so erfolgreich eingeschlagenen Weg seiner Vorgänger fortzusetzen, doch dauerte sein Wirken an der Staatsoper zu kurz, als daß er das Schicksal des Ensembles entscheidend hätte beeinflussen können. Parlićs größtes Verdienst und zugleich sein größter persönlicher Erfolg war die Inszenierung von „Romeo und Julia" von Prokofiew am 26. März 1960. Ein Ereignis! Seit langer Zeit sah man endlich wieder ein abendfüllendes Ballett. Edeltraud Brexner und Richard Adama tanzten die Titelrollen, Willy Dirtl den Tybalt, Lucia Bräuer die Amme.

Ein Jahr zuvor war das Ballett „Le Combat" von Raffaelo de Banfield in Szene gegangen: das einaktige Werk, es dauert kaum 30 Minuten, behandelt die tragische Liebe Tankreds und Clorindes und brachte der Brexner einen großen Erfolg, mit ihr auch Parlić, dem Choreographen.

Knapp einen Monat nach der Premiere (am 30. April 1960) übernahmen Erika Zlocha und Karl Musil die Titelrollen in „Romeo und Julia", Karl Musil ließ damals seinen Aufstieg in die erste Reihe der internationalen Tänzer bereits ahnen. Die beiden gestalteten zauberhafte und rührende Liebesszenen. Die Dekorationen stammten von Georges Wakhevitch (er hatte schon für „Giselle", für das Othello-Ballett, für „Le Combat" u. a. das Bühnenbild und die Kostüme entworfen), und wie immer bei ihm dominierten die satten Farben, besonders ein sattes Rotbraun, das die Atmosphäre Veronas und des tragischen Geschehens in dieser Stadt ebenso treffend charakterisierte wie vorher die tragische Stimmung beim „Mohren von Venedig".

Als Gastchoreographin kam Yvonne Georgi aus Hannover, die 1959 mit „Evolutionen" in Wien das erste Ballett mit elektronischer Musik zeigte und drei Jahre später zu Strawinskys 80. Geburtstag dessen „Agon" und „Apollon musagète" inszenierte. Und Herbert von Karajan, der damalige Opernchef, hat 1961 die Erstaufführung des Balletts „Planeten" von Holst in der Choreographie des Wuppertaler Ballettmeisters Erich Walter selbst dirigiert!

Die Lücke nach Erika Hankas Ableben blieb unausgefüllt.

Auf der Suche nach einem neuen ständigen Leiter und Nachfolger Dimitrije Parlićs engagierte Karajan Aurel von Milloss, einen gebürtigen Ungarn, der als Tänzer und Choreograph hauptsächlich in Italien wirkte und das dortige Ballett von heute maßgebend beeinflußt hat. Milloss hatte schon im Oktober 1941 mit seinem Ballett der Königlichen Oper von Rom in Wien gastiert — auf Intervention Mussolinis durfte er damals, mitten im Krieg gegen Rußland, sogar den „Petruschka" des „verbotenen" Strawinsky tanzen. Milloss hat sich für die Moderne mehr interessiert als für das klassische Ballett; das Charakteristische seiner Persönlichkeit war der Intellekt, und vielleicht hat er es gerade darum in Wien nicht ganz leicht gehabt. Wir verdanken ihm aber sehr interessante Choreographien nach Strawinsky, Bartók, Prokofiew, Ravel („Estro arguto", „Estro barbarico", „Salade", „Les Noces", „Bolero"). Und darüber hinaus verdanken wir ihm die Engagements bedeutender Choreographen und Gasttänzer von Weltruf. Daß wir ein Balanchine-Repertoire haben — „Serenade", „Vier Temperamente", „Apollo" —, ist zum großen Teil das Verdienst von Milloss.

Im Mai 1964 zeigte Ninette de Valois ihr Ballett „Schachmatt" (Musik von Arthur Bliss), choreographierte Georges Balanchine Hindemiths „Vier Temperamente", und Leonide Massine, der schon im Jahre 1958 Michele Fokines „Petruschka"-Inszenierung für die Wiener Oper aufgefrischt hatte, brachte de Fallas „Dreispitz" neu heraus.

Mit Rudolf Nurejew zog schließlich im Oktober 1964 nicht nur ein großer Tanzstar, sondern ein bis heute immer neu umjubelter Dauergast unseres Ballettensembles in die Staatsoper ein. Ihm verdanken wir durch die abendfüllenden Inszenierungen von Tschaikowskys „Schwanensee" und Ludwig Minkus' „Don Quixote" sowie durch die Auffrischung der „Giselle", in denen allen er die Hauptrollen selbst tanzte, einen intensiven Begriff des unbeschreiblichen Zaubers klassischer Ballettkunst. Wir erlebten auch die Begegnung mit weltberühmten Ballerinen wie Margot Fonteyn, Swetlana Beriosowa und Yvette Chauviré.

Und das Ende der 60er Jahre? Der neue und stark profilierte Leiter des Staatsopernballetts, der Russe Wazlaw Orlikowsky, der vor Wien Ballettmeister in Basel war, brachte Brittens „Pagodenprinz", Tschaikowskys

„Dornröschen", Strawinskys „Le Sacre du Printemps" und Ravels „Daphnis und Chloe". Karl Musil gelang es, als klassisch-lyrischer Ballerino internationale Anerkennung zu finden und auf Gastspielen in aller Welt ein internationales Publikum an die Bedeutung des Wiener Opernballetts zu erinnern. Susanne Kirnbauer folgte seinem Beispiel: sie wurde im Rahmen eines Gesamtgastspiels des Staatsopernballetts beim Pariser Ballett-Festival im November 1968, trotz starker Konkurrenz durch viele andere exzellente Truppen und Solisten, mit dem Preis des Schriftsteller- und Ballettkritikerverbandes für die beste tänzerische Leistung ausgezeichnet. Solche Erfolge dekorierten zugleich das ganze Ensemble und die Schule, aus der die Solisten ihren Weg in die Welt nehmen.

Das Wiener Staatsopernballett begann wieder in der Welt zu zählen. Wazlaw Orlikowsky führte einen energischen Kampf gegen den Stempel der „kleineren Schwester", der jedem — wenn auch noch so ausgezeichneten — Ballett anhaftet, das in einem Opernhaus auch die Opernvorstellungen zu betreuen hat. Orlikowsky, ein Showman, dessen Choreographien manchmal ein bißchen allzusehr im Revuehaft-Banalen steckengeblieben sind, konnte mit seiner ersten Arbeit an der Wiener Staatsoper — Tschaikowskys „Dornröschen" — einen Erfolg buchen, der von keiner seiner nachfolgenden Produktionen übertroffen wurde: weder im Publikumszulauf noch an Aufführungszahlen noch im optischen Gesamteindruck, auch nicht bei seiner letzten Wiener Ballettinszenierung, der Choreographie zu Prokofiews „Aschenbrödel" (27. Februar 1970). Poesie und Märchenzauber verbreitete an diesem Abend Susanne Kirnbauer, die Titelrollentänzerin. Ihr jubelte das Publikum nach dem hinreißend getanzten Walzer-Finale des 2. Aktes mit Recht zu. So hatte in diesen Jahren Susanne Kirnbauer inoffiziell den Titel „Orlikowsky-Ballerina" erhalten. In „Aschenbrödel" waren Franz Wilhelm als Prinz, Paul Vondrak als Hofnarr, Christl Zimmerl und Dietlinde Klemisch als Stiefschwestern ihre Partner.

Am 10., 11. und 12. Oktober 1969 gastierte das Royal Ballet London mit dem „Schatten"-Akt aus „La Bayadère" von Ludwig Minkus (Choreographie von Rudolf Nurejew nach Marius Petipa), „Symphonic Variations" von César Franck (Choreographie: Frederick Ashton) und „Enigma Variations" von Edward Elgar (Choreographie: Frederick Ashton). Unter den Protagonisten waren die Ballettstars Swetlana Beriosowa, Antoinette Sibley, Vyvyan Lorrayne, Anthony Dowell, Michael Coleman, Brian Shaw und Alexander Grant. Am 16. und 18. November gastierte Rudolf Nurejew als Basil in seiner eigenen Inszenierung des Minkus-Ballettes „Don Quixote". Seine Partnerin war Ully Wührer. Einen Monat später tanzte er mit Noella Pontois zwei „Schwanensee"-Aufführungen.

Im Dezember wurde der für das Ballett-Festival der Wiener Festwochen 1969 im Theater an der Wien produzierte Ballettabend mit Glucks „Don Juan", Mozarts „Divertimento", Fanny Elßlers „Cachucha" und Schönbergs „Pillar of Fire" (identisch mit dem Konzert-Titel „Verklärte Nacht") in das Haus am Ring übernommen. „Don Juan", von Richard Adama, dem ehemaligen Solotänzer der Wiener Staatsoper, choreographiert und mit Karl Musil in der Titelrolle und Gisela Cech, konnte sich ebensowenig im Repertoire halten wie der Rekonstruktionsversuch der „Cachucha", in der Christl Zimmerl trotz bestechender optischer Qualitäten die einstige Weltfaszination des berühmtesten aller Elßler-Tänze für die heutige Generation nicht glaubhaft machen konnte.

Mozarts „Divertimento" in der Choreographie von George Balanchine und Anthony Tudors Schönberg-Ballett „Pillar of Fire" war ein unvergleichlich größerer Erfolg beschieden. Beide Stücke verblieben einige Jahre auf dem Spielplan. Das verklemmte Mädchen Hagar in „Pillar of Fire" wurde zu einer beifallsüberschütteten Glanz- und Lieblingsrolle von Susanne Kirnbauer, die sich damit neben ihren Erfolgen im klassischen Fach auch als bemerkenswerte Charaktertänzerin von Format profilierte.

In die Ära Orlikowsky fiel nicht nur das Heranwachsen einer neuen Tänzergeneration (Ully Wührer, Gisela Cech, Lilly Scheuermann, Judith Gerber, Michael Birkmeyer, Franz Wilhelm, Günther Falusy, Gerhard Dirtl), sondern auch der Abschied von drei besonders großen Lieblingen des Wiener Ballettpublikums. War Lucia Bräuer am 21. April 1967 in einer ihrer Glanzrollen als Pepi Swoboda im Ballett „Hotel Sacher" mit Blumen und Dankesworten des Ballettchefs auf offener Bühne offiziell verabschiedet worden, so war dieselbe Vorstellung für die bisher letzte

Primaballerina des Opernballetts, Edeltraud Brexner, ein stiller Abschied von der Bühne für immer. Im Sommer 1967 nahm die Künstlerin noch an einer Spanien-Tournee des Staatsopernballetts teil, zog sich aber eine schwere Fußverletzung zu, die eine Operation nach sich zog. Aber so manches junge Talent hat seine Ausbildung und Förderung ihrer Lehrtätigkeit zu verdanken. Nur ein Jahr später, am 25. April 1968, verließ Willy Dirtl ebenfalls nach einer Vorstellung von „Hotel Sacher" die Wiener Staatsoper, ohne selbst zu ahnen, daß an diesem Abend sein letzter Bühnenauftritt stattgefunden hatte. Bei den Proben für die Herbstpremiere — Strawinskys „Le Sacre du Printemps" —, wo er in der Choreographie von Wazlaw Orlikowsky die Rolle des Oberhauptes tanzen sollte, verletzte er sich schwer und mußte ein Jahr pausieren. Auch für ihn gab es danach keine Rückkehr auf die Bühne, und dem Publikum, das ihm so viele Jahre die Treue gehalten hatte, blieb nur die Erinnerung an große, unvergeßliche Abende.

Zu den Festwochen 1970 kam das Royal Ballet London nochmals für zwei Abende nach Wien. Gezeigt wurden die Ashton-Choreographien „The Dream" (zu Felix Mendelssohn-Bartholdys „Sommernachtstraum"-Musik) und „Die Geschöpfe des Prometheus" (Beethoven). Die Vorstellungen fanden nicht in der Staatsoper, sondern im Theater an der Wien statt. Am 11. November 1970 tanzte Anita Kristina als Gast in ihrer Geburtsstadt Wien die Rolle der Ballerina in Landers „Etüden"-Ballett. Es blieb das einzige Gastspiel der Tänzerin.

Knapp vor Saisonschluß, am 28. Juni 1971, besorgte Willy Fränzl wieder eine Neueinstudierung der von Kritikern so oft und viel gelästerten „Puppenfee". Ein ausverkauftes Haus bereitete ihm und allen Mitwirkenden — darunter Susanne Kirnbauer in der Titelrolle, Ully Wührer als Trommlerin, Erika Zlocha als Mama-Papa-Puppe, Christl Zimmerl (die „Puppenfee" früherer Aufführungen) als Spanierin, Dietlinde Klemisch als Chinesin, Karl Musil als Poet und Paul Vondrak als Polichinello — nicht enden wollende Ovationen. Sicher entscheiden ein ausverkauftes Haus und ein zustimmendes Auditorium nicht über den künstlerischen Wert oder Unwert einer Produktion, aber sie rechtfertigen einen Erfolg.

In den nächsten drei Spielzeiten erregten nicht große Publikumserfolge und ausverkaufte Vorstellungen das Mißfallen der Kritiker, sondern von einer bestimmten Clique mit Lobesworten hochgejubelte Ballettproduktionen vertrieben die Ballettgeher in Scharen aus der Wiener Staatsoper. Ein halbvolles Haus — und das noch zum Großteil mit Freikartenbeziehern besetzt — war vom September 1971 bis zum Juni 1974 leider die Regel, nicht die Ausnahme. Nach Orlikowskys Abgang hat man Aurel von Milloss nach Wien zurückgeholt und ihm zum zweitenmal die Leitung des Opernballetts übertragen. In einem vom klassischen und reinen Unterhaltungsballett radikal gesäuberten Spielplan verstiegen sich die Choreographien von Milloss in zunehmendem Maße — mehr noch als in seiner ersten Wiener Ära — ins philosophisch-intellektuell Unverständliche. Kaum eines dieser Ballette — „An die Zeiten" (Milhaud), „Wandlungen" (Schönberg), „Memoiren aus dem Unbekannten" (Bartók), „Indianische Fantasie" (Busoni), „Daidalos" (Turchi), „Tänze im Mirabellgarten" (Mozart, Bühnenbild von Wolfgang Hutter) und „Petruschka" (Strawinsky) — erreichte zehn Vorstellungen. Lediglich „Estri" (Petrassi), „Der wunderbare Mandarin" (Bartók) und „Per aspera" (Ligeti) erreichten über zehn Aufführungen und konnten sich länger im Spielplan halten. „Der wunderbare Mandarin" wurde sogar noch in das Repertoire der Spielzeit 1975/76 übernommen. Ravels „Bolero" aus dem Jahre 1965, somit noch aus der ersten Milloss-Ära stammend, wurde bis zum Februar 1976 (!) zweiundzwanzigmal gespielt und kann rückblickend als der stärkste Erfolg einer Milloss-Choreographie in Wien angesehen werden. Am 15. März 1974 kam es nach der Premiere des Ballettabends mit den Milloss-Schöpfungen „Orpheus" (Strawinsky), „Relazioni fragili" (Cerha) und „Der verlorene Sohn" (Prokofiew) zu lautstarken Mißfallenskundgebungen des Publikums. Aurel von Milloss zog die Konsequenzen und verließ Wien.

An bemerkenswerten Gastspielen während der zweiten Milloss-Ära ist das Auftreten Paolo Bortoluzzis besonders hervorzuheben. Bortoluzzi debütierte bereits 1960 im Rahmen eines Gesamtgastspiels von Maurice Béjarts „Ballett des 20. Jahrhunderts" an der Wiener Staatsoper, damals noch fern von späterem Starruhm. Die Wiederbegegnung nach so vielen Jahren erfolgte mit Balanchines „Apollo" in Strawinskys gleichnamigem Ballett am 27. März 1972. Außer in drei Aufführungen von Béjarts „Nomos Alpha", einer wenige Minuten dauernden Solonummer, war der Tänzer dann nur mehr ausschließlich in Milloss-Choreographien zu sehen.

Nach „Hotel Sacher"-Vorstellungen hingegen in der Volksoper fand der Beifall kein Ende, und die Vorhänge waren kaum zu zählen. Nachdem am 20. Januar 1972 Erika Hankas „Hotel Sacher"-Ballett zu Hellmesberger-Musik noch in der Wiener Staatsoper ein Jubiläum feiern durfte — an diesem Abend fand die fünfzigste Vorstellung seit der Uraufführung im Jahre 1957 statt —, wurde es mit der „Puppenfee" in die Volksoper verbannt und feierte dort ab 26. September 1973 fröhliche Urstand. Bis zum April 1976 wurde es im Haus am Währinger Gürtel vierundzwanzigmal gespielt. Mit diesem Ballett durfte auch eine Künstlerin ein für Tänzerinnen ganz seltenes Jubiläum feiern. Am 10. Oktober 1973 erschien Erika Zlocha, die einzige, die von der Uraufführungsbesetzung übrig blieb, im Rahmen einer ihr zu Ehren veranstalteten Festvorstellung zum fünfzigsten (!) Male als Veilchenverkäuferin Mizzi. Mit diesen Abenden in der Volksoper wurde dem Staatsopernballett ein neues Betätigungsfeld erschlossen.

Ebenfalls in die Ära Milloss fällt das Gesamtgastspiel des Bolschoi-Balletts vom 27. April bis zum 1. Mai 1973. Getanzt wurde je zweimal „Anna Karenina" von Rodion Schtschedrin mit Maja Plissetskaja in der Titelrolle und in ihrer eigenen Choreographie und „Giselle", sowie zum Abschluß ein Gala-Abend, an dem alle Stars der Truppe — außer der Plissetskaja noch die Damen Kondratjewa, Karelskaja und die Herren Liepa, Fadjejetschew, Tichonow, Wladimirow — präsentiert wurden.

Am 10. Dezember 1973 wurde auch das Wiener Staatsopernballett mit einem Hauch von Bolschoi umgeben. Juri Grigorowitsch inszenierte mit unserer Ballett-Truppe seine Choreographie von Tschaikowskys „Nußknacker". In den ersten beiden Vorstellungen waren die Hauptpartien noch mit russischen Gästen, Natalia Bessmertnowa und Michail Lawrowski, besetzt. Aber schon am 23. Dezember waren Gisela Cech und Karl Musil das vielbejubelte Paar der so überaus erfolgreichen Produktion. Ludwig Musil als Onkel Drosselmeier zeigte besonderes Talent für die Charakterisierung skurriler Gestalten. Der Märchenzauber eines der schönsten klassischen Ballette hatte die triste Situation mit einem Schlag wieder zum Guten gewendet. Das verlaufene Publikum kam zurück. Man wollte wieder in Ballettvorstellungen gehen, und die Kartennachfrage konnte kaum befriedigt werden. Am 24. und 26. Juni 1974 erschien Rudolf Nurejew nach langer Abwesenheit als Prinz Siegfried in seiner eigenen „Schwanensee"-Inszenierung auf der Bühne der Wiener Staatsoper. Wir begegneten einem innerlich sehr gereiften, noch immer sehr intensiven, aber nicht mehr so exzessiv spektakulären Tänzer. Dieser Eindruck wurde ein Jahr später, im Oktober 1975 in der Volksoper beim Gastspiel des Niederländischen Nationalballetts, das Nurejew für diese Tournee als Starsolist verpflichtet hat, erneut bestätigt. Im vorhin erwähnten „Schwanensee" war die bezaubernde Karen Kain vom National Ballet of Canada seine Partnerin.

Nach dem endgültigen Abgang von Milloss wurde Richard Nowotny Ballettmeister, ehemals selbst Solotänzer der Wiener Staatsoper, mit der provisorischen Führung der Truppe betraut. Am 11. Januar 1975 folgte die nächste Ballett-Premiere. Anne Woolliams studierte John Crankos, des legendären, so früh verstorbenen Stuttgarter Ballettmeisters, Choreographie von Prokofiews „Romeo und Julia" in der Ausstattung von Jürgen Rose ein. Der Abend wurde ein überwältigender Erfolg: für Gisela Cech als schlicht berührende Julia, für Karl Musil, dessen tänzerische Bestform einfach nicht glauben ließ, daß er schon 1960 — am Anfang seiner Karriere — ein sehr erfolgreicher Romeo war, für Franz Wilhelm als Mercutio, Ludwig Musil als Tybalt, Gerhard Dirtl als Benvolio, für Dietlinde Klemisch, die als Amme der Aufführung humorvolle Nuancen beifügte, und nicht zuletzt für Christl Zimmerl. Ihre unerhört starke Bühnenpräsenz und ihre Schönheit rückten die Gräfin Capulet vom Rande in den Mittelpunkt des Geschehens und werteten sie dadurch von einer Nebenrolle zur zweiten weiblichen Hauptrolle des Balletts auf. Am 14. Mai 1975 stand Christl Zimmerl als Gräfin Capulet zum letzten Mal auf der Bühne der Staatsoper. Nur wenige Monate später, am 19. März 1976, erlag sie einem schrecklichen Krebsleiden.

Mit der Choreographie zu Prokofiews „Aschenbrödel" (Premiere am 20. April 1975) wurde der ostdeutsche Choreograph Tom Schilling betraut. Obwohl in weitaus schönerer Ausstattung als die frühere Inszenierung, ging auch er, ähnlich wie seinerzeit Orlikowsky, an dem eigentlichen Zauber dieses Märchens vorbei. Dem allzu preußisch nacherzählten Handlungsablauf und dem bizarren, hierorts überhaupt nicht verstandenen Humor setzte Susanne Kirnbauer als einzige in ihrer Rollengestaltung echte Märchenpoesie entgegen. In dem mit Franz Wilhelm — er war wie bei Orlikowsky auch hier der Prinz — getanzten Grand Pas de deux des 2. Aktes war all die Stimmung, die man den ganzen Abend so schmerzlich vermißte. Lilly Scheuermann und Michael Birkmeyer alternierten auch hier, wie in „Romeo und Julia", mit den Protagonisten. Für dieses Paar wurde im Januar 1976 von Tom Schilling ein Pas de deux zu Debussys „La Mer" choreographiert. Trotz großen Publikumserfolges und weit weniger guten Kritiken für den Choreographen verschwand das Stück nach nur zwei Aufführungen.

Mit einer Neufassung von Léo Delibes Ballett „Sylvia" war dem Budapester Ballettmeister László Seregi ein ganz großer Wurf gelungen. Seregi transponierte die romantisch-mythologische Schäferidylle in einen Ballettsaal der Degas-Zeit. Die handelnden Personen im Ballettsaal sind identisch mit den mythologischen des Balletts „Sylvia", dessen Einstudierung und Aufführung nun vor unseren Augen abrollt. Die Überschneidung der beiden Ebenen Ballettsaal — Aufführung nützte Seregi zu einer Reihe heiterer Szenen von umwerfender Komik. Am 10. April 1976 kam Wien, nach Budapest und Zürich, auch in den Genuß dieser Produktion, die Seregi in den duftigen Kostümen von Tivadar Márk und mit den zauberhaften Bühnenbildern von Gábor Forray mit unserem Ballett erarbeitete. Eine hervorragende Besetzung stand ihm zur Verfügung. Lilly Scheuermann war Sylvia, Judith Gerber (in späteren Vorstellungen auch als Sylvia zu sehen) war Diana, Michael Birkmeyer Aminta, Karl Musil Orion und Anton Hejna der ein Solo auf Spitze wagende Eros. Die Aufführung wurde ein großer Erfolg. Am 11. Oktober wurden die fünf Hauptrollen von Mitgliedern des Budapester Opernballetts getanzt: Lilla Pártay war Sylvia, Katalin Csarnóy Diana,

Imre Dózsa Aminta, Viktor Róna Orion und Jozsef Forgách Eros. Vielleicht wäre es für die Budapester Nachbarn ebenso interessant, auch einmal die Wiener Besetzung zu sehen.

Seit 1. September 1976 ist nun Dr. Gerhard Brunner Ballettdirektor des Wiener Opernballetts. Seine „Regierungszeit" begann zunächst mit Gastspielen ausländischer Ballett-Solisten. Dem bereits oben erwähnten ungarischen Gastspiel folgten am 29. Oktober und 3. November Gastauftritte von Kay Mazzo und Peter Martins, Solisten des New York City Ballet, in Strawinskys „Apollo" und „Duo Concertant" in der Choreographie von George Balanchine. Am meisten bejubelt wurden jedoch Nadjeschda Pawlowa — von einem früheren Gesamtgastspiel des Permer Balletts in der Wiener Stadthalle bereits bestens bekannt — und ihr Gatte Wjatscheslaw Gordejew, beide seit kurzem Solisten des Bolschoi-Balletts. Am 18. und 23. Dezember präsentierten sie als Marie und Prinz in Grigorowitsch' „Nußknacker"-Inszenierung klassische Tanzkunst in allerhöchster Vollendung. Die erste Ballett-Pemiere unter der neuen Leitung fand im November in der Volksoper statt. Sie brachte als Übernahme aus der Staatsoper Harald Landers „Etüden" und zwei Todd-Bolender-Choreographien, „The Still Point" (Debussy) und „Souvenirs" (Samuel Barber). Der Abend hinterließ einen eher zwiespältigen Eindruck; die technische Nichtbewältigung des ersten Stückes und die Verstaubtheit des letzten waren der Grund.

Am 11. Februar 1977 wurden in der Wiener Staatsoper Schönbergs „Pelleas und Melisande" in der Choreographie von Erich Walter und eine höchst eigenwillige Neufassung der „Josephslegende" von Richard Strauss durch John Neumeier zur Diskussion gestellt. Bei Neumeiers „Josephslegende" warf man alle Traditionen über Bord. Judith Jamison, eine schwarze Potiphar, die am Ende des Stückes am Leben bleibt, Kevin Haigen als Joseph, beide als Gäste, und Karl Musil in der gegenüber dem Original vergrößerten Rolle des Engels, der als Beschützer Josephs durch das ganze Stück zieht, wurden nach Ende der Vorstellung stürmisch gefeiert. Strauss-Freunde freilich standen den stilistischen Verfremdungen des Werkes etwas hilflos gegenüber. Eines aber hat der sensationelle äußere Erfolg des Werkes gezeigt: man spricht heute mehr vom Ballett als je zuvor.

Personenregister

Zahlen in Klammern besagen, daß der betreffende Name auf dieser Seite in der Legende einer Textillustration steht. Zahlen in Kursiv verweisen auf die Bildblöcke.

Achsel-Clemens, Wanda 200, *377*
Ackermann, Otto 320
Adam, Adolphe *333 f.*
Adam, Theo 320
Adama, Richard 324, 390 ff., *334, 339*
Ader, Rose 187
Ahlersmeyer, Mathieu 300
d'Albert, Eugen 132, 137, 145, 152, 187 f., 301
Albrecht, Gerd 365
L'Allemand *20*
Alpar, Gitta 252
Alsen, Herbert 282, 300, 312, *202, 379*
Alt, Rudolf von *41*
Alten, Bella 187
Alwin, Karl 223, (225), 229 f., 257, 283, 287, *242, 338*
Ambesser, Axel von 319
Ambros, Augustin Wilhelm 73
Anday, Rosette 187, 230, 251, 277, 287, (321), 324, *168, 236, 374*
Ander, Alois 29, 100, *21, 84*
Andrian-Werburg, Leopold Freiherr von 189 f.
Angermayer, Alfred (154)
Angiolini, Gasparo 385
Appia, Adolphe 129, 258, *111*
Aragall, Giacomo 365
Arcimboldo, Giuseppe *86*
Arditi, Luigi 93
L'Arronge, Adolf 80
Artôt, Desirée 30
Ashton, Frederick 349, 393
Aslan, Raoul 301, 317, 324
Auber, Daniel François Esprit 27

Bach, Dr. David (134), (155)
Bach, Johann Sebastian 193
Bacher, Dr. Josef 31
Bahr, Hermann 128 f., 140
Baklanoff, George 187, 252
Balanchine, George 391 ff., 395 f.
Balocchino, Carlo 30, 279
Baltazzi, Hector Baron 255
Baltsa, Agnes 365
Banfield, Raffaelo de 392
Barbaya, Domenico 26 f.
Barbirolli, Sir John 312
Barcelo, Randy 365
Barlog, Boleslaw 362
Bartók, Bela 392
Batic, Polly *205*

Bastianini, Ettore 328, 330, 344, 346
Bathy, Anna 279
Batka, Richard 150
Battistini, Mattia 146, *378*
Bauer, Margaret 389 f.
Bauer-Pilecka, Olga 187
Baum, Kurt 263
Bayer, Josef (98), 99, 145 f., (147), 300, 386
Beck, Johann N. 65, 68, *21*
Beeth, Lola 102, 104
Beethoven, Ludwig van 25, 94, 130, 219, 251, 281, 324, *17, 43, 64, 248*
Bei, Leo 361
Beinl, Stefan 312
Beirer, Hans 332, 367
Béjart, Maurice 391, 394
Bellincioni, Gemma 103, 134
Bellini, Vincenzo 30
Benois, Nicola *338*
Berg, Alban 264, *165*
Berger, Erna 299, 312
Beriosowa, Swetlana 392 f.
Bernanos, Georges 341
Bernstein, Leonard 348, (350), 355, 359, 361, *235, 273, 314*
Berry, Walter 14, 320, 324, 348, (354), 359, *233, 235, 381*
Berté, Heinrich 387
Bessmertnowa, Natalia 395
Bettelheim, Caroline 68
Bezecny, Dr. Josef Freiherr von 108
Bianchi, Bianca 94
Bienerth-Schmerling, Richard Graf 148
Bigno, Louis von 76
Bing, Sir Rudolf 31
Birkmeyer, Michael 396
Birkmeyer, Tony 388, 393, 396
Bismarck, Otto von 73, 106
Bittner, Julius 146, 148, 188, 192, 199 f., 251, 277
Bizet, Georges 73, 287
Björling, Jussi 286, *378*
Blacher, Boris 324, *339*
Blech, Leo 132
Blümel, Franz (228)
Boesch, Ruthilde (318)
Böhler, Otto (95), (159)
Böhm, Dr. Gotthard 365
Böhm, Dr. Karl 252, 286, 288 ff., 299 ff., 305, 309 f., 317, 320, 322 ff., 326, 348, 351 f., 357 ff., 362 f., 365, 368, *247, 314, 371*
Böhme, Kurt 324, *207*

Bohnen, Michael 194
Boieldieu, François-Adrien 218, *62*
Boito, Arrigo 98
Bokor, Margit 260, 283, *123, 377*
Bolender, Todd 396
Boltenstern, Erich 323
Bonci, Alessandro 146
Bonisolli, Franco 364, 367
Boothe-Luce, Claire *215*
Bormann, Martin (292)
Born, Claire 232
Borodin, Alexander 300
Bortoluzzi, Paolo 394
Brahms, Johannes 69, 74, 94, 106, 108, 188, *81, 86*
Brandt-Buys, Jan 187
Brauer, Arik 357
Bräuer, Lucia 388 ff., 393, *338 f.*
Braun, Hans (310), 320, 324, *379*
Braun, Helena 303
Brecher, Gustav 287
Brems, Elsa 287
Breuer, Hans 193 f.
Breuer, Siegfried 194
Brexner, Edeltraud 387, 389 ff., 394, *337, 339*
Bricht, Balduin (155), 156
Brioschi, Anton 105
Britten, Benjamin 320, (331), 341
Brod, Max 286
Brouwenstijn, Gré 332
Bruckner, Anton 74, 106, 108, 127, 221, 324, *43*
Brüll, Ignaz 93
Brunner, Dr. Gerhard 367, 396
Büchner, Georg 317
Buckwitz, Harry 355 f.
Bülow, Hans von 108
Bumbry, Grace 7
Burghauser, Hugo 278
Busch, Fritz 219, 312
Busch, Wilhelm *61*
Busoni, Ferruccio 254

Caballé, Montserrat 367
Calderon de la Barca, Pedro 218
Callas, Maria 326, 341, *378*
Cappuccilli, Piero 365 f.
Capsir, Mercedes 283
Carreras, José 365 ff.
Cartier-Bresson, Henri *209*

397

Caruso, Enrico 134, 159 f., 198, 328, *177*, *378*
Casa, Lisa della 317, 320, 324, 344, 348, *382*
Caspers, Henri 158
Castiglioni, Camillo 230
Cebotari, Maria 298 f., 301, 308, 310 f., 317, 319
Cech, Gisela 393, 395
Charpentier, Gustav 132
Chauviré, Yvette 392
Chladek, Rosalia 301, 388
Chou Ling *214*
Christ, Rudolf 320
Christoff, Boris 344
Cimarosa, Domenico 98, 326
Claudel, Paul 312
Cluytens, André 325
Cocteau, Jean 341
Coertse, Mimi 348, 357, *384*
Colbran, Isabella 26, *62*
Coleman, Michael 393
Colzani, Anselmo 328
Coralli, Jean *390*, *334*
Corelli, Franco 328, 330, 344, 346, 357, *384*
Cornelius, Peter 146, *86*
Cornet, Julius 29
Corti, Axel 359
Cotrubas, Ileana 357, 366
Couperin, François 218
Couqui, Claudine 386
Cox, Jean *237*
Craig, Edward Gordon 258
Cranikas, John 395
Cvejic, Biserka *382*
Czerwenka, Oskar 324, 341, 367, *238*, *384*

Dahmen, Charlotte 187
Dahn, Felix 200
Dam, José van 366
Danon, Oscar 347
Dauthage, Adolf von *20*
Debussy, Claude 145, 152, 158, 309, 341
Deiber, Paul-Emile 364
Delibes, Léo 71, 93, 188
Demuth, Leopold 129, 137, 139, 145, *114*, *373*
Dermota, Anton 286, 307 ff., (310), 319, 322 ff., *202*, *313*, *381*
Descey, Ernst 283, 320
Désormière, Roger 309
Dessoff, Felix (38), (39), 40
Dessyllas, Pantelis 361
Destal, Fred 287

Destinn, Emmy 160
Diaghilew, Sergej 188
Dickie, Murray 324, *382*
Dingelstedt, Franz von 29, (35), 36, 39 ff., 67 f., 71, 136, *23*, *369*
Dirtl, Gerhard 395
Dirtl, Willy 324, 389 ff., *375*
Doczi, Ludwig 102
Dohnanyi, Christoph von 362 f., 366
Dollfuß, Dr. Engelbert 279, *242*
Domgraf-Fassbaender, Willi 319
Domingo, Placido 363
Dönch, Karl 14, 320, 351, (353), *384*
Donizetti, Gaetano 27 f., 30, 35, 93, 218, *17*
Doppler, Franz 80, 99
Dowell, Anthony 393
Drapal, Julia 301, 342, 387 ff., *337 f.*
Drimmel, Dr. Heinrich 342 f., 347
Düggelin, Werner 341
Duhan, Hans 186, 230, 323, *377*
Dukas, Paul 229
Dustmann-Meyer, Louise 29, 68, 100, *22*, *84*
Dvořák, Antonín 98
Dyck, Ernest van 100 f., 104 f., 128, 255, *91*, *372*

Ebert, Karl 286
Eckert, Carl 29
Edelmann, Otto 320, *382*
Eggerth, Martha *162*
Egk, Werner 297
Egusquiza, Rogelio de *88*
Ehnn, Berta 29, 67 f., 73, 76, 100, *84*, *372*
Eichendorff, Josef von 283
Einem, Gottfried von (308), 317, 355 f., 359 f., *205*, *339*
Eisenmenger, Rudolf Hermann *208*
Elisabeth, Kaiserin 32, 37, 79, 93, 104, *51*
Elizza, Elise (147), 187
Elßler, Fanny 27, 29, 385 f., *23*, *335*
Endler, Franz 352
Erede, Alberto 341, 363
Erhardt, Otto 286
Erl, Josef 31, *24*
Escoffier, Marcel *236*
Esser, Heinrich 29 f., (39), 40, *21*
Eugenie, Kaiserin von Frankreich 255
Euripides 251, 277
Evans, Geraint 344
Everding, August 355, 362, *316*

Fabritius, Oliviero de 342
Faccio, Franco 72
Fall, Leo 145
Falusy, Günther 393
Farkas, Karl 230
Felsenstein, Walter 362
Ferencsik, Janos 342
Fernandi, Eugenio 328
Fiedler, Olga *337*
Fitelberg, Gregor 159
Figl, Leopold 306
Flagstad, Kirsten 286, *378*
Flesch, Ella *376*
Fleta, Miguel 252
Flotow, Friedrich von 28, 146, *24*
Fokine, Michele 392
Foll, Ferdinand 125
Fonteyn, Margot 349, 392
Ford, Henry II. *214*
Formes, Carl 24
Forray, Gabor 396
Forst, Willy 300, 319
Förstel, Gertrude 156
Fortner, Wolfgang 344
Francillo-Kaufmann, Hedwig 146
Frank, Marco 286
Franter, Willy *202*
Franz I., Kaiser von Österreich 26
Franz Ferdinand, österreichischer Thronfolger 158
Franz Josef I., Kaiser von Österreich 28, 32, 37, 40, 67, 69, 71 f., (74) (75), 80, 93, 146, (147), 188, 318, *55*
Fränzl, Willy 217, 387 f., 394, *338*
Freni, Mirella (344), 345 f., 348, 366, *236*
Freud, Sigmund 135
Frey, J. W. *56*
Frick, Gottlob 324, 330, 332, *382*
Fricsay, Ferenc 317
Friedrich, Götz 362
Friedrich, Karl 302, (310), 322
Friedrich, Wilhelm *24*
Fuchs, Johann 99
Furtwängler, Wilhelm 252 ff., (254), 258, 279, 282, 286, 288 f., 291, 300 f., 308 f., 311 f., 325 f., 341, *242 f.*

Gallenberg, Robert Graf 27
Gallmeyer, Josefine 67, *19*
Gallos, Hermann 187, 230, 277, *377*

Gamsjäger, Rudolf 361 ff.
Ganghofer, Ludwig *177*
García Lorca, Federico 344
Gaul, Franz 386
Gedda, Nicolai 357
Geiger, Andreas *334*
Geismar, Beate 253
Geistinger, Marie 71
Genée, Richard *293*
Georgi, Yvonne 392
Gerber, Judith 393, 396
Gerhart, Maria 232, *375*
Gericke, Wilhelm 80, 99
Gerigk, Dr. Herbert (292)
Gershwin, George 320
Ghazarian, Sona 364
Ghiaurov, Nicolai 344, 355, 357, 363, 365, *383*
Gide, Casimir *334*
Gielen, Josef 312, 324, 328
Gigli, Benjamino 252, 286, 328, *378*
Giordano, Umberto 104, 134, 224
Girardi, Alexander 103, (105), 319
Gluck, Christoph Willibald 25, 29, 68, 129, 199, 218, 278, 282, (284), *62, 208, 338*
Gomez-Martinez, Miguel 365
Gobbi, Tito 328, *383*
Godin, Emmerich 283
Goebbels, Josef 288, 289, 297
Goethe, Johann Wolfgang von 29, 65, 101, 151, 218
Goetz, Hermann 68
Gold, Käthe 320
Goldmark, Karl 67, 146
Goltz, Christl 302, 317, 324, 330, *379*
Göring, Hermann (261), 279, 280, 288
Gostic, Josef 320
Gounod, Charles 29, 73, 100 f., 106, 137, 222
Graarud, Gunnar 264, *376*
Grab, Alice 217
Graf, Herbert 312, 324, 363
Graf, Max 132
Granichstaedten, Bruno 293
Grant, Alexander 393
Gregor, Hans 9, 146, 152 ff., 222, 277, 387, *245*
Grigorowitsch, Juri 395
Grillparzer, Franz 26, 31, *62*
Grist, Reri 259, *235, 238, 273*
Grob-Prandl, Gertrude 7
Groidl, N. (39)
Grosavescu, Nelly 251
Grosavescu, Trajan 224, 251, 257, *376*

Gruberova, Edita 365
Gruder-Guntram, Hugo 263
Grundén, Per 320
Gründgens, Gustaf 299, 312
Guarnieri, Antonio 159
Güden, Hilde 299, 317, 319, 324, 341, 342, 347, 351, 367, *207, 293, 313*
Gui, Vittorio 300
Guicciardi, Giulietta Gräfin 27
Guiraud, Ernest 73
Gutheil-Schoder, Marie 129, 132, 139, 140, 145, 148, 156, 158, 185, 189, 217, 282, 387 f., *114, 119, 373*

Hadrabova, Eva 259
Haendel, Georg Friedrich 251, 289, 300, *81*
Haffner, Karl *293*
Hager, Paul 330, 345
Haigen, Kevin 396
Halban, Josef 129
Halévy, Ludovic 72, *293*
Halmi, Arthur *176*
Hamilton, Gordon 390 f.
Hammes, Karl 277, 280, *375*
Hanka, Erika 302, 306, 324, 388 ff., 395
Hanslick, Eduard 65, 68, 73, 78 ff., (95), 97, 105, 136, 140
Hantl, Arnold 367
Hartmann, Rudolf 298, 299, 317, 324, *313*
Haßreiter, Josef 99, 146, (147), 386 f.
Hauck, Minnie 69
Hauptmann, Gerhart 250
Haydn, Joseph 145, *64*
Hegel, Georg Wilhelm Friedrich 26
Heger, Robert 229, 257, 277
Heindl, Dr. Gottfried 360
Heinrich, Rudolf *235*
Hejna, Anton 396
Helletsgruber, Luise 224, 232, 260, *123*
Hellmesberger, Josef 73
Hellwig, Judith *207, 236*
Helm, Theodor 67, 103, 105
Herbeck, Johann 40 f., 67 ff., 71, 150, *369*
Hermann, Dagmar 320, *380*
Herodot 251
Herrmann, Josef 303
Hertzka, Alfred 148
Herz, Joachim 362
Hesch, Wilhelm (Heš) 102, 129, 139, *115, 372*
Heuberger, Richard 72, 278

Hilbert, Dr. Egon 306, 308, 318, 319, 320, 326, 344 ff., 349 ff., 359, *274, 371*
Hildach, Eugen *208*
Hilverding, Franz 385
Hindemith, Paul 228, 254, 279, 289, 328, 341
Hirschfeld, Robert 145, (155)
Hitler, Adolf 277, 280, 287, 297, 298, 300, *165*
Hlawa, Stefan 312, 324, 389
Hoesslin, Walter (311), 318, 319
Hofbauer, Rudolf 150
Hofer, Laurenz 232
Höfermayer, Walter 319
Hoffman, Grace 7, 348, *238*
Hoffmann, E. T. A. 107, 131, 135, 228
Hoffmann, Joseph 40, 79
Hoffmann, Leopold Friedrich Freiherr von 94, 96, 105, 108
Hofmann, Ludwig 282, *205*
Hofmannsthal, Hugo von 156, 186, 190, 192, 194, 200, 218, 251, 297, 317, *120*
Hogarth, William 312
Hohenlohe-Schillingfürst, Constantin Prinz 71, (74), (75), 76, 96, 104
Holbein, Franz Ignaz von 289, *31*
Hölderlin, Friedrich 324
Hollreiser, Heinrich 317, (321), 324, 341, 342, 365
Holm, Renate 7, 357, *380*
Honegger, Arthur 312
Höngen, Elisabeth 300, 302, 312, 320, 324, 331, *213, 379*
Hopf, Hans 324
Hotter, Hans 289, 298, 300, 303, 305, 310, 311, 317, 330, 331, 341, 355 f., *382*
Hubay, Jenő von 277, 278, 283
Hühni-Mihacek, Felicie 232
Hülsen (Hülsen-Haeseler), Georg Graf 150
Humperdinck, Engelbert 100, 104, 105, 300
Hüttenbrenner, Anselm 65
Hurdes, Dr. Felix 306
Hutter, Wolfgang 394

Ilitsch, Daniza 300
Ivogün, Maria 218

Jäger, Ferdinand 80 f.
Jahn, Wilhelm 67, 96 ff., (97), (98), (103), (108), 125, 127, 136, 139, 146, 150, 152, 198, 330, 369, *85, 91, 115, 293*

Jamison, Judith 396
Janáček, Leoš 188 f., 254, *337*
Jandosch, Arnold 388
Janowitz, Gundula 348, 357, 365, *384*
Jaray, Hans 319
Jauner, Franz 71 ff., (74), 75, (76), 78 ff., 136, 152, 160, 198, 253, 343, *18, 85, 369*
Jerger, Alfred 229 f., 250, 256, 260, 262, 283, 286, 292, 303, 305 ff., 310, 312, 328, *58, 121, 294, 374*
Jeritza, Maria 79, 93, 104, 145, 160 ff., 192 ff., 196 f., (198), 199, 221, 224, 226, 229 f., (231), 251 f., 259, 278, 301, 304, 311 f., 318, 323, *119, 169–176, 180*
Jessner, Leopold 222
Joachim, Irene 309
Joachim, Joseph 94
Jochum, Eugen 312
Jones, Gwyneth 259, 366, *235, 273*
Jooss, Kurt 388
Josef I., Römisch-deutscher Kaiser 217
Jovanovic, Carola 187
Juch, Dr. Hermann 305 f., 318 ff., *371*
Jungbluth, Robert 360, 366
Jürgens, Curd 309
Jurinac, Sena 307 f., 310, 319, 320, 324, 328, 341, 354, 357, *237, 380*

Kafka, Franz 317
Kaim, Dr. Franz 136
Kain, Karen 395
Kalbeck, Max 98 f., 145
Kalenberg, Josef 232, 259, 305, *164, 376*
Kálmán, Emmerich 255
Kaltnecker, Hans 229
Kamann, Karl 303, 312, 320, *381*
Kamitz, Dr. Reinhard 327
Kappel, Gertrude 232
Karajan, Emanuel Ritter von 13
Karajan, Herbert von 14, 31, (79), 157, 198, (285), 286, 305, 309, 320, 326 ff., (328), (343), 351, 355, 361 f., 365 ff., 392, *236, 238, 247 f., 293 f., 296, 313, 371*
Karpath, Ludwig 219
Karsawina, Tamara 188, 387
Kaslik, Václav 357
Kattnigg, Rudolf 301
Kaufmann, Erik (310)
Kautsky, Robert 218, 287, 311, 324, *202*
Keilberth, Josef 331, 348

Kerber, Erwin (218), 281, 284, 288, 290 f., 318, *245, 370*
Kern, Adele 259 f., 278, *294, 375*
Kerns, Robert *233*
Kessler, Harry Graf 200
Kienzl, Wilhelm 105, 160, 188, 193, 287, 320
Kiepura, Jan 186, (223), 224 ff., 229 f., 287, 320, *161 ff., 167*
King, James 349, 359, *381*
Kinsky, Graf 128
Kipnis, Alexander 282
Kirnbauer, Susanne 393 f., 396, *333*
Kittel, Hermine 221, *115, 377*
Kiurina, Berta 224
Kleiber, Carlos 362
Kleiber, Erich 253, 312
Klein, Peter (290), 301, 309 f., (310), 321, 331, *206, 379*
Klemisch, Dietlinde 390 f., 393 ff.
Klemperer, Otto 186, 311
Klimt, Gustav 129 f., 135, *111*
Klobucar, Berislav 342
Kmentt, Waldemar 320, 341, 351, 354, 359, *384*
Knappertsbusch, Hans 151, 258, 281, 286 ff., 299 f., 303, 309 f., 312, 320, 324, 341, *58, 244*
Kniepert, Erni 325, *235*
Kolb, Dr. Ernst 310, 320
Konetzni, Anni 285, 287, 301, 302, 303, 305, 310, 323, *202, 274, 381*
Konetzni, Hilde 285, 287, 288, 302, 305, 308, 310, 323, 367, *214, 382*
Körner, Dr. h. c. Theodor 286, 307, *213*
Korngold, Erich Wolfgang 146 ff., (149), 186, 193, 199, 221, 228, 229, 250, 251, 301, 311, (311), 318, 320, *161*
Korngold, Dr. Julius 140, 148 ff., (149), (154), 158, 220, 221, 228, 253, 264, *244*
Környey, Béla 186
Koschat, Thomas 94, (147)
Kraack, Erich 341
Kraft, Franz (283)
Kralik, Heinrich von 220, (220), 228, 264, (285), (347)
Kraus, Karl *44*
Krause, Gottfried *91*
Krause, Tom 366
Krausenecker, Adele 217, 388
Krauss, Clemens 40, 186, 190, 200, 226, 253 ff., (254), (261), 285, 287, 291, 298, 299, 300, (301), 303, 307, 309, 310, 317, 320, 341, 348, 368, *58, 115, 118, 123, 166, 168, 242, 370*

Krauss, Clementine 255
Krauss, Margarete *121*
Krauss, W. V. *117*
Křenek, Ernst 11, 229, 279
Krenn, Fritz 282, 302, 312, *202, 375*
Kreppel, Walter 382
Kretschmer, Edmund 281
Kreutzberg, Harald 297
Kreutzer, Konradin *21*
Křička, Jaroslav 277
Kriehuber, Josef *20*
Krips, Josef 282, 283, 307, 308, 309, 311, 312, 342, 356, 359, 361, *202, 273, 314*
Kristina, Anita 394
Kröller, Heinrich 200, 387
Krombholć, Jaroslav 311, 341, 357
Kschessinska, Mathilde 387
Kubelik, Rafael 324
Kulka, Janoš 363
Kullmann, Charles 284
Kunz, Erich 292, 301, 310, (310), (321), 324, (331), 355, 359, *235, 238, 382*
Kunz, Zinka (Zinka Milanov) 286
Kupfer, Mila 76
Kupper, Anneliese 317
Kurz, Selma 129, (131), 139, 156, 186, 188, 192, 218, *114, 373*

Laban, Rudolf von 385
Labatt, Leonard 76, 79, *85*
Lackner, Herbert *314*
Lanckoronski, Karl Graf 28
Langer, Hans 361
Lanza, Mario 311
Laube, Heinrich 154
Lauri-Volpi, Giacomo 252, 286
Lawrowsky, Michail 395
Lecocq, Charles 71
Lefler, Heinrich 129
Lehár, Franz 145, 232, 259, 278, 287, (291), 297, 307, *166*
Lehmann, Lilli 106
Lehmann, Lotte 160, 186, 194, 196 f., 219, 224, 229, 230, 232, 251, 255 ff., 259 f., 278, 285, 323, 328, *121, 161, 180, 242, 294, 374*
Leider, Frida 286
Leinsdorff, Erich 319
Leitner, Ferdinand 343
Leoncavallo, Ruggiero 104, 127
Leopold I., Römisch-deutscher Kaiser 15

Leopoldi, Hermann 254
Lewy, Gustav 72 f.
Lewy, Richard 69
Leybold, Gustav 20
Liebstöckl, Hans (154)
Liechtenstein, Rudolf Fürst 107, 136
Liewehr, Fred (317), 319, 320, *294*
Ligendza, Catarina 362
Lind, Jenny 31, *22, 24*
Linda, Berta 386
Lindtberg, Leopold 341, 351, *296, 314*
Lingen, Theo 319
Lipp, Wilma 308, 310, 319, 330, 331, *314, 380*
Liszt, Franz 107, 136, 137, 349
Löbl, Karl 325, 354
Löhner-Beda, Fritz 297
Loibner, Wilhelm 303, (318), 342, *313*
London, George 311, 320, 324, *207, 379*
Loose, Emmy 302, 309, 310, *235, 381*
Lorenz, Max 258, 277, 288, 299, 300, 302, 303, (307), 317, 319, 324, *205, 376*
Lorrayne, Vyvyan 393
Lortzing, Albert 31, 97, 146
Losch, Tilly 217, 251, 283, 387
Lothar, Dr. Ernst 287
Lucca, Pauline 25, 69, 73, 100, *22, 373*
Ludwig II., König von Bayern *86, 88*
Ludwig, Christa 14, 330, 331, 332, 348, 351, 354, (354), 357 f., 359, 364 f., 366, *62, 233, 236, 238, 380*
Ludwig, Leopold 297, 303
Lustig-Prean, Karl 318
Luther, Martin 26
Lutzer, Jenny *23*

Madeira, Jean 324, 330, *232*
Madin, Viktor 128, 284
Mahler, Gustav 40, 67, 73, (98), 102, 106 ff., 127 ff., (130), (133), (134), 135 ff., 152, 158 f., 189, 193 ff., 198, 217, 220 f., 224, 232, 253, 255, 257, 264, 278, 289, 300, 307, 318, 325, 330, 348, 368, 387, *23, 58, 83, 85, 109, 111 ff., 165, 214, 293, 370*
Mahner-Mons, Hans 264
Maikl, Georg (147), 230, 264, *165, 377*
Maillart, Louis 97, 285
Mairecker, Franz (197)
Majkut, Erich (310)
Makart, Hans 40, 386, *19*
Malanjuk, Ira 330

Manker, Dr. Gustav (218)
Manowarda, Josef von 186, 251, 256, 262, 264, 280, 292, 318, *165, 374*
Manzoni, Alessandro 72
Manzotti, Luigi 386
Marboe, Ernst 320, 322, 324, 326, 342 f.
Marcel, Lucille 140, 145 f., (148), 151, *373*
Marenco, Romualdo 386
Maria Theresia, Kaiserin 217, 304
Marischka, Ernst 305
Marischka, Hubert 251, 255, 319
Mark, Paula 102, 104, *372*
Márk, Tivadar 396
Marschner, Heinrich (26), 28, 159
Martinis, Carla 320, 325, *207, 379*
Marx, Joseph 192
Mascagni, Pietro 103, 105, 188, 286
Mascheroni, Edoardo 104
Massenet, Jules 99 ff., 154, 157, 188, 197
Matačić, Lovro von 330, 342
Matejka, Dr. Viktor 306
Materna, Amalie 69, 76, 78 ff., (78), 97, *85, 372*
Mattoni, André von 346, 366
Maurel, Viktor 104
Mautner Markhof, Manfred 250
Mayerhofer, Elfie 319
Mayerhofer, Karl *21*
Mayr, Richard 129, 130, 139, 146, 148, 156, 157, 194, 230, 232, 256, 260, 277, 282, 284, 286, 302, *115, 118, 374*
Mazaroff, Todor 287, *376*
McCracken, James *383*
Mehta, Zubin 363
Meilhac, Henri 72, *293*
Meinrad, Josef 342, *294*
Melba, Nellie (130), 134
Melchior, Lauritz 286, *378*
Menotti, Gian-Carlo 312, *205*
Merelli, Bartolomeo 27 f., 30, 32
Merrill, Nathaniel 194, 363
Metternich, Clemens Fürst 40, 255
Metternich, Pauline Fürstin 158
Meyerbeer, Giacomo 28 f., 31, 107, 125, 129, 232, 255, 307, *18, 19, 21, 22, 64, 118, 177, 372*
Meznik, Dr. Fritz *210*
Michalsky, Aenne 232
Milanov, Zinka (Zinka Kunz) 286
Mildenburg, Anna 106, 128, (128), 130 f., 137, 139, 140, 157, 185, 194, 222, *117, 124, 373*
Milder-Hauptmann, Anna 30, *22*
Milinkovic, Georgine von 320

Miljakovic, Olivjera *314*
Miller, William 146, 150
Millöcker, Carl 284
Milloss, Aurel von 349, 359, 364, 392, 394 f.
Milnes, Sherill 357, 365
Mitropoulos, Dimitri 328, (345)
Mödl, Martha 323, 330, 344, *381*
Molière, Jean-Baptiste 218
Molinari-Pradelli, Francesco 328
Monaco, Mario del 326, 328
Moniuszko, Stanislaw 102
Monte, Toti dal 251, 283, *378*
Montenuovo, Alfred Fürst 146, 152
Monteverdi, Claudio 341
Moralt, Rudolf 303, 309, 317, 342, *244*
Moser, Albert 190, 343, 344
Moser, Hans 319, *294*
Mottl, Felix 136
Mozart, Wolfgang Amadeus 25, 35, 37, 68, 93, 103, 129 ff., 160, 193, 194, 218, 258, 282, 283, 297, 299, 300, 308, 310, *55, 64, 89, 112, 117, 164, 165, 167, 238, 240, 273, 293, 313*
Müller, Georg 73, 76, 103, (105), *91*
Müller, Leo 367
Müller, Maria 289
Murska, Ilma von 69
Musil, Karl 390, 392 ff., 396, *339*
Musil, Ludwig 395
Mussolini, Benito (261), 392
Müthel, Lothar 291, 301
Muti, Riccardo 363, 365
Muzarelli, Alfred 222, (290)

Nádasdy, Koloman von 300
Naval, Franz 128
Nedbal, Oskar 188
Neher, Caspar 300, 324, *240*
Neidlinger, Gustav 331
Nemeth, Maria 224, 226, 259, 278, 279, 301, 305, 323, *375*
Nestroy, Johann 26, 31, *82*
Neszler, Viktor 98
Neusser, Edmund von 102
Nicolai, Otto 28, (70), 301, *17, 19, 21*
Nicolaidi, Elena 286, 302, *375*
Nijinskij, Waslaw 188, 387
Nikisch, Arthur 159
Nilsson, Birgit 7, 94, 328, 330, 331, 348, 352, 357, 365, *338, 383*
Nilsson, Christine 94

401

Noelte, Rudolf 363
Nollet, Georg 76
Noni, Alda 299
Norbert, Karl 229, *294*
Noverre, Jean Georges 385
Novotna, Jarmila 262, 278, 282, 320, *166, 374*
Nowotny, Richard 395
Nüll, Eduard van der 32, 34, 39, 290, *49, 50 f., 62*
Nurejew, Rudolf 349, 392 f., 395

Oberleithner, Max 160, *173*
Oeggl, Georg (310)
Oestvig, Karl Aagard 194, 199, 304
Offenbach, Jacques 29, 39, 67, (70), 71, 95, 152, 310, 319, *170, 207*
O'Horgan, Tom 365
Olczewska, Maria 221, *168, 374*
Orff, Carl 297, 320, 341
Orlikowsky, Wazlaw 344, 349, 392 f., 394, 396
Ott, Elfriede *296*
Otto, Teo 311, 316, *296, 314*

Paalen Bella (147), 232, *377*
Pantois Noella 393
Pantscheff, Ljubomir (310), 326
Papier, Rosa 106, 108, 128, *214, 373*
Parlić, Dimitrije 391 f.
Paskalis, Kostas 357
Pataky, Koloman von 230, *375*
Patané, Giuseppe 365
Patti, Adelina 31, 69, 93, *56, 373*
Patzak, Julius 311, 312, *379*
Paulik, Anton (98), 300, 301, 319
Pauly, Rose 106, 264, *165, 377*
Paumgartner, Dr. Bernhard 106, 286, *214*
Paumgartner, Dr. Hans 108, *214*
Pavarotti, Luciano 366 f.
Pawlowa, Anna 146, 387
Peham, Mimi 13
Pergolesi, Giovanni Battista 278
Pernerstorfer, Alois (321), 331
Perras, Margherita 284
Pettile, Aureliano 251, *378*
Petrovits-Bader *42*
Pfitzner, Hans 132, 152, 157, 188, 193, 200, 264, 279, 300, 311
Pfundmayr, Hedy 217, 388
Piccaver, Alfred 146, 160, 185, 186, 188, 196, 224, 230, 251, 263, 284, (310), 323, 328, *170, 338*

Pichler, Gusti 217, 323, 387, *336, 338*
Piffl-Perčević, Dr. Theodor 347
Pilou, Jeannette 355, *381*
Pinza, Ezio 283, *378*
Pirchan, Emil 222
Pircher, Nelly 292
Pistor, Gotthelf 282
Pizetti, Ildebrando 341
Plissetskaja, Maja 395
Poell, Alfred 312, 324, *207*
Pokorny, Erwin 389, *334, 338*
Pokorny, Poldy 388, *338*
Pollak, Egon 279
Pölzer, Dr. Julius 303
Ponci, Alessandro 146
Ponelle, Jean Pierre 330, 366
Popp, Lucia 348, 365, *273, 384*
Possart, Ernst von 139
Poulenc, Francis 341
Preetorius, Emil 324, 330, *212*
Preger, Kurt 319
Prêtre, Georges 342
Prey, Hermann 344
Price, Leontyne 320, 328, 330, 344, 346, 366
Pritchard, John 312
Proch, Heinrich (39), 40, (70)
Prohaska, Felix 320
Prohaska, Jaro 262
Prokofiew, Sergej *337*
Prossinger, Otto 323
Protti, Aldo 330
Puccini, Giacomo 127 f., 145, 158, 160, 196, 197, 217, 224, 229, 262, 278, 300, 310, 311, *164, 167, 176, 207, 233*
Puccini, Romilda 197, 198
Puchstein, Hans 157

Quadri, Argeo 326, (350), *314*

Raab, Riki 388, 391, *337*
Rahl, Karl *208*
Raimondi, Gianni 345, 346, *236*
Raimund, Carl 388 f.
Raimund, Ferdinand 71
Rajdl, Maria 232
Ravel, Maurice 250, 283
Reger, Max (187)
Reichenberger, Hugo 140, 191, 257

Reichmann, Theodor 97 ff., 105, 129, *85, 372*
Reichwein, Leopold 159, 192, 292
Reif-Gintl, Dr. Heinrich (218), 225, 356 ff., 388, *371*
Reihs-Gromes, Hill *213*
Reiner, Fritz 324
Reinhardt, Max 156, 190, 218, 319, *170*
Reining, Maria 286, 290, 298 ff., 305, 312, 320, 324, *381*
Reinking, Wilhelm 297, 300, 328
Reiter, Ronny 348, *338*
Renard, Marie 100 f., 104, 128 f., 255, *114, 372*
Renner, Dr. Karl 306
Rennert, Günther 312, 325, 341, 351, 391, *338*
Resnik, Regina 352, *374*
Respighi, Ottorino 286
Reszke, Jean de 140
Rethy, Esther 287, 300, 302, 319, *381*
Reznicek, Emil Nikolaus von 132, 301
Richter, Hans 69, 73 f., 76, 78 ff., 96 f., (97), 104, 107, 126 f., 130, 258, *111*
Ridderbusch, Karl 363
Rochow, Baron *86*
Rode, Wilhelm 257 f., 260, *377*
Rodin, Auguste 270
Rohs, Marta 302, *205, 236*
Roller, Alfred 129 ff., 132, 137 ff., 185, 190, 192 f., 218, 222, 258, 282, 300, 303, 312, 324, *111 ff., 118 f., 173, 235, 273*
Roller, Ulrich 302
Romano, Armando 346
Rosé, Arnold 134, 149
Rose, Jürgen 362, 395
Rosegger, Peter 106
Rössel-Majdan, Hilde 331, *236, 379*
Rossini, Gioacchino 26, (28), 30 f., 278, 341, 343, *62, 338*
Rostropowitsch, Mstislaw 360
Roswaenge, Helge 194, 284, 298 f., 309, 312, 319, *376*
Roth, Eugen 288
Rothenberger, Anneliese 7, 354, *384*
Rothmühl, Nikolaus *89*
Rothschild, Baronin W. von *56*
Rott, Adolf 312, 319, 320, 324
Rubinstein, Anton 69, 93, 98, 127, 188
Rückauf, Anton 146
Rückert, Friedrich 386
Rudolf, österreichischer Kronprinz 67
Ruffo, Titta *378*
Rünger, Gertrude 262, 264, 280, 302, *376*

Rysanek-Gausmann, Leonie 324, 329 f., 348, 352, 356, 362, *338*, *384*
Rysanek, Lotte 356, *384*

Saar, Ferdinand von 79
Sabata, Viktor de 279
Saint-Saëns, Camille 93
Salmhofer, Franz 251, 283, 287, 305 ff., (307), 308 f., (309), 312, 318, 320, 322, 326, 344, *371*
Salvi, Matteo 29 f., 37, 66 f.
Sanjust, Filippo 365
Sattler, Joachim 303
Scaria, Emil 69, 73, 76, 79 f., 97 f., *121*, *372*
Sciutti, Graziella 326, 351
Sedlnitzky, Josef Graf 25, 40
Seefehlner, Egon 326, 343, 365, 367 f.
Seefried, Irmgard 302, 305, 307 ff., 323 f., 341, 366, *273*, *380*
Seery, Irving P. 318
Seidler, Alma 218, 312
Seipel, Dr. Ignaz (231)
Sellner, Gustav Rudolf 341
Serafin, Tullio 342 f.
Seregi, László 396
Sgourda, Antigone 363
Shakespeare, William 68, 146
Shaw, Brian 393
Sibley, Antoinette 393
Siccardsburg, August Siccard von 32, 34, 39, 290, *49*, *50 f.*, *62*
Siepi, Cesare 344, *383*
Siercke, Alfred *214*
Sievert, Ludwig 254, 258 f.
Silja, Anja 352, (352), 354, 358, 366, *383*
Simionato, Giulietta 326, 328 f., 344, 346, *168*, *240*, *383*
Simons, Rainer 160, 255, 318
Sjöstedt, Margarethe *236*
Slezak, Elsa *177*
Slezak, Leo (127), 129, (131), 139, 145 f., 187, 217, 224, (228), 230, 302, 304, *45*, *91*, *177–184*, *294*, *373*
Smetana, Friedrich 102, 127, 287
Solti, Sir George 312
Sonnenthal, Adolf (147)
Sontag, Henriette 31, *22*
Sonzogno, Edoardo 103
Specht, Richard 190, 192
Speidel, Ludwig 34, 65, 73, 80, 97 f., 102, 104
Spetrino, Francesco 128

Spiess, Ludovic 356
Spitzer, Daniel 66, 76, 98, 157
Spontini, Gasparo Luigi Pacifico 35
Springer, Max 157
Sukis, Lilian 363 f.
Suppé, Franz von 31, (70), 71, 105, 278, 301, *45*
Suthaus, Ludwig 330
Svanholm, Set 194, 258, 300, 303, 310 f., *376*
Sved, Alexander 283, *375*
Swarowsky, Hans 342, 363
Swedlund, Helga 388
Szakall, Szöke *294*
Szell, George 192, 342
Szemere, Laszlo von 312, 319, *205*
Schäfer, Walter Erich 343 f.
Schaljapin, Fjodor 222 f., (225), 328, *378*
Schalk, Franz 107, 127, 134, 151, 154, 156, 159, 185, 189 ff., (218), (223), 253 f., 257 f., 278, 283, 285, 290, 325, 344, 356, 368, *58*, *111*, *121*, *173*, *370*
Schenk, Otto 156, 320, 351, 354 f., (355), 357 ff., 363, 366, *234 f.*, *236 f.*, *240*, *273*, *294*
Schenker-Angerer, Margit 228, 277 f., *168*, *375*
Scherchen, Hermann 341
Scheuermann, Lilly 393, 396
Scheyer, Moritz (154)
Scheyrer, Gerda 319, *236*, *380*
Schikaneder, Emanuel 15, 31, 299
Schiller, Friedrich 71
Schilling, Tom 396
Schillings, Max von 187, 188
Schinkel, Karl Friedrich *51*
Schipper, Emil 186, 221, 222, 260, 318, 323, *164*, *374*
Schirach, Baldur von 288, 290, 297, 298
Schläger, Antonia 99, 101, 103, *372*
Schließmann, Hans (223)
Schmalstich, Clemens 251
Schmedes, Dagmar 217
Schmedes, Erik (127), 128, 130, 139, 145, 148, 157, 193, 217, 258, 304, *91*, *114*, *115*, *373*
Schmidt, Franz 188, 193, 199, 200, 254, 300
Schmidt, Helga 361
Schneiber, Herbert 330, 354
Schneider, Ernst August 219, 290 f., 302, 303, 371, 388
Schneider-Siemssen, Günther 330, 341, 347, 359, 363, 366, *313*, *316*, *336*, *337*, *338*
Schneiderhan, Franz (231), 253
Schneiderhan, Wolfgang 302
Schnitzler, Arthur 135, 192

Schock, Rudolf 312, 322, 325, *379*
Schöffler, Paul 257, 290, 299, 300, 303, 305, (307), 308, 310, 312, 317, (321), 323, 324, 329, 341, (341), *202*, *205*, *382*
Schönberg, Arnold 95, 132, 135, (139), 199, 341
Schöne, Lotte 157, 232, *375*
Schönerer, Alexandrine von 127
Schönherr, Max 391
Schopenhauer, Arthur 298, *88*
Schorr, Friedrich 280, 287
Schostakowitsch, Dimitrij 355
Schostal, Josef 263
Schratt, Katharina 132
Schreker, Franz 187, (187), 199, 307
Schreyvogel, Friedrich 286
Schröder-Devrient, Wilhelmine 30
Schrödter, Fritz 102
Schubert, Franz 26, 35, 65, 252, 302, *62*, *64*, *184*, *336*
Schubert, Richard 232, 258, *376*
Schuch, Ernst von 155, 159
Schuh, Oscar Fritz 297, 300, 301, 309, 317, 319, 324, 344, *202*, *240*
Schultze, Norbert 300
Schulz, Else 301
Schumann, Elisabeth 218, 230, 255, 257, 259, *167*, *242*, *294*, *375*
Schumann, Robert 68, *184*
Schuschnigg, Herma 282
Schuschnigg, Dr. Kurt 277, 282, 284, 287
Schwab, Lucia 389
Schwarz, Josef 146
Schwarz, Therese *24*
Schwarz, Vera 232, 282, 283, 287, *375*
Schwarzkopf, Elisabeth 302, 309, 328
Schwind, Moritz von 35, *57*, *61*, *62*
Stabile, Mariano 251, 289
Stade, Frederica von 366
Staël, Madame de 31
Stagno, Roberto 103
Stangl, Robert 361
Stefano, Giuseppe di 326, 328, 330, 342, 344, 349, *338*, *383*
Steffek, Hanny 344, *380*
Stein, Horst 356, 358, 367
Steinbrecher, Alexander 301
Stella, Antonietta 328, 329, 344, 346, *383*
Stich-Randall, Teresa 320
Stieglitz, Otto 263, 278
Stolz, Robert 72, 226, (351), *296*
Stolz, Teresa 72

403

Stolze, Gerhard 341, *296, 382*
Strauß, Adele 145
Strauß, Eduard 105
Strauss, Dr. Franz 13, 249
Strauß, Johann 65, 69, 71, 80 f., (103), 106, 145, 150, 251, 255, 301, 307, 310, *23, 81, 293, 296*
Strauss, Pauline, geb. de Ahna 127, 249 f., 297
Strauss, Richard 74, 104, 107, 127, (133), 135, 136, 139, 140, (148), 155 ff., 160, 185, 186, (187), 188, 189, 190 ff., (192), (218), (220), 221 ff., 228, 230, 231 f., 251, 254, 257 ff., (261), 264, 279, 281, 286, 289, 290, 291, 292, (292), 297, 298, (298), 299, 300, (301), 302, 303, 305, 310, 311, 312, 317, 365, 368, 387, *58, 83, 117–124, 165, 169, 170, 176, 184, 207, 270, 293, 317, 338, 339, 370*
Strawinsky, Igor 188, 250, 312, 341, *333, 339*
Strehler, Giorgio 326
Streich, Rita 319, (321), 342, *336, 384*
Strnad, Oskar 264, 282, 319
Strohlendorf, Else von 387, *172*
Strohm, Heinrich 289 f., 291, 300, 301, 318, *371*
Strohmer, Herbert von 361
Studer-Weingartner, Carmen 281
Sturm, Friedrich *81*

Taddei, Giuseppe (310)
Taglioni, Maria 385 f.
Talvela, Marti 357, *233*
Tasso, Torquato 62
Tauber, Richard 230, 232, 278, 282, 286, 287, 309, *166, 294, 374*
Taubmann, Horst 317
Tautenhayn, Ernst *294*
Tebaldi, Renata 329, 330, *383*
Temple, Lisl 389
Terkal, Karl 324
Tetzlaff, Karl 98
Thalhammer, Dr. Erwin 353, 360
Thaller, Willi 218
Thoma, Helge 365, 367
Thoma, Ludwig 177
Thomas, Ambroise 29, 68 f., 94, 100, 106
Thomas, Jess 348, 355, *92*
Thomas, Walter 290
Thorborg, Kerstin 287, *168, 377*
Thuille, Ludwig 132
Thun-Salm, Christiane 146, (147)
Tibbett, Lawrence 286
Tietjen, Heinz 324

Tittel, Bernhard 159
Tolstoj, Leo 278
Tomowa-Sintow, Anna 365 f.
Torberg, Friedrich (319)
Toscanini, Arturo 67, 72, 108, 159, 160, 224, 251, 285, 287, 326, 330, *242, 243*
Treffz, Henriette *23*
Treptow, Günther 320
Tschaikowsky, Peter Iljitsch 127, 277, 287, 301, 344, *168, 206, 333*
Tudor, Anthony 393
Tutsek, Piroska 302

Uhde, Hermann 319
Uhl, Fritz 331
Unger, Ludwig (231), *174, 183*
Urbon, Hector 367
Ursuleac, Viorica 255 ff., 259 f., 277, 279, 280, 298, 317, *124, 374*

Valois, Ninette de 392
Varnay, Astrid 363, *381*
Varviso, Silvio 357, 362
Verdi, Giuseppe (26), 28 ff., 35, 72, 93, (98), 99, 104, 108, 160, 188, 228, 258, 260, 277, 300, *17, 64, 164, 241*
Verne, Jules 71
Veronese, Paolo 200
Verrett, Shirley 357
Vetsera, Mary 255
Victoria, Königin von England *51*
Vickers, Jon 330
Vigand, Salvatore 385
Visconti, Lucchino (350), 355, 357, *314*
Vogel, Adolf 302, 320
Vogl, Heinrich *91*
Völker, Franz 259, 280, 289, 297, 304, (310), *168, 376*
Vondrak, Paul 367, 390 f., 393 f.
Votto, Antonio 342

Wächter, Eberhard 320, 330, 331, 332, 343, 344, 346, 354, 355, 357, 359, 362, 365, *238, 293, 296, 314, 382*
Wagner, Cosima 100, 108

Wagner, Richard 27 ff., 32, 35, 65, 67, 69, 71, 72 ff., 76, 78, (78), 79, (79), 80 ff., (95), 97 f., 100, 103 ff., 125, 127, 129, 136, 138, 154, 160, 188, 193, 194, 250, 252, 258, 282, 288, 300, 301, 305, 310, 312, 331, 332, 348, 352, *21, 43, 47, 50, 64, 81–88, 111, 112, 113, 114, 115, 164, 205, 233, 236, 238, 244, 313, 316*
Wagner, Robin 365
Wagner, Siegfried 78, 127, (159), 188
Wagner, Wieland 78, 351 ff., *92, 119, 233*
Wakhevitch, Georges 329, 392
Waldmann, Maria 72
Walejter, Gustav 68
Walker, Edith 105
Wallberg, Heinz 342, (351)
Wallerstein, Dr. Lothar (218), 226, 229, 254, 256, 258, 259, (261), 262, 280, 308, 311, 319, *118, 121*
Wallmann, Margarethe 282, 283, (284), 301, 329, 341, 388, *214*
Walter, Bruno 107, 125, 128, 147, 149 f., 154, 158, 159, 188, 193, 253, 262, 277, 281 ff., (284), 288, 302, 323, 324, *58, 111, 245*
Walter, Erich 331, 392, 396
Walter, Gustav 29, 100, *84, 372*
Waniek, Herbert 320
Warfield, William 320
Watson, Claire *233*
Weber, Carl Maria von 26 f., (26), 30, 68, 106 f., 151, *64*
Weber, Ludwig 309, 320, 324, *381*
Weidemann, Friedrich 129, 139, 189, *373*
Weidt, Lucie (auch Lucy) 106, 137, 156, 194, *115, 373*
Weikl, Bernd 366
Weinberger, Jaromir 228, 264, 286, *167*
Weingartner, Felix von (26), (98), 107, 136 ff., (147), (148), 152 ff., 155, 158, 159, 187, 190, 191, 198, 200, 222, 253, 257, 278, 281 ff., (284), 318, 387, *114, 115, 166, 241, 245, 247, 370*
Weinheber, Josef 301
Welitsch, Ljuba (307), 308, 310, 311, 312, 319, 330, 381, *212*
Wellesz, Egon 229, 277
Wendel, Heinrich 331
Wenkoff, Wenko 302
Wenzl-Traunfels, Josef 286
Werbezirk, Gisela 230
Werfel, Franz 228, 260, 262, 277, 284, *241*
Wernigk, William 198, 232, *379*
Wessel, Horst 291

Wetschl, Sektionschef Baron 150
Wiedemann, Hermann 187, *165*, *377*
Wiener, Otto (332), 348, 354, 367, *316*, *382*
Wiesenthal, Grete 283, 387 f.
Wiesmann, Dr. Sigrid 364
Wildauer, Mathilde *23*
Wildbrunn, Helene 232, 323, *377*
Wilhelm, Franz 393, 395 f.
Wille, Rudolf 298
Wilt, Marie 68, 80, 106, *372*
Windgassen, Wolfgang 320, 331, 344, *205*, *383*
Winkelmann, Hermann 97 ff., 258, 304, *85*, *91*, *114*, *372*
Winterhalter, Franz Xaver *20*
Witt, Josef 286, 300, (321), 325

Wobisch, Helmut 355
Wolf, Hugo 98, 105 f., 132, 184, *47*
Wolf-Ferrari, Ermanno 132, 277, 286
Wolter, Charlotte 36 f., 105
Wondra, Hubert 106
Woolliams, Anne 395
Wrbna, Rudolf Graf 40, 69, 72
Wührer, Ully 393 f.
Wunderlich, Fritz 344, 348, 351, 355, *338*
Wymetal, Erich von 138 f., 302
Wymetal, Wilhelm von 156, 250, 302

Zadek, Hilde 312, 319, (321), *380*
Zaiczek-Blankenau, Julius 189

Zallinger, Meinhard von 312, 320
Zampieri, Giuseppe 329
Zasche, Theo (98), (108), (127)
Zec, Nicola 187
Zeffirelli, Franco 345, 361, 366, *212*
Zemlinsky, Alexander von 132, 135, 140, 149, 200
Zerr, Anna *23*, *24*
Ziegler, Karl *121*
Zimmerl, Christl 324, 390 f., 393 ff., *339*
Zimmermann, Erich 259, 279, *164*, *376*
Zinke, J. W. 35
Zlocha, Erika 390 ff., 394, *334*
Zörner, Wolfgang 363
Zweig, Stefan 135, 192, 196, 292, 297

Bildquellennachweis

BRÜDER BASCH: 371 *(h)*.

BILDARCHIV DER ÖSTERREICHISCHEN NATIONALBIBLIOTHEK: 18 (o.), 18 (M.), 18 (u.), 19, 20(M.), 20 (r.), 21 (l.), 21 (M.), 21 (r.), 22 (o. l.), 22 (o. r.), 22 (M.), 22 (u. l.), 22 (u. r.), 23 (o. l.), 23 (o. r.), 23 (M.), 23 (u. r.), 24, 41, 50, 51, 55 (o.), 55 (u.), 56, 57, 58, 59, 60, 81, 82, 83 (o.), 83 (u.), 84 (o. l.), 84 (o. M.), 84 (o. r.), 84 (u.), 85 (o. l.), 85 (o. M.), 85 (o. r.), 85 (u.), 86, 87, 88, 89, 90 (o. l.), 90 (o. r.), 90 (u. l.), 90 (u. r.), 91 (o.), 91 (u. l.), 91 (u. r.), 109, 110, 111, 112, 113, 114, 115, 116, 118 (o.), 118 (u.), 119 (o.), 119 (u.), 120 (o.), 120 (u.), 122, 123, 124, 143 (u. r.), 169, 170 (o. l.), 170 (o. r.), 170 (u.), 171, 172, 173 (l.), 173 (r.), 174 (l.), 174, 175, 177 (o.), 177 (u.), 178 (l.), 178 (r.), 179 (l.), 179 (r.), 180 (l.), 180 (r.), 181 (l.), 181 (r.), 182, 183, 184, 202, 203, 241, 242 (o.), 242 (u.), 244 (l.), 244 (r.), 245, 334 (o.), 334 (u.), 335, 336 (o.), 336 (u.), 337 (l.), 338 (u. r.), 339 (o.), 370 *(a bis i)*, 371 *(a bis c)*, 371 *(f)*, 372 *(a bis l)*, 373 *(a bis l)*, 374 *(b)*, 374 *(c)*, 374 *(e bis j)*, 374 *(l)*, 375 *(a)*, 375 *(b)*, 375 *(d bis g)*, 376 *(a)*, 376 *(j)*, 377 *(b)*, 377 *(c)*, 377 *(e)*, 377 *(j bis l)*, 378 *(a bis d)*, 378 *(f bis k)*, 379 *(a bis e)*, 379 *(i bis l)*, 380 *(a bis c)*, 380 *(l)*, 381 *(a)*, 381 *(b)*, 381 *(i)*, 381 *(j)*, 383 *(i)*, 384 *(a)*.

BILDARCHIV DER ÖSTERREICHISCHEN NATIONALBIBLIOTHEK / ORIGINALE IM HISTORISCHEN MUSEUM DER STADT WIEN: 17, 20 (l.), 23 (u. l.), 42 (o.), 42 (u.), 43 (o.), 43 (u.), 44 (o.), 44 (u.), 45 (o.), 45 (u.), 46 (o.), 46 (u.), 47 (o.), 47 (u.), 48 (o.), 48 (u.), 49, 50, 51, 52 (o.), 52 (u.), 53 (o.), 53 (u.), 54 (o.), 54 (u.), 117, 121 (u.).

HENRI CARTIER-BRESSON, magnum photos: 211, 212, 213, 214, 215.

JOCHEN CLAUSS: 371 (l.).

ATELIER DIETRICH: 121 (o.), 143 (o.), 143 (l. u.), 161, 164 (o.), 164 (u.), 165 (o.), 165 (u.), 166, 167 (l.), 167 (r.), 168 (o.), 371 *g)*, 374 *(a)*, 374 *(k)*, 375 *(d)*, 375 *(h bis l)*, 376 *(b bis h)*, 376 *(k)*, 376 *(l)*, 377 *(a)*, 377 *(f bis i)*, 378 *(l)*, 379 *(f bis h)*, 380 *(e bis k)*, 381 *(d bis f)*, 381 *(k)*, 381 *(l)*, 382 *(a bis f)*, 382 *(h)*, 383 *(a)*, 383 *(c bis e)*, 383 *(j bis l)*, 384 *(c bis e)*.

FOTO ENKELMANN (MÜNCHEN): 339 (u. r.).

FOTO FAYER: 92, 141, 142, 144, 233, 234, 235, 236, 237, 238, 239, 240, 337 (r.), 340, 371 *(d)*, 371 *(j)*, 377 *(i)*, 381 *(c)*, 382 *(b)*, 382 *(f)*, 382 *(g)*, 383 *(f)*, 384 *(h bis l)*, 384 *(b)*, 384 *(h bis k)*.

FREMDENVERKEHRSSTELLE DER STADT WIEN: 265.

ELISABETH HAUSMANN: 384 *(g)*, 384 *(l)*.

HOROWITZ: 248.

HELMUT KOLLER: 371 *(k)*.

SIEGFRIED LAUTERWASSER: 246.

ERICH LESSING, magnum photos: 61, 62, 63, 64, 204, 205 (o.), 205 (u.), 206 (o.), 206 (u.), 207 (o.), 207 (u.), 208, 209, 210 (l.), 210 (r.), 218, 243, 266, 267, 268, 269, 270, 271, 272, 273, 274, 275, 276, Umschlagphotos.

BARBARA PFLAUM: 247 (u.), 294, 295, 296, 373 *(g)*.

PRIVATBESITZ / ARCHIV DES AUTORS: 162 (o. l.), 168 (u.), 176 (o.), 176 (u. l.), 374 *(d)*.

PRIVATBESITZ / MRS. J. KIEPURA: 162 (o. r.), 162 (u.), 163 (o. r.).

WILHELM RAUH: 247 (o.).

W. SAND: 333.

KURT ULRICH (MÜNCHEN): 339 (u. l.).

USIS: 378 *(e)*.

FOTO VOTAVA: 201, 202 (o.).